Y.5510.

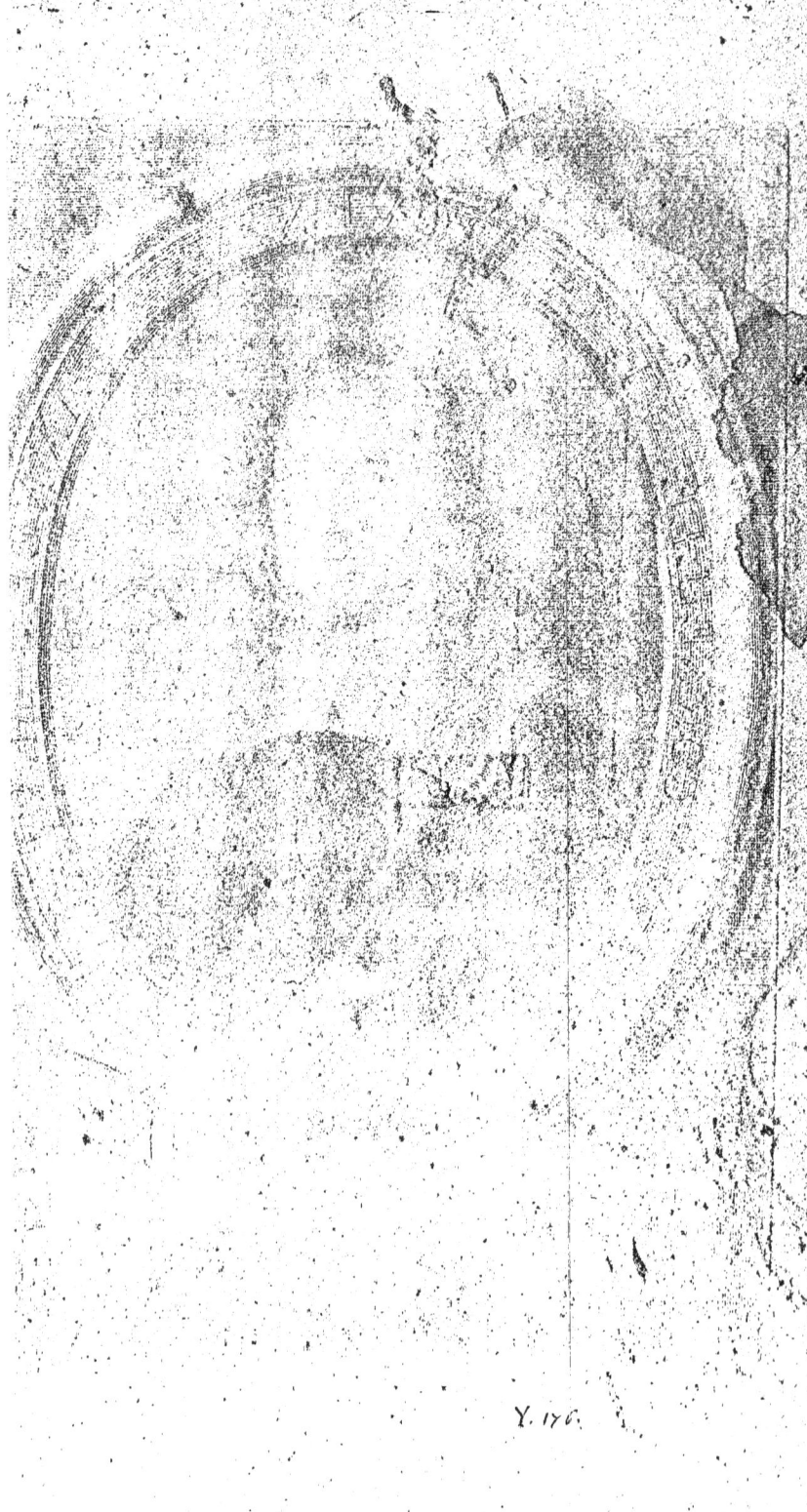

LE
THEATRE
DE
P. CORNEILLE

Reueu & corrigé par l'Autheur.

I. PARTIE

Imprimé à ROVEN, Et se vend

A PARIS,

Chez GVILLAVME DE LVYNE, Libraire Iuré,
au Palais, en la Gallerie des Merciers,
à la Iustice.

M. DC. LXIII.
AVEC PRIVILEGE DV ROY.

POËMES
CONTENVS EN CETTE PREMIERE PARTIE.

MELITE, — Comedie.
CLITANDRE, — Tragedie.
LA VEFVE, — Comedie.
LA GALLERIE DV PALAIS, — Comedie.
LA SVIVANTE, — Comedie.
LA PLACE ROYALLE, — Comedie.
MEDEE, — Tragedie.
L'ILLVSION, — Comedie.
LE CID, — Tragedie.
HORACE, — Tragedie.
CINNA, — Tragedie.
POLYEVCTE, — Tragedie Chrétienne.

AV LECTEVR.

CES deux Volumes contiennent autant de Pieces de Theatre que les trois que vous auez veus cy-deuant imprimez in Octauo. Ils sont reglez à douze chacun, & les autres à huit. Sertorius & Sophonisbe ne s'y joindront point, qu'il n'y en aye assez pour faire vn troisiéme de cette Impression, ou vn quatriéme de l'autre. Cependant comme il ne peut entrer en celle-cy que deux des trois Discours qui ont seruy de Prefaces à la précedente, & que dans ces trois Discours, j'ay tasché d'expliquer ma pensée touchant les plus curieuses & les plus importantes questions de l'Art Poëtique, cét Ouurage de mes reflexions demeureroit imparfait, si j'en retranchois le troisiéme. Et c'est ce qui me fait vous le donner en suite du second Volume, attendant qu'on le puisse reporter au deuant de celuy qui le suiura, si-tost qu'il pourra estre complet.

Vous trouuerez quelque chose d'étrange aux innouations en l'Ortographe que j'ay hazardées icy, & ie veux bien vous en rendre raison. L'vsage de nostre Langue est à present si épandu par toute l'Europe, principalement vers le Nord, qu'on y voit peu d'Estats où elle ne soit connuë; c'est ce qui m'a fait croire qu'il ne seroit pas mal à propos d'en faciliter la prononciation aux Estrangers, qui s'y trouuent souuent embarrassez par les diuers sons qu'elle donne quelquefois aux mesmes lettres. Les Hollandois m'ont frayé le chemin, & donné ouuerture à y mettre distinction par de differents Caracteres, que jusqu'icy nos Imprimeurs ont employé indifferemment. Ils ont separé les *i* & les *u* consones d'auec les *i* & les *u* voyelles, en se seruant tousiours de l'*j* & de l'*v*, pour les premieres, & laissant l'*i* & l'*u* pour les autres, qui jusqu'à ces derniers temps auoient esté confondus. Ainsi la prononciation de ces deux lettres ne peut estre douteuse, dans les impressions où l'on garde le mesme ordre, comme en celle-cy. Leur exemple m'a enhardy à passer plus auant. J'ay veu quatre prononciations differentes dans nos *s*, & trois dans nos *e*, & j'ay cherché les moyens d'en oster toutes ambiguitez, ou par des caracteres differens, ou par des régles generales, auec quelques exceptions. Ie ne sçay si j'y auray reüssi, mais si cette ébauche ne déplaist pas, elle pourra donner jour à faire vn trauail plus acheué sur cette matiere, & peut-estre que ce ne sera pas rendre vn petit seruice à nostre Langue & au Public.

AV LECTEVR.

Nous prononçons l'*ſ* de quatre diuerſes manieres : tantoſt nous l'aſpirons, comme en ces mots, *peſte*, *chaſte*; tantoſt elle allonge la ſyllabe, comme en ceux-cy, *paſte*, *teſte*; tantoſt elle ne fait aucun ſon, comme à *eſbloüir*, *eſbranler*, *il eſtoit* ; & tantoſt elle ſe prononce comme vn *z*; comme à *preſider*, *preſumer*. Nous n'auons que deux differens caracteres, *ſ*, & *s*, pour ces quatre differentes prononciations; il faut donc eſtablir quelques maximes generales pour faire les diſtinctions entieres. Cette lettre ſe rencontre au commencement des mots, ou au milieu, ou à la fin. Au commencement elle aſpire toûjours ; *ſoy*, *ſien*, *ſauuer*, *ſuborner*: à la fin, elle n'a preſque point de ſon, & ne fait qu'allonger tant ſoit peu la ſyllabe ; quand le mot qui ſuit ſe commence par vne conſone, & quand il commence par vne voyelle, elle ſe détache de celuy qu'elle finit pour ſe joindre auec elle, & ſe prononce toûjours comme vn *z*, ſoit qu'elle ſoit precedée par vne conſone, ou par vne voyelle.

Dans le milieu du mot, elle eſt, ou entre deux voyelles, ou aprés vne conſone, ou auant vne conſone. Entre deux voyelles elle paſſe touſiours pour *z*, & aprés vne conſone elle aſpire touſiours, & cette difference ſe remarque entre les verbes compoſez qui viennent de la meſme racine. On prononce *prezumer*, *reziſter*, mais on ne prononce pas *conzumer*, ny *perziſter* : Ces régles n'ont aucune exception, & j'ay abandonné en ces rencontres le choix des caracteres à l'Imprimeur, pour ſe ſeruir du grand ou du petit, ſelon qu'ils ſe ſont le mieux accommodez auec les lettres qui les joignent. Mais ie n'en ay pas fait de meſme, quand l'*ſ* eſt auant vne conſone dans le milieu du mot; & ie n'ay pû ſouffrir que ces trois mots, *reſte*, *tempeſte*, *vous eſtes*, fuſſent eſcrits l'vn comme l'autre, ayant des prononciations ſi differentes. I'ay reſerué la petite *s* pour celle où la ſyllabe eſt aſpirée, la grande pour celle où elle eſt ſimplement allongée, & l'ay ſupprimée entierement au troiſiéme mot où elle ne fait point de ſon, la marquant ſeulement par vn accent ſur la lettre qui la précede. I'ay donc fait ortographer ainſi les mots ſuiuants & leurs ſemblables, *peste*, *funeste*, *chaste*, *resiste*, *espoir* : *tempeſte*, *haſte*, *teſte* : *vous étes*, *il étoit*, *éblouïr*, *écouter*, *épargner*, *arréter*. Ce dernier verbe ne laiſſe pas d'auoir quelques temps dans ſa conjugaiſon, où il faut luy rendre l'*ſ*, parce qu'elle allonge la ſyllabe; comme à l'imperatif *arreſte*, qui rime bien auec *teſte* : mais à l'infinitif & en quelques autres où elle ne fait pas cet effet, il eſt bon de la ſupprimer & eſcrire, *j'arrétois*, *j'ay arrété*, *j'arréteray*, *nous arrétons*, &c.

Quant à l'*e* nous en auons de trois ſortes. L'*e* feminin qui ſe rencontre touſiours, ou ſeul, ou en diphtongue dans toutes les der-

AV LECTEVR.

nieres syllabes de nos mots qui ont la terminaison feminine, & qui fait si peu de son, que cette syllabe n'est iamais contée à rien à la fin de nos vers feminins, qui en ont tousiours vne plus que les autres. L'*e* masculin qui se prononce comme dans la langue Latine, & vn troisiéme *e* qui ne va iamais sans l'*s*, qui luy donne vn son esleué qui se prononce à bouche ouuerte ; en ces mots, *succes, acces, expres* : Or comme ce seroit vne grande confusion, que ces trois *es* en ces trois mots, *aspres, verite,* & *apres,* qui ont vne prononciation si differente, eussent vn caractere pareil ; il est aisé d'y remedier, par ces trois sortes d'*e* que nous donne l'Imprimerie, *e, é, è,* qu'on peut nommer l'*e* simple, l'*e* aigu, & l'*e* graue. Le premier seruira pour nos terminaisons feminines, le second pour les Latines, & le troisiéme pour les esleuées, & nous escrirons ainsi ces trois mots & leurs pareils, *aspres, verité, après,* ce que nous estendrons à *succès, excès, procès,* qu'on auoit jusqu'icy escrits auec l'*e* aigu, comme les terminaisons Latines, quoy que le son en soit fort different. Il est vray que les Imprimeurs y auoient mis quelque difference, en ce que cette terminaison n'estant iamais sans *s*, quand il s'en rencontroit vne après vn *é* Latin ; ils la changeoient en *z*, & ne la faisoient preceder que par vn *e* simple. Ils impriment *veritez, Deïtez, dignitez,* & non pas, *verités, Deïtés, dignités* ; & j'ay conserué cette Ortographe : mais pour éuiter toute sorte de confusion entre le son des mots qui ont l'*e* Latin sans *s*, comme *verité,* & ceux qui ont la prononciation éleuée, comme *succès,* j'ay crû à propos de nous seruir de differents caracteres, puisque nous en auons, & donner l'*è* graue à ceux de cette derniere espece. Nos deux articles pluriels, *les* & *des,* ont le mesme son, quoy qu'écrits auec l'*e* simple : il est si mal-aisé de les prononcer autrement, que ie n'ay pas crû qu'il fust besoin d'y rien changer. Ie dy la mesme chose de l'*e* deuant deux *ll,* qui prend le son aussi esleué en ces mots, *belle, fidelle, rebelle, &c.* qu'en ceux-cy *succès, excès* ; mais comme cela arriue tousiours quand il se rencontre auant ces deux *ll,* il suffit d'en faire cette remarque sans changement de caractere. Le mesme arriue deuant la simple *l,* à la fin du mot, *mortel, appel, criminel,* & non pas au milieu, comme en ces mots, *celer, chanceler,* où l'*e* auant cette *l,* garde le son de l'*e* feminin.

Il est bon aussi de remarquer qu'on ne se sert d'ordinaire de l'*é* aigu, qu'à la fin du mot, ou quand on supprime l'*s* qui le suit ; comme à *établir, étonner :* cependant il se rencontre souuent au milieu des mots auec le mesme son, bien qu'on ne l'escriue qu'auec vn *e* simple ; comme en ce mot *seuerité,* qu'il faudroit escrire *séuérité,* pour le faire prononcer exactement, & peut-estre le feray-je ob-

ã iij

seruer en la premiere impression qui se pourra faire de ces Recueils.

La double *ll* dont ie viens de parler à l'occasion de l'*e*, a aussi deux prononciations en nostre Langue, l'vne seche & simple, qui suit l'Ortographe, l'autre molle qui semble y joindre vne *h*. Nous n'auons point de differents caracteres à les distinguer ; mais on en peut donner cette régle infaillible. Toutes les fois qu'il n'y a point d'*i* auant les deux *ll*, la prononciation ne prend point cette mollesse : En voicy des exemples dans les quatre autres voyelles, *baller, rebeller, coller, annuller*. Toutes les fois qu'il y a vn *i* auant les deux *ll*, soit seul, soit en diphtongue, la prononciation y adjouste vne *h*. On escrit *bailler, éueiller, briller, chatoüiller, cueillir*, & on prononce *baillher, éueillher, brillher, chatoüillher, cueillhir*. Il faut excepter de cette Régle tous les mots qui viennent du Latin & qui ont deux *ll*, dans cette Langue ; comme, *ville, mille, tranquille, imbecille, distille, illustre, illegitime, illicite*, &c. Ie dis qui ont deux *ll* en Latin, parce que les mots de *fille* & *famille* en viennent, & se prononcent auec cette mollesse des autres, qui ont l'*i* deuant les deux *ll*, & n'en viennent pas ; mais ce qui fait cette difference, c'est qu'ils ne tiennent pas les deux *ll* des mots Latins, *filia* & *familia*, qui n'en ont qu'vne, mais purement de nostre Langue. Cette régle & cette exception sont generales & asseurées. Quelques Modernes pour oster toute l'ambiguité de cette prononciation, ont escrit les mots qui se prononcent sans la mollesse de l'*h*, auec vne *l* simple, en cette maniere, *tranquile, imbecile, distile*, & cette Ortographe pourroit s'accommoder dans les trois voyelles *a, o, u*, pour escrire simplement *baler, affoler, annuler*, mais elle ne s'accommoderoit point du tout auec l'*e*, & on auroit de la peine à prononcer *fidelle* & *belle*, si on escriuoit *fidele* & *bele* ; l'*i* mesme sur lequel ils ont pris ce droit, ne le pourroit pas souffrir tousiours, & particulierement en ces mots *ville, mille*, dont le premier si on le reduisoit à vne *l* simple, se confondroit auec *vile*, qui a vne signification toute autre.

Il y auroit encor quantité de remarques à faire sur les differentes manieres que nous auons de prononcer quelques lettres en nostre Langue : mais ie n'entreprens pas de faire vn Traité entier de l'Ortographe & de la prononciation, & me contente de vous auoir donné ce mot d'auis touchant ce que j'ay innoué icy ; comme les Imprimeurs ont eu de la peine à s'y accoustumer, ils n'auront pas suiuy ce nouuel ordre si punctuellement, qu'il ne s'y soit coulé bien des fautes, vous me ferez la grace d'y suppléer.

DISCOVRS
DE L'VTILITÉ ET DES PARTIES
DV POËME DRAMATIQVE.

BIEN que selon Aristote le seul but de la Poësie Dramatique soit de plaire aux Spectateurs, & que la pluspart de ces Poëmes leur ayent plû, je veux bien avoüer toutefois que beaucoup d'entr'eux n'ont pas atteint le but de l'Art. Il ne faut pas pretendre, dit ce Philosophe, que ce genre de Poësie nous donne toute sorte de plaisir, mais seulement celuy qui luy est propre ; & pour trouver ce plaisir qui luy est propre, & le donner aux Spectateurs, il faut suivre les Preceptes de l'Art, & leur plaire selon ses Regles. Il est constant qu'il y a des Preceptes, puis qu'il y a un Art, mais il n'est pas constant quels ils sont. On convient du nom sans convenir de la chose, & on s'accorde sur les paroles, pour contester sur leur signification. Il faut observer l'unité d'action, de lieu, & de jour, personne n'en doute ; mais ce n'est pas une petite difficulté de sçavoir ce que c'est que cette unité d'action, & jusques où peut s'étendre cette unité de jour, & de lieu. Il faut que le Poëte traite son Sujet selon le vray-semblable & le necessaire, Aristote le dit, & tous ses interpretes repetent les mesmes mots, qui leur semblent si clairs & si intelligibles, qu'aucun d'eux n'a daigné nous dire, non-plus que luy, ce que c'est que ce vray-semblable, & ce necessaire. Beaucoup mesme ont si peu consideré ce dernier, qui accompagne toûjours l'autre chez ce Philosophe, horsmis une seule fois, où il parle de la Comedie, qu'on en est venu jusqu'à établir une Maxime tres-fausse, qu'il faut que le Sujet d'une Tragedie soit vray-semblable ; appliquant ainsi aux conditions du Sujet la moitié de ce qu'il a dit de la maniere de le traiter. Ce n'est pas qu'on ne puisse faire une Tragedie d'un Sujet purement vray-semblable, il en donne pour exemple la *Fleur d'Agathon*, où les noms & les choses étoient de pure invention, aussi-bien qu'en la Comedie : mais les grands Sujets qui remuënt fortement les passions, & en opposent l'impetuosité aux loix du devoir, ou aux tendresses du sang, doivent toûjours aller au delà du vray-semblable, & ne trouveroient aucune croyance parmy les Auditeurs, s'ils n'étoient soûtenus, ou par l'authorité de l'Histoire qui persuade avec empire, ou par la préoccupation de l'opinion commune qui nous donne ces mesmes Auditeurs déja tous persuadez. Il n'est pas vray-semblable que Medée tuë ses enfans, que Clytemnestre assassine son mary, qu'Oreste poignarde sa mere : mais l'Histoire le dit, & la representation de ces grands crimes ne trouve point d'incredules. Il n'est ny vray, ny vray-semblable, qu'Andromede exposée à un Monstre marin aye esté garantie de ce peril par un Cavalier volant, qui avoit des aisles aux pieds ; mais c'est une fiction que l'Antiquité a receuë, & comme elle l'a transmise jusqu'à nous, personne ne s'en offense, quand il la voit sur le Théatre. Il ne seroit pas permis toutefois d'inventer sur ces exemples. Ce que la verité ou l'opinion fait accepter seroit rejetté, s'il n'avoit point d'autre fondement qu'une ressemblance à cette verité, ou à cette opinion. C'est pourquoy nostre Docteur dit que les Sujets viennent de la Fortune, qui fait arriver les choses, & non de l'Art qui les imagine. Elle est maitresse des Evenemens, & le choix qu'elle nous donne de ceux qu'elle nous presente, envelope une secrette défense d'entreprendre sur elle, & d'en produire sur la Scene qui ne soient pas de sa façon. Aussi les anciennes Tragedies se sont arrétées autour de peu de familles, parce qu'il étoit arrivé à peu de familles des choses dignes de la Tragedie. Les Siecles suivans nous en ont assez fourny, pour franchir ces bornes, & ne marcher plus sur les pas des Grecs ; mais je ne pense pas qu'ils nous ayent donné la liberté de nous écarter de leurs Regles. Il faut, s'il se peut, nous accommoder avec elles, & les amener jusques à nous. Le retranchement que nous avons fait des Chœurs nous oblige à remplir nos Poëmes de plus d'Episodes qu'ils ne faisoient, c'est quelque chose de plus, mais qui ne doit pas aller au delà de leurs Maximes, bien qu'il aille au delà de leur pratique.

Il faut donc sçavoir quelles sont ces Regles, mais nostre malheur est, qu'Aristote & Horace après luy en ont écrit assez obscurément pour avoir besoin d'interpretes, & que ceux qui leur en ont voulu servir jusques icy ne les ont souvent expliquez qu'en Grammairiens, ou en Philosophes. Comme ils avoient plus d'étude & de speculation, que d'experience du Théatre, leur lecture nous peut rendre plus doctes, mais non-pas nous donner beaucoup de lumieres fort seures pour y reüssir.

le hazar-

DV POEME DRAMATIQVE.

Ie hazarderay quelque chose sur trente ans de travail pour la Scene, & en diray mes pensées tout simplement, sans esprit de contestation qui m'engage à les soûtenir, & sans prétendre que personne renonce en ma faveur à celles qu'il en aura conceuës.

Ainsi ce que j'ay avancé dés l'entrée de ce Discours, que la Poësie Dramatique a pour but le seul plaisir des Spectateurs, n'est pas pour l'emporter opiniastrément sur ceux qui pensent ennoblir l'Art, en luy donnant pour objet, de profiter aussi-bien que de plaire. Cette dispute mesme seroit tres-inutile, puisqu'il est impossible de plaire selon les Regles, qu'il ne s'y rencontre beaucoup d'utilité. Il est vray qu'Aristote dans tout son Traité de la Poëtique n'a jamais employé ce mot une seule fois ; qu'il attribuë l'origine de la Poësie au plaisir que nous prenons à voir imiter les actions des hommes ; qu'il préfere la partie du Poëme qui regarde le Sujet à celle qui regarde les Mœurs, parce que cette premiere contient ce qui agrée le plus, comme les Agnitions & les Peripeties ; qu'il fait entrer dans la définition de la Tragedie l'agrément du discours dont elle est composée, & qu'il l'estime enfin plus que le Poëme Epique, en ce qu'elle a de plus la décoration exterieure & la Musique qui délectent puissamment, & qu'étant plus courte & moins diffuse, le plaisir qu'on y prend est plus parfait : mais il n'est pas moins vray qu'Horace nous apprend que nous ne sçaurions plaire à tout le monde, si nous n'y meslons l'utile, & que les gens graves & serieux, les vieillards, les amateurs de la vertu, s'y ennuyeront, s'ils n'y trouvent rien à profiter.

Centuriæ seniorum agitant expertia frugis.

Ainsi, quoy que l'utile n'y entre que sous la forme du delectable, il ne laisse pas d'y estre necessaire, & il vaut mieux examiner de quelle façon il y peut trouver sa place, que d'agiter, comme je l'ay déja dit, une question inutile touchant l'utilité de cette sorte de Poëmes. J'estime donc qu'il s'y en peut rencontrer de quatre sortes.

La premiere consiste aux Sentences & instructions Morales qu'on y peut semer presque par tout : mais il en faut user sobrement, les mettre rarement en discours generaux, ou ne les pousser guere loin, sur tout quand on fait parler un homme passionné, ou qu'on luy fait répondre par un autre ; car il ne doit avoir non plus de patience pour les entendre, que de quietude d'esprit pour les concevoir, & les dire. Dans les déliberations d'Etat, où un homme d'importance consulté par un Roy s'explique de sens rassis, ces sortes de discours trouvent lieu de plus d'étenduë ; mais enfin il est toûjours bon de les reduire souvent de la Thése à l'Hypothese, & j'aime mieux faire dire à un Acteur, l'Amour vous donne beaucoup d'inquietudes, que l'Amour donne beaucoup d'inquietudes aux esprits qu'il possede.

Ce n'est pas que je voulusse entierement bannir cette derniere façon de s'énoncer sur les Maximes de la Morale, & de la Politique. Tous mes Poëmes demeureroient bien estropiez, si on en retranchoit ce que j'y en ay meslé ; mais encor un coup, il ne les faut pas pousser loin sans les appliquer au particulier, autrement c'est un lieu commun, qui ne manque jamais d'ennuyer l'Auditeur, parce qu'il fait languir l'action, & quelque heureusement que reüssisse cet étalage de Moralitez, il faut toûjours craindre que ce ne soit un de ces ornements ambitieux, qu'Horace nous ordonne de retrancher.

J'avoüeray toutefois que les discours generaux ont souvent grace, quand celuy qui les prononce & celuy qui les écoute ont tous deux l'esprit assez tranquille, pour se donner raisonnablement cette patience. Dans le quatriéme Acte de Melite, la joye qu'elle a d'estre aimée de Tircis luy fait souffrir sans chagrin la remontrance de sa Nourrice, qui de son costé satisfait à cette démangeaison, qu'Horace attribuë aux vieilles gens, de faire des leçons aux jeunes ; mais si elle sçavoit que Tircis la crust infidelle, & qu'il en fust au desespoir, comme elle l'apprend en suite, elle n'en souffriroit pas quatre vers. Quelquefois mesme ces discours sont necessaires, pour appuyer des sentimens, dont le raisonnement ne se peut fonder sur aucune des actions particulieres de ceux dont on parle. Rodogune au premier Acte ne sçauroit justifier la défiance qu'elle a de Cleopatre, que par le peu de sincerité qu'il y a d'ordinaire dans les reconciliations des Grands après une offense signalée, parce que depuis le Traité de Paix, cette Reine n'a rien fait qui la doive rendre suspecte de cette haine, qu'elle luy conserve dans le cœur. L'asseurance que prend Melisse au quatriéme de la Suite du Menteur sur les premieres protestations d'amour que luy fait Dorante, qu'elle n'a veu qu'une seule fois, ne se peut authoriser que sur la facilité & la promptitude que deux Amants nez l'un pour l'autre ont à donner croyance à ce qu'ils s'entredisent ; & les douze vers qui expriment cette Moralité en termes generaux ont tellement plû, que beaucoup de gens d'esprit n'ont pas dédaigné d'en charger leur memoire. Vous en trouverez icy quelques autres de cette nature. La seule regle qu'on y peut établir, c'est qu'il les faut placer judicieusement, & sur tout les mettre en la bouche de gens qui ayent l'esprit sans embarras, & qui ne soient point emportez par la chaleur de l'action.

La seconde utilité du Poëme Dramatique se rencontre en la naïfve peinture des vices & des vertus, qui ne manque jamais à faire son effet, quand elle est bien achevée, & que les traits en sont si reconnoissables, qu'on ne les peut confondre l'un dans l'autre, ny prendre le vice pour vertu. Celle-cy se fait alors toûjours aimer, quoy que mal-heureuse, & celuy-là se fait toûjours haïr, bien que triomphant. Les Anciens se sont fort souvent contentez de cette peinture, sans se mettre en peine de

DV POEME DRAMATIQVE.

faire recompenser les bonnes actions, & punir les mauvaises. Clytemnestre & son adultere tuënt Agamemnon impunément ; Medée en fait autant de ses enfans, & Atrée de ceux de son frere Thyeste, qu'il luy fait manger. Il est vray qu'à bien considerer ces actions qu'ils choisissoient pour la Catastrophe de leurs Tragedies, c'étoient des criminels qu'ils faisoient punir, mais par des crimes plus grands que les leurs. Thyeste avoit abusé de la femme de son frere ; mais la vangeance qu'il en prend a quelque chose de plus affreux que ce premier crime. Iason étoit un perfide d'abandonner Medée, à qui il devoit tout ; mais massacrer ses enfans à ses yeux est quelque chose de plus. Clytemnestre se plaignoit des concubines qu'Agamemnon ramenoit de Troye ; mais il n'avoit point attenté sur sa vie, comme elle fait sur la sienne : & ces Maistres de l'Art ont trouvé le crime de son fils Oreste, qui la tuë pour vanger son pere, encor plus grand que le sien, puisqu'ils luy ont donné des Furies vangeresses pour le tourmenter, & n'en ont point donné à sa mere, qu'ils font joüir paisiblement avec son Ægiste du Royaume d'un mary qu'elle avoit assassiné.

Nostre Theatre souffre difficilement de pareils Sujets : le Thyeste de Seneque n'y a pas été fort heureux : sa Medée y a trouvé plus de faveur, mais aussi, à le bien prendre, la perfidie de Iason & la violence du Roy de Corinthe la font paroistre si injustement opprimée, que l'Auditeur entre aisément dans ses interests, & regarde sa vangeance comme une justice qu'elle se fait elle-mesme de ceux qui l'oppriment.

C'est cet interest qu'on aime à prendre pour les vertueux, qui a obligé d'en venir à cette autre maniere de finir le Poëme Dramatique par la punition des mauvaises actions & la recompense des bonnes, qui n'est pas un precepte de l'Art, mais un usage que nous avons embrassé, dont chacun peut se départir à ses perils. Il étoit dès le temps d'Aristote, & peut-estre qu'il ne plaisoit pas trop à ce Philosophe, puisqu'il dit, qu'il n'a eu vogue que par l'imbecillité du jugement des Spectateurs, & que ceux qui le pratiquent s'accommodent au goust du Peuple, & écrivent selon les souhaits de leur Auditoire. En effet, il est certain que nous ne sçaurions voir un honneste homme sur nostre Theatre, sans luy souhaiter de la prosperité, & nous fascher de ses infortunes. Cela fait que quand il en demeure accablé, nous sortons avec chagrin, & remportons une espece d'indignation contre l'Autheur & les Acteurs : mais quand l'évenement remplit nos souhaits, & que la vertu y est couronnée, nous sortons avec pleine joye, & remportons une entiere satisfaction, & de l'Ouvrage, & de ceux qui l'ont representé. Le succez heureux de la vertu, en dépit des traverses & des perils, nous excite à l'embrasser, & le succez funeste du crime ou de l'injustice est capable de nous en augmenter l'horreur naturelle par l'apprehension d'un pareil malheur.

C'est en cela que consiste la troisiéme utilité du Theatre, comme la quatriéme en la purgation des passions par le moyen de la pitié, & de la crainte. Mais comme cette utilité est particuliere à la Tragedie, je m'expliqueray sur cet Article au second Volume, où je traiteray de la Tragedie en particulier, & passe à l'examen des parties qu'Aristote attribuë au Poëme Dramatique. Ie dis au Poëme Dramatique en general, bien qu'en traitant cette matiere il ne parle que de la Tragedie; parce que tout ce qu'il en dit convient aussi à la Comedie, & que la difference de ces deux especes de Poëmes ne consiste qu'en la dignité des Personnages, & des actions qu'ils imitent, & non pas en la façon de les imiter, ny aux choses qui servent à cette imitation.

Le Poëme est composé de deux sortes de parties. Les unes sont appellées parties de quantité, ou d'extension, & Aristote en nomme quatre, le Prologue, l'Episode, l'Exode, & le Chœur. Les autres se peuvent nommer des parties integrales, qui se rencontrent dans chacune de ces premieres pour former tout le corps avec elles. Ce Philosophe y en trouve six, le Sujet, les Mœurs, les Sentiments, la Diction, la Musique, & la Décoration du Theatre. De ces six, il n'y a que le Sujet dont la bonne constitution dépende proprement de l'Art Poëtique; les autres ont besoin d'autres Arts subsidiaires. Les Mœurs, de la Morale; les Sentiments, de la Rhetorique; la Diction, de la Grammaire; & les deux autres parties ont chacune leur Art, dont il n'est pas besoin que le Poëte soit instruit, parce qu'il y peut faire suppléer par d'autres que luy, ce qui fait qu'Aristote ne les traite pas. Mais comme il faut qu'il execute luy-mesme ce qui concerne les quatre premieres, la connoissance des Arts dont elles dépendent luy est absolument necessaire, à moins qu'il aye receu de la Nature un sens commun assez fort & assez profond, pour suppléer à ce defaut.

Les conditions du Sujet sont diverses pour la Tragedie, & pour la Comedie. Ie ne toucheray à present qu'à ce qui regarde cette derniere, qu'Aristote définit simplement, une imitation de personnes basses, & fourbes. Ie ne puis m'empescher de dire que cette définition ne me satisfait point; & puisque beaucoup de Sçavants tiennent que son Traité de la Poëtique n'est pas venu tout entier jusques à nous, je veux croire que dans ce que le temps nous en a desrobé, il s'en rencontroit une plus achevée.

La Poësie Dramatique selon luy est une imitation des actions, & il s'arrête icy à la condition des personnes, sans dire quelles doivent estre ces actions. Quoy qu'il en soit, cette définition avoit du rapport à l'usage de son temps, où l'on ne faisoit parler dans la Comedie que des personnes d'une condition tres-mediocre; mais elle n'a pas une entiere justesse pour le nostre, où les Rois mesme y peuvent entrer, quand leurs

DV POEME DRAMATIQVE.

actions ne sont point au dessus d'elle. Lors qu'on met sur la Scene un simple intrique d'amour entre des Rois, & qu'ils ne courent aucun peril, ny de leur vie, ny de leur Etat, je ne croy pas que bien que les personnes soient illustres, l'action le soit assez pour s'élever jusques à la Tragedie. Sa dignité demande quelque grand interest d'Etat, ou quelque passion plus noble & plus masle que l'amour, telles que sont l'ambition, ou la vangeance; & veut donner à craindre des malheurs plus grands, que la perte d'une Maîtresse. Il est à propos d'y mesler l'amour, parce qu'il a toûjours beaucoup d'agrément, & peut servir de fondement à ces interests, & à ces autres passions dont je parle; mais il faut qu'il se contente du second rang dans le Poëme, & leur laisse le premier.

Cette Maxime semblera nouvelle d'abord: elle est toutefois de la pratique des Anciens, chez qui nous ne voyons aucune Tragedie, où il n'y aye qu'un interest d'amour à démesler. Au contraire, ils l'en bannissoient souvent, & ceux qui voudront considerer les miennes, reconnoistront qu'à leur exemple je ne luy ay jamais laissé y prendre le pas devant, & que dans le Cid mesme, qui est sans contredit la Piece la plus amoureuse que j'aye faite, le devoir de la naissance & le soin de l'honneur l'emportent sur toutes les tendresses, qu'il inspire aux Amants que j'y fais parler.

Je diray plus. Bien qu'il y aye de grands interests d'Etat dans un Poëme, & que le soin qu'une personne Royale doit avoir de sa gloire fasse taire sa passion, comme en Don Sanche; s'il ne s'y rencontre point de peril de vie, de pertes d'Etats, ou de bannissement, je ne pense pas qu'il aye droit de prendre un nom plus relevé que celuy de Comedie: mais pour répondre aucunement à la dignité des personnes dont celuy-là represente les actions, je me suis hazardé d'y ajouster l'Epithete d'Heroique pour le distinguer d'avec les Comedies ordinaires. Cela est sans exemple parmy les Anciens; mais aussi il est sans exemple parmy eux de mettre des Rois sur le Theatre, sans quelqu'un de ces grands perils. Nous ne devons pas nous attacher si servilement à leur imitation, que nous n'osions essayer quelque chose de nous mesmes, quand cela ne renverse point les Regles de l'Art; ne fust-ce que pour meriter cette loüange que donnoit Horace aux Poëtes de son temps,

Nec minimum meruere decus, vestigia Græca
Ausi deserere,

& n'avoir point de part en ce honteux Eloge,

O imitatores, servum pecus.

Ce qui nous sert maintenant d'exemple, dit Tacite, a été autrefois sans exemple, & ce que nous faisons sans exemple en pourra servir un jour.

La Comedie differe donc en cela de la Tragedie, que celle-cy veut pour son Sujet, une action illustre, extraordinaire, serieuse; celle-là s'arrête à une action commune & enjoüée: celle-cy demande de grands perils *pour ses Heros*, celle-là se contente de l'inquietude & des déplaisirs de ceux à qui elle donne le premier rang parmy ses Acteurs. Toutes les deux ont cela de commun, que cette action doit estre complete & achevée ; c'est à dire, que dans l'évenement qui la termine, le Spectateur doit estre si bien instruit des sentiments de tous ceux qui y ont eu quelque part, qu'il sorte l'esprit en repos, & ne soit plus en doute de rien. Cinna conspire contre Auguste, sa conspiration est découverte, Auguste le fait arrêter. Si le Poëme en demeuroit-là, l'action ne seroit pas complete, parce que l'Auditeur sortiroit dans l'incertitude de ce que cet Empereur auroit ordonné de cet ingrat favory. Ptolomée craint que Cesar qui vient en Egypte ne favorise sa Sœur dont il est amoureux, & ne le force à luy rendre sa part du Royaume, que son Pere luy a laissée par Testament : pour attirer la faveur de son costé par un grand service, il luy immole Pompée ; ce n'est pas assez, il faut voir comment Cesar recevra ce grand sacrifice. Il arrive, il s'en fasche, il menace Ptolomée, il le veut obliger d'immoler les Conseillers de cet attentat à cet illustre mort ; ce Roy surpris de cette reception si peu attenduë se resout à prévenir Cesar, & conspire contre luy, pour éviter par sa perte le malheur dont il se voit menacé ; ce n'est pas encor assez, il faut sçavoir ce qui reüssira de cette conspiration. Cesar en a l'avis, & Ptolomée perissant dans un combat avec ses Ministres, laisse Cleopatre en paisible possession du Royaume dont elle demandoit la moitié, & Cesar hors de peril ; l'Auditeur n'a plus rien à demander, & sort satisfait, parce que l'action est complete.

Ie connois des gens d'esprit, & des plus sçavants en l'Art Poëtique, qui m'imputent d'avoir negligé d'achever le Cid, & quelques autres de mes Poëmes, parce que je n'y conclus pas précisément le Mariage des premiers Acteurs, & que je ne les envoye point marier au sortir du Theatre. A quoy il est aisé de répondre, que le Mariage n'est point un achevement necessaire pour la Tragedie heureuse, ny mesme pour la Comedie. Quant à la premiere, c'est le peril d'un Heros qui la constituë, & lors qu'il en est sorty, l'action est terminée. Bien qu'il aye de l'amour, il n'est point besoin qu'il parle d'épouser sa Maîtresse quand la bienseance ne le permet pas, & il suffit d'en donner l'idée après en avoir levé tous les empeschemens, sans luy en faire déterminer le iour. Ce seroit une chose insupportable que Chimene en convinst avec Rodrigue dès le lendemain qu'il a tué son pere, & Rodrigue seroit ridicule, s'il faisoit la moindre démonstration de le desirer. Ie dis la mesme chose d'Antiochus. Il ne pourroit dire de douceurs à Rodogune qui ne fussent de mauvaise grace, dans l'instant que sa mère se vient d'empoisonner à leurs yeux, & meurt dans la rage de n'avoir pû les faire perir avec elle. Pour la Comedie, Aristote ne luy impose point d'autre devoir pour conclusion, que de rendre amis ceux qui étoient ennemis. Ce qu'il faut entendre un peu plus generalement que les termes ne semblent porter, & l'étendre à la reconciliation de toute sorte de mauvaise intelligence ; comme quand un fils rentre aux bonnes graces d'un pere, qu'on a veu en colere contre luy pour ses débauches, ce qui est une fin assez ordinaire aux anciennes Comedies ; ou que deux Amants separez par quelque fourbe qu'on leur a faite, ou par quelque pouvoir dominant, se reünissent par l'éclaircissement de cette fourbe, ou par le consentement de ceux qui y mettoient obstacle ; ce qui arrive presque toûjours dans les nostres, qui n'ont que tres-rarement une autre fin que des mariages. Nous devons toutefois prendre garde que ce consentement ne vienne pas par un simple changement de volonté, mais par un évenement qui en fournisse l'occasion. Autrement il n'y auroit pas grand artifice au dénoüement d'une Piece, si apres l'avoir soûtenuë durant quatre Actes sur l'authorité d'un pere qui n'approuve point les inclinations amoureuses de son fils, ou de sa fille, il y consentoit tout d'un coup au cinquiéme par cette seule raison que c'est le cinquiéme, & que l'Autheur n'oseroit en faire six. Il faut un effet considerable qui l'y oblige, comme si l'Amant de sa fille luy sauvoit la vie en quelque rencontre, où il fust prest d'estre assassiné par ses ennemis, ou que par quelque accident inesperé il fust reconnu pour estre de plus grande condition, & mieux dans la fortune, qu'il ne paroissoit.

Comme il est necessaire que l'action soit complete, il faut aussi n'ajouster rien au delà, parce que quand l'effet est arrivé, l'Auditeur ne souhaite plus rien & s'ennuye de tout le reste. Ainsi les sentimens de joye qu'ont deux Amans qui se voyent reünis apres de longues traverses, doivent estre bien courts, & je ne sçay pas quelle grace a euë chez les Atheniens la contestation de Menelas & de Teucer pour la sepulture d'Aiax, que Sophocle fait mourir au quatriéme Acte ; mais je sçay bien que de nostre temps la dispute du mesme Aiax & d'Vlisse pour les armes d'Achille apres sa mort, lassa fort les oreilles, bien qu'elle partist d'une bonne main. Ie ne puis déguiser mesme que j'ay peine encore à comprendre comment on a pû souffrir le cinquiéme de Melite & de la Veufve. On n'y voit les premiers Acteurs que reünis ensemble, & ils n'y ont plus d'interest qu'à sçavoir les Autheurs de la fausseté ou de la violence qui les a separez. Cependant ils en pouvoient estre déja instruits, si je l'eusse voulu, & semblent n'estre plus sur le Theatre que pour servir de témoins au Mariage de ceux du second ordre, ce qui fait languir toute cette fin, où ils n'ont point de part. Ie n'ose attribuer le bonheur qu'eurent ces deux Comedies à l'ignorance des Preceptes, qui étoit assez generale en ce temps-là, d'autant que ces mesmes Preceptes bien, ou mal observez, doivent faire leur effet, bon, ou mauvais, sur ceux mesme qui faute de les sçavoir s'abandonnent au coùrant des sentimens naturels : mais je ne puis que je n'avouë du moins, que la vieille habitude qu'on avoit alors à ne voir rien de mieux ordonné a été cause qu'on ne s'est pas indigné contre ces defauts, & que la nouveauté d'un genre de Comedie tres-agreable, & qui jusques-là n'avoit point paru sur la Scene, a fait qu'on a voulu trouver belles toutes les parties d'un corps qui plaisoit à la veuë, bien qu'il n'eut pas toutes ses proportions dans leur justesse.

La Comedie & la Tragedie se ressemblent encor en ce que l'action qu'elles choisissent pour imiter doit avoir une juste grandeur, c'est à dire, qu'elle ne doit estre, ny si petite, qu'elle échappe à la veuë comme un atome, ny si vaste, qu'elle confonde la memoire de l'Auditeur, & égare son imagination. C'est ainsi qu'Aristote explique cette condition du Poëme, & ajouste que pour estre d'une juste grandeur, elle doit avoir un commencement, un milieu, & une fin. Ces termes sont si generaux, qu'ils semblent ne signifier rien ; mais à les bien entendre, ils excluënt les actions momentanées qui n'ont point ces trois parties. Telle est peut-estre la mort de la sœur d'Horace, qui se fait tout d'un coup sans aucune préparation dans les trois Actes qui la precedent ; & je m'asseure que si Cinna attendoit au cinquiéme à conspirer contre Auguste, & qu'il consumast les quatre autres en protestations d'amour à Æmilie, ou en jalousies contre Maxime, cette conspiration surprenante feroit bien des révoltes dans les esprits, à qui ces quatre premiers auroient fait attendre toute autre chose.

Il faut donc qu'une action pour estre d'une juste grandeur aye un commencement, un milieu, & une fin. Cinna conspire contre Auguste & rend conte de sa conspiration à Æmilie, voilà le commencement; Maxime en fait avertir Auguste, voilà le milieu ; Auguste luy pardonne, voilà la fin. Ainsi dans les Comedies de ce premier Volume, j'ay presque toujours étably deux Amans en bonne intelligence, je les ay brouillez ensemble par quelque fourbe, & les ay reünis par l'éclaircissement de cette mesme fourbe qui les separoit.

A ce que je viens de dire de la juste grandeur de l'action j'ajouste un mot touchant celle de sa represéntation, que nous bornons d'ordinaire à un peu moins de deux heures. Quelques-uns reduisent le nombre des Vers qu'on y recite à quinze cens, & veulent que les Pieces de Theatre ne puissent aller jusqu'à dix-huit, sans laisser un chagrin capable de faire oublier les plus belles choses. J'ay été plus heureux que leur Regle ne me le permet, en ayant pour l'ordinaire donné deux mille aux Comedies, & un peu plus de dix-huit cens aux Tragedies, sans avoir sujet de me plaindre que mon Auditoire ait montré trop de chagrin pour cette longueur.

C'est assez parlé du Sujet de la Comedie, & des conditions qui luy
font neces-

DV POEME DRAMATIQVE.

font neceſſaires. La vray-ſemblance en eſt une dont je parleray en un autre lieu ; il y a de plus, que les évenemens en doivent toûjours eſtre heureux, ce qui n'eſt pas une obligation de la Tragedie, où nous avons le choix de faire un changement de bonheur en malheur, ou de malheur en bonheur. Cela n'a pas beſoin de Commentaire, je viens à la ſeconde Partie du Poëme, qui ſont les Mœurs.

Ariſtote leur preſcrit quatre conditions, qu'elles ſoient bonnes, convenables, ſemblables & égales. Ce ſont des termes qu'il a ſi peu expliquez, qu'il nous laiſſe grand lieu de douter de ce qu'il veut dire.

Je ne puis comprendre comment on a voulu entendre par ce mot de bonnes, qu'il faut qu'elles ſoient vertueuſes. La pluſpart des Poëmes tant anciens que modernes demeureroient en un pitoyable état ſi l'on en retranchoit tout ce qui s'y rencontre de perſonnages méchans, ou vicieux, ou tachez de quelque foibleſſe, qui s'accorde mal avec la vertu. Horace a pris ſoin de décrire en general les mœurs de chaque âge, & leur attribuë plus de defauts que de perfections, & quand il nous preſcrit de peindre Medée fiere & indomptable, Ixion perfide, Achille emporté de colere, juſqu'à maintenir que les loix ne ſont pas faites pour luy, & ne vouloir prendre droit que par les armes, il ne nous donne pas de grandes vertus à exprimer. Il faut donc trouver une bonté compatible avec ces ſortes de Mœurs, & s'il m'eſt permis de dire mes conjectures ſur ce qu'Ariſtote nous demande par là, je croy que c'eſt le caractere brillant & élevé d'une habitude vertueuſe, ou criminelle, ſelon qu'elle eſt propre & convenable à la perſonne qu'on introduit. Cleopatre dans Rodogune eſt tres-méchante, il n'y a point de parricide qui luy faſſe horreur, pourveu qu'il la puiſſe conſerver ſur un troſne qu'elle préfere à toutes choſes, tant ſon attachement à la domination eſt violent ; mais tous ſes crimes ſont accompagnez d'une grandeur d'ame, qui a quelque choſe de ſi haut, qu'en meſme temps qu'on déteſte ſes actions, on admire la ſource dont elles partent. J'oſe dire la meſme choſe du Menteur. Il eſt hors de doute que c'eſt une habitude vicieuſe que de mentir, mais il debite ſes menteries avec une telle preſence d'eſprit, & tant de vivacité, que cette imperfection a bonne grace en ſa perſonne, & fait confeſſer aux Spectateurs que le talent de mentir ainſi eſt un vice dont les ſots ne ſont point capables. Pour troiſiéme exemple, ceux qui voudront examiner la maniere dont Horace décrit la colere d'Achille, ne s'éloigneront pas de ma penſée. Elle a pour fondement un paſſage d'Ariſtote qui ſuit d'aſſez près celuy que je taſche d'expliquer. La Poëſie, dit-il, eſt une imitation de gens meilleurs qu'ils n'ont été, & comme les Peintres font ſouvent des portraits flatez, qui ſont plus beaux que l'Original, & conſervent toutefois la reſſemblance ; ainſi les Poëtes repreſentant des hommes coleres, ou faineans, doivent tirer une haute idée de ces qualitez qu'ils leurs attribuent, en sorte qu'il s'y trouve un bel exemplaire d'équité, ou de dureté, & c'est ainsi qu'Homere a fait Achille bon. Ce dernier mot est à remarquer, pour faire voir qu'Homere a donné aux emportemens de la colere d'Achille, cette bonté necessaire aux Mœurs, que je fais consister en cette élevation de leur caractere, & dont Robortel parle ainsi. Vnumquodque genus per se supremos quosdam habet decoris gradus, & absolutissimam recipit formam, non tamen degenerans à sua natura & effigie pristina.

Ce texte d'Aristote que je viens de citer peut faire de la peine, en ce qu'il porte que les Mœurs des hommes coleres, ou faineants, doivent estre peintes dans un tel degré d'excellence, qu'il s'y rencontre un haut exemplaire d'équité, ou de dureté. Il y a du rapport de la dureté à la colere, & c'est ce qu'attribuë Horace à celle d'Achille, en ce vers.

   Iracundus, inexorabilis, acer.

Mais il n'y en a point de l'équité à la faineantise, & je ne puis voir quelle part elle peut avoir en son caractere. C'est ce qui me fait douter si le mot Grec ῥαθύμους, a été rendu dans le sens d'Aristote par les interpretes Latins que j'ay suivis. Pacius le tourne desides, Victorius, inertes, Heinsius, segnes, & le mot de faineants dont je me suis servy pour le mettre en nostre Langue répond assez à ces trois versions : mais Castelvetro le rend en la sienne par celuy de mansueti, debonnaires, ou pleins de mansuetude ; & non seulement ce mot a une opposition plus juste à celuy de coleres, mais aussi il s'accorderoit mieux avec cette habitude, qu'Aristote appelle, ἐπιείκειαν, dont il nous demande un bel exemplaire. Ces trois intrepretes traduisent ce mot Grec par celuy d'équité ou de probité, qui répondroit mieux au mansueti de l'Italien, qu'à leurs segnes, desides, inertes, pourveu qu'on n'entendist par là qu'une bonté naturelle, qui ne se fasche que mal-aisément ; mais j'aimerois mieux encor celuy de piacevolezza, dont l'autre se sert pour l'exprimer en sa Langue, & je croy que pour luy laisser sa force en la nostre, on le pourroit tourner par celuy de condescendance, ou facilité équitable d'approuver, excuser, & supporter tout ce qui arrive. Ce n'est pas que je me veüille faire juge entre de si grands hommes ; mais je ne puis dissimuler que la version Italienne de ce passage me semble avoir quelque chose de plus juste que ces trois Latines. Dans cette diversité d'interpretations, chacun est en liberté de choisir, puisque mesme on a droit de les rejetter toutes, quand il s'en presente une nouvelle qui plaist davantage, & que les opinions des plus sçavans ne sont pas des loix pour nous.

Il me vient encor une autre conjecture touchant ce qu'entend Aristote par cette bonté de Mœurs, qu'il leur impose pour premiere condition, C'est qu'elles doivent estre vertueuses, tant qu'il se peut, en sorte que nous n'exposions point de vicieux, ou de criminels sur le Theatre, si le Sujet que nous traitons n'en a besoin. Il donne lieu luy mesme à cette pensée, lors que voulant marquer un exemple d'une faute contre cette Regle, il se sert de celuy de Menelas dans l'Oreste d'Euripide, dont le defaut ne consiste pas en ce qu'il est injuste, mais en ce qu'il l'est sans necessité.

Ie trouve dans Castelvetro une troisiéme explication qui pourroit ne déplaire pas, qui est, que cette bonté de Mœurs ne regarde que le premier Personnage qui doit toûjours se faire aimer, & par consequent estre vertueux, & non pas ceux qui le persecutent, ou le font perir ; mais comme c'est restraindre à un seul ce qu'Aristote dit en general, j'aimerois mieux m'arrêter, pour l'intelligence de cette premiere condition, à cette élevation, ou perfection de caractere dont j'ay parlé, qui peut convenir à tous ceux qui paroissent sur la Scene, & je ne pourrois suivre cette derniere interpretation, sans condamner le Menteur dont l'habitude est vicieuse, bien qu'il tienne le premier rang dans la Comedie qui porte ce titre.

En second lieu, les Mœurs doivent estre convenables. Cette condition est plus aisée à entendre que la premiere. Le Poëte doit considerer l'âge, la dignité, la naissance, l'employ, & le païs de ceux qu'il introduit : il faut qu'il sçache ce qu'on doit à sa Patrie, à ses parens, à ses amis, à son Roy ; quel est l'office d'un Magistrat, ou d'un General d'Armée, afin qu'il puisse y conformer ceux qu'il veut faire aimer aux Spectateurs, & en éloigner ceux qu'il leur veut faire hair ; car c'est une Maxime infaillible, que pour bien reüssir, il faut interesser l'Auditoire pour les premiers Acteurs. Il est bon de remarquer encor que ce qu'Horace dit des Mœurs de chaque âge n'est pas une Regle, dont on ne se puisse dispenser sans scrupule. Il fait les jeunes gens prodigues, & les vieillards avares ; le contraire arrive tous les jours sans merveille, mais il ne faut pas que l'un agisse à la maniere de l'autre, bien qu'il aye quelquefois des habitudes & des passions qui conviendroient mieux à l'autre. C'est le propre d'un jeune homme d'estre amoureux, & non pas d'un vieillard, cela n'empesche pas qu'un vieillard ne le devienne ; les exemples en sont assez souvent devant nos yeux ; mais il passeroit pour fou, s'il vouloit faire l'amour en jeune homme, & s'il pretendoit se faire aimer par les bonnes qualitez de sa personne. Il peut esperer qu'on l'écoutera, mais cette espérance doit estre fondée sur son bien, ou sur sa qualité, & non pas sur ses merites ; & ses pretensions ne peuvent estre raisonnables, s'il ne croit avoir affaire à une ame assez interessée, pour déferer tout à l'éclat des richesses, ou à l'ambition du rang.

La qualité de semblables, qu'Aristote demande aux Mœurs, regarde particulierement les personnes que l'Histoire ou la Fable nous fait connoistre, & qu'il faut toûjours peindre telles que nous les y trouvons. C'est ce que veut dire Horace par ce vers.

Sit Medea ferox invictaque.

Qui peindroit Vlisse en grand guerrier, ou Achille en grand discoureur, ou Medée en femme fort soûmise, s'exposeroit à la risée publique. Ainsi ces deux qualitez, dont quelques interpretes ont beaucoup de peine à trouver la difference qu'Aristote veut qui soit entre elles sans la designer, s'accorderont aisément, pourveu qu'on les sepáre, & qu'on donne celle de convenables aux personnes imaginées, qui n'ont jamais eu d'estre que dans l'esprit du Poëte, en reservant l'autre pour celles qui sont connuës par l'Histoire, ou par la Fable, comme je le viens de dire.

Il reste à parler de l'égalité, qui nous oblige à conserver jusqu'à la fin à nos Personnages les Mœurs que nous leur avons données au commencement.
           servetur ad imum
  Qualis ab incepto processerit, & sibi constet.

L'inégalité y peut toutefois entrer sans defaut, non seulement quand nous introduisons des personnes d'un esprit leger & inégal, mais encor lors qu'en conservant l'égalité au dedans, nous donnons l'inégalité au dehors selon les occasions. Telle est celle de Chiméne du costé de l'amour, elle aime toûjours fortement Rodrigue dans son cœur, mais cet amour agit autrement en presence du Roy, autrement en celle de l'Infante, & autrement en celle de Rodrigue, & c'est ce qu'Aristote appelle des Mœurs inégalement égales.

Il se presente une difficulté à éclaircir sur cette matiere, touchant ce qu'entend Aristote lors qu'il dit, que la Tragedie se peut faire sans Mœurs, & que la pluspart de celles des Modernes de son temps n'en ont point. *Le sens de ce Passage est assez mal-aisé à concevoir, veu que selon luy-mesme c'est par les Mœurs qu'un homme est méchant ou homme de bien, spirituel ou stupide, timide ou hardy, constant ou irresolu, bon ou mauvais Politique, & qu'il est impossible qu'on en mette aucun sur le Theatre qui ne soit bon, ou méchant, & qui n'aye quelqu'une de ces autres qualitez. Pour accorder ces deux sentimens qui semblent opposez l'un à l'autre, j'ay remarqué que ce Philosophe dit en suite, que si un Poëte a fait de belles Narrations Morales, & des discours bien sententieux, il n'a fait encor rien par là qui concerne la Tragedie.* Cela m'a fait considerer que les Mœurs ne sont pas seulement le principe des actions, mais aussi du raisonnement. Vn homme de bien agit & raisonne en homme de bien, un méchant agit & raisonne en méchant, & l'un & l'autre étale de diverses Maximes de Morale, suivant cette diverse habitude. C'est donc de ces Maximes, que cette habitude produit, que la Tragedie peut se passer, & non pas de l'habitude mesme, puisque elle est le principe des actions, & que les actions sont l'ame de la Tragedie, où l'on ne doit parler qu'en agissant & pour agir. *Ainsi pour expliquer ce passage d'Aristote par l'autre, nous pouvons dire, que quand il parle*

DV POEME DRAMATIQVE. xxj

d'une Tragedie sans Mœurs, il entend une Tragedie où les Acteurs énoncent simplement leurs sentimens, ou ne les appuyent que sur des raisonnemens tirez du fait, comme Cleopatre dans le second Acte de Rodogune, & non pas sur des Maximes de Morale ou de Politique, comme Rodogune dans son premier Acte. Car, je le repete encor, faire un Poëme de Theatre, où aucun des Acteurs ne soit bon ny méchant, prudent ny imprudent, cela est absolument impossible.

Aprés les Mœurs viennent les Sentimens, par où l'Acteur fait connoistre ce qu'il veut ou ne veut pas, en quoy il peut se contenter d'un simple témoignage de ce qu'il se propose de faire, sans le fortifier de raisonnemens moraux, comme je le viens de dire. Cette partie a besoin de la Rhetorique pour peindre les passions & les troubles de l'esprit, pour consulter, deliberer, exagerer, ou extenuer, mais il y a cette difference pour ce regard entre le Poëte Dramatique, & l'Orateur, que celuy-cy peut étaler son Art & le rendre remarquable avec pleine liberté, & que l'autre doit le cacher avec soin, parce que ce n'est jamais luy qui parle, & que ceux qu'il fait parler ne sont pas des Orateurs.

La Diction dépend de la Grammaire. Aristote luy attribuë les Figures, que nous ne laissons pas d'appeller communément Figures de Rhetorique. Je n'ay rien à dire là-dessus, sinon que le langage doit estre net, les Figures placées à propos & diversifiées, & la versification aisée, & élevée au dessus de la Prose, mais non pas jusqu'à l'enflure du Poëme Epique, puisque ceux que le Poëte fait parler ne sont pas des Poëtes.

Le retranchement que nous avons fait des Chœurs, a retranché la Musique de nos Poëmes. Vne chanson y a quelquefois bonne grace, & dans les Pieces de Machines cet ornement est redevenu necessaire pour remplir les oreilles de l'Auditeur, cependant que ces Machines descendent.

La décoration du Theatre a besoin de trois Arts pour la rendre belle, de la Peinture, de l'Architecture, & de la Perspective. Aristote pretend que cette partie non-plus que la precedente ne regarde pas le Poëte, & comme il ne la traite point, je me dispenseray d'en dire plus qu'il ne m'en a appris.

Pour achever ce discours, je n'ay plus qu'à parler des parties de quantité, qui sont le Prologue, l'Episode, l'Exode, & le Chœur. Le Prologue est ce qui se recite avant le premier chant du Chœur. L'Episode, ce qui se recite entre les chants du Chœur. Et l'Exode, ce qui se recite aprés le dernier chant du Chœur. Voilà tout ce que nous en dit Aristote, qui nous marque plûtost la situation de ces parties, & l'ordre qu'elles ont entre elles dans la representation, que la part de l'action qu'elles doivent contenir. Ainsi pour les appliquer à nostre usage, le Prologue est nostre premier Acte, l'Episode fait les trois suivants, l'Exode le dernier.

DISCOVRS

Je dis que le Prologue est ce qui se recite devant le premier chant du Chœur, bien que la version ordinaire porte, devant la premiere entrée du Chœur, ce qui nous embarasseroit fort, veu que dans beaucoup de Tragedies Grecques le Chœur parle le premier, & ainsi elles manqueroient de cette partie, ce qu'Aristote n'eut pas manqué de remarquer. Pour m'enhardir à changer ce terme, afin de lever la difficulté, j'ay consideré qu'encore que le mot Grec πάροδος dont se sert icy ce Philosophe, signifie communément l'entrée en un chemin ou Place publique, qui étoit le lieu ordinaire où nos Anciens faisoient parler leurs Acteurs : en cet endroit toutefois il ne peut signifier que le premier chant du Chœur. C'est ce qu'il m'apprend luy-mesme un peu après, en disant que le πάροδος du Chœur est la premiere chose que dit tout le Chœur ensemble. Or quand le Chœur entier disoit quelque chose, il chantoit, & quand il parloit sans chanter, il n'y avoit qu'un de ceux dont il étoit composé qui parlast au nom de tous. La raison en est que le Chœur alors tenoit lieu d'Acteur, & que ce qu'il disoit servoit à l'action, & devoit par consequent estre entendu, ce qui n'eust pas été possible, si tous ceux qui le composoient, & qui étoient quelquefois jusqu'au nombre de cinquante, eussent parlé, ou chanté tous à la fois. Il faut donc rejetter ce premier πάροδος du Chœur, qui est la borne du Prologue, à la premiere fois qu'il demeuroit seul sur le Theatre & chantoit : jusque-là il n'y étoit introduit que parlant avec un Acteur par une seule bouche, ou s'il y demeuroit seul sans chanter, il se separoit en deux demy-Chœurs, qui ne parloient non plus chacun de leur costé que par un seul organe, afin que l'Auditeur pust entendre ce qu'ils disoient, & s'instruire de ce qu'il falloit qu'il apprist pour l'intelligence de l'action.

Ie reduis ce Prologue à nostre premier Acte, suivant l'intention d'Aristote, & pour suppléer en quelque façon à ce qu'il ne nous a pas dit, ou que les années nous ont dérobé de son livre, je diray qu'il doit contenir les semences de tout ce qui doit arriver, tant pour l'action principale, que pour les Episodiques, en sorte qu'il n'entre aucun Acteur dans les Actes suivans, qui ne soit connu par ce premier, ou du moins appellé par quelqu'un qui y aura été introduit. Cette Maxime est nouvelle & assez severe, & je ne l'ay pas toûjours gardée; mais j'estime qu'elle sert beaucoup à fonder une veritable unité d'action, par la liaison de toutes celles qui concurrent dans le Poëme. Les Anciens s'en sont fort écartez, particulierement dans les Agnitions, pour lesquelles ils se sont presque toûjours servis de gens qui survenoient par hazard au cinquiéme Acte, & ne seroient arrivez qu'au dixiéme, si la Piece en eust eu dix. Tel est ce Vieillard de Corinthe dans l'Oedipe de Sophocle & de Seneque, où il semble tomber des Nuës par miracle, en un temps où les Acteurs ne sçauroient plus par où en prendre, ny quelle posture tenir, s'il arrivoit une heure

DV POEME DRAMATIQVE.

plus tard. Ie ne l'ay introduit qu'au cinquiéme Acte non-plus qu'eux; mais j'ay préparé sa venuë dés le premier, en faisant dire à Oedipe qu'il attend dans le jour la Nouvelle de la mort de son pere. Ainsi dans la Vefue, bien que Celidan ne paroisse qu'au troisiéme, il y est amené par Alcidon qui est du premier. Il n'en est pas de mesme des Maures dans le Cid, pour lesquels il n'y a aucune préparation au premier Acte. Le Plaideur de Poitiers dans le Menteur avoit le mesme defaut, mais j'ay trouvé le moyen d'y remedier en cette Edition, où le Desnouëment se trouve préparé par Philiste, & non plus par luy.

Ie voudrois donc que le premier Acte continst le fondement de toutes les actions, & fermast la porte à tout ce qu'on voudroit introduire d'ailleurs dans le reste du Poëme. Encor que souvent il ne donne pas toutes les lumieres necessaires pour l'entiere intelligence du Sujet; & que tous les Acteurs n'y paroissent pas, il suffit qu'on y parle d'eux, ou que ceux qu'on y fait paroistre ayent besoin de les aller chercher, pour venir à bout de leurs intentions. Ce que je dis ne se doit entendre que des Personnages qui agissent dans la Piece par quelque propre interest considerable, ou qui apportent une Nouvelle importante qui produit un notable effet. Vn Domestique qui n'agit que par l'ordre de son maistre, un Confident qui reçoit le secret de son amy, & le plaint dans son malheur, un pere qui ne se montre que pour consentir ou contredire le Mariage de ses enfans, une femme qui console & conseille son mary, en un mot, tous ces gens sans action n'ont point besoin d'estre insinuez au premier Acte; & quand je n'y aurois point parlé de Livie dans Cinna, j'aurois pû la faire entrer au quatriéme, sans pecher contre cette Regle. Mais je souhaiterois qu'on l'observast inviolablement, quand on fait concurrer deux actions differentes, bien qu'en suite elles se meslent ensemble. La conspiration de Cinna, & la consultation d'Auguste avec luy & Maxime n'ont aucune liaison entre elles, & ne font que concurrer d'abord, bien que le resultat de l'une produise de beaux effets pour l'autre, & soit cause que Maxime en fait découurir le secret à cet Empereur. Il a été besoin d'en donner l'idée dés le premier Acte, où Auguste mande Cinna & Maxime. On n'en sçait pas la cause, mais enfin il les mande, & cela suffit pour faire une surprise tres-agreable, de le voir deliberer s'il quittera l'Empire, ou non, avec deux hommes qui ont conspiré contre luy. Cette surprise auroit perdu la moitié de ses graces, s'il ne les eust point mandez dés le premier Acte, ou si on n'y eust point connu Maxime pour un des Chefs de ce grand dessein. Dans Don Sanche, le choix que la Reine de Castille doit faire d'un mary, & le rappel de celle d'Arragon dans ses Etats, sont deux choses tout à fait differentes, aussi sont-elles proposées toutes deux au premier Acte, & quand on introduit deux sortes d'Amours, il ne faut jamais y manquer.

Ce premier Acte s'appelloit Prologue du temps d'Aristote, & communément on y faisoit l'ouverture du Sujet, pour instruire le Spectateur de tout ce qui s'étoit passé avant le commencement de l'action qu'on alloit representer, & de tout ce qu'il falloit qu'il sceust pour comprendre ce qu'il alloit voir. La maniere de donner cette intelligence a changé suivant les temps. Euripide en a usé assez grossierement, en introduisant, tantost un Dieu dans une Machine, par qui les Spectateurs recevoient cet éclaircissement, & tantost un de ses principaux Personnages qui les en instruisoit luy-mesme, comme dans son Iphigenie, & dans son Helene, où ces deux Heroïnes racontent d'abord toute leur histoire, & l'apprennent à l'Auditeur, sans avoir aucun Acteur avec elles à qui adresser leur discours.

Ce n'est pas que je vueille dire, que quand un Acteur parle seul, il ne puisse instruire l'Auditeur de beaucoup de choses ; mais il faut que ce soit par les sentimens d'une passion qui l'agite, & non pas par une simple Narration. Le Monologue d'Æmilie, qui ouvre le Theatre dans Cinna, fait assez connoistre qu'Auguste a fait mourir son pere, & que pour vanger sa mort elle engage son Amant à conspirer contre luy ; mais c'est par le trouble & la crainte que le peril où elle expose Cinna jette dans son ame, que nous en avons la connoissance. Sur tout le Poëte se doit souvenir, que quand un Acteur est seul sur le Theatre, il est présumé ne faire que s'entretenir en luy-mesme, & ne parle qu'afin que le Spectateur sçache dequoy il s'entretient, & à quoy il pense. Ainsi ce seroit une faute insupportable, si un autre Acteur apprenoit par là ses secrets. On excuse cela dans une passion si violente, qu'elle force d'éclater, bien qu'on n'aye personne à qui la faire entendre, & je ne le voudrois pas condamner en un autre ; mais j'aurois de la peine à me le souffrir.

Plaute a crû remedier à ce desordre d'Euripide, en introduisant un Prologue détaché, qui se recitoit par un Personnage, qui n'avoit quelquefois autre nom que celuy de Prologue, & n'étoit point du tout du corps de la Piece. Aussi ne parloit-il qu'aux Spectateurs, pour les instruire de ce qui avoit precedé, & amener le Sujet jusques au premier Acte, où commençoit l'action.

Terence, qui est venu depuis luy, a gardé ces Prologues, & en a changé la matiere. Il les a employez à faire son Apologie contre ses envieux, & pour ouvrir son Sujet, il a introduit une nouvelle sorte de Personnages, qu'on a appellez Protatiques, parce qu'ils ne paroissoient que dans la Protase, où se doit faire la proposition & l'ouverture du Sujet. Ils en écoutoient l'histoire, qui leur étoit racontée par un autre Acteur, & par ce recit qu'on leur en faisoit l'Auditeur demeuroit instruit de ce qu'il devoit sçavoir, touchant les interests des premiers Acteurs,

avant

avant qu'ils paruſſent ſur le Theatre. Tels ſont Soſie dans ſon Andrienne, & Davus dans ſon Phormion, qu'on ne revoit plus apres la narration, & qui ne ſervent qu'à l'écouter. Cette Methode eſt fort artificieuſe, mais je voudrois pour ſa perfection que ces meſmes Perſonnages ſerviſſent encor à quelque autre choſe dans la Piece, & qu'ils y fuſſent introduits par quelque autre occaſion que celle d'écouter ce recit. Pollux dans Medée eſt de cette nature. Il paſſe par Corinthe en allant au mariage de ſa ſœur, & s'étonne d'y rencontrer Iaſon qu'il croyoit en Theſſalie; il apprend de luy ſa fortune, & ſon divorce avec Medée, pour épouſer Creüſe, qu'il aide en ſuite à ſauver des mains d'Ægée qui l'avoit fait enlever, & raiſonne avec le Roy ſur la défiance qu'il doit avoir des preſens de Medée. Toutes les Pieces n'ont pas beſoin de ces éclairciſſemens, & par conſequent on ſe peut paſſer ſouvent de ces Perſonnages, dont Terence ne s'eſt ſervy que ces deux fois dans les ſix Comedies que nous avons de luy.

Noſtre Siecle a inventé une autre eſpece de Prologue pour les Pieces de Machines, qui ne touche point au Sujet, & n'eſt qu'une loüange adroite du Prince, devant qui ces Poëmes doivent eſtre repreſentez. Dans l'Andromede, Melpomene emprunte au Soleil ſes rayons pour éclairer ſon Theatre en faveur du Roy, pour qui elle a préparé un ſpectacle magnifique. Le Prologue de la Toiſon d'Or ſur le mariage de ſa Majeſté, & la Paix avec l'Eſpagne, a quelque choſe encor de plus éclatant. Ces Prologues doivent avoir beaucoup d'invention, & je ne penſe pas qu'on y puiſſe raiſonnablement introduire que des Dieux imaginaires de l'Antiquité, qui ne laiſſent pas toutefois de parler des choſes de noſtre temps, par une fiction Poëtique, qui fait un grand accommodement de Theatre.

L'Epiſode ſelon Ariſtote en cet endroit, ſont nos trois Actes du milieu; mais comme il applique ce nom ailleurs aux actions qui ſont hors de la principale, & qui luy ſervent d'un ornement dont elle ſe pourroit paſſer, je diray que bien que ces trois Actes s'appellent Epiſode, ce n'eſt pas à dire qu'ils ne ſoient compoſez que d'Epiſodes. La conſultation d'Auguſte au ſecond de Cinna, les remords de cet ingrat, ce qu'il en découvre à Æmilie, & l'effort que fait Maxime pour perſuader à cet objet de ſon amour caché de s'enfuir avec luy, ne ſont que des Epiſodes; mais l'avis que fait donner Maxime par Euphorbe à l'Empereur, les irreſolutions de ce Prince, & les conſeils de Livie, ſont de l'action principale; & dans Heraclius, ces trois Actes ont plus d'action principale, que d'Epiſodes. Ces Epiſodes ſont de deux ſortes, & peuvent eſtre compoſez des actions particulieres des principaux Acteurs, dont toutefois l'action principale pourroit ſe paſſer, ou des intereſts des ſeconds Amants qu'on introduit, & qu'on appelle communément des Perſonnages Epiſodiques. Les uns & les autres doivent avoir leur fondement dans le premier Acte,

& *estre attachez, à l'action principale; c'est à dire, y servir de quelque chose, & particulierement ces Personnages Episodiques doivent s'embarasser si bien avec les premiers, qu'un seul intrique broüille les uns & les autres. Aristote blasme fort les Episodes détachez, & dit que les mauvais Poëtes en font par ignorance, & les bons en faveur des Comediens pour leur donner de l'employ. L'Infante du Cid est de ce nombre, & on la pourra condamner, ou luy faire grace par ce texte d'Aristote, suivant le rang qu'on voudra me donner parmy nos Modernes.*

Ie ne diray rien de l'Exode, qui n'est autre chose que nostre cinquiéme Acte. Ie pense en avoir expliqué le principal employ, quand j'ay dit que l'action du Poëme Dramatique devoit estre complete. Ie n'y ajousteray que ce mot; qu'il faut, s'il se peut, luy reserver toute la Catastrophe, & mesme la reculer vers la fin autant qu'il est possible. Plus on la differe, plus les esprits demeurent suspendus, & l'impatience qu'ils ont de sçavoir de quel costé elle tournera, est cause qu'ils la reçoivent avec plus de plaisir: ce qui n'arrive pas quand elle commence avec cet Acte. L'Auditeur qui la sçait trop tost n'a plus de curiosité, & son attention languit durant tout le reste, qui ne luy apprend rien de nouveau. Le contraire s'est veu dans la Mariane, dont la mort, bien qu'arrivée dans l'intervalle qui separe le quatriéme Acte du cinquiéme, n'a pas empesché que les déplaisirs d'Herode, qui occupent tout ce dernier, n'ayent plû extraordinairement. Mais je ne conseillerois à personne de s'asseurer sur cet exemple. Il ne se fait pas des miracles tous les jours, & quoy que feu Mr Tristan eust bien merité ce beau succès par le grand effort d'esprit qu'il avoit fait à peindre les desespoirs de ce Monarque, peut-estre que l'excellence de l'Acteur, qui en soûtenoit le Personnage, y contribuoit beaucoup.

Voilà ce qui m'est venu en pensée touchant le but, les utilitez, & les parties du Poëme Dramatique. Quelques Personnes de condition, qui peuvent tout sur moy, ont voulu que je donnasse mes sentimens au Public, sur les Regles d'un Art qu'il y a si long-temps que je pratique assez heureusement. Comme ce Recueil a été separé en trois Volumes dans l'impression qui s'en est faite in Octavo, j'avois separé les principales matieres en trois Discours, pour leur servir de Préfaces. Ie parle au second des conditions particulieres de la Tragedie, des qualitez des Personnes & des évenemens qui luy peuvent fournir de Sujet, & de la maniere de le traiter selon le vray-semblable ou le necessaire. Ie m'explique dans le troisiéme sur les trois unitez, d'action, de jour, & de lieu. Cette entreprise meritoit une longue & tres-exacte étude de tous les Poëmes qui nous restent de l'Antiquité, & de tous ceux qui ont commenté les Traitez, qu'Aristote & Horace ont fait de l'Art Poëtique, ou qui en ont écrit en particulier: mais je n'ay pû me resoudre à en prendre le loisir; & je m'asseure que beaucoup de mes Lecteurs me pardonneront aisément cette paresse, & ne seront pas faschez, que je

DV POEME DRAMATIQVE.

donne à des productions nouvelles le temps qu'il m'eust fallu consumer à des remarques sur celles des autres Siecles. I'y fais quelques courses, & y prens des exemples quand ma memoire m'en peut fournir. Ie n'en cherche de Modernes que chez moy, tant parce que je connois mieux mes ouvrages que ceux des autres, & en suis plus le maistre, que parce que je ne veux pas m'exposer au peril de déplaire à ceux que je reprendrois en quelque chose, ou que je ne loüerois pas assez en ce qu'ils ont fait d'excellent. I'écris sans ambition, & sans esprit de contestation, je l'ay déja dit. Ie tasche de suivre toûjours le sentiment d'Aristote dans les matieres qu'il a traitées, & comme peut-estre je l'entens à ma mode, je ne suis point jaloux qu'un autre l'entende à la sienne. Le Commentaire dont je m'y sers le plus, est l'experience du Theatre, & les reflexions sur ce que j'ay veu y plaire, ou déplaire. I'ay pris pour m'expliquer un stile simple, & me contente d'une expression nuë de mes opinions, bonnes ou mauvaises, sans y rechercher aucun enrichissement d'Eloquence. Il me suffit de me faire entendre, je ne pretens pas qu'on admire icy ma façon d'écrire, & ne fais point de scrupule de m'y servir souvent des mesmes termes, ne fust-ce que pour épargner le temps d'en chercher d'autres, dont peut-estre la varieté ne diroit pas si justement ce que je veux dire. I'ajouste à ces trois Discours generaux l'examen de chacun de mes Poëmes en particulier, afin de voir en quoy ils s'écartent, ou se conforment aux Regles que j'établis. Ie n'en dissimuleray point les defauts, & en revanche je me donneray la liberté de remarquer ce que j'y trouveray de moins imparfait. Monsieur de Balzac accorde ce Privilege à une certaine espece de gens, & soûtient qu'ils peuvent dire d'eux-mesmes par franchise, ce que d'autres diroient par vanité. Ie ne sçay si j'en suis, mais je veux avoir assez bonne opinion de moy pour n'en desesperer pas.

EXAMEN
DES POEMES CONTENVS
en cette Premiere Partie.

MELITE.

CETTE Piece fut mon coup d'essay, & elle n'a garde d'estre dans les Regles ; puisque je ne sçavois pas alors qu'il y en eust. Ie n'avois pour guide qu'un peu de sens commun, avec les exemples de feu Mr Hardy, dont la veine étoit plus feconde que polie, & de quelques Modernes, qui commençoient à se produire, & n'étoient pas plus Reguliers que luy. Le succez en fut surprenant. Il établit une nouvelle troupe de Comediens à Paris, malgré le merite de celle qui étoit en possession de s'y voir l'unique ; il égala tout ce qui s'étoit fait de plus beau jusques alors, & me fit connoistre à la Cour. Ce sens commun, qui étoit toute ma Regle, m'avoit fait trouver l'unité d'action pour broüiller quatre Amans par un seul intrique, & m'avoit donné assez d'aversion de cet horrible déreglement qui mettoit Paris, Rome, & Constantinople sur le mesme Theatre, pour reduire le mien dans une seule Ville.

La nouveauté de ce genre de Comedie, dont il n'y a point d'exemple en aucune Langue, & le stile naïf, qui faisoit une peinture de la conversation des honnestes gens, furent sans doute cause de ce bonheur surprenant, qui fit alors tant de bruit. On n'avoit jamais veu jusques-là que la Comedie fist rire sans Personnages ridicules, tels que les valets boufons, les Parasites, les Capitans, les Docteurs, &c. Celle-cy faisoit son effet par l'humeur enjoüée de gens d'une condition au dessus de ceux qu'on voit dans les Comedies de Plaute & de Terence, qui n'étoient que des Marchands. Avec tout cela, j'avouë que l'Auditeur fut bien facile à donner son approbation à une Piece, dont le nœud n'avoit aucune *justesse. Eraste* y fait contrefaire des lettres de *Melite*, & les porter à *Philandre*. Ce *Philandre* est bien credule de se persuader d'estre aimé d'une personne qu'il n'a jamais entretenuë, dont il ne connoit point l'écriture, & qui luy défend de l'aller voir; cependant qu'elle reçoit les visites d'un autre, avec qui il doit avoir une amitié assez étroite, puisqu'il est accordé de sa sœur. Il fait plus, sur la legereté d'une croyance si peu raisonnable, il renonce à une affection dont il étoit asseuré, & qui étoit preste d'avoir son effet. *Eraste* n'est pas moins ridicule que luy, de s'imaginer que sa fourbe causera cette rupture, qui seroit toutefois inutile à son dessein, s'il ne sçavoit de certitude que *Philandre*, malgré le secret qu'il luy fait demander par *Melite* dans ces fausses lettres, ne manquera pas à les montrer à *Tircis*; que cet Amant favorisé, croira plûtost un caractere qu'il n'a jamais veu, que les asseurances d'amour qu'il reçoit tous les jours de sa Maîtresse; & qu'il rompra avec elle sans luy parler, de peur de s'en éclaircir. Cette pretension d'*Eraste* ne pouvoit estre supportable à moins d'une revelation, & *Tircis* qui est l'honneste homme de la Piece, n'a pas l'esprit moins leger que les deux autres, de s'abandonner au desespoir par une mesme facilité de croyance, à la veuë de ce caractere inconnu. Les sentimens de douleur qu'il en peut legitimement concevoir, devroient du moins l'emporter à faire quelques reproches à celle dont il se croit trahy, & luy donner par là l'occasion de le desabuser. La folie d'*Eraste*, n'est pas de meilleure trempe. Je la condamnois deslors en mon ame; mais comme c'étoit un ornement de Theatre qui ne manquoit jamais de plaire, & se faisoit souvent admirer, j'affectay volontiers ces grands égaremens, & en tiray un effet que je tiendrois encor admirable en ce temps. C'est la maniere dont *Eraste* fait connoistre à *Philandre*, en le prenant pour *Minos*, la fourbe qu'il luy a faite, & l'erreur où il l'a jetté. Dans tout ce que j'ay fait depuis, je ne pense pas qu'il se rencontre rien de plus adroit pour un dénoüement.

Tout le cinquiéme Acte peut passer pour inutile. *Tircis* & *Melite* se sont raccommodez avant qu'il commence, & par consequent l'action est terminée. Il n'est plus question que de sçavoir qui a fait la supposition des lettres, & ils pouvoient l'avoir sçeu de *Cloris*, à qui *Philandre* l'avoit dit pour se justifier. Il est vray que cet Acte retire *Eraste* de folie, qu'il le reconcilie avec les deux Amants, & fait son mariage avec *Cloris*; mais tout cela ne regarde plus qu'une action Épisodique, qui ne doit pas amuser le Theatre, quand la principale est finie; & sur tout ce mariage à si peu d'apparence, qu'il est aisé de voir qu'on ne le propose, que pour satisfaire à la coûtume de ce temps-là, qui étoit de marier tout ce qu'on introduisoit sur la Scene. Il semble mesme que le Personnage de *Philandre*, qui part avec un ressentiment ridicule, dont on ne craint pas

l'effet, ne soit point achevé, & qu'il luy falloit quelque cousine de Melite, ou quelque sœur d'Eraste, pour le reünir avec les autres. Mais
deslors je ne m'assujettissois pas tout à fait à cette mode, & me contentay
de faire voir l'assiette de son esprit, sans prendre soin de le pourvoir d'une
autre femme.

 Quant à la durée de l'action, il est assez visible qu'elle passe l'unité
de jour, mais ce n'en est pas le seul defaut ; il y a de plus une inégalité
d'intervalle entre les Actes qu'il faut éviter. Il doit s'estre passé huit ou
quinze jours entre le premier & le second, & autant entre le second &
le troisiéme ; mais du troisiéme au quatriéme il n'est pas besoin de plus
d'une heure, & il en faut encor moins entre les deux derniers, de peur
de donner le temps de se rallentir à cette chaleur, qui jette Eraste dans
l'égarement d'esprit. Ie ne sçay mesme si les Personnages qui paroissent
deux fois dans un mesme Acte (posé que cela soit permis, ce que j'exa-
mineray ailleurs) je ne sçay, dis-je, s'ils ont le loisir d'aller d'un quartier de la Ville à l'autre, puisque ces quartiers doivent estre si éloignez
l'un de l'autre, que les Acteurs ayent lieu de ne pas s'entreconnoistre.
Au premier Acte, Tircis après avoir quitté Melite chez elle, n'a que
le temps d'environ soixante vers pour aller chez luy, où il rencontre
Philandre avec sa sœur, & n'en a guere davantage au second à refai-
re le mesme chemin. Ie sçay bien que la representation racourcit la
durée de l'action, & qu'elle fait voir en deux heures, sans sortir de la
Regle, ce qui souvent a besoin d'un jour entier pour s'effectuer : mais
je voudrois, que pour mettre les choses dans leur justesse, ce raccour-
cissement se ménageast dans les intervalles des Actes, & que le temps
qu'il faut perdre s'y perdist, en sorte que chaque Acte n'en eust pour
la partie de l'action qu'il represente, que ce qu'il en faut pour sa representation.

 Ce coup d'essay a sans doute encor d'autres irregularitez, mais je ne
m'attache pas à les examiner si ponctuellement, que je m'obstine à n'en
vouloir oublier aucune : je pense avoir marqué les plus notables, & pour
peu que le Lecteur aye d'indulgence pour moy, j'espere qu'il ne s'offence-
ra pas d'un peu de negligence pour le reste.

CLITANDRE.

UN voyage que je fis à Paris pour voir le succès de Melite, m'apprit qu'elle n'étoit pas dans les vingt & quatre heures. C'étoit
l'unique Regle que l'on connust en ce temps-là. J'entendis que ceux du
métier la blâmoient de peu d'effets, & de ce que le stile en étoit trop fa-
milier. Pour la justifier contre cette censure par une espece de bravade,

& montrer que ce genre de Pieces avoit les vrayes beautez de Theatre, j'entrepris d'en faire une reguliere (c'est à dire dans ces vingt & quatre heures) pleine d'incidents, & d'un stile plus eslevé, mais qui ne vaudroit rien du tout ; enquoy je reüssis parfaitement. Le stile en est veritablement plus fort que celuy de l'autre, mais c'est tout ce qu'on y peut trouver de supportable. Il est meslé de pointes, comme dans cette premiere, mais ce n'étoit pas alors un si grand vice dans le choix des pensées, que la Scene en dust estre entierement purgée. Pour la constitution, elle est si desordonnée, que vous avez de la peine à deviner qui sont les premiers Acteurs. Rosidor & Caliste sont ceux qui le paroissent le plus par l'avantage de leur caractere, & de leur amour mutuel ; mais leur action finit dès le premier Acte avec leur peril, & ce qu'ils disent au troisiéme & au cinquiéme ne fait que montrer leurs visages, attendant que les autres achevent. Pymante & Dorise y ont le plus grand employ, mais ce ne sont que deux criminels, qui cherchent à éviter la punition de leurs crimes, & dont mesme le premier en attente de plus grands, pour mettre à couvert les autres. Clitandre, autour de qui semble tourner le nœud de la Piece, puisque les premieres actions vont à le faire coupable, & les dernieres à le justifier, n'en peut estre qu'un Heros bien ennuyeux, qui n'est introduit que pour déclamer en prison, & ne parle pas mesme à cette Maîtresse, dont les dédains servent de couleur à le faire passer pour criminel. Tout le cinquiéme Acte languit comme celuy de Melite après la conclusion des Episodes, & n'a rien de surprenant, puisque dès le quatriéme on devine tout ce qui doit y arriver, horsmis le mariage de Clitandre avec Dorise qui est encor plus étrange que celuy d'Eraste, & dont on n'a garde de se défier.

Le Roy & le Prince son fils y paroissent dans un employ fort au dessous de leur dignité. L'un n'y est que comme juge, & l'autre comme confident de son favory. Ce defaut n'a pas accoûtumé de passer pour defaut, aussi n'est-ce qu'un sentiment particulier dont je me fais une Regle, qui peut-estre ne semblera pas déraisonnable, bien que nouvelle.

Pour m'expliquer, je dis qu'un Roy, un heritier de la Couronne, un Gouverneur de Province, & generalement un homme d'authorité, peut paroistre sur le Theatre en trois façons : comme Roy, comme homme, & comme Iuge ; quelquefois avec deux de ces qualitez, quelquefois avec toutes les trois ensemble. Il paroist comme Roy seulement, quand il n'a interest qu'à la conservation de son Trosne, ou de sa vie qu'on attaque pour changer l'Etat, sans avoir l'esprit agité d'aucune passion particuliere ; & c'est ainsi qu'Auguste agit dans Cinna, & Phocas dans Heraclius. Il paroist comme homme seulement, quand il n'a que l'interest d'une passion à suivre, ou à vaincre, sans aucun peril pour son Etat ; & tel est Grimoald dans les trois premiers Actes de Pertharite, & les deux Reines dans Don Sanche. Il ne paroist enfin que comme Iuge, quand il est introduit sans aucun interest pour son Etat, ny pour sa personne, ny pour ses affections, mais seulement pour regler celuy des autres, comme dans ce Poëme, & dans le Cid, & l'on ne peut pas desavoüer qu'en cette derniere posture il remplit assez mal la dignité d'un si grand Tiltre, n'ayant aucune part en l'action, que celle qu'il y veut prendre pour d'autres, & demeurant bien éloigné de l'éclat des deux autres manieres. Aussi l'on ne le donne jamais à representer aux meilleurs Acteurs, mais il faut qu'il se contente de passer par la bouche de ceux du second, ou du troisiéme ordre. Il peut paroistre comme Roy, & comme homme tout à la fois, quand il a un grand interest d'état, & une forte passion tout ensemble à soûtenir, comme Antiochus dans Rodogune, & Nicomede dans la Tragedie qui porte son nom ; & c'est à mon avis la plus digne maniere, & la plus avantageuse de mettre sur la Scene des gens de cette condition ; parce qu'ils attirent alors toute l'action à eux, & ne manquent jamais d'estre representez par les premiers Acteurs. Il ne me vient point d'exemple en la memoire où un Roy paroisse comme homme & comme Iuge, avec un interest de passion pour luy, & un soin de régler ceux des autres, sans aucun peril pour son Etat: mais pour voir les trois manieres ensemble, on les peut aucunement remarquer dans les deux Gouverneurs d'Armenie, & de Syrie, que j'ay introduits, l'un dans Polyeucte, & l'autre dans Theodore. Ie dis aucunement, parce que la tendresse que l'un a pour son gendre, & l'autre pour son fils, qui est ce qui les fait paroistre comme hommes, agit si foiblement, qu'elle semble étouffée sous le soin qu'a l'un & l'autre de conserver sa dignité, dont ils font tous deux leur capital, & qu'ainsi on peut dire en rigueur, qu'ils ne paroissent que comme Gouverneurs qui craignent de se perdre, & comme juges qui par cette crainte dominante condamnent, ou plûtost s'immolent ce qu'ils voudroient conserver.

Les Monologues sont trop longs, & trop frequents en cette Piece ; c'étoit une beauté en ce temps-là, les Comediens les souhaitoient, & croyoient y paroistre avec plus d'avantage. La Mode a si bien changé, que la pluspart de mes derniers Ouvrages n'en ont aucun, & vous n'en trouverez point dans Pompée, la Suite du Menteur, Theodore, & Pertharite, ny dans Heraclius, Andromede, Oedipe, & la Toison d'Or, à la reserve des Stances.

Pour le lieu, il a encor plus d'étenduë, ou si vous voulez souffrir ce mot, plus de libertinage icy, que dans Melite : il comprend un Chasteau d'un Roy avec une forest voisine, comme pourroit estre celuy de Saint Germain, & est bien éloigné de l'exactitude que les severes Critiques y demandent.

LA VEVFVE.

LA VEVFVE.

CEtte Comedie n'est pas plus reguliere que Melite en ce qui regarde l'unité de lieu, & a le mesme defaut au cinquiéme Acte, qui se passe en complimens pour venir à la conclusion d'un amour Episodique, avec cette difference toutefois, que le mariage de Celidan avec Doris a plus de justesse dans celle-cy, que celuy d'Eraste avec Cloris dans l'autre. Elle a quelque chose de mieux ordonné pour le temps en general, qui n'est pas si vague que dans Melite, & a ses intervalles mieux proportionnez par cinq jours consecutifs. C'étoit un temperament que je croyois lors fort raisonnable entre la rigueur des vingt & quatre heures, & cette étenduë libertine qui n'avoit aucunes bornes. Mais elle a ce mesme defaut dans le particulier de la durée de chaque Acte, que souvent celle de l'action y excede de beaucoup celle de la representation. Dans le commencement du premier, Philiste quitte Alcidon pour aller faire des visites avec Clarice, & paroist en la derniere Scene avec elle au sortir de ces visites qui doivent avoir consumé toute l'aprés-disnée, ou du moins la meilleure partie. La mesme chose se trouve au cinquiéme. Alcidon y fait partie avec Celidan d'aller voir Clarice sur le soir dans son Chasteau, où il la croit encor prisonniere, & se resout de faire part de sa joye à la Nourrice, qu'il n'oseroit voir de jour, de peur de faire soupçonner l'intelligence secrette & criminelle qu'ils ont ensemble; & environ cent vers aprés il vient chercher cette confidente chez Clarice, dont il ignore le retour. Il ne pouvoit estre qu'environ Midy quand il en a formé le dessein, puisque Celidan venoit de ramener Clarice, (ce que vray-semblablement il a fait le plûtost qu'il a pû, ayant un interest d'amour qui le pressoit de luy rendre ce service en faveur de son Amant) & quand il vient pour executer cette resolution, la nuit doit avoir déja assez d'obscurité pour cacher cette visite qu'il luy va rendre. L'excuse qu'on pourroit y donner aussi bien qu'à ce que j'ay remarqué de Tircis dans Melite, c'est qu'il n'y a point de liaison de Scenes, & par consequent point de continuité d'action. Ainsi l'on pourroit dire que ces Scenes détachées qui sont placées l'une aprés l'autre, ne s'entresuivent pas immediatement, & qu'il se consume un temps notable entre la fin de l'une & le commencement de l'autre; ce qui n'arrive point quand elles sont liées ensemble, cette liaison étant cause que l'une commence necessairement au mesme instant que l'autre finit.

Cette Comedie peut faire reconnoistre l'aversion naturelle que j'ay toûjours euë pour les A parte. Elle m'en donnoit de belles occasions, m'étant proposé d'y peindre un amour reciproque, qui parust dans les *entretiens de deux perſonnes qui ne parlent point d'amour enſemble, & de mettre des complimens d'amour ſuivis entre deux gens qui n'en ont point du tout l'un pour l'autre, & qui ſont toutefois obligez par des conſiderations particulieres de s'en rendre des témoignages mutuels. C'étoit un beau jeu pour ces discours à part ſi frequens chez les Anciens, & chez les Modernes de toutes les Langues: cependant j'ay ſi bien fait par le moyen des confidences qui ont précedé ces Scenes artificieuſes, & des reflexions qui les ont ſuivies, que ſans emprunter ce ſecours, l'amour a parû entre ceux qui n'en parlent point, & le mépris a été viſible entre ceux qui ſe font des proteſtations d'amour. La ſixiéme Scene du quatriéme Acte, ſemble commencer par ces A parte, & n'en a toutefois aucun. Celidan & la Nourrice y parlent veritablement chacun à part, mais en ſorte que chacun des deux veut bien que l'autre entende ce qu'il dit. La Nourrice cherche à donner à Celidan des marques d'une douleur tres-vive qu'elle n'a point, & en affecte d'autant plus les dehors pour l'éblouïr; & Celidan de ſon coſté veut qu'elle aye lieu de croire qu'il la cherche pour la tirer du peril où il feint qu'elle eſt, & qu'ainſi il la rencontre fort à propos. Le reſte de cette Scene eſt fort adroit par la maniere dont il dupe cette vieille, & luy arrache l'aveu d'une fourbe où on le vouloit prendre luy-meſme pour dupe. Il l'enferme de peur qu'elle ne faſſe encor quelque piece qui trouble ſon deſſein, & quelques-uns ont trouvé à dire qu'on ne parle point d'elle au cinquiéme. Mais ces ſortes de Perſonnages, qui n'agiſſent que pour l'intereſt des autres, ne ſont pas aſſez d'importance pour faire naiſtre une curioſité legitime de ſçavoir leurs ſentimens ſur l'évenement de la Comedie, où ils n'ont plus que faire, quand on n'y a plus affaire d'eux; & d'ailleurs Clarice y a trop de ſatisfaction de ſe voir hors du pouvoir de ſes raviſſeurs, & renduë à ſon Amant, pour penſer en ſa preſence à cette Nourrice, & prendre garde ſi elle eſt en ſa maiſon, ou ſi elle n'y eſt pas.*

Le ſtile n'eſt pas plus élevé icy que dans Melite, mais il eſt plus net & plus dégagé des pointes dont l'autre eſt ſemée, qui ne ſont, à en bien parler, que de fauſſes lumieres, dont le brillant marque bien quelque vivacité d'eſprit, mais ſans aucune ſolidité de raiſonnement. L'intrique y eſt auſſi beaucoup plus raiſonnable que dans l'autre, & Alcidon a lieu d'eſperer un bien plus heureux ſuccès de ſa fourbe, qu'Eraſte de la ſienne.

LA GALLERIE DV PALAIS.

CE tître ſeroit tout à fait irregulier, puiſqu'il n'eſt fondé que ſur le Spectacle du premier Acte, où commence l'amour de Dorimant pour Hyppolite, s'il n'étoit authoriſé par l'exemple des Anciens, qui

DE LA GALLERIE DV PALAIS.

étoient sans doute encor bien plus licentieux, quand ils ne donnoient à leurs Tragedies que le nom des Chœurs, qui n'étoient que témoins de l'action, comme les Trachiniennes, & les Phœniciennes. L'*Ajax* mesme de *Sophocle* ne porte pas pour titre, la mort d'Ajax, qui est sa principale action, mais Ajax porte-fovet, qui n'est que l'action du premier Acte. Ie ne parle point des *Nuës*, des *Guespes*, & des *Grenoüilles* d'*Aristophane* ; cecy doit suffire pour montrer que les Grecs nos premiers maistres ne s'attachoient point à la principale action, pour en faire porter le nom à leurs Ouvrages, & qu'ils ne gardoient aucune Regle sur cet Article. I'ay donc pris ce titre de la Gallerie du Palais, parce que la promesse de ce Spectacle extraordinaire, & agreable pour sa naïfveté, devoit exciter vray-semblablement la curiosité des Auditeurs, & ç'a été pour leur plaire plus d'une fois, que j'ay fait paroistre ce mesme Spectacle à la fin du quatriéme Acte, où il est entierement inutile, & n'est renoüé avec celuy du premier que par des valets, qui viennent prendre dans les boutiques ce que leurs Maistres y avoient acheté, ou voir si les Marchands ont receu les nippes qu'ils attendoient. Cette espece de renoüement luy étoit necessaire, afin qu'il eust quelque liaison qui luy fist trouver sa place, & qu'il ne fust pas tout à fait hors d'œuvre. La rencontre que j'y fais faire d'*Aronte* & de *Florice* est ce qui le fixe particulierement en ce lieu-là, & sans cet incident il eust été aussi propre à la fin du second, ou du troisiéme, qu'en la place qu'il occupe. Sans cet agrément la Piece auroit été tres-reguliere pour l'unité de lieu, & la liaison des Scenes, qui n'est interrompuë que par là. Celidée & Hyppolite sont deux voisines, dont les demeures ne sont separées que par le travers d'une ruë, & ne sont pas d'une condition trop élevée pour souffrir que leurs Amants les entretiennent à leur porté. Il est vray que ce qu'elles y disent seroit mieux dit dans une chambre, ou dans une Salle. Ce n'est que pour se faire voir aux Spectateurs qu'elles quittent cette porte où elles devroient estre retranchées, & viennent parler au milieu de la Scene; mais c'est un accommodement de Theatre qu'il faut souffrir, pour trouver cette rigoureuse unité de lieu qu'exigent les grands Reguliers. Il sort un peu de l'exacte vray-semblance, & de la bien-seance mesme; mais il est presque impossible d'en user autrement, & les Spectateurs y sont si accoutumez, qu'ils n'y trouvent rien qui les blesse. Les Anciens, sur les exemples desquels on a formé les Regles, se donnoient cette liberté. Ils choisissoient pour le lieu de leurs Comedies, & mesme de leurs Tragedies, une Place publique : mais je m'asseure qu'à les bien examiner, il y a plus de la moitié de ce qu'ils font dire qui seroit mieux dit dans la maison, qu'en cette Place. Ie n'en produiray qu'un exemple sur qui le Lecteur en pourra trouver d'autres.

L'*Andrienne* de *Terence* commence par le vieillard Simon, qui revient du Marché avec des valets chargez de ce qu'il vient d'achepter pour les nopces de son fils ; il leur commande d'entrer dans sa maison avec leur charge, & retient avec luy Sosie, pour luy apprendre que ces nopces ne sont que des nopces feintes, à dessein de voir ce qu'en dira son fils, qu'il croit engagé dans une autre affection dont il luy conte l'histoire. Ie ne pense pas qu'aucun me dénie qu'il seroit mieux dans sa Salle à luy faire confidence de ce secret, que dans une ruë. Dans la seconde Scene, il menace Davus de le maltraiter s'il fait aucune fourbe pour troubler ces nopces ; il le menaceroit plus à propos dans sa maison, qu'en Public, & la seule raison qui le fait parler devant son logis, c'est afin que ce Davus demeuré seul puisse voir Mysis sortir de chez Glycere, & qu'il se fasse une liaison d'œil entre ces deux Scenes : ce qui ne regarde pas l'action presente de cette premiere, qui se passeroit mieux dans la maison, mais une action future qu'ils ne prévoyent point, & qui est plûtost du dessein du Poëte, qui force un peu la vray-semblance pour observer les Regles de son Art, que du choix des Acteurs qui ont à parler, & qui ne seroient pas où les met le Poëte, s'il n'étoit question que de dire ce qu'il leur fait dire. Ie laisse aux curieux à examiner le reste de cette Comedie de Terence, & je veux croire qu'à moins que d'avoir l'esprit fort préoccupé d'un sentiment contraire, ils demeureront d'accord de ce que je dis.

Quant à la durée de cette Piece, elle est dans le mesme ordre que la precedente, c'est à dire dans cinq jours consecutifs. Le Stile en est plus fort, & plus dégagé des pointes dont j'ay parlé, qui s'y trouveront assez rares. Le Personnage de Nourrice qui est de la vieille Comedie, & que le manque d'Actrices sur nos Theatres y avoit conservé jusqu'alors, afin qu'un homme le pûst representer sous le masque, se trouve icy metamorphosé en celuy de Suivante, qu'une femme represente sur son visage. Le caractere des deux Amantes a quelque chose de choquant en ce qu'elles sont toutes deux amoureuses d'hommes qui ne le sont point d'elles, & Celidée particulierement s'emporte jusqu'à s'offrir elle mesme. On la pourroit excuser sur le violent dépit qu'elle a de s'estre veuë méprisée par son Amant, qui en sa presence mesme a conté des fleurettes à une autre, & j'aurois de plus à dire, que nous ne mettons pas sur la Scene des Personnages si parfaits, qu'ils ne soient sujets à des defauts, & aux foiblesses qu'impriment les passions : mais je veux bien avoüer que cela va trop avant, & passe trop la bien-seance, & la modestie du sexe, bien qu'absolument il ne soit pas condamnable. En recompense le cinquiéme Acte est moins trainant que celuy des precedentes, & conclud deux mariages sans laisser aucun mécontent, ce qui n'arrive pas dans celles-là.

LA SUIVANTE.

JE ne diray pas grand mal de celle-cy, que je tiens assez reguliere, bien qu'elle ne soit pas sans taches. Le Stile en est plus foible que celuy des autres. L'amour de Geraste pour Florise n'est point marqué dans le premier Acte, & ainsi la Protase comprend la premiere Scene du second, où il se presente avec sa confidente Celie, sans qu'on les connoisse, ny l'un, ny l'autre. Cela ne seroit pas vicieux, s'il ne s'y presentoit que comme pere de Daphnis, & qu'il ne s'expliquast que sur les interests de sa fille: mais il en a de si notables pour luy, qu'ils font le nœud, & le dénoüement. Ainsi c'est un defaut selon moy, qu'on ne le connoisse pas dès ce premier Acte. Il pourroit estre encor souffert comme Celidan dans la Vefue, si Florame l'alloit voir pour le faire consentir à son mariage avec sa fille, & que par occasion il luy proposast celuy de sa sœur pour luy-mesme ; car alors ce seroit Florame qui l'introduiroit dans la Piece, & il y seroit appellé par un Acteur agissant dès le commencement. Clarimond qui ne paroist qu'au troisiéme, est insinué dès le premier, où Daphnis parle de l'amour qu'il a pour elle, & avoüe qu'elle ne le dédaigneroit pas, s'il ressembloit à Florame. Ce mesme Clarimond fait venir son oncle Polemon au cinquiéme, & ces deux Acteurs ainsi sont exempts du defaut que je remarque en Geraste. L'entretien de Daphnis au troisiéme avec cet Amant dédaigné, a une affectation assez dangereuse, de ne dire que chacun un vers à la fois. Cela sort tout-à-fait du vray-semblable, puisque naturellement on ne peut estre si mesuré en ce qu'on s'entredit. Les exemples d'Euripide & de Seneque pourroient authoriser cette affectation qu'ils pratiquent si souvent, & mesme par discours generaux, qu'il semble que leurs Acteurs ne viennent quelquefois sur la Scene, que pour s'y battre à coups de Sentences ; mais c'est une beauté qu'il ne leur faut pas envier. Elle est trop fardée pour donner un amour raisonnable à ceux qui ont de bons yeux, & ne prend pas assez de soin de cacher l'artifice de ses parures, comme l'ordonne Aristote.

Geraste n'agit pas mal en vieillard amoureux, puisqu'il ne traite l'amour que par tierce personne, qu'il ne pretend estre considerable que par son bien, & qu'il ne se produit point aux yeux de sa Maistresse, de peur de luy donner du dégoust par sa presence. On peut douter s'il ne sort point du caractere des Vieillards, en ce qu'étans naturellement avares, ils considerent le bien plus que toute autre chose dans les mariages de leurs enfans, & que celuy-cy donne assez liberalement sa fille à Florame malgré son peu de fortune, pourveu qu'il en obtienne sa sœur. En cela j'ay suivy la peinture que fait *Quintilian* d'un vieux mary qui a épousé une jeune femme, & n'ay point fait de scrupule de l'appliquer à un Vieillard qui se veut marier. Les termes en sont si beaux, que je n'ose les gaster par ma traduction. *Genus infirmissimæ servitutis est senex maritus, & flagrantiùs uxoriæ charitatis ardorem frigidis concipimus affectibus.* C'est sur ces deux lignes que je me suis crû bien fondé à faire dire de ce bon-homme.

Que s'il pouvoit donner trois *Daphnis* pour *Florise*,
Il la tiendroit encore heureusement acquise.

Il peut naistre encor une autre difficulté sur ce que *Theante* & *Amarante* forment chacun un dessein, pour traverser les amours de *Florame* & *Daphnis*, & qu'ainsi ce sont deux intrigues qui rompent l'unité d'action. A quoy je répons premierement, que ces deux desseins formez en mesme temps, & continuez tous deux jusqu'au bout, font une concurrence qui n'empesche pas cette unité, ce qui ne seroit pas, si aprés celuy de *Theante* avorté *Amarante* en formoit un nouveau de sa part: En second lieu, que ces deux desseins ont une espece d'unité entr'eux, en ce que tous deux sont fondez sur l'amour que *Clarimond* a pour *Daphnis*, qui sert de pretexte à l'un & à l'autre; & enfin, que de ces deux desseins il n'y en a qu'un qui fasse effet, l'autre se détruisant de soy-mesme, & qu'ainsi la fourbe d'*Amarante* est le seul veritable nœud de cette Comedie, où le dessein de *Theante* ne sert qu'à un agreable Episode de deux honnestes gens qui joüent tour à tour un poltron, & le tournent en ridicule.

Il y avoit icy un aussi beau jeu pour les A parte qu'en la *Vefve*, mais j'y en fais voir la mesme aversion, avec cet avantage, qu'une seule Scene qui ouvre le Theatre donne icy l'intelligence du sens caché de ce que disent mes Acteurs, & qu'en l'autre j'en employe quatre ou cinq pour l'éclaircir.

L'unité de lieu est assez exactement gardée en cette Comedie, avec ce passedroit toutefois dont j'ay déja parlé, que tout ce que dit *Daphnis* à sa porte, ou en la ruë, seroit mieux dit dans sa chambre, où les Scenes qui se font sans elle & sans *Amarante*, ne peuvent se placer. C'est ce qui m'oblige à la faire sortir au dehors, afin qu'il y puisse avoir, & unité de lieu entiere, & liaison de Scene perpetuelle dans la Piece : ce qui ne pourroit estre, si elle parloit dans sa chambre, & les autres dans la ruë.

J'ay déja dit que je tiens impossible de choisir une Place publique pour le lieu de la Scene que cet inconvenient n'arrive ; j'en parleray encor plus au long quand je m'expliqueray sur l'unité de lieu. J'ay dit que la liaison de Scenes est icy perpetuelle, & j'y en ay mis de deux sortes, de presence, & de veuë. Quelques-uns ne veulent pas que quand un

Acteur sort du Theatre pour n'estre point veu de celuy qui y vient, cela fasse une liaison : mais je ne puis estre de leur avis sur ce point, & tiens que c'en est une suffisante, quand l'Acteur qui entre sur le Theatre voit celuy qui en sort, ou que celuy qui sort voit celuy qui entre ; soit qu'il le cherche, soit qu'il le fuye, soit qu'il le voye simplement sans avoir interest à le chercher, ny à le fuir. Aussi j'appelle en general une liaison de veuë, ce qu'ils nomment une liaison de recherche. I'avouë que cette liaison est beaucoup plus imparfaite que celle de presence, & de discours, qui se fait lors qu'un Acteur ne sort point du Theatre sans y laisser un autre à qui il aye parlé, & dans mes derniers Ouvrages je me suis arresté à celle-cy sans me servir de l'autre : mais enfin je croy qu'on s'en peut contenter, & je la prefererois de beaucoup à celle qu'on appelle liaison de bruit, qui ne me semble pas supportable, s'il n'y a de tres-justes & de tres-importantes occasions qui obligent un Acteur à sortir du Theatre, quand il en entend. Car d'y venir simplement par curiosité, pour sçavoir ce que veut dire ce bruit, c'est une si foible liaison, que je ne conseillerois jamais de s'en servir.

La durée de l'action ne passeroit point en cette Comedie celle de la representation, si l'heure du disner n'y séparoit point les deux premiers Actes. Le reste n'emporte que ce temps-là, & je n'aurois pû luy en donner davantage, que mes Acteurs n'eussent le loisir de s'éclaircir : ce qui les broüille n'étant qu'un mal-entendu, qui ne peut subsister, qu'autant que Geraste, Florame, & Daphnis ne se trouvent point tous trois ensemble. Ie n'ose dire que je m'y suis asservy à faire les Actes si égaux, qu'aucun n'a pas un vers plus que l'autre, c'est une affectation qui ne fait aucune beauté. Il faut à la verité les rendre les plus égaux qu'il se peut, mais il n'est pas besoin de cette exactitude. Il suffit qu'il n'y aye point d'inégalité notable, qui fatigue l'attention de l'Auditeur en quelques-uns, & ne la remplisse pas dans les autres.

LA PLACE ROYALE.

IE ne puis dire tant de bien de celle-cy que de la precedente. Les vers en sont plus forts, mais il y a manifestement une duplicité d'action. Alidor dont l'esprit extravagant se trouve incommodé d'un amour qui l'attache trop, veut faire en sorte qu'Angelique sa Maitresse se donne à son amy Cleandre, & c'est pour cela qu'il luy fait rendre une fausse lettre qui le convainc de legereté, & qu'il joint à cette supposition des mépris assez piquans pour l'obliger dans sa colere à accepter les affections d'un autre. Ce dessein avorte & la donne à Doraste contre son intention, & cela l'oblige à en faire un nouveau pour la porter à un enlevement. Ces deux deſſeins formez ainſi l'un après l'autre font deux actions, & donnent deux ames au Poëme, qui d'ailleurs finit aſſez mal par un mariage de deux perſonnes Epiſodiques qui ne tiennent que le ſecond rang dans la Piece. Les premiers Acteurs y achevent bizarrement, & tout ce qui les regarde fait languir le cinquiéme Acte, où ils ne paroiſſent plus à le bien prendre que comme ſeconds Acteurs. L'Epilogue d'Alidor n'a pas la grace de celuy de la Suivante, qui ayant été tres-intereſſée dans l'action principale, & demeurant enfin ſans Amant, n'oſe expliquer ſes ſentimens en la preſence de ſa Maîtreſſe & de ſon pere, qui ont tous deux leur conte, & les laiſſe rentrer, pour peſter en liberté contre eux, & contre ſa mauvaiſe fortune dont elle ſe plaint en elle-meſme, & fait par là connoîſtre au Spectateur l'aſſiette de ſon eſprit après un effet ſi contraire à ſes ſouhaits.

Alidor eſt ſans doute trop bon amy pour eſtre ſi mauvais amant. Puiſque ſa paſſion l'importune tellement, qu'il veut bien outrager ſa Maîtreſſe pour s'en défaire, il devroit ſe contenter de ce premier effort qui la fait obtenir à Doraſte, ſans s'embaraſſer de nouveau pour l'intereſt d'un amy, & hazarder en ſa conſideration un repos qui luy eſt ſi précieux. Cet amour de ſon repos n'empeſche point qu'au cinquiéme Acte il ne ſe montre encor paſſionné pour cette Maîtreſſe, malgré la reſolution qu'il avoit priſe de s'en défaire, & les trahiſons qu'il luy a faites; de ſorte qu'il ſemble ne commencer à l'aimer veritablement que quand il luy a donné ſujet de le haïr. Cela fait une inégalité de Mœurs qui eſt vicieuſe.

Le caractere d'Angelique ſort de la bienſeance, en ce qu'elle eſt trop amoureuſe, & ſe reſout trop toſt à ſe faire enlever par un homme, qui luy doit eſtre ſuſpect. Cet enlevement luy reüſſit mal, & il a été bon de luy donner un mauvais ſuccez, bien qu'il ne ſoit pas beſoin que les grands crimes ſoient punis dans la Tragedie, parce que leur peinture imprime aſſez d'horreur, pour en détourner les Spectateurs. Il n'en eſt pas de meſme des fautes de cette nature, & elles pourroient engager un eſprit jeune & amoureux à les imiter, ſi l'on voyoit que ceux qui les commettent vinſſent à bout par ce mauvais moyen de ce qu'ils deſirent.

Malgré cet abus introduit par la neceſſité, & legitimé par l'uſage, de faire dire dans la ruë à nos Amantes de Comedie ce que vray-ſemblablement elles diroient dans leur chambre, je n'ay oſé y placer Angelique durant la reflexion douloureuſe qu'elle fait ſur la promptitude, & l'imprudence de ſes reſſentimens, qui la font conſentir à épouſer l'objet de ſa haine. J'ay mieux aimé rompre la liaiſon des Scenes, & l'unité de lieu qui ſe trouve aſſez exacte en ce Poëme, à cela près, afin de la faire ſoûpirer dans ſon cabinet avec plus de bien-ſeance pour elle, & plus

de ſeureté

DE LA PLACE ROYALE.

de seureté pour l'entretien d'Alidor. Philis qui le voit sortir de chez elle, en auroit trop veu si elle lès avoit aperceus tous deux sur le Theatre ; & au lieu du soupçon de quelque intelligence renoüée entre eux, que la porte à l'observer durant le bal, elle auroit eu sujet d'en prendre une entiere certitude, & d'y donner un ordre, qui eust rompu tout le nouveau dessein d'Alidor, & l'intrique de la Piece. En voila assez sur celle-cy, je passe aux deux qui restent dans ce Volume.

MEDE'E.

CEtte Tragedie a été traitée en Grec par Euripide, & en Latin par Seneque, & c'est sur leur exemple que je me suis authorisé à en mettre le lieu dans une Place publique : quelque peu de vray-semblance qu'il y aye à y faire parler des Rois, & à y voir Medée prendre les desseins de sa vangeance. Elle en fait confidence chez Euripide à tout le Chœur composé de Corinthiennes Sujettes de Creon, & qui devoient estre du moins au nombre de quinze, à qui elle dit hautement qu'elle fera perir leur Roy, leur Princesse & son mary, sans qu'aucune d'elles ait la moindre pensée d'en donner avis à ce Prince.

Pour Seneque, il y a quelque apparence qu'il ne luy fait pas prendre ces resolutions violentes en presence du Chœur, qui n'est pas toûjours sur son Theatre, & n'y parle jamais aux autres Acteurs : mais je ne puis comprendre comme dans son quatriéme Acte il luy fait achever ses enchantemens en Place publique, & j'ay mieux aimé rompre l'unité exacte du lieu pour faire voir Medée dans le mesme cabinet où elle a fait ses charmes, que de l'imiter en ce point.

Tous les deux m'ont semblé donner trop peu de défiance à Creon des presens de cette Magicienne, offensée au dernier point, qu'il témoigne craindre chez l'un & chez l'autre, & dont il a d'autant plus de lieu de se défier, qu'elle luy demande instamment un jour de delay pour se préparer à partir, & qu'il croit qu'elle ne le demande, que pour machiner quelque chose contre luy, & troubler les nopces de sa fille.

J'ay creu mettre la chose dans un peu plus de justesse par quelques précautions que j'y ay apportées. La premiere, en ce que Creüse souhaite avec passion cette robbe que Medée empoisonne, & qu'elle oblige Iason à la tirer d'elle par adresse. Ainsi bien que les presens des ennemis doivent estre suspects, celuy-cy ne le doit pas estre, parce que ce n'est pas tant un don qu'elle fait, qu'un payement qu'on luy arrache de la grace que ses enfans reçoivent. La seconde, en ce que ce n'est pas elle qui demande ce jour de delay, qu'elle employe à sa vangeance, mais Creon qui le luy donne de son mouvement, comme pour diminuer quelque chose de l'injuste vio-

lence qu'il luy fait, dont il semble avoir honte en luy-mesme; & la troisiéme enfin, en ce qu'après les défiances que Pollux luy en fait prendre
presque par force, il en fait faire l'épreuve sur une autre, avant que de
permettre à sa fille de s'en parer.

L'Episode d'Ægée n'est pas tout-à-fait de mon invention. Euripide
l'introduit en son troisième Acte, mais seulement comme un passant à qui
Medée fait ses plaintes, & qui l'asseure d'une retraite chez luy à Athenes, en consideration d'un service qu'elle promet de luy rendre. En quoy
je trouve deux choses à dire. L'une, qu'Ægée étant dans la Cour de Creon
ne parle point du tout de le voir: l'autre que bien qu'il promette à Medée
de la recevoir & protéger à Athenes après qu'elle se sera vangée, ce qu'elle fait dès ce jour-là mesme, il luy témoigne toutefois qu'au sortir de Corinthe il va trouver Pitheus à Troezéne, pour consulter avec luy sur le
sens de l'Oracle qu'on venoit de luy rendre à Delphes, & qu'ainsi Medée
seroit demeurée en assez mauvaise posture dans Athenes en l'attendant,
puisqu'il tarda manifestement quelque temps chez Pitheus, où il fit l'a-
mour à sa fille Æthra, qu'il laissa grosse de Thesée, & n'en partit point
que sa grossesse ne fust constante. Pour donner un peu plus d'interest à ce
Monarque dans l'action de cette Tragedie, je le fais amoureux de Creüse,
qui luy préfere Iason; & je porte ses ressentimens à l'enlever, afin qu'en
cette entreprise demeurant prisonnier de ceux qui la sauvent de ses mains,
il aye obligation à Medée de sa delivrance, & que la reconnoissance qu'il
luy en doit l'engage plus fortement à sa protection, & mesme à l'épouser,
comme l'Histoire le marque.

Pollux est de ces Personnages Protatiques, qui ne sont introduits que
pour écouter la narration du Sujet. Je pense l'avoir déja dit, & j'ajouste
que ces Personnages sont d'ordinaire assez difficiles à imaginer dans la
Tragedie, parce que les évenemens publics & éclatans dont elle est composée sont connus de tout le monde, & que s'il est aisé de trouver des gens
qui les sçachent pour les raconter, il n'est pas aisé d'en trouver qui les
ignorent pour les entendre. C'est ce qui m'a fait avoir recours à cette fiction, que Pollux depuis son retour de Colchos avoit toujours été en Asie,
où il n'avoit rien appris de ce qui s'étoit passé dans la Grece que la Mer
en separe. Le contraire arrive en la Comedie. Comme elle n'est que d'in-
triques particuliers, il n'est rien si facile que de trouver des gens qui les
ignorent, mais souvent il n'y a qu'une seule personne qui les puisse expliquer. Ainsi l'on n'y manque jamais de confidents, quand il y a matiere de confidence.

Dans la Narration que fait Nerine au quatriéme Acte on peut considerer, que quand ceux qui écoutent ont quelque chose d'important dans
l'esprit, ils n'ont pas assez de patience pour écouter le detail de ce qu'on
leur vient raconter, & c'est assez pour eux d'en apprendre l'évenement.

DE MEDEE.

en un mot. C'est ce que fait voir icy Medée, qui ayant sçeu que Iason a arraché Creüse à ses ravisseurs, & pris Ægée prisonnier, ne veut point qu'on luy explique comment cela s'est fait. Lors qu'on a affaire à un esprit tranquille, comme Achorée à Cleopatre dans la mort de Pompée, pour qui elle ne s'interesse que par un sentiment d'honneur, on prend le loisir d'exprimer toutes les particularitez, mais avant que d'y descendre, j'estime qu'il est bon, mesme alors, d'en dire tout l'effet en deux mots dès l'abord.

Sur tout dans les Narrations ornées & Pathetiques il faut tres-soigneusement prendre garde en quelle assiette est l'ame de celuy qui parle, & de celuy qui écoute, & se passer de cet ornement qui ne va guere sans quelque étalage ambitieux, s'il y a la moindre apparence que l'un des deux soit trop en peril, ou dans une passion trop violente, pour avoir toute la patience necessaire au recit qu'on se propose.

J'oubliois à remarquer que la prison, où je mets Ægée, est un spectacle desagreable, que je conseillerois d'éviter. Ces grilles qui éloignent l'Acteur du Spectateur, & luy cachent toûjours plus de la moitié de sa personne, ne manquent jamais à rendre son action fort languissante. Il arrive quelquefois des occasions indispensables de faire arrêter prisonniers sur nos Theatres quelques-uns de nos principaux Acteurs : mais alors il vaut mieux se contenter de leur donner des Gardes qui les suivent, & n'affoiblissent ny le spectacle, ny l'action, comme dans Polyeucte, & dans Heraclius. J'ay voulu rendre visible icy l'obligation qu'Ægée avoit à Medée, mais cela se fust mieux fait par un recit.

Je seray bien aise encor qu'on remarque la civilité de Iason envers Pollux à son depart. Il l'accompagne jusques hors de la ville, & c'est une adresse de Theatre assez heureusement pratiquée, pour l'éloigner de Creon & Creüse mourants, & n'en avoir que deux à la fois à faire parler. Vn Autheur est bien embarassé quand il en a trois, qui tous ont une assez forte passion dans l'ame, pour leur donner une juste impatience de la pousser au dehors. C'est ce qui m'a obligé à faire mourir ce Roy malheureux, avant l'arrivée de Iason, afin qu'il n'eust à parler qu'à Creüse, & à faire mourir cette Princesse avant que Medée se montre sur le balcon, afin que cet Amant en colere n'aye plus à qui s'adresser qu'à elle : mais on auroit eu lieu de trouver à dire qu'il ne fust pas auprès de sa Maîtresse dans un si grand malheur, si je n'eusse rendu raison de son éloignement.

J'ay feint que les feux que produit la robbe de Medée, & qui font perir Creon & Creüse, étoient invisibles, parce que j'ay mis leurs personnes sur la Scene dans la Catastrophe. Ce Spectacle de mourants m'étoit necessaire pour remplir mon cinquième Acte, qui sans cela n'eust pû atteindre à la longueur ordinaire des nostres : mais à dire le vray, il n'a pas l'effet que demande la Tragedie, & ces deux mourants importunent plus par leurs cris & par leurs gémissemens, qu'ils ne sont pitié par leur malheur. La raison en est, qu'ils semblent l'avoir merité par l'injustice qu'ils ont faite à Medée, qui attire si bien de son costé toute la faveur de l'Auditoire, qu'on excuse sa vangeance, après l'indigne traitement qu'elle a receu de Creon, & de son mary, & qu'on a plus de compassion du desespoir où ils l'ont reduite, que de tout ce qu'elle leur fait souffrir.

 Quant au stile il est fort inégal en ce Poëme, & ce que j'y ay meslé du mien, approche si peu de ce que j'ay traduit de Seneque, qu'il n'est point besoin d'en mettre le texte en marge, pour faire discerner au Lecteur ce qui est de luy, ou de moy. Le temps m'a donné le moyen d'amasser assez de forces, pour ne laisser pas cette difference si visible dans le Pompée, où j'ay beaucoup pris de Lucain, & ne crois pas estre demeuré fort au dessous de luy, quand il a fallu me passer de son secours.

L'ILLVSION.

JE diray peu de chose de cette Piece. C'est une galanterie extravagante qui a tant d'irregularitez, qu'elle ne vaut pas la peine de la considerer, bien que la nouveauté de ce caprice en aye rendu le succès assez favorable, pour ne me repentir pas d'y avoir perdu quelque temps. Le premier Acte ne semble qu'un Prologue. Les trois suivans forment une Piece que je ne sçay comment nommer. Le succès en est Tragique, Adraste y est tué, & Clindor en peril de mort: mais le stile & les Personnages sont entierèment de la Comedie. Il y en a mesme un qui n'a d'estre que dans l'imagination, inventé exprès pour faire rire, & dont il ne se trouve point d'original parmy les hommes. C'est un Capitan qui soûtient assez son caractere de fanfaron, pour me permettre de croire qu'on en trouvera peu dans quelque Langue que ce soit qui s'en acquitent mieux. L'action n'y est pas complete, puisqu'on ne sçait à la fin du quatriéme Acte qui la termine ce que deviennent les principaux Acteurs, & qu'ils se desrobent plûtost au peril, qu'ils n'en triomphent. Le lieu y est assez regulier, mais l'unité de jour n'y est pas observée. Le cinquiéme est une Tragedie assez courte pour n'avoir pas la juste grandeur que demande Aristote, & que j'ay tasché d'expliquer. Clindor & Isabelle étans devenus Comediens, sans qu'on le sçache, y representent une histoire, qui a du rapport avec la leur, & semble en estre la suite. Quelques-uns ont attribué cette conformité à un manque d'invention: mais c'est un trait d'Art pour mieux abuser par une fausse mort le pere de Clindor qui les regarde, & rendre son retour de la douleur à la joye plus surprenant, & plus agreable.

DE L'ILLVSION.

Tout cela cousu ensemble fait une Comedie, dont l'action n'a pour durée que celle de sa representation, mais surquoy il ne seroit pas seur de prendre exemple. Les caprices de cette nature ne se hazardent qu'une fois, & quand l'original auroit passé pour merveilleux, la copie n'en peut jamais rien valoir. Le stile semble assez proportionné aux matieres, si ce n'est que Lyse en la sixiéme Scene du troisiéme Acte, semble s'élever un peu trop au dessus du caractere de Servante. Ces deux vers d'Horace luy serviront d'excuse, aussi bien qu'au pere du Menteur, quand il se met en colere contre son fils au cinquiéme.

  Interdum tamen & vocem Comedia tollit,
  Iratusque Chremes tumido delitigat ore.

Je ne m'étendray pas davantage sur ce Poëme. Tout irregulier qu'il est, il faut qu'il aye quelque merite, puisqu'il a surmonté l'injure des temps, & qu'il paroist encor sur nos Theatres, bien qu'il y aye plus de vingt & cinq années qu'il est au Monde, & qu'une si longue revolution en aye enseveli beaucoup sous la poussiere, qui sembloient avoir plus de droit que luy de pretendre à une si heureuse durée.

LE CID.

CE Poëme a tant d'avantages du costé du Sujet, & des pensées brillantes dont il est semé, que la pluspart de ses Auditeurs n'ont pas voulu voir les defauts de sa conduite, & ont laissé enlever leurs suffrages au plaisir que leur a donné sa representation. Bien que ce soit celuy de tous mes Ouvrages Reguliers où je me suis permis le plus de licence, il passe encore pour le plus beau auprès de ceux qui ne s'attachent pas à la derniere severité des Regles, & depuis vingt-trois ans qu'il tient sa place sur nos Theatres, l'Histoire ny l'effort de l'imagination n'y ont rien fait voir, qui en aye effacé l'éclat. Aussi a-t'il les deux grandes conditions que demande Aristote aux Tragedies parfaites, & dont l'assemblage se rencontre si rarement chez les Anciens & les Modernes. Il les assemble mesme plus fortement, & plus noblement, que les especes que pose ce Philosophe. Vne Maitresse que son devoir force à poursuivre la mort de son Amant, qu'elle tremble d'obtenir, a les passions plus vives & plus allumées, que tout ce qui peut se passer entre un mary & une femme, une mere & un fils, un frere & une sœur; & la haute vertu dans un naturel sensible à ces passions, qu'elle dompte sans les affoiblir, & à qui elle laisse toute leur force pour en triompher plus glorieusement, a quelque chose de plus touchant, de plus élevé, & de plus aimable, que cette mediocre bonté, capable d'une foiblesse & mesme d'un crime, où nos Anciens étoient contraints d'arrêter le caractere le plus parfait des Rois & des Princes, dont ils faisoient leurs Heros, afin que ces taches & ces forfaits défigurant ce qu'ils leur laissoient de vertu, s'accommodast au goust & aux souhaits de leurs Spectateurs, & fortifiast l'horreur qu'ils avoient conceuë de leur domination, & de la Monarchie.

Rodrigue suit icy son devoir sans rien relascher de sa passion : Chiméne fait la mesme chose à son tour, sans laisser ébransler son dessein par la douleur où elle se voit abysmée par là ; & si la presence de son Amant luy fait faire quelque faux pas, c'est une glissade dont elle se releve à l'heure mesme, & non seulement elle connoit si bien sa faute qu'elle nous en avertit, mais elle fait un prompt desaveu de tout ce qu'une veuë si chere luy a pû arracher. Il n'est point besoin qu'on luy reproche qu'il luy est honteux de souffrir l'entretien de son Amant après qu'il a tué son pere ; elle avouë que c'est là seule prise que la médisance aura sur elle. Si elle s'emporte jusqu'à luy dire qu'elle veut bien qu'on sçache qu'elle l'adore & le poursuit, ce n'est point une resolution si ferme, qu'elle l'empesche de cacher son amour de tout son possible, lors qu'elle est en la presence du Roy. S'il luy échape de l'encourager au combat contre Don Sanche par ces paroles,

Sors vainqueur d'un combat dont Chiméne est le prix,

elle ne se contente pas de s'enfuir de honte au mesme moment ; mais si-tost qu'elle est avec Elvire, à qui elle ne déguise rien de ce qui se passe dans son ame, & que la veuë de ce cher objet ne luy fait plus de violence, elle forme un souhait plus raisonnable, qui satisfait sa vertu & son amour tout ensemble, & demande au Ciel que le combat se termine

Sans faire aucun des deux ny vaincu, ny vainqueur.

Si elle ne dissimule point qu'elle panche du costé de Rodrigue, de peur d'estre à Don Sanche pour qui elle a de l'aversion, cela ne détruit point la protestation qu'elle a faite un peu auparavant, que malgré la loy de ce combat, & les promesses que le Roy a faites à Rodrigue, elle luy fera mille autres ennemis, s'il en sort victorieux. Ce grand éclat mesme qu'elle laisse faire à son amour après qu'elle le croit mort, est suivy d'une opposition vigoureuse à l'execution de cette loy qui la donne à son Amant, & elle ne se taist qu'après que le Roy l'a differée, & luy a laissé lieu d'esperer qu'avec le temps il y pourra survenir quelque obstacle. Ie sçay bien que le silence passe d'ordinaire pour une marque de consentement, mais quand les Rois parlent, c'en est une de contradiction. On ne manque jamais à leur applaudir, quand on entre dans leurs sentimens ; & le seul moyen de leur contredire avec le respect qui leur est dû, c'est de se taire, quand leurs ordres ne sont pas si pressants, qu'on ne puisse remettre à s'excuser de leur obeïr, lors que le temps en sera venu,

& conserver cependant une esperance legitime d'un empeschement, qu'on ne peut encor déterminément prévoir.

Il est vray que dans ce Sujet il faut se contenter de tirer Rodrigue de peril, sans le pousser jusque à son mariage avec Chiméne. Il est Historique, & a plû en son temps ; mais bien seurement il déplairoit au nostre, & j'ay peine à voir que Chiméne y consente chez l'Autheur Espagnol, bien qu'il donne plus de trois ans de durée à la Comedie qu'il en a faite. Pour ne pas contredire l'Histoire, j'ay crû ne me pouvoir dispenser d'en jetter quelque idée, mais avec incertitude de l'effet, & ce n'étoit que par là que je pouvois accorder la bien-seance du Theatre avec la verité de l'évenement.

Les deux visites que Rodrigue fait à sa Maîtresse ont quelque chose qui choque cette bien-seance de la part de celle qui les souffre ; la rigueur du devoir vouloit qu'elle refusast de luy parler, & s'enfermast dans son cabinet au lieu de l'écouter ; mais permettez-moy de dire avec un des premiers esprits de nostre Siecle, que leur conversation est remplie de si beaux sentiments, que plusieurs n'ont pas connu ce defaut, & que ceux qui l'ont connu, l'ont toleré. J'iray plus outre, & diray que tous presque ont souhaité que ces entretiens se fissent, & j'ay remarqué aux premieres representations, qu'alors que ce malheureux Amant se presentoit deuant elle, il s'élevoit un certain fremissement dans l'Assemblée, qui marquoit une curiosité merveilleuse, & un redoublement d'attention pour ce qu'ils avoient à se dire dans un état si pitoyable. Aristote dit qu'il y a des absurditez qu'il faut laisser dans un Poëme, quand on peut esperer qu'elles seront bien recceuës, & il est du devoir du Poëte en ce cas de les couvrir de tant de brillants, qu'elles puissent éblouïr. Ie laisse au jugement de mes Auditeurs, si je me suis assez bien acquité de ce devoir, pour justifier par là ces deux Scenes. Les pensées de la premiere des deux sont quelquefois trop spirituelles pour partir de personnes fort affligées ; mais outre que je n'ay fait que la paraphraser de l'Espagnol, si nous ne nous permettions quelque chose de plus ingenieux que le cours ordinaire de la passion, nos Poëmes ramperoient souvent, & les grandes douleurs ne mettroient dans la bouche de nos Acteurs, que des exclamations & des helas. Pour ne déguiser rien, cette offre que fait Rodrigue de son épée à Chiméne, & cette protestation de se laisser tuer par D. Sanche, ne me plairoient pas maintenant. Ces beautez étoient de mise en ce temps-là, & ne le seroient plus en celuy-cy. La premiere est dans l'original Espagnol, & l'autre est tirée sur ce modele. Toutes les deux ont fait leur effet en ma faveur ; mais je serois scrupule d'en étaler de pareilles à l'avenir sur nostre Theatre.

J'ay dit ailleurs ma pensée touchant l'Infante, & le Roy ; il reste neantmoins quelque chose à examiner sur la maniere dont ce dernier agit, qui ne paroit pas assez vigoureuse, en ce qu'il ne fait pas arrêter le Comte après le soufflet donné, & n'envoye pas des Gardes à D. Diegue & à son fils. Surquoy on peut considerer, que D. Fernand étant le premier Roy de Castille, & ceux qui en avoient été maistres auparavant luy n'ayant eu tiltre que de Comtes, il n'étoit peut-estre pas assez absolu sur les grands Seigneurs de son Royaume, pour le pouvoir faire. Chez D. Guillen de Castro qui a traité ce Sujet avant moy, & qui devoit mieux connoistre que moy quelle étoit l'authorité de ce premier Monarque de son païs, le soufflet se donne en sa presence, & en celle de deux Ministres d'Etat, qui luy conseillent, après que le Comte s'est retiré fiérement & avec bravade, & que D. Diegue a fait la mesme chose en soûpirant, de ne le pousser point à bout, parce qu'il a quantité d'amis dans les Asturies, qui se pourroient revolter, & prendre party avec les Maures dont son Etat est environné. Ainsi il se resout d'accommoder l'affaire sans bruit, & recommande le secret à ces deux Ministres, qui ont été seuls témoins de l'action. C'est sur cet exemple que je me suis crû bien fondé à le faire agir plus mollement qu'on ne feroit en ce temps-cy, où l'authorité Royale est plus absoluë. Je ne pense pas non plus qu'il manque beaucoup à ne jetter point l'alarme de nuit dans sa Ville, sur l'avis incertain qu'il a du dessein des Maures, puisque on faisoit bonne garde sur les murs & sur le Port : mais il est inexcusable de n'y donner aucun ordre après leur arrivée, & de laisser tout faire à Rodrigue. La loy du combat qu'il propose à Chiméne avant que de le permettre à Don Sanche contre Rodrigue, n'est pas si injuste que quelques-uns ont voulu le dire, parce qu'elle est plutost une menace pour la faire dédire de la demande de ce combat, qu'un Arrest qu'il luy veüille faire executer. Cela paroit, en ce qu'après la victoire de Rodrigue, il n'en exige pas précisément l'effet de sa parole, & la laisse en état d'esperer que cette condition n'aura point de lieu.

Je ne puis dénier que la Régle des vingt & quatre heures presse trop les incidents de cette Piéce. La mort du Comte & l'arrivée des Maures s'y pouvoient entresuivre d'aussi près qu'elles font, parce que cette arrivée est une surprise, qui n'a point de communication, ny de mesures à prendre avec le reste ; mais il n'en va pas ainsi du combat de D. Sanche, dont le Roy étoit le maistre, & pouvoit luy choisir un autre temps que deux heures après la fuite des Maures. Leur défaite avoit assez fatigué Rodrigue toute la nuit, pour meriter deux ou trois jours de repos, & mesme il y avoit quelque apparence qu'il n'en étoit pas échapé sans blessures, quoy que je n'en aye rien dit, parce qu'elles n'auroient fait que nuire à la conclusion de l'action.

Cette mesme Régle presse aussi trop Chiméne de demander justice au Roy la seconde fois. Elle l'avoit fait le soir d'auparavant, & n'avoit
aucun

aucun sujet d'y retourner le lendemain matin pour en importuner le Roy, dont elle n'avoit encor aucun lieu de se plaindre, puisqu'elle ne pouvoit encor dire qu'il luy eust manqué de promesse. Le Roman luy auroit donné sept ou huit jours de patience, avant que de l'en presser de nouveau; mais les vingt & quatre heures ne l'ont pas permis. C'est l'incommodité de la Régle, passons à celle de l'unité de lieu, qui ne m'a pas donné moins de gesne en cette Piece.

Je l'ay placé dans Séville, bien que D. Fernand n'en aye jamais été le maistre, & j'ay été obligé à cette falsification, pour former quelque vray-semblance à la descente des Maures, dont l'Armée ne pouvoit venir si viste par terre, que par eau. Ie ne voudrois pas asseurer toutefois que le flux de la Mer monte effectivement jusques-là : mais comme dans nostre Seine il fait encor plus de chemin, qu'il ne luy en faut faire sur le Guadalquivir pour batire les murailles de cette Ville, cela peut suffire à fonder quelque probabilité parmy nous, pour ceux qui n'ont point été sur le lieu mesme.

Cette arrivée des Maures ne laisse pas d'avoir ce defaut que j'ay marqué ailleurs, qu'ils se presentent d'eux-mesmes, sans estre appellez, dans la Piece directement, ny indirectement, par aucun Acteur du premier Acte. Ils ont plus de justesse dans l'irregularité de l'Autheur Espagnol. Rodrigue n'osant plus se montrer à la Cour les va combatre sur la frontiere, & ainsi le premier Acteur les va chercher, & leur donne place dans le Poëme; au contraire de ce qui arrive icy, où ils semblent se venir faire de feste exprés pour en estre battus, & luy donner moyen de rendre un service d'importance à son Roy qui luy fasse obtenir sa grace. C'est une seconde incommodité de la Régle dans cette Tragedie.

Tout s'y passe donc dans Séville, & garde ainsi quelque espece d'unité de lieu en general, mais le lieu particulier change de Scene en Scene, & tantost c'est le Palais du Roy, tantost l'Apartement de l'Infante, tantost la maison de Chiméne, & tantost une ruë, ou Place publique. On le détermine aisément pour les Scenes détachées, mais pour celles qui ont leur liaison ensemble, comme les quatre derniers du premier Acte, il est mal aisé d'en choisir un qui convienne à toutes. Le Comte & D. Diegue se querellent au sortir du Palais, cela se peut passer dans une ruë, mais aprés le soufflet receu D. Diegue ne peut pas demeurer en cette ruë à faire ses plaintes attendant que son fils survienne, qu'il ne soit tout aussitost environné de Peuple, & ne reçoive l'offre de quelques amis. Ainsi il seroit plus à propos qu'il se plaignist dans sa maison où le met l'Espagnol, pour laisser aller ses sentimens en liberté; mais en ce cas il faudroit délier les Scenes comme il a fait. En l'état où elles sont icy, on peut dire qu'il faut quelquefois aider au Theatre, & suppléer favorablement ce qui ne s'y peut representer. Deux personnes s'y arrétent pour

Tome I.

parler, & quelquefois il faut préfumer qu'ils marchent, ce qu'on ne peut expofer fenfiblement à la veuë, parce qu'ils échaperoient aux yeux avant que d'avoir pû dire ce qu'il eft neceffaire qu'ils faffent fçavoir à l'Auditeur. Ainfi par une fiction de Theatre, on peut s'imaginer que Don Diegue & le Comte fortant du Palais du Roy, avancent toûjours en fe querellant, & font arrivez devant la maifon de ce premier, lors qu'il reçoit le foufflet, qui l'oblige à y entrer pour y chercher du fecours. Si cette fiction Poëtique ne vous fatisfait point, laiffons-le dans la Place publique, & difons que le concours du Peuple autour de luy après cette offence, & les offres de fervice que luy font les premiers amis qui s'y rencontrent, font des circonftances que le Roman ne doit pas oublier, mais que ces menuës actions ne fervant de rien à la principale, il n'eft pas befoin que le Poëte s'en embaraffe fur la Scene. Horace l'en difpenfe par ces Vers,

 Hoc amet hoc fpernat promiffi carminis author,
 Pleraque negligat.   & ailleurs
 Semper ad euentum feftinet.

C'eft ce qui m'a fait negliger au troifiéme Acte de donner à D. Diegue, pour aide à chercher fon fils, aucun des cinq cens amis qu'il avoit chez luy. Il y a grande apparence que quelques-uns d'eux l'y accompagnoient, & mefme que quelques autres le cherchoient pour luy d'un autre cofté ; mais ces accompagnemens inutiles de perfonnes qui n'ont rien à dire, puifque celuy qu'ils accompagnent a feul tout l'intereft à l'action, ces fortes d'accompagnements, dis-je, ont toûjours mauvaife grace au Theatre, & d'autant plus, que les Comediens n'employent à ces Perfonnages muets que leurs moucheurs de chandelles, & leurs valets, qui ne fçavent quelle pofture tenir.

 Les funerailles du Comte étoient encore une chofe fort embaraffante, foient qu'elles fe foient faites avant la fin de la Piece, foit que le corps aye demeuré en prefence dans fon Hôtel, attendant qu'on y donnaft ordre. Le moindre mot que j'en euffe laiffé dire, pour en prendre foin, euft rompu toute la chaleur de l'attention, & remply l'Auditeur d'une fâcheufe idée. J'ay creu plus à propos de les defrober à fon imagination par mon filence, auffi-bien que le lieu précis de ces quatre Scenes du premier Acte dont je viens de parler, & je m'affeure que cet artifice m'a fi bien reüffi, que peu de perfonnes ont pris garde à l'un ny à l'autre, & que la pluspart des Spectateurs laiffant emporter leurs efprits à ce qu'ils ont veu & entendu de Pathetique en ce Poëme, ne fe font point avifez de refléchir fur ces deux confiderations.

 J'achéve par une remarque fur ce que dit Horace, que ce qu'on expofe à la veuë touche bien plus que ce qu'on n'apprend que par un recit. C'eft furquoy je me fuis fondé pour faire voir le foufflet que reçoit D. Diegue, & cacher aux yeux la mort du Comte, afin d'aquerir & conferuer à mon premier Acteur l'amitié des Auditeurs, fi neceffaire pour reüffir

DV CID.

au Theatre. L'indignité d'un affront fait à un vieillard, chargé d'années & de victoires, les jette aisément dans le party de l'offencé, & cette mort qu'on vient dire au Roy tout simplement, sans aucune narration touchante, n'excite point en eux la commiseration qu'y eust fait naistre le spectacle de son sang, & ne leur donne aucune aversion pour ce malheureux Amant, qu'ils ont veu forcé par ce qu'il devoit à son honneur d'en venir à cette extremité, malgré l'interest & la tendresse de son amour.

HORACE.

C'Est une croyance assez generale que cette Piece pourroit passer pour la plus belle des miennes, si les derniers Actes répondoient aux premiers. Tous veulent que la mort de Camille en gaste la fin, & j'en demeure d'accord : mais je ne sçay si tous en sçavent la raison. On l'attribuë communément à ce qu'on voit cette mort sur la Scene, ce qui seroit plûtost la faute de l'Actrice que la mienne, parce que quand elle voit son frere mettre l'épée à la main, la frayeur si naturelle au sexe luy doit faire prendre la fuite, & recevoir le coup derriere le Theatre, comme je le marque dans cette impression. Si c'est une Regle de ne le point ensanglanter, elle n'est pas du temps d'Aristote, qui nous apprend que pour émouvoir puissamment, il faut de grands déplaisirs, des blessures, & des morts en Spectacle. Horace ne veut pas que nous y hazardions les évenemens trop dénaturez, comme de Medée qui tuë ses enfans, mais je ne voy pas qu'il en fasse une Regle generale pour toutes sortes de morts, ny que l'emportement d'un homme passionné pour sa patrie, contre une sœur qui la maudit en sa presence avec des imprécations horribles, soit de mesme nature que la cruauté de cette mere. Seneque l'expose aux yeux du Peuple en dépit d'Horace, & chez Sophocle Ajax ne se cache point aux Spectateurs lors qu'il se tuë. L'adoucissement que j'ay apporté pour rectifier la mort de Clytemnestre ne peut estre propre icy à celle de Camille. Quand elle s'enferreroit d'elle-mesme par desespoir en voyant son frere l'épée à la main, ce frere ne laisseroit pas d'estre criminel de l'avoir tirée contre elle, puisqu'il n'y a point de troisiéme personne sur le Theatre à qui il pust adresser le coup qu'elle recevroit, comme peut faire Oreste à Ægiste. D'ailleurs l'Histoire est trop connuë, pour retrancher le peril qu'il court d'une mort infame après l'avoir tuée, & la défense que luy prête son pere pour obtenir sa grace n'auroit plus de lieu, s'il demeuroit innocent. Quoy qu'il en soit, voyons si cette action n'a pû causer la cheute de ce Poëme que par là, & si elle n'a point d'autre irregularité, que de blesser les yeux.

EXAMEN

Comme je n'ay point accoûtumé de diſſimuler mes defauts, j'en trouve icy deux ou trois aſſez conſiderables. Le premier eſt, que cette action, qui devient la principale de la Piece, eſt momentanée, & n'a point cette juſte grandeur que luy demande Ariſtote, & qui conſiſte en un commencement, un milieu, & une fin. Elle ſurprend tout d'un coup, & toute la préparation que j'y ay donnée par la peinture de la vertu farouche d'Horace, & par la défence qu'il fait à ſa ſœur de regretter qui que ce ſoit, de luy ou de ſon Amant, qui meure au combat, n'eſt point ſuffiſante pour faire attendre un emportement ſi extraordinaire, & ſervir de commencement à cette action.

Le ſecond defaut eſt, que cette mort fait une action double par le ſecond peril où tombe Horace après eſtre ſorty du premier. L'unité de peril d'un Heros dans la Tragedie fait l'unité d'action, & quand il en eſt garanty, la Piece eſt finie, ſi ce n'eſt que la ſortie meſme de ce peril engage ſi neceſſairement dans un autre, que la liaiſon & la continuité des deux n'en faſſe qu'une action : ce qui n'arrive point icy, où Horace revient triomphant ſans aucun beſoin de tuer ſa ſœur, ny meſme de parler à elle, & l'action ſeroit ſuffiſamment terminée à ſa victoire. Cette cheute d'un peril en l'autre ſans neceſſité fait icy un effet d'autant plus mauvais, que d'un peril public, où il y va de tout l'Etat, il tombe en un peril particulier, où il n'y va que de ſa vie ; & pour dire encor plus, d'un peril illuſtre où il ne peut ſuccomber que glorieuſement, en un peril infame dont il ne peut ſortir ſans tache. Ajoûtez pour troiſiéme imperfection, que Camille qui ne tient que le ſecond rang dans les trois premiers Actes, & y laiſſe le premier à Sabine, prend le premier en ces deux derniers, où cette Sabine n'eſt plus conſiderable, & qu'ainſi s'il y a égalité dans les Mœurs, il n'y en a point dans la Dignité des Perſonnages, où ſe doit étendre ce Precepte d'Horace, ſervetur ad imum

Qualis ab incepto proceſſerit, & ſibi conſtet.

Ce defaut en Rodelinde a été une des principales cauſes du mauvais ſuccès de Pertharite, & je n'ay point encor veu ſur nos Theatres cette inégalité de rang en un meſme Acteur, qui n'aye produit un tres-méchant effet. Il ſeroit bon d'en établir une Régle inviolable.

Du coſté du temps l'action n'eſt point trop preſſée, & n'a rien qui ne me ſemble vray-ſemblable. Pour le lieu, bien que l'unité y ſoit exacte, elle n'eſt pas ſans quelque contrainte. Il eſt conſtant qu'Horace & Curiace n'ont point de raiſon de ſe ſeparer du reſte de la famille pour commencer le ſecond Acte, & c'eſt une adreſſe de Theatre de n'en donner aucune, quand on n'en peut donner de bonnes. L'attachement de l'Auditeur à l'action preſente ſouvent ne luy permet pas de deſcendre à l'examen ſevere de cette juſteſſe, & ce n'eſt pas un crime que de s'en prévaloir pour l'éblouïr, quand il eſt malaiſé de le ſatisfaire.

Le personnage de Sabine est assez heureusement inventé, & trouve sa vray-semblance aisée dans le rapport à l'Histoire, qui marque assez d'amitié & d'égalité entre les deux familles, pour avoir pû faire cette double alliance.

Elle ne sert pas davantage à l'action, que l'Infante à celle du Cid, & ne fait que se laisser toucher diversement comme elle a la diversité des évenemens. Neantmoins on a generalement approuvé celle-cy, & condamné l'autre ; j'en ay cherché la raison, & j'en ay trouvé deux. L'une est la liaison des Scenes, qui semble, s'il m'est permis de parler ainsi, incorporer Sabine dans cette Piece, au lieu que dans le Cid toutes celles de l'Infante sont détachées & paroissent hors œuvre ;

Tantum series juncturaque pollet :

L'autre, qui ayant une fois posé Sabine pour femme d'Horace, il est necessaire que tous les incidens de ce Poëme luy donnent les sentimens qu'elle en témoigne avoir, par l'obligation qu'elle a de prendre interest à ce qui regarde son mary & ses freres : mais l'Infante n'est point obligée d'en prendre aucun en ce qui touche le Cid, & si elle a quelque inclination secrete pour luy, il n'est point besoin qu'elle en fasse rien paroistre, puis-qu'elle ne produit aucun effet.

L'Oracle qui est proposé au premier Acte trouve son vray sens à la conclusion du cinquiéme. Il semble clair d'abord, & porte l'imagination à un sens contraire, & je les aimerois mieux de cette sorte sur nos Theatres, que ceux qu'on fait entierement obscurs ; parce que la surprise de leur veritable effet en est plus belle. I'en ay usé ainsi encor dans l'Andromede & dans l'Oedipe. Ie ne dis pas la mesme chose des songes, qui peuvent faire encor un grand ornement dans la Protase, pourveu qu'on ne s'en serve pas souvent. Ie voudrois qu'ils eussent l'idée de la fin veritable de la Piece, mais avec quelque confusion, qui n'en permist pas l'intelligence entiere. C'est ainsi que je m'en suis servy deux fois, icy, & dans Polyeucte, mais avec plus d'éclat & d'artifice dans ce dernier Poëme où il marque toutes les particularitez de l'évenement, qu'en celuy-cy où il ne fait qu'exprimer une ébauche tout-à-fait informe de ce qui doit arriver de funeste.

Il passe pour constant que le second Acte est un des plus pathetiques qui soient sur la Scene, & le troisiéme un des plus artificieux. Il est soûtenu de la seule narration de la moitié du combat des trois freres, qui est coupée tres-heureusement pour laisser Horace le pere dans la colere & le déplaisir, & luy donner en suite un beau retour à la joye dans le quatriéme. Il a été à propos pour le jetter dans cette erreur de se servir de l'impatience d'une femme, qui suit brusquement sa premiere idée, & presume le combat achevé, parce qu'elle a veu deux des Horaces par terre, & le troisiéme en fuite. Vn homme, qui doit estre plus posé & plus *judicieux, n'eust pas été propre à donner cette fausse alarme. Il eust dû prendre plus de patience, afin d'avoir plus de certitude de l'évenement, & n'eust pas été excusable de se laisser emporter si legerement par les apparences, à présumer le mauvais succès d'un combat, dont il n'eust pas veu la fin.*

Bien que le Roy n'y paroisse qu'au cinquiéme, il y est mieux dans sa Dignité que dans le Cid, parce qu'il a interest pour tout son Etat dans le reste de la Piece, & bien qu'il n'y parle point, il ne laisse pas d'y agir comme Roy. Il vient aussi dans ce cinquiéme comme Roy, qui veut honorer par cette visite un pere dont les fils luy ont conservé sa Couronne, & acquis celle d'Albe au prix de leur sang. S'il y fait l'office de juge, ce n'est que par accident, & il le fait dans ce logis mesme d'Horace, par la seule contrainte qu'impose la Régle de l'unité de lieu. Tout ce cinquiéme est encor une des causes du peu de satisfaction que laisse cette Tragedie : il est tout en plaidoyez, & ce n'est pas là la place des harangues, ny des longs discours. Ils peuvent estre supportez en un commencement de Piece où l'action n'est pas encor échauffée : mais le cinquiéme Acte doit plus agir que discourir. L'attention de l'Auditeur déja lassée se rebute de ces conclusions qui traisnent, & tirent la fin en longueur.

Quelques-uns ne veulent pas que Valere y soit un digne accusateur d'Horace, parce que dans la Piece il n'a pas fait voir assez de passion pour Camille : à quoy je répons, que ce n'est pas à dire qu'il n'en eust une tres-forte, mais qu'un Amant mal voulu ne pouvoit se montrer de bonne grace à sa Maîtresse, dans le jour qui la rejoignoit à un Amant aimé. Il n'y avoit point de place pour luy au premier Acte, & encor moins au second ; il falloit qu'il tinst son rang à l'Armée pendant le troisiéme, & il se montre au quatriéme, si-tost que la mort de son Rival fait quelque ouverture à son esperance. Il tasche à gagner les bonnes graces du pere, par la commission qu'il prend du Roy de luy apporter les glorieuses Nouvelles de l'honneur que ce Prince luy veut faire, & par occasion il luy apprend la victoire de son fils qu'il ignoroit. Il ne manque pas d'amour durant les trois premiers Actes, mais d'un temps propre à le témoigner ; & dès la premiere Scene de la Piece il paroit bien qu'il rendoit assez de soins à Camille, puisque Sabine s'en alarme pour son frere. S'il ne prend pas le procedé de France, il faut considerer qu'il est Romain, & dans Rome, où il n'auroit pû entreprendre un duel contre un autre Romain sans faire un crime d'Etat, & que j'en aurois fait un de Theatre, si j'avois habillé un Romain à la Françoise.

CINNA.

CE Poëme a tant d'illustres suffrages, qui luy donnent le premier rang parmy les miens, que je me ferois trop d'importans ennemis, si j'en disois du mal. Ie ne le suis pas assez de moy-mesme pour chercher des defauts où ils n'en ont point voulu voir, & accuser le jugement qu'ils en ont fait, pour obscurcir la gloire qu'il m'en ont donnée. Cette approbation si forte & si generale vient sans douté de ce que la vray-semblance s'y trouve si heureusement conservée aux endroits où la verité luy manque, qu'il n'a jamais besoin de recourir au necessaire. Rien n'y contredit l'Histoire, bien que beaucoup de choses y soient ajoûtées; rien n'y est violenté par les incommoditez de la representation, ny par l'unité de iour, ny par celle de lieu.

Il est vray qu'il s'y rencontre une duplicité de lieu particulier. La moitié de la Piece se passe chez Æmilie, & l'autre dans le cabinet d'Auguste. I'aurois été ridicule si j'avois prétendu que cet Empereur deliberast avec Maxime & Cinna, s'il quitteroit l'Empire, ou non, précisément dans la mesme place, où ce dernier vient de rendre conte à Æmilie de la conspiration qu'il a formée contre luy. C'est ce qui m'a fait rompre la liaison des Scenes au quatriéme Acte, n'ayant pû me resoudre à faire que Maxime vinst donner l'alarme à Æmilie de la conjuration découverte, au lieu mesme où Auguste en venoit de recevoir l'avis par son ordre, & dont il ne faisoit que de sortir avec tant d'inquietude & d'irresolution. C'eust esté une impudence extraordinaire, & tout-à-fait hors du vray-semblable, de se presenter dans son cabinet un moment après qu'il luy avoit fait reveler le secret de cette entreprise, dont il étoit un des Chefs, & porter la nouvelle de sa fausse mort. Bien loin de pouvoir surprendre Æmilie par la peur de se voir arrêtée, c'eust été se faire arrêter luy-mesme, & se précipiter dans un obstacle invincible au dessein qu'il vouloit executer. Æmilie ne parle donc pas où parle Auguste, à la reserve du cinquiéme Acte : mais cela n'empesche pas qu'à considerer tout le Poëme ensemble, il n'aye son unité de lieu, puisque tout s'y peut passer, non seulement dans Rome, ou dans un quartier de Rome, mais dans le seul Palais d'Auguste, pourveu que vous y vouliez donner un Apartement à Æmilie, qui soit éloigné du sien.

Le conte que Cinna luy rend de sa conspiration justifie ce que j'ay dit ailleurs, que pour faire souffrir une Narration ornée, il faut que celuy qui la fait, & celuy qui l'écoute, ayent l'esprit assez tranquille, & s'y plaisent assez pour luy préter toute la patience qui luy est necessaire. Æmilie a joye d'apprendre de la bouche de son Amant avec quelle chaleur

EXAMEN

il a suivy ses intentions, & Cinna n'en a pas moins de luy pouvoir donner de si belles esperances de l'effet qu'elle en souhaite. C'est pourquoy, quelque longue que soit cette Narration sans interruption aucune, elle n'ennuye point, les ornemens de Rhetorique dont j'ay tasché de l'enrichir ne la font point condamner de trop d'artifice, & la diversité de ses figures ne fait point regretter le temps que j'y perds : mais si j'avois attendu à la commencer qu'Evandre eust troublé ces deux Amants par la Nouvelle qu'il leur apporte, Cinna eust été obligé de s'en taire, ou de la conclurre en six Vers, & Æmilie n'en eust pû supporter davantage.

Comme les Vers d'Horace ont quelque chose de plus net & de moins guindé pour les pensées que ceux du Cid, on peut dire que ceux de cette Piece ont quelque chose de plus achevé que ceux d'Horace, & qu'enfin la facilité de concevoir le Sujet, qui n'est ny trop chargé d'incidens, ny trop embarasé des recits de ce qui s'est passé avant le commencement de la Piece, est une des causes sans doute de la grande approbation qu'il a receuë. L'Auditeur aime à s'abandonner à l'action presente, & à n'estre point obligé pour l'intelligence de ce qu'il voit, de reflechir sur ce qu'il a déja veu, & de fixer sa memoire sur les premiers Actes, cependant que les derniers sont devant ses yeux. C'est l'incommodité des Pieces embarassées qu'en termes de l'Art on nomme implexes, par un mot emprunté du Latin, telles que sont Rodogune & Heraclius. Elle ne se rencontre pas dans les Simples, mais comme celles-là ont sans doute besoin de plus d'esprit pour les imaginer, & de plus d'Art pour les conduire, celles-cy n'ayant pas le mesme secours du costé du Sujet, demandent plus de force de Vers, de raisonnement, & de sentiments, pour les soûtenir.

POLYEVCTE.

CE Martyre est rapporté par Surius sur le neufiéme de Ianvier. Polyeucte vivoit en l'année 250. sous l'Empereur Decius, il étoit Armenien, amy de Nearque, & Gendre de Felix, qui avoit la commission de l'Empereur pour faire executer ses Edits contre les Chrétiens. Cet amy l'ayant resolu à se faire Chrétien, il déchira ces Edits qu'on publioit, arracha les Idoles des mains de ceux qui les portoient sur les Autels pour les adorer, les brisa contre terre, resista aux larmes de sa femme Pauline, que Felix employa auprès de luy pour le ramener à leur culte, & perdit la vie par l'ordre de son beau-pere, sans autre Baptesme que celuy de son sang. Voilà ce que m'a prété l'Histoire ; le reste est de mon invention.

Pour donner plus de dignité à l'action, j'ay fait Felix Gouverneur d'Armenie, & ay pratiqué un sacrifice public afin de rendre l'occasion plus

plus illustre, & donner un pretexte à Severe de venir en cette Province, sans faire éclater son amour, avant qu'il en eust l'aveu de Pauline. Ceux qui veulent arrêter nos Heros dans une mediocre bonté, où quelques interpretes d'Aristote bornent leur vertu, ne trouveront pas icy leur conte, puisque celle de Polyeucte va jusqu'à la Sainteté, & n'a aucun meslange de foiblesse. J'en ay déja parlé ailleurs, & pour confirmer ce que j'en ay dit par quelques authoritez, j'ajousteray icy que Mirturnus dans son Traité du Poëte agite cette question, si la Passion de Iesus-Christ & les Martyres des Saints doivent estre exclus du Theatre, à cause qu'ils passent cette mediocre bonté, & resout en ma faveur. Le celebre Heinsius, qui non seulement a traduit la Poëtique de nostre Philosophe, mais a fait un Traité de la constitution de la Tragedie selon sa pensée, nous en a donné une sur le Martyre des Innocens. L'illustre Grotius a mis sur la Scene la Passion mesme de Iesus-Christ, & l'Histoire de Ioseph, & le sçavant Buchanan a fait la mesme chose de celle de Iephté, & de la mort de Saint Iean Baptiste. C'est sur ces exemples que j'ay hazardé ce Poëme, où je me suis donné des licences qu'ils n'ont pas prises, de changer l'Histoire en quelque chose, & d'y mesler des Episodes d'invention. Aussi m'étoit-il plus permis sur cette matiere, qu'à eux sur celle qu'ils ont choisie. Nous ne devons qu'une croyance pieuse à la vie des Saints, & nous avons le mesme droit sur ce que nous en tirons pour le porter sur le Theatre, que sur ce que nous empruntons des autres Histoires. Mais nous devons une foy Chrétienne & indispensable à tout ce qui est dans la Bible, qui ne nous laisse aucune liberté d'y rien changer. J'estime toutefois qu'il ne nous est pas défendu d'y ajouster quelque chose, pourveu qu'il ne détruise rien de ces veritez dictées par le Saint Esprit. Buchanan ny Grotius ne l'ont pas fait dans leurs Poëmes, mais aussi ne les ont-ils pas rendus assez fournis pour nostre Theatre, & ne s'y sont proposé pour exemple que la constitution la plus simple des Anciens. Heinsius a plus osé qu'eux dans celuy que j'ay nommé. Les Anges qui bercent l'Enfant Iesus, & l'Ombre de Mariane avec les Furies qui agitent l'esprit d'Herode, sont des agrémens qu'il n'a pas trouvez dans l'Evangile. Ie croy mesme qu'on en peut supprimer quelque chose quand il y a apparence qu'il ne plairoit pas sur le Theatre, pourveu qu'on ne mette rien en la place ; car alors ce seroit changer l'Histoire, ce que le respect que nous devons à l'Ecriture ne permet point. Si j'avois à y exposer celle de David & Bersabée, je ne décrirois pas comme il en devint amoureux en la voyant se baigner dans une fontaine, de peur que l'image de cette nudité ne fist une impression trop chatoüilleuse dans l'esprit de l'Auditeur ; mais je me contenterois de le peindre avec de l'amour pour elle, sans parler aucunement de quelle maniere cet amour se seroit emparé de son cœur.

EXAMEN

Je reviens à Polyeucte, dont le succès a été tres-heureux. Le stile n'en est pas si fort, ny si majestueux, que celuy de Cinna & de Pompée; mais il a quelque chose de plus touchant, & les tendresses de l'amour humain y font un si agreable meslange avec la fermeté du divin, que sa representation a satisfait tout ensemble les Devots & les gens du Monde. A mon gré je n'ay point fait de Piece où l'ordre du Theatre soit plus beau, & l'enchaisnement des Scenes mieux ménagé. L'unité d'action & celles de jour & de lieu y ont leur justesse, & les scrupules qui peuvent naistre touchant ces deux dernieres, se dissiperont aisément, pour peu qu'on me veüille prêter de cette faveur, que l'Auditeur nous doit toûjours, quand l'occasion s'en offre, en reconnoissance de la peine que nous avons prise à le divertir.

Il est hors de doute, que si nous appliquons ce Poëme à nos coûtumes, le sacrifice se fait trop tost après la venuë de Severe, & cette précipitation sortira du vray-semblable par la necessité d'obeïr à la Régle. Quand le Roy envoye ses ordres dans les Villes, pour y faire rendre des actions de graces pour ses Victoires, ou pour d'autres benedictions qu'il reçoit du Ciel, on ne les execute pas dès le jour mesme; mais aussi il faut du temps pour assembler le Clergé, les Magistrats, & les corps de Ville, & c'est ce qui en fait differer l'execution. Nos Acteurs n'avoient icy aucune de ces Assemblées à faire.

Il suffisoit de la presence de Severe & de Felix, & du ministere du Grand Prestre, & ainsi nous n'avons eu aucun besoin de remettre ce sacrifice en un autre jour. D'ailleurs comme Felix craignoit ce Favory, qu'il croyoit irrité du mariage de sa fille, il étoit bien aise de luy donner le moins d'occasion de tarder qu'il luy étoit possible, & de tascher durant son peu de sejour à gagner son esprit par une prompte complaisance, & montrer tout ensemble une impatience d'obeïr aux volontez de l'Empereur.

L'autre scrupule regarde l'unité de lieu, qui est assez exacte, puisque tout s'y passe dans une Salle ou Antichambre commune aux Apartemens de Felix & de sa fille. Il semble que la bien-seance y soit un peu forcée pour conserver cette unité au second Acte; en ce que Pauline vient jusques dans cette Antichambre pour trouver Severe, dont elle devroit attendre la visite dans son cabinet. A quoy je répons, qu'elle a eu deux raisons de venir au devant de luy. L'une, pour faire plus d'honneur à un homme dont son pere redoutoit l'indignation, & qu'il luy avoit commandé d'adoucir en sa faveur : l'autre, pour rompre plus aisément la conversation avec luy, en se retirant dans ce cabinet, s'il ne vouloit pas la quitter à sa priere, & se delivrer par cette retraite d'un entretien dangereux pour elle ; ce qu'elle n'eust pû faire, si elle eust receu sa visite dans son Apartement.

DE POLYEVCTE.

Sa confidence avec Stratonice, touchant l'amour qu'elle avoit eü pour ce Cavalier, me fait faire une reflexion sur le temps qu'elle prend pour cela. Il s'en fait beaucoup sur nos Theatres, d'affections qui ont déja duré deux ou trois ans, dont on attend à reveler le secret justement au jour de l'action qui se represente, & non seulement sans aucune raison de choisir ce jour-là plûtost qu'un autre pour le declarer, mais lors mesme que vray-semblablement on s'en est dû ouvrir beaucoup auparavant avec la personne à qui on en fait confidence. Ce sont choses dont il faut instruire le Spectateur en les apprenant à un des Acteurs, mais il faut prendre garde avec soin que celuy à qui on les apprend ait eu lieu de les ignorer jusques-là aussi-bien que le Spectateur, & que quelque occasion tirée du Sujet oblige celuy qui les recite à rompre enfin un silence qu'il a gardé si long-temps. L'Infante dans le Cid avoüe à Leonor l'amour secret qu'elle a pour luy, & l'auroit pû faire un an ou six mois plûtost. Cleopatre dans Pompée ne prend pas des mesures plus justes avec Charmion. Elle luy conte la passion de Cesar pour elle, & comme

> chaque jour ses Courriers
> Luy portent en tribut ses vœux & ses Lauriers.

Cependant, comme il ne paroit personne avec qui elle aye plus d'ouverture de cœur qu'avec cette Charmion, il y a grande apparence que c'étoit elle mesme dont elle se servoit pour introduire ces Courriers, & qu'ainsi elle devoit sçavoir déja tout ce commerce entre Cesar & sa maîtresse. Du moins il falloit marquer quelque raison qui l'eust laissée ignorer jusques-là tout ce qu'elle luy apprend, & de quel autre ministere cette Princesse s'étoit servie pour recevoir ces Courriers. Il n'en va pas de mesme icy. Pauline ne s'ouvre avec Stratonice que pour luy faire entendre le songe qui la trouble, & les sujets qu'elle a de s'en alarmer; & comme elle n'a fait ce songe que la nuit d'auparavant, & qu'elle ne luy eust jamais revelé son secret sans cette occasion qui l'y oblige, on peut dire qu'elle n'a point eu lieu de luy faire cette confidence plûtost qu'elle ne la fait.

Je n'ay point fait de Narration de la mort de Polyeucte, parce que je n'avois personne pour la faire, ny pour l'écouter, que des Payens, qui ne la pouvoient ny écouter, ny faire, que comme ils avoient fait & écouté celle de Nearque; ce qui auroit été une repetition, & marque de sterilité, & en outre n'auroit pas répondu à la Dignité de l'action principale qui est terminée par là. Ainsi j'ay mieux aimé la faire connoistre par un saint emportement de Pauline que cette mort a convertie, que par un recit qui n'eust point eu de grace dans une bouche indigne de le faire. Felix son pere se convertit après elle, & ces deux conversions, quoy que miraculeuses, sont si ordinaires dans les Martyres, qu'elles

EXAMEN DE POLYEVCTE.

ne sortent point de la vray-semblance, parce qu'elles ne sont pas de ces évenemens rares & singuliers qu'on ne peut tirer en exemple, & elles servent à remettre le calme dans les esprits de Felix, de Severe, & de Pauline, que sans cela j'aurois eu bien de la peine à retirer du Theatre dans un état qui rendist la Piece complette, en ne laissant rien à souhaiter à la curiosité de l'Auditeur.

Fin de l'Examen des Pieces de cette premiere Partie.

Fautes notables survenuës en l'impression.

Page 17. Vers 1. qu'il, *lisez* qui.
Page 18. Vers dernier. qu'il n'y a rien, *lisez* qu'il n'y va rien.
Page 84. Vers 29. rougueur, *lisez* rougeur.
Page 142. Vers 6. Ils ont Clarice, *lisez* Ils ont ravy Clarice.
Page 154. Vers 12. De cet enlevement, *lisez* De toute ma douleur.
Page 337. Vers 6. Pour mieux, *lisez* Peut mieux.
Page 385. Vers 29. d'Ethoipie, *lisez* d'Ethiopie.
Page 556. Vers 35. qu'elle a luy, *lisez* qu'elle a de luy.
Page 572. Vers 2. Puisqu'en vain, *lisez* Puisqu'en fin.
Page 573. Vers 12. Mon sens, *lisez* Mon sang.
Page 575. Vers 12. Que presse, *lisez* Que present.

MELITE

MELITE,
COMEDIE

ACTEVRS.

ERASTE, *Amoureux de Melite.*

TIRCIS, *Amy d'Eraste & son Rival.*

PHILANDRE, *Amant de Cloris.*

MELITE, *Maistresse d'Eraste & de Tircis.*

CLORIS, *Sœur de Tircis.*

LISIS, *Amy de Tircis.*

CLITON, *Voisin de Melite.*

LA NOVRRICE *de Melite.*

La Scene est à Paris.

MELITE, COMEDIE.

ACTE I.

SCENE PREMIERE.

ERASTE, TIRCIS.

ERA. Ie te l'avouë, amy, mon mal est incurable,
Ie n'y sçay qu'un remede, & j'en suis incapable,
Le change seroit juste aprés tant de rigueur,
Mais malgré ses dédains Melite a tout mon cœur;
Elle a sur tous mes sens une entiere puissance,
Si j'ose en murmurer, ce n'est qu'en son absence,
Et je ménage en vain dans un éloignement
Vn peu de liberté pour mon ressentiment,
D'un seul de ses regards l'adorable contrainte
Me rend tous mes liens, en resserre l'étrainte,
Et par un si doux charme aveugle ma raison,
Que je cherche mon mal, & fuy ma guerison.
Son œil agit sur moy d'une vertu si forte,
Qu'il ranime soudain mon esperance morte,
Combat les déplaisirs de mon cœur irrité,
Et soûtient mon amour contre sa cruauté;

S'attacher pour jamais
Perdre pour des enfa
Voir leur nombre im
Ah ! qu'on aime ce j
ERA. Mais il y faut veni
C'est en vain qu'on r
Pour libertin qu'on f
Toy-mesme qui fais t
Nous te verrons un j
TIR. Alors ne pense pas
Ie regle mes desirs fui
Si Doris me vouloit,
Ie l'estimerois plus qu
Son revenu chez moy
C'est comme il faut a
Pour l'amour conjug
La beauté, les attrait
Echauffent bien le c
Et l'Hymen qui succe
Aprés quelques douce
Vne amitié si longue
Dessus des fondemens
L'argent dans le ména
Qui donne un teint d'
Et tu ne peux trouver
Dont le goust dure au
ERA. Auprés de ce bel œ
A peine pourrois-tu c
TIR. La raison en tous li
ERA. L'essay n'en couste
Allons, & tu verras
Tant de charmans app
Que tu feras forcé to
Que si je suis un fou,
TIR. Allons, & tu verras
Ne sçaura me tourner

MEL. Et quoy ! tous les miroirs ont-ils de fausses glaces!
ERA. Penseriez-vous y voir la moindre de vos graces?
De si fresles sujets ne sçauroient exprimer
Ce qu'Amour dans les cœurs peut luy seul imprimer,
Et quand vous en voudrez croire leur impuissance,
Cette legere idée & foible connoissance
Que vous aurez par eux de tant de raretez
Vous mettra hors du pair de toutes les beautez.
MEL. Voila trop vous tenir dans une complaisance,
Que vous deussiez quitter, du moins en ma presence,
Et ne démentir pas le rapport de vos yeux,
Afin d'avoir sujet de m'entreprendre mieux.
ERA. Le rapport de mes yeux aux dépens de mes larmes
Ne m'a que trop appris le pouvoir de vos charmes.
TIR. Sur peine d'estre ingrate, il faut de vostre part
Reconnoistre les dons que le Ciel vous départ.
ERA. Voyez que d'un second mon droit se fortifie.
MEL. Voyez que son secours montre qu'il s'en défie.
TIR. Ie me range toûjours avec la verité.
MEL. Si vous la voulez suivre, elle est de mon costé.
TIR. Ouy sur vostre visage, & non en vos paroles:
Mais cessez de chercher ces refuites frivoles,
Et prenant desormais des sentimens plus doux,
Ne soyez plus de glace à qui brusle pour vous.
MEL. Vn ennemy d'amour me tenir ce langage!
Accordez vostre bouche avec vostre courage,
Pratiquez vos conseils, ou ne m'en donnez pas.
TIR. I'ay connu mon erreur auprés de vos appas,
Il vous l'avoit bien dit. ERA. Ainsi ma prophetie
Est, à ce que je voy, de tout point reüssie.
TIR. Si tu pouvois produire en elle un mesme effet,
Croy-moy, que ton bon-heur seroit bien-tost parfait.
MEL. Pour voir si peu de chose aussi-tost vous dédire
Me donne à vos dépens de beaux sujets de rire,
Mais je pourrois bien-tost à m'entendre flater,
Concevoir quelque orgueil qu'il vaut mieux éviter.
Excusez ma retraite. ERA. Adieu, belle inhumaine,
De qui seule dépend, & ma joye, & ma peine.
MEL. Plus sage à l'avenir, quittez ces vains propos,
Et laissez vostre esprit & le mien en repos.

SCENE

SCENE III.

ERASTE, TIRCIS.

ERA. Maintenant suis-je vn foû ? meritay-je du blasme ?
  Que dis-tu de l'objet, que dis-tu de ma flame ?
TIR. Que veux-tu que j'en die ? elle a je ne sçay quoy
  Qui ne peut consentir que l'on demeure à soy;
  Mon cœur jusqu'à present à l'amour invincible,
  Ne se maintient qu'à force aux termes d'insensible,
  Tout autre que Tircis mourroit pour la servir.
ERA. Confesse franchement qu'elle a sçeu te ravir,
  Mais que tu ne veux pas prendre pour cette belle
  Avec le nom d'amant le tiltre d'infidelle.
  Rien que nostre amitié ne t'en peut détourner;
  Mais ta Muse du moins facile à suborner,
  Avec plaisir déja prepare quelques veilles
  A de puissants efforts pour de telles merveilles.
TIR. En effet ayant veu tant & de tels appas,
  Que je ne rime point, je ne le promets pas.
ERA. Tes feux n'iront-ils point plus avant que la rime ?
TIR. Si je brusle jamais, je veux brusler sans crime.
ERA. Mais si sans y penser tu te trouvois surpris ?
TIR. Quitte pour décharger mon cœur dans mes écrits.
  J'aime bien ces discours de plaintes, & d'alarmes,
  De soûpirs, de sanglots, de tourmens, & de larmes;
  C'est dequoy fort souvent je bastis ma chanson,
  Mais j'en connoy, sans plus, la cadence & le son.
  Souffre qu'en un Sonnet je m'efforce à dépeindre
  Cét agreable feu que tu ne peux éteindre,
  Tu le pourras donner comme venant de toy.
ERA. Ainsi ce cœur d'acier qui me tient sous sa loy
  Verra ma passion pour le moins en peinture :
  Ie doute neanmoins qu'en cette portraiture
  Tu ne suives plûtost tes propres sentimens.
TIR. Me prepare le Ciel de nouveaux châtimens
  Si jamais un tel crime entre dans mon courage.
ERA. Adieu, je suis content, j'ay ta parole en gage,
  Et sçay trop que l'honneur t'en fera souvenir.
TIR.[a] En matiere d'amour rien n'oblige à tenir,

Tome I. B

[a] *Seul.*

Et les meilleurs amis lors que son feu les presse
Font bien-tost vanité d'oublier leur promesse.

SCENE IV.

PHILANDRE, CLORIS.

PHI. IE meure, mon soucy, tu dois bien me hair,
  Tous mes soins depuis peu ne vont qu'à te trahir.
CLO. Ne m'épouvante point, à ta mine je pense
  Que le pardon suivra de fort prés cette offense,
  Si-tost que j'auray sçeu quel est ce mauvais tour.
PHI. Sçache donc qu'il ne vient sinon de trop d'amour.
CLO. I'eusse osé le gager, qu'ainsi par quelque ruse
  Ton crime officieux porteroit son excuse.
PHI. Ton adorable objet, mon unique vainqueur,
  Fait naistre chaque jour tant de feux en mon cœur,
  Que leur excez m'accable, & que pour m'en défaire
  I'y cherche des defauts qui puissent me déplaire:
  I'examine ton teint dont l'éclat me surprit,
  Les traits de ton visage, & ceux de ton esprit,
  Mais je n'en puis trouver un seul qui ne me charme.
CLO. Et moy je suis ravie, aprés ce peu d'alarme,
  Qu'ainsi tes sens trompez te puissent obliger
  A cherir ta Cloris, & jamais ne changer.
PHI. Ta beauté te répond de ma perseverance,
  Et ma foy qui t'en donne une entiere asseurance.
CLO. Voila fort doucement dire que sans ta foy
  Ma beauté ne pourroit te conserver à moy.
PHI. Ie traiterois trop mal une telle Maistresse,
  De l'aimer seulement pour tenir ma promesse,
  Ma passion en est la cause, & non l'effet;
  Outre que tu n'as rien qui ne soit si parfait,
  Qu'on ne peut te servir, sans voir sur ton visage
  Dequoy rendre constant l'homme le plus volage.
CLO. Ne m'en conte point tant de ma perfection,
  Tu dois estre asseuré de mon affection,
  Et tu perds tout l'effort de ta galanterie
  Si tu crois l'augmenter par une flaterie.
  Vne fausse loüange est un blasme secret,
  Epargne-moy, de grace, & songe plus discret,

Qu'étant belle à tes yeux, plus outre je n'aspire.
PHI. Que tu fçais dextrement adoucir mon martyre!
Mais parmy les plaifirs qu'avec toy je reffens,
A peine mon esprit ofe croire mes fens,
Toûjours entre la crainte, & l'espoir en balance;
Car s'il faut que l'amour naiffe de reffemblance,
Mes imperfections nous éloignant fi fort,
Qu'oferois-je pretendre en ce peu de rapport?
CLO. Du moins ne pretens pas qu'à prefent je te loüe,
Et qu'un mépris rufé que ton cœur defavoüe
Me mette fur la langue un babil affété
Pour te rendre à mon tour ce que tu m'as prété:
Au contraire, je veux que tout le monde fçache
Que je connois en toy des defauts que je cache,
Quiconque avec raifon peut eftre negligé,
A qui le veut aimer eft bien plus obligé.
PHI. Quant à toy, tu te crois de beaucoup plus aimable?
CLO. Sans doute, & qu'aurois-tu qui me fuft comparable?
PHI. Regarde dans mes yeux, & reconnoy qu'en moy
On peut voir quelque chofe auffi beau comme toy.
CLO. C'eft fans difficulté, m'y voyant exprimée.
PHI. Quitte ce vain orgueil dont ta veuë eft charmée.
Tu n'y vois que mon cœur qui n'a plus un feul trait,
Que ceux qu'il a reçeus de ton charmant portrait,
Et qui tout auffi-toft que tu t'es fait paroiftre,
Afin de te mieux voir, s'eft mis à la feneftre.
CLO. Le trait n'eft pas mauvais, mais puisqu'il te plaift tant,
Regarde dans mes yeux, ils t'en montrent autant,
Nos brafiers tous pareils ont mefmes étincelles.
PHI. Ainfi, chere Cloris, nos ardeurs mutuelles
Dedans cette union prenant un mefme cours,
Nous préparent un heur qui durera toûjours,
Cependant en faveur de ma longue fouffrance...
CLO. Tay-toy, mon frere vient.

SCENE V.

TIRCIS, PHILANDRE, CLORIS.

TIR. **S**I j'en croy l'apparence,
    Mon arrivée icy fait quelque contre-temps.
PHI. Que t'en semble, Tircis? TIR. Ie vous voy si contens,
    Qu'à ne vous rien celer touchant ce qu'il me semble
    Du divertissement que vous preniés ensemble,
    De moins sorciers que moy pourroient bien deviner
    Qu'un troisiéme ne fait que vous importuner.
CLO. Dy ce que tu voudras, nos feux n'ont point de crimes,
    Et pour t'apprehender ils sont trop legitimes,
    Puis qu'un Hymen sacré promis ces jours passez
    Sous ton consentement les authorise assez.
TIR. Ou je te connois mal, ou son heure tardive
    Te desoblige fort de ce qu'elle n'arrive.
CLO. Ta belle humeur te tient, mon frere. TIR. Asseurément.
CLO. Le sujet? TIR. I'en ay trop dans ton contentement.
CLO. Le cœur t'en dit ailleurs. TIR. Il est vray, je te jure,
    I'ay veu je ne sçay quoy... CLO. Dy tout, je t'en conjure.
TIR. Ma foy, si ton Philandre avoit veu de mes yeux,
    Tes affaires, ma sœur, n'en iroient gueres mieux.
CLO. I'ay trop de vanité pour croire que Philandre
    Trouve encor aprés moy qui puisse le surprendre.
TIR. Tes vanitez à part, repose-t'en sur moy,
    Que celle que j'ay veuë est bien autre que toy.
PHI. Parle mieux de l'objet dont mon ame est ravie,
    Ce blasphesme à tout autre auroit coûté la vie.
TIR. Nous tomberons d'accord sans nous mettre en pourpoint.
CLO. Encor cette beauté, ne la nomme-t'on point?
TIR. Non pas si-tost, Adieu, ma presence importune
    Te laisse à la mercy d'Amour, & de la Brune,
    Continuez les jeux que vous avez quittez.
CLO. Ne croy pas éviter mes importunitez;
    Ou tu diras le nom de cette incomparable,
    Ou je vay de tes pas me rendre inseparable.
TIR. Il n'est pas fort aisé d'arracher ce secret,
    Adieu, ne perds point temps. CLO. O l'amoureux discret!
    Et bien, nous allons voir si tu sçauras te taire.

COMEDIE.

PHI.[a] C'est donc ainsi qu'on quitte un amant pour un frere !
CLO. Philandre, avoir un peu de curiosité,
  Ce n'est pas envers toy grande infidelité :
  Souffre que je desrobe un moment à ma flame
  Pour lire malgré luy jusqu'au fond de son ame,
  Nous en rirons aprés ensemble, si tu veux.
PHI. Quoy, c'est-là tout l'état que tu fais de mes feux !
CLO. Ie ne t'aime pas moins pour estre curieuse,
  Et ta flame à mon cœur n'est pas moins precieuse,
  Conserve-moy le tien, & sois seur de ma foy.
PHI. Ah folle, qu'en t'aimant, il faut souffrir de toy !

[a] *Il retient Cloris qui suit son frere.*

ACTE II.

SCENE PREMIERE.
ERASTE.

JE l'avois bien préveu que ce cœur infidelle
Ne se défendroit point des yeux de ma cruelle,
Qui traite mille amants avec mille mépris,
Et n'a point de faveurs que pour le dernier pris.
Si-tost qu'il l'aborda, je leus sur son visage
De sa déloyauté l'infaillible présage;
Vn inconnu frisson dans mon corps épandu,
Me donna les avis de ce que j'ay perdu.
Depuis, cette volage évite ma rencontre,
Ou si malgré ses soins le hazard me la montre,
Si je puis l'aborder, son discours se confond,
Son esprit en desordre à peine me répond,
Vne reflexion vers le traistre qu'elle aime
Presques à tous momens le ramene en luy mesme,
Et tout resveur qu'il est, il n'a point de soucis
Qu'un soûpir ne trahisse au seul nom de Tircis.
Lors par le prompt effet d'un changement étrange
Son silence rompu se déborde en loüange;
Elle remarque en luy tant de perfections,
Que les moins éclairez verroient ses passions;
Sa bouche ne se plaist qu'en cette flaterie,
Et tout autre propos luy rend sa resverie.
Cependant chaque jour au discours attachez,
Ils ne retiennent plus leurs sentimens cachez,
Ils ont des rendez-vous où l'amour les assemble,
Encor hier sur le soir je les surpris ensemble,
Encor tout de nouveau je la voy qui l'attend.
Que cét œil asseuré marque un esprit content!
Perds tout respect, Eraste, & tout soin de luy plaire,
Rends, sans plus differer, ta vangeance exemplaire;

Mais il vaut mieux t'en rire, & pour dernier effort
Luy montrer en raillant combien ellè a de tort.

SCENE II.

ERASTE, MELITE.

ERA. Quoy, feule & fans Tircis! vraiment c'eſt un prodige,
Et ce nouvel amant déja trop vous neglige,
Laiſſant ainſi couler la belle occaſion
De vous conter l'excez de ſon affection.
MEL. Vous ſçavez que ſon ame en eſt fort dépourvéuë.
ERA. Toutesfois, ce dit-on, depuis qu'il vous a veuë,
Il en porte dans l'ame un ſi doux ſouvenir,
Qu'il n'a plus de plaiſirs qu'à vous entretenir.
MEL. Il a lieu de s'y plaire avec quelque juſtice,
L'Amour ainſi qu'à luy me paroit un ſupplice,
Et ſa froideur qu'augmente un ſi lourd entretien
Le reſout d'autant mieux à n'aimer jamais rien.
ERA. Dites à n'aimer rien que la belle Melite.
MEL. Pour tant de vanité j'ay trop peu de merite.
ERA. En faut-il tant avoir pour ce nouveau venu?
MEL. Vn peu plus que pour vous. ERA. De vray, j'ay reconnu,
Vous ayant pû ſervir deux ans, & davantage,
Qu'il faut ſi peu que rien à toucher mon courage.
MEL. Encor ſi peu que c'eſt vous étant refuſé,
Préſumez comme ailleurs vous ferez mépriſé.
ERA. Vos mépris ne ſont pas de grande conſequence,
Et ne vaudront jamais la peine que j'y penſe;
Sçachant qu'il vous voyoit, je m'étois bien douté
Que je ne ferois plus que fort mal écouté.
MEL. Sans que mes actions de plus prés j'examine,
A la meilleure humeur je fais meilleure mine,
Et s'il m'oſoit tenir de ſemblables diſcours,
Nous romprions enſemble avant qu'il fuſt deux jours.
ERA. Si chaque objet nouveau de meſme vous engage,
Il changera bien-toſt d'humeur & de langage:
Careſſé maintenant auſſi-toſt qu'aperceu,
Qu'auroit-il à ſe plaindre, eſtant ſi bien receu?
MEL. Eraſte, voyez-vous, tréve de jalouſie,
Purgez voſtre cerveau de cette frenéſie,

Laissez en liberté mes inclinations,
Qui vous a fait censeur de mes affections;
Est-ce à vostre chagrin que j'en dois rendre conte?
ERA. Non, mais j'ay malgré moy pour vous un peu de honte,
De ce qu'on dit par tout du trop de privauté
Que déja vous souffrez à sa temerité.
MEL. Ne soyez en soucy que de ce qui vous touche.
ERA. Le moyen sans regret de vous voir si farouche
Aux legitimes vœux de tant de gens d'honneur,
Et d'ailleurs si facile à ceux d'un suborneur?
MEL. Ce n'est pas contre luy qu'il faut en ma presence
Lascher les traits jaloux de vostre médisance:
Adieu, souvenez-vous que ces mots insensez
L'avanceront chez moy plus que vous ne pensez.

SCENE III.

ERASTE.

C'Est-là donc ce qu'enfin me gardoit ton caprice?
C'est ce que j'ay gagné par deux ans de service?
C'est ainsi que mon feu s'étant trop abaissé,
D'un outrageux mépris se voit recompensé!
Tu m'oses preferer un traistre qui te flate,
Mais dans ta lascheté ne croy pas que j'éclate,
Et que par la grandeur de mes ressentimens
Ie laisse aller au jour celle de mes tourmens.
Vn aveu si public qu'en feroit ma colere
Enfleroit trop l'orgueil de ton ame legere,
Et me convaincroit trop de ce desir abjet
Qui m'a fait soûpirer pour un indigne objet.
Ie sçauray me vanger, mais avec l'apparence
De n'avoir pour tous deux que de l'indifference,
Il fut toûjours permis de tirer sa raison
D'une infidelité par une trahison.
Tien, déloyal amy, tien ton ame asseurée
Que ton heur surprenant aura peu de durée,
Et que par une adresse égale à tes forfaits,
Ie mettray le desordre où tu crois voir la paix.
L'esprit fourbe & venal d'un voisin de Melite
Donnera prompte issuë à ce que je médite,

A servir

COMEDIE.

A servir qu'il l'achete il est toûjours tout prest,
Et ne voit rien d'injuste où brille l'interest.
Allons sans perdre temps luy payer ma vangeance,
Et la pistole en main presser sa diligence.

SCENE IV.

TIRCIS, CLORIS.

TIR. MA sœur, un mot d'avis sur un méchant Sonnet
Que je viens de broüiller dedans mon cabinet.
CLO. C'est à quelque beauté que ta Muse l'adresse?
TIR. En faveur d'un amy je flate sa Maîtresse,
Voy si tu le connois, & si parlant pour luy
I'ay sceu m'accommoder aux passions d'autruy.

SONNET.

APrès l'œil de Melite il n'est rien d'admirable.
CLO. Ah, frere, il n'en faut plus. TIR. Tu n'es pas supportable
De me rompre si-tost. CLO. C'étoit sans y penser.
Acheve. TIR. Tay-toy donc, je vay recommencer.

SONNET.

APrès l'œil de Melite il n'est rien d'admirable,
Il n'est rien de solide après ma loyauté,
Mon feu comme son teint se rend incomparable,
Et je suis en amour ce qu'elle est en beauté.

Quoy que puisse à mes sens offrir la nouveauté,
Mon cœur à tous ses traits demeure invulnerable,
Et bien qu'elle ait au sien la mesme cruauté,
Ma foy pour ses rigueurs n'en est pas moins durable.

C'est donc avec raison que mon extresme ardeur
Trouve chez cette belle une extresme froideur,
Et que sans estre aimé je brusle pour Melite.

Car de ce que les Dieux nous envoyant au jour
Donnerent pour nous deux d'amour, & de merite,
Elle a tout le merite, & moy j'ay tout l'amour.

Tome I. C

CLO. Tu l'as fait pour Eraste? *TIR.* Ouy, j'ay dépeint sa flame.
CLO. Comme tu la ressens peut-estre dans ton ame?
TIR. Tu sçais mieux qui je suis, & que ma libre humeur
  N'a de part en mes vers que celle de rimeur.
CLO. Pauvre frere, vois-tu, ton silence t'abuse,
  De la langue ou des yeux, n'importe qui t'accuse:
  Les tiens m'avoient bien dit malgré toy que ton cœur
  Soûpiroit sous les loix de quelque objet vainqueur,
  Mais j'ignorois encor qui tenoit ta franchise,
  Et le nom de Melite a causé ma surprise,
  Si-tost qu'au premier vers ton Sonnet m'a fait voir
  Ce que depuis huit jours je bruslois de sçavoir.
TIR. Tu crois donc que j'en tiens? *CL.* Fort auant. *TI.* Pour Melite?
CLO. Pour Melite, & de plus que ta flame n'excite
  Au cœur de cette belle aucun embrasement.
TIR. Qui t'en a tant appris? mon Sonnet? *CLO.* Iustement.
TIR. Et c'est ce qui te trompe avec tes conjectures,
  Et par où ta finesse a mal pris ses mesures.
  Vn visage jamais ne m'auroit arrété
  S'il falloit que l'amour fust tout de mon costé,
  Ma rime seulement est un portrait fidelle
  De ce qu'Eraste souffre en servant cette belle,
  Mais quand je l'entretiens de mon affection
  I'en ay toûjours assez de satisfaction.
CLO. Montre, si tu dis vray, quelque peu plus de joye,
  Et rens-toy moins resveur afin que je te croye.
TIR. Ie resve, & mon esprit ne s'en peut exempter,
  Car si-tost que je viens à me representer
  Qu'une vieille amitié de mon amour s'irrite,
  Qu'Eraste s'en offense, & s'oppose à Melite,
  Tantost je suis amy, tantost je suis rival,
  Et toûjours balancé d'un contrepoids égal,
  I'ay honte de me voir insensible, ou perfide;
  Si l'amour m'enhardit, l'amitié m'intimide,
  Entre ces mouvemens mon esprit partagé
  Ne sçait duquel des deux il doit prendre congé.
CLO. Voila bien des détours pour dire au bout du conte
  Que c'est contre ton gré que l'amour te surmonte;
  Tu présumes par là me le persuader,
  Mais ce n'est pas ainsi qu'on m'en donne à garder.
  A la mode du temps, quand nous servons quelqu'autre,
  C'est seulement alors qu'il n'y a rien du nostre,

Chacun en son affaire est son meilleur amy,
Et tout autre interest ne touche qu'à demy.
TIR. Que du foudre à tes yeux j'éprouve la furie,
Si rien que ce rival cause ma resverie.
CLO. C'est donc asseurément son bien qui t'est suspect,
Son bien te fait resver, & non pas son respect,
Et toute amitié bas; tu crains que sa richesse
En dépit de tes feux n'obtienne ta Maîtresse.
TIR. Tu devines, ma sœur, cela me fait mourir.
CLO. Ce sont vaines frayeurs dont je veux te guerir.
Depuis quand ton Eraste en tient-il pour Melite?
TIR. Il rend depuis deux ans hommage à son merite.
CLO. Mais dit-il les grands mots? parle-t'il d'épouser?
TIR. Presque à chaque moment. CLO. Laisse-le donc jaser,
Ce malheureux amant ne vaut pas qu'on le craigne,
Quelque riche qu'il soit, Melite le dédaigne:
Puisqu'on voit sans effet deux ans d'affection,
Tu ne dois plus douter de son aversion;
Le temps ne la rendra que plus grande & plus forte,
On prend soudain au mot les hommes de sa sorte,
Et sans rien hazarder à la moindre longueur
On leur donne la main dés qu'ils offrent le cœur.
TIR. Sa mere peut agir de puissance absoluë.
CLO. Croy que déja l'affaire en seroit resoluë,
Et qu'il auroit déja dequoy se contenter
Si sa mere étoit femme à la violenter.
TIR. Ma crainte diminuë, & ma douleur s'appaise,
Mais si je t'abandonne, excuse mon trop d'aise,
Avec cette lumiere & ma dexterité
J'en veux aller sçavoir toute la verité.
Adieu. CLO. Moy, je m'en vay paisiblement attendre
Le retour desiré du paresseux Philandre.
Vn moment de froideur le fera souvenir
Qu'il faut une autre fois tarder moins à venir.

C ij

SCENE V.

ERASTE, CLITON.

a Il luy donne une lettre.

ERA.[a] Va-t'en chercher Philandre, & dy-luy que Melite
A dedans ce billet sa passion décrite,
Dy-luy que sa pudeur ne sçauroit plus cacher
Vn feu qui la consume, & qu'elle tient si cher :
Mais prens garde sur tout à bien joüer ton rôle,
Remarque sa couleur, son maintien, sa parole,
Voy si dans la lecture un peu d'émotion
Ne te montrera rien de son intention.
CLI. Cela vaut fait, Monsieur. ERA. Mais avec ton message
Tasche si dextrement de tourner son courage,
Que tu viennes à bout de sa fidelité.
CLI. Monsieur, reposez-vous sur ma subtilité,
Il faudra malgré-luy, qu'il donne dans le piége,
Ma teste sur ce point vous servira de plége.
Mais aussi, vous sçavez... ERA. Ouy, va, sois diligent.
Ces ames du commun n'ont pour but que l'argent,
Et je n'ay que trop veu par mon experience...
Mais tu reviens bien-tost? CLI. Donnez-vous patience,
Monsieur, il ne vous faut qu'un moment de loisir,
Et vous pourrez vous mesme en avoir le plaisir.
ERA. Comment? CLI. De ce carfour j'ay veu venir Philandre,
Cachez-vous en ce coin, & de là sçachez prendre
L'occasion commode à seconder mes coups,
Par là nous le tenons. Le voicy, sauvez-vous.

SCENE VI.

PHILANDRE, ERASTE, CLITON.

b Eraste est caché & les écoute.

PHI.[b] Qvelle reception me fera ma Maistresse?
Le moyen d'excuser une telle paresse?
CLI. Monsieur, tout à propos je vous rencontre icy
Expressément chargé de vous rendre cecy.
PHI. Qu'est-ce? CLI. Vous allez voir en lisant cette lettre
Ce qu'un homme jamais n'oseroit se promettre,

COMEDIE.

Ouvrez-la seulement. *PHI.* Va, tu n'és qu'un conteur.
CLI. Ie veux mourir au cas qu'on mé trouve menteur.

LETTRE SVPPOSÉE DE MELITE
à Philandre.

Malgré le devoir & la bien-séance du sexe, celle-cy m'échape en faveur de vos merites, pour vous apprendre que c'est Melite qui vous écrit, & qui vous aime. Si elle est assez heureuse pour recevoir de vous une reciproque affection, contentez-vous de cét entretien par lettres, jusques à ce qu'elle aye osté de l'esprit de sa mere quelques personnes, qui n'y sont que trop bien pour son contentement.

ERA.[a] C'est donc la verité que la belle Melite
 Fait du brave Philandre une loüable élite,
 Et qu'il obtient ainsi de sa seule vertu
 Ce qu'Eraste & Tircis ont en vain debatu !
 Vraiment dans un tel choix mon regret diminuë;
 Outre qu'une froideur depuis peu survenuë,
 De tant de vœux perdus ayant sçeu me lasser,
 N'attendoit qu'un pretexte à m'en débarasser.
PHI. Me dis-tu que Tircis brusle pour cette belle?
ERA. Il en meurt. *PHI.* Ce courage à l'amour si rebelle?
ERA. Luy mesme. *PHI.* Si ton cœur ne tient plus qu'à demy,
 Tu peux le retirer pour un si bon amy.
 Sinon, pour mon regard ne cesse de pretendre,
 Etant pris une fois, je ne suis plus à prendre.
 Tout ce que je puis faire à son brasier naissant,
 C'est de m'en revancher par un zele impuissant,
 Et ma Cloris la prie, afin de s'en distraire,
 De tourner, s'il se peut, sa flame vers son frere.
ERA. Auprès de sa beauté qu'est-ce que ta Cloris?
PHI. Vn peu plus de respect pour ce que je cheris.
ERA. Ie veux qu'elle ait en soy quelque chose d'aimable,
 Mais enfin à Melite est-elle comparable?
PHI. Qu'elle le soit, ou non, je n'examine pas
 Si des deux l'une ou l'autre a plus ou moins d'appas,
 I'aime l'une, & mon cœur pour toute autre insensible.
ERA. Avise toutefois, le pretexte est plausible.
PHI. I'en serois mal voulu des hommes & des Dieux.
ERA. On pardonne aisément à qui trouve son mieux?

[a] Il feint d'avoir leu la lettre par dessus l'épaule de Philandre.

PHI. Mais en quoy gist ce mieux? *ERA.* En esprit, en richesse.
PHI. O le honteux motif à changer de Maistresse!
ERA. En amour. *PHI.* Cloris m'aime, & si je m'y connoy,
 Rien ne peut égaler celuy qu'elle a pour moy.
ERA. Tu te détromperas si tu veux prendre garde
 A ce qu'à ton sujet l'une & l'autre hazarde.
 L'une en t'aimant s'expose au peril d'un mépris,
 L'autre ne t'aime point que tu n'en sois épris:
 L'une t'aime engagé vers une autre moins belle,
 L'autre se rend sensible à qui n'aime rien qu'elle:
 L'une au desceu des siens te montre son ardeur,
 Et l'autre aprés leur choix quitte un peu sa froideur:
 L'une... *PHI.* Adieu, des raisons de si peu d'importance
 Ne pourroient en un siecle ébranler ma constance.

a Il dit ce vers à Cliton tout bas.
 ᵃDans deux heures d'icy tu viendras me revoir.
CLI. Disposez librement de mon petit pouvoir.
b Il est seul.
*ERA.*ᵇ Il a beau déguiser, il a gousté l'amorce,
 Cloris déja sur luy n'a presque plus de force,
 Ainsi je suis deux fois vangé du ravisseur,
 Ruinant tout ensemble, & le frere, & la sœur.

SCENE VII.

TIRCIS, ERASTE, MELITE.

(dre
TIR. ERaste, areste vn peu. *ERA.* Que me veux-tu? *TIR.* Te ren-
 Ce Sonnet que pour toy j'ay promis d'entreprendre.

c Elle les regarde à travers une jalousie cependant qu'Eraste lit le Sonnet.
*MEL.*ᶜ Que font-ils là tous deux? qu'ont-ils à démesler?
 Ce jaloux à la fin le pourra quereller,
 Du moins les complimens dont peut-estre ils se joüent
 Sont des civilitez qu'en l'ame ils desavoüent.
TIR. I'y donne une raison de ton sort inhumain,
 Allons, je le veux voir presenter de ta main
 A ce charmant objet dont ton ame est blessée.

d Il luy rend le Sonnet.
*ERA.*ᵈ Vne autre fois, Tircis, quelque affaire pressée
 Fait que je ne sçaurois pour l'heure m'en charger,
 Tu trouveras ailleurs un meilleur messager.

e Il est seul.
*TIR.*ᵉ La belle humeur de l'homme! ô Dieux, quel personnage!
 Quel amy j'avois fait de ce plaisant visage!
 Vne mine froncée, un regard de travers,
 C'est le remercîment que j'auray de mes vers.

Ie manque à son avis d'asseurance, ou d'adresse,
Pour les donner moy-mesme à sa jeune Maîtresse,
Et prendre ainsi le temps de dire à sa beauté
L'empire que ses yeux ont sur ma liberté,
Ie pense l'entrevoir par cette jalousie ;
Ouy, mon ame de joye en est toute saisie.
Helas ! & le moyen de pouvoir luy parler,
Si mon premier aspect l'oblige à s'en aller ?
Que cette joye est courte, & qu'elle est cher venduë !
Toutefois tout va bien, la voila descenduë,
Ses regards pleins de feux s'entendent avec moy,
Que dis-je, en s'avançant elle m'appelle à soy.

SCENE VIII.

TIRCIS, MELITE.

MEL. HE' bien, qu'avez-vous fait de vostre compagnie ?
TIR. Ie ne puis rien juger de ce qui l'a bannie :
A peine ay-je eu loisir de luy dire deux mots,
Qu'aussi-tost le fantasque en me tournant le dos
S'est échapé de moy. MEL. Sans doute il m'aura veuë,
Et c'est de là que vient cette fuite imprévenuë.
TIR. Vous aimant comme il fait, qui l'eust jamais pensé ?
MEL. Vous ne sçavez donc rien de ce qui s'est passé ?
TIR. I'aimerois beaucoup mieux sçavoir ce qui se passe,
Et la part qu'a Tircis en vostre bonne grace.
MEL. Meilleure aucunement qu'Eraste ne voudroit,
Ie n'ay jamais connu d'amant si mal-adroit,
Il ne sçauroit souffrir qu'autre que luy m'approche,
Dieux ! qu'à vostre sujet il m'a fait de reproche !
Vous ne sçauriez me voir sans le desobliger.
TIR. Et de tous mes soucis c'est là le plus leger,
Toute une legion de rivaux de sa sorte
Ne divertiroit pas l'amour que je vous porte,
Qui ne craindra jamais les humeurs d'un jaloux.
MEL. Aussi le croit-il bien, ou je me trompe. TIR. Et vous ?
MEL. Bien que cette croyance à quelque erreur m'expose,
Pour luy faire dépit, j'en croiray quelque chose.
TIR. Mais afin qu'il receust un entier déplaisir,
Il faudroit que nos cœurs n'eussent plus qu'un desir,

Et quitter ces discours de volontez sujettes,
Qui ne sont point de mise en l'état où vous étes.
Vous mesme consultez un moment vos appas,
Songez à leurs effets, & ne présumez pas
Avoir sur tous les cœurs un pouvoir si supresme,
Sans qu'il vous soit permis d'en user sur vous mesme;
Vn si digne sujet ne reçoit point de loy,
De regle, ny d'avis d'un autre que de soy.
MEL. Ton mérite plus fort que ta raison flateuse
Me rend, je le confesse, un peu moins scrupuleuse.
Ie dois tout à ma mere, & pour tout autre amant
Ie voudrois tout remettre à son commandement.
Mais attendre pour toy l'effet de sa puissance,
Sans te rien témoigner que par obeïssance,
Tircis, ce seroit trop, tes rares qualitez
Dispensent mon devoir de ces formalitez.
TIR. Que d'amour & de joye un tel aveu me donne!
MEL. C'est peut-estre en trop dire, & me montrer trop bonne,
Mais par là tu peux voir que mon affection
Prend confiance entiere en ta discretion.
TIR. Vous la verrez toûjours dans un respect sincere
Attacher mon bon-heur à celuy de vous plaire,
N'avoir point d'autre soin, n'avoir point d'autre esprit;
Et si vous en voulez un serment par écrit,
Ce Sonnet que pour vous vient de tracer ma flame
Vous fera voir à nû jusqu'au fond de mon ame.
MEL. Garde bien ton Sonnet, & pense qu'aujourd'huy
Melite te veut croire autant & plus que luy.
Ie le prens toutefois comme un precieux gage
Du pouvoir que mes yeux ont pris sur ton courage.
Adieu, sois moy fidelle en dépit du jaloux.
TIR. O Ciel! jamais amant eut-il un sort plus doux?

ACTE III.

SCENE PREMIERE.

PHILANDRE.

TV l'as gagné, Melite, il ne m'est pas possible
D'estre à tant de faveurs plus long-temps insensible,
Tes lettres où sans fard tu dépeins ton esprit,
Tes lettres où ton cœur est si bien par écrit
Ont charmé tous mes sens par leurs douces promesses;
Leur attente vaut mieux, Cloris, que tes caresses.
Ah, Melite, pardon, je t'offense à nommer
Celle qui m'empescha si long-temps de t'aimer.
Souvenirs importuns d'une amante laissée,
Qui venez malgré moy remettre en ma pensée
Vn portrait que j'en veux tellement effacer,
Que le sommeil ait peine à me le retracer,
Hastez-vous de sortir sans plus troubler ma joye,
Et retournant trouver celle qui vous envoye,
Dites-luy de ma part pour la derniere fois,
Qu'elle est en liberté de faire un autre choix,
Que ma fidelité n'entretient plus ma flame,
Ou que s'il m'en demeure encor un peu dans l'ame,
Ie souhaite en faveur de ce reste de foy
Qu'elle puisse gagner au change autant que moy.
Dites-luy que Melite ainsi qu'une Déesse
Est de tous nos desirs souveraine maistresse,
Dispose de nos cœurs, force nos volontez,
Et que par son pouvoir nos destins surmontez
Se tiennent trop heureux de prendre l'ordre d'elle,
Enfin que tous mes vœux....

Tome I.   D

SCENE II.

TIRCIS, PHILANDRE.

TIR. Philandre. *PHI.* Qui m'appelle ?
TIR. Tircis, dont le bon-heur au plus haut point monté
    Ne peut estre parfait sans te l'avoir conté.
PHI. Tu me fais trop d'honneur par cette confidence.
TIR. I'uferois envers toy d'une fotte prudence
    Si je faifois deffein de te diffimuler
    Ce qu'auffi-bien mes yeux ne fçauroient te celer.
PHI. En effet fi l'on peut te juger au vifage,
    Si l'on peut par tes yeux lire dans ton courage,
    Ce qu'ils montrent de joye à tel point me furprend,
    Que je n'en puis trouver de fujet affez grand,
    Rien n'atteint, ce me femble, aux fignes qu'ils en donnent.
TIR. Que fera le fujet, fi les fignes t'étonnent ?
    Mon bonheur eft plus grand qu'on ne peut foupçonner,
    C'eft quand tu l'auras fçeu qu'il faudra t'étonner.
PHI. Ie ne le fçauray pas fans marque plus expreffe.
TIR. Poffeffeur, autant vaut... *PH.* Dequoy ? *TI.* D'une Maîtreffe,
    Belle, honnefte, jolie, & dont l'efprit charmant
    De fon feul entretien peut ravir un amant,
    En un mot, de Melite. *PHI.* Il eft vray qu'elle eft belle,
    Tu n'as pas mal choifi, mais... *TI.* Quoy mais ? *PH.* T'aime-t'elle ?
TIR. Cela n'eft plus en doute. *PHI.* Et de cœur ? *TIR.* Et de cœur,
    Ie t'en réponds. *PHI.* Souvent un vifage moqueur
    N'a que le beau femblant d'une mine hypocrite.
TIR. Ie ne crains rien de tel du cofté de Melite.
PHI. E'coute, j'en ay veu de toutes les façons.
    I'en ay veu qui fembloient n'eftre que des glaçons,
    Dont le feu retenu par une adroite feinte
    S'allumoit d'autant plus qu'il fouffroit de contrainte,
    I'en ay veu, mais beaucoup, qui fous le faux appas
    Des preuves d'un amour qui ne les touchoit pas,
    Prenoient du paffe-temps d'une folle jeuneffe,
    Qui fe laiffe affiner à ces traits de foupleffe,
    Et pratiquoient fous-main d'autres affections:
    Mais j'en ay veu fort peu de qui les paffions

COMEDIE.

Fussent d'intelligence avec tout le visage.
TIR. Et de ce petit nombre est celle qui m'engage.
De sa possession je me tiens aussi seur
Que tu te peux tenir de celle de ma sœur.
PHI. Donc, si ton esperance à la fin n'est deceuë,
Ces deux amours auront une pareille issuë?
TIR. Si cela n'arrivoit, je me tromperois fort.
PHI. Pour te faire plaisir j'en veux estre d'accord.
Cependant, apprens moy comment elle te traite,
Et qui te fait juger son ardeur si parfaite.
TIR. Vne parfaite ardeur a trop de truchemens
Par qui se faire entendre aux esprits des amans:
Vn coup d'œil, un soûpir.. *PHI.* Ces faveurs ridicules
Ne servent qu'à duper des ames trop credules.
N'as-tu rien que cela? *TIR.* Sa parole, & sa foy.
PHI. Encor c'est quelque chose, acheve, & conte moy
Les petites douceurs, les aimables tendresses,
Qu'elle se plaist à joindre à de telles promesses.
Quelques lettres du moins te daignent confirmer
Ce vœu qu'entre tes mains elle a fait de t'aimer?
TIR. Recherche qui voudra ces menus badinages,
Qui n'en sont pas toûjours de fort seurs témoignages,
Ie n'ay que sa parole, & ne veux que sa foy.
PHI. I'en connoy donc quelqu'un plus avancé que toy.
TIR. I'entens qui tu veux dire, & pour ne te rien feindre,
Ce rival est bien moins à redouter qu'à plaindre.
Eraste qu'ont banny ses dédains rigoureux...
PHI. Ie parle de quelque autre un peu moins malheureux.
TIR. Ie ne connoy que luy qui soûpire pour elle.
PHI. Ie ne te tiendray point plus long-temps en cervelle:
Pendant qu'elle t'amuse avec ses beaux discours,
Vn rival inconnu possede ses amours,
Et la dissimulée au mépris de ta flame,
Par lettres chaque jour luy fait don de son ame.
TIR. De telles trahisons luy sont trop en horreur.
PHI. Ie te veux par pitié tirer de cette erreur.
Tantost, sans y penser, j'ay trouvé cette lettre,
Tien, voy ce que tu peux deformais t'en promettre.

LETTRE SVPPOSE'E DE MELITE
à Philandre.

JE commence à m'estimer quelque chose puisque je vous plais, & mon miroir m'offense tous les jours, ne me representant pas assez belle, comme je m'imagine qu'il faut estre pour meriter vostre affection. Aussi je veux bien que vous sçachiez, que Melite ne croit la posseder que par faveur, ou comme une recompense extraordinaire d'un excez d'amour, dont elle tasche de suppléer au defaut des graces que le Ciel luy a refusées.

PHI. Maintenant qu'en dis-tu ? n'est-ce pas t'affronter ?
TIR. Cette lettre en tes mains ne peut m'épouvanter.
PHI. La raison ? TIR. Le porteur a sceu combien je t'aime,
 Et par galanterie il t'a pris pour moy-mesme,
 Comme aussi ce n'est qu'un de deux parfaits amis.
PHI. Voila bien te flater plus qu'il ne t'est permis,
 Et pour ton interest aimer à te méprendre.
TIR. On t'en aura donné quelqu'autre pour me rendre,
 Afin qu'encore vn coup je sois ainsi deçeu.
PHI. Ouy, j'ay quelque billet que tantost j'ay receu,
 Et puisqu'il est pour toy... TIR. Que ta longueur me tuë !
 Dépesche. PHI. Le voilà, que je te restituë.

AVTRE LETTRE SVPPOSE'E DE
Melite à Philandre.

VOus n'avez plus affaire qu'à Tircis ; je le souffre encore, afin que par sa hantise je remarque plus exactement ses defauts, & les fasse mieux gouster à ma mere. Aprés cela Philandre & Melite auront tout loisir de rire ensemble des belles imaginations, dont le frere & la sœur ont repeu leurs esperances.

PHI. Te voila tout resveur, cher amy, par ta foy,
 Crois-tu que ce billet s'adresse encore à toy ?
TIR. Traistre, c'est donc ainsi que ma sœur méprisée
 Sert à ton changement d'un sujet de risée ?
 C'est ainsi qu'à sa foy Melite osant manquer,
 D'un parjure si noir ne fait que se moquer ?
 C'est ainsi que sans honte à mes yeux tu subornes
 Vn amour qui pour moy devoit estre sans bornes ?
 Suy-moy tout de ce pas, que l'épée à la main
 Vn si cruel affront se répare soudain ;

Il faut que pour tous deux ta teste me réponde.
PHI. Si pour te voir trompé tu te déplais au Monde,
Cherche en ce desespoir qui t'en veüille arracher:
Quant à moy, ton trépas me coûteroit trop cher.
TIR. Quoy, tu crains le duël! PHI. Non, mais j'en crains la fuite,
Où la mort du vaincu met le vainqueur en fuite,
Et du plus beau succez le dangereux éclat
Nous fait perdre l'objet & le prix du combat.
TIR. Tant de raisonnement & si peu de courage
Sont de tes laschetez le digne témoignage,
Viens, ou dy que ton sang n'oseroit s'exposer.
PHI. Mon sang n'est plus à moy, je n'en puis disposer.
Mais puisque ta douleur de mes raisons s'irrite,
I'en prendray dés ce soir le congé de Melite.
Adieu.

SCENE III.

TIRCIS.

TV fuis, perfide, & ta legereté
T'ayant fait criminel, te met en seureté!
Reuien, reuien défendre une place usurpée,
Celle qui te cherit vaut bien un coup d'épée,
Fay voir que l'infidelle en se donnant à toy
A fait choix d'un amant qui valoit mieux que moy,
Soûtien son jugement, & sauve ainsi de blâme
Celle qui pour la tienne a negligé ma flame.
Crois-tu qu'on la merite à force de courir?
Peux-tu m'abandonner ses faveurs sans mourir?
O lettres, ô faveurs indignement placées,
A ma discretion honteusement laissées,
O gages qu'il neglige ainsi que superflus,
Ie ne sçay qui de nous vous diffamez le plus,
Ie ne sçay qui des trois doit rougir davantage,
Car vous nous apprenez qu'elle est une volage,
Son amant un parjure, & moy sans jugement
De n'avoir rien préveu de leur déguisement.
Mais il le falloit bien, que cette ame infidelle
Changeant d'affection prist un traistre comme elle,
Et que le digne amant qu'elle a sçeu rechercher
A sa déloyauté n'eust rien à reprocher.

Cependant j'en croyois cette fausse apparence,
Dont elle repaissoit ma friuole esperance,
I'en croyois ses regards, qui tous remplis d'amour
Etoient de la partie en un si lasche tour.
O Ciel, vit-on jamais tant de supercherie
Que tout l'exterieur ne fust que tromperie?
Non, non, il n'en est rien, une telle beauté
Ne fut jamais sujette à la déloyauté.
Foibles & seuls témoins du malheur qui me touche,
Vous estes trop hardis de démentir sa bouche,
Melite me cherit, elle me l'a juré,
Son oracle receu je m'en tiens asseuré,
Que dites-vous là-contre? estes-vous plus croyables?
Caracteres trompeurs, vous me contez des fables,
Vous voulez me trahir, mais vos efforts sont vains,
Sa parole a laissé son cœur entre mes mains.
A ce doux souvenir ma flame se r'allume,
Ie ne sçay plus qui croire, ou d'elle, ou de sa plume,
L'un & l'autre en effet n'ont rien que de leger,
Mais du plus, ou du moins je n'en puis que juger.
Loin, loin, doutes flateurs que mon feu me suggere,
Ie voy trop clairement qu'elle est la plus legere,
La foy que j'en receus s'en est allée en l'air,
Et ces traits de sa plume osent encor parler,
Et laissent en mes mains une honteuse image,
Où son cœur peint au vif remplit le mien de rage,
Ouy, j'enrage, je meurs, & tous mes sens troublez
D'un excés de douleur se trouvent accablez,
Vn si cruel tourment me gesne, & me déchire,
Que je ne puis plus vivre avec un tel martyre,
Mais cachons-en la honte, & nous donnons du moins
Ce faux soulagement en mourant sans témoins,
Que mon trépas secret empesche l'infidelle
D'avoir la vanité que je sois mort pour elle.

COMEDIE.

SCENE IV.
TIRCIS, CLORIS.

CLO. Mon frere, en ma faveur retourne sur tes pas,
Dy-moy la verité, tu ne me cherchois pas.
Et quoy, tu fais semblant de ne me pas connoistre?
O Dieux! en quel état te vois-je icy paroistre!
Tu paslis tout à coup, & tes louches regards
S'élancent incertains presque de toutes parts!
Tu manques à la fois de couleur, & d'haleine!
Ton pied mal affermy ne te soûtient qu'à peine!
Quel accident nouveau te trouble ainsi les sens!
TIR. Puisque tu veux sçavoir le mal que je ressens,
Avant que d'assouvir l'inexorable envie
De mon sort rigoureux qui demande ma vie,
Ie vay t'assassiner d'un fatal entretien,
Et te dire en deux mots mon mal-heur & le tien.
En nos chastes amours de tous deux on se moque,
Philandre... Ah! la douleur m'étouffe & me suffoque,
Adieu, ma sœur, Adieu, je ne puis plus parler,
Lis, & si tu le peux, tasche à te consoler.
CLO. Ne m'échape donc pas. *TIR.* Ma sœur, je te supplie...
CLO. Quoy? que je t'abandonne à ta mélancolie?
Voyons auparavant ce qui te fait mourir,
Et nous aviserons à te laisser courir.
TIR. Helas! quelle injustice! *CLO.*[a] Est-ce là tout, fantasque?
Quoy? si la déloyale enfin leve le masque,
Oses-tu te fascher d'estre desabusé?
Apprens qu'il te faut estre en amour plus rusé,
Apprens que les discours des filles bien sensées
Découvrent rarement le fond de leurs pensées,
Et que les yeux aidant à ce déguisement,
Nostre sexe a le don de tromper finement.
Apprens aussi de moy que ta raison s'égare,
Que Melite n'est pas une piece si rare,
Qu'elle soit seule icy qui vaille la servir:
Assez d'autres objets y sçauront te ravir.
Ne t'inquiete point pour une écervelée,
Qui n'a d'ambition que d'estre cajolée,

[a] *Elle lit les lettres qu'il luy a données.*

Et rend à plaindre ceux qui flatant ses beautez
Ont assez de malheur pour en estre écoutez.
Damon luy plût jadis, Aristandre, & Geronte,
Eraste aprés deux ans n'y voit pas mieux son conte,
Elle t'a trouvé bon seulement pour huit jours,
Philandre est aujourd'huy l'objet de ses amours,
Et peut-estre déja (tant elle aime le change)
Quelque autre nouveauté le supplante & nous vange.
Ce n'est qu'une coquette avec tous ses attraits,
Sa langue avec son cœur ne s'accorde jamais,
Les infidelitez font ses jeux ordinaires,
Et ses plus doux appas sont tellement vulgaires,
Qu'en elle homme d'esprit n'admira jamais rien,
Que le sujet pourquoy tu luy voulois du bien.
TIR. Penses-tu m'arréter par ce torrent d'injures ?
Que ce soient veritez, que ce soient impostures,
Tu redoubles mes maux au lieu de les guerir :
Adieu, rien que la mort ne peut me secourir.

SCENE V.

CLORIS.

Mon frere. Il s'est sauvé, son desespoir l'emporte,
Me preserve le Ciel d'en user de la sorte,
Vn volage me quitte, & je le quitte aussi,
Ie l'obligerois trop de m'en mettre en soucy.
Pour perdre des amans celles qui s'en affligent
Donnent trop d'avantage à ceux qui les negligent,
Il n'est lors que la joye, elle nous vange mieux,
Et la fist-on à faux éclater par les yeux,
C'est montrer par bravade à leur vaine inconstance
Qu'elle est pour nous toucher de trop peu d'importance.
Que Philandre à son gré rende ses vœux contans,
S'il attend que j'en pleure, il attendra long-temps.
Son cœur est un tresor dont j'aime qu'il dispose,
Le larcin qu'il m'en fait me vole peu de chose,
Et l'amour qui pour luy m'éprit si follement
M'avoit fait bonne part de son aveuglement.
On encherit pourtant sur ma faute passée,
Dans la mesme folie une autre embarassée

Le rend

Le rend encor parjure, & sans ame, & sans foy,
Pour se donner l'honneur de faillir après moy.
Ie meure, s'il n'est vray, que la moitié du monde
Sur l'exemple d'autruy se conduit, & se fonde,
A cause qu'il parut quelque temps m'enflamer,
La pauvre fille a crû qu'il valoit bien l'aimer,
Et sur cette croyance elle en a pris envie;
Luy pûst-elle durer jusqu'au bout de sa vie:
Si Melite a failly me l'ayant débauché,
Dieux, par là seulement punissez son peché.
Elle verra bien-tost que sa digne conqueste
N'est pas une avanture à me rompre la teste,
Vn si plaisant malheur m'en console à l'instant.
Ah, si mon foû de frere en pouvoit faire autant,
Que j'en aurois de joye, & que j'en ferois gloire!
Si je puis le rejoindre, & qu'il me veüille croire,
Nous leur ferons bien voir que leur change indiscret
Ne vaut pas un soûpir, ne vaut pas un regret.
Ie me veux toutefois en vanger par malice,
Me divertir une heure à m'en faire justice;
Ces lettres fourniront assez d'occasion
D'un peu de défiance, & de division.
Si je prens bien mon temps, j'auray pleine matiere
A les joüer tous deux d'une belle maniere.
En voicy déja l'un qui craint de m'aborder.

SCENE VI.

PHILANDRE, CLORIS.

CLO. Quoy, tu passes, Philandre, & sans me regarder?
PHI. Pardonne-moy, de grace, une affaire importune
M'empesche de joüir de ma bonne fortune,
Et son empressement qui porte ailleurs mes pas
Me remplissoit l'esprit jusqu'à ne te voir pas.
CLO. I'ay donc souvent le don d'aimer plus qu'on ne m'aime,
Ie ne pense qu'à toy, j'en parlois en moy-mesme.
PHI. Me veux-tu quelque chose? CLO. Il t'ennuye avec moy,
Mais comme de tes feux j'ay pour garand ta foy,
Ie ne m'alarme point. N'étoit ce qui te presse,
Ta flame un peu plus loin eust porté la tendresse,

Tome I. E

Et je t'aurois fait voir quelques vers de Tircis
Pour le charmant objet de ses nouveaux soucis.
Ie viens de les surprendre, & j'y pourrois encore,
Ioindre quelques billets de l'objet qu'il adore;
Mais tu n'as pas loisir; toutefois si tu veux
Perdre un demy quart-d'heure à les lire nous deux...
PHI. Voyons donc ce que c'est sans plus longue demeure,
Ma curiosité pour ce demy-quart-d'heure
S'osera dispenser. CLO. Aussi tu me promets,
Quand tu les auras leus, de n'en parler jamais;
Autrement, ne croy pas... PHI.^a Cela s'en va sans dire,
Donne, donne-les-moy, tu ne les sçaurois lire,
Et nous aurions ainsi besoin de trop de temps.
CLO.^b Philandre, tu n'es pas encor où tu pretends;
Quelques hautes faveurs que ton merite obtienne,
Elles sont aussi bien en ma main qu'en la tienne,
Ie les garderay mieux, tu peux en asseurer
La belle qui pour toy daigne se parjurer.
PHI. Vn homme doit souffrir d'une fille en colere,
Mais je sçay comme il faut les r'avoir de ton frere,
Tout exprés je le cherche, & son sang, ou le mien...
CLO. Quoy Philandre est vaillant, & je n'en sçavois rien!
Tes coups sont dangereux quand tu ne veux pas feindre,
Mais ils ont le bon-heur de se faire peu craindre,
Et mon frere qui sçait comme il s'en faut guerir,
Quand tu l'aurois tué, pourroit n'en pas mourir.
PHI. L'effet en fera foy, s'il en a le courage.
Adieu, j'en perds le temps à parler davantage;
Tremble. CLO. I'en ay grand lieu connoissant ta vertu,
Pourveu qu'il y consente, il sera bien batu.

^a Il reconnoist les lettres.
^b Elle les resserre.

ACTE IV.

SCENE PREMIERE.

MELITE, LA NOVRRICE.

NOV. ETTE obstination à faire la secrette
M'accuse injustement d'estre trop peu discrette.
MEL. Ton importunité n'est pas à supporter,
Ce que je ne sçay point, te le puis-je conter?
NOV. Les visites d'Eraste un peu moins assiduës
Témoignent quelque ennuy de ses peines perduës,
Et ce qu'on voit par là de refroidissement
Ne fait que trop juger son mécontentement;
Tu m'en veux cependant cacher tout le mistere,
Mais je pourrois enfin en croire ma colere,
Et pour punition te priver des avis
Qu'a jusqu'icy ton cœur si doucement suivis.
MEL. C'est à moy de trembler après cette menace,
Et toute autre du moins trembleroit en ma place.
NOV. Ne raillons point, le fruit qui t'en est demeuré,
(Ie parle sans reproche & tout consideré)
Vaut bien... Mais revenons à nostre humeur chagrine,
Apprens-moy ce que c'est. *MEL.* Veux-tu que je devine?
Dégousté d'un esprit si grossier que le mien
Il cherche ailleurs peut-estre un meilleur entretien.
NOV. Ce n'est pas bien ainsi qu'un amant perd l'envie
D'une chose deux ans ardemment poursuivie:
D'asseurance un mépris l'oblige à se piquer,
Mais ce n'est pas un trait qu'il faille pratiquer.
Vne fille qui voit, & que voit la jeunesse,
Ne s'y doit gouverner qu'avec beaucoup d'adresse,
Le dédain luy messied, ou quand elle s'en sert,
Que ce soit pour reprendre un amant qu'elle perd;
Vne heure de froideur à propos ménagée
Peut rembraser une ame à demy dégagée,

Qu'un traitement trop doux dispense à des mépris
D'un bien dont cet orgueil fait mieux sçavoir le prix.
Hors ce cas il luy faut complaire à tout le monde,
Faire qu'aux vœux de tous l'apparence réponde,
Et sans embarasser son cœur de leurs amours,
Leur faire bonne mine, & souffrir leurs discours.
Qu'à part ils pensent tous avoir la préference,
Et paroissent ensemble entrer en concurrence;
Que tout l'exterieur de son visage égal
Ne rende aucun jaloux du bon-heur d'un rival;
Que ses yeux partagez leur donnent dequoy craindre,
Sans donner à pas un aucun lieu de se plaindre;
Qu'ils vivent tous d'espoir jusqu'au choix d'un mary,
Mais qu'aucun cependant ne soit le plus chery,
Et qu'elle cede enfin, puisqu'il faut qu'elle cede,
A qui paira le mieux le bien qu'elle possede.
Si tu n'eusses jamais quitté cette leçon,
Ton Eraste avec toy vivroit d'autre façon.
MEL. Ce n'est pas son humeur de souffrir ce partage,
Il croit que mes regards soient son propre heritage,
Et prend ceux que je donne à tout autre qu'à luy
Pour autant de larcins faits sur le bien d'autruy.
NOV. J'entends à demy mot, acheve, & m'expedie
Promptement le motif de cette maladie.
MEL. Si tu m'avois, Nourrice, entenduë à demy,
Tu sçaurois que Tircis... NOV. Quoy, son meilleur amy!
N'a-ce pas été luy qui te l'a fait connoistre?
MEL. Il voudroit que le jour en fust encor à naistre,
Et si d'auprés de moy je l'avois écarté,
Tu verrois tout à l'heure Eraste à mon costé.
NOV. J'ay regret que tu sois leur pomme de discorde;
Mais puisque leur humeur ensemble ne s'accorde,
Eraste n'est pas homme à laisser échaper,
Vn semblable pigeon ne se peut ratraper,
Il a deux fois le bien de l'autre, & davantage.
MEL. Le bien ne touche point un genereux courage.
NOV. Tout le monde l'adore, & tasche d'en joüir.
MEL. Il suit un faux éclat qui ne peut m'éblouïr.
NOV. Auprés de sa splendeur toute autre est fort petite.
MEL. Tu le places au rang qui n'est dû qu'au merite.
NOV. On a trop de merite étant riche à ce point.
MEL. Les biens en donnent-ils à ceux qui n'en ont point?

COMÉDIE.

NOV. Ouy, ce n'est que par là qu'on est considerable.
MEL. Mais ce n'est que par là qu'on devient méprisable.
  Vn homme dont les biens font toutes les vertus,
  Ne peut estre estimé que des cœurs abatus.
NOV. Est-il quelques defauts que les biens ne réparent?
MEL. Mais plûtost en est-il où les biens ne préparent?
  E'tant riche on méprise assez communément
  Des belles qualitez le solide ornement,
  Et d'un luxe honteux la richesse suivie
  Souvent par l'abondance aux vices nous convie.
NOV. Enfin je reconnois... *MEL.* Qu'avec tout ce grand bien
  Vn jaloux sur mon cœur n'obtiendra jamais rien.
NOV. Et que d'un cajoleur la nouvelle conqueste
  T'imprime à mon regret ces erreurs dans la teste.
  Si ta mere le sçait... *MEL.* Laisse-moy ces soucis,
  Et rentre, que je parle à la sœur de Tircis.
NOV. Peut-estre elle t'en veut dire quelque Nouvelle.
MEL. Ta curiosité te met trop en cervelle,
  Rentre sans t'informer de ce qu'elle pretend,
  Vn meilleur entretien avec elle m'attend.

SCENE II.

CLORIS, MELITE.

CLO. IE cheris tellement celles de vostre sorte,
  Et prens tant d'interest en ce qui leur importe,
  Qu'aux pieces qu'on leur fait je ne puis consentir,
  Ny mesme en rien sçavoir, sans les en advertir.
  Ainsi donc au hazard d'estre la mal-venuë,
  Encor que je vous sois, peu s'en faut, inconnuë,
  Ie viens vous faire voir que vostre affection,
  N'a pas esté fort juste en son élection.
MEL. Vous pourriez sous couleur de rendre un bon office,
  Mettre quelqu'autre en peine avec cet artifice,
  Mais pour m'en repentir j'ay fait un trop bon choix,
  Ie renonce à choisir une seconde fois,
  Et mon affection ne s'est point arrestée
  Que chez un Cavalier qui l'a trop meritée.
CLO. Vous me pardonnerez, j'en ay de bons témoins,
  C'est l'homme qui de tous la merite le moins.

MEL. Si je n'avois de luy qu'une foible asseurance,
Vous me feriez entrer en quelque deffiance :
Mais je m'étonne fort que vous l'osiez blamer,
Ayant quelque interest vous-mesme à l'estimer.
CLO. Ie l'estimay jadis, & je l'aime, & l'estime
Plus que je ne faisois auparavant son crime,
Ce n'est qu'en ma faveur qu'il ose vous trahir,
Et vous pouvez juger si je le puis haïr,
Lors que sa trahison m'est un clair témoignage
Du pouvoir absolu que j'ay sur son courage.
MEL. Le pousser à me faire une infidelité,
C'est assez mal user de cette authorité.
CLO. Me le faut-il pousser où son devoir l'oblige ?
C'est son devoir qu'il suit alors qu'il vous neglige.
MEL. Quoy, le devoir chez vous oblige aux trahisons.
CLO. Quand il n'en auroit point de plus justes raisons,
La parole donnée, il faut que l'on la tienne.
MEL. Cela fait contre vous, il m'a donné la sienne.
CLO. Ouy, mais ayant déja receu mon amitié
Sur un vœu solennel d'estre vn jour sa moitié,
Peut-il s'en départir pour accepter la vostre ?
MEL. De grace excusez-moy, je vous prens pour une autre,
Et c'étoit à Cloris que je croyois parler.
CLO. Vous ne vous trompez pas. ME. Donc pour mieux me railler
La sœur de mon amant contrefait ma rivale ?
CLO. Donc pour mieux m'éblouïr une ame déloyale
Contrefait la fidelle ? ah, Melite, sçachez
Que je ne sçay que trop ce que vous me cachez,
Philandre m'a tout dit, vous pensez qu'il vous aime,
Mais sortant d'avec vous il me conte luy mesme
Iusqu'aux moindres discours, dont vostre passion
Tasche de suborner son inclination.
MEL. Moy, suborner Philandre ! Ah, que m'osez-vous dire !
CLO. La pure verité. MEL. Vrayment, en voulant rire
Vous passez trop avant, brisons-là, s'il vous plaist,
Ie ne voy point Philandre, & ne sçay quel il est.
CLO. Vous en croirez du moins vostre propre écriture.
Tenez, voyez, lisez. MEL. Ah, Dieux, quelle imposture !
Iamais un de ces traits ne partit de ma main.
CLO. Nous pourrions demeurer icy jusqu'à demain
Que vous persisteriez dans la méconnoissance,
Ie les vous laisse, Adieu. MEL. Tout-beau, mon innocence

COMEDIE.

Veut apprendre de vous le nom de l'imposteur,
Pour faire retomber l'affront sur son autheur.
CLO. Vous pensez me duper, & perdez vostre peine,
Que sert le desaveu quand la preuve est certaine?
A quoy bon démentir, à quoy bon dénier...
MEL. Ne vous obstinez point à me calomnier,
Ie veux que si jamais j'ay dit mot à Philandre...
CLO. Remettons ce discours, quelqu'un vient nous surprendre,
C'est le brave Lisis, qui semble sur le front
Porter empreints les traits d'un déplaisir profond.

SCENE III.

LISIS, MELITE, CLORIS.

LIS.[a] PReparez vos soûpirs à la triste Nouvelle   [a] à Cloris.
  Du malheur où nous plonge un esprit infidelle,
Quittez son entretien, & venez avec moy
Plaindre un frere au cercueil par son manque de foy.
MEL. Quoy! son frere au cercueil! LIS. Ouy, Tircis plein de rage
De voir que vostre change indignement l'outrage,
Maudissant mille fois le détestable iour
Que vostre bon accueil luy donna de l'amour,
Dedans ce desespoir a chez moy rendu l'ame,
Et mes yeux desolez... MEL. Ie n'en puis plus, je pasme.
CLO. Au secours, au secours.

SCENE IV.

CLITON, LA NOVRRICE, MELITE, LISIS, CLORIS.

CLI. D'Où provient cette voix?
NOV. Qu'avez-vous, mes enfans? CLO. Melite que tu vois...
NOV. Helas, elle se meurt, son teint vermeil s'efface,
Sa chaleur se dissipe, elle n'est plus que glace.
LIS.[b] Va querir un peu d'eau, mais il faut te haster.   [b] à Cliton.
CLI.[c] Si proches du logis, il vaut mieux l'y porter.   [c] à Lisis.
CLO. Aidez mes foibles pas, les forces me deffaillent,
Et je vay succomber aux douleurs qui m'assaillent.

SCENE V.

ERASTE.

A La fin je triomphe, & les Destins amis
M'ont donné le succez que je m'étois promis;
Me voila trop heureux, puisque par mon adresse
Melite est sans amant, & Tircis sans Maîtresse,
Et comme si c'étoit trop peu pour me vanger,
Philandre & sa Cloris courent mesme danger.
Mais à quelle raison leurs ames desunies
Pour les crimes d'autruy seront-elles punies?
Que m'ont-ils fait tous deux pour troubler leurs accords?
Fuyez de ma pensée, inutiles remords,
La joye y veut regner, cessez de m'en distraire,
Cloris m'offense trop d'estre sœur d'un tel frere,
Et Philandre si prompt à l'infidelité
N'a que la peine deuë à sa credulité.
Mais que me veut Cliton qui sort de chez Melite?

SCENE VI.

ERASTE, CLITON.

CLI. MOnsieur, tout est perdu, vostre fourbe maudite,
Dont je fus à regret le damnable instrument,
A couché de douleur Tircis au monument.
ERA. Courage, tout va bien, le traistre m'a fait place,
Le seul qui me rendoit son courage de glace,
D'un favorable coup la mort me l'a ravy.
CLI. Monsieur, ce n'est pas tout, Melite l'a suivy,
ERA. Melite l'a suivy ! que dis-tu, miserable?
CLI. Monsieur, il est trop vray, le moment déplorable
Qu'elle a sçeu son trépas, a terminé ses jours.
ERA. Ha Ciel ! s'il est ainsi... CLI. Laissez-là ces discours,
Et vantez-vous plûtost que par vostre imposture
Ces malheureux amants trouvent la sepulture,
Et que vostre artifice a mis dans le tombeau
Ce que le Monde avoit de parfait & de beau.

ERASTE.

COMEDIE.

ERA. Tu m'oses donc flater, infame, & tu supprimes
Par ce reproche obscur la moitié de mes crimes?
Est-ce ainsi qu'il te faut n'en parler qu'à demy?
Acheve tout d'un coup, dy que Maîtresse, amy,
Tout ce que je cheris, tout ce qui dans mon ame
Sçeut jamais allumer une pudique flame,
Tout ce que l'amitié me rendit precieux,
Par ma fourbe a perdu la lumiere des Cieux.
Dy que j'ay violé les deux loix les plus saintes
Qui nous rendent heureux par leurs douces contraintes,
Dy que j'ay corrompu, dy que j'ay suborné,
Falsifié, trahy, seduit, assassiné,
Tu n'en diras encor que la moindre partie.
Quoy, Tircis est donc mort, & Melite est sans vie!
Ie ne l'avois pas sçeu, Parques, jusqu'à ce jour,
Que vous relevassiez de l'Empire d'Amour,
I'ignorois qu'aussi-tost qu'il assemble deux ames
Il vous pûst commander d'unir aussi leurs trames.
Vous en relevez donc, & montrez aujourd'huy
Que vous étes pour nous aveugles comme luy!
Vous en relevez donc, & vos cizeaux barbares
Tranchent comme il luy plaist les destins les plus rares!
Mais je m'en prens à vous, moy qui suis l'imposteur,
Moy qui suis de leurs maux le détestable autheur.
Helas! & falloit-il que ma supercherie
Tournast si laschement tant d'amour en furie?
Inutiles regrets, repentirs superflus,
Vous ne me rendez pas Melite qui n'est plus,
Vos mouvemens tardifs ne la font pas revivre,
Elle a suivy Tircis, & moy je la veux suivre,
Il faut que de mon sang je luy fasse raison,
Et de ma jalousie, & de ma trahison,
Et que de ma main propre une ame si fidelle
Reçoive... Mais d'où vient que tout mon corps chancelle?
Quel murmure confus? & qu'entends-je hurler?
Que de pointes de feu se perdent parmy l'air?
Les Dieux à mes forfaits ont dénoncé la guerre,
Leur foudre décoché vient de fendre la terre,
Et pour leur obeïr son sein me recevant
M'engloutit, & me plonge aux Enfers tout vivant.
Ie vous entens, grands Dieux, c'est là-bas que leurs ames,
Aux champs Eliziens éternisent leurs flames,

C'eſt là-bas qu'à leurs pieds il faut verſer mon ſang:
La Terre à ce deſſein m'ouvre ſon large flanc,
Et juſqu'aux bords du Styx me fait libre paſſage.
Ie l'aperçoy déja, je ſuis ſur ſon rivage.
Fleuve, dont le ſaint nom eſt redoutable aux Dieux,
Et dont les neuf replis ceignent ces triſtes lieux,
N'entre point en couroux contre mon inſolence
Si j'oſe avec mes cris violer ton ſilence:
Ie ne te veux qu'un mot. Tircis eſt-il paſſé?
Melite eſt-elle icy? mais, qu'attens-je, inſenſé?
Ils ſont tous deux ſi chers à ton funeſte Empire,
Que tu crains de les perdre, & n'oſes m'en rien dire.
Vous donc, Eſprits legers, qui manque de tombeaux
Tournoyez vagabonds à l'entour de ces eaux,
A qui Charon cent ans refuſe ſa nacelle,
Ne m'en pourriez-vous point donner quelque Nouvelle?
Parlez, & je promets d'employer mon credit
A vous faciliter ce paſſage interdit.
CLI. Monſieur, que faites-vous, voſtre raiſon troublée
Par l'effort des douleurs dont elle eſt accablée
Figure à voſtre veuë.... *ERA.* Ah! te voila, Charon,
Dépeſche promptement, & d'un coup d'aviron
Paſſe-moy, ſi tu peux, juſqu'à l'autre rivage.
CLI. Monſieur, rentrez en vous, regardez mon viſage,
Reconnoiſſez Cliton. *ERA.* Dépeſche, vieux nocher,
Avant que ces Eſprits nous puiſſent approcher,
Ton bâteau de leur poids fondroit dans les abîmes,
Il n'en aura que trop d'Eraſte, & de ſes crimes.
Quoy, tu veux te ſauver à l'autre bord ſans moy,
ᵃ Si faut-il qu'à ton coû je paſſe malgré toy?

ᵃ *Il ſe jette ſur les épaules de Cliton qui l'emporte derriere le Theatre.*

SCENE VII.

PHILANDRE.

PRéſomptueux rival, dont l'abſence importune
Retarde le ſuccez de ma bonne fortune,
As-tu ſi-toſt perdu cette ombre de valeur
Que te prétoit tantoſt l'effort de ta douleur?
Que devient à preſent cette boüillante envie
De punir ta volage aux dépens de ma vie!

COMEDIE.

Il ne tient plus qu'à toy que tu ne fois content,
Ton ennemy t'appelle, & ton rival t'attend;
Ie te cherche en tous lieux, & cependant ta fuite
Se rit impunément de ma vaine pourfuite.
Crois-tu, laiffant mon bien dans les mains de ta fœur,
En demeurer toûjours l'injuste poffeffeur,
Ou que ma patience à la fin échapée
(Puifque tu ne veux pas le debatre à l'épée)
Oubliant le respect du sexe, & tout devoir,
Ne laiffe point fur elle agir mon defespoir?

SCENE VIII.

ERASTE, PHILANDRE.

ERA. DEtacher Ixion poùr me mettre en fa place!
Megere, c'eft à vous une indiscrette audace,
Ay-je, prenant le front de cét ambitieux,
Attenté fur le lit du Monarque des Cieux?
Vous travaillez en vain, barbares Eumenides;
Non, ce n'eft pas ainfi qu'on punit les perfides.
Quoy, me preffer encor! fus de pieds & de mains
Effayons d'écarter ces monstres inhumains,
A mon fecours, esprits, vangez-vous de vos peines,
Ecrafons leurs ferpens, chargeons-les de vos chaifnes,
Pour ces filles d'Enfer nous fommes trop puiffans.
PHI. Il femble à ce difcours qu'il ait perdu le fens;
Eratse, cher amy, quelle melancolie
Te met dans le cerveau cét excez de folie?
ERA. Equitable Minos, grand Iuge des Enfers,
Voyez qu'injustement on m'apprefte des fers.
Faire un tour d'amoureux, fuppofer une lettre,
Ce n'eft pas un forfait qu'on ne puiffe remettre.
Il eft vray que Tircis en eft mort de douleur,
Que Melite après luy redouble ce malheur,
Que Cloris fans amant ne fçait à qui s'en prendre,
Mais la faute n'en eft qu'au credule Philandre,
Luy feul en eft la caufe, & fon esprit leger
Qui trop facilement refolut de changer,
Car ces lettres qu'il croit l'effet de fes merites,
La main que vous voyez les a toutes écrites.

F ij

PHI. Ie te laiſſe impuny, traiſtre, de tels remords
Te donnent des tourmens pires que mille morts,
Ie t'obligerois trop de t'arracher la vie,
Et ma juſte vangeance eſt bien mieux aſſouvie
Par les folles horreurs de cette illuſion.
Ah, grands Dieux, que je ſuis plein de confuſion!

SCENE IX.

ERASTE.

TV t'enfuis donc, barbare, & me laiſſant en proye
A ces cruelles ſœurs, tu les combles de joye?
Non, non, retirez-vous, Tiſiphone, Alecton,
Et tout ce que je voy d'Officiers de Pluton,
Vous me connoiſſez mal, dans le corps d'un perfide
Ie porte le courage & les forces d'Alcide.
Ie vay tout renverſer dans ces Royaumes noirs,
Et ſaccager moy ſeul ces tenebreux manoirs.
Vne ſeconde fois le triple chien Cerbere
Vomira l'aconit en voyant la lumiere,
J'iray du fond d'Enfer dégager les Titans,
Et ſi Pluton s'oppoſe à ce que je pretens,
Paſſant deſſus le ventre à ſa troupe mutine,
J'iray d'entre ſes bras enlever Proſerpine.

SCENE X.

LISIS, CLORIS.

LIS. N'En doute plus, Cloris, ton frere n'eſt point mort,
Mais ayant ſçeu de luy ſon déplorable ſort,
Ie voulois éprouver par cette triſte feinte,
Si celle qu'il adore aucunement atteinte
Deviendroit plus ſenſible aux traits de la pitié,
Qu'aux ſinceres ardeurs d'une ſainte amitié.
Maintenant que je voy qu'il faut qu'on nous abuſe
Afin que nous puiſſions découvrir cette ruſe,
Et que Tircis en ſoit de tout point éclaircy,
Sois ſeure que dans peu je te le rens icy.

COMEDIE.

Ma parole fera d'un prompt effet fuivie,
Tu reverras bien-toft ce frere plein de vie,
C'eft affez que je paffe une fois pour trompeur.
CLO. Si bien qu'au lieu du mal nous n'aurons que la peur?
Le cœur me le difoit, je fentois que mes larmes
Refufoient de couler pour de fauffes alarmes,
Dont les plus dangereux & plus rudes affauts
Avoient beaucoup de peine à m'émouvoir à faux;
Et je n'étudiay cette douleur menteufe
Qu'à caufe qu'en effet j'étois un peu honteufe
Qu'une autre en témoignaft plus de reffentiment.
LIS. Après tout, entre nous, confeffe franchement
Qu'une fille en ces lieux qui perd un frere unique
Iufques au defefpoir fort rarement fe pique,
Ce beau nom d'heritiere a de telles douceurs,
Qu'il devient fouverain à confoler des fœurs.
CLO. Adieu, railleur, adieu, fon intereft me preffe
D'aller rendre d'un mot la vie à fa Maîtreffe:
Autrement je fçaurois t'apprendre à difcourir.
LIS. Et moy de ces frayeurs de nouveau te guerir.

ACTE V.

SCENE PREMIERE.

CLITON, LA NOVRRICE.

CLI. Ie ne t'ay rien celé, tu fçais toute l'affaire.
NO. Tu m'en as bien conté, mais fe pourroit-il faire
Qu'Eraste euſt des remords ſi vifs & ſi preſſans,
Que de violenter ſa raiſon & ſes ſens?
CLI. Euſt-il pû, ſans en perdre entierement l'uſage,
Se figurer Charon des traits de mon viſage,
Et de plus, me prenant pour ce vieux Nautonnier,
Me payer à bons coups des droits de ſon denier?
NOV. Plaiſante illuſion! *CLI.* Mais funeſte à ma teſte,
Sur qui ſe déchargeoit une telle tempeſte,
Que je tiens maintenant à miracle évident
Qu'il me ſoit demeuré dans la bouche une dent.
NOV. C'étoit mal reconnoiſtre un ſi rare ſervice.
ERA.[a] Arrêtez, arrêtez, poltrons. *CLO.* Adieu, Nourrice,
Voicy ce fou qui vient, je l'entends à la voix,
Croy que ce n'eſt pas moy qu'il attrape deux fois.
NOV. Et moy, quand je devrois paſſer pour Proſerpine,
Ie veux voir à quel point ſa fureur le domine.
CLI. Contente à tes perils ton curieux deſir.
NOV. Quoy qu'il puiſſe arriver, j'en auray le plaiſir.

[a] Il eſt derriere le Theatre.

SCENE II.

ERASTE, LA NOVRRICE.

ERA. En vain je les r'appelle, en vain pour ſe défendre
La honte & le devoir leur parlent de m'attendre,
Ces lâches eſcadrons de fantômes affreux
Cherchent leur aſſeurance aux cachots les plus creux,

COMEDIE.

Et se fiant à peine à la nuit qui les couvre
Souhaitent sous l'Enfer qu'un autre Enfer s'entr'ouvre.
Ma voix met tout en fuite, & dans ce vaste effroy
La peur saisit si bien les Ombres & leur Roy,
Que se précipitant à de promptes retraites,
Tous leurs soucis ne vont qu'à les rendre secrettes.
Le boüillant Phlegeton parmy ses flots pierreux
Pour les favoriser ne roule plus de feux:
Tisiphone tremblante, Alecton, & Megere,
Ont de leurs flambeaux noirs étouffé la lumiere:
Les Parques mesme en haste emportent leurs fuseaux,
Et dans ce grand desordre oubliant leurs ciseaux,
Charon les bras croisez dans sa barque s'étonne
De ce qu'après Eraste il n'a passé personne.
Trop heureux accident, s'il avoit prévenu
Le déplorable coup du malheur avenu,
Trop heureux accident, si la Terre entr'ouverte
Avant ce jour fatal eust consenty ma perte,
Et si ce que le Ciel me donne icy d'accez
Eust de ma trahison devancé le succez.
Dieux, que vous sçavez mal gouverner vostre foudre!
N'étoit-ce pas assez pour me reduire en poudre
Que le simple dessein d'un si lasche forfait?
Injustes, deviez-vous en attendre l'effet?
Ah Melite! ah Tircis! leur cruelle justice
Aux dépens de vos jours me choisit un supplice,
Ils doutoient que l'Enfer eust dequoy me punir
Sans le triste secours de ce dur souvenir,
Ouy, ce qu'ont les Enfers, de feux, de foüets, de chaisnes,
Ne sont auprès de luy que de legeres peines,
On reçoit d'Alecton un plus doux traitement.
Souvenir rigoureux, tréve, tréve un moment,
Qu'au moins avant ma mort dans ces demeures sombres
Ie puisse rencontrer ces bien-heureuses Ombres;
Vse après, si tu veux, de toute ta rigueur,
Et si pour m'achever tu manques de vigueur,
^aVoicy qui t'aidera; mais derechef, de grace,
Cesse de me gesner durant ce peu d'espace.
Ie voy déja Melite, ah! belle Ombre, voicy
L'ennemy de vostre heur qui vous cherchoit icy,
C'est Eraste, c'est luy, qui n'a plus d'autre envie
Que d'épandre à vos pieds son sang avec sa vie,

^a *Il met la main sur son épée.*

Ainsi le veut le Sort, & tout exprés les Dieux
L'ont abimé vivant en ces funestes lieux.
NOV. Pourquoy permettez-vous que cette frenesie
Regne si puissamment sur vostre fantaisie?
L'Enfer voit-il jamais une telle clarté?
ERA. Aussi ne la tient-il que de vostre beauté,
Ce n'est que de vos yeux que part cette lumiere.
NOV. Ce n'est que de mes yeux ! dessillez la paupiere,
Et d'un sens plus rassis jugez de leur éclat.
ERA. Ils ont de verité je ne sçay quoy de plat,
Et plus je vous contemple, & plus sur ce visage
Ie m'étonne de voir un autre air, un autre âge,
Ie ne reconnoy plus aucun de vos attraits,
Iadis vostre Nourrice avoit ainsi les traits,
Le front ainsi ridé, la couleur ainsi blesme,
Le poil ainsi grison, ô Dieux ! c'est elle mesme.
Nourrice, qui t'améne en ces lieux pleins d'effroy?
Y viens-tu rechercher Melite comme moy?
NOV. Cliton la vit pasmer, & se broüilla de sorte,
Que la voyant si pasle il la crût estre morte,
Cét étourdy trompé vous trompa comme luy.
Au reste elle est vivante, & peut-estre aujourd'huy
Tircis, de qui la mort n'étoit qu'imaginaire,
De sa fidelité recevra le salaire.
ERA. Desormais donc en vain je les cherche icy-bas,
En vain pour les trouver je rens tant de combats.
NOV. Vostre douleur vous trouble, & forme des nuages
Qui seduisent vos sens par de fausses images,
Cét Enfer, ces combats ne sont qu'illusions.
ERA. Ie ne m'abuse point de fausses visions,
Mes propres yeux ont veu tous ces monstres en fuite,
Et Pluton de frayeur en quitter la conduite.
NOV. Peut-estre que chacun s'enfuyoit devant vous,
Craignant vostre fureur & le poids de vos coups:
Mais voyez si l'Enfer ressemble à cette Place,
Ces murs, ces bastimens ont-ils la mesme face?
Le logis de Melite & celuy de Cliton
Ont-ils quelque rapport à celuy de Pluton?
Quoy, n'y remarquez-vous aucune difference?
ERA. De vray ce que tu dis a beaucoup d'apparence,
Nourrice, prens pitié d'un esprit égaré,
Qu'ont mes vives douleurs d'avec moy separé,

Ma guerison

COMEDIE.

Ma guerison dépend de parler à Melite.
NOV. Differez pour le mieux un peu cette visite,
Tant que maistre absolu de vostre jugement
Vous soyez en état de faire un compliment.
Vostre teint & vos yeux n'ont rien d'un homme sage,
Donnez-vous le loisir de changer de visage,
Vn moment de repos que vous prendrez chez vous....
ERA. Ne peut, si tu n'y viens, rendre mon sort plus doux,
Et ma foible raison de guide dépourveuë
Va de nouveau se perdre en te perdant de veuë.
NOV. Si je vous suis utile, allons, je ne veux pas
Pour un si bon sujet vous épargner mes pas.

SCENE III.

CLORIS, PHILANDRE.

CLO. NE m'importune plus, Philandre, je t'en prie,
Me rappaiser jamais passe ton industrie,
Ton meilleur, je t'asseure, est de n'y plus penser,
Tes protestations ne font que m'offenser,
Sçavante à mes dépens de leur peu de durée,
Ie ne veux point en gage une foy parjurée,
Vn cœur que d'autres yeux peuvent si-tost brusler,
Qu'un billet supposé peut si-tost ébranler.
PHI. Ah, ne remettez plus dedans vostre memoire
L'indigne souvenir d'une action si noire,
Et pour rendre à jamais nos premiers vœux contens
Etouffez l'ennemy du pardon que j'attends.
Mon crime est sans égal, mais enfin, ma chere ame...
CLO. Laisse-là desormais ces petits mots de flame,
Et par ces faux témoins d'un feu mal allumé
Ne me reproche plus que je t'ay trop aimé.
PHI. De grace, redonnez à l'amitié passée
Le rang que je tenois dedans vostre pensée:
Derechef, ma Cloris, par ces doux entretiens,
Par ces feux qui voloient de vos yeux dans les miens,
Par ce que vostre foy me permettoit d'attendre....
CLO. C'est où doresnavant tu ne dois plus pretendre,
Ta sottise m'instruit, & par là je voy bien
Qu'un visage commun, & fait comme le mien,

Tome I. G

N'a point assez d'appas, ny de chaisne assez forte
Pour tenir en devoir un homme de ta sorte.
Melite a des attraits qui sçavent tout dompter,
Mais elle ne pourroit qu'à peine t'arréter,
Il te faut un sujet qui la passe, ou l'égale,
C'est en vain que vers moy ton amour se ravale,
Fay-luy, si tu m'en crois, agréer tes ardeurs,
Ie ne veux point devoir mon bien à ses froideurs.
PHI. Ne me déguisez rien, un autre a pris ma place,
Vne autre affection vous rend pour moy de glace.
CLO. Aucun jusqu'à ce point n'est encor arrivé,
Mais je te changeray pour le premier trouvé.
PHI. C'en est trop, tes dédains épuisent ma souffrance,
Adieu, je ne veux plus avoir d'autre esperance,
Sinon qu'un jour le Ciel te fera ressentir
De tant de cruautez le juste repentir.
CLO. Adieu, Melite & moy nous avons dequoy rire
De tous les beaux discours que tu me viens dire.
Que luy veux-tu mander? *PHI.* Va, dy luy de ma part
Qu'elle, ton frere, & toy, reconnoistrez trop tard
Ce que c'est que d'aigrir un homme de ma sorte.
CLO. Ne croy pas la chaleur du couroux qui t'emporte,
Tu nous ferois trembler plus d'un quart-d'heure, ou deux.
PHI. Tu railles, mais bien-tost nous verrons d'autres jeux,
Ie sçay trop comme on vange une flame outragée.
CLO. Le sçais-tu mieux que moy, qui suis déja vangée?
Par où t'y prendras-tu? de quel air? *PHI.* Il suffit,
Ie sçay comme on se vange. *CLO.* Et moy comme on s'en rit.

COMEDIE.

SCENE IV.
TIRCIS, MELITE.

TIR. **M**Aintenant que le Sort attendry par nos plaintes
Comble noſtre eſperance, & diſſipe nos craintes,
Que nos contentemens ne ſont plus traverſez
Que par le ſouvenir de nos malheurs paſſez :
Ouvrons toute noſtre ame à ces douces tendreſſes
Qu'inſpirent aux amants les pleines allegreſſes,
Et d'un commun accord cheriſſons nos ennuys
Dont nous voyons ſortir de ſi precieux fruits.
Adorables regards, fidelles interpretes
Par qui nous expliquions nos paſſions ſecrettes,
Doux truchements du cœur, qui déja tant de fois
M'avez ſi bien appris ce que n'oſoit la voix,
Nous n'avons plus beſoin de voſtre confidence,
L'Amour en liberté peut dire ce qu'il penſe,
Et dédaigne un ſecours qu'en ſa naiſſante ardeur
Luy faiſoient mandier la crainte & la pudeur.
Beaux yeux, à mon tranſport pardonnez ce blaſphefme,
La bouche eſt impuiſſante où l'amour eſt extreſme,
Quand l'eſpoir eſt permis elle a droit de parler,
Mais vous allez plus loin qu'elle ne peut aller.
Ne vous laſſez donc point d'en uſurper l'uſage,
Et quoy qu'elle m'ait dit, dites moy davantage.
Mais tu ne me dis mot, ma vie, & quels ſoucis
T'obligent à te taire auprès de ton Tircis ?
MEL. Tu parles à mes yeux, & mes yeux te répondent.
TIR. Ah ! mon heur, il eſt vray, ſi tes deſirs ſecondent
Cét amour qui paroit & brille dans tes yeux,
Ie n'ay rien deſormais à demander aux Dieux.
MEL. Tu t'en peux aſſeurer, mes yeux ſi pleins de flame
Suivent l'inſtruction des mouvemens de l'ame.
On en a veu l'effet, lors que ta fauſſe mort
A fait ſur tous mes ſens un veritable effort;
On en a veu l'effet quand te ſçachant en vie
De revivre avec toy j'ay pris auſſi l'envie;
On en a veu l'effet lors qu'à force de pleurs
Mon amour & mes ſoins aidez de mes douleurs

G ij

Ont fléchy la rigueur d'une mere obstinée,
Et gagné cét aveu qui fait noſtre hymenée,
Si bien qu'à ton retour ta chaſte affection
Ne trouve plus d'obstacle à ſa pretenſion.
Cependant l'aspect ſeul des lettres d'un fauſſaire
Te ſceut perſuader tellement le contraire,
Que ſans vouloir m'entendre, & ſans me dire adieu,
Ialoux & furieux tu partis de ce lieu.
TIR. I'en rougis, mais apprens qu'il n'étoit pas poſſible
D'aimer comme j'aimois, & d'eſtre moins ſenſible,
Qu'un juſte déplaiſir ne ſçauroit écouter
La raiſon qui s'efforce à le violenter,
Et qu'après des transports de telle promptitude
Ma flame ne te laiſſe aucune incertitude.
MEL. Tout cela ſeroit peu, n'étoit que ma bonté
T'en accorde un oubly ſans l'avoir merité,
Et que tout criminel, tu m'és encor aimable.
TIR. Ie me tiens donc heureux d'avoir été coupable,
Puisque l'on me rappelle au lieu de me bannir,
Et qu'on me recompenſe au lieu de me punir.
I'en aimeray l'autheur de cette perfidie,
Et ſi jamais je ſçay quelle main ſi hardie....

SCENE V.

CLORIS, TIRCIS, MELITE.

CLO. IL vous fait fort bon voir, mon frere, à cajoler,
Cependant qu'une ſœur ne ſe peut conſoler,
Et que le triste ennuy d'une attente incertaine
Touchant voſtre retour la tient encore en peine.
TIR. L'amour a fait au ſang un peu de trahiſon,
Mais Philandre pour moy t'en aura fait raiſon.
Dy-nous, auprès de luy retrouves-tu ton conte?
Et te peut-il revoir ſans montrer quelque honte?
CLO. L'infidelle m'a fait tant de nouveaux ſermens,
Tant d'offres, tant de vœux, & tant de complimens
Meſlez de repentirs.... MEL. Qu'à la fin exorable
Vous l'avez regardé d'un œil plus favorable.
CLO. Vous devinez fort mal. TIR. Quoy? tu l'as dédaigné?
CLO. Du moins tous ſes diſcours n'ont encor rien gagné.

COMEDIE.

MEL. Si bien qu'à n'aimer plus vostre dépit s'obstine?
CLO. Non pas cela du tout, mais je suis assez fine :
Pour la premiere fois il me dupe qui veut,
Mais pour une seconde, il m'attrape qui peut.
MEL. C'est à dire en un mot... *CLO.* Que son humeur volage
Ne me tient pas deux fois en un mesme passage.
En vain dessous mes loix il revient se ranger,
Il m'est avantageux de l'avoir veu changer,
Avant que de l'Hymen le joug impitoyable
M'attachant avec luy me rendist miserable :
Qu'il cherche femme ailleurs, tandis que de ma part
J'attendray du Destin quelque meilleur hazard.
MEL. Mais le peu qu'il voulut me rendre de service
Ne luy doit pas porter un si grand préjudice.
CLO. Aprés un tel faux-bond, un change si soudain,
A volage, volage, & dédain pour dédain.
MEL. Ma sœur; ce fut pour moy qu'il osa s'en dédire.
CLO. Et pour l'amour de vous je n'en feray que rire.
MEL. Et pour l'amour de moy vous luy pardonnerez.
CLO. Et pour l'amour de moy vous m'en dispenserez.
MEL. Que vous êtes mauvaise? *CLO.* Vn peu plus qu'il ne semble.
MEL. Ie vous veux toutefois remettre bien ensemble.
CLO. Ne l'entreprenez pas, peut-estre qu'aprés tout
Vostre dexterité n'en viendroit pas à bout.

SCENE VI.

TIRCIS, LA NOVRRICE, ERASTE,
MELITE, CLORIS.

TIR. DE grace, mon soucy, laissons cette causeuse,
Qu'elle soit à son choix facile, ou rigoureuse,
L'excez de mon ardeur ne sçauroit consentir
Que ces frivoles soins te viennent divertir :
Tous nos pensers sont dûs, en l'état où nous sommes,
A ce nœud qui me rend le plus heureux des hommes,
Et ma fidelité qu'il va recompenser...
NOV. Vous donnera bien-tost autre chose à penser.
Vostre rival vous cherche, & la main à l'épée
Vient demander raison de sa place usurpée.

ᵃA Melite. ERA.ᵃ Non, non, vous ne voyez en moy qu'un criminel,
A qui l'aspre rigueur d'un remords éternel
Rend le jour odieux, & fait naistre l'enuie
De sortir de sa gesne en sortant de la vie.
Il vient mettre à vos pieds sa teste à l'abandon,
La mort luy sera douce à l'égal du pardon :
Vangez donc vos malheurs, jugez ce que merite
La main qui separa Tircis d'avec Melite,
Et de qui l'imposture avec de faux écrits
A desrobé Philandre aux vœux de sa Cloris.
MEL. E'claircis du seul point qui nous tenoit en doute,
Que serois-tu d'avis de luy répondre ? TIR. Ecoute
Quatre mots à quartier. ERA. Que vous avez de tort
De prolonger ma peine en differant ma mort !
De grace, hastez-vous d'abreger mon supplice,
Ou ma main préviendra vostre lente justice.
MEL. Voyez comme le Ciel a de secrets ressorts
Pour se faire obeïr malgré nos vains efforts.
Vostre fourbe inventée à dessein de nous nuire
Avance nos amours, au lieu de les détruire :
De son fascheux succez, dont nous devions perir,
Le Sort tire un remede afin de nous guerir.
Donc pour nous revancher de la faveur receuë,
Nous en aimons l'autheur à cause de l'issuë,
Obligez desormais de ce que tour à tour
Nous nous sommes rendus tant de preuves d'amour,
Et de ce que l'excez de ma douleur sincere
A mis tant de pitié dans le cœur de ma mere,
Que cette occasion prise comme aux cheveux,
Tircis n'a rien trouvé de contraire à ses vœux.
Outre qu'en fait d'amour la fraude est legitime,
Mais puisque vous voulez la prendre pour un crime,
Regardez, acceptant le pardon, ou l'oubly,
Par où vostre repos sera mieux étably.
ERA. Tout confus & honteux de tant de courtoisie,
Ie veux doresnavant cherir ma jalousie,
Et puisque c'est de là que vos felicitez...
ᵇA Eraste. NOV.ᵇ Quittez ces complimens qu'ils n'ont pas meritez,
Ils ont tous deux leur conte, & sur cette asseurance
Ils tiennent le passé dans quelque indifference,
N'osant se hazarder à des ressentimens
Qui donneroient du trouble à leurs contentemens.

COMEDIE. 55

Mais Cloris qui s'en taist vous la gardera bonne,
Et seûle interessée, à ce que je soupçonne,
Sçaura bien se vanger sur vous à l'avenir
D'un amant échapé qu'elle pensoit tenir.
ERA.[a] Si vous pouviez souffrir qu'en vostre bonne grace   [a] *à Cloris.*
Celuy qui l'en tira pûst occuper sa place,
Eraste, qu'un pardon purge de son forfait,
Est prest de reparer le tort qu'il vous a fait.
Melite répondra de ma perseverance.
Ie n'ay pû la quitter qu'en perdant l'esperance,
Encor avez-vous veu mon amour irrité
Mettre tout en usage en cettte extrémité
Et c'est avec raison que ma flame contrainte
De reduire ses feux dans une amitié sainte,
Mes amoureux desirs vers elle superflus
Tournent vers la beauté qu'elle cherit le plus.
TIR. Que t'en semble, ma sœur? CLO. Mais, toy-mesme, mon frere?
TIR. Tu sçais bien que jamais je ne te fus contraire.
CLO. Tu sçais qu'en tel sujet ce fut toûjours de toy
Que mon affection voulut prendre la loy.
TIR. Encor que dans tes yeux tes sentimens se lisent,
Tu veux qu'auparavant les miens les authorisent.
Parlons donc pour la forme, ouy, ma sœur, j'y consens,
Bien seur que mon avis s'accommode à ton sens.
Fassent les puissans Dieux que par cette alliance
Il ne reste entre nous aucune défiance,
Et que m'aimant en frere, & ma Maitresse en sœur,
Nos ans puissent couler avec plus de douceur.
ERA. Heureux dans mon malheur, c'est dont je les supplie,
Mais ma felicité ne peut estre accomplie,
Iusqu'à ce qu'après vous son aveu m'ait permis
D'aspirer à ce bien que vous m'avez promis.
CLO. Aimez-moy seulement, & pour la recompense
On me donnera bien le loisir que j'y pense.
TIR. Ouy, sous condition qu'avant la fin du jour
Vous vous rendrez sensible à ce naissant amour.
CLO. Vous prodiguez en vain vos foibles artifices,
Ie n'ay receu de luy, ny devoirs, ny services,
MEL. C'est bien quelque raison, mais ceux qu'il m'a rendus,
Il ne les faut pas mettre au rang des pas perdus.
Ma sœur, acquite-moy d'une reconnoissance,
Dont un destin meilleur m'a mise en impuissance,

56 *MELITE,*

Accorde cette grace à nos justes defirs.
TIR. Ne nous refufe pas ce comble à nos plaifirs.
ERA. Donnez à leurs fouhaits, donnez à leurs prieres,
Donnez à leurs raifons ces faveurs fingulieres,
Et pour faire aujourd'huy le bonheur d'un amant,
Laiffez-les difpofer de voftre fentiment.
CLO. En vain en ta faveur chacun me follicite,
I'en croiray feulement la mere de Melite,
Son avis m'oftera la peur du repentir,
Et ton merite alors m'y fera confentir.
TIR. Entrons donc, & tandis que nous irons le prendre,
Nourrice, va t'offrir pour Maîtreffe à Philandre.
ᵃTous ren- *NOV.* ᵃ Là là, n'en riez point, autrefois en mon temps
trent, & D'auffi beaux fils que vous étoient affez contens,
elle demeu-
re feule. Et croyoient de leur peine avoir trop de falaire
Quand je quittois un peu mon dédain ordinaire.
A leur conte mes yeux étoient de vrais Soleils
Qui répandoient par tout des rayons nompareils,
Ie n'avois rien en moy qui ne fuft vn miracle,
Vn feul mot de ma part leur étoit un oracle.
Mais je parle à moy feule ; amoureux, qu'eft-ce-cy ?
Vous étes bien haftez de me laiffer ainfi ?
Allez, quelle que foit l'ardeur qui vous emporte,
On ne fe moque point des femmes de ma forte,
Et je feray bien voir à vos feux empreffez
Que vous n'en étes pas encor où vous penfez.

F I N.

CLITANDRE,

CLITANDRE,
TRAGEDIE

ACTEVRS.

ALCANDRE, Roy d'Escoſſe.

FLORIDAN, fils du Roy.

ROSIDOR, favory du Roy, & amant de Caliste.

CLITANDRE, favory du Prince Floridan, & amoureux auſſi de Caliste, mais dédaigné.

PYMANTE, amoureux de Doriſe, & dédaigné.

CALISTE, Maîtreſſe de Roſidor, & de Clitandre.

DORISE, Maîtreſſe de Pymante.

LYSARQVE, Ecuyer de Roſidor.

GERONTE, Ecuyer de Clitandre.

CLEON, Gentilhomme ſuivant la Cour.

LYCASTE, Page de Clitandre.

LE GEOLIER.

TROIS ARCHERS.

TROIS VENEVRS.

La Scene eſt en un Chaſteau du Roy, proche d'une foreſt.

CLITANDRE,
TRAGEDIE

ACTE I.

SCENE PREMIERE.

CALISTE.

'En doute plus, mon cœur, un amant hypocrite
Feignant de m'adorer brusle pour Hyppolite,
Dorise m'en a dit le secret rendez-vous,
Où leur naissante ardeur se cache aux yeux de tous,
Et pour les y surprendre, elle m'y doit conduire
Si-tost que le Soleil commencera de luire.
Mais qu'elle est paresseuse à me venir trouver!
La dormeuse m'oublie, & ne se peut lever;
Toutefois sans raison j'accuse sa paresse,
La nuit qui dure encor fait que rien ne la presse,
Ma jalouse fureur, mon dépit, mon amour
Ont troublé mon repos avant le point du jour,
Mais elle qui n'en fait aucune experience,
Etant sans interest, est sans impatience.
Toy, qui fais ma douleur, & qui fis mon soucy,
Ne tarde plus, volage, à te montrer icy,

H ij

CLITANDRE,

Viens en haste affermir ton indigne victoire,
Vien t'asseurer l'éclat de cette infame gloire,
Vien signaler ton nom par ton manque de foy,
Le jour s'en va paroistre, affronteur, haste-toy.
Mais helas ! cher ingrat, adorable parjure,
Ma timide voix tremble à te dire une injure,
Si j'écoute l'amour, il devient si puissant
Qu'en dépit de Dorise il te fait innocent,
Ie ne sçay lequel croire, & j'aime tant ce doute,
Que j'ay peur d'en sortir entrant dans cette route,
Ie crains ce que je cherche, & je ne connoy pas
De plus grand heur pour moy que d'y perdre mes pas.
Ah, mes yeux, si jamais vos fonctions propices
A mon cœur amoureux firent de bons services,
Apprenez aujourd'huy quel est vostre devoir,
Le moyen de me plaire est de me decevoir:
Si vous ne m'abusez, si vous n'estes faussaires,
Vous étes de mon heur les cruels adversaires.
Et toy, Soleil, qui vas en ramenant le jour
Dissiper une erreur si chere à mon amour,
Puisqu'il faut qu'avec toy ce que je crains éclate,
Souffre qu'encor un peu l'ignorance me flate.
Mais je te parle en vain, & l'Aube de ses rais
A déja reblanchy le haut de ces forests.
Si je puis me fier à sa lumiere sombre
Dont l'éclat brille à peine, & dispute avec l'ombre,
I'entrevoy le sujet de mon jaloux ennuy,
Et quelqu'un de ses gens qui conteste avec luy.
Rentre, pauvre abusée, & cache-toy de sorte,
Que tu puisses l'entendre à travers cette porte.

SCENE II.

ROSIDOR, LYSARQUE.

ROS. CE devoir, ou plûtost cette importunité,
Au lieu de m'asseurer de ta fidelité,
Marque trop clairement ton peu d'obeïssance:
Laisse-moy seul, Lysarque, une heure en ma puissance,
Que retiré du monde & du bruit de la Cour
Ie puisse dans ces bois consulter mon amour,

COMEDIE.

Que là Caliste seule occupe mes pensées,
Et par le souvenir de ses faveurs passées
Asseure mon espoir de celles que j'attens,
Qu'un entretien resveur durant ce peu de temps
M'instruise des moyens de plaire à cette belle,
Allume dans mon cœur de nouveaux feux pour elle;
Enfin, sans persister dans l'obstination,
Laisse-moy suivre icy mon inclination.
LYS. Cette inclination qui jusqu'icy vous méne
A me la déguiser vous donne trop de peine.
Il ne faut point, Monsieur, beaucoup l'examiner,
L'heure & le lieu suspects font assez deviner
Qu'en mesme temps que vous s'échape quelque Dame...
Vous m'entendez assez. ROS. Iuge mieux de ma flame,
Et ne presume point que je manque de foy
A celle que j'adore, & qui brusle pour moy,
I'aime mieux contenter ton humeur curieuse
Qui par ces faux soupçons m'est trop injurieuse.
Tant s'en faut que le change ait pour moy des appas,
Tant s'en faut qu'en ces bois il attire mes pas,
I'y vay.... mais pourrois-tu le sçavoir, & le taire?
LYS. Qu'ay-je fait qui vous porte à craindre le contraire?
ROS. Tu vas apprendre tout, mais aussi l'ayant sçeu,
Avise à ta retraite. Hier un cartel receu
De la part d'un rival... LYS. Vous le nommez? ROS. Clitandre.
Au pied du grand Rocher il me doit seul attendre,
Et là l'épée au poin nous verrons qui des deux
Merite d'embraser Caliste de ses feux.
LYS. De sorte qu'un second.... ROS. Sans me faire une offense
Ne peut se presenter à prendre ma défense,
Nous devons seul à seul vuider nostre debat.
LYS. Ne pensez pas sans moy terminer ce combat,
L'Ecuyer de Clitandre est homme de courage;
Il sera trop heureux que mon défy l'engage
A s'acquiter vers luy d'un semblable devoir,
Et je vay de ce pas y faire mon pouvoir.
ROS. Ta volonté suffit, va-t'en donc, & desiste
De plus m'offrir une aide à meriter Caliste.
LYS.[a] Vous obeir icy me cousteroit trop cher,   [a] Il est seul.
Et je serois honteux qu'on me pust reprocher
D'avoir sçeu le sujet d'une telle sortie,
Sans trouver les moyens d'estre de la partie,

H iij

SCENE III.

CALISTE.

Qv'il s'en est bien défait ! qu'avec dexterité
Le fourbe se prévaut de son authorité !
Qu'il trouve un beau pretexte en ses flames éteintes,
Et que mon nom luy sert à colorer ses feintes !
Il y va cependant, le perfide qu'il est,
Hyppolite le charme, Hyppolite luy plaist,
Et ses lasches desirs l'emportent où l'appelle
Le cartel amoureux de sa flâme nouvelle.

SCENE IV.

CALISTE, DORISE.

CAL. Ie n'en puis plus douter, mon feu desabusé
Ne tient plus le party de ce cœur déguisé.
Allons, ma chere sœur, allons à la vangeance,
Allons de ses douceurs tirer quelque allegeance,
Allons, & sans te mettre en peine de m'aider,
Ne prens aucun soucy que de me regarder;
Pour en venir à bout il suffit de ma rage,
D'elle j'auray la force, ainsi que le courage,
Et déja dépoüillant tout naturel humain,
Ie laisse à ses transports à gouverner ma main.
Vois-tu comme suivant de si furieux guides
Elle cherche déja les yeux de ces perfides,
Et comme de fureur tous mes sens animez
Menacent les appas qui les avoient charmez ?
DOR. Modere ces boüillons d'une ame colerée,
Ils sont trop violens pour estre de durée,
Pour faire quelque mal c'est fraper de trop loin,
Reserve ton couroux tout entier au besoin,
Sa plus forte chaleur se dissipe en paroles,
Ses resolutions en deviennent plus molles,
En luy donnant de l'air son ardeur s'alentit.
CAL. Ce n'est que faute d'air que le feu s'amortit,

TRAGEDIE.

Allons, & tu verras qu'ainſi le mien s'allume,
Que ma douleur aigrie en a plus d'amertume,
Et qu'ainſi mon eſprit ne fait que s'exciter
A ce que ma colere a droit d'executer.
DOR.[a] Si ma ruſe eſt enfin de ſon effet ſuivie,
Cette aveugle chaleur te va coûter la vie;
Vn fer caché me donne en ces lieux écartez
La vangeance des maux que me font tes beautez.
Tu m'oſtes Roſidor, tu poſſedes ſon ame,
Il n'a d'yeux que pour toy, que mépris pour ma flame,
Mais puiſque tous mes ſoins ne le peuvent gagner,
I'en puniray l'objet qui m'en fait dédaigner.

[a] *Elle eſt ſeule.*

SCENE V.

PYMANTE, GERONTE.

GER.[b] EN ce déguiſement on ne peut nous connoiſtre,
Et ſans doute bien-toſt le jour qui vient de naiſtre
Conduira Roſidor ſeduit d'un faux cartel
Aux lieux où cette main luy garde un coup mortel.
Vos vœux ſi mal receus de l'ingrate Doriſe,
Qui l'idolatre autant comme elle vous mépriſe,
Ne rencontreront plus aucun empeſchement.
Mais je m'étonne fort de ſon aveuglement,
Et je ne comprens point cét orgueilleux caprice
Qui fait qu'elle vous traite avec tant d'injuſtice,
Vos rares qualitez... *PYM.* Au lieu de me flater,
Voyons ſi le projet ne ſçauroit avorter,
Si la ſupercherie... *GER.* Elle eſt ſi bien tiſſuë,
Qu'il faut manquer de ſens pour douter de l'iſſuë.
Clitandre aime Caliſte, & comme ſon rival
Il a trop de ſujet de luy vouloir du mal:
Moy que depuis dix ans il tient à ſon ſervice,
D'écrire comme luy j'ay trouvé l'artifice,
Si bien que ce cartel, quoy que tout de ma main,
A ſon dépit jaloux s'imputera ſoudain.
PYM. Que ton ſubtil eſprit a de grands avantages!
Mais le nom du porteur? *GER.* Lycaſte, un de ſes Pages.
PYM. Celuy qui fait le guet auprés du rendez-vous?
GER. Luy meſme, & le voicy qui s'avance vers nous.
A force de courir il s'eſt mis hors d'haleine.

[b] *Ils ſortent d'une grotte déguiſez en païſans.*

SCENE VI.

PYMANTE, GERONTE, LYCASTE.

^a *Licaste est déguisé comme eux en païsan.*

PYM.^a ET bien, est-il venu? LYC. N'en soyez plus en peine,
Il est où vous sçavez, & tout bouffy d'orgüeil
Il n'y pense à rien moins qu'à son proche cercüeil.
PYM. Ne perdons point de temps. Nos masques, nos épées.

^b *Licaste les va querir dans la grotte d'où ils sont sortis.*

^b Qu'il me tarde déja que dans son sang trempées
Elles ne me font voir à mes pieds étendu
Le seul qui sert d'obstacle au bonheur qui m'est dû!
Ah! qu'il va bien trouver d'autres gens que Clitandre!
Mais pourquoy ces habits? qui te les fait reprendre?

^c *Il leur presente à chacun un masque & une épée, & porte leurs habits.*

LYC.^c Pour nostre seureté portons-les avec nous,
De peur que cependant que nous serons aux coups
Quelque maraut conduit par sa bonne avanture
Ne nous laisse tous trois en mauvaise posture.
Quand il faudra donner, sans les perdre des yeux,
Au pied du premier arbre ils seront beaucoup mieux.
PYM. Prens-en donc mesme soin après la chose faite,
LYC. Ne craignez pas sans eux que je fasse retraite.
PYM. Sus donc, chacun déja devroit estre masqué,
Allons, qu'il tombe mort aussi-tost qu'attaqué.

SCENE VII.

CLEON, LYSARQVE.

CLE. REserve à d'autres temps cette ardeur de courage,
Qui rend de ta valeur un si grand témoignage.
Ce duel que tu dis ne se peut concevoir,
Tu parles de Clitandre, & je viens de le voir
Que nostre jeune Prince enlevoit à la chasse.
LYS. Tu les as veus passer? CLE. Par cette mesme place.
Sans doute que ton maistre a quelque occasion,
Qui le fait t'ébloüir par cette illusion.
LYS. Non, il parloit du cœur, je connois sa franchise.
CLE. S'il est ainsi, je crains que par quelque surprise

Ce genereux

TRAGEDIE.

Ce genereux guerrier sous le nombre abatu
Ne cede aux envieux que luy fait sa vertu.
LYS. A present il n'a point d'ennemis que je sçache.
Mais quelque évenement que le Destin nous cache,
Si tu veux m'obliger, vien de grace avec moy,
Que nous donnions ensemble avis de tout au Roy.

SCENE VIII.

CALISTE, DORISE.

CAL.[a] MA sœur, l'heure s'avance, & nous serons à peine,
Si nous ne retournons, au lever de la Reine,
Ie ne voy point mon traistre, Hyppolite non plus.
DOR.[b] Voicy qui va trancher tes soucis superflus,
Voicy dont je vay rendre aux dépens de ta vie,
Et ma flame vangée, & ma haine assouvie.
CAL. Tout beau, tout beau, ma sœur, tu veux m'épouvanter,
Mais je te connois trop pour m'en inquieter,
Laisse la feinte à part, & mettons, je te prie,
A les trouver bien-tost toute nostre industrie.
DOR. Va, va, ne songe plus à leurs fausses amours,
Dont le recit n'étoit qu'une embusche à tes jours,
Rosidor t'est fidelle, & cette feinte amante
Brusle aussi peu pour luy, que je fais pour Pymante.
CAL. Déloyale, ainsi donc ton courage inhumain....
DOR. Ces injures en l'air n'arrestent point ma main.
CAL. Le reproche honteux d'une action si noire...
DOR. Qui se vange en secret, en secret en fait gloire.
CAL. T'ay-je donc pû, ma sœur, déplaire en quelque point ?
DOR. Ouy, puisque Rosidor t'aime, & ne m'aime point,
C'est assez m'offenser que d'estre ma rivale.

[a] *Dorise s'arreste à chercher derriere un buisson.*
[b] *Elle tire une épée de derriere ce buisson, & saisit Caliste par le bras.*

Tome I. I

SCENE IX.

ROSIDOR, PYMANTE, GERONTE, LYCASTE, CALISTE, DORISE.[a]

<small>[a] Comme Dorise est preste de tuer Caliste, un bruit entendu luy fait relever son épée, & Rosidor paroit tout en sang poursuivy par ces trois assassins masquez. En entrant il tuë Lycaste, & retirant son épée elle se rompt contre la branche d'un arbre. En cette extremité il voit celle que tient Dorise, & sans la reconnoistre il s'en saisit, & passe tout d'un temps le tronçon qui luy restoit de la sienne en la main gauche, & se défend ainsi contre Pymante & Geronte, dont il tuë le dernier, & met l'autre en fuite.
[b] aprés avoir tué Geronte.
[c] Pymante fuit.</small>

ROS. MEurs brigand, ah malheur ! cette branche fatale
A rompu mon épée. Assassins... Toutefois
J'ay dequoy me défendre une seconde fois.
DOR. N'est-ce pas Rosidor qui m'arrache les armes?
Ah! qu'il me va causer de perils & de larmes!
Fuy, Dorise, & fuyant laisse-toy reprocher
Que tu fuis aujourd'huy ce qui t'est le plus cher.
CAL. C'est luy-mesme de vray. Rosidor, ah je pasme,
Et la peur de sa mort ne me laisse point d'ame.
Adieu, mon cher espoir. ROS.[b] Cettuy-cy dépesché,
C'est de toy maintenant que j'auray bon marché,
Nous sommes seul à seul.[c] Quoy! ton peu d'asseurance
Ne met plus qu'en tes pieds sa derniere esperance?
Marche, sans emprunter d'aisles de ton effroy,
Ie ne cours point aprés des lasches comme toy.
Il suffit de ces deux. Mais qui pourroient-ils estre?
Ah Ciel, le masque osté me les fait trop connoistre,
Le seul Clitandre arma contre moy ces voleurs,
Cettuy-cy fut toûjours vétu de ses couleurs,
Voilà son Ecuyer, dont la pasleur exprime
Moins de traits de la mort, que d'horreurs de son crime,
Et ces deux reconnus, je douterois en vain
De celuy que sa fuite a sauvé de ma main.
Trop indigne rival ; crois-tu que ton absence
Donne à tes laschetez quelque ombre d'innocence,
Et qu'aprés avoir veu renverser ton dessein,
Vn desaveu démente, & tes gens & ton seing?
Ne le presume pas, sans autre conjecture
Ie te rends convaincu de ta seule écriture,
Si-tost que j'auray pû faire ma plainte au Roy.
Mais quel piteux objet se vient offrir à moy?
Traistres, auriez-vous fait sur un si beau visage,
Attendant Rosidor, l'essay de vostre rage?
C'est Caliste elle-mesme! ah Dieux ! injustes Dieux,
Ainsi donc pour montrer ce spectacle à mes yeux,

Voſtre faveur barbare a conſervé ma vie!
Ie n'en veux point chercher d'autheurs que voſtre envie,
La Nature qui perd ce qu'elle a de parfait,
Sur tout autre que vous euſt vangé ce forfait,
Et vous euſt accablez ſi vous n'étiez ſes maiſtres,
Vous m'envoyez en vain ce fer contre des traiſtres,
Ie ne veux point devoir mes déplorables jours
A l'affreuſe rigueur d'un ſi fatal ſecours.
 O vous, qui me reſtez d'une troupe ennemie
Pour marques de ma gloire, & de ſon infamie.
Bleſſûres, haſtez-vous d'élargir vos canaux,
Par où mon ſang emporte, & ma vie, & mes maux.
Ah! pour l'eſtre trop peu, bleſſûres trop cruelles,
De peur de m'obliger vous n'étes pas mortelles.
Et quoy? ce bel objet, mon aimable vainqueur,
Avoit-il ſeul le droit de me bleſſer au cœur?
Et d'où vient que la mort, à qui tout fait hommage,
L'ayant ſi mal traité, reſpecte ſon image?
Noires divinitez, qui tournez mon fuſeau,
Vous faut-il tant prier pour un coup de ciſeau?
Inſenſé que je ſuis! en ce malheur extreſme
Ie demande la mort à d'autres qu'à moy-meſme,
Aveugle, je m'arreſte à ſupplier en vain,
Et pour me contenter j'ay dequoy dans la main.
Il faut rendre ma vie au fer qui l'a ſauvée,
C'eſt à luy qu'elle eſt deuë, il ſe l'eſt reſervée,
Et l'honneur, quel qu'il ſoit, de finir mes malheurs,
C'eſt pour me le donner qu'il l'oſte à des voleurs.
Pouſſons donc hardiment. Mais helas! cette épée
Coulant entre mes doigts laiſſe ma main trompée,
Et ſa lame timide à procurer mon bien
Au ſang des aſſaſſins n'oſe meſler le mien.
Ma foibleſſe importune à mon trépas s'oppoſe,
En vain je m'y refous, en vain je m'y diſpoſe,
Mon reſte de vigueur ne peut l'effectuer,
I'en ay trop pour mourir, trop peu pour me tuer,
L'un me manque au beſoin, & l'autre me reſiste.
Mais je voy s'entr'ouvrir les beaux yeux de Caliſte,
Les roſes de ſon teint n'ont plus tant de paſleur,
Et j'entens un ſoûpir qui flate ma douleur.
 Voyez, Dieux inhumains, que malgré voſtre envie
L'Amour luy ſçait donner la moitié de ma vie,

Qu'une ame deformais suffit à deux amans.
CAL. Helas! qui me rappelle à de nouveaux tourmens?
Si Rosidor n'est plus, pourquoy reviens-je au Monde?
ROS. O merveilleux effet d'une amour sans seconde!
CAL. Execrable assassin qui rougis de son sang,
Dépesche comme à luy de me percer le flanc,
Prens de luy ce qui reste. ROS. Adorable cruelle,
Est-ce ainsi qu'on reçoit un amant si fidelle?
CAL. Ne m'en fais point un crime, encor pleine d'effroy
Ie ne t'ay méconnu qu'en songeant trop à toy.
I'avois si bien gravé là dedans ton image,
Qu'elle ne vouloit pas ceder à ton visage,
Mon esprit glorieux, & jaloux de l'avoir
Envioit à mes yeux le bon-heur de te voir.
Mais quel secours propice a trompé mes alarmes?
Contre tant d'assassins qui t'a prété des armes?
ROS. Toy mesme, qui t'a mise à telle heure en ces lieux,
Où je te vois mourir & revivre à mes yeux?
CAL. Quand l'Amour une fois regne sur un courage...
Mais taschons de gagner jusqu'au premier village,
Où ces boüillons de sang se puissent arréter;
Là j'auray tout loisir de te le raconter,
Aux charges qu'à mon tour aussi l'on m'entretienne.
ROS. Allons, ma volonté n'a de loy que la tienne,
Et l'Amour par tes yeux devenu tout-puissant
Rend déja la vigueur à mon corps languissant.
CAL. Il donne en mesme temps une aide à ta foiblesse,
Puisqu'il fait que la mienne auprés de toy me laisse,
Et qu'en dépit du Sort ta Caliste aujourd'huy
A tes pas chancelans pourra servir d'appuy.

ACTE II.

SCENE PREMIERE.

PYMANTE.

Estins, qui reglez tout au gré de vos caprices, ^a *Il est encor masqué.*
Sur moy donc tout à coup fondent vos injustices,
Et trouvent à leurs traits si long-temps retenus,
Afin de mieux fraper, des chemins inconnus?
Dites, que vous ont fait Rosidor, ou Pymante?
Fournissez de raison, Destins, qui me démente,
Dites ce qu'ils ont fait, qui vous puisse émouvoir
A partager si mal entr'eux vostre pouvoir?
Luy rendre contre moy l'impossible possible,
Pour rompre le succès d'un dessein infaillible,
C'est préter un miracle à son bras sans secours,
Pour conserver son sang au peril de mes jours.
Trois ont fondu sur luy sans le jetter en fuite,
A peine en m'y jettant moy-mesme je l'évite,
Loin de laisser la vie, il a sçeu l'arracher,
Loin de ceder au nombre, il l'a sçeu retrancher:
Toute vostre faveur à son aide occupée
Trouve à le mieux armer en rompant son épée,
Et ressaisit ses mains par celles du hazard,
L'une d'une autre épée, & l'autre d'un poignard.
O honte! ô déplaisirs! ô desespoir! ô rage!
Ainsi donc un rival pris à mon avantage
Ne tombe dans mes rets que pour les déchirer,
Son bonheur qui me brave ose l'en retirer,
Luy donne sur mes gens une prompte victoire,
Et fait de son peril un sujet de sa gloire!
Retournons animez d'un courage plus fort,
Retournons, & du moins perdons-nous dans sa mort.
   Sortez de vos cachots, infernales Furies,
Apportez à m'aider toutes vos barbaries;

Qu'avec vous tout l'Enfer m'aide en ce noir deſſein,
Qu'un ſanglant deſeſpoir me verſe dans le ſein.
J'avois de point en point l'entrepriſe tramée,
Comme dans mon eſprit vous me l'aviez formée,
Mais contre Roſidor tout le pouvoir humain
N'a que de la foibleſſe, il y faut voſtre main.
En vain, cruelles ſœurs, ma fureur vous appelle,
En vain vous armeriez l'Enfer pour ma querelle,
La Terre vous refuſe un paſſage à ſortir.
Ouvre du moins ton ſein, Terre, pour m'engloutir,
N'attens pas que Mercure avec ſon Caducée
M'en faſſe après ma mort l'ouverture forcée,
N'attens pas qu'un ſupplice, helas, trop merité
Ajouſte l'infamie à tant de laſcheté,
Préviens-en la rigueur, rends-toy meſme juſtice
Aux projets avortez d'un ſi noir artifice.
Mes cris s'en vont en l'air, & s'y perdent ſans fruit,
Dedans mon deſeſpoir tout me fuit, ou me nuit,
La Terre n'entend point la douleur qui me preſſe,
Le Ciel me perſecute, & l'Enfer me delaiſſe.
Affronte-les, Pymante, & ſauve en dépit d'eux
Ta vie & ton honneur d'un pas ſi dangereux:
Si quelque eſpoir te reſte, il n'eſt plus qu'en toy-meſme,
Mais ſi tu veux t'aider, ton mal n'eſt pas extreſme.
Paſſe pour villageois dans un lieu ſi fatal,
Et reſervant ailleurs la mort de ton rival,
Fay que d'un meſme habit la trompeuſe apparence
Qui le mit en peril, te mette en aſſeurance.
Mais ce masque l'empeſche, & me vient reprocher
Vn crime qu'il découvre au lieu de me cacher,
Ce damnable inſtrument de mon traiſtre artifice,
Après mon coup manqué, n'en eſt plus que l'indice,
Et ce fer, qui tantoſt inutile en ma main,
Que ma fureur jalouſe avoit armée en vain,
Sçeut ſi mal attaquer, & plus mal me défendre,
N'eſt propre deſormais qu'à me faire ſurprendre.
ᵃ Allez, témoins honteux de mes laſches forfaits,
N'en produiſez non plus de ſoupçons que d'effets.
Ainſi n'ayant plus rien qui démente ma feinte,
Dedans cette foreſt je marcheray ſans crainte,
Tant que....

ᵃ *Il jette ſon maſque & ſon épée dans la grotte.*

TRAGEDIE.

SCENE II.

LYSARQVE, PYMANTE, Archers.

LYS. Mon grand amy. *PY.* Monsieur. *LY.* Vien ça, dy nous,
 N'as-tu point icy veu deux Cavaliers aux coups?
PYM. Non, Monsieur. *LYS.* Ou l'un d'eux se sauver à la fuite?
PYM. Non, Monsieur. *LYS.* Ny passer dedans ces bois sans suite?
PYM. Attendez, il y peut avoir quelques huit jours...
LYS. Ie parle d'aujourd'huy, laisse-là ces discours,
 Répons précisément. *PYM.* Pour aujourd'huy, je pense...
 Toutefois si la chose estoit de consequence,
 Dans le prochain village on sçauroit aisément...
LYS. Donnons jusques au lieu, c'est trop d'amusement.
PYM.[a] Ce depart favorable enfin me rend la vie   [a] *Il est seul.*
 Que tant de questions m'avoient presque ravie.
 Cette troupe d'Archers aveugles en ce point
 Trouve ce qu'elle cherche, & ne s'en saisit point;
 Bien que leur conducteur donne assez à connoistre
 Qu'ils vont pour arréter l'ennemy de son maistre,
 I'échape neanmoins en ce pas hazardeux
 D'aussi prés de la mort comme je l'étois d'eux.
 Que j'aime ce peril dont la vaine menace
 Promettoit un orage, & se tourné en bonace,
 Ce peril qui ne veut que me faire trembler,
 Ou plûtost qui se montre, & n'ose m'accabler!
 Qu'à bonne heure défait d'un masque & d'une épée
 I'ay leur credulité sous ces habits trompée,
 De sorte qu'à présent deux corps desanimez
 Termineront l'exploit de tant de gens armez!
 Corps, qui gardent tous deux un naturel si traistre,
 Qu'encor après leur mort ils vont trahir leur maistre,
 Et le faire l'autheur de cette lascheté,
 Pour mettre à ses dépens Pymante en seureté.
 Mes habits rencontrez sous les yeux de Lysarque
 Peuvent de mes forfaits donner seuls quelque marque,
 Mais s'il ne les voit pas, lors sans aucun effroy
 Ie n'ay qu'à me ranger en haste auprès du Roy,
 Où je verray tantost avec effronterie
 Clitandre convaincu de ma supercherie.

SCENE III.

LYSARQVE, Archers.

a Il regarde les corps de Geronte & de Lycaste.

LYS.[a] CEla ne suffit pas, il faut chercher encor,
Et trouver, s'il se peut, Clitandre, ou Rosidor.
Amis, sa Majesté par ma bouche avertie
Des soupçons que j'avois touchant cette partie,
Voudra sçavoir au vray ce qu'ils sont devenus.
1. ARC. Pourroit-elle en douter ? ces deux corps reconnus
Font trop voir le succez de toute l'entreprise.
LYS. Et qu'en présumes-tu ? 1. ARC. Que malgré leur surprise,
Leur nombre avantageux, & leur déguisement,
Rosidor de leurs mains se tire heureusement.
LYS. Ce n'est qu'en me flatant que tu te le figures,
Pour moy je n'en conçoy que de mauvais augures,
Et présume plûtost que son bras valeureux
Avant que de mourir s'est immolé ces deux.
1. ARC. Mais où seroit son corps ? LYS. Au creux de quelque roche,
Où les traistres voyant nostre troupe si proche,
N'auront pas eu loisir de mettre encor ceux-cy,
De qui le seul aspect rend le crime éclaircy.

b Il luy présente les deux pieces de l'épée rompuë de Rosidor.

2. ARC.[b] Monsieur, connoissez-vous ce fer & cette garde ?
LYS. Donne-moy que je voye : ouy, plus je les regarde,
Plus j'ay par eux d'avis du déplorable sort
D'un maistre qui n'a pû s'en dessaisir que mort.
2. ARC. Monsieur, avec cela j'ay veu dans cette route
Des pas meslez de sang distilé goutte à goutte.
LYS. Suiuons-les au hazard. Vous autres, enlevez
Promptement ces deux corps que nous avons trouvez.

Lysarque & cét Archer rentrent dans le bois, & le reste des Archers reportent à la Cour les corps de Geronte & de Lycaste.

TRAGEDIE.

SCENE IV.

FLORIDAN, CLITANDRE, PAGE.

FLO.[a] CE cheval trop fougueux m'incommode à la chasse,
Tien-m'en un autre prest, tandis qu'en cette place
A l'ombre des ormeaux l'un dans l'autre enlacez,
Clitandre m'entretient de ses travaux passez.
Qu'au reste, les Veneurs allant sur leurs brisées
Ne forcent pas le Cerf, s'il est aux reposées,
Qu'ils prennent connoissance, & pressent mollement,
Sans le donner aux chiens qu'à mon commandement.
[b] Acheve maintenant l'histoire commencée
De ton affection si mal recompensée.

CLI. Ce recit ennuyeux de ma triste langueur,
Mon Prince, ne vaut pas le tirer en longueur,
J'ay tout dit en un mot, cette fiere Caliste
Dans ses cruels mépris incessamment persiste,
C'est toûjours elle-mesme, & sous sa dure loy
Tout ce qu'elle a d'orgueil se reserve pour moy,
Cependant qu'un rival, ses plus cheres delices,
Redouble ses plaisirs en voyant mes supplices.

FLO. Ou tu te pleins à faux, ou puissamment épris
Ton courage demeure insensible aux mépris,
Et je m'étonne fort comme ils n'ont dans ton ame
Rétably ta raison, ou dissipé ta flame.

CLI. Quelques charmes secrets meslez dans ses rigueurs
Etouffent en naissant la revolte des cœurs,
Et le mien auprés d'elle, à quoy qu'il se dispose,
Murmurant de son mal en adore la cause.

FLO. Mais puisque son dédain au lieu de te guerir
Ranime ton amour qu'il dûst faire mourir,
Sers-toy de mon pouvoir ; en ma faveur la Reine
Tient & tiendra toûjours Rosidor en haleine,
Mais son commandement dans peu, si tu le veux,
Te met à ma priere au comble de tes vœux.
Avise donc, tu sçais qu'un fils peut tout sur elle.

CLI. Malgré tous les mépris de cette ame cruelle
Dont un autre a charmé les inclinations,
J'ay toûjours du respect pour ses perfections,

Tome I. K

[a] *Il parle à son Page.*

[b] *Le Page rentre.*

Et je ferois marry qu'aucune violence...
FLO. L'amour sur le respect emporte la balance.
CLI. Ie brusle, & le bonheur de vaincre ses froideurs
Ie ne le veux devoir qu'à mes vives ardeurs;
Ie ne la veux gagner qu'à force de services.
FLO. Tandis tu veux donc vivre en d'éternels supplices?
CLI. Tandis ce m'est assez qu'un rival preferé
N'obtient, non plus que moy, le succés esperé.
A la longue ennuyez, la moindre negligence
Pourra de leurs esprits rompre l'intelligence;
Vn temps bien pris alors me donne en un moment
Ce que depuis trois ans je poursuy vainement,
Mon Prince, trouvez bon... *FLO.* N'en dy pas davantage,
Cettuy-cy qui me vient faire quelque message
Apprendroit malgré toy l'état de tes amours.

SCENE V.

FLORIDAN, CLITANDRE, CLEON.

CLE. PArdonnez-moy, Seigneur, si je romps vos discours,
C'est en obeissant au Roy qui me l'ordonne,
Et rappelle Clitandre auprés de sa personne.
FLO. Qui? *CLE.* Clitandre, Seigneur. *FLO.* Et que luy veut le Roy?
CLE. De semblables secrets ne s'ouvrent pas à moy.
FLO. Ie n'en sçay que penser, & la cause incertaine
De ce commandement tient mon esprit en peine.
Pourray-je me resoudre à te laisser aller,
Sans sçavoir les motifs qui te font rappeller?
CLI. C'est à mon jugement quelque prompte entreprise,
Dont l'execution à moy seul est remise;
Mais quoy que là dessus j'ose m'imaginer,
C'est à moy d'obeïr sans rien examiner.
FLO. I'y consens à regret, va, mais qu'il te souvienne
Que je cheris ta vie à l'égal de la mienne,
Et si tu veux m'oster de cette anxieté,
Que j'en sçache au plûtost toute la verité.
Ce cor m'appelle, Adieu, toute la chasse preste
N'attend que ma presence à relancer la beste.

TRAGEDIE. 75

SCENE VI.

DORISE.

ACheve, malheureuſe, acheve de vétir
Ce que ton mauvais ſort laiſſe à te garantir,
Si de tes trahiſons la jalouſe impuiſſance
Sçeut donner un faux crime à la meſme innocence,
Recherche maintenant par un plus juſte effet
Vne fauſſe innocence à cacher ton forfait.
Quelle honte importune au viſage te monte
Pour un ſexe quitté dont tu n'ès que la honte?
Il t'abhorre luy-meſme, & ce déguiſement
En le deſavoüant l'oblige pleinement.
Aprés avoir perdu ſa douceur naturelle,
Dépoüille ſa pudeur qui te meſſied ſans elle,
Deſrobe tout d'un temps par ce crime nouveau,
Et l'autre aux yeux du monde, & ta teſte au bourreau;
Si tu veux empeſcher ta perte inévitable,
Devien plus criminelle, & parois moins coupable;
Par une fauſſeté tu tombes en danger,
Par une fauſſeté ſçache t'en dégager.
Fauſſeté detestable, où me viens-tu reduire?
Honteux déguiſement, où me vas-tu conduire?
Icy de tous coſtez l'effroy ſuit mon erreur,
Et j'y ſuis à moy-meſme une nouuelle horreur:
L'image de Caliſte à ma fureur ſouſtraite
Y brave fierement ma timide retraite.
Encor, ſi ſon trépas ſecondant mon deſir
Meſloit à mes douleurs l'ombre d'un faux plaiſir;
Mais tels ſont les excès du malheur qui m'opprime,
Qu'il ne m'eſt pas permis de joüir de mon crime,
Dans l'état pitoyable où le Sort me reduit,
I'en merite la peine, & n'en ay pas le fruit,
Et tout ce que j'ay fait contre mon ennemie
Sert à croiſtre ſa gloire avec mon infamie.
N'importe, Roſidor de mes cruels deſtins
Tient dequoy repouſſer ſes laſches aſſaſſins,
Sa valeur inutile en ſa main deſarmée
Sans moy ne vivroit plus que chez la Renommée:

a Elle ſort demy-vétuë de l'habit de Geronte qu'elle avoit trouvé dans le bois.

K ij

Ainſi rien deſormais ne pourroit m'enflamer,
N'ayant plus que haïr, je n'aurois plus qu'aimer.
Faſcheuſe loy du Sort qui s'obſtine à ma peine,
Ie ſauve mon amour, & je manque à ma haine,
Ces contraires ſuccès demeurant ſans effet
Font naiſtre mon malheur de mon heur imparfait.
Toutefois l'orgueilleux pour qui mon cœur ſoûpire
De moy ſeule aujourd'huy tient le jour qu'il respire,
Il m'en eſt redevable, & peut-eſtre à ſon tour
Cette obligation produira quelque amour.
Doriſe, à quels penſers ton eſpoir ſe ravale?
S'il vit par ton moyen, c'eſt pour une rivale,
N'attens plus, n'attens plus que haine de ſa part,
L'offenſe vint de toy, le ſecours du hazard,
Malgré les mains efforts de ta ruſe traitreſſe
Le hazard par tes mains le rend à ſa Maitreſſe,
Ce peril mutuel qui conſerve leurs jours
D'un contre-coup égal va croiſtre leurs amours.
Heureux couple d'amants que le Deſtin aſſemble,
Qu'il expoſe en peril, qu'il en retire enſemble.

SCENE VII.

PYMANTE, DORISE.

[a] *Il la prẽd pour Geronte dont elle a vêtu l'habit, & court l'embraſſer.*

[b] *Elle croit qu'il la prend pour Roſidor, & qu'il l'embraſſe pour la poignarder.*

PYM.[a] O Dieux! voicy Geronte, & je le croyois mort,
Malheureux compagnon de mon funeſte ſort...
DOR.[b] Ton œil t'abuſe, helas! miſerable, regarde
Qu'au lieu de Roſidor ton erreur me poignarde.
PYM. Ne crains pas, cher amy, ce funeſte accident,
Ie te connois aſſez, je ſuis... Mais imprudent,
Où m'alloit engager mon erreur indiſcrette!
Monſieur, pardonnez-moy la faute que j'ay faite,
Vn berger d'icy près a quitté ſes brebis
Pour s'en aller au camp presqu'en pareils habits,
Et d'abord vous prenant pour ce mien camarade
Mes ſens d'aiſe aveuglez ont fait cette eſcapade.
Ne craignez point au reſte un pauvre villageois,
Qui ſeul & deſarmé court à travers ces bois.
D'un ordre aſſez précis l'heure preſque expirée
Me deffend des discours de plus longue durée,

TRAGEDIE.

A mon empreſſement pardonnez cét Adieu,
Ie perdrois trop, Monſieur, à tarder en ce lieu.
DOR. Amy, qui que tu ſois, ſi ton ame ſenſible
A la compaſſion peut ſe rendre acceſſible,
Vn jeune Gentilhomme implore ton ſecours;
Prens pitié de mes maux pour trois ou quatre jours,
Durant ce peu de temps accorde une retraite
Sous ton chaume ruſtique à ma fuite ſecrette,
D'un ennemy puiſſant la haine me pourſuit,
Et n'ayant pû qu'à peine éviter cette nuit...
PYM. L'affaire qui me preſſe eſt aſſez importante
Pour ne pouvoir, Monſieur, répondre à voſtre attente;
Mais ſi vous me donniez le loiſir d'un moment,
Ie vous aſſeurerois d'eſtre icy promptement,
Et j'eſtime qu'alors il me ſeroit facile
Contre cét ennemy de vous faire un azile.
DOR. Mais avant ton retour ſi quelque inſtant fatal
M'expoſoit par malheur aux yeux de ce brutal,
Et que l'emportement de ſon humeur altiere...
PYM. Pour ne rien hazarder, cachez-vous là derriere.
DOR. Souffre que je te ſuive, & que mes triſtes pas...
PYM. I'ay des ſecrets, Monſieur, qui ne le ſouffrent pas,
Et ne puis rien pour vous à moins que de m'attendre,
Aviſez au party que vous avez à prendre.
DOR. Va donc, je t'attendray. PYM. Cette touffe d'ormeaux
Vous pourra cependant couvrir de ſes rameaux.

SCENE VIII.

PYMANTE.

ENfin, graces au Ciel, ayant ſçeu m'en défaire
Ie puis ſeul aviſer à ce que je dois faire.
Qui qu'il ſoit, il a veu Roſidor attaqué,
Et ſçait aſſeurément que nous l'avons manqué:
N'en étant point connu, je n'en ay rien à craindre,
Puiſqu'ainſi déguiſé, tout ce que je veux feindre
Sur ſon eſprit credule obtient un tel pouvoir.
Toutefois plus j'y ſonge, & plus je penſe voir
Par quelque grand effet de vangeance divine
En ce foible témoin l'autheur de ma ruïne:

K iij

Son indice douteux, pour peu qu'il ait de jour,
N'éclaircira que trop mon forfait à la Cour.
Simple, j'ay peur encor que ce malheur m'avienne,
Et je puis éviter ma perte par la sienne!
Et mesmes on diroit qu'un antre tout exprès
Me garde mon épée au fond de ces forests.
C'est en ce lieu fatal qu'il me le faut conduire,
C'est là qu'un heureux coup l'empesche de me nuire.
Ie ne m'y puis resoudre, un reste de pitié
Violente mon cœur à des traits d'amitié,
En vain je luy resiste, & tasche à me défendre
D'un secret mouvement que je ne puis comprendre,
Son âge, sa beauté, sa grace, son maintien,
Forcent mes sentimens à luy vouloir du bien,
Et l'air de son visage a quelque mignardise
Qui ne tire pas mal à celle de Dorise.
Ah ! que tant de malheurs m'auroient favorisé,
Si c'étoit elle-mesme en habit déguisé!
I'en meurs déja de joye, & mon ame ravie
Abandonne le soin du reste de ma vie,
Ie ne suis plus à moy, quand je viens à penser
A quoy l'occasion me pourroit dispenser.
Quoy qu'il en soit, voyant tant de ses traits ensemble,
Ie porte du respect à ce qui luy ressemble.

  Miserable Pymante, ainsi donc tu te pers!
Encor qu'il tienne un peu de celle que tu sers,
Etouffe ce témoin pour asseurer ta teste:
S'il est, comme il le dit, batu d'une tempeste,
Au lieu qu'en ta cabane il cherche quelque port,
Fay que dans cette grotte il rencontre sa mort.
Modere toy, cruel, & plûtost examine
Sa parole, son teint, & sa taille, & sa mine;
Si c'est Dorise, alors revoque cét arrest,
Sinon, que la pitié cede à ton interest.

ACTE III.

SCENE PREMIERE.

ALCANDRE, ROSIDOR, CALISTE,
VN PREVOST.

ALC. 'Admirable rencontre à mon ame ravie,
De voir que deux amants s'entredoivent la vie,
De voir que ton peril la tire de danger,
Que le sien te fournit dequoy t'en dégager;
Qu'en deux desseins divers pareille jalousie
Mesme lieu contre vous, & mesme heure a choisie,
Et que l'heureux malheur qui vous a menacez
Avec tant de justesse a ses temps compassez.
ROS. Sire, ajoustez du Ciel l'occulte providence;
Sur deux amants il verse une mesme influence,
Et comme l'un par l'autre il a sçeu nous sauver,
Il semble l'un pour l'autre exprés nous conserver.
ALC. Ie t'entens, Rosidor, par là tu me veux dire
Qu'il faut qu'avec le Ciel ma volonté conspire,
Et ne s'oppose pas à ses justes decrets
Qu'il vient de témoigner par tant d'avis secrets.
Et bien, je veux moy-mesme en parler à la Reine;
Elle se fléchira, ne t'en mets pas en peine.
Acheve seulement de me rendre raison
De ce qui t'arriva depuis sa pasmoison.
ROS. Sire, un mot desormais suffit pour ce qui reste.
Lysarque & vos Archers depuis ce lieu funeste
Se laisserent conduire aux traces de mon sang
Qui durant le chemin me dégouttoit du flanc,
Et me trouvant enfin dessous un toit rustique
Ranimé par les soins de son amour pudique,
Leurs bras officieux m'ont icy rapporté,
Pour en faire ma plainte à vostre Majesté.

Non-pas que je soûpire après une vangeance,
Qui ne peut me donner qu'une fausse allegeance,
Le Prince aime Clitandre, & mon respect consent
Que son affection le declare innocent :
Mais si quelque pitié d'une telle infortune
Peut souffrir aujourd'huy que je vous importune,
Ostant par un Hymen l'espoir à mes rivaux,
Sire, vous taririez la source de nos maux.
ALC. Tu fuis à te vanger, l'objet de ta Maîtresse
Fait qu'un tel desir cede à l'amour qui te presse :
Aussi n'est-ce qu'à moy de punir ces forfaits,
Et de montrer à tous par de puissans effets
Qu'attaquer Rosidor c'est se prendre à moy-mesme,
Tant je veux que chacun respecte ce que j'aime.
Ie le feray bien voir. Quand ce perfide tour
Auroit eu pour objet le moindre de ma Cour,
Ie devrois au Public par un honteux supplice
De telles trahisons l'exemplaire justice.
Mais Rosidor surpris, & blessé comme il l'est,
Au devoir d'un vray Roy joint mon propre interest.
Ie luy feray sentir, à ce traistre Clitandre,
Quelque part que le Prince y puisse, ou vueille prendre,
Combien mal à propos sa folle vanité
Croyoit dans sa faveur trouver l'impunité.
Ie tiens cét assassin, un soupçon veritable,
Que m'ont donné les corps d'un couple detestable,
De son lasche attentat m'avoit si bien instruit,
Que déja dans les fers il en reçoit le fruit.
Toy qu'avec Rosidor le bonheur a sauvée,
Tu te peux asseurer que Dorise trouvée,
Comme ils avoient choisi mesme heure à vostre mort,
En mesme heure tous deux auront un mesme sort.
CAL. Sire, ne songez pas à cette miserable,
Rosidor garanty me rend sa redevable,
Et je me sens forcée à luy vouloir du bien,
D'avoir à vostre Etat conservé ce soûtien.
ALC. Le genereux orgueil des ames magnanimes
Par un noble dédain sçait pardonner les crimes :
Mais vostre aspect m'emporte à d'autres sentimens,
Dont je ne puis cacher les justes mouuemens ;
Ce teint pasle à tous deux me rougit de colere,
Et vouloir m'adoucir, c'est vouloir me déplaire.

ROS.

ROS. Mais, Sire, que sçait-on ? peut-estre ce rival,
Qui m'a fait après tout plus de bien que de mal,
Si-tost qu'il vous plaira d'écouter sa defense,
Sçaura de ce forfait purger son innocence.
ALC. Et par où la purger ? sa main d'un trait mortel
A signé son Arrest en signant ce cartel;
Peut-il desavoüer ce qu'asseure un tel gage,
Envoyé de sa part, & rendu par son Page ?
Peut-il desavoüer que ses gens déguisez,
De son commandement ne soient authorisez ?
Les deux, tous morts qu'ils sont, qu'on les traisne à la boüe,
L'autre aussi-tost que pris se verra sur la roüe,
Et pour le scelerat que je tiens prisonnier,
Ce jour que nous voyons luy sera le dernier.
Qu'on l'améne au Conseil; par forme il faut l'entendre,
Et voir par quelle adresse il pourra se defendre.
Toy, pense à te guerir, & croy que pour le mieux
Ie ne veux pas montrer ce perfide à tes yeux ?
Sans doute qu'aussi-tost qu'il se feroit paroistre
Ton sang rejalliroit au visage du traistre.
ROS. L'apparence deçoit, & souvent on a veu
Sortir la verité d'un moyen impréveu,
Bien que la conjecture y fust encor plus forte;
Du moins, Sire, appaisez l'ardeur qui vous transporte,
Que l'ame plus tranquille, & l'esprit plus remis,
Le seul pouvoir des loix perde nos ennemis.
ALC. Sans plus m'importuner, ne songe qu'à tes playes;
Non, il ne fut jamais d'apparences si vrayes,
Douter de ce forfait c'est manquer de raison.
Derechef, ne prens soin que de ta guerison.

Tome I.   L

SCENE II.
ROSIDOR, CALISTE.

ROS. AH ! que ce grand couroux senfiblement m'afflige !
CAL. C'eſt ainſi que le Roy te refuſant t'oblige,
Il te donne beaucoup en ce qu'il t'interdit,
Et tu gagnes beaucoup d'y perdre ton credit.
On voit dans ces refus une marque certaine
Que contre Roſidor toute priere eſt vaine,
Ses violents transports ſont d'aſſeurez témoins
Qu'il t'écouteroit mieux s'il te cheriſſoit moins.
Mais un plus long ſejour pourroit icy te nuire,
Ne perdons plus de temps, laiſſe-moy te conduire
Iusques dans l'antichambre où Lyſarque t'attend,
Et montre deſormais un esprit plus content.
ROS. Si près de te quitter.... CAL. N'acheve pas ta plainte,
Tous deux nous reſſentons cette commune atteinte,
Mais d'un faſcheux respect la tyrannique loy
M'appelle chez la Reine, & m'éloigne de toy.
Il me luy faut conter comme l'on m'a ſurpriſe,
Excuſer mon abſence en accuſant Doriſe,
Et l'informer comment par un cruel destin
Mon devoir auprès d'elle a manqué ce matin.
ROS. Va donc, & quand ſon ame, après la choſe ſçeuë
Fera voir la pitié qu'elle en aura conceuë,
Figure luy ſi bien Clitandre tel qu'il eſt,
Qu'elle n'oſe en ſes feux prendre plus d'intereſt.
CAL. Ne crains pas deſormais que mon amour s'oublie,
Répare ſeulement ta vigueur affoiblie,
Sçache bien te ſervir de la faveur du Roy,
Et pour tout le ſurplus, repoſe-t'en ſur moy.

TRAGEDIE.

SCENE III.

CLITANDRE.ᵃ

ᵃ *Il parle en prison.*

IE ne sçay si je veille, ou si ma resverie
A mes sens endormis fait quelque tromperie,
Peu s'en faut dans l'excés de ma confusion
Que je ne prenne tout pour une illusion.
Clitandre prisonnier ! je n'en fais pas croyable,
Ny l'air sale & puant d'un cachot effroyable,
Ny de ce foible jour l'incertaine clarté,
Ny le poids de ces fers dont je suis arrété ;
Ie les sens, je les voy, mais mon ame innocente
Dément tous les objets que mon œil luy presente,
Et le desavoüant, défend à ma raison
De me persuader que je sois en prison.
Iamais aucun forfait, aucun dessein infame
N'a pû soüiller ma main, ny glisser dans mon ame,
Et je suis retenu dans ces funestes lieux !
Non, cela ne se peut, vous vous trompez, mes yeux,
I'aime mieux rejetter vos plus clairs témoignages,
I'aime mieux démentir ce qu'on me fait d'outrages,
Que de m'imaginer sous un si juste Roy
Qu'on peuple les prisons d'innocens comme moy.
  Cependant je m'y trouve, & bien que ma pensée
Recherche à la rigueur ma conduite passée,
Mon exacte censure a beau l'examiner,
Le crime qui me perd ne se peut deviner,
Et quelque grand effort que fasse ma memoire,
Elle ne me fournit que des sujets de gloire.
Ah Prince, c'est quelqu'un de vos faveurs jaloux
Qui m'impute à forfait d'estre chery de vous,
Le temps qu'on m'en separe, on le donne à l'Envie,
Comme une liberté d'attenter sur ma vie,
Le cœur vous le disoit, & je ne sçay comment
Mon destin me poussa dans cét aveuglement,
De rejetter l'avis de mon Dieu tutelaire ;
C'est là ma seule faute ; & c'en est le salaire,
C'en est le châtiment que je reçois icy,
On vous vange, mon Prince, en me traitant ainsi ;

L ij

CLITANDRE,

Mais vous sçaurez montrer, embrassant ma défense,
Que qui vous vange ainsi puissamment vous offense.
Les perfides autheurs de ce complot maudit,
Qu'à me persecuter vostre absence enhardit,
A vostre heureux retour, verront que ces tempestes,
Clitandre preservé, n'abatront que leurs testes.
Mais on ouvre, & quelqu'un dans cette sombre horreur
Par son visage affreux redouble ma terreur.

SCENE IV.

CLITANDRE, LE GEOLIER.

GEO. PErmettez que ma main de ces fers vous détache.
CLI. Suis-je libre déja? *GEO.* Non encor, que je sçache.
CLI. Quoy, ta seule pitié s'y hazarde pour moy?
GEO. Non, c'est un ordre exprés de vous conduire au Roy.
CLI. Ne m'apprendras-tu point le crime qu'on m'impute,
Et quel lasche imposteur ainsi me persecute?
GEO. Descendons, un Prevost qui vous attend là-bas
Vous pourra mieux que moy contenter sur ce cas.

SCENE V.

PYMANTE, DORISE.

[a] *Il regarde une aiguille que Dorise avoit laissée par mégarde dans ses cheveux en se déguisant.*

PYM.[a] EN vain pour m'éblouïr vous usez de la ruse,
Mon esprit, quoy que lourd, aisément ne s'abuse,
Ce que vous me cachez, je le lis dans vos yeux:
Quelque revers d'amour vous conduit en ces lieux,
N'est-il pas vray, Monsieur? & mesme cette aiguille
Sent assez les faveurs de quelque belle fille;
Elle est, ou je me trompe, un gage de sa foy.
DOR. O malheureuse aiguille, helas! c'est fait de moy.
PYM. Sans doute vostre playe à ce mot s'est r'ouverte.
Monsieur, regrettez-vous son absence, ou sa perte?
Vous auroit-elle bien pour un autre quitté,
Et payé vos ardeurs d'une infidelité?
Vous ne répondez point! cette rougeur confuse,
Quoy que vous vous taisiez, clairement vous accuse.

TRAGEDIE. 85

Brisons-là, ce discours vous fascheroit enfin,
Et c'étoit pour tromper la longueur du chemin,
Qu'aprés plusieurs discours, ne sçachant que vous dire,
J'ay touché sur un point dont vostre cœur soûpire,
Et dequoy fort souvent on aime mieux parler,
Que de perdre son temps à des propos en l'air.
DOR. Amy, ne porte plus la fonde en mon courage,
Ton entretien commun me charme davantage,
Il me peut me lasser, indifferent qu'il est;
Et ce n'est pas aussi sans sujet qu'il me plaist.
Ta conversation est tellement civile,
Que pour un tel esprit ta naissance est trop vile,
Tu n'as de villageois que l'habit & le rang,
Tes rares qualitez te font d'un autre sang;
Mesme plus je te voy, plus en toy je remarque
Des traits pareils à ceux d'un Cavalier de marque,
Il s'appelle Pymante, & ton air, & ton port,
Ont avec tous les siens un merveilleux rapport.
PYM. J'en suis tout glorieux, & de ma part je prise
Vostre rencontre autant que celle de Dorise,
Autant que si le Ciel appaisant sa rigueur,
Me faisoit maintenant un present de son cœur.
DOR. Qui nommes-tu Dorise? PYM. Vne jeûne cruelle
Qui me fuit pour un autre. DOR. Et ce rival s'appelle?
PYM. Le Berger Rosidor. DOR. Amy, ce nom si beau
Chez vous donc se profane à garder un troupeau?
PYM. Madame, il ne faut plus que mon feu vous déguise
Que sous ces faux habits il reconnoit Dorise.
Ie ne suis point surpris de me voir dans ces bois
Ne passer à vos yeux que pour un villageois,
Vostre haine pour moy fut toûjours assez forte
Pour déferer sans peine à l'habit que je porte;
Cette fausse apparence aide, & suit vos mépris:
Mais cette erreur vers vous ne m'a jamais surpris,
Ie sçay trop que le Ciel n'a donné l'avantage
De tant de raretez qu'à vostre seul visage,
Si-tost que je l'ay veu, j'ay creu voir en ces lieux
Dorise déguisée, ou quelqu'un de nos Dieux;
Et si j'ay quelque temps feint de vous méconnoistre,
En vous prenant pour tel que vous vouliez paroistre,
Admirez mon amour dont la discretion
Rendoit à vos desirs cette submission,

L iij

Et disposez de moy qui borne mon envie
A prodiguer pour vous tout ce que j'ay de vie.
DOR. Pymante, & quoy, faut-il qu'en l'état où je suis
Tes importunitez augmentent mes ennuis?
Faut-il que dans ce bois ta rencontre funeste
Vienne encor m'arracher le seul bien qui me reste,
Et qu'ainsi mon malheur au dernier point venu
N'ose plus esperer de n'estre pas connu?
PYM. Voyez comme le Ciel égale nos fortunes,
Et comme pour les faire entre nous deux communes,
Nous reduisant ensemble à ces déguisemens,
Il montre avoir pour nous de pareils mouvemens.
DOR. Nous changeons bien d'habits, mais non pas de visages,
Nous changeons bien d'habits, mais non pas de courages,
Et ces masques trompeurs de nos conditions
Cachent, sans les changer, nos inclinations.
PYM. Me negliger toûjours ! & pour qui vous neglige !
DOR. Que veux-tu ? son mépris plus que ton feu m'oblige,
I'y trouve malgré-moy je ne sçay quel appas
Par où l'ingrat me tuë, & ne m'offense pas.
PYM. Qu'esperez-vous enfin d'un amour si frivole
Pour cét ingrat amant qui n'est plus qu'une idole?
DOR. Qu'une idole ! ah, ce mot me donne de l'effroy,
Rosidor une idole ! ah, perfide, c'est toy,
Ce sont tes trahisons qui l'empeschent de vivre,
Ie t'ay veu dans ce bois moy-mesme le poursuivre,
Avantagé du nombre, & vétu de façon,
Que ce rustique habit effaçoit tout soupçon :
Ton embusche a surpris une valeur si rare.
PYM. Il est vray, j'ay puny l'orgueil de ce barbare,
De cét heureux ingrat, si cruel envers vous,
Qui maintenant par terre, & percé de mes coups,
Eprouve par sa mort comme un amant fidelle
Vange vostre beauté du mépris qu'on fait d'elle.
DOR. Monstre de la Nature, execrable bourreau,
Après ce lasche coup qui creuse mon tombeau,
D'un compliment railleur ta malice me flate !
Fuy, fuy, que dessus toy ma vangeance n'éclate,
Ces mains, ces foibles mains que vont armer les Dieux
N'auront que trop de force à t'arracher les yeux,
Que trop à t'imprimer sur ce hideux visage
En mille traits de sang les marques de ma rage.

PYM. Le couroux d'une femme impetueux d'abord
Promet tout ce qu'il ose à son premier transport,
Mais comme il n'a pour luy que sa seule impuissance,
A force de grossir il meurt en sa naissance;
Ou s'étouffant soy-mesme, à la fin ne produit
Que point, ou peu d'effet, après beaucoup de bruit.
DOR. Va, va, ne pretens pas que le mien s'adoucisse,
Il faut que ma fureur, ou l'Enfer te punisse,
Le reste des Humains ne sçauroit inventer
De gesne qui te puisse à mon gré tourmenter,
Si tu ne crains mes bras, crains de meilleures armes,
Crains tout ce que le Ciel m'a departy de charmes;
Tu sçais quelle est leur force, & ton cœur la ressent,
Crains qu'elle ne m'asseure un vangeur plus puissant:
Ce couroux dont tu ris en fera la conqueste
De quiconque à ma haine exposera ta teste,
De quiconque mettra ma vangeance en mon choix:
Adieu, j'en perds le temps à crier dans ces bois,
Mais tu verras bien-tost si je vaux quelque chose,
Et si ma rage en vain se promet ce qu'elle ose.
PYM. J'aime tant cette ardeur à me faire perir,
Que je veux bien moy-mesme avec vous y courir.
DOR. Traistre, ne me suy point. *PYM.* Prendre seule la fuite!
Vous vous égareriez à marcher sans conduite,
Et d'ailleurs vostre habit où je ne comprens rien
Peut avoir du mystere aussi-bien que le mien.
L'azile dont tantost vous faisiez la demande
Montre quelque besoin d'un bras qui vous défende,
Et mon devoir vers vous seroit mal acquité
S'il ne vous avoit mise en lieu de seureté.
Vous pensez m'échaper quand je vous le témoigne,
Mais vous n'irez pas loin que je ne vous rejoigne,
L'amour que j'ay pour vous, malgré vos dures loix,
Sçait trop ce qu'il vous doit, & ce que je me dois.

ACTE IV.

SCENE PREMIERE.
PYMANTE, DORISE.

DOR. Ie te le dis encor, tu perds temps à me suivre,
Souffre que de tes yeux ta pitié me delivre,
Tu redoubles mes maux par de tels entretiens.
PY. Prenez à voſtre tour quelque pitié des miens,
Madame, & tariſſez ce deluge de larmes,
Pour r'appeller un mort ce ſont de foibles armes,
Et quoy que vous conſeille un inutile ennuy,
Vos cris & vos ſanglots ne vont point juſqu'à luy.
DOR. Si mes ſanglots ne vont où mon cœur les envoye,
Du moins par eux mon ame y trouvera la voye,
S'il luy faut un paſſage afin de s'envoler,
Ils le luy vont ouvrir en le fermant à l'air.
Sus donc, ſus, mes ſanglots, redoublez vos ſecouſſes,
Pour un tel deſespoir vous les avez trop douces,
Faites pour m'étouffer de plus puiſſans efforts.
PYM. Ne ſongez plus, Madame, à rejoindre les morts;
Penſez plûtoſt à ceux qui n'ont point d'autre envie
Que d'employer pour vous le reſte de leur vie;
Penſez plûtoſt à ceux dont le ſervice offert,
Accepté vous conſerve, & refuſé vous perd.
DOR. Crois-tu donc, aſſaſſin, m'acquerir par ton crime,
Qu'innocent mépriſé, coupable je t'eſtime?
A ce conte tes feux n'ayant pû m'émouvoir,
Ta noire perfidie obtiendroit ce pouvoir?
Ie cherirois en toy la qualité de traiſtre,
Et mon affection commenceroit à naiſtre
Lors que tout l'Vnivers a droit de te haïr?
PYM. Si j'oubliay l'honneur juſques à le trahir,
Si pour vous poſſeder mon eſprit tout de flame
N'a rien creu de honteux, n'a rien trouvé d'infame,

Voyez

TRAGEDIE. 89

 Voyez par là, voyez l'excès de mon ardeur,
 Par cét aveuglement jugez de sa grandeur.
DOR. Non, non, ta lascheté que j'y vois trop certaine
 N'a servy qu'à donner des raisons à ma haine.
 Ainsi ce que j'avois pour toy d'aversion
 Vient maintenant d'ailleurs que d'inclination,
 C'est la raison, c'est elle à present qui me guide
 Aux mépris que je fais des flames d'un perfide.
PYM. Ie ne sçache raison qui s'oppose à mes vœux,
 Puisqu'icy la raison n'est que ce que je veux,
 Et ployant dessous moy permet à mon envie
 De recueillir les fruits de vous avoir servie.
 Il me faut des faveurs malgré vos cruautez.
DOR. Execrable, ainsi donc tes desirs effrontez
 Voudroient sur ma foiblesse user de violence?
PYM. Ie ry de vos refus, & sçay trop la licence
 Que me donne l'amour en cette occasion.
DOR.[a] Traistre, ce ne sera qu'à ta confusion.
PYM.[b] Ah, cruelle! *DO.* Ah, brigand! *PY.* Ah, que viens-tu de faire!
DOR. De punir l'attentat d'un infame corsaire.
PYM.[c] Ton sang m'en répondra, tu m'auras beau prier,
 Tu mourras. *DOR.* Fuy, Dorise, & laisse-le crier.

[a] *Elle luy creve l'œil de son aiguille.*
[b] *Il porte les mains à son œil crevé.*
[c] *Il prend son épée dans la grotte où il l'avoit jettée au 2. Acte.*

SCENE II.

PYMANTE.

OV s'est-elle cachée? où l'emporte sa fuite?
 Où faut-il que ma rage adresse ma poursuite?
 La Tigresse m'échape, & telle qu'un éclair
 En me frapant les yeux elle se perd en l'air;
 Ou plûtost l'un perdu, l'autre m'est inutile,
 L'un s'offusque du sang qui de l'autre distile.
 Coule, coule, mon sang, en de si grands malheurs
 Tu dois avec raison me tenir lieu de pleurs,
 Ne verser desormais que des larmes communes,
 C'est pleurer laschement de telles infortunes.
 Ie voy de tous costez mon supplice approcher,
 N'osant me découvrir, je ne me puis cacher,
 Mon forfait avorté se lit dans ma disgrace,
 Et ces gouttes de sang me font suivre à la trace.

Tome I.   M

Miraculeux effet ! pour traiſtre que je ſois,
Mon ſang l'eſt encor plus, & ſert tout à la fois
De pleurs à ma douleur, d'indices à ma priſe,
De peine à mon forfait, de vangeance à Doriſe.
 Ô toy, qui ſecondant ſon courage inhumain
Loin d'orner ſes cheveux, deshonores ſa main,
Execrable inſtrument de ſa brutale rage,
Tu devois pour le moins reſpecter ſon image :
Ce portrait accomply d'un chef-d'œuvre des Cieux
Imprimé dans mon cœur, exprimé dans mes yeux,
Quoy que te commandaſt une ame ſi cruelle,
Devoit eſtre adoré de ta pointe rebelle.
 Honteux reſtes d'amour qui broüillez mon cerveau,
Quoy, puis-je en ma Maîtreſſe adorer mon bourreau ?
Remettez-vous mes ſens, raſſeüre-toy ma rage,
Revien, mais revien ſeule animer mon courage,
Tu n'as plus à debatre avec mes paſſions
L'empire ſouverain deſſus mes actions,
L'amour vient d'expirer, & ſes flames éteintes
Ne t'impoſeront plus leurs infames contraintes.
Doriſe ne tient plus dedans mon ſouvenir
Que ce qu'il faut de place à l'ardeur de punir,
Ie n'ay plus rien en moy qui n'en veüille à ſa vie.
Sus donc, qui me la rend ! Deſtins, ſi voſtre envie,
Si voſtre haine encor s'obſtine à mes tourmens,
Iuſqu'à me reſerver à d'autres châtimens,
Faites que je merite en trouvant l'inhumaine
Par un nouveau forfait une nouuelle peine,
Et ne me traitez pas avec tant de rigueur,
Que mon feu, ny mon fer ne touchent point ſon cœur.
Mais ma fureur ſe joüe, & demy-languiſſante
S'amuſe au vain éclat d'une voix impuiſſante,
Recourons aux effets, cherchons de toutes parts,
Prenons doreſnavant pour guides les hazards,
Quiconque ne pourra me montrer la cruelle,
Que ſon ſang auſſi-toſt me réponde pour elle,
Et ne ſuivant ainſi qu'une incertaine erreur,
Rempliſſons tous ces lieux de carnage & d'horreur.

[a] *Vne tempeſte ſurvient.*

[a] Mes menaces déja font trembler tout le monde,
Le vent fuit d'épouvante, & le tonnerre en gronde,
L'œil du Ciel s'en retire, & par un voile noir,
N'y pouvant reſiſter, ſe défend d'en rien voir ;

TRAGEDIE.

Cent nuages épais se distilant en larmes
A force de pitié veulent m'oster les armes,
La Nature étonnée embrasse mon couroux,
Et veut m'offrir Dorise, ou devancer mes coups,
Tout est de mon party, le Ciel mesme n'envoye
Tant d'éclairs redoublez, qu'afin que je la voye,
Quelques lieux où l'effroy porte ses pas errants
Ils sont entrecoupez de mille gros torrents.
Que je serois heureux, si cét éclat de foudre,
Pour m'en faire raison, l'avoit reduite en poudre!
Allons voir ce miracle, & desarmer nos mains
Si le Ciel a daigné prévenir nos desseins.
Destins, soyez enfin de mon intelligence,
Et vangez mon affront, ou souffrez ma vangeance.

SCENE III.

FLORIDAN.

Quel bonheur m'accompagne en ce moment fatal !
Le tonnerre a sous moy foudroyé mon cheval,
Et consumant sur luy toute sa violence,
Il m'a porté respect parmy son insolence.
Tous mes gens écartez par un subit effroy,
Loin d'estre à mon secours, ont fuy d'autour de moy,
Ou déja dispersez par l'ardeur de la chasse,
Ont desrobé leur teste à sa fiere menace.
Cependant seul à pied je pense à tous momens
Voir le dernier débris de tous les Elemens,
Dont l'obstination à se faire la guerre
Met toute la Nature au pouvoir du tonnerre.
Dieux! si vous témoignez par là vostre couroux,
De Clitandre, ou de moy, lequel menacez-vous?
La perte m'est égale, & la mesme tempeste
Qui l'auroit accablé tomberoit sur ma teste.
Pour le moins, justes Dieux, s'il court quelque danger,
Souffrez que je le puisse avec luy partager.
J'en découvre à la fin quelque meilleur présage,
L'haleine manque aux Vents, & la force à l'orage,
Les éclairs indignez d'estre éteints par les eaux
En ont tary la source & seché les ruisseaux,

M ij

Et déja le Soleil de ses rayons essuye
Sur ces moites rameaux le reste de la pluye.
Au lieu du bruit affreux des foudres décochez,
Les petits oisillons encor demy-cachez,...
Mais je verray bien-tost quelques-uns de ma suite,
Ie le juge à ce bruit.

SCENE IV.

FLORIDAN, PYMANTE, DORISE.

<small>a Il saisit PYM.ᵃ</small>   ENfin malgré ta fuite
<small>Dorise qui</small>   Ie te retiens, barbare. *DOR.* Helas ! *PYM.* Songe à mourir,
<small>le fuyoit.</small>   Tout l'Vnivers icy ne te peut secourir.
  FLO. L'égorger à ma veuë ! ô l'indigne spectacle !
  Sus, sus, à ce brigand opposons un obstacle.
  Arreste, scelerat. *PYM.* Temeraire, où vas-tu ?
  FLO. Sauver ce Gentilhomme à tes pieds abatu.
<small>b Il tient</small> *DOR.*ᵇ Traistre, n'avance pas, c'est le Prince. *PYM.* N'importe,
<small>Dorise d'u-</small>   Il m'oblige à sa mort m'ayant veu de la sorte.
<small>ne main,</small>
<small>& se bat</small> *FLO.* Est-ce-là le respect que tu dois à mon rang ?
<small>de l'autre.</small> *PYM.* Ie ne connois icy, ny qualitez, ny sang,
  Quelque respect ailleurs que ta naissance obtienne,
  Pour asseurer ma vie il faut perdre la tienne.
  DOR. S'il me demeure encor quelque peu de vigueur,
  Si mon debile bras ne dédit point mon cœur,
  I'arréteray le tien. *PYM.* Que fais-tu, miserable ?
<small>c Elle fait</small> *DOR.*ᶜ Ie détourne le coup d'un forfait execrable.
<small>trébucher</small> *PYM.* Avec ces vains efforts crois-tu m'en empescher ?
<small>Pymante.</small> *FLO.* Par une heureuse adresse il l'a fait trébucher.
  Assassin, rends l'épée.

TRAGEDIE. 93

SCENE V.

FLORIDAN, PYMANTE, DORISE,
TROIS VENEVRS.[a]

[a] *Ils portẽt en leurs mains les vrais habits de Pymante, Lycaste, & Dorise.*

[b] *Il desarme Pymãte, & en donne l'épée à garder à Dorise.*

1. *VEN.* Ecoute, il eſt fort proche,
C'eſt ſa voix qui reſonne au creux de cette roche,
Et c'eſt luy que tantoſt nous avions entendu.
FLO.[b] Prens ce fer en ta main. *PYM.* Ah Cieux! je ſuis perdu.
2. *VEN.* Ouy, je le voy. Seigneur, quelle avanture étrange,
Quel malheureux deſtin en cet état vous range?
FLO. Garrotez ce maraut, les couples de vos chiens
Vous y pourront ſervir, faute d'autres liens.
Ie veux qu'à mon retour une prompte juſtice
Luy faſſe reſſentir par l'éclat d'un ſupplice,
Sans armer contre luy que les loix de l'Etat,
Que m'attaquer n'eſt pas un leger attentat.
Sçachez que s'il échape, il y va de vos teſtes.
1. *VEN.* Si nous manquons, Seigneur, les voila toutes preſtes.
Admirez cependant le foudre & ſes efforts
Qui dans cette foreſt ont conſumé trois corps,
En voicy les habits, qui ſans aucun dommage
Semblent avoir bravé la fureur de l'orage.
FLO. Tu montres à mes yeux de merveilleux effets.
DOR. Mais des marques plûtoſt de merveilleux forfaits,
Ces habits dont n'a point approché le tonnerre
Sont aux plus criminels qui vivent ſur la Terre,
Connoiſſez-les, grand Prince, & voyez devant vous
Pymante priſonnier, & Doriſe à genoux.
FLO. Que ce ſoit là Pymante, & que tu ſois Doriſe!
DOR. Quelques étonnemens qu'une telle ſurpriſe
Iette dans voſtre eſprit que vos yeux ont deçeu,
D'autres le ſaiſiront quand vous aurez tout ſçeu,
La honte de paroiſtre en un tel équipage
Coupe icy ma parole, & l'étouffe au paſſage;
Souffrez que je reprenne en un coin de ces bois
Avec mes vétemens l'uſage de la voix,
Pour vous conter le reſte en habit plus ſortable.
FLO. Cette honte me plaiſt, ta priere équitable,

M iij

En faveur de ton sexe, & du secours prété,
Suspendra jusqu'alors ma curiosité.
Tandis sans m'éloigner beaucoup de cette place,
Ie vay sur ce côtau pour découvrir la chasse,
Tu l'y rameneras ; vous, s'il ne veut marcher,
Gardez-le cependant au pied de ce rocher.[a]

[a] Le Prince sort, & un des Veneurs s'en va avec Dorise, & les autres menent Pymante d'un autre costé.
[b] Il parle en prison.

SCENE VI.

CLITANDRE, LE GEOLIER.

CLI.[b] DAns ces funestes lieux où la seule inclemence
D'un rigoureux destin reduit mon innocence,
Ie n'attens desormais du reste des Humains
Ny faveur, ny secours, si ce n'est par tes mains.
GEO. Ie ne connois que trop où tend ce préambule,
Vous n'avez pas affaire à quelque homme credule.
Tous dans cette prison dont je porte les clefs,
Se disent comme vous du malheur accablez,
Et la Iustice à tous est injuste de sorte,
Que la pitié me doit leur faire ouvrir la porte;
Mais je me tiens toûjours ferme dans mon devoir.
Soyez coupable, ou non, je n'en veux rien sçavoir,
Le Roy, quoy qu'il en soit, vous a mis en ma garde,
Il me suffit, le reste en rien ne me regarde.
CLI. Tu juges mes desseins autres qu'ils ne sont pas,
Ie tiens l'éloignement pire que le trépas,
Et la Terre n'a point de si douce Province
Où le jour m'agréast loin des yeux de mon Prince.
Helas ! si tu voulois l'envoyer avertir
Du peril dont sans luy je ne sçaurois sortir,
Ou qu'il luy fust porté de ma part une lettre,
De la sienne en ce cas je t'ose bien promettre
Que son retour soudain des plus riches te rend.
Que cet anneau t'en serve & d'arrhe & de garand,
Tens la main & l'esprit vers un bonheur si proche.
GEO. Monsieur, jusqu'à present j'ay vescu sans reproche,
Et pour me suborner, promesses, ny presens,
N'ont, & n'auront jamais de charmes suffisans,
C'est dequoy je vous donne une entiere asseurance,
Perdez-en le dessein avecque l'esperance,

TRAGEDIE.

Et puisque vous dreſſez des piéges à ma foy,
Adieu, ce lieu devient trop dangereux pour moy.

SCENE VII.
CLITANDRE.

VA tygre, va cruel, barbare, impitoyable,
Ce noir cachot n'a rien tant que toy d'effroyable,
Va, porte aux criminels tes regards dont l'horreur
Peut ſeule aux innocens imprimer la terreur.
Ton viſage déja commençoit mon ſupplice,
Et mon injuſte ſort, dont tu te fais complice,
Ne t'envoyoit icy que pour m'épouvanter,
Ne t'envoyoit icy que pour me tourmenter.
Cependant, malheureux, à qui me dois-je prendre
D'une accuſation que je ne puis comprendre?
A-t'on rien veu jamais, a-t'on rien veu de tel?
Mes gens aſſaſſinez me rendent criminel,
L'autheur du coup s'en vante, & l'on m'en calomnie,
On le comble d'honneur, & moy d'ignominie;
L'échafaut qu'on m'appreſte au ſortir de priſon,
C'eſt par où de ce meurtre on me fait la raiſon.
Mais leur déguiſement d'autre coſté m'étonne,
Iamais un bon deſſein ne déguiſa perſonne,
Leur masque les condamne, & mon ſeing contrefait,
M'imputant un cartel, me charge d'un forfait.
Mon jugement s'aveugle, & ce que je déplore,
Ie me ſens bien trahy, mais par qui, je l'ignore,
Et mon eſprit troublé dans ce confus rapport,
Ne voit rien de certain que ma honteuſe mort.
  Traiſtre, qui que tu ſois, Rival, ou Domeſtique,
Le Ciel te garde encore un deſtin plus Tragique,
N'importe, vif ou mort, les gouffres des Enfers
Auront pour ton ſupplice encor de pires fers.
Là mille affreux bourreaux t'attendent dans les flames,
Moins les corps ſont punis, plus ils geſnent les ames,
Et par des cruautez qu'on ne peut concevoir,
Ils vangent l'innocence au-de-là de l'espoir.
Et vous que deformais je n'oſe plus attendre,
Prince, qui m'honoriez d'une amitié ſi tendre,

Et dont l'éloignement fait mon plus grand malheur,
Bien qu'un crime imputé noircisse ma valeur,
Que le pretexte faux d'une action si noire
Ne laisse plus de moy qu'une sale memoire,
Permettez que mon nom qu'un bourreau va ternir
Dure sans infamie en voftre souvenir,
Ne vous repentez point de vos faveurs passées,
Comme chez un perfide indignement placées;
I'ose, j'ose esperer qu'un jour la verité
Paroiftra toute nuë à la posterité,
Et je tiens d'vn tel heur l'attente si certaine,
Qu'elle adoucit déja la rigueur de ma peine,
Mon ame s'en chatoüille, & ce plaisir secret
La prépare à sortir avec moins de regret.

SCENE VIII.

FLORIDAN, PYMANTE, CLEON, DORISE, Trois Veneurs.

FLO. Vous m'avez dit tous deux d'étranges auantures,
Ah Clitandre! ainsi donc de fausses conjectures
T'accablent, malheureux, sous le couroux du Roy!
Ce funeste recit me met tout hors de moy.
CLE. Hastant un peu le pas, quelque espoir me demeure
Que vous arriverez auparavant qu'il meure.
FLO. Si je n'y viens à temps, ce perfide en ce cas
A son Ombre immolé ne me suffira pas,
C'est trop peu de l'autheur de tant d'énormes crimes,
Innocent, il aura d'innocentes victimes,
Où que soit Rosidor, il le suivra de prés,
Et je sçauray changer ses myrtes en cyprés.
DOR. Soüiller ainsi vos mains du sang de l'innocence!
FLO. Mon déplaisir m'en donne une entiere licence,
I'en veux comme le Roy faire autant à mon tour,
Et puisqu'en sa faveur on prévient mon retour,
Il est trop criminel. Mais que viens-je d'entendre?
Ie me tiens presque seur de sauver mon Clitandre,
La chasse n'est pas loin, où prenant un cheval,
Ie préviendray le coup de son malheur fatal.

Il suffit

Il fuffit de Cleon pour ramener Dorife,
Vous autres, gardez bien de lafcher voftre prife,
Vn fupplice l'attend, qui doit faire trembler
Quiconque deformais voudroit luy reffembler.

ACTE V.

SCENE PREMIERE.

FLORIDAN, CLITANDRE,
Vn Prevoſt, CLEON.

FLO. DITES vous-mefme au Roy qu'une telle innocence [a] *il parle au Prevoſt.*
Legitime en ce point ma defobeïffance,
Et qu'un homme fans crime avoit bien merité
Que j'ufaffe pour luy de quelque autorité :
Ie vous fuy. Cependant que mon heur eft extrefme,
Amy, que je cheris à l'égal de moy-mefme,
D'avoir fçeu juftement venir à ton fecours,
Lors qu'un infame glaive alloit trancher tes jours,
Et qu'un injufte fort ne trouvant point d'obftacle
Appreftoit de ta tefte un indigne fpectacle!
CLI. Ainfi qu'un autre Alcide, en m'arrachant des fers,
Vous m'avez aujourd'huy retiré des Enfers,
Et moy dorefnavant j'arrefte mon envie
A ne fervir qu'un Prince à qui je dois la vie.
FLO. Referve pour Califte une part de tes foins.
CLI. C'eft à quoy deformais je veux penfer le moins.
FLO. Le moins ! quoy, deformais Califte en ta penfée
N'auroit plus que le rang d'une image effacée ?
CLI. I'ay honte que mon cœur auprès d'elle attaché
De fon ardeur pour vous ait fouvent relafché,
Ait fouvent pour le fien quitté voftre fervice :
C'eft par là que j'avois merité mon fupplice,
Et pour m'en faire naiftre un jufte repentir,
Il femble que les Dieux y vouloient confentir ;

98   *CLITANDRE,*
 Mais voſtre heureux retour a calmé cét orage.
FLO. Tu me fais aſſez lire au fond de ton courage.
 La crainte de la mort en chaſſe des appas
 Qui t'ont mis au peril d'un ſi honteux trépas,
 Puiſque ſans cét amour la fourbe mal conceuë
 Euſt manqué contre toy de pretexte & d'iſſuë:
 Ou peut-eſtre à preſent tes deſirs amoureux
 Tournent vers des objets un peu moins rigoureux.
CLI. Doux, ou cruels, aucun deſormais ne me touche.
FLO. L'Amour dompte aiſément l'eſprit le plus farouche,
 C'eſt à ceux de noſtre âge un puiſſant ennemy,
 Tu ne connois encor ſes forces qu'à demy,
 Ta reſolution un peu trop violente
 N'a pas bien conſulté ta jeuneſſe boüillante.
 Mais que veux-tu, Cleon, & qu'eſt-il arrivé?
 Pymante de vos mains ſe feroit-il ſauvé?
CLE. Non, Seigneur, acquitez de la charge commiſe,
 Vos Veneurs ont conduit Pymante, & moy Doriſe,
 Et je viens ſeulement prendre un ordre nouveau.
FLO. Qu'on m'attende avec eux aux portes du Chaſteau.
 Allons, allons au Roy montrer ton innocence,
 Les autheurs des forfaits ſont en noſtre puiſſance,
 Et l'un d'eux convaincu dés le premier aſpect
 Ne te laiſſera plus aucunement ſuſpect.

SCENE II.

ROSIDOR.[a]

[a] *Il eſt ſur ſon lit.*

Mans les mieux payez de voſtre longue peine,
Vous de qui l'eſperance eſt la moins incertaine,
Et qui vous figurez aprés tant de longueurs
Avoir droit ſur les corps dont vous tenez les cœurs,
En eſt-il parmy vous de qui l'ame contente
Gouſte plus de plaiſirs que moy dans ſon attente?
En eſt-il parmy vous de qui l'heur à venir
D'un eſpoir mieux fondé ſe puiſſe entretenir?
Mon eſprit que captive un objet adorable
Ne l'éprouva jamais autre que favorable,
J'ignorerois encor ce que c'eſt que mépris
Si le ſort d'un rival ne me l'avoit appris.

Ie te plains toutesfois, Clitandre, & la colere
D'un grand Roy qui te perd me semble trop severe,
Tes desseins par l'effet n'étoient que trop punis,
Nous voulant separer, tu nous as reünis,
Il ne te falloit point de plus cruels supplices
Que de te voir toy-mesme autheur de nos delices,
Puisqu'il n'est pas à croire, aprés ce lasche tour,
Que le Prince ose plus traverser nostre amour;
Ton crime t'a rendu desormais trop infame,
Pour tenir ton party sans s'exposer au blasme,
On devient ton complice à te favoriser.
Mais helas, mes pensers, qui vous vient diviser?
Quel plaisir de vangeance à present vous engage?
Faut-il qu'avec Caliste un rival vous partage?
Retournez, retournez vers mon unique bien,
Que seul doresnavant il soit vostre entretien,
Ne vous repaissez plus que de sa seule idée,
Faites-moy voir la mienne en son ame gardée:
Ne vous arrétez pas à peindre sa beauté,
C'est par où mon esprit est le moins enchanté,
Elle servit d'amorce à mes desirs avides,
Mais ils ont sçeu trouver des objets plus solides;
Mon feu qu'elle alluma fust mort au premier jour,
S'il n'eust été nourry d'un reciproque amour.
Ouy, Caliste, & je veux toûjours qu'il m'en souvienne,
I'aperçeus aussi-tost ta flame que la mienne,
L'Amour apprit ensemble à nos cœurs à brusler,
L'Amour apprit ensemble à nos yeux à parler,
Et sa timidité luy donna la prudence
De n'admettre que nous en nostre confidence.
Ainsi nos passions se desroboient à tous,
Ainsi nos feux secrets n'ayant point de jaloux...
Mais qui vient jusqu'icy troubler mes resveries?

SCENE III.

ROSIDOR, CALISTE.

CAL. Elle qui voudroit voir tes blessûres gueries,
  Celle... *RO.* Ah, mon heur, jamais je n'obtiédrois sur moy
  De pardonner ce crime à tout autre qu'à toy.
  De nostre amour naissant la douceur & la gloire
  De leur charmante idée occupoient ma memoire,
  Ie flatois ton image, elle me reflatoit,
  Ie luy faisois des vœux, elle les acceptoit,
  Ie formois des desirs, elle en aimoit l'hommage;
  La desavoûras-tu, cette flateuse image?
  Voudras-tu démentir nostre entretien secret?
  Seras-tu plus mauvaise enfin que ton portrait?
CAL. Tu pourrois de sa part te faire tant promettre,
  Que je ne voudrois pas tout-à-fait m'y remettre:
  Quoy qu'à dire le vray je ne sçay pas trop bien
  En quoy je dédirois ce secret entretien,
  Si ta pleine santé me donnoit lieu de dire
  Quelle borne à tes yœux je puis & dois prescrire.
  Prens soin de te guerir, & les miens plus contens...
  Mais je te le diray quand il en sera temps.
ROS. Cét énigme enjoüé n'a point d'incertitude,
  Qui soit propre à donner beaucoup d'inquietude,
  Et si j'ose entrevoir dans son obscurité,
  Ma guerison importe à plus qu'à ma santé.
  Mais dy tout, ou du moins souffre que je devine,
  Et te die à mon tour ce que je m'imagine.
CAL. Tu dois par complaisance au peu que j'ay d'appas
  Feindre d'entendre mal ce que je ne dis pas,
  Et ne point m'envier un moment de delices
  Que fait gouster l'Amour en ces petits supplices.
  Doute donc, sois en peine, & montre un cœur gesné
  D'une amoureuse peur d'avoir mal deviné;
  Espere, mais hesite, hesite, mais aspire,
  Attens de ma bonté qu'il me plaise tout dire,
  Et sans en concevoir d'espoir trop affermy,
  N'espere qu'à demy quand je parle à demy.
ROS. Tu parles à demy, mais un secret langage
  Qui va jusques au cœur m'en dit bien davantage,

Et tes yeux sont du tien de mauvais truchemens,
Ou rien plus ne s'oppose à nos contentemens.
CAL. Ie l'avois bien préveu, que ton impatience
Porteroit ton espoir à trop de confiance,
Que pour craindre trop peu tu devinerois mal.
ROS. Quoy, la Reine ose encor soûtenir mon rival,
Et sans avoir d'horreur d'une action si noire...
CAL. Elle a l'ame trop haute, & cherit trop la gloire,
Pour ne pas s'accorder aux volontez du Roy,
Qui d'un heureux Hymen recompense ta foy.
ROS. Si nostre heureux malheur a produit ce miracle,
Qui peut à nos desirs mettre encor quelque obstacle?
CAL. Tes blessûres. ROS. Allons, je suis déja guery.
CAL. Ce n'est pas pour un jour que je veux un mary,
Et je ne puis souffrir que ton ardeur hazarde
Vn bien que de ton Roy la prudence retarde.
Prens soin de te guerir, mais guerir tout-à-fait,
Et croy que tes desirs... ROS. N'auront aucun effet.
CAL. N'auront aucun effet! qui te le persuade?
ROS. Vn corps peut-il guerir dont le cœur est malade?
CAL. Tu m'as rendu mon change, & m'as fait quelque peur,
Mais je sçay le remede aux blessûres du cœur.
Les tiennes, attendant le jour que tu souhaites,
Auront pour medecins mes yeux qui les ont faites,
Ie me rens desormais assiduë à te voir.
ROS. Cependant, ma chere ame, il est de mon devoir
Que sans perdre de temps, j'aille rendre en personne
D'humbles graces au Roy du bonheur qu'il nous donne.
CAL. Ie me charge pour toy de ce remerciment.
Toutefois qui sçauroit que pour ce compliment
Vne heure hors d'icy ne pûst beaucoup te nuire,
Ie voudrois en ce cas moy-mesme t'y conduire,
Et j'aimerois mieux estre un peu plus tard à toy,
Que tes justes devoirs manquassent vers ton Roy.
ROS. Mes blessûres n'ont point dans leurs foibles atteintes
Surquoy ton amitié puisse fonder ses craintes,
CAL. Vien donc, & puisqu'enfin nous faisons mesmes vœux,
En le remerciant parle au nom de tous deux.

SCENE IV.

ALCANDRE, FLORIDAN, CLITANDRE,
PYMANTE, DORISE, CLEON,
Prevoſt, trois Veneurs.

ALC. Qve ſouvent noſtre eſprit trompé par l'apparence
　　　Regle ſes mouvemens avec peu d'aſſeurance!
　　Qu'il eſt peu de lumiere en nos entendemens,
　　Et que d'incertitude en nos raiſonnemens!
　　Qui voudra deſormais ſe fie aux impoſtures
　　Qu'en noſtre jugement forment les conjectures;
　　Tu ſuffis pour apprendre à la poſterité
　　Combien la vray-ſemblance a peu de verité.
　　Iamais juſqu'à ce jour la raiſon en déroute
　　N'a conçeu tant d'erreur avec ſi peu de doute,
　　Iamais par des ſoupçons ſi faux & ſi preſſans
　　On n'a juſqu'à ce jour convaincu d'innocens.
　　I'en ſuis honteux, Clitandre, & mon ame confuſe,
　　De trop de promptitude en ſoy-meſme s'accuſe,
　　Vn Roy doit ſe donner, quand il eſt irrité,
　　Ou plus de retenuë, ou moins d'authorité.
　　Perds-en le ſouvenir, & pour moy, je te jure
　　Qu'à force de bien-faits j'en repare l'injure.
CLI. Que voſtre Majeſté, Sire, n'eſtime pas
　　Qu'il faille m'attirer par de nouveaux appas,
　　L'honneur de vous ſervir m'apporte aſſez de gloire,
　　Et je perdrois le mien ſi quelqu'un pouvoit croire
　　Que mon devoir panchaſt au refroidiſſement,
　　Sans le flateur eſpoir d'un agrandiſſement.
　　Vous n'avez exercé qu'une juſte colere,
　　On eſt trop criminel quand on peut vous déplaire,
　　Et tout chargé de fers, ma plus forte douleur
　　Ne s'en oſa jamais prendre qu'à mon malheur.
FLO. Seigneur, moy qui connois le fond de ſon courage,
　　Et qui n'ay jamais veu de fard en ſon langage,
　　Ie tiendrois à bon-heur que voſtre Majeſté
　　M'acceptaſt pour garand de ſa fidelité.
ALC. Ne nous arrétons plus ſur la reconnoiſſance
　　Et de mon injuſtice, & de ſon innocence,

TRAGEDIE.

Paſſons aux criminels. Toy dont la trahiſon
A fait ſi lourdement trébucher ma raiſon,
Approche, ſcelerat. Vn homme de courage
Se met avec honneur en un tel équipage?
Attaque le plus fort un rival plus heureux,
Et préſumant encor cét exploit dangereux,
A force de preſens, & d'infames pratiques,
D'un autre Cavalier corrompt les Domestiques,
Prend d'un autre le nom, & contrefait ſon ſeing,
Afin qu'executant ſon perfide deſſein,
 Sur un homme innocent tombent les conjectures?
Parle, parle, confeſſe, & prévien les tortures.
PYM. Sire, écoutez-en donc la pure verité.
 Voſtre ſeule faveur a fait ma laſcheté,
Vous dis-je, & cét objet dont l'amour me transporte.
L'honneur doit pouvoir tout ſur les gens de ma ſorte,
Mais recherchant la mort de qui vous eſt ſi cher,
Pour en avoir le fruit il me falloit cacher.
 Reconnu pour l'autheur d'une telle ſurpriſe,
Le moyen d'approcher de vous, ou de Doriſe?
ALC. Tu dois aller plus outre, & m'imputer encor
L'attentat ſur mon fils, comme ſur Roſidor:
Car je ne touche point à Doriſe outragée,
Chacun en te voyant, la voit aſſez vangée,
Et coupable elle-meſme, elle a bien merité
L'affront qu'elle a receu de ta temerité.
PYM. Vn crime attire l'autre, & de peur d'un ſupplice,
On taſche en étouffant ce qu'on en voit d'indice,
De paroiſtre innocent à force de forfaits.
Ie ne ſuis criminel ſinon manque d'effets,
Et ſans l'aſpre rigueur du Sort qui me tourmente
Vous pleureriez le Prince, & ſouffririez Pymante.
Mais que tardez-vous plus? j'ay tout dit, puniſſez.
ALC. Eſt-ce-là le regret de tes crimes paſſez?
Oſtez-le moy d'icy, je ne puis voir ſans honte
Que de tant de forfaits il tient ſi peu de conte.
Dites à mon Conſeil, que pour le châtiment,
I'en laiſſe à ſes avis le libre jugement,
Mais qu'après ſon Arreſt je ſçauray reconnoiſtre
L'amour que vers ſon Prince il aura fait paroiſtre.
 Vien ça toy maintenant, monſtre de cruauté,
Qui veux joindre le meurtre à la déloyauté,

Detestable Alecton, que la Reine deçeuë
Avoit n'aguere au rang de ses filles reçeuë.
Quel barbare, ou plûtost quelle peste d'Enfer
Se rendit ton complice, & te donna ce fer?
DOR. L'autre jour dans ces bois trouvé par avanture,
Sire, il donna sujet à toute l'imposture :
Mille jaloux serpens qui me rongeoient le sein,
Sur cette ocasion formerent mon dessein,
Ie le cachay deslors. FLO. Il est tout manifeste
Que ce fer n'est enfin qu'un miserable reste
Du malheureux duel où le triste Arimant
Laissa son corps sans ame, & Daphné sans amant.
Mais quant à son forfait, un ver de jalousie
Iette souvent nostre ame en telle frenesie,
Que la raison qu'aveugle un plein emportement
Laisse nostre conduite à son déreglement,
Lors tout ce qu'il produit merite qu'on l'excuse.
ALC. De si foibles raisons mon esprit ne s'abuse.
FLO. Seigneur, quoy qu'il en soit, un fils qu'elle vous rend
Sous vostre bon-plaisir sa défense entreprend,
Innocente, ou coupable, elle asseura ma vie.
ALC. Ma justice en ce cas la donne à ton envie,
Ta priere obtient mesme avant que demander
Ce qu'aucune raison ne pouvoit t'accorder.
Le pardon t'est acquis, releve-toy, Dorise,
Et va dire par tout, en liberté remise,
Que le Prince aujourd'huy te préserve à la fois
Des fureurs de Pymante, & des rigueurs des loix.
DOR. Aprés une bonté tellement excessive,
Puisque vostre clemence ordonne que je vive,
Permettez deformais, Sire, que mes desseins
Prennent des mouvemens plus reglez & plus sains.
Souffrez que pour pleurer mes actions brutales
Ie fasse ma retraite avecque les Vestales,
Et qu'une criminelle indigne d'estre au jour
Se puisse renfermer en leur sacré sejour.
FLO. Te bannir de la Cour aprés m'estre obligée,
Ce seroit trop montrer ma faveur negligée.
DOR. N'arrétez point au Monde un objet odieux,
De qui chacun d'horreur détourneroit les yeux.
FLO. Fusses-tu mille fois encor plus méprisable,
Ma faveur te va rendre assez considerable

Pour

TRAGEDIE.

Pour t'acquerir icy mille inclinations.
Outre l'attrait puissant de tes perfections,
Mon respect à l'amour tout le monde convie
Vers celle à qui je dois, & qui me doit la vie.
Fay-le voir, cher Clitandre, & tourne ton desir
Du costé que ton Prince a voulu te choisir,
Reüny mes faveurs t'unissant à Dorise.
CLI. Mais par cette union mon esprit se divise,
Puisqu'il faut que je donne aux devoirs d'un époux
La moitié des pensers qui ne sont deus qu'à vous.
FLO. Ce partage m'oblige, & je tiens tes pensées
Vers un si beau sujet d'autant mieux adressées
Que je luy veux ceder ce qui m'en appartient.
ALC. Taisez-vous, j'aperçoy nostre blessé qui vient.

SCENE V.

ALCANDRE, FLORIDAN, CLEON, CLITANDRE, ROSIDOR, CALISTE, DORISE.

ALC. AV comble de tes vœux, seur de ton mariage,
N'es-tu point satisfait ? Que veux-tu davantage ?
ROS. L'apprendre de vous, Sire, & pour remercimens
Nous offrir l'un & l'autre à vos commandemens.
ALC. Si mon commandement peut sur toy quelque chose,
Et si ma volonté de la tienne dispose,
Embrasse un Cavalier indigne des liens
Où l'a mis aujourd'huy la trahison des siens.
Le Prince heureusement l'a sauvé du supplice,
Et ces deux que ton bras desrobe à ma justice
Corrompus par Pymante avoient juré ta mort:
Le suborneur depuis n'a pas eu meilleur sort,
Et ce traistre à present tombé sous ma puissance,
Clitandre fait trop voir quelle est son innocence.
ROS. Sire, vous le sçavez, le cœur me l'avoit dit,
Et si peu que j'avois envers vous de credit,
Ie l'employay deslors contre vostre colere.
[a] En moy doresnavant faites état d'un frere.
CLI.[b] En moy d'un serviteur dont l'amour éperdu
Ne vous conteste plus un prix qui vous est dû.

[a] A Clitandre.
[b] A Rosidor.

Tome I.   O

DOR.[a] Si le pardon du Roy me peut donner le voſtre,
[a] A Caliſte.   Si mon crime... CA. Ah ma ſœur, tu me prens pour une autre,
Si tu crois que je puiſſe encor m'en ſouvenir.
ALC. Tu ne veux plus ſonger qu'à ce jour à venir
Où Roſidor guery termine un Hymenée.
Clitandre en attendant cette heureuſe journée
Taſchera d'allumer en ſon ame des feux
Pour celle que mon fils deſire, & que je veux,
A qui pour réparer ſa faute criminelle
Ie défens deſormais de ſe montrer cruelle,
Et nous verrons alors cueillir en meſme jour
A deux couples d'amans les fruits de leur amour.

F I N.

LA VEFVE,
COMEDIE

ACTEVRS.

PHILISTE, amant de Clarice.

ALCIDON, amy de Philiste, & amant de Doris.

CELIDAN, amy d'Alcidon, & amoureux de Doris.

CLARICE, Vefve d'Alcandre, & Maîtreſſe de Philiste.

CHRYSANTE, mere de Doris.

DORIS, ſœur de Philiste.

LA NOVRRICE de Clarice.

GERON, Agent de Florange, amoureux de Doris, qui ne paroit point.

LYCAS, Domestique de Philiste.

POLYMAS,
DORASTE, } Domestiques de Clarice.
LISTOR,

La Scene eſt à Paris.

LA VEFVE,
COMEDIE

ACTE I.

SCENE PREMIERE.

PHILISTE, ALCIDON.

ALC. 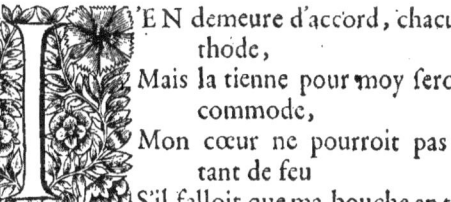J'EN demeure d'accord, chacun a sa me-
thode,
Mais la tienne pour moy seroit fort in-
commode,
Mon cœur ne pourroit pas conserver
tant de feu
S'il falloit que ma bouche en témoignast
si peu.
Depuis près de deux ans tu brusles pour Clarice,
Et plus ton amour croist, moins elle en a d'indice,
Il semble qu'à languir tes desirs sont contens,
Et que tu n'as pour but que de perdre ton temps.
Quel fruit esperes-tu de ta perseverance
A la traiter toûjours avec indifference?
Auprès d'elle assidu sans luy parler d'amour,
Veux-tu qu'elle commence à te faire la cour?
PHI. Non, mais à dire vray, je veux qu'elle devine.
ALC. Ton espoir qui te flate en vain se l'imagine,

O iij

Clarice avec raison prend pour stupidité
Ce ridicule effet de ta timidité.
PHI. Peut-estre, mais enfin, vois-tu qu'elle me fuye,
Qu'indifferent qu'il est mon entretien l'ennuye,
Que je luy sois à charge, & lors que je la voy
Qu'elle use d'artifice à s'échaper de moy?
Sans te mettre en soucy quelle en sera la suite
Apprens comme l'amour doit regler sa conduite.
Aussi-tost qu'une Dame a charmé nos esprits,
Offrir nostre service au hazard d'un mépris,
Et nous abandonnant à nos brusques saillies,
Au lieu de nostre ardeur luy montrer nos folies,
Nous attirer sur l'heure un dédain éclatant,
Il n'est si mal-adroit qui n'en fist bien autant.
Il faut s'en faire aimer avant qu'on se declare,
Nostre submission à l'orgueil la prépare,
Luy dire incontinent son pouvoir souverain,
C'est mettre à sa rigueur les armes à la main.
Vsons pour estre aimez d'un meilleur artifice,
Et sans luy rien offrir rendons-luy du service,
Reglons sur son humeur toutes nos actions,
Reglons tous nos desseins sur ses intentions,
Tant que par la douceur d'une longue hantise
Comme insensiblement elle se trouve prise.
C'est par là que l'on séme aux Dames des appas,
Qu'elles n'évitent point, ne les prévoyant pas;
Leur haine envers l'Amour pourroit estre un prodige,
Que le seul nom les choque, & l'effet les oblige.
ALC. Suive, qui le voudra, ce procedé nouveau,
Mon feu me déplairoit caché sous ce rideau.
Ne parler point d'amour! pour moy je me défie
Des fantasques raisons de ta Philosophie.
Ce n'est pas là mon jeu. Le joly passe-temps,
D'estre auprés d'une Dame, & causer du beautemps,
Luy jurer que Paris est toûjours plein de fange,
Qu'un certain parfumeur vend de fort bonne eau d'Ange,
Qu'un Cavalier regarde un autre de travers,
Que dans la Comedie on dit d'assez bons Vers,
Qu'Aglante avec Philis dans un mois se marie!
Change, pauvre abusé, change de batterie,
Conte ce qui te méne, & ne t'amuse pas
A perdre innocemment tes discours, & tes pas.

COMEDIE.

PHI. Ie les aurois perdus auprés de ma Maîtresse,
Si ie n'eusse employé que la commune adresse,
Puisqu'inégal de biens & de condition
Ie ne pouvois pretendre à son affection.
ALC. Mais si tu ne les perds, je le tiens à miracle,
Puisqu'ainsi ton amour rencontre un double obstacle,
Et que ton froid silence & l'inégalité
S'opposent tout ensemble à ta temerité.
PHI. Croy que de la façon dont j'ay sçeu me conduire
Mon silence n'est pas en état de me nuire:
Mille petits devoirs ont tant parlé pour moy,
Qu'il ne m'est plus permis de douter de sa foy.
Mes soûpirs & les siens font un secret langage
Par où son cœur au mien à tous momens s'engage;
Des coups d'œil languissans, des soûris ajustez,
Des panchemens de teste à demy concertez,
Et mille autres douceurs aux seuls amants connuës.
Nous font voir chaque jour nos ames toutes nuës,
Nous font de bons garands d'un feu qui chaque jour.
ALC. Tout cela cependant sans luy parler d'amour?
PHI. Sans luy parler d'amour. *ALC.* I'estime ta science,
Mais j'aurois à l'épréuve un peu d'impatience.
PHI. Le Ciel qui nous choisit luy mesme des partis,
A tes feux & les miens prudemment assortis,
Et comme à ces longueurs t'ayant fait indocile
Il te donne en ma sœur un naturel facile,
Ainsi pour cette Vefue il a sçeu m'enflamer
Après m'avoir donné par où m'en faire aimer.
ALC. Mais il luy faut enfin découvrir ton courage.
PHI. C'est ce qu'en ma faveur sa Nourrice ménage,
Cette Vieille subtile a mille inventions
Pour m'avancer au but de mes intentions,
Elle m'avertira du temps que je dois prendre,
Le reste une autrefois se pourra mieux apprendre,
Adieu. *ALC.* La confidence avec un bon amy,
Iamais sans l'offenser ne s'exerce à demy.
PHI. Vn interest d'amour me prescrit ces limites,
Ma Maîtresse m'attend pour faire des visites
Où je luy promis hier de luy preter la main.
ALC. Adieu donc, cher Philiste. *PHI.* Adieu jusqu'à demain.

SCENE II.

ALCIDON, LA NOURRICE.

^a*Il est seul.* ALC.^a Vit-on jamais amant de pareille imprudence
　　Faire avec son rival entiere confidence?
　Simple, apprens que ta sœur n'aura jamais dequoy
　　Asservir sous ses loix des gens faits comme moy,
　　Qu'Alcidon feint pour elle, & brusle pour Clarice.
　　Ton Agente est à moy. N'est-il pas vray, Nourrice?
NOV. Tu le peux bien jurer. *ALC.* Et nostre amy rival?
NOV. Si jamais on m'en croit, son affaire ira mal.
ALC. Tu luy promets pourtant. *NOV.* C'est par où je l'amuse,
　　Tant que tes bons succés luy découvrent ma ruse.
ALC. Ie viens de le quitter. *NOV.* Et bien, que t'a-t'il dit?
ALC. Que tu veux employer pour luy tout ton credit,
　　Et que rendant toûjours quelque petit service
　　Il s'est fait une entrée en l'ame de Clarice.
NOV. Moindre qu'il ne presume, & toy? *ALC.* Ie l'ay poussé
　　A s'enhardir un peu plus que par le passé,
　　Et découvrir son mal à celle qui le cause.
NOV. Pourquoy? *ALC.* Pour deux raisons: l'une qu'il me propose
　　Ce qu'il a dans le cœur beaucoup plus librement:
　　L'autre, que ta maîtresse après ce compliment
　　Le chassera peut-estre ainsi qu'un temeraire.
NOV. Ne l'enhardy pas tant, j'aurois peur au contraire
　　Que malgré tes raisons quelque mal ne t'en prît;
　　Car enfin ce rival est bien dans son esprit,
　　Mais non pas tellement, qu'avant que le mois passe,
　　Nostre adresse sous-main ne le mette en disgrace.
ALC. Et lors? *NOV.* Ie te répons de ce que tu cheris,
　　Cependant continuë à caresser Doris
　　Qui son frere éblouy par cette accorte feinte
　　De nos prétensions n'ait ny soupçon, ny crainte.
ALC. A m'en oüyr conter, l'amour de Celadon
　　N'eut jamais rien d'égal à celuy d'Alcidon,
　　Tu rirois trop de voir comme je la cajole.
NOV. Et la dupe qu'elle est croit tout sur ta parole?
ALC. Cette jeune étourdie est si folle de moy,
　　Qu'elle prend chaque mot pour article de foy,

Et son

Et son frere pipé du fard de mon langage,
Qui croit que je soûpire aprés son mariage,
Pensant bien m'obliger m'en parle tous les jours :
Mais quand il en vient là, je sçay bien mes détours.
Tantost, veu l'amitié qui tous deux nous assemble,
J'attendray son Hymen pour estre heureux ensemble,
Tantost il faut du temps pour le consentement
D'un oncle dont j'espere un haut avancement,
Tantost je sçay trouver quelqu'autre bagatelle.
NOV. Separons-nous, de peur qu'il entrast en cervelle
S'il avoit découvert un si long entretien;
Ioüe aussi bien ton jeu, que je joüray le mien.
ALC. Nourrice, ce n'est pas ainsi qu'on se separe.
NOV. Monsieur, vous me jugez d'un naturel avare.
ALC. Tu veilleras pour moy d'un soin plus diligent.
NOV. Ce sera donc pour vous, plus que pour vostre argent.

SCENE III.

CHRYSANTE, DORIS.

CHR. C'Est trop desavoüer une si belle flame
Qui n'a rien de honteux, rien de sujet au blasme;
Confesse-le, ma fille, Alcidon a ton cœur,
Ses rares qualitez l'en ont rendu vainqueur,
Ne vous entr'appeller que *mon ame & ma vie*,
C'est montrer que tous deux vous n'avez qu'une envie,
Et que d'un mesme trait vos esprits sont blessez.
DOR. Madame, il n'en va pas ainsi que vous pensez.
Mon frere aime Alcidon, & sa priere expresse
M'oblige à luy répondre en termes de Maistresse,
Ie me fais comme luy souvent toute de feux,
Mais mon cœur se conserve au point où je le veux,
Toûjours libre, & qui garde une amitié sincere
A celuy que voudra me prescrire une mere.
CHR. Ouy, pourveu qu'Alcidon te soit ainsi prescrit.
DOR. Madame, pûssiez-vous lire dans mon esprit,
Vous verriez jusqu'où va ma pure obeïssance.
CHR. Ne crains pas que je veüille user de ma puissance,
Ie croirois en produire un trop cruel effet,
Si je te separois d'un amant si parfait.

Tome I. P

DOR. Vous le connoiſſez mal, ſon ame a deux viſages,
Et ce diſſimulé n'eſt qu'un conteur à gages,
Il a beau m'accabler de proteſtations,
Ie demeſle aiſément toutes ſes fictions,
Il ne me préte rien que je ne luy renvoye,
Nous nous entrepayons d'une meſme monnoye,
Et malgré nos diſcours mon vertueux deſir
Attend toûjours celuy que vous voudrez choiſir,
Voſtre vouloir du mien abſolument diſpoſe.
CHR. L'épreuve en fera foy, mais parlons d'autre choſe.
Nous viſmes hier au bal entre autres nouveautez
Tout plein d'honneſtes gens careſſer les beautez.
DOR. Ouy, Madame, Alindor en vouloit à Celie,
Lyſandre à Celidée, Oronte à Roſelie.
CHR. Et nommant celles-cy tu caches finement
Qu'un certain t'entretint aſſez paiſiblement.
DOR. Ce viſage inconnu qu'on appelloit Florange?
CHR. Luy meſme. *DOR.* Ah Dieu! que c'eſt vn cajoleur étrange!
Ce fut paiſiblement de vray qu'il m'entretint,
Soit que quelque raiſon en ſecret le retint,
Soit que ſon bel eſprit me jugeaſt incapable
De luy pouvoir fournir un entretien ſortable,
Il m'épargna ſi bien, que ſes plus longs propos
A peine en plus d'une heure étoient de quatre mots.
Il me mena dancer deux fois ſans me rien dire.
CHR. Mais en ſuite? *DOR.* Le reſte eſt digne qu'on l'admire.
Mon baladin muet ſe retranche en un coin,
Pour faire mieux joüer la prunelle de loin;
Aprés m'avoir de là long-temps conſiderée,
Aprés m'avoir des yeux mille fois meſurée,
Il m'aborde en tremblant avec ce compliment,
Vous m'attirez à vous ainſi que fait l'Aimant.
(Il penſoit m'avoir dit le meilleur mot du monde)
Entendant ce haut ſtyle auſſi-toſt je ſeconde,
Et répons bruſquement ſans beaucoup m'émouvoir,
Vous étes donc de fer, à ce que je puis voir.
Ce grand mot étouffa tout ce qu'il vouloit dire,
Et pour toute replique il ſe mit à ſoûrire.
Depuis il s'aviſa de me ſerrer les doigts,
Et retrouvant un peu l'uſage de la voix,
Il prit un de mes gands. *La mode en eſt nouvelle,*
(Me dit-il) *& jamais je n'en vis de ſi belle,*

Vous portez sur la gorge un mouchoir fort carré,
Vostre éventail me plaist d'estre ainsi bigarré,
L'amour, je vous asseure, est une belle chose,
Vraiment vous aimez fort cette couleur de rose,
La ville est en hyver toute autre que les champs,
Les Charges à present n'ont que trop de marchands,
On n'en peut approcher. CHR. Mais enfin que t'en semble?
DOR. Ie n'ay jamais connu d'homme qui luy ressemble,
Ny qui mesle en discours tant de diversitez.
CHR. Il est nouveau venu des Vniversitez,
Mais après tout fort riche, & que la mort d'un pere,
Sans deux successions que de plus il espère,
Comble de tant de biens, qu'il n'est fille aujourd'huy
Qui ne luy rie au nez, & n'ait dessein sur luy.
DOR. Aussi me contez-vous de beaux traits de visage.
CHR. Et bien, avec ces traits est-il à ton usage?
DOR. Ie douterois plûtost si je serois au sien.
CHR. Ie sçay qu'asseurément il te veut force bien,
Mais il te le faudroit en fille plus accorte
Recevoir desormais un peu d'une autre sorte.
DOR. Commandez seulement, Madame, & mon devoir
Ne negligera rien qui soit en mon pouvoir.
CHR. Ma fille, te voilà telle que je souhaite.
Pour ne te rien celer, c'est chose qui vaut faite,
Geron, qui depuis peu fait icy tant de tours,
Au desceu d'un chacun a traité ces amours,
Et puisqu'à mes desirs je te voy resoluë,
Ie veux qu'avant deux jours l'affaire soit concluë.
Au regard d'Alcidon tu dois continüer,
Et de ton beau semblant ne rien diminüer,
Il faut joüer au fin contre un esprit si double.
DOR. Mon frere en sa faveur vous donnera du trouble.
CHR. Il n'est pas si mauvais que l'on n'en vienne à bout.
DOR. Madame, avisez-y, je vous remets le tout.
CHR. Rentre, voicy Geron de qui la conference
Doit rompre, ou nous donner une entiere asseurance.

SCENE IV.

CHRYSANTE, GERON.

CHR. ILs se sont veus enfin. GER. Ie l'avois déja sçeu,
Madame, & les effets ne m'en ont point deceu,
Du moins quant à Florange. CH. Et bien, mais, qu'est-ce encore?
Que dit-il de ma fille? GER. Ah. Madame, il l'adore!
Il n'a point encor veu de miracles pareils,
Ses yeux à son avis sont autant de Soleils,
L'enflûre de son sein un double petit monde,
C'est le seul ornement de la machine ronde,
L'Amour à ses regards allume son flambeau,
Et souvent pour la voir il oste son bandeau,
Diane n'eut jamais une si belle taille,
Auprès d'elle Venus ne seroit rien qui vaille,
Ce ne sont rien que Lys & Roses que son teint,
Enfin de ses beautez il est si fort atteint...
CHR. Atteint! ah mon amy, tant de badinerie
Ne témoigne que trop qu'il en fait raillerie.
GER. Madame, je vous jure, il peche innocemment,
Et s'il sçavoit mieux dire, il diroit autrement,
C'est un homme tout neuf, que voulez-vous qu'il fasse?
Il dit ce qu'il a lû. Daignez juger, de grace,
Plus favorablement de son intention,
Et pour mieux vous montrer où va sa passion,
Vous sçavez les deux points (mais aussi, je vous prie,
Vous ne luy direz pas cette supercherie.)
CHR. Non, non. GER. Vous sçavez donc les deux difficultez
Qui jusqu'à maintenant vous tiennent arrétez?
CHR. Il veut son avantage, & nous cherchons le nostre.
GER. *Va Geron* (ma-t'il dit) *& pour l'une, & pour l'autre,*
Si par dexterité tu n'en peux rien tirer,
Accorde tout plûtost que de plus differer,
Doris est à mes yeux de tant d'attraits pourveuë,
Qu'il faut bien qu'il m'en coûte un peu pour l'avoir veuë.
Mais qu'en dit vostre fille? CHR. Ainsi que je voulois
Elle se montre preste à recevoir mes loix,
Non qu'elle en fasse état plus que de bonne sorte,
Il suffit qu'elle voit ce que le bien apporte,

Et qu'elle s'accommode aux solides raisons
Qui forment à present les meilleures maisons.
GER. A ce conte c'est fait, quand vous plaist-il qu'il vienne
Dégager ma parole, & vous donner la sienne?
CHR. Deux jours me suffiront ménagez dextrement
Pour disposer mon fils à son contentement.
Durant ce peu de temps, si son ardeur le presse,
Il peut hors du logis rencontrer sa Maîtresse;
Assez d'occasions s'offrent aux amoureux.
GER. Madame, que d'un mot je vay le rendre heureux!

SCENE V

PHILISTE, CLARICE.

PHI. LE bonheur aujourd'huy conduisoit vos visites,
Et sembloit rendre hommage à vos rares merites,
Vous auez rencontré tout ce que vous cherchiez.
CLA. Ouy, mais n'estimez pas qu'ainsi vous m'empeschiez
De vous dire, à present que nous faisons retraite,
Combien de chez Daphnis je sors mal satisfaite.
PHI. Madame, toutefois elle a fait son pouvoir,
Du moins en apparence, à vous bien receuoir.
CLA. Ne pensez pas aussi que je me plaigne d'elle.
PHI. Sa compagnie étoit, ce me semble, assez belle.
CLA. Que trop belle à mon goust; & que je pense, au tien.
Deux filles possedoient seules ton entretien,
Et leur orgueil enflé par cette preference
De ce qu'elles valoient tiroit pleine asseurance.
PHI. Ce reproche obligeant me laisse tout surpris,
Avec tant de beautez, & tant de bons esprits,
Ie ne valus jamais qu'on me trouvast à dire.
CLA. Avec ces bons esprits je n'étois qu'en martyre,
Leur discours m'assassine, & n'a qu'un certain jeu,
Qui m'étourdit beaucoup, & qui me plaist fort peu.
PHI. Celuy que nous tenions me plaisoit à merveilles.
CLA. Tes yeux s'y plaisoient bien autant que tes oreilles?
PHI. Ie ne le puis nier, puisqu'en parlant de vous
Sur les vostres mes yeux se portoient à tous coups,
Et s'en alloient chercher sur un si beau visage
Mille & mille raisons d'un éternel hommage.

P iij

CLA. O la subtile ruse ! ô l'excellent détour !
Sans doute une des deux te donne de l'amour,
Mais tu le veux cacher. *PHI.* Que dites-vous, Madame ?
Vn de ces deux objets captiveroit mon ame !
Iugez-en mieux de grace, & croyez que mon cœur
Choisiroit pour se rendre un plus puissant vainqueur.
CLA. Tu tranches du fascheux, Belinde & Crysolite
Manquent donc à ton gré d'attraits, & de merite,
Elles dont les beautez captivent mille amans ?
PHI. Tout autre trouveroit leurs visages charmans,
Et j'en ferois état, si le Ciel m'eust fait naistre
D'un malheur assez grand pour ne vous pas connoistre.
Mais l'honneur de vous voir que vous me permettez
Fait que je n'y remarque aucunes raretez,
Et plein de vostre idée il ne m'est pas possible,
Ny d'admirer ailleurs, ny d'estre ailleurs sensible.
CLA. On ne m'éblouït pas à force de flater,
Revenons au propos que tu veux éviter,
Ie veux sçavoir des deux laquelle est ta Maîtresse,
Ne dissimule plus, Philiste, & me confesse…
PHI. Que Chrysolite & l'autre, égales toutes deux,
N'ont rien d'assez puissant pour attirer mes yœux.
Si blessé des regards de quelque beau visage
Mon cœur de sa franchise avoit perdu l'usage…
CLA. Tu serois assez fin pour bien cacher ton jeu.
PHI. C'est ce qui ne se peut. L'Amour est tout de feu,
Il éclaire en bruslant, & se trahit soy-mesme.
Vn esprit amoureux absent de ce qu'il aime
Par sa mauvaise humeur fait trop voir ce qu'il est :
Toûjours morne, resveur, triste, tout luy déplaist.
A tout autre propos qu'à celuy de sa flame,
Le silence à la bouche, & le chagrin en l'ame,
Son œil semble à regret nous donner ses regards,
Et les jette à la fois souvent de toutes parts,
Qu'ainsi sa fonction confuse, ou mal guidée,
Se raméne en soy-mesme, & ne voit qu'une idée.
Mais auprés de l'objet qui possede son cœur,
Ses esprits ranimez reprennent leur vigueur,
Gay, complaisant, actif… *CLA.* Enfin que veux-tu dire ?
PHI. Que par ces actions que je viens de décrire
Vous de qui j'ay l'honneur chaque jour d'approcher,
Iugiez pour quel objet l'Amour m'a sçeu toucher.

COMEDIE.

CLA. Pour faire un jugement d'une telle importance
Il faudroit plus de temps. Adieu, la nuit s'avance,
Te verra-t'on demain? *PHI.* Madame, en doutez-vous?
Iamais commandemens ne me furent si doux.
Eloigné de vos yeux je n'ay rien qui me plaise,
Tout me devient fascheux, tout s'oppose à mon aise,
Vn chagrin invincible accable tous mes sens.
CLA. Si, comme tu le dis, dans le cœur des absens
C'est l'amour qui fait naistre une telle tristesse,
Ce compliment n'est bon qu'auprès d'une Maîtresse.
PHI. Souffrez-le d'un respect, qui produit chaque jour
Pour un sujet si haut les effets de l'amour.

SCENE VI.

CLARICE.

LAs ! il m'en dit assez, si je l'osois entendre,
Et ses desirs aux miens se font assez comprendre,
Mais pour nous declarer une si belle ardeur,
L'un est muet de crainte, & l'autre de pudeur.
Que mon rang me déplaist ! que mon trop de fortune,
Au lieu de m'obliger, me choque & m'importune!
Egale à mon Philiste, il m'offriroit ses vœux,
Ie m'entendrois nommer le sujet de ses feux,
Et ses discours pourroient forcer ma modestie
A l'asseurer bien-tost de nostre sympathie;
Mais le peu de rapport de nos conditions
Oste le nom d'amour à ses submissions,
Et sous l'injuste loy de cette retenuë
Le remede me manque, & mon mal continuë:
Il me sert en esclave, & non pas en amant,
Tant mon grade s'oppose à mon contentement.
Ah, que ne devient-il un peu plus temeraire!
Que ne s'expose-t'il au hazard de me plaire!
Amour, gagne à la fin ce respect ennuyeux,
Et rends-le moins timide, ou l'oste de mes yeux.

ACTE II

SCENE PREMIERE.

PHILISTE.

ECRETS Tyrans de ma pensée,
Respect, amour, de qui les loix
D'un juste & fascheux contrepoids
La tiennent toûjours balancée;
Que vos mouvemens opposez,
Vos traits l'un par l'autre brisez,
Sont puissans à s'entre-détruire!
Que l'un m'offre d'espoir! que l'autre a de rigueur!
Et tandis que tous deux taschent à me seduire,
Que leur combat est rude au milieu de mon cœur!

Moy-mesme je fais mon supplice
A force de leur obeïr;
Mais le moyen de les haïr?
Ils viennent tous deux de Clarice.
Ils m'en entretiennent tous deux,
Et forment ma crainte & mes vœux
Pour ce bel œil qui les fait naistre,
Et de deux flots diuers mon esprit agité,
Plein de glace, & d'un feu qui n'oseroit paroistre,
Blasme sa retenuë, & sa temerité.

Mon ame dans cét esclavage
Fait des vœux qu'elle n'ose offrir,
I'aime seulement pour souffrir,
I'ay trop, & trop peu de courage:
Ie voy bien que je suis aimé,
Et que l'objet qui m'a charmé
Vit en de pareilles contraintes,

COMEDIE.

Mon silence à ses feux fait tant de trahison,
Qu'impertinent captif de mes frivoles craintes,
Pour accroistre son mal, je fuy ma guerison.

 Elle brusle, & par quelque signe
Que son cœur s'explique avec moy,
Ie doute de ce que je voy,
Parce que je m'en trouve indigne.
Espoir, Adieu, c'est trop flaté,
Ne croy pas que cette beauté
Avoüast de si basses flames,
Et dans le juste soin qu'elle a de les cacher,
Voy que si mesme ardeur embrase nos deux ames,
Sa bouche à son esprit n'ose le reprocher.

 Pauvre amant, voy par son silence
Qu'elle t'en commande un égal,
Et que le recit de ton mal
Te convaincroit d'une insolence.
Quel fantasque raisonnement,
Et qu'au milieu de mon tourment
Ie deviens subtil à ma peine!
Pourquoy m'imaginer qu'un discours amoureux
Par un contraire effet change l'amour en haine,
Et malgré mon bon-heur me rendre malheureux?

 Mais j'aperçoy Clarice. O Dieux, si cette belle
Parloit autant de moy que je m'entretiens d'elle!
Du moins si sa Nourrice a soin de nos amours,
C'est de moy qu'à present doit estre leur discours.
Ie ne sçay quelle humeur curieuse m'emporte
A me couler sans bruit derriere cette porte,
Pour écouter de là, sans en estre aperçeu,
En quoy mon fol espoir me peut avoir deçeu.
Allons, souvent l'Amour ne veut qu'une bonne heure,
Iamais l'occasion ne s'offrira meilleure,
Et peut-estre qu'enfin nous en pourrons tirer
Celle que nous cherchons pour nous mieux déclarer.

Tome I.   Q

SCENE II.

CLARICE, LA NOURRICE.

CLA. TU me veux détourner d'une seconde flame,
Dont je ne pense pas qu'autre que toy me blasme.
Estre vefve à mon âge, & toûjours déplorer
La perte d'un mary que je puis reparer !
Refuser d'un Amant ce doux nom de Maîtresse ?
N'avoir que des mépris pour les vœux qu'il m'adresse,
Le voir toûjours languir dessous ma dure loy !
Cette vertu, Nourrice, est trop haute pour moy.
NOU. Madame, mon avis au vostre ne resiste
Qu'alors que vostre ardeur se porte vers Philiste.
Aimez, aimez quelqu'un, mais comme à l'autre fois,
Qu'un lieu digne de vous arreste vostre choix.
CLA. Brise-là ce discours dont mon amour s'irrite,
Philiste n'en voit point qui le passe en merite.
NOU. Ie ne remarque en luy rien que de fort commun,
Sinon que plus qu'un autre il se rend importun.
CLA. Que ton aveuglement en ce point est extresme,
Et que tu connois mal, & Philiste, & moy-mesme,
Si tu crois que l'excez de sa civilité
Passe jamais chez moy pour importunité !
NOU. Ce cajoleur rusé, qui toûjours vous assiége,
A tant fait qu'à la fin vous tombez dans son piége.
CLA. Ce Cavalier parfait, de qui je tiens le cœur,
A tant fait que du mien il s'est rendu vainqueur.
NOU. Il aime vostre bien, & non vostre personne.
CLA. Son vertueux amour l'un & l'autre luy donne.
Ce m'est trop d'heur encor, dans le peu que je vaux,
Qu'un peu de bien que j'ay supplée à mes defauts.
NOU. La memoire d'Alcandre & le rang qu'il vous laisse
Voudroient un successeur de plus haute noblesse.
CLA. S'il preceda Philiste en vaines dignitez,
Philiste le devance en rares qualitez.
Il est né Gentilhomme, & sa vertu répare
Tout ce dont la Fortune envers luy fut avare,
Nous avons, elle & moy, trop dequoy l'agrandir.
NOU. Si vous pouviez, Madame, un peu vous refroidir,

Pour le confiderer avec indifference,
Sans prendre pour merite une fauffe apparence,
La raifon feroit voir à vos yeux infenfez
Que Philifte n'eft pas tout ce que vous penfez.
Croyez-m'en plus que vous, j'ay vieilly dans le Monde,
J'ay de l'experience, & c'eft où je me fonde.
Eloignez quelque temps ce dangereux charmeur,
Faites en fon abfence effay d'une autre humeur,
Pratiquez-en quelqu'autre, & defintereffée
Comparez-luy l'objet dont vous étes bleffée,
Comparez-en l'efprit, la façon, l'entretien,
Et lors vous trouverez qu'un autre le vaut bien.
CLA. Exercer contre moy de fi noirs artifices!
Donner à mon amour de fi cruels fupplices!
Trahir tous mes defirs! éteindre un feu fi beau!
Qu'on m'enferme plûtoft toute vive au tombeau.
Va querir mon amant, deuffay-je la premiere
Luy faire de mon cœur une ouverture entiere,
Je ne permettray point qu'il forte d'avec moy
Sans avoir l'un à l'autre engagé noftre foy.
NOV. Ne précipitez point ce que le temps ménage,
Vous pourrez à loifir éprouver fon courage.
CLA. Ne m'importune plus de tes confeils maudits,
Et fans me repliquer fay ce que je te dis.

SCENE III.

PHILISTE, LA NOVRRICE.

PHI. Je te feray cracher cette langue traitreffe.
Eft-ce ainfi qu'on me fert auprés de ma Maitreffe,
Detestable forciere? NOV. Et bien, quoy? qu'ay-je fait?
PHI. Et tu doutes encor fi j'ay veu ton forfait?
NOV. Quel forfait? PHI. Peut-on voir lafcheté plus hardie?
Ioindre encor l'impudence à tant de perfidie!
NOV. Tenir ce qu'on promet eft-ce une trahifon?
PHI. Eft-ce ainfi qu'on le tient? NOV. Parlons avec raifon,
Que t'avois-je promis? PHI. Que de tout ton poffible
Tu rendrois ta maitreffe à mes defirs fenfible,
Et la difpoferois à recevoir mes vœux.
NOV. Et ne la vois-tu pas au point où tu la veux?

PHI. Malgré toy mon bonheur à ce point l'a reduite.
NOV. Mais tu dois ce bonheur à ma sage conduite,
Ieune & simple Novice en matiere d'amour,
Qui ne sçaurois comprendre encor un si bon tour.
Flater de nos discours les passions des Dames,
C'est aider laschement à leurs naissantes flames,
C'est traiter lourdement un delicat effet,
C'est n'y sçavoir enfin que ce que chacun sçait.
Moy qui de ce métier ay la haute science,
Et qui pour te servir brusle d'impatience,
Par un chemin plus court qu'un propos complaisant
I'ay sçeu croistre sa flame en la contredisant,
I'ay sçeu faire éclater, mais avec violence,
Vn amour étouffé sous un honteux silence,
Et n'ay pas tant choqué que piqué ses desirs,
Dont la soif irritée avance tes plaisirs.
PHI. A croire ton babil, la ruse est merveilleuse,
Mais l'épreuve à mon goust en est fort perilleuse.
NOV. Iamais il ne s'est veu de tours plus asûrez.
La Raison & l'Amour sont ennemis jurez,
Et lors que ce dernier dans un esprit commande
Il ne peut endurer que l'autre le gourmande :
Plus la Raison l'attaque, & plus il se roidit,
Plus elle l'intimide, & plus il s'enhardit.
Ie le dis sans besoin, vos yeux & vos oreilles
Sont de trop bons témoins de toutes ces merveilles,
Vous mesme avez tout-veu, que voulez-vous de plus ?
Entrez, on vous attend, ces discours superflus
Reculent vostre bien & font languir Clarice.
Allez, allez cueillir les fruits de mon service,
Vsez bien de vostre heur, & de l'occasion.
PHI. Soit une verité, soit une illusion,
Que ton esprit adroit employe à ta défense,
Le mien de tes discours plus outre ne s'offense,
Et j'en estimeray mon bonheur plus parfait,
Si d'un mauvais dessein je tire un bon effet.
NOV. Que de propos perdus ! voyez l'impatiente
Qui ne peut plus souffrir une si longue attente.

SCENE IV.

CLARICE, PHILISTE, LA NOVRRICE.

CLA. PAresseux, qui tardez si long-temps à venir,
Devinez la façon dont je veux vous punir.
PHI. M'interdiriez-vous bien l'honneur de vostre veuë?
CLA. Vraîment vous me jugez de sens fort dépourveuë;
Vous bannir de mes yeux ! une si dure loy
Feroit trop retomber le châtiment sur moy,
Et je n'ay pas failly pour me punir moy-mesme.
PHI. L'absence ne fait mal que de ceux que l'on aime.
CLA. Aussi que sçavez-vous si vos perfections
Ne vous ont rien acquis sur mes affections?
PHI. Madame, excusez-moy, je sçay mieux reconnoistre
Mes defauts, & le peu que le Ciel m'a fait naistre.
CLA. N'oublirez-vous jamais ces termes ravalez,
Pour vous priser de bouche autant que vous valez?
Seriez-vous bien content qu'on crust ce que vous dites?
Demeurez avec moy d'accord de vos merites,
Laissez-moy me flater de cette vanité
Que j'ay quelque pouvoir sur vostre liberté,
Et qu'une humeur si froide, à toute autre invincible,
Ne perd qu'auprès de moy le tiltre d'insensible.
Vne si douce erreur tasche à s'autoriser,
Quel plaisir prenez-vous à m'en desabuser?
PHI. Ce n'est point une erreur, pardonnez-moy, Madame,
Ce sont les mouuemens les plus sains de mon ame.
Il est vray, je vous aime, & mes feux indiscrets
Se donnent leur supplice en demeurant secrets,
Ie reçoy sans contrainte une ardeur temeraire,
Mais si j'ose brusler, je sçais aussi me taire,
Et près de vostre objet, mon unique vainqueur,
Ie puis tout sur ma langue, & rien dessus mon cœur.
En vain j'avois appris que la seule esperance
Entretenoit l'amour dans la perseverance,
I'aime sans esperer, & mon cœur enflamé
A pour but de vous plaire, & non pas d'estre aimé.
L'amour devient servile alors qu'il se dispense
A n'allumer ses feux que pour la recompense,

Ma flame eſt toute pure, & ſans rien préſumer,
Ie ne cherche en aimant que le ſeul bien d'aimer.
CLA. Et celuy d'eſtre aimé ſans que tu le pretendes
Préviendra tes deſirs, & tes juſtes demandes.
Ne déguiſons plus rien, cher Philiſte, il eſt temps
Qu'un aveu mutuel rende nos vœux contens.
Donnons-leur, je te prie, une entiere aſſeurance,
Vangeons-nous à loiſir de noſtre indifference,
Vangeons-nous à loiſir de toutes ces langueurs,
Où ſa fauſſe couleur avoit reduit nos cœurs.
PHI. Vous me joüez, Madame, & cette accorte feinte
Ne donne à mes amours qu'une railleuſe atteinte.
CLA. Quelle façon étrange ! en me voyant bruſler
Tu t'obſtines encor à le diſſimuler,
Tu veux qu'encore un coup je me donne la honte
De te dire à quel point l'Amour pour toy me dompte.
Tu le vois cependant avec pleine clarté,
Et veux doûter encor de cette verité?
PHI. Ouy, j'en doûte, & l'excez du bon-heur qui m'accable
Me ſurprend, me confond, me paroit incroyable.
Madame, eſt-il poſſible, & me puis-je aſſeurer
D'un bien à quoy mes vœux n'oſeroient aſpirer?
CLA. Ceſſe de me tuër par cette défiance.
Qui pourroit des Mortels troubler noſtre alliance?
Quelqu'un a-t'il à voir deſſus mes actions,
Dont j'aye à prendre l'ordre en mes affections?
Vefve, & qui ne dois plus de reſpect à perſonne,
Ne puis-je diſpoſer de ce que je te donne?
PHI. N'ayant jamais été digne d'un tel honneur,
I'ay de la peine encor à croire mon bon-heur.
CLA. Pour t'obliger enfin à changer de langage,
Si ma foy ne ſuffit que je te donne en gage,
Vn bracelet exprés tiſſu de mes cheveux
T'attend pour enchaiſner, & ton bras, & tes vœux.
Vien le querir, & prendre avec moy la journée
Que termine bien-toſt noſtre heureux Hymenée.
PHI. C'eſt dont vos ſeuls avis ſe doivent conſulter,
Trop heureux, quant à moy, de les executer.
Elle eſt ſeule. NOV.ᵃ Vous contez ſans voſtre hoſte, & vous pourrez apprendre
Que ce n'eſt pas ſans moy que ce jour ſe doit prendre,
De vos pretentions Alcidon averty
Vous fera, s'il m'en croit, un dangereux party.

COMEDIE. 127

Ie luy vay bien donner de plus feures adreſſes
Que d'amuſer Doris par de fauſſes careſſes;
Auſſi bien (m'a-t'on dit) à beau jeu, beau retour,
Au lieu de la duper avec ce feint amour,
Elle-meſme le dupe, & luy rendant ſon change,
Luy promet un amour qu'elle garde à Florange:
Ainſi de tous coſtez primé par un rival,
Ses affaires ſans moy ſe porteroient fort mal.

SCENE V.

ALCIDON, DORIS.

ALC. ADieu, mon cher ſoucy, ſois ſeure que mon ame
Iuſqu'au dernier ſoûpir conſervera ſa flame.
DOR. Alcidon, cet Adieu me prend au dépourveu,
Tu ne fais que d'entrer, à peine t'ay-je veu,
C'eſt m'envier trop toſt le bien de ta preſence;
De grace, oblige-moy d'un peu de complaiſance,
Et puiſque ie te tiens, ſouffre qu'avec loiſir
Ie puiſſe m'en donner un peu plus de plaiſir.
ALC. Ie t'explique ſi mal le feu qui me conſume,
Qu'il me force à rougir d'autant plus qu'il s'allume,
Mon diſcours s'en confond, j'en demeure interdit,
Ce que je ne puis dire eſt plus que je n'ay dit:
I'en hay les vains efforts de ma langue groſſiere,
Qui manquent de juſteſſe en ſi belle matiere,
Et ne répondant point aux mouvemens du cœur,
Te découvrent ſi peu le fond de ma langueur.
Doris, ſi tu pouvois lire dans ma penſée,
Et voir juſqu'au milieu de mon ame bleſſée,
Tu verrois un braſier bien autre, & bien plus grand,
Qu'en ces foibles devoirs que ma bouche te rend.
DOR. Si tu pouvois auſſi penettrer mon courage,
Et voir juſqu'à quel point ma paſſion m'engage,
Ce que dans mes diſcours tu prens pour des ardeurs
Ne te ſembleroit plus que de triſtes froideurs.
Ton amour & le mien ont faute de paroles,
Par un malheur égal ainſi tu me conſoles,
Et de mille defauts me ſentant accabler
Ce m'eſt trop d'heur qu'un d'eux me fait te reſſembler.

ALC. Mais quelque reſſemblance entre nous qui ſurvienne,
Ta paſſion n'a rien qui reſſemble à la mienne,
Et tu ne m'aimes pas de la meſme façon.
DOR. Si tu m'aimes encor, quitte un ſi faux ſoupçon,
Tu douterois à tort d'une choſe trop claire,
L'épreuve fera foy comme j'aime à te plaire,
Ie meurs d'impatience attendant l'heureux jour
Qui te montre quel eſt envers toy mon amour,
Ma mere en ma faveur bruſle de meſme envie.
ALC. Helas! ma volonté ſous un autre aſſervie,
Dont je ne puis encor à mon gré diſpoſer,
Fait que d'un tel bon-heur je ne ſçaurois uſer.
Ie dépens d'un vieil oncle, & s'il ne m'autoriſe,
Ie ne te fais qu'en vain le don de ma franchiſe:
Tu ſçais que tout ſon bien ne regarde que moy,
Et qu'attendant ſa mort je vis deſſous ſa loy.
Mais nous le gagnerons, & mon humeur accorte
Sçait comme il faut avoir les hommes de ſa ſorte,
Vn peu de temps fait tout. *DOR.* Ne précipite rien,
Ie connoy ce qu'au Monde aujourd'huy vaut le bien,
Conſerve ce vieillard, pourquoy te mettre en peine
A force de m'aimer de t'acquerir ſa haine?
Ce qui te plaiſt m'agrée, & ce retardement,
Parce qu'il vient de toy, m'oblige infiniment.
ALC. De moy! c'eſt offenſer une pure innocence,
Si l'effet de mes vœux n'eſt pas en ma puiſſance.
Leur obſtacle me geſne autant ou plus que toy.
DOR. C'eſt prendre mal mon ſens, je ſçay quelle eſt ta foy.
ALC. En veux-tu par écrit une entiere aſſeurance?
DOR. Elle m'aſſeure aſſez de ta perſeverance,
Et je luy ferois tort d'en recevoir d'ailleurs
Vne preuve plus ample, ou des garands meilleurs.
ALC. Ie l'apporte demain pour mieux faire connoiſtre…
DOR. I'en croy ſi fortement ce que j'en voy paroiſtre,
Que c'eſt perdre du temps que de plus en parler.
Adieu, va deformais où tu voulois aller,
Si pour te retenir j'ay trop peu de merite,
Souvien toy pour le moins que c'eſt moy qui te quitte.
ALC. Ce bruſque Adieu m'étonne, & je n'entens pas bien…

SCENE

COMEDIE.

SCENE VI.

LA NOURRICE, ALCIDON.

NOV. Ie te prens au sortir d'un plaisant entretien.
ALC. Plaisant de verité, veu que mon artifice
Luy raconte les vœux que j'envoye à Clarice,
Et de tous mes soûpirs qui se portent plus loin,
Elle se croit l'objet, & n'en est que témoin.
NOV. Ainsi ton feu se joüe? *ALC.* Ainsi quand je soûpire,
Ie la prens pour une autre, & luy dis mon martyre,
Et sa réponse au point que je puis souhaiter
Dans cette illusion a droit de me flater.
NOV. Elle t'aime? *ALC.* Et de plus, un discours équivoque
Luy fait aisément croire un amour reciproque.
Elle se pense belle, & cette vanité
L'asseure imprudemment de ma captivité,
Et comme si j'étois des amans ordinaires,
Elle prend sur mon cœur des droits imaginaires,
Cependant que le sien sent tout ce que je feins,
Et vit dans les langueurs dont à faux je me plains.
NOV. Ie te répons que non; si tu n'y mets remede,
Avant qu'il soit trois jours Florange la possede.
ALC. Et qui t'en a tant dit? *NOV.* Geron m'a tout conté,
C'est luy qui sourdement a conduit ce Traité.
ALC. C'est ce qu'en mots obscurs son Adieu vouloit dire.
Elle a crû me braver, mais je n'en fais que rire,
Et comme j'étois las de me contraindre tant,
La coquette qu'elle est m'oblige en me quittant.
Ne m'apprendras-tu point ce que fait ta maîtresse?
NOV. Elle met ton Agente au bout de sa finesse,
Philiste asseurément tient son esprit charmé,
Ie n'aurois jamais crû qu'elle l'eust tant aimé.
ALC. C'est à faire à du temps. *NOV.* Quitte cette esperance,
Ils ont pris l'un de l'autre une entiere asseurance,
Iusqu'à s'entredonner la parole & la foy.
ALC. Que tu demeures froide en te moquant de moy!
NOV. Il n'est rien de si vray, ce n'est point raillerie.
ALC. C'est donc fait d'Alcidon, Nourrice, je te prie...

Tome I. R

NOV. Rien ne sert de prier, mon esprit épuisé
 Pour divertir ce coup n'est point assez rusé.
 Ie n'en sçay qu'un moyen, mais je ne l'ose dire.
ALC. Dépesche, ta longueur m'est un second martire.
NOV. Clarice tous les soirs résvant à ses amours
 Seule dans son jardin fait trois ou quatre tours.
ALC. Et qu'a cela de propre à reculer ma perte?
NOV. Ie te puis en tenir la fausse porte ouverte,
 Aurois-tu du courage assez pour l'enlever?
ALC. Ouy, mais il faut retraite après où me sauver,
 Et je n'ay point d'amy si peu jaloux de gloire,
 Que d'estre partisan d'une action si noire.
 Si j'avois un pretexte, alors je ne dis pas
 Que quelqu'un abusé n'accompagnast mes pas.
NOV. On te vole Doris, & ta feinte colere
 Manqueroit de pretexte à quereller son frere!
 Fais-en sonner par tout un faux ressentiment,
 Tu verras trop d'amis s'offrir aveuglément,
 Se prendre à ces dehors, & sans voir dans ton ame.
 Vouloir vanger l'affront qu'aura receu ta flame.
 Sers-toy de leur erreur, & dupe-les si bien...
ALC. Ce pretexte est si beau que je ne crains plus rien.
NOV. Pour oster tout soupçon de nostre intelligence
 Ne faisons plus ensemble aucune conference,
 Et vien quand tu pourras, je t'attens dès demain.
ALC. Adieu, je tiens le coup, autant vaut, dans ma main.

ACTE III.

SCENE PREMIERE.

CELIDAN, ALCIDON.

CEL. Ce n'est pas que j'excuse, ou la sœur, ou le frere,
Dont l'infidelité fait naistre ta colere;
Mais à ne point mentir, ton dessein à l'abord
N'a gagné mon esprit qu'avec un peu d'effort.
Lors que tu m'as parlé d'enlever sa Maitresse,
L'honneur a quelque temps combatu ma promesse,
Ce mot d'enlevement me faisoit de l'horreur,
Mes sens embarrassez dans cette vaine erreur
N'avoient plus la raison de leur intelligence;
En plaignant ton malheur je blasmois ta vangeance,
Et l'ombre d'un forfait amusant ma pitié
Retardoit les effets deus à nostre amitié.
Pardonne un vain scrupule à mon ame inquiete;
Pren mon bras pour second, mon Chasteau pour retraite,
Le déloyal Philiste, en te volant ton bien,
N'a que trop merité qu'on le prive du sien,
Après son action la tienne est legitime,
Et l'on vange sans honte un crime par un crime.
ALC. Tu vois comme il me trompe, & me promet sa sœur
Pour en faire sous-main Florange possesseur,
Ah Ciel! fut-il jamais un si noir artifice?
Il luy fait recevoir mes offres de service,
Cette belle m'accepte, & fier de son aveu
Ie me vante par tout du bonheur de mon feu:
Cependant il me l'oste, & par cette pratique,
Plus mon amour est sçeu, plus ma honte est publique.
CEL. Après sa trahison voy ma fidelité.
Il t'enleve un objet que je t'avois quitté,
Ta Doris fut toûjours la Reine de mon ame,
I'ay toûjours eû pour elle une secrette flame,

R ij

Sans jamais témoigner que j'en étois épris,
Tant que tes feux ont pû te promettre ce prix.
Mais je te l'ay quittée, & non pas à Florange,
Quand je t'auray vangé, contre luy je me vange,
Et je luy fais sçavoir que jusqu'à mon trépas
Tout autre qu'Alcidon ne l'emportera pas.
ALC. Pour moy donc à ce point ta contrainte est venuë!
Que je te veux de mal de cette retenuë!
Est-ce ainsi qu'entre amis on vit à cœur ouvert?
CEL. Mon feu qui t'offensoit est demeuré couvert,
Et si cette beauté malgré moy l'a fait naistre,
I'ay sçeu pour ton respect l'empescher de paroistre.
ALC. Helas! tu m'as perdu me voulant obliger,
Nostre vieille amitié m'en eust fait dégager;
Ie souffre maintenant la honte de sa perte,
Et j'aurois eu l'honneur de te l'avoir offerte,
De te l'avoir cedée, & reduit mes desirs
Au glorieux dessein d'avancer tes plaisirs.
Faites, Dieux tous-puissants, que Philiste se change,
Et l'inspirant bien-tost de rompre avec Florange,
Donnez-moy le moyen de montrer qu'à mon tour
Ie sçay pour un amy contraindre mon amour.
CEL. Tes souhaits arrivez, nous t'en verrions dédire,
Doris sur ton esprit reprendroit son empire,
Nous donnons aisément ce qui n'est plus à nous.
ALC. Si j'y manquois, grands Dieux, je vous conjure tous
D'armer contre Alcidon vos dextres vangeresses.
CEL. Vn amy tel que toy m'est plus que cent Maîtresses,
Il n'y va pas de tant, resolvons seulement
Du jour & des moyens de cét enlevement.
ALC. Mon secret n'a besoin que de ton assistance.
Ie n'ay point lieu de craindre aucune resistance,
La beauté dont mon traistre adore les attraits
Chaque soir au jardin va prendre un peu de frais,
I'en ay sçeu de luy-mesme ouvrir la fausse porte,
Etant seule, & de nuit, le moindre effort l'emporte.
Allons-y dés ce soir, le plûtost vaut le mieux,
Et sur tout déguisez desrobons à ses yeux,
Et de nous, & du coup l'entiere connoissance.
CEL. Si Clarice une fois est en nostre puissance,
Croy que c'est un bon gage à moyenner l'accord,
Et rendre en le faisant ton party le plus fort.

COMEDIE.

Mais pour la seureté d'une telle entreprise,
Aussi-tost que chez moy nous pourrons l'avoir mise,
Retournons sur nos pas, & soudain effaçons
Ce que pourroit l'absence engendrer de soupçons.
ALC. Ton salutaire avis est la mesme prudence,
Et déja je prépare une froide impudence
A m'informer demain avec étonnement
De l'heure & de l'autheur de cét enlevement.
CEL. Adieu, j'y vay mettre ordre. *ALC.* Estime qu'en revanche
Ie n'ay goutte de sang que pour toy je n'épanche.

SCENE II.

ALCIDON.

BOns Dieux ! que d'innocence & de simplicité !
Ou pour la mieux nommer, que de stupidité,
Dont le manque de sens se cache & se déguise
Sous le front specieux d'une sotte franchise !
Que Celidan est bon ! que j'aime sa candeur !
Et que son peu d'adresse oblige mon ardeur !
O qu'il n'est pas de ceux dont l'esprit à la mode
A l'humeur d'un amy jamais ne s'accommode,
Et qui nous font souvent cent protestations,
Et contre les effets ont mille inventions !
Luy, quand il a promis, il meurt qu'il n'effectuë,
Et l'attente déja de me servir le tuë.
I'admire cependant par quel secret ressort
Sa fortune & la mienne ont cela de rapport,
Que celle qu'un amy nomme, ou tient sa Maîtresse,
Est l'objet qui tous deux au fond du cœur nous blesse,
Et qu'ayant comme moy caché sa passion,
Nous n'avons differé que de l'intention,
Puisqu'il met pour autruy son bon-heur en arriere,
Et pour moy....

SCENE III.
PHILISTE, ALCIDON.

PHI. Ie t'y prens, resveur. ALC. Ouy, par derriere,
C'est d'ordinaire ainsi que les traistres en font.
PHI. Ie te vois accablé d'un chagrin si profond,
Que j'excuse aisément ta réponse un peu cruë.
Mais que fais-tu si triste au milieu d'une ruë?
Quelque penser fascheux te servoit d'entretien?
ALC. Ie resvois que le monde en l'ame ne vaut rien,
Du moins pour la pluspart, que le siecle où nous sommes
A bien dissimuler met la vertu des hommes,
Qu'à peine quatre mots se peuvent échaper
Sans quelque double sens afin de nous tromper,
Et que souvent de bouche un dessein se propose,
Cependant que l'esprit songe à toute autre chose.
PHI. Et cela t'affligeoit? laissons courir le temps,
Et malgré ses abus vivons toûjours contents.
Le Monde est un Chaos, & son desordre excede
Tout ce qu'on y voudroit apporter de remede.
N'ayons l'œil, cher amy, que sur nos actions,
Aussi-bien s'offenser de ses corruptions
A des gens comme nous ce n'est qu'une folie.
Mais pour te retirer de la melancolie,
Ie te veux faire part de mes contentemens.
Si l'on peut en amour s'asseurer aux sermens,
Dans trois jours au plus tard par un bon-heur étrange
Clarice est à Philiste. ALC. Et Doris à Florange.
PHI. Quelque soupçon frivole en ce point te deçoit,
J'auray perdu la vie avant que cela soit.
ALC. Voila faire le fin de fort mauvaise grace,
Philiste, vois-tu bien, je sçay ce qui se passe.
PHI. Ma mere en a receu de vray quelque propos,
Et voulut hier au soir m'en toucher quelques mots,
Les femmes de son âge ont ce mal ordinaire
De regler sur les biens une pareille affaire,
Vn si honteux motif leur fait tout decider,
Et l'or qui les aveugle a droit de les guider.
Mais comme son éclat n'éblouït point mon ame,
Que je voy d'un autre œil ton merite, & ta flame,

COMEDIE.

Ie luy fis bien sçavoir que mon consentement
Ne dépendroit jamais de son aveuglement,
Et que jusqu'au tombeau, quant à cet Hymenée,
Ie maintiendrois la foy que je t'avois donnée.
Ma sœur accortement feignoit de l'écouter,
Non-pas que son amour n'osast luy resister,
Mais elle vouloit bien qu'un peu de jalousie
Sur quelque bruit leger piquast ta fantaisie;
Ce petit aiguillon quelquefois en passant
Réveille puissamment un amour languissant.

ALC. Fais à qui tu voudras ce conte ridicule,
Soit que ta sœur l'accepte, ou qu'elle dissimule,
Le peu que j'y perdray ne vaut pas m'en fascher.
Rien de mes sentimens ne sçauroit approcher,
Comme alors qu'au Theatre on nous fait voir Melite
Le discours de Cloris quand Philandre la quitte;
Ce qu'elle dit de luy, je le dis de ta sœur,
Et je la veux traiter avec mesme douceur.
Pourquoy m'aigrir contre elle ? en cét indigne change
Le beau choix qu'elle fait la punit, & me vange,
Et ce sexe imparfait de soy-mesme ennemy
Ne posseda jamais la raison qu'à demy.
I'aurois tort de vouloir qu'elle en eust davantage;
Sa foiblesse la force à devenir volage,
Ie n'ay que pitié d'elle en ce manque de foy,
Et mon couroux entier se reserve pour toy.
Toy, qui trahis ma flame aprés l'avoir fait naistre,
Toy, qui ne m'es amy qu'afin d'estre plus traistre,
Et que tes laschetez tirent de leur excés
Par ce damnable appas un facile succés.
Déloyal, ainsi donc de ta vaine promesse
Ie reçoy mille affronts au lieu d'une Maîtresse,
Et ton perfide cœur masqué jusqu'à ce jour
Pour assouvir ta haine alluma mon amour!

PHI. Ces soupçons dissipez par des effets contraires,
Nous renoûrons bien tost une amitié de freres.
Puisse dessus ma teste éclater à tes yeux
Ce qu'a de plus mortel la colere des Cieux,
Si jamais ton rival a ma sœur sans ma vie;
A cause de son bien ma mere en meurt d'envie,
Mais malgré.... *ALC.* Laisse-là ces propos superflus,
Ces protestations ne m'éblouïssent plus,

Et ma simplicité lasse d'estre dupée
N'admet plus de raisons qu'au bout de mon épée.
PHI. Etrange impression d'une jalouse erreur
Dont ton esprit atteint ne suit que sa fureur!
Et bien, tu veux ma vie, & je te l'abandonne;
Ce couroux insensé qui dans ton cœur boüillonne,
Contente-le par là, pousse, mais n'attens pas
Que par le tien je veüille éviter mon trépas.
Trop heureux que mon sang puisse te satisfaire
Ie le veux tout donner au seul bien de te plaire.
Toûjours à ces deffis j'ay couru sans effroy,
Mais je n'ay point d'épée à tirer contre toy.
ALC. Voilà bien déguiser un manque de courage.
PHI. C'est presser un peu trop, qu'aller jusqu'à l'outrage:
On n'a point encor veu que ce manque de cœur
M'ait rendu le dernier où vont les gens d'honneur.
Ie te veux bien oster tout sujet de colere,
Et quoy que de ma sœur ait resolu ma mere,
Deust mon peu de respect irriter tous les Dieux,
l'affronteray Geron & Florange à ses yeux.
Mais après les efforts de cette déference
Si tu gardes encor la mesme violence,
Peut-estre sçaurons-nous appaiser autrement
Les obstinations de ton emportement.
Il est seul. ALC.ᵃ Ie crains son amitié plus que cette menace,
Sans doute il va chasser Florange de ma place,
Mon pretexte est perdu s'il ne quitte ces soins,
Dieux! qu'il m'obligeroit de m'aimer un peu moins!

SCENE IV.

CHRYSANTE, DORIS.

CHR. IE meure, mon enfant, si tu n'es admirable,
Et ta dexterité me semble incomparable,
Tu merites de vivre après un si bon tour.
DOR. Croyez-moy qu'Alcidon n'en sçait guere en amour,
Vous n'eussiez pû m'entendre & vous garder de rire.
Ie me tüois moy-mesme à tous coups de luy dire,
Que mon ame pour luy n'a que de la froideur,
Et que je luy ressemble en ce que nostre ardeur

Ne s'explique

COMEDIE.

Ne s'explique à tous deux point du tout par la bouche,
Enfin que je le quitte. *CHR.* Il est donc une souche,
S'il ne peut rien comprendre en ces naïfvetez.
Peut-estre y meslois-tu quelques obscuritez?
DOR. Pas-une, en mots exprès je luy rendois son change,
Et n'ay couvert mon jeu qu'au regard de Florange.
CHR. De Florange! & comment en osois-tu parler?
DOR. Ie ne me trouvois pas d'humeur à rien celer,
Mais nous nous sçeusmes lors jetter sur l'équivoque.
CHR. Tu vaux trop, c'est ainsi qu'il faut quand on se moque
Que le moqué toûjours sorte fort satisfait,
Ce n'est plus autrement qu'un plaisir imparfait,
Qui souuent malgré nous se termine en querelle.
DOR. Ie luy prépare encor une ruse nouvelle
Pour la premiere fois qu'il m'en viendra conter.
CHR. Mais pour en dire trop tu pourras tout gaster.
DOR. N'en ayez pas de peur. *CHR.* Quoy que l'on se propose,
Assez souvent l'issuë... *DOR.* On vous veut quelque chose,
Madame, je vous laisse. *CHR.* Ouy, va t'en, il vaut mieux
Que l'on ne traite point cette affaire à tes yeux.

SCENE V.

CHRYSANTE, GERON.

CHR. IE devine à peu près le sujet qui t'améne,
Mais sans mentir mon fils me donne un peu de peine,
Et s'emporte si fort en faveur d'un amy
Que je n'ay sçeu gagner son esprit qu'à demy.
Encor une remise, & que tandis Florange
Ne craigne aucunement qu'on luy donne le change,
Moy-mesme j'ay tant fait, que ma fille aujourd'huy
(Le croirois-tu, Geron?) a de l'amour pour luy.
GER. Florange impatient de n'avoir pas encore
L'entier & libre accès vers l'objet qu'il adore,
Ne pourra consentir à ce retardement.
CHR. Le tout en ira mieux pour son contentement.
Quel plaisir aura-t'il auprès de sa Maîtresse,
Si mon fils ne l'y voit que d'un œil de rudesse,
Si sa mauvaise humeur ne daigne luy parler,
Ou ne luy parle enfin que pour le quereller.

Tome I. S

GER. Madame, il ne faut point tant de discours frivoles,
Ie ne fus jamais homme à porter des paroles,
Depuis que j'ay connu qu'on ne les peut tenir;
Si Monsieur vostre fils... *CHR.* Ie l'aperçoy venir.
GER. Tant mieux, nous allons voir s'il dédira sa mere.
CHR. Sauve-toy, ses regards ne font que de colere.

SCENE VI.

CHRYSANTE, PHILISTE, GERON, LYCAS.

PHI. TE voilà dont icy, peste du bien public,
Qui reduis les amours en un sale trafic,
Va pratiquer ailleurs tes commerces infames,
Ce n'est pas où je suis que l'on surprend des femmes.
GER. Vous me prenez à tort pour quelque suborneur,
Ie ne sortis jamais des termes de l'honneur,
Et Madame elle-mesme a choisi cette voye.
PHI.[a] Tien, porte ce revers à celuy qui t'envoye,
Ceux-cy seront pour toy...

[a] *Il luy donne des coups de plat d'épée.*

SCENE VII.

CHRYSANTE, PHILISTE, LYCAS.

CHR. Mon fils, qu'avez-vous fait?
PHI. I'ay mis, graces aux Dieux, ma promesse en effet.
CHR. Ainsi vous m'empeschez d'executer la mienne.
PHI. Ie ne puis empescher que la vostre ne tienne,
Mais si jamais je trouve icy ce courratier,
Ie luy sçauray, Madame, apprendre son métier.
GER. Il vient sous mon aveu. *PHI.* Vostre aveu ne m'importe,
C'est un fou s'il me voit sans regagner la porte,
Autrement, il sçaura ce que pesent mes coups.
GER. Est-ce là le respect que j'attendois de vous?
PHI. Commandez que le cœur à vos yeux je m'arrache,
Pourveu que mon honneur ne souffre aucune tache,
Ie suis prest d'expier avec mille tourmens
Ce que je mets d'obstacle à vos contentemens.

CHR. Souffrez que la raison regle vostre courage,
Considerez, mon fils, quel heur, quel avantage
L'affaire qui se traite apporte à vostre sœur.
Le bien est en ce siecle une grande douceur,
Etant riche on est tout, ajoûtez qu'elle mesme
N'aime point Alcidon, & ne croit pas qu'il l'aime.
Quoy, voulez-vous forcer son inclination?
PHI. Vous la forcez vous-mesme à cette élection,
Ie suis de ses amours le témoin oculaire.
CHR. Elle se contraignoit seulement pour vous plaire.
PHI. Elle doit donc encor se contraindre pour moy.
CHR. Et pourquoy luy prescrire une si dure loy?
PHI. Puis qu'elle m'a trompé, qu'elle en porte la peine.
CHR. Voulez-vous l'attacher à l'objet de sa haine?
PHI. Ie veux tenir parole à mes meilleurs amis,
Et qu'elle tienne aussi ce qu'elle m'a promis.
CHR. Mais elle ne vous doit aucune obeïssance.
PHI. Sa promesse me donne une entiere puissance.
CHR. Sa promesse sans moy ne la peut obliger.
PHI. Que deviendra ma foy qu'elle a fait engager?
CHR. Il la faut revoquer, comme elle sa promesse.
PHI. Il faudroit donc comme elle auoir l'ame traîtresse.
Lycas, cours chez Florange, & dy-luy de ma part...
CHR. Quel violent esprit! *PHI.* Que s'il ne se depart
D'une place chez nous par surprise occupée,
Ie ne le trouve point sans une bonne épée.
CHR. Attens un peu. Mon fils... *PH.* Marche, mais promptement.
CHR.[a] Dieux! que cét emporté me donne de tourment!   [a] Elle est
Que je te plains, ma fille! helas! pour ta misere   seule.
Les Destins ennemis t'ont fait naistre ce frere;
Déplorable, le Ciel te veut favoriser
D'une bonne fortune, & tu n'en peux user.
Rejoignons toutes deux ce naturel sauvage,
Et taschons par nos pleurs d'amollir son courage.

SCENE VIII.

CLARICE.

^a *Elle est dans son jardin.*

Hers confidens de mes desirs,
Beaux lieux, secrets témoins de mon inquietude,
Ce n'est plus avec des soûpirs
Que je viens abuser de vostre solitude:
   Mes tourmens sont passez,
   Mes vœux sont exaucez,
   L'aise à mes maux succede,
Mon sort en ma faveur change sa dure loy,
Et pour dire en un mot le bien que je possede,
   Mon Philiste est à moy.

   En vain nos inégalitez
M'avoient avantagée à mon desavantage,
   L'Amour confond nos qualitez,
Et nous reduit tous deux sous un mesme esclavage:
   L'Aveugle outrecuidé
   Se croiroit mal guidé
   Par l'aveugle Fortune,
Et son aveuglement par miracle fait voir
Que quand il nous saisit l'autre nous importune,
   Et n'a plus de pouvoir.

   Cher Philiste, à present tes yeux
Que j'entendois si bien sans les vouloir entendre,
   Et tes propos mysterieux
Par leurs rusez détours n'ont plus rien à m'apprendre:
   Nostre libre entretien
   Ne dissimule rien,
   Et ces respects farouches
N'exerçant plus sur nous de secrettes rigueurs,
L'Amour est maintenant le maistre de nos bouches,
   Ainsi que de nos cœurs.

   Qu'il fait bon avoir enduré!
Que le plaisir se gouste au sortir des supplices!

COMEDIE. 141

Et qu'après avoir tant duré,
La peine qui n'est plus augmente nos delices!
Qu'un si doux souvenir
M'apprefte à l'avenir
D'amoureuses tendreffes
Que mes malheurs finis auront de volupté
Et que j'estimeray cherément ces careffes
Qui m'auront tant coûté.
Mon heur me semble sans pareil
Depuis qu'en liberté nostre amour m'en asseure.
Ie ne croy pas que le Soleil

SCENE IX.

CELIDAN, ALCIDON, CLARICE, LA NOVRRICE.

CEL.*a* COcher, attends nous-là. CL. D'où provient ce murmure?
ALC. Il est temps d'avancer, baissons le tappabort,
Moins nous ferons de bruit, moins il faudra d'effort.
CLA. Aux voleurs, au secours. NOV. Quoy? des voleurs, Madame?
CLA. Ouy, des voleurs, Nourrice. NOV.*b* Ah, de frayeur je pasme.
CLA. Laisse-moy, miserable. CEL. Allons, il faut marcher,
Madame, vous viendrez. CL.*c* Aux vo.... CE.*d* Touche, Cocher.

a Il dit ces mots derriere le Theatre.

b Elle embraffe les genoux de Clarice & l'empefche de fuir.

c Celidan luy met la main fur la bouche.

d Il dit ces deux mots derriere le Theatre.

e Elle eft feule.

SCENE X.

LA NOVRRICE, DORASTE, POLYMAS, LISTOR.

NOV.*e* SOrtons de pasmoison, reprenons la parole,
Il nous faut à grands cris joüer un autre rôle,
Ou je n'y connois rien; ou j'ay bien pris mon temps,
Ils n'en feront pas tous également contens,
Et Philiste demain, cette Nouvelle sçeuë,
Sera de belle humeur, ou je suis fort deçeuë.
Mais par où vont nos gens? voyons, qu'en seureté
Ie fasse aller après par un autre costé.

S iij

A present il est temps que ma voix s'évertuë,
    Aux armes, aux voleurs, on m'égorge, on me tuë,
On enleve Madame, amis, secourez-nous,
A la force, aux brigands, au meurtre, accourez tous,
Doraste, Polymas, Listor. *POL.* Qu'as-tu ? Nourrice ?
NOV. Des voleurs.... *POL.* Qu'ont-ils fait ? *NOV.* Ils ont Clarice.
POL. Comment ? ravy Clarice ? *NOV.* Oüy, suivez promptement.
    Bons Dieux ! que j'ay receu de coups en un moment !
DOR. Suivons-les, mais dy-nous la route qu'ils ont prise.
NOV. Ils vont tout droit par là. Le Ciel vous favorise !
    ^a O qu'ils en vont abatre ! ils sont morts, c'en est fait,
Et leur sang, autant vaut, a lavé leur forfait,
Pourveu que le bon-heur à leurs souhaits réponde,
Ils les rencontreront s'ils font le tour du Monde,
Quant à nous, cependant subornons quelques pleurs
Qui servent de témoins à nos fausses douleurs.

^a *Elle est seule.*

ACTE IV.

SCENE PREMIERE.

PHILISTE, LYCAS.

PHI. Es voleurs cette nuit ont enlevé Clarice !
Quelle preuve en as-tu ? quel témoin ? quel indice ?
Ton rapport n'est fondé que sur quelque faux bruit.
    LY. Ie n'en suis par les yeux (helas !) que trop instruit,
Les cris de sa Nourrice en sa maison deserte
M'ont trop suffisamment asseuré de sa perte.
Seule en ce grand logis elle court haut & bas,
Elle renverse tout ce qui s'offre à ses pas,
Et sur ceux qu'elle voit frape sans reconnoistre.
A peine devant elle oseroit-on paroistre ;
De furie elle écume, & fait sans cesse un bruit
Que le desespoir forme, & que la rage suit,
Et parmy ses transports son hurlement farouche
Ne laisse distinguer que Clarice en sa bouche.

COMEDIE.

PHI. Ne t'a-t'elle rien dit ? *LYC.* Soudain qu'elle m'a veu,
Ces mots ont éclaté d'un transport impréveu,
Va luy dire qu'il perd sa Maîtresse & la nostre,
Et puis incontinent me prenant pour un autre,
Elle m'alloit traiter en autheur du forfait,
Mais ma fuite a rendu sa fureur sans effet.
PHI. Elle nomme du moins celuy qu'elle en soupçonne?
LYC. Ses confuses clameurs n'en accusent personne,
Et mesme les voisins n'en sçavent que juger.
PHI. Tu m'apprens seulement ce qui peut m'affliger,
Traistre, sans que je sçache où pour mon allegeance
Adresser ma poursuite & porter ma vangeance.
Tu fais bien d'échaper, dessus-toy ma douleur
Faute d'un autre objet eust vangé ce malheur.
Malheur d'autant plus grand, que sa source ignorée
Ne laisse aucun espoir à mon ame éplorée,
Ne laisse à ma douleur qui va finir mes jours
Qu'une plainte inutile au lieu d'un prompt secours.
Foible soulagement en un coup si funeste,
Mais il s'en faut servir, puisque seul il nous reste.
Plains Philiste, plains-toy, mais avec des accens
Plus remplis de fureur qu'ils ne sont impuissans,
Fay qu'à force de cris poussez jusqu'en la nuë
Ton mal soit plus connu que sa cause inconnuë,
Fay que chacun le sçache, & que par tes clameurs
Clarice, où qu'elle soit, apprenne que tu meurs.

 Clarice, unique objet qui me tiens en servage,
Reçoy de mon ardeur ce dernier témoignage,
Voy comme en te perdant je vay perdre le jour,
Et par mon desespoir juge de mon amour.
Helas! pour en juger peut-estre est-ce ta feinte
Qui me porte à dessein cette cruelle atteinte,
Et ton amour qui doute encor de mes sermens
Cherche à s'en asseurer par mes ressentimens.
Soupçonneuse beauté, contente ton envie,
Et prens cette asseurance aux dépens de ma vie,
Si ton feu dure encor, par mes derniers soûpirs
Reçois ensemble & perds l'effet de tes desirs.
Alors ta flame en vain pour Philiste allumée,
Tu luy voudras du mal de t'avoir trop aimée,
Et seure d'une foy que tu crains d'accepter,
Tu pleureras en vain le bon-heur d'en douter.

Que ce penser flateur me desrobe à moy-mesme!
Quel charme à mon trepas de penser qu'elle m'aime!
Et dans mon desespoir qu'il m'est doux d'esperer
Que ma mort à son tour la fera soûpirer.
   Simple, qu'esperes-tu ? sa perte volontaire
Ne veut que te punir d'un amour temeraire,
Ton déplaisir luy plaist, & tous autres tourmens
Luy sembleroient pour toy de legers châtimens.
Elle en rit maintenant, cette belle inhumaine,
Elle se pasme d'aise au recit de ta peine,
Et choisit pour objet de son affection
Vn amant plus sortable à sa condition.
   Pauvre desesperé, que ta raison s'égare!
Et que tu traites mal une amitié si rare!
Aprés tant de sermens de n'aimer rien que toy,
Tu la veux faire heureuse aux dépens de sa foy,
Tu veux seul avoir part à la douleur commune,
Tu veux seul te charger de toute l'infortune,
Comme si tu pouvois, en croissant tes malheurs,
Diminüer les siens, & l'oster aux voleurs.
N'en doute plus, Philiste, un ravisseur infame
A mis en son pouvoir la Reine de ton ame,
Et peut-estre déja ce Corsaire effronté
Triomphe insolémment de sa fidelité.
Qu'à ce triste penser ma vigueur diminuë!

SCENE II.

PHILISTE, DORASTE,
POLYMAS, LISTOR.

PHI. Ais voicy de ses gens. Qu'est-elle devenuë?
   Amis, le sçavez-vous ? n'avez-vous rien trouvé
Qui nous puisse éclaircir du malheur arriué ?
DOR. Nous avons fait, Monsieur, une vaine poursuite.
PHI. Du moins, vous avez veu des marques de leur suite.
DOR. Si nous avions pû voir les traces de leurs pas,
   Des brigands, ou de nous vous sçauriez le trépas,
   Mais helas, quelque soin, & quelque diligence...
PHI. Ce sont là des effets de vostre intelligence,

                                      Traistres,

COMEDIE. 145

Traiſtres, ces feints helas ne ſçauroient m'abuſer.
POL. Vous n'avez point, Monſieur, dequoy nous accuſer.
PHI. Perfides, vous prétez épaule à leur retraite,
Et c'eſt ce qui vous fait me la tenir ſecrette,
Mais voicy.... Vous fuyez ! vous avez beau courir,
Il faut me ramener ma Maitreſſe, ou mourir.
DOR.[a] Cedons à ſa fureur, évitons-en l'orage.
POL. Ne nous preſentons plus aux tranſports de ſa rage,
Mais plûtoſt derechef allons ſi bien chercher,
Qu'il n'ait plus au retour ſujet de ſe faſcher.
LIS.[b] Le voilà. PHI.[c] Qui les oſte à ma juſte colere?
Venez de vos forfaits recevoir le ſalaire,
Infames ſcelerats, venez, qu'eſperez-vous?
Voſtre fuite ne peut vous ſauver de mes coups.

SCENE III.

ALCIDON, CELIDAN, PHILISTE.

ALC.[d] PHiliſte, à la bonne heure, un miracle viſible
T'a rendu maintenant à l'honneur plus ſenſible,
Puiſqu'ainſi tu m'attens les armes à la main.
I'admire avec plaiſir ce changement ſoudain,
Et vay... CEL. Ne penſe pas ainſi... ALC. Laiſſe-nous faire,
C'eſt en homme de cœur qu'il me va ſatisfaire,
Crains-tu d'eſtre témoin d'une bonne action?
PHI. Dieux! ce comble manquoit à mon affliction.
Que j'éprouve en mon ſort une rigueur cruelle!
Ma Maitreſſe perduë, un amy me querelle.
ALC. Ta Maitreſſe perduë! PHI. Helas! hier des voleurs....
ALC. Ie n'en veux rien ſçavoir, va le conter ailleurs,
Ie ne prens point de part aux intereſts d'un traiſtre,
Et puiſqu'il eſt ainſi, le Ciel fait bien connoiſtre
Que ſon juſte couroux a ſoin de me vanger.
PHI. Quel plaiſir, Alcidon, prens-tu de m'outrager?
Mon amitié ſe laſſe, & ma fureur m'emporte,
Mon ame pour ſortir ne cherche qu'une porte,
Ne me preſſe donc plus dans un tel deſeſpoir:
I'ay déja fait pour toy par-delà mon devoir,
Te peux-tu plaindre encor de ta place uſurpée?
I'ay renvoyé Geron à coups de plat d'épée,

[a] *Il rentre avec ſes compagnons cependant que Philiſte les cherche derriere le Theatre.*
[b] *Il voit revenir Philiſte, & s'en fuit avec ſes compagnons.*
[c] *Il a l'épée à la main.*
[d] *Il met auſſi l'épée à la main.*

Tome I. T

146 *LA VEFVE,*

J'ay menacé Florange, & rompu les accords
Qui t'avoient sçeu causer ces violens transports.
ALC. Entre des Cavaliers une offense reçeuë
Ne se contente point d'une si lasche issuë,
Va m'attendre... CEL. Arrétez, je ne permettray pas
Qu'un si funeste mot termine vos debats.
PHI. Faire icy du fendant tandis qu'on nous sépare,
C'est montrer un esprit lasche autant que barbare.
Adieu, mauvais, Adieu, nous-nous pourrons trouver,
Et si le cœur t'en dit, au lieu de tant braver,
J'apprendray seul à seul dans peu de tes Nouvelles.
Mon honneur souffriroit des taches éternelles
A craindre encor de perdre une telle amitié.

SCENE IV.

CELIDAN, ALCIDON.

CEL. Mon cœur à ses douleurs s'attendrit de pitié,
Il montre une franchise icy trop naturelle
Pour ne te pas oster tout sujet de querelle,
L'affaire se traitoit sans doute à son desçeu,
Et quelque faux soupçon en ce point t'a deçeu:
Va retrouver Doris, & rendons-luy Clarice.
ALC. Tu te laisses donc prendre à ce lourd artifice?
A ce piége qu'il dresse afin de me duper?
CEL. Romproit-il ces accords à dessein de tromper?
Que vois-tu là qui sente une supercherie?
ALC. Ie n'y voy qu'un effet de sa poltronnerie,
Qu'un lasche desaveu de cette trahison
De peur d'estre obligé de m'en faire raison.
Ie l'en pressay dès hier, mais son peu de courage
Aima mieux pratiquer ce rusé témoignage,
Par où m'éblouïssant il pût un de ces jours
Renoüer sourdement ces muettes amours.
Il en donne en secret des avis à Florange,
Tu ne le connois pas, c'est un esprit étrange.
CEL. Quelque étrange qu'il soit, si tu prens bien ton temps,
Malgré luy tes desirs se trouveront contens.
Ses offres acceptez, que rien ne se différe,
Aprés un prompt Hymen tu le mets à pis faire.

ALC. Cét ordre est infaillible à procurer mon bien,
Mais ton contentement m'est plus cher que le mien.
Long-temps à mon sujet tes passions contraintes
Ont souffert & caché leurs plus vives atteintes,
Il me faut à mon tour en faire autant pour toy :
Hier devant tout les Dieux je t'en donnay ma foy,
Et pour la maintenir tout me sera possible.
CEL. Ta perte en mon bonheur me feroit trop sensible,
Et je m'en haïrois, si j'avois consenty
Que mon Hymen laissast Alcidon sans party.
ALC. Et bien, pour t'arracher ce scrupule de l'ame,
(Quoy que je n'eus jamais pour elle aucune flame)
J'épouseray Clarice. Ainsi puisque mon sort
Veut qu'à mes amitiez je fasse un tel effort,
Que d'un de mes amis j'épouse la Maîtresse,
C'est là que par devoir il faut que je m'adresse.
Philiste m'est parjure, & moy ton obligé,
Il m'a fait un affront, & tu m'en as vangé.
Balancer un tel choix avec inquietude,
Ce seroit me noircir de trop d'ingratitude.
CEL. Mais te priver pour moy de ce que tu chéris !
ALC. C'est faire mon devoir te quittant ma Doris,
Et me vanger d'un traistre épousant sa Clarice.
Mes discours, ny mon cœur n'ont aucun artifice,
Je vay pour confirmer tout ce que je t'ay dit
Employer vers Doris mon reste de credit,
Si je la puis gagner, je te réponds du frere,
Trop heureux à ce prix d'appaiser ma colere.
CEL. C'est ainsi que tu veux m'obliger doublement,
Voy ce que je pourray pour ton contentement.
ALC. L'affaire à mon avis deviendroit plus aisée,
Si Clarice apprenoit une mort supposée...
CEL. De qui ? de son amant ? va, tien pour asseuré
Qu'elle croira dans peu ce perfide expiré.
ALC. Quand elle en aura sçeu la Nouvelle funeste,
Nous aurons moins de peine à la resoudre au reste.
On a beau nous aimer, des pleurs sont tost sechez,
Et les morts soudain mis au rang des vieux pechez.

SCENE V.

CELIDAN.

IL me cede à mon gré Doris de bon courage,
Et ce nouveau deſſein d'un autre mariage,
Pour eſtre fait ſur l'heure & tout nonchalamment,
Eſt conduit, ce me ſemble, aſſez accortement.
Qu'il en ſçait de moyens! qu'il a ſes raiſons preſtes!
Et qu'il trouve à l'inſtant de pretextes honneſtes
Pour ne point r'approcher de ſon premier amour!
Plus j'y porte la veuë, & moins j'y voy de jour.
M'auroit-il bien caché le fond de ſa penſée?
Ouy, ſans doute Clarice a ſon ame bleſſée,
Il ſe vange en parole, & s'oblige en effet.
On ne le voit que trop, rien ne le ſatisfait,
Quand on luy rend Doris, il s'aigrit davantage.
Ie joûrois à ce conte un joly perſonnage!
Il s'en faut éclaircir. Alcidon ruſe en vain,
Tandis que le ſuccés eſt encor en ma main,
Si mon ſoupçon eſt vray, je luy feray connoiſtre
Que je ne ſuis pas homme à ſeconder un traiſtre;
Ce n'eſt point avec moy qu'il faut faire le fin,
Et qui me veut duper en doit craindre la fin.
Il ne vouloit que moy pour luy ſervir d'eſcorte,
Et ſi je ne me trompe, il n'ouvrit point la porte,
Nous étions attendus, on ſecondoit nos coups:
La Nourrice parut en meſme temps que nous,
Et ſe paſma ſoudain avec tant de juſteſſe
Que cette paſmoiſon nous livra ſa maîtreſſe.
Qui luy pourroit un peu tirer les vers du nez,
Que nous verrions demain des gens bien étonnez!

COMEDIE. 149

SCENE VI.

CELIDAN, LA NOVRRICE.

NO. AH! *C.* I'entens des soûpirs. *N.* Destins. *C.* C'est la Nourrice.
 Qu'elle vient à propos! *NOV.* Ou rendez-moy Clarice.
CEL. Il la faut aborder. *NOV.* Ou me donnez la mort.
CEL. Qu'est-ce? qu'as-tu, Nourrice, à t'affliger si fort?
 Quel funeste accident? quelle perte arrivée?
NOV. Perfide, c'est donc toy qui me l'as enlevée?
 En quel lieu la tiens-tu? dy moy, qu'en as-tu fait?
CEL. Ta douleur sans raison m'impute ce forfait,
 Car enfin je t'entends, tu cherches ta maîtresse?
NOV. Ouy, je te la demande, ame double & traitresse.
CEL. Ie n'ay point eu de part en cét enlevement,
 Mais je t'en diray bien l'heureux évenement.
 Il ne faut plus auoir un visage si triste,
 Elle est en bonne main. *NOV.* De qui? *CEL.* De son Philiste.
NOV. Le cœur me le disoit que ce rusé flateur
 Devoit estre du coup le veritable autheur.
CEL. Ie ne dis pas cela, Nourrice, du contraire,
 Sa rencontre à Clarice étoit fort necessaire.
NO. Quoy? l'a-t'il delivrée? *CE.* Ouy. *N.* Bons Dieux! *CE.* Sa valeur
 Oste ensemble la vie, & Clarice au voleur.
NOV. Vous ne parlez que d'un. *CEL.* L'autre ayant pris la fuite,
 Philiste a négligé d'en faire la poursuite.
NOV. Leur carrosse roulant comme est-il avenu...
CEL. Tu m'en veux informer en vain par le menu,
 Peut-estre un mauvais pas, une branche, une pierre
 Fit verser leur carrosse & les jetta par terre,
 Et Philiste eut tant d'heur que de les rencontrer
 Comme eux & ta maîtresse étoient prests d'y rentrer.
NOV. Cette heureuse Nouvelle a mon ame ravie.
 Mais le nom de celuy qu'il a privé de vie?
CEL. C'est, je l'aurois nommé mille fois en un jour,
 Que ma memoire icy me fait un mauvais tour!
 C'est un des bons amis que Philiste eust au Monde,
 Resve un peu comme moy, Nourrice, & me seconde.
NOV. Donnez-m'en quelque adresse. *CEL.* Il se termine en don.
 C'est; j'y suis peu s'en faut, attens, c'est... *NOV.* Alcidon?

T iij

CEL. T'y voila justement. *NOV.* Eſt-ce luy ? quel dommage,
Qu'un brave Gentilhomme en la fleur de ſon âge...
Toutefois il n'a rien qu'il n'ait bien merité,
Et graces aux bons Dieux ſon deſſein avorté....
Mais du moins en mourant il nomma ſon complice?
CE. C'eſt-là le pis pour toy. *NO.* Pour moy! *CE.* Pour toy, Nourrice.
NOV. Ah, le traîſtre! *CEL.* Sans doute il te vouloit du mal.
NOV. Et m'en pourroit-il faire? *CEL.* Ouy, ſon rapport fatal...
NOV. Ne peut rien contenir que je ne le dénie.
CEL. En effet ce rapport n'eſt qu'une calomnie;
Ecoute cependant. Il a dit qu'à ton ſçeu
Ce malheureux deſſein avoit eſté conçeu,
Et que pour empeſcher la fuite de Clarice
Ta feinte paſmoiſon luy fit un bon office,
Qu'il trouva le jardin par ton moyen ouvert.
NOV. De quels damnables tours cet impoſteur ſe ſert!
Non, Monſieur, à preſent il faut que je le die,
Le Ciel ne vit jamais de telle perfidie.
Ce traîſtre aimoit Clarice, & bruſlant de ce feu,
Il n'amuſoit Doris que pour couvrir ſon jeu;
Depuis près de ſix mois il a taſché ſans ceſſe
D'acheter ma faveur auprès de ma maîtreſſe,
Il n'a rien épargné qui fuſt en ſon pouvoir,
Mais me voyant toûjours ferme dans le devoir,
Et que pour moy ſes dons n'avoient aucune amorce,
Enfin il a voulu recourir à la force.
Vous ſçavez le ſurplus, vous voyez ſon effort
A ſe vanger de moy pour le moins en ſa mort,
Piqué de mes refus il me fait criminelle,
Et mon crime ne vient que d'eſtre trop fidelle.
Mais, Monſieur, le croit-on ? *CEL.* N'en doute aucunement,
Le bruit eſt qu'on t'appreſte un rude châtiment.
NOV. Las ! que me dites-vous? *CEL.* Ta maîtreſſe en colere
Iure que tes forfaits recevront leur ſalaire,
Sur tout elle s'aigrit contre ta paſmoiſon.
Si tu veux éviter une infame priſon,
N'attens pas ſon retour. *NOV.* Où me voy-je reduite!
Si mon ſalut dépend d'une ſoudaine fuite,
Et mon eſprit confus ne ſçait où l'adreſſer!
CEL. I'ay pitié des malheurs qui te viennent preſſer.
Nourrice, fay chez moy, ſi tu veux, ta retraite,
Autant qu'en lieu du Monde elle y ſera ſecrette.

NOV. Oferois-je esperer que la compassion...
CEL. Ie prens ton innocence en ma protection,
 Va, ne pers point de temps, eftre icy davantage
 Ne pourroit à la fin tourner qu'à ton dommage.
 Ie te fuivray de l'œil, & ne dis encor rien
 Comme après je fçauray m'employer pour ton bien,
 Durant l'éloignement ta paix fe pourra faire.
NOV. Vous me ferez, Monfieur, comme un Dieu tutelaire.
CEL. Trefve pour le prefent de ces remercimens,
 Va, tu n'as pas loifir de tant de complimens.

SCENE VII.

CELIDAN.

Voila mon homme pris, & ma vieille attrapée,
Vraiment un mauvais conte aifément l'a dupée,
Ie la croyois plus fine, & n'euffe pas penfé
Qu'un difcours fur le champ par hazard commencé,
Dont la fuite non-plus n'alloit qu'à l'avanture,
Pûft donner à fon ame une telle torture,
La jetter en defordre, & broüiller fes refforts.
Mais la raifon le veut, c'eft l'effet des remords,
Le cuifant fouvenir d'une action méchante
Soudain au moindre mot nous donne l'épouvante.
Mettons-la cependant en lieu de feureté,
D'où nous ne craignions rien de fa fubtilité;
Après, nous ferons voir qu'il me faut d'une affaire,
Ou du tout ne rien dire, ou du tout ne rien taire,
Et que depuis qu'on joüe à furprendre un amy,
Vn trompeur en moy trouve un trompeur & demy.

SCENE VIII.

ALCIDON, DORIS.

DOR. C'Est donc pour un amy que tu veux que mon ame
　　Allume à ta priere une nouvelle flame?
ALC. Ouy, de tout mon pouvoir je t'en viens conjurer.
DOR. A ce coup, Alcidon, voila te declarer,
　　Ce compliment fort beau pour des ames glacées
　　M'est un aveu bien clair de tes feintes passées.
ALC. Ne parle point de feinte, il n'appartient qu'à toy
　　D'estre dissimulée & de manquer de foy.
　　L'effet l'a trop montré. DOR. L'effet a dû t'apprendre,
　　Quand on feint avec moy, que je sçay bien le rendre.
　　Mais je reviens à toy. Tu fais donc tant de bruit,
　　Afin qu'après un autre en recueille le fruit,
　　Et c'est à ce dessein que ta fausse colere
　　Abuse insolemment de l'esprit de mon frere?
ALC. Ce qu'il a pris de part en mes ressentimens
　　Apporte seul du trouble à tes contentemens,
　　Et pour moy qui voy trop ta haine par ce change
　　Qui t'a fait sans raison me preferer Florange,
　　Ie n'ose plus t'offrir un service odieux.
DOR. Tu ne fais pas tant mal, mais pour faire encor mieux,
　　Puisque tu reconnois ma veritable haine,
　　De moy, ny de mon choix ne te mets point en peine.
　　C'est trop manquer de sens, je te prie, est-ce à toy,
　　A l'objet de ma haine à disposer de moy?
ALC. Non, mais puisque je vois à mon peu de merite
　　De ta possession l'esperance interdite,
　　Ie sentirois mon mal puissamment soulagé,
　　Si du moins un amy m'en étoit obligé.
　　Ce Cavalier au reste a tous les avantages
　　Que l'on peut remarquer aux plus braves courages,
　　Beau de corps & d'esprit, riche, adroit, valeureux,
　　Et sur tout de Doris à l'extresme amoureux.
DOR. Toutes ces qualitez n'ont rien qui me déplaise,
　　Mais il en a de plus une autre fort mauvaise,
　　C'est qu'il est ton amy, cette seule raison
　　Me le feroit haïr, si j'en sçavois le nom.

ALC. Donc pour le bien servir il faut icy le taire?
DOR. Et de plus luy donner cét avis salutaire,
Que s'il est vray qu'il m'aime, & qu'il vueille estre aimé,
Quand il m'entretiendra, tu ne sois point nommé;
Qu'il n'espere autrement de réponse que triste.
I'ay dépit que le sang me lie avec Philiste,
Et qu'ainsi malgré-moy j'aime un de tes amis.
ALC. Tu seras quelque jour d'un esprit plus remis,
Adieu, quoy qu'il en soit, souvien-toy, dédaigneuse,
Que tu hais Alcidon qui te veut rendre heureuse.
DOR. Va, je ne veux point d'heur qui parte de ta main.

SCENE IX.

DORIS.

Qv'aux filles comme moy le Sort est inhumain!
Que leur condition se trouve déplorable!
Vne mere aveuglée, un frere inexorable,
Chacun de son costé, prennent sur mon devoir
Et sur mes volontez un absolu pouvoir.
Chacun me veut forcer à suivre son caprice,
L'un a ses amitiez, l'autre a son avarice,
Ma mere veut Florange, & mon frere Alcidon:
Dans leurs divisions mon cœur à l'abandon
N'attend que leur accord pour souffrir, & pour feindre,
Ie n'ose qu'esperer, & je ne sçay que craindre,
Ou plûtost je crains tout, & je n'espere rien,
Ie n'ose fuir mon mal, ny rechercher mon bien.
Dure sujetion! étrange tyrannie!
Toute liberté donc à mon choix se dénie!
On ne laisse à mes yeux rien à dire à mon cœur,
Et par force un amant n'a de moy que rigueur.
Cependant il y va du reste de ma vie,
Et je n'ose écouter tant soit peu mon envie,
Il faut que mes desirs toûjours indifferens
Aillent sans resistance au gré de mes parens,
Qui m'apprestent peut-estre un brutal, un sauvage,
Et puis cela s'appelle une fille bien sage.
Ciel, qui vois ma misere, & qui fais les heureux,
Prens pitié d'un devoir qui m'est si rigoureux.

Tome I. V

ACTE V.

SCENE PREMIERE.

CELIDAN, CLARICE.

CEL. N'Esperez pas, Madame, avec cét artifice
    Apprendre du forfait l'autheur, ny le complice,
    Ie cheris l'un & l'autre, & croy qu'il m'est permis
    De conserver l'honneur de mes plus chers amis.
    L'un aveuglé d'amour ne jugea point de blasme
    A ravir la beauté qui luy ravissoit l'ame,
    Et l'autre l'assista par importunité:
    C'est ce que vous sçaurez de leur temerité.
CLA. Puisque vous le voulez, Monsieur, je suis contente
    De voir qu'un bon succès a trompé leur attente,
    Et me resolvant mesme à perdre à l'avenir
    De toute ma douleur le triste souvenir,
    J'estime que la perte en sera plus aisée,
    Si j'ignore les noms de ceux qui l'ont causée.
    C'est assez que je sçay qu'à vostre heureux secours
    Ie dois tout le bonheur du reste de mes jours:
    Philiste autant que moy vous en est redevable,
    S'il a sçeu mon malheur il est inconsolable,
    Et dans son desespoir sans doute qu'aujourd'huy
    Vous luy rendez la vie en me rendant à luy.
    Disposez du pouvoir & de l'un & de l'autre,
    Ce que vous y verrez, tenez-le comme au vostre,
    Et souffrez cependant qu'on le puisse avertir
    Que nos maux en plaisirs se doivent convertir.
    La douleur trop long-temps regne sur son courage.
CEL. C'est à moy qu'appartient l'honneur de ce message,
    Mon secours sans cela comme de nul effet
    Ne vous auroit rendu qu'un service imparfait.
CLA. Après avoir rompu les fers d'une captive,
    C'est tout de nouveau prendre une peine excessive,

COMEDIE.

Et l'obligation que j'en vay vous avoir
Met la revanche hors de mon peu de pouvoir :
Ainsi doresnavant, quelque espoir qui me flate,
Il faudra malgré moy que j'en demeure ingrate.
CEL. En quoy que mon service oblige vostre amour,
Vos seuls remercimens me mettent à retour.

SCENE II.

CELIDAN.

QV'Alcidon maintenant soit de feu pour Clarice,
Qu'il ait de son party sa traîtresse Nourrice,
Que d'un amy trop simple il fasse un ravisseur,
Qu'il querelle Philiste, & neglige sa sœur,
Enfin qu'il aime, dupe, enleve, feigne, abuse,
Ie trouve mieux que luy mon conte dans sa ruse,
Son artifice m'aide, & succede si bien
Qu'il me donne Doris & ne luy laisse rien.
Il semble n'enlever qu'à dessein que je rende,
Et que Philiste après une faveur si grande
N'ose me refuser celle dont ses transports
Et ses faux mouvemens font rompre les accords.
Ne m'offre plus Doris, elle m'est toute aquise,
Ie ne la veux devoir, traistre, qu'à ma franchise,
Il suffit que ta ruse ait dégagé sa foy,
Cesse tes complimens, je l'auray bien sans toy.
Mais pour voir ces effets allons trouver le frere,
Nostre heur s'accorde mal avecque sa misere,
Et ne peut s'avancer qu'en luy disant le sien.

SCENE III.

ALCIDON, CELIDAN.

CEL. AH, je cherchois une heure avec toy d'entretien,
Ta rencontre jamais ne fut plus opportune.
ALC. En quel point as-tu mis l'état de ma fortune ?
CEL. Tout va le mieux du monde, il ne se pouvoit pas
Avec plus de succès supposer un trépas,

V ij

Clarice au defespoir croit Philiste fans vie.
ALC. Et l'autheur de ce coup? CEL. Celuy qui l'a ravie,
Vn amant inconnu dont je luy fais parler.
ALC. Elle a donc bien jetté des injures en l'air?
CEL. Cela s'en va fans dire. ALC. Ainfi rien ne l'appaife?
CEL. Si je te difois tout, tu mourrois de trop d'aife.
ALC. Ie n'en veux point qui porte une fi dure loy.
CEL. Dans ce grand defespoir elle parle de toy.
ALC. Elle parle de moy! CEL. *I'ay perdu ce que j'aime,*
 (Dit-elle) *mais du moins fi cet autre luy-mefme,*
 Son fidelle Alcidon m'en confoloit icy!
ALC. Tout de bon? CEL. Son esprit en paroit adoucy.
ALC. Ie ne me penfois pas fi fort dans fa memoire.
 Mais non, cela n'eft point, tu m'en donnes à croire.
CEL. Tu peux dans ce jour mefme en voir la verité.
ALC. I'accepte le party par curiofité,
 Defrobons-nous ce foir pour luy rendre vifite.
CEL. Tu verras à quel point elle met ton merite.
ALC. Si l'occafion s'offre on peut la difpofer,
 Mais comme fans deffein... CEL. I'entens, à t'époufer.
ALC. Nous pourrons feindre alors que par ma diligence
 Le Concierge rendu de mon intelligence
 Me donne un accès libre aux lieux de fa prifon,
 Que déja quelque argent m'en a fait la raifon,
 Et que s'il en faut croire une jufte efperance,
 Les piftoles dans peu feront fa delivrance,
 Pourveu qu'un prompt Hymen fuccede à mes defirs.
CEL. Que cette invention t'affeure de plaifirs!
 Vne fubtilité fi dextrement tiffuë
 Ne peut jamais avoir qu'une admirable iffuë.
ALC. Mais l'execution ne s'en doit pas furfeoir.
CEL. Ne differe donc point, je t'attens vers le foir,
 N'y manque pas. Adieu, j'ay quelque affaire en ville.

[a] *Il eft feul.* ALC.[a] O l'excellent amy! qu'il a l'esprit docile!
 Pouvois-je faire un choix plus commode pour moy?
 Ie trompe tout le monde avec fa bonne foy:
 Et quant à fa Doris, fi fa pourfuite eft vaine,
 C'eft dequoy maintenant je ne fuis guere en peine,
 Puifque j'auray mon conte, il m'importe fort peu
 Si la coquette agrée, ou neglige fon feu.
 Mais je ne fonge pas que ma joye imprudente
 Laiffe en perplexité ma chere confidente,

Avant que de partir, il faudra sur le tard
De nos heureux succés luy faire quelque part.

SCENE IV.

CHRYSANTE, PHILISTE, DORIS.

CHR. JE ne le puis celer, bien que j'y compatisse,
Ie trouve en ton malheur quelque peu de justice,
Le Ciel vange ta sœur : ton fol emportement
A rompu sa fortune & chassé son amant,
Et tu vois aussi-tost la tienne renversée,
Ta Maîtresse par force en d'autres mains passée,
Cependant Alcidon que tu crois r'appeller,
Toûjours de plus en plus s'obstine à quereller.
PHI. Madame, c'est à vous que nous devons nous prendre
De tous les déplaisirs qu'il nous en faut attendre;
D'un si honteux affront le cuisant souvenir
Éteint toute autre ardeur que celle de punir.
Ainsi mon mauvais sort m'a bien osté Clarice,
Mais du reste accusez vostre seule avarice,
Madame, nous perdons par vostre aveuglement,
Vostre fils un amy, vostre fille un amant.
DOR. Ostez ce nom d'amant, le fard de son langage
Ne m'empescha jamais de voir dans son courage,
Et nous étions tous deux semblables en ce point
Que nous feignions d'aimer ce que nous n'aimions point.
PHI. Ce que vous n'aimiez point ! jeune dissimulée,
Falloit-il donc souffrir d'en estre cajolée?
DOR. Il le falloit souffrir, ou vous desobliger.
PHI. Dites qu'il vous falloit un esprit moins leger.
CHR. Celidan vient d'entrer, fais un peu de silence,
Et du moins à ses yeux cache ta violence.

SCENE V.

PHILISTE, CHRYSANTE,
CELIDAN, DORIS.

PHI. ET bien, que dit, que fait noſtre amant irrité?
　　　Perſiſte-t'il encor dans ſa brutalité?
CEL. Quitte pour aujourd'huy le ſoin de tes querelles,
　　　I'ay bien à te conter de meilleures Nouvelles,
　　　Les raviſſeurs n'ont plus Clarice en leur pouvoir.
PHI. Amy, que me dis-tu? *CEL.* Ce que je viens de voir.
PHI. Et de grace, où voit-on le ſujet que j'adore?
　　　Dy-moy le lieu. *CEL.* Le lieu ne ſe dit pas encore.
　　　Celuy qui te la rend te veut faire une loy...
PHI. Aprés cette faveur, qu'il diſpoſe de moy,
　　　Mon poſſible eſt à luy. *CEL.* Donc ſous cette promeſſe
　　　Tu peux dans ſon logis aller voir ta Maîtreſſe,
　　　Ambaſſadeur exprés...

SCENE VI.

CHRYSANTE, CELIDAN, DORIS.

CHR. Son feu précipité
　　　Luy fait faire envers vous une incivilité:
　　　Vous la pardonnerez à cette ardeur trop forte,
　　　Qui ſans vous dire Adieu vers ſon objet l'emporte.
CEL. C'eſt comme doit agir un veritable amour,
　　　Vn feu moindre euſt ſouffert quelque plus long ſejour,
　　　Et nous voyons aſſez par cette experience
　　　Que le ſien eſt égal à ſon impatience.
　　　Mais puiſqu'ainſi le Ciel rejoint ces deux amans,
　　　Et que tout ſe diſpoſe à vos contentemens,
　　　Pour m'avancer aux miens, oſerois-je, Madame,
　　　Offrir à tant d'appas un cœur qui n'eſt que flame,
　　　Vn cœur ſur qui ſes yeux de tout temps abſolus
　　　Ont imprimé des traits qui ne s'effacent plus?

COMEDIE.

J'ay crû par le passé qu'une ardeur mutuelle
Vnissoit les esprits, & d'Alcidon, & d'elle,
Et qu'en ce Cavalier son desir arrété
Prendroit tous autres vœux pour importunité:
Cette seule raison m'obligeant à me taire,
Ie trahissois mon feu de peur de luy déplaire.
Mais aujourd'huy qu'un autre en sa place receu
Me fait voir clairement combien j'étois deceu,
Ie ne condamne plus mon amour au silence,
I'en viens faire éclater toute la violence.
Souffrez que mes desirs si long-temps retenus
Rendent à sa beauté des vœux qui luy sont dûs;
Et du moins par pitié d'un si cruel martire
Permettez quelque espoir à ce cœur qui soûpire.
CHR. Vostre amour pour Doris est un si grand bonheur,
Que je voudrois sur l'heure en accepter l'honneur;
Mais vous voyez le point où me reduit Philiste,
Et comme son caprice à mes souhaits resiste.
Trop chaud amy qu'il est, il s'emporte à tous coups
Pour un fourbe insolent qui se moque de nous.
Honteuse qu'il me force à manquer de promesse,
Ie n'ose vous donner une réponse expresse,
Tant je crains de sa part un desordre nouveau.
CEL. Vous me tüez, Madame, & cachez le couteau,
Sous ce détour discret un refus se colore.
CHR. Non, Monsieur, croyez-moy, vostre offre nous honore.
Aussi dans le refus j'aurois peu de raison,
Ie connoy vostre bien, je sçay vostre maison;
Vostre pere jadis (helas, que cette histoire
Encor sur mes vieux ans m'est douce en la memoire!
Vostre feu pere, dis-je, eut de l'amour pour moy,
I'étois son cher objet, & maintenant je voy
Que comme par un droit successif de famille,
L'amour qu'il eut pour moy, vous l'avez pour ma fille.
S'il m'aimoit, je l'aimois, & les seules rigueurs
De ses cruels parens diviserent nos cœurs.
On l'éloigna de moy par ce maudit usage
Qui n'a d'égard qu'aux biens pour faire un mariage,
Et son pere jamais ne souffrit son retour
Que ma foy n'eust ailleurs engagé mon amour.
En vain à cét Hymen j'opposay ma constance,
La volonté des miens vainquit ma resistance.

Mais je reviens à vous, en qui je voy portraits
De ses perfections les plus aimables traits :
Afin de vous oster desormais toute crainte
Que dessous mes discours se cache aucune feinte,
Allons trouver Philiste, & vous verrez alors
Comme en vostre faveur je feray mes efforts.
CEL. Si de ce cher objet j'avois mesme asseurance,
Rien ne pourroit jamais troubler mon esperance.
DOR. Ie ne sçay qu'obeïr, & n'ay point de vouloir.
CEL. Employer contre vous un absolu pouvoir !
Ma flame d'y penser se tiendroit criminelle.
CHR. Ie connoy bien ma fille, & je vous réponds d'elle,
Dépeschons seulement d'aller vers ces amans.
CEL. Allons, mon heur dépend de vos commandemens.

SCENE III.

PHILISTE, CLARICE.

PHI. MA douleur qui s'obstine à combatre ma joye
Pousse encor des soûpirs bien que je vous revoye,
Et l'excès des plaisirs qui me viennent charmer
Mesle dans ces douceurs je ne sçay quoy d'amer.
Mon ame en est ensemble & ravie, & confuse :
D'un peu de lascheté vostre retour m'accuse,
Et vostre liberté me reproche aujourd'huy
Que mon amour la doit à la pitié d'autruy.
Elle me comble d'aise, & m'accable de honte,
Celuy qui vous la rend en m'obligeant m'affronte,
Vn coup si glorieux n'appartenoit qu'à moy.
CLA. Vois-tu dans mon esprit des doutes de ta foy ?
Y vois-tu des soupçons qui blessent ton courage,
Et dispensent ta bouche à ce fascheux langage ?
Ton amour & tes soins trompez par mon malheur,
Ma prison inconnuë a bravé ta valeur,
Que t'importe à present qu'un autre m'en delivre,
Puisque c'est pour toy seul que Clarice veut vivre,
Et que d'un tel orage en bonace reduit
Celidan a la peine, & Philiste le fruit ?
PHI. Mais vous ne dites pas que le point qui m'afflige
C'est la reconnoissance où l'honneur vous oblige ;

Il vous

COMEDIE.

Il vous faut eftre ingrate, ou bien à l'avenir
Luy garder en voftre ame un peu de souvenir.
La mienne en eft jalouse, & trouve ce partage,
Quelque inégal qu'il soit, à son desavantage,
Ie ne puis le souffrir, nos pensers à tous deux
Ne devroient à mon gré parler que de nos feux,
Tout autre objet que moy dans voftre esprit me pique.
CLA. Ton humeur à ce conte eft un peu tyrannique,
Penses-tu que je veüille un amant si jaloux?
PHI. Ie tafche d'imiter ce que je vois en vous,
Mon esprit amoureux qui vous tient pour sa Reine
Fait de vos actions sa régle souveraine.
CLA. Ie ne puis endurer ces propos outrageux,
Où me vois-tu jalouse afin d'eftre ombrageux?
PHI. Quoy! ne l'étiez vous point l'autre jour qu'en vifite
I'entretins quelque temps Belinde & Cryfolite?
CLA. Ne me reproche point l'excès de mon amour.
PHI. Mais permettez-moy donc cét excès à mon tour,
Eft-il rien de plus juste, ou de plus équitable?
CLA. Encor pour un jaloux tu feras fort traitable,
Et n'es pas maladroit en ces doux entretiens
D'accuser mes defauts pour excufer les tiens.
Par cette liberté tu me fais bien paroiftre
Que tu crois que l'Hymen t'ait déja rendu maiftre,
Puisque laiffant les vœux & les fubmiffions
Tu me dis feulement mes imperfections.
Philiste, c'eft douter trop peu de ta puiffance,
Et prendre avant le temps un peu trop de licence;
Nous avions noftre Hymen à demain arrété,
Mais pour te bien punir de cette liberté,
De plus de quatre jours ne croy pas qu'il s'acheve.
PHI. Mais si durant ce temps quelqu'autre vous enleve,
Avez-vous feureté que pour voftre secours
Le mefme Celidan se rencontre toûjours?
CLA. Il faut fçavoir de luy s'il prendroit cette peine.
Voy ta mere, & ta sœur que vers nous il améne,
Sa réponse rendra nos debats terminez.
PHI. Ah! mere, sœur, amy, que vous m'importunez!

Tome I.

SCENE VIII.

CHRYSANTE, DORIS, CELIDAN, CLARICE, PHILISTE.

[a] *A Cla-*
rice.
CHR.[a] JE viens après mon fils vous rendre une asseurance
De la part que je prens en vostre delivrance,
Et mon cœur tout à vous ne sçauroit endurer
Que mes humbles devoirs osent se differer.

[b] *A Chry-*
sante.
CLA.[b] N'usez point de ce mot vers celle dont l'envie
Est de vous obeïr le reste de sa vie,
Que son retour rend moins à soy mesme qu'à vous :
Ce brave Cavalier accepté pour époux,
C'est à moy desormais, entrant dans sa famille,
A vous rendre un devoir de servante, & de fille ;
Heureuse mille fois, si le peu que je vaux
Ne vous empesche point d'excuser mes defauts.
Et si vostre bonté d'un tel choix se contente.

[c] *A Cla-*
rice.
CHR.[c] Dans ce bien excessif qui passe mon attente
Ie soupçonne mes sens d'une infidelité,
Tant ma raison s'oppose à ma credulité.
Surprise que je suis d'une telle merveille,
Mon esprit tout confus doute encor si je veille,
Mon ame en est ravie, & ces ravissemens
M'ostent la liberté de tous remercîmens.

[d] *A Cla-*
rice.
DOR.[d] Souffrez qu'en ce bonheur mon aise m'enhardisse
A vous offrir, Madame, un fidelle service.

[e] *A Doris.*
CLA.[e] Et moy sans compliment qui vous farde mon cœur
Ie vous offre & demande une amitié de sœur.

[f] *A Celi-*
dan.
PHI.[f] Toy, sans qui mon malheur étoit inconsolable,
Ma douleur sans espoir, ma perte irreparable,
Qui m'as seul obligé plus que tous mes amis,
Puisque je te dois tout, que je t'ay tout promis,
Cesse de me tenir dedans l'incertitude,
Dy moy par où je puis sortir d'ingratitude,
Donne-moy le moyen après un tel bien-fait
De reduire pour toy ma parole en effet.

[g] *A Phi-*
liste.
CEL.[g] S'il est vray que ta flame & celle de Clarice
Doivent leur bonne issuë à mon peu de service,

COMEDIE. 163

Qu'un bon succés par moy réponde à tous vos vœux,
J'ose t'en demander un pareil à mes feux,
J'ose te demander sous l'aveu de Madame
Ce digne & seul objet de ma secrette flame,
Cette sœur que j'adore, & qui pour faire un choix
Attend de ton vouloir les favorables loix.
PHI.[a] Ta demande m'étonne ensemble & m'embarrasse,   [a] *A Celidan.*
Sur ton meilleur amy tu brigues cette place,
Et tu sçais que ma foy la reserve pour luy.
CHR.[b] Si tu n'as entrepris de m'accabler d'ennuy,   [b] *A Philiste.*
Ne te fay point ingrat pour une ame si double.
PHI.[c] Mon esprit divisé de plus en plus se trouble;   [c] *A Celidan.*
Dispense-moy, de grace, & songe qu'avant toy
Ce bizarre Alcidon tient en gage ma foy.
Si ton amour est grand, l'excuse t'est sensible,
Mais je ne t'ay promis que ce qui m'est possible.
Et cette foy donnée oste de mon pouvoir
Ce qu'à nostre amitié je me sçay trop devoir.
CHR.[d] Ne te ressouvien plus d'une vieille promesse,   [d] *A Philiste.*
Et juge en regardant cette belle Maîtresse,
Si celuy qui pour toy l'oste à son ravisseur
N'a pas bien merité l'échange de ta sœur.
CLA.[e] Ie ne sçaurois souffrir qu'en ma presence on die   [e] *A Chrysante.*
Qu'il doive m'aquerir par une perfidie,
Et pour un tel amy luy voir si peu de foy,
Me feroit redouter qu'il en eust moins pour moy.
Mais Alcidon survient, nous l'allons voir luy-mesme
Contre un rival & vous disputer ce qu'il aime.

X ij

SCENE IX.

CLARICE, ALCIDON, PHILISTE, CHRYSANTE, CELIDAN, DORIS.

[a] *A Alcidon.* CLA.[a] MOn abord t'a surpris, tu changes de couleur,
Tu me croyois sans doute encor dans le mal-heur,
Voicy qui m'en delivre, & n'étoit que Philiste
A ses nouveaux desseins en ta faveur resiste,
Cét amy si parfait qu'entre tous tu cheris
T'auroit pour recompense enlevé ta Doris.
ALC. Le desordre éclatant qu'on voit sur mon visage
N'est que l'effet trop prompt d'une soudaine rage:
Ie forcéne de voir que sur vostre retour
Ce traistre asseure ainsi ma perte, & son amour.
Perfide, à mes dépens tu veux donc des Maîtresses,
Et mon honneur perdu te gagne leurs caresses?
[b] *A Alcidon.* CEL.[b] Quoy, j'ay sçeu jusqu'icy cacher tes laschetez,
Et tu m'oses couvrir de ces indignitez!
Cesse de m'outrager, ou le respect des Dâmes
N'est plus pour contenir celuy que tu diffames.
[c] *A Alcidon.* PHI.[c] Cher amy, ne crains rien, & demeure asseuré
Que je sçay maintenir ce que je t'ay juré,
Pour t'enlever ma sœur il faut m'arracher l'ame.
[d] *A Philiste.* ALC.[d] Non non, il n'est plus temps de déguiser ma flame,
Il te faut malgré moy faire un honteux aveu
Que si mon cœur brusloit, c'étoit d'un autre feu.
Amy, ne cherche plus qui t'a ravy Clarice,
Voicy l'autheur du coup, & voila le complice.
Adieu, ce mot lasché je te suis en horreur.

SCENE X.

CHRYSANTE, CLARICE, PHILISTE, CELIDAN, DORIS.

CHR. ET bien, rebelle, enfin sortiras-tu d'erreur ?   [a] *A Phi-*
  CEL.[b] Puisque son desespoir vous découvre un mistere *liste.*
  Que ma discretion vous avoit voulu taire,   [b] *A Phi-*
  C'est à moy de montrer quel étoit mon dessein.   *liste.*
  Il est vray qu'en ce coup je luy prétay la main,
  La peur que j'eus alors qu'après ma resistance
  Il ne trouvast ailleurs trop fidelle assistance...
PHI.[c] Quittons-là ce discours, puisqu'en cette action   [c] *A Celi-*
  La fin m'éclaircit trop de ton intention,   *dan.*
  Et ta sincerité se fait assez connoistre.
  Ie m'obstinois tantost dans le party d'un traistre,
  Mais au lieu d'affoiblir vers toy mon amitié,
  Vn tel aveuglement te doit faire pitié.
  Plains-moy, plains mon malheur, plains mon trop de franchise
  Qu'un amy déloyal a tellement surprise,
  Voy par là comme j'aime, & ne te souvien plus
  Que j'ay voulu te faire un injuste refus.
  Fay malgré mon erreur que ton feu persevere,
  Ne puny point la sœur de la faute du frere,
  Et reçoy de ma main celle que ton desir
  Avant mon imprudence avoit daigné choisir.
CLA.[d] Vne pareille erreur me rend toute confuse,   [d] *A Celi-*
  Mais icy mon amour me servira d'excuse,   *dan.*
  Il serre nos esprits d'un trop étroit lien
  Pour permettre à mon sens de s'éloigner du sien.
CEL. Si vous croyez encor que cette erreur me touche,
  Vn mot me satisfait de cette belle bouche :
  Mais helas, quel espoir ose rien présumer
  Quand on n'a pû servir, & qu'on n'a fait qu'aimer ?
DOR. Reünir les esprits d'une mere & d'un frere,
  Du choix qu'ils m'avoient fait avoir sçeu me défaire,
  M'arracher à Florange, & m'oster Alcidon,
  Et d'un cœur genereux me faire l'heureux don,
  C'est avoir sçeu me rendre un assez grand service
  Pour esperer beaucoup avec quelque justice,

166　LA VEFVE, COMEDIE.

　　Et puisque on me l'ordonne, on peut vous asseurer
　　Qu'alors que j'obeïs c'est sans en murmurer.
CEL. A ces mots enchanteurs tout mon cœur se déploye,
　　Et s'ouvre tout entier à l'excés de ma joye.
CHR. Que la mienne est extresme, & que sur mes vieux ans
　　Le favorable Ciel me fait de doux presens!
　　Qu'il conduit mon bonheur par un ressort étrange!
　　Qu'à propos sa faveur m'a fait perdre Florange!
　　Puisse-t'elle pour comble accorder à mes vœux
　　Qu'une éternelle paix suive de si beaux nœuds,
　　Et rendre par les fruits de ce double Hymenée
　　Ma derniere vieillesse à jamais fortunée.

[a] *A Chrysante.* CLA.[a] Cependant pour ce soir ne me refusez pas
　　L'heur de vous voir icy prendre un mauvais repas,
　　Afin qu'à ce qui reste ensemble on se prépare,
　　Tant qu'vn mistere saint deux à deux nous separe.

[b] *A Clarice.* CHR.[b] Nous éloigner de vous avant ce doux moment,
　　Ce seroit me priver de tout contentement.

F I N.

LA GALERIE
DV PALAIS,
COMEDIE

ACTEVRS.

PLEIRANTE, Pere de Celidée.

LYSANDRE, Amant de Celidée.

DORIMANT, Amoureux d'Hyppolite.

CHRYSANTE, Mere d'Hyppolite.

CELIDEE, Fille de Pleirante.

HYPPOLITE, Fille de Chrysante.

ARONTE, Escuyer de Lysandre.

CLEANTE, Escuyer de Dorimant.

FLORICE, Suivante d'Hyppolite.

LE LIBRAIRE du Palais.

LE MERCIER du Palais.

LA LINGERE du Palais.

La Scene est à Paris.

LA GALERIE
DV PALAIS,
COMEDIE.

ACTE I.

SCENE PREMIERE.

ARONTE, FLORICE.

ARO. NFIN je ne le puis, que veux-tu que
j'y faſſe?
Pour tout autre ſujet mon maiſtre n'eſt
que glace,
Elle eſt trop dans ſon cœur, on ne l'en
peut chaſſer,
Et c'eſt folie à nous que de plus y
penſer.
I'ay beau devant les yeux luy remettre Hyppolite,
Parler de ſes attraits, élever ſon merite,
Sa grace, ſon eſprit, ſa naiſſance, ſon bien,
Ie n'avance non plus, qu'à ne luy dire rien:
L'amour dont malgré-moy ſon ame eſt poſſedée
Fait qu'il en voit autant ou plus en Celidée.
FLO. Ne quittons pas pourtant, à la longue on fait tout,
La gloire ſuit la peine, eſperons juſqu'au bout.
Ie veux que Celidée ait charmé ſon courage,
L'amour le plus parfait n'eſt pas un mariage,

Tome I. Y

LA GALERIE DV PALAIS,

Fort souvent moins que rien cause un grand changement,
Et les occasions naissent en un moment.
ARO. Ie les prendray toûjours quand je les verray naistre.
FLO. Hyppolite en ce cas sçaura le reconnoistre.
ARO. Tout ce que j'en prétens, n'est qu'un entier secret.
Adieu, je vay trouver Celidée à regret.
FLO. De la part de ton maistre? AR. Ouy. FL. Si j'ay bonne veuë,
La voilà que son pere améne vers la ruë.
Tirons-nous à quartier, nous joüorons mieux nos jeux,
S'ils n'aperçoivent point que nous parlions nous deux.

SCENE II.

PLEIRANTE, CELIDEE.

PL. NE pense plus, ma fille, à me cacher ta flame,
N'en conçoy point de honte, & n'en crains point de blâme,
Le sujet qui l'allume a des perfections
Dignes de posseder tes inclinations,
Et pour mieux te montrer le fond de mon courage,
I'aime autant son esprit, que tu fais son visage.
Confesse donc, ma fille, & croy qu'un si beau feu
Veut estre mieux traité que par un desaveu.
CEL. Monsieur, il est tout vray, son ardeur legitime
A tant gagné sur moy, que j'en fais de l'estime,
I'honore son merite, & n'ay pû m'empescher
De prendre du plaisir à m'en voir rechercher,
I'aime son entretien, je cheris sa presence;
Mais cela n'est enfin qu'un peu de complaisance,
Qu'un mouvement leger qui passe en moins d'un jour:
Vos seuls commandemens produiront mon amour,
Et vostre volonté de la mienne suivie...
PLE. Favorisant ses vœux seconde ton envie.
Aime, aime ton Lysandre, & puisque je consens
Et que je t'autorise à ces feux innocens,
Donne-luy hardiment une entiere asseurance
Qu'un mariage heureux suivra son esperance,
Engage-luy ta foy. Mais j'aperçoy venir
Quelqu'un qui de sa part te vient entretenir.
Ma fille, Adieu, les yeux d'un homme de mon âge
Peut-estre empescheroient la moitié du message.

CEL. Il ne vient rien de luy qu'il faille vous celer.
PLE. Mais tu seras sans moy plus libre à luy parler,
Et ta civilité sans doute un peu forcée
Me fait un compliment qui trahit ta pensée.

SCENE III.

CELIDEE, ARONTE.

CE. Que fait ton maistre, Aronte? AR. Il m'envoye aujourd'huy
Voir ce que sa Maîtresse a resolu de luy,
Et comment vous voulez qu'il passe la journée.
CEL. Ie seray chez Daphnis toute l'apresdisnée,
Et s'il m'aime, je croy que nous l'y pourrons voir,
Autrement... ARO. Ne pensez qu'à l'y bien recevoir.
CEL. S'il y manque, il verra sa paresse punie.
Nous y devons disner fort bonne compagnie,
I'y mène du quartier Hyppolite, & Cloris.
ARO. Après elles & vous il n'est rien dans Paris,
Et je n'en sçache point, pour belles qu'on les nomme,
Qui puissent attirer les yeux d'un honneste homme.
CEL. Ie ne suis pas d'humeur bien propre à t'écouter,
Et ne prens pas plaisir à m'entendre flater,
Sans que ton bel esprit tasche plus d'y paroistre,
Mesle-toy de porter ma réponse à ton maistre.
ARO.[a] Quelle superbe humeur ! quel arrogant maintien ! [a] Il est seul.
Si mon maistre me croit, vous ne tenez plus rien,
Il changera d'objet, ou j'y perdray ma peine,
Aussi-bien son amour ne vous rend que trop vaine.

SCENE IV.

LA LINGERE, LE LIBRAIRE.

LIN.[b] Vous avez fort la presse à ce Livre nouveau, [b] On tire
C'est pour vous faire riche. LIB. On le trouve si beau, un rideau
Que c'est pour mon profit le meilleur qui se voye. & l'on
Mais vous, que vous vendez de ces toiles de soye ! voit le Li-
LIN. De vray, bien que d'abord on en vendist fort peu, braire, la
A present Dieu nous aime, on y court comme au feu, Lingere &
le Mercier
chacun
dans leur
boutique.

Y ij

Ie n'en sçaurois fournir autant qu'on m'en demande:
Elle sied mieux aussi que celle de Hollande,
Découvre moins le fard dont un visage est peint,
Et donne, ce me semble, un plus grand lustre au teint.
Ie perds bien à gagner de ce que ma boutique
Pour estre trop étroite empesche ma pratique,
A peine y puis-je avoir deux chalans à la fois,
Ie veux changer de place avant qu'il soit un mois,
I'aime mieux en payer le double, & davantage,
Et voir ma marchandise en plus bel étalage.
LIB. Vous avez bien raison, mais à ce que j'entens,
Monsieur, vous plaist-il voir quelques livres du temps?

SCENE V.

DORIMANT, CLEANTE, LE LIBRAIRE.

DO. MOntrez-m'en quelques-uns. LI. Voicy ceux de la mode.
DOR. Ostez-moy cét Autheur, son nom seul m'incommode,
C'est un impertinent, ou je n'y connois rien.
LIB. Ses œuvres toutefois se vendent assez bien.
DOR. Quantité d'ignorans ne songent qu'à la rime.
CLE. Monsieur, en voicy deux dont on fait grande estime.
Considerez ce trait, on le trouve divin.
DOR. Il n'est que mal traduit du Cavalier Marin,
Sa veine au demeurant me semble assez hardie.
LIB. Ce fut son coup d'essay que cette Comedie.
DOR. Cela n'est pas tant mal pour un commencement,
La pluspart de ses vers coulent fort doucement,
Qu'il a de mignardise à décrire un visage!

COMEDIE.

SCENE VI.

HYPOLITE, FLORICE, DORIMANT, CLEANTE, LE LIBRAIRE, LA LINGERE.

HYP. Madame, montrez-nous quelques collets d'ouvrage.
LIN. Ie vous en vay montrer de toutes les façons.
DOR.^a Ce visage vaut mieux que toutes vos chansons.
LIN.^b Voila du point d'esprit, de Genes, & d'Espagne.
HYP. Cecy n'est gueres bon qu'à des gens de campagne.
LIN. Voyez bien, s'il en est deux pareils dans Paris....
HYP. Ne les vantez point tant, & dites nous le prix.
LIN. Quand vous aurez choisi. HYP. Que t'en semble, Florice?
FLO. Ceux-là sont assez beaux, mais de mauvais service,
En moins de trois savons on ne les connoit plus.
HYP. Celuy-là qu'en dis-tu? FLO. L'ouvrage en est confus,
Bien que l'invention de près soit assez belle.
Voicy bien vostre fait, n'étoit que la dentelle
Est fort mal assortie avec le passement;
Cét autre n'a de beau que le couronnement.
LIN. Si vous pouviez avoir deux jours de patience,
Il m'en vient, mais qui sont dans la mesme excellence.
FLO. Il vaudroit mieux attendre. HYP. Et bien nous attendrons,
Dites-nous au plus tard quel jour nous reviendrons.
FLO. Mercredy j'en attens de certaines Nouvelles,
Cependant vous faut-il quelques autres dentelles?
HYP. I'en ay ce qu'il m'en faut pour ma provision.
LIB.^c I'en vay subtilement prendre l'occasion.
La connois-tu, voisine? LIN. Ouy, quelque peu de veuë,
Quant au reste elle m'est tout à fait inconnuë.
^dCe Cavalier sans doute y trouve plus d'appas
Que dans tous vos Autheurs. CLE. Ie n'y manqueray pas.
DOR. Si tu ne me vois-là, je seray dans la Salle.
^e Ie connois celuy-cy, sa veine est fort égale,
Il ne fait point de vers qu'on ne trouve charmans.
Mais on ne parle plus qu'on fasse de Romans,
I'ay veu que nostre peuple en étoit idolatre.
LIB. La mode est à present des pieces de Theatre.

^a Au Libraire.
^b A Hypolite.
^c A Dorimant.
^d Dorimāt tire Cleante au milieu du Theatre, & luy parle à l'oreille.
^e Il prend un livre sur la boutique du Libraire.

Dorimant parle au Libraire à l'oreille.

Y iij

DOR. De vray chacun s'en pique, & tel y met la main
Qui n'eut jamais l'esprit d'ajuster un quatrain.

SCENE VII.

LYSANDRE, DORIMANT, LE LIBRAIRE, LE MERCIER.

LYS. JE te prens sur le livre *DOR.* Et bien, qu'en veux-tu dire?
Tant d'excellens esprits qui se meslent d'écrire
Valent bien qu'on leur donne une heure de loisir.
LYS. Y trouves-tu toûjours une heure de plaisir?
Beaucoup font bien des vers, mais peu la Comedie.
DOR. Ton goust, je m'en asseure, est pour la Normandie?
LYS. Sans rien specifier peu meritent le voir.
Souvent leur entreprise excede leur pouvoir,
Et tel parle d'amour sans aucune pratique.
DOR. On n'y sçait guere alors que la vieille Rubrique,
Faute de le connoistre on l'habille en fureur,
Et loin d'en faire envie, on nous en fait horreur.
Luy seul de ses effets a droit de nous instruire,
Nostre plume à luy seul doit se laisser conduire,
Pour en bien discourir, il faut l'avoir bien fait,
Vn bon Poëte ne vient que d'un amant parfait.
LYS. Il n'en faut point douter, l'Amour a des tendresses
Que nous n'apprenons point qu'auprés de nos Maîtresses.
Tant de sorte d'appas, de doux saisissemens,
D'agreables langueurs, & de ravissemens,
Iusques où d'un bel œil peut s'étendre l'empire,
Et mille autres secrets que l'on ne sçauroit dire,
(Quoy que tous nos Rimeurs en mettent par écrit)
Ne se sçeurent jamais par un effort d'esprit,
Et je n'ay jamais veu de cervelles bien faites
Qui traitassent l'amour à la façon des Poëtes;
C'est tout un autre jeu. Le stile d'un Sonnet
Est fort extravagant dedans un cabinet.
Il y faut bien loüer la beauté qu'on adore,
Sans mépriser Venus, sans médire de Flore,
Sans que l'éclat des lis, des roses, d'un beau jour
Ait rien à démesler avecque nostre amour.

COMEDIE.

O pauvre Comedie, objet de tant de veines,
Si tu n'és qu'un portrait des actions humaines,
On te tire souvent sur un original,
A qui, pour dire vray, tu ressembles fort mal.
DOR. Laissons la Muse en paix, de grace, à la pareille,
Chacun fait ce qu'il peut, & ce n'est pas merveille,
Si comme avec bon droit on perd bien un procés,
Souvent un bon ouvrage a de foibles succés.
Le jugement de l'homme, ou plûtost son caprice,
Pour quantité d'esprits n'a que de l'injustice,
I'en admire beaucoup dont on fait peu d'état,
Leurs fautes, tout au pis, ne sont pas coups d'Etat,
La plus grande est toûjours de peu de consequence.
LIB. Vous plairoit-il de voir des pieces d'Eloquence.
LYS.[a] I'en leus hier la moitié, mais son vol est si haut
Que presque à tous momens je me trouve en defaut.
DOR. Voicy quelques Autheurs dont j'aime l'industrie,
Mettez ces trois à part, mon Maistre, je vous prie,
Tantost un de mes gens vous les viendra payer.
LYS.[b] Le reste du matin où veux-tu l'employer?
MER. Voyez deça, Messieurs, vous plaist-il rien du nostre?
Voyez, je vous feray meilleur marché qu'un autre,
Des gands, des baudriers, des rubans, des Castors.

[a] Il regarde le titre du Livre que le Libraire luy presente.
[b] Ils se retirent d'auprès les boutiques.

SCENE VIII.

DORIMANT, LYSANDRE.

DOR. IE ne sçaurois encor te suivre si tu sors,
Faisons un tour de Salle attendant mon Cleante.
LYS. Qui te retient icy? DOR. L'histoire en est plaisante.
Tantost comme j'étois sur le livre occupé,
Tout proche on est venu choisir du point-coupé.
LYS. Qui? DOR. C'est la question, mais s'il faut s'en remettre
A ce qu'à mes regards sa coiffe a pû permettre,
Ie n'ay rien veu d'égal, mon Cleante la suit,
Et ne reviendra point qu'il n'en soit bien instruit,
Qu'il n'en sçache le nom, le rang, & la demeure.
LYS. Amy, le cœur t'en dit. DOR. Nullement, ou je meure,
Voyant je ne sçay quoy de rare en sa beauté,
I'ay voulu contenter ma curiosité.

LYS. Ta curiosité deviendra bien-tost flame,
C'est par là que l'Amour se glisse dans une ame.
A la premiere veuë un objet qui nous plaist
Ne forme qu'un desir de sçavoir quel il est,
On en veut aussi-tost apprendre davantage,
Voir si son entretien répond à son visage,
S'il est civil ou rude, importun ou charmeur,
Eprouver son esprit, connoistre son humeur :
De là cét examen se tourne en complaisance,
On cherche si souvent le bien de sa presence
Qu'on en fait habitude, & qu'au point d'en sortir,
Quelque regret commence à se faire sentir :
On revient tout resveur, & nostre ame blessée
Sans prendre garde à rien cajole sa pensée.
Ayant resvé le jour, la nuit à tous propos
On sent je ne sçay quoy qui trouble le repos.
Vn sommeil inquiet sur de confus nuages
Eléve incessamment de flateuses imag.es,
Et sur leur vain rapport fait naistre des souhaits
Que le réveil admire & ne dédit jamais ;
Tout le cœur court en haste, après de si doux guides,
Et le moindre larcin que font ses vœux timides
Arreste le larron & le met dans les fers.
DOR. Ainsi tu fus épris de celle que tu sers ?
LYS. C'est un autre discours, à present je ne touche
Qu'aux ruses de l'Amour contre un esprit farouche,
Qu'il faut apprivoiser presque insensiblement,
Et contre ses froideurs combatre finement :
Des naturels plus doux....

SCENE IX.

DORIMANT, LYSANDRE, CLEANTE.

DOR. ET bien, elle s'appelle ?
CLE. Ne m'informez de rien qui touche cette belle.
Trois filoux rencontrez vers le milieu du Pont,
Chacun l'épée au poin, m'ont voulu faire affront,
Et sans quelques amis qui m'ont tiré de peine
Contr'eux ma resistance eust peut-estre été vaine,

Ils ont

COMEDIE. 177

Ils ont tourné le dos me voyant secouru,
Mais ce que je suivois tandis est disparu.
DOR. Les traistres! trois contre un! t'attaquer! te surprendre!
Quels insolens vers moy s'osent ainsi méprendre?
CLE. Ie ne connois qu'un d'eux, & c'est là le retour
De quelques tours de main qu'il receut l'autre jour,
Lors que m'ayant tenu quelques propos d'yvrongne
Nous eusmes prise ensemble à l'Hostel de Bourgogne.
DOR. Qu'on le trouve où qu'il soit, qu'une gresle de bois
Assemble sur luy seul le châtiment des trois,
Et que sous l'étriviere il puisse tost connoistre,
Quand on se prend aux miens, qu'on s'attaque à leur maistre.
LYS. I'aime à te voir ainsi décharger ton couroux;
Mais voudrois-tu parler franchement entre nous?
DOR. Quoy! tu doutes encor de ma juste colere?
LYS. En ce qui le regarde elle n'est que legere.
En vain pour son sujet tu fais l'interessé,
Il a paré des coups dont ton cœur est blessé,
Cét accident fascheux te vole une Maîtresse:
Confesse ingenûment, c'est là ce qui te presse.
DOR. Pourquoy te confesser ce que tu vois assez?
Au point de se former mes desseins renversez,
Et mon desir trompé, poussent dans ces contraintes
Sous de faux mouvemens de veritables plaintes.
LYS. Ce desir, à vray dire, est un amour naissant
Qui ne sçait où se prendre & demeure impuissant.
Il s'égare & se perd dans cette incertitude,
Et renaissant toûjours de ton inquietude
Il te montre un objet d'autant plus souhaité,
Que plus sa connoissance a de difficulté.
C'est par là que ton feu davantage s'allume,
Moins on l'a pû connoistre, & plus on en présume,
Nostre ardeur curieuse en augmente le prix.
DOR. Que tu sçais, cher amy, lire dans les esprits!
Et que pour bien juger d'une secrette flame
Tu penetres avant dans les ressorts d'une ame!
LYS. Ce n'est pas encor tout, je veux te secourir.
DOR. O! que je ne suis pas en état de guerir!
L'Amour use sur moy de trop de tyrannie.
LYS. Souffre que je te méne en une compagnie
Où l'objet de mes vœux m'a donné rendez-vous;
Les divertissemens t'y sembleront si doux,

Tome I. Z

Ton ame en un moment en fera si charmée,
Que tous ses déplaisirs dissipez en fumée,
On gagnera sur toy fort aisément ce point
D'oublier un objet que tu ne connois point.
Mais garde-toy sur tout d'une jeune voisine
Que ma Maitresse y méne, elle est & belle & fine,
Et sçait si dextrement ménager ses attraits,
Qu'il n'est pas bien aisé d'en éviter les traits.
DOR. Au hazard, fay de moy tout ce que bon te semble.
LYS. Donc en attendant l'heure allons disner ensemble.

SCENE X.

HYPPOLITE, FLORICE.

HYP. TV me railles toûjours. FLO. S'il ne vous veut du bien,
Dites asseurément que je n'y connoy rien.
Ie le consideroi tantost chez ce Libraire,
Ses regards de sur vous ne pouvoient se distraire,
Et son maintien étoit dans une émotion
Qui m'instruisoit assez de son affection.
Il vouloit vous parler, & n'osoit l'entreprendre.
HYP. Toy, ne me parle point, ou parle de Lysandre,
C'est le seul dont la veuë excita mon ardeur.
FLO. Et le seul qui pour vous n'a que de la froideur.
Celidée est son ame, & tout autre visage
N'a point d'assez beaux traits pour toucher son courage,
Son brasier est trop grand, rien ne peut l'amortir:
En vain son Ecuyer tasche à l'en divertir,
En vain jusques aux Cieux portant vostre loüange
Il cherche à luy jetter quelque amorce du change,
Et luy dit jusques-là que dans vostre entretien
Vous témoignez souvent de luy vouloir du bien,
Tout cela n'est qu'autant de paroles perduës.
HYP. Faute d'estre sans doute assez bien entenduës.
FLO. Ne le présumez pas, il faut avoir recours
A de plus hauts secrets qu'à ces foibles discours.
Ie fus fine autrefois, & depuis mon vefvage
Ma ruse chaque jour s'est accruë avec l'âge:
Ie me connois en monde, & sçay mille ressorts
Pour débaucher une ame, & broüiller des accords.

HYP. Dy promptement, de grace. *FLO.* A presenr l'heure presse,
Et je ne vous sçaurois donner qu'un mot d'adresse.
Cette voisine & vous... Mais déja la voicy.

SCENE XI.

CELIDEE, HYPPOLITE,
FLORICE.

CEL. A Force de tarder tu m'as mise en soucy,
Il est temps, & Daphnis par un Page me mande
Que pour faire servir on n'attend que ma bande,
Le carrosse est tout prest, allons, veux-tu venir?
HYP. Lysandre après disner t'y vient entretenir?
CEL. S'il osoit y manquer, je te donne promesse
Qu'il pourroit bien ailleurs chercher une Maîtresse.

Z ij

ACTE II.

SCENE PREMIERE.

HYPPOLITE, DORIMANT.

HYP. 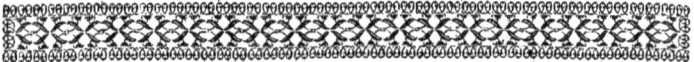E me contez point tant que mon visage est beau,
Ces discours n'ōt pour moy riē du tout de nouueau,
Ie le sçay bien sans vous, & j'ay cét auantage,
Quelques perfections qui soient sur mon visage,
Que je suis la premiere à m'en aperceuoir.
Pour me les bien apprendre il ne faut qu'un miroir,
I'y vois en un moment tout ce que vous me dites.
DOR. Mais vous n'y voyez pas tous vos rares merites.
Cét esprit tout divin & ce doux entretien
Ont des charmes puissans dont il ne montre rien.
HYP. Vous les montrez assez par cette apresdinée
Qu'à causer avec moy vous vous étes donnée,
Si mon discours n'avoit quelque charme caché
Il ne vous tiendroit pas si long-temps attaché,
Ie vous juge plus sage, & plus aimer vostre aise,
Que d'y tarder ainsi sans que rien vous y plaise:
Et si je présumois qu'il vous pleust sans raison,
Ie me ferois moy-mesme un peu de trahison,
Et par ce trait badin qui sentiroit l'enfance
Vostre beau jugement receuroit trop d'offense.
Ie suis un peu timide, & deust-on me joüer,
Ie n'ose démentir ceux qui m'osent loüer.
DOR. Aussi vous n'avez pas le moindre lieu de craindre
Qu'on puisse en vous loüant, ny vous flater, ny feindre:
On voit un tel éclat en vos brillans appas
Qu'on ne peut l'exprimer, ny ne l'adorer pas.
HYP. Ny ne l'adorer pas ! par là vous voulez dire?
DOR. Que mon cœur desormais vit dessous vostre empire,

COMEDIE. 181

Et que tous mes desseins de vivre en liberté
N'ont rien eu d'assez fort contre vostre beauté.
HYP. Quoy ? mes perfections vous donnent dans la veuë ?
DOR. Les rares qualitez dont vous étes pourveuë
Vous ostent tout sujet de vous en étonner.
HYP. Cessez aussi, Monsieur, de vous l'imaginer,
Si vous bruslez pour moy, ce ne sont pas merveilles,
I'ay de pareils discours chaque jour aux oreilles,
Et tous les gens d'esprit en font autant que vous.
DOR. En amour toutefois je les surpasse tous.
Ie n'ay point consulté pour vous donner mon ame,
Vostre premier aspect sçeut allumer ma flame,
Et je sentis mon cœur par un secret pouvoir
Aussi prompt à brusler que mes yeux à vous voir.
HYP. Avoir connu d'abord combien je suis aimable,
Encor qu'à vostre avis il soit inexprimable!
Ce grand & prompt effet m'asseure puissamment
De la vivacité de vostre jugement.
Pour moy, que la Nature a faite un peu grossiere,
Mon esprit qui n'a pas cette vive lumiere
Conduit trop pesamment toutes ses fonctions
Pour m'avertir si-tost de vos perfections;
Ie voy bien que vos feux meritent recompense,
Mais de les seconder ce defaut me dispense.
DOR. Railleuse. *HYP.* Excusez-moy, je parle tout de bon.
DOR. Le temps de cét orgueil me fera la raison,
Et nous verrons un jour à force de services
Adoucir vos rigueurs & finir mes supplices.

SCENE II.

DORIMANT, LYSANDRE,
HYPPOLITE, FLORICE.

Lysandre sort de chez Celidée, & passe sans s'arrêter, leur donnant seulement un coup de chapeau.

HYP. Eut-eſtre l'avenir... Tout-beau, coureur, tout-beau,
On n'eſt pas quitte ainſi pour un coup de chapeau:
Vous aimez l'entretien de voſtre fantaiſie,
Mais pour un Cavalier c'eſt peu de courtoiſie,
Et cela meſſied fort à des hommes de Cour,
De n'accompagner pas leur ſalut d'un Bon-jour.
LYS. Puis qu'auprès d'un ſujet capable de nous plaire
La preſence d'un tiers n'eſt jamais neceſſaire,
De peur qu'il en receuſt quelque importunité,
I'ay mieux aimé manquer à la civilité.
HYP. Voila parer mon coup d'un galand artifice,
Comme ſi je pouvois... Que me veux-tu, Florice?

a Florice ſort & parle à Hyppolite à l'oreille.

a Dy-luy que je m'en vay. Meſſieurs, pardonnez-moy,
On me vient d'apporter une faſcheuſe loy,
Incivile à mon tour il faut que je vous quitte,
Vne mere m'appelle. DOR. Adieu, belle Hyppolite,
Adieu, ſouvenez-vous... HYP. Mais vous n'y ſongez plus.

SCENE III.

LYSANDRE, DORIMANT.

LYS. Qvoy, Dorimant, ce mot t'a rendu tout confus!
DOR. Ce mot à mes deſirs laiſſe peu d'eſperance.
LYS. Tu ne la vois encor qu'avec indifference?
DOR. Comme toy Celidée. LYS. Elle eut donc chez Daphnis
Hier dans ſon entretien des charmes infinis.
Ie te l'avois bien dit que ton ame à ſa veuë
Demeureroit épriſe, ou puiſſamment émeuë.
Mais tu n'as pas ſi-toſt oublié la beauté
Qui fit naiſtre au Palais ta curioſité?
Du moins ces deux objets balancent ton courage?
DOR. Sçais-tu bien que c'eſt là juſtement mon viſage,

COMEDIE.

Celuy que j'avois veu le matin au Palais?
LYS. A ce conte... *DOR.* I'en tiens, ou l'on n'en tint jamais.
LYS. C'est consentir bien-tost à perdre ta franchise.
DO. C'est rendre un prompt hommage aux yeux qui me l'ont prise.
LYS. Puisque tu les connois, je ne plains plus ton mal.
DOR. Leur coup, pour les connoistre, en est-il moins fatal?
LYS. Non, mais du moins ton cœur n'est plus à la torture
De voir tes vœux forcez d'aller à l'avanture,
Et cette belle humeur de l'objet qui t'a pris...
DOR. Sous un accueil riant cache un subtil mépris.
Ah! que tu ne sçais pas de quel air on me traite!
LYS. Ie t'en avois jugé l'ame fort satisfaite,
Et cette gaye humeur qui brilloit dans ses yeux
M'en promettoit pour toy quelque chose de mieux.
DOR. Cette belle de vray, quoy que toute de glace,
Mesle dans ses froideurs je ne sçay quelle grace,
Par où tout de nouveau je me laisse gagner,
Et consens, peu s'en faut, à m'en voir dédaigner.
Loin de s'en affoiblir mon amour s'en augmente,
Ie demeure charmé de ce qui me tourmente;
Ie pourrois de toute autre estre le possesseur,
Que sa possession auroit moins de douceur.
Ie ne suis plus à moy quand je vois Hyppolite
Rejetter ma loüange, & vanter son merite,
Negliger mon amour ensemble, & l'approuver,
Me remplir tout d'un temps d'espoir, & m'en priver,
Me refuser son cœur en acceptant mon ame,
Faire état de mon chois en méprisant ma flame:
Helas! en voila trop, le moindre de ces traits
A pour me retenir de trop puissans attraits,
Trop heureux d'avoir veu sa froideur enjoüée
Ne se point offenser d'une ardeur avoüée.
LYS. Son Adieu toutefois te défend d'y songer,
Et ce commandement t'en devroit dégager.
DOR. Qu'un plus capricieux d'un tel Adieu s'offense,
Il me donne un conseil plûtost qu'une défense,
Et par ce mot d'avis son cœur sans amitié
Du temps que j'y perdray montre quelque pitié.
LYS. Soit défense ou conseil, de rien ne desespere;
Ie te répons déja de l'esprit de sa mere.
Pleirante son voisin luy parlera pour toy,
Il peut beaucoup sur elle, & fera tout pour moy,

LA GALERIE DV PALAIS,

Tu sçais qu'il m'a donné sa fille pour Maistresse.
Tasche à vaincre Hyppolite avec un peu d'adresse,
Et n'apprehende pas qu'il en faille beaucoup,
Tu verras sa froideur se perdre tout d'un coup.
Elle ne se contraint à cette indifference,
Que pour rendre une entiere & pleine déference,
Et cherche en déguisant son propre sentiment
La gloire de n'aimer que par commandement.
DOR. Tu me flates, amy, d'une attente frivole.
LYS. L'effet suivra de prés. *DOR.* Mon cœur sur ta parole
Ne se résout qu'à peine à vivre plus content.
LYS. Il se peut asseurer du bonheur qu'il prétend,
I'y donneray bon ordre. Adieu, le temps me presse,
Et je viens de sortir d'auprés de ma Maistresse,
Quelques commissions dont elle m'a chargé
M'obligent maintenant à prendre ce congé.

SCENE IV.

DORIMANT, FLORICE.

Il est seul. DOR. Dieux, qu'il est mal-aisé qu'une ame bien atteinte
Conçoive de l'espoir qu'avec un peu de crainte!
Ie dois toute croyance à la foy d'un amy,
Et n'ose cependant m'y fier qu'à demy.
Hyppolite d'un mot chasseroit ce caprice.
Est-elle encor en haut? *FLO.* Encor. *DOR.* Adieu Florice,
Nous la verrons demain.

COMEDIE.

SCENE V.

HYPPOLITE, FLORICE.

FLO. Il vient de s'en aller,
Sortez. *HYP.* Mais falloit-il ainsi me rappeller,
Me supposer ainsi des ordres d'une mere?
Sans mentir contre toy j'en suis toute en colere,
A peine ay-je attiré Lysandre en nos discours,
Que tu viens par plaisir en arrêter le cours.
FLO. Et bien, prenez-vous-en à mon impatience
De vous communiquer un trait de ma science.
Cét avis important tombé dans mon esprit
Meritoit qu'aussi-tost Hyppolite l'apprît,
Ie vay sans perdre temps y disposer Aronte.
HYP. I'ay la mine après tout d'y trouver mal mon conte.
FLO. Ie sçay ce que je fais, & ne perds point mes pas:
Mais de vostre costé ne vous épargnez pas,
Mettez tout vostre esprit à bien mener la ruse.
HYP. Il ne faut point par là te préparer d'excuse,
Va, suivant le succés je veux à l'avenir
Du mal que tu m'as fait perdre le souvenir.

SCENE VI.

HYPPOLITE, CELIDEE.

HYP.[a] Celidée, ès-tu là? *CEL.* Que me veut Hyppolite?
HYP. Délasser mon esprit une heure en ta visite.
Que j'ay depuis un jour un importun amant!
Et que pour mon malheur je plais à Dorimant!
CEL. Ma sœur, que me dis-tu? Dorimant t'importune!
Quoy! j'enviois déja ton heureuse fortune,
Et déja dans l'esprit je sentois quelque ennuy.
D'avoir connu Lysandre auparavant que luy.
HYP. Ah! ne me raille point, Lysandre qui t'engage
Est le plus accomply des hommes de son âge.
CEL. Ie te jure, à mes yeux l'autre l'est bien autant,
Mon cœur a de la peine à demeurer constant,

[a] *Elle frape à la porte de Celidée.*

Tome I. Aa

Et pour te découvrir jusqu'au fond de mon ame,
Ce n'est plus que ma foy qui conserve ma flame,
Lysandre me déplaist de me vouloir du bien:
Plust aux Dieux que son change autorisast le mien,
Ou qu'il usast vers moy de tant de negligence,
Que ma legereté se pust nommer vangeance.
Si j'avois un pretexte à me mécontenter,
Tu me verrois bien-tost resoudre à le quitter.
HYP. Simple, présumes-tu qu'il devienne volage,
Tant qu'il verra l'Amour regner sur ton visage?
Ta flame trop visible entretient ses ferveurs,
Et ses feux dureront autant que tes faveurs.
CEL. Il semble à t'écouter que rien ne le retienne
Que parce que sa flame a l'aveu de la mienne.
HYP. Que sçay-je? il n'a jamais éprouvé tes rigueurs,
L'Amour en mesme temps sçeut embraser vos cœurs,
Et mesme j'ose dire, après beaucoup de monde,
Que sa flame vers toy ne fut que la seconde.
Il se vit accepter avant que de s'offrir,
Il ne vit rien à craindre, & n'eut rien à souffrir,
Il vit sa récompense acquise avant la peine,
Et devant le combat sa victoire certaine.
Vn homme est bien cruel quand il ne donne pas
Vn cœur qu'on luy demande avecque tant d'appas.
Qu'à ce prix la constance est une chose aisée,
Et qu'autrefois par là je me vis abusée!
Alcidor que mes yeux avoient si fort épris
Courut au changement dès le premier mépris,
La force de l'Amour paroit dans la souffrance,
Ie le tiens fort douteux s'il a tant d'asseurance,
Qu'on en voit s'affoiblir pour un peu de longueur!
Et qu'on en voit ceder à la moindre rigueur!
CEL. Ie connoy mon Lysandre, & sa flame est trop forte
Pour tomber en soupçon qu'il m'aime de la sorte:
Toutefois un dédain éprouvera ses feux,
Ainsi, quoy qu'il en soit, j'auray ce que je veux,
Il me rendra constante, ou me fera volage;
S'il m'aime, il me retient; s'il change, il me dégage;
Suivant ce qu'il aura d'amour, ou de froideur,
Ie suivray ma nouvelle, ou ma premiere ardeur.
HYP. En vain tu t'y résous, ton ame un peu contrainte
Au travers de tes yeux luy trahira ta feinte,

COMEDIE.

L'un d'eux dédira l'autre, & toûjours un soûris
Luy fera voir assez combien tu le cheris.
CEL. Ce n'est qu'un faux soupçon qui te le persuade,
l'armeray de rigueurs jusqu'à la moindre œillade,
Et regleray si bien toutes mes actions
Qu'il ne pourra juger de mes intentions.
HYP. Pour le moins aussi-tost que par cette conduite
Tu seras de son cœur suffisamment instruite,
S'il demeure constant, l'amour & la pitié
Avant que dire Adieu renoûront l'amitié?
CEL. Il va bien-tost venir, va-t'en, & sois certaine
De ne voir d'aujourd'huy Lysandre hors de peine.
HYP. Et demain? *CEL.* Ie t'iray conter ses mouvemens,
Et touchant l'avenir prendre tes sentimens.
O Dieux! si je pouvois changer sans infamie!
HYP. Adieu, n'épargne en rien ta plus fidelle amie.

SCENE VII.

CELIDEE.

Quel étrange combat! je meurs de le quitter,
Et mon reste d'amour ne le peut maltraiter,
Mon ame veut & n'ose, & bien que refroidie
N'aura trait de mépris si je ne l'étudie,
Tout ce que mon Lysandre a de perfections
Se vient offrir en foule à mes affections,
Ie voy mieux ce qu'il vaut lors que je l'abandonne,
Et déja la grandeur de ma perte m'étonne.
Pour regler sur ce point mon esprit balancé,
J'attens ses mouvemens sur mon dédain forcé,
Ma feinte éprouvera si son amour est vraye.
Helas! ses yeux me font une nouvelle playe,
Prépare-toy mon cœur, & laisse à mes discours
Assez de liberté pour trahir mes amours.

Aa ij

SCENE VIII.

LYSANDRE, CELIDEE.

CEL. Qvoy? j'auray donc de vous encor une visite!
Vraiment pour aujourd'huy je m'en estimois quitte.
LYS. Vne par jour suffit, si tu veux endurer
Qu'autant comme le jour je la fasse durer.
CEL. Pour douce que nous soit l'ardeur qui nous consume,
Tant d'importunité n'est point sans amertume.
LYS. Au lieu de me donner ces apprehensions
Apprens ce que j'ay fait sur tes commissions.
CEL. Ie ne vous en chargeay qu'afin de me défaire
D'un entretien chargeant, & qui m'alloit déplaire.
LYS. Depuis quand donnez-vous ces qualitez aux miens?
CEL. Depuis que mon esprit n'est plus dans vos liens.
LYS. Est-ce donc par gageure, ou par galanterie?
CEL. Ne vous flatez point tant, que ce soit raillerie,
Ce que j'ay dans l'esprit, je ne le puis celer,
Et ne suis pas d'humeur à rien dissimuler.
LYS. Quoy? que vous ay-je fait? d'où provient ma disgrace?
Quel sujet avez-vous d'estre pour moy de glace?
Ay-je manqué de soins? ay-je manqué de feux?
Vous ay-je desrobé le moindre de mes vœux?
Ay-je trop peu cherché l'heur de vostre presence?
Ay-je eu pour d'autres yeux la moindre complaisance?
CEL. Tout cela n'est qu'autant de propos superflus,
Ie voulus vous aimer, & je ne le veux plus;
Mon feu fut sans raison, ma glace l'est de mesme,
Si l'un eut quelque excès, je rendray l'autre extresme.
LYS. Par cette extrémité vous avancez ma mort.
CEL. Il m'importe fort peu quel sera vostre sort.
LYS. Quelle nouvelle amour, ou plûtost quel caprice
Vous porte à me traiter avec cette injustice?
Vous, de qui le serment m'a reçeu pour époux?
CEL. I'en perds le souvenir aussi-bien que de vous.
LYS. Evitez-en la honte, & fuyez-en le blâme.
CEL. Ie les veux accepter pour peines de ma flame.
LYS. Vn reproche éternel suit ce tour inconstant.
CEL. Si vous me voulez plaire, il en faut faire autant.

LYS. Eſt-ce-là donc le prix de vous avoir ſervie?
 Ah, ceſſez vos mépris, ou me privez de vie.
CEL. Et bien, ſoit, un Adieu les va faire ceſſer,
 Auſſi-bien ce discours ne fait que me laſſer.
LYS. Ah, redouble plûtoſt ce dédain qui me tuë,
 Et laiſſe-moy le bien d'expirer à ta veuë,
 Que j'adore tes yeux, tous cruels qu'ils me ſont,
 Qu'ils reçoivent mes vœux pour le mal qu'ils me font,
 Invente à me geſner quelque rigueur nouvelle,
 Traite, ſi tu le veux, mon ame en criminelle,
 Dy que je ſuis ingrat, appelle-moy leger,
 Impute à mes amours la honte de changer,
 Dedans mon deſespoir fais éclater ta joye,
 Et tout me ſera doux, pourveu que je te voye.
 Tu verras tes mépris n'ébranler point ma foy,
 Et mes derniers ſoûpirs ne voler qu'après toy:
 Ne crains point de ma part de reproche, ou d'injure,
 Ie ne t'appelleray ny laſche, ny parjure,
 Mon feu ſupprimera ces titres odieux,
 Mes douleurs cederont au pouvoir de tes yeux,
 Et mon fidelle amour malgré leur vive atteinte
 Pour t'adorer encor étouffera ma plainte.
CEL. Adieu, quelques encens que tu vueilles m'offrir,
 Ie ne me ſçaurois plus réſoudre à les ſouffrir.

SCENE IX.

LYSANDRE.

CElidée, ah tu fuis! tu fuis donc, & tu n'oſes
 Faire tes yeux témoins d'un trépas que tu cauſes,
Ton eſprit inſenſible à mes feux innocens
Craint de ne l'eſtre pas aux douleurs que je ſens,
Tu crains que la pitié qui ſe gliſſe en ton ame
N'y rejette un rayon de ta premiere flame,
Et qu'elle ne t'arrache un ſoudain repentir
Malgré tout cét orgueil qui n'y peut conſentir.
Tu vois qu'un deſespoir deſſus mon front exprime
En mille traits de feu mon ardeur & ton crime,
Mon viſage t'accuſe, & tu vois dans mes yeux
Vn portrait que mon cœur conſerve beaucoup mieux.

Tous mes soins, tu le sçais, furent pour Celidée,
La nuit ne m'a jamais retracé d'autre idée,
Et tout ce que Paris a d'objets ravissans
N'a jamais ébranlé le moindre de mes sens.
Ton exemple à changer en vain me sollicite,
Dans ta volage humeur j'adore ton merite,
Et mon amour plus fort que mes ressentimens
Conserve sa vigueur au milieu des tourmens.
Revien, mon cher soucy, puisqu'après tes défenses
Mes plus vives ardeurs sont pour toy des offenses,
Voy comme je persiste à te desobeïr,
Et par là, si tu peux, prens droit de me haïr.
Fol, je présume ainsi r'appeller l'inhumaine,
Qui ne veut pas avoir de raisons à sa haine?
Puisqu'elle a sur mon cœur un pouvoir absolu,
Il luy suffit de dire, *ainsi je l'ay voulu.*
Cruelle, tu le veux ! c'est donc ainsi qu'on traite
Les sinceres ardeurs d'une amour si parfaite !
Tu me veux donc trahir, tu le veux, & ta foy
N'est qu'un gage frivole à qui vit sous ta loy !
Mais je veux l'endurer, sans bruit, sans resistance,
Tu verras ma langueur, & non mon inconstance,
Et de peur de t'oster un captif par ma mort,
J'attendray ce bonheur de mon funeste sort.
Iusques-là mes douleurs publiant ta victoire
Sur mon front pallissant éleveront ta gloire,
Et sçauront en tous lieux hautement témoigner
Que sans me refroidir tu m'as pû dédaigner.

ACTE III.

SCENE PREMIERE.

LYSANDRE, ARONTE.

LYS. Tu me donnes, Aronte, un étrange remede!
ARO. Souverain toutefois au mal qui vous possede:
Croyez-moy, j'en ay veu des succés merveilleux
A remettre au devoir ces esprits orgueilleux.
Quand on leur sçait donner un peu de jalousie,
Ils ont bien-tost quitté ces traits de fantaisie;
Car enfin tout l'éclat de ces emportemens
Ne peut avoir pour but de perdre leurs amans.
LYS. Que voudroit donc par là mon ingrate Maîtresse?
ARO. Elle vous joüe un tour de la plus haute adresse.
Avez-vous bien pris garde au temps de ses mépris?
Tant qu'elle vous a crû legerement épris,
Que vostre chaisne encor n'étoit pas assez forte,
Vous a-t'elle jamais gouverné de la sorte?
Vous ignoriez alors l'usage des soûpirs,
Ce n'étoient que douceurs, ce n'étoient que plaisirs:
Son esprit avisé vouloit par cette ruse
Etablir un pouvoir dont maintenant elle use.
Remarquez-en l'adresse, elle fait vanité
De voir dans ses dédains vostre fidelité,
Vostre humeur endurante à ces rigueurs l'invite;
On voit par là vos feux, par vos feux son merite,
Et cette fermeté de vos affections
Montre un effet puissant de ses perfections.
Osez-vous esperer qu'elle soit plus humaine,
Puisque sa gloire augmente augmentant vostre peine?
Rabatez cét orgueil, faites-luy soupçonner
Que vous vous en piquez jusqu'à l'abandonner:

La crainte d'en voir naiftre une fi juste fuite
A vivre comme il faut l'aura bien-toft reduite,
Elle en fuira la honte, & ne fouffrira pas
Que ce change s'impute à fon manque d'appas.
Il eft de fon honneur d'empefcher qu'on préfume
Qu'on éteigne aifément les flames qu'elle allume;
Feignez d'aimer quelqu'autre, & vous verrez alors
Combien à vous reprendre elle fera d'efforts.
LYS. Pourrois-tu me juger capable d'une feinte?
ARO. Pourriez-vous trouver rude un moment de contrainte?
LYS. Ie trouue fes mépris plus doux à fupporter.
ARO. Pour les faire finir, il faut les imiter.
LYS. Faut-il eftre inconstant pour la rendre fidelle?
ARO. Il faut fouffrir toûjours, ou déguifer comme elle.
LYS. Que de raifons, Aronte, à combatre mon cœur,
Qui ne peut adorer que fon premier vainqueur!
Du moins auparavant que l'effet en éclate,
Fais un effort pour moy, va trouver mon ingrate,
Mets-luy devant les yeux mes fervices paffez,
Mes feux fi bien receus, fi mal recompenfez,
L'excès de mes tourmens, & de fes injuftices,
Employe à la gagner tes meilleurs artifices;
Que n'obtiendras-tu point par ta dexterité,
Puifque tu viens à bout de ma fidelité?
ARO. Mais mon poffible fait, fi cela ne fuccede?
LYS. Ie feindray dès demain qu'Aminte me poffede.
ARO. Aminte! Ah, commencez la feinte dès demain,
Mais n'allez point courir au fauxbourg Saint Germain;
Et quand penferiez-vous que cette ame cruelle
Dans le fond du Marais en receuft la Nouvelle?
Vous feriez tout un fiecle à luy vouloir du bien,
Sans que voftre arrogante en appriſt jamais rien.
Puifque vous voulez feindre, il faut feindre à fa veuë,
Qu'auffi-toft voftre feinte en puiffe eftre aperceuë,
Qu'elle bleffe les yeux de fon efprit jaloux,
Et porte jufqu'au cœur d'inévitables coups.
Ce fera faire au voftre un peu de violence,
Mais tout le fruit confifte à feindre en fa prefence.
LYS. Hyppolite en ce cas feroit fort à propos,
Mais je crains qu'un amy n'en perdiſt le repos;
Dorimant dont fes yeux ont charmé le courage
Autant que Celidée en auroit de l'ombrage.

ARO. Vous

ARO. Vous verrez si soudain rallumer son amour,
Que la feinte n'est pas pour durer plus d'un jour,
Et vous aurez après un sujet de risée
Des soupçons mal fondez de son ame abusée.
LYS. Va trouver Celidée, & puis nous resoudrons
En ces extrémitez quel avis nous prendrons.

SCENE II.

ARONTE, FLORICE.

ARO. Sans que pour l'appaiser je me rompe la teste, *Il est seul.*
Mon message est tout fait, & sa réponse preste.
Bien loin que mon discours pûst la persuader,
Elle n'aura jamais voulu me regarder,
Vne prompte retraite au seul nom de Lysandre,
C'est par où ses dédains se feront fait entendre.
Mes amours du passé ne m'ont que trop appris
Avec quelles couleurs il faut peindre un mépris,
A peine faisoit-on semblant de me connoistre,
De sorte... *FLO.* Aronte, & bien, qu'as-tu fait vers ton maistre?
Le verrons nous bien-tost? *ARO.* N'en sois plus en soucy,
Dans une heure au plus tard je te le rends icy.
FLO. Prest à luy témoigner... *ARO.* Tout prest. Adieu, je tremble
Que de chez Celidée on ne nous voye ensemble.

SCENE III.

HYPPOLITE, FLORICE.

HYP. D'Où vient que mon abord l'oblige à te quitter?
FL. Tant s'en faut qu'il vous fuye, il vient de me côter.
Toutefois, je ne sçay si je vous le dois dire.
HYP. Que tu te plais, Florice, à me mettre en martyre!
FLO. Il faut vous préparer à des raviffemens....
HYP. Ta longueur m'y prépare avec bien des tourmens,
Dépesche, ces discours font mourir Hyppolite.
FLO. Mourez donc promptement, que je vous reffuscite.
HYP. L'insupportable femme! enfin diras-tu rien?
FLO. L'impatiente fille! enfin tout ira bien.

Tome I. Bb

HYP. Enfin tout ira bien, ne sçauray-je autre chose?
FLO. Il faut que vostre esprit là-dessus se repose,
Vous ne pouviez tantost souffrir de longs propos,
Et pour vous obliger j'ay tout dit en trois mots,
Mais ce que maintenant vous n'en pouvez apprendre,
Vous l'apprendrez bien-tost plus au long de Lysandre.
HYP. Tu ne flates mon cœur que d'un espoir confus.
FLO. Parlez à vostre amie, & ne vous faschez plus.

SCENE IV.

CELIDEE, HYPPOLITE, FLORICE.

CEL. Mon abord importun rompt vostre conference,
Tu m'en voudras du mal. *HYP.* Du mal? & l'apparence?
Ie ne sçay pas aimer de si mauvaise foy,
Et tout à l'heure encor je luy parlois de toy.
CEL. Ie me retire donc afin que sans contrainte...
HYP. Quitte cette grimace, & mets à part la feinte,
Tu fais la reservée en ces occasions,
Mais tu meurs de sçavoir ce que nous en disions.
CEL. Tu meurs de le conter plus que moy de l'apprendre,
Et tu prendrois pour crime un refus de l'entendre.
Puis donc que tu le veux, ma curiosité...
HYP. Vraiment tu me confons de ta civilité.
CEL. Voilà de tes détours, & comme tu differes
A me dire en quel point vous teniez mes affaires.
HYP. Nous parlions du dessein d'éprouver ton amant,
Tu l'as veu reüssir à ton contentement?
CEL. Ie viens te voir exprès pour t'en dire l'issuë.
Que je m'en suis trouvée heureusement deceuë!
Ie présumois beaucoup de ses affections,
Mais je n'attendois pas tant de submissions.
Iamais le desespoir qui saisit son courage
N'en pût tirer un mot à mon desavantage,
Il tenoit mes dédains encor trop précieux,
Et ses reproches mesmes étoient officieux.
Aussi ce grand amour a rallumé ma flame,
Le change n'a plus rien qui chatoüille mon ame,
Il n'a plus de douceurs pour mon esprit flotant,
Aussi ferme à present qu'il le croit inconstant.

FLO. Quoy que vous ayez veu de sa perseverance,
N'en prenez pas encore une entiere asseurance.
L'espoir de vous fléchir a pû le premier jour
Ietter sur son dépit ces beaux dehors d'amour;
Mais vous verrez bien-tost que pour qui le méprise
Toute legereté luy semblera permise.
I'ay veu des amoureux de toutes les façons.
HYP. Cette bizarre humeur n'est jamais sans soupçons,
L'avantage qu'elle a d'un peu d'experience
Tient éternellement son ame en défiance;
Mais ce qu'elle te dit ne vaut pas l'écouter.
CEL. Et je ne suis pas fille à m'en épouvanter.
Ie veux que ma rigueur à tes yeux continuë,
Et lors sa fermeté te sera mieux connuë,
Tu ne verras des traits que d'un amour si fort,
Que Florice elle-mesme avoûra qu'elle a tort.
HYP. Ce sera trop long-temps luy paroistre cruelle.
CEL. Tu connoistras par là combien il m'est fidelle,
Le Ciel à ce dessein nous l'envoye à propos.
HYP. Et quand te resous-tu de le mettre en repos?
CEL. Trouve bon, je te prie, après un peu de feinte
Que mes feux violens s'expliquent sans contrainte;
Et pour le rappeller des portes du trépas,
Si j'en dis un peu trop, ne t'en offense pas.

SCENE V.

LYSANDRE, CELIDEE,
HYPPOLITE, FLORICE.

LYS. Merveille des beautez, seul objet qui m'engage....
CEL. N'oublirez-vous jamais cét importun langage?
Vous obstiner encor à me persecuter
C'est prendre du plaisir à vous voir maltraiter.
Perdez mon souvenir avec vostre esperance,
Et ne m'accablez plus de vostre impertinence,
Il faut pour m'arréter des entretiens meilleurs.
LYS. Quoy? vous prenez pour vous ce que j'adresse ailleurs?
Adore qui voudra vostre rare merite,
Vn change heureux me donne à la belle Hyppolite.

Bb ij

Mon fort en cela seul a voulu me trahir,
Qu'en ce change mon cœur semble vous obeïr,
Et que mon feu passé vous va rendre si vaine
Que vous imputerez ma flame à vostre haine,
A vostre orgueil nouveau mes nouveaux sentimens,
L'effet de ma raison à vos commandemens.
CEL. Tant s'en faut que je prenne une si triste gloire,
Ie chasse mes dédains mesme de ma memoire,
Et dans leur souvenir rien ne me semble doux,
Parce qu'en le gardant je penserois à vous.

[note: a A Hyp-polite.]

LYS.[a] Beauté de qui les yeux nouveaux Rois de mon ame
Me font estre leger sans en craindre le blasme.
HYP. Ne vous emportez point à ces propos perdus,
Et cessez de m'offrir des vœux qui luy sont dûs,
Ie pense mieux valoir que le refus d'une autre,
Si vous voulez vanger son mépris par le vostre,
Ne venez point du moins m'enrichir de son bien,
Elle vous traite mal, mais elle n'aime rien.
Vous, faites-en autant, sans chercher de retraite
Aux importunitez dont elle s'est défaite.
LYS. Que son exemple encor réglast mes actions!
Cela fut bon du temps de mes affections.
A present que mon cœur adore une autre Reine,
A present qu'Hyppolite en est la souveraine.
HYP. C'est elle seulement que vous voulez flater.
LYS. C'est elle seulement que je dois imiter.
HYP. Sçavez-vous donc à quoy la raison vous oblige?
C'est à me negliger comme je vous neglige.
LYS. Ie ne puis imiter ce mépris de mes feux,
A moins qu'à vostre tour vous m'offriez des vœux,
Donnez-m'en les moyens, vous en verrez l'issuë.
HYP. I'apprehenderois fort d'estre trop bien receuë,
Et qu'au lieu du plaisir de me voir imiter,
Ie n'eusse que l'honneur de me faire écouter,
Pour n'avoir que la honte après de me dédire.
LYS. Souffrez donc que mon cœur sans exemple soûpire,
Qu'il aime sans exemple, & que mes passions
S'égalent seulement à vos perfections.
Ie vaincray vos rigueurs par mon humble service,
Et ma fidelité... CEL. Viens avec moy, Florice,
I'ay des nippes en haut que je veux te montrer,

SCENE VI.

HYPPOLITE, LYSANDRE.

HYP. Quoy, sans la retenir vous la laissez rentrer!
Allez, Lysandre, allez, c'est assez de contraintes,
J'ay pitié du tourment que vous donnent ces feintes,
Suivez ce bel objet dont les charmes puissans
Sont, & seront toûjours absolus sur vos sens.
Quoy qu'après ses dédains un peu d'orgueil publie,
Son merite est trop grand pour souffrir qu'on l'oublie,
Elle a des qualitez, & de corps, & d'esprit,
Dont pas un cœur donné jamais ne se reprit.
LYS. Mon change fera voir l'avantage des vostres,
Qu'en la comparaison des unes & des autres
Les siennes desormais n'ont qu'un éclat terny,
Que son merite est grand, & le vostre infiny.
HYP. Que j'emporte sur elle aucune préference!
Vous tenez des discours qui sont hors d'apparence,
Elle me passe en tout, & dans ce changement
Chacun vous blasmeroit de peu de jugement.
LYS. M'en blasmer en ce cas c'est en manquer soy-mesme,
Et choquer la raison qui veut que je vous aime.
Nous sommes hors du temps de cette vieille erreur
Qui faisoit de l'amour une aveugle fureur,
Et l'ayant aveuglé, luy donnoit pour conduite
Le mouvement d'une ame, & surprise, & seduite.
Ceux qui l'ont peint sans yeux ne le connoissoient pas,
C'est par les yeux qu'il entre, & nous dit vos appas;
Lors nostre esprit en juge, & suivant le merite
Il fait croistre une ardeur que cette veuë excite.
Si la mienne pour vous se relasche un moment,
C'est lors que je croiray manquer de jugement,
Et la mesme raison qui vous rend admirable
Doit rendre comme vous ma flame incomparable.
HYP. Epargnez avec moy ces propos affetez,
Encor hier Celidée avoit ces qualitez,
Encor hier en merite elle étoit sans pareille;
Si je suis aujourd'huy cette unique merveille,

Demain quelqu'autre objet dont vous fuivrez la loy
Gagnera voftre cœur, & ce titre fur moy.
Vn esprit inconstant a toûjours cetté adreffe...

SCENE VII.

CHRYSANTE, PLEIRANTE,
HYPPOLITE, LYSANDRE.

CHR. MOnfieur, j'aime ma fille avec trop de tendreffe
 Pour la vouloir contraindre en fes affections.
PLE. Madame, vous fçaurez fes inclinations,
 Elle voudra vous plaire, & je l'en voy foûrire.
 Allons, mon Cavalier, j'ay deux mots à vous dire.
CHR. Vous en aurez réponfe avant qu'il foit trois jours.

SCENE VIII.

CHRYSANTE, HYPPOLITE.

CHR. DEvinerois-tu bien quels étoient nos discours?
HY. Il vous parloit d'amour, peut-eftre? C. Ouy, qu'en
HYP. D'âge presque pareils vous feriez bien enfemble. (femble?
CHR. Tu me donnes vraiment un gracieux détour,
 C'étoit pour ton fujet qu'il me parloit d'amour.
HYP. Pour moy ? ces jours paffez un Poëte qui m'adore
 (Du moins à ce qu'il dit) m'égaloit à l'Aurore,
 Ie me raillois alors de fa comparaifon :
 Mais fi cela fe fait, il avoit bien raifon.
CHR. Avec tout ce babil tu n'és qu'une étourdie,
 Le bon-homme eft bien loin de cette maladie,
 Il veut te marier, mais c'eft à Dorimant;
 Voy fi tu te refous d'accepter cét amant.
HYP. Deffus tous mes defirs vous étes abfoluë,
 Et fi vous le voulez m'y voila refoluë,
 Dorimant vaut beaucoup, je vous le dis fans fard;
 Mais remarquez un peu le trait de ce vieillard,
 Lyfandre fi long-temps a bruflé pour fa fille,
 Qu'il en faifoit déja l'appuy de fa famille;

COMEDIE.

A present que ses feux ne sont plus que pour moy,
Il voudroit bien qu'un autre eust engagé ma foy,
Afin que sans espoir dans cette amour nouvelle
Vn nouveau changement le ramenast vers elle.
N'avez-vous point pris garde, en vous disant Adieu,
Qu'il a presque arraché Lysandre de ce lieu?
CHR. Simple, ce qu'il en fait ce n'est qu'à sa priere,
Et Lysandre tient mesme à faveur singuliere...
HYP. Ie sçay que Dorimant est un de ses amis,
Mais vous voyez d'ailleurs que le Ciel a permis
Que pour mieux vous montrer que tout n'est qu'artifice
Lysandre me faisoit ses offres de service.
CHR. Aucun des deux n'est homme à se joüer de nous,
Quelque secret mystere est caché là dessous.
Allons, pour en tirer la verité plus claire,
Seules dedans ma chambre examiner l'affaire,
Icy quelque importun pourroit nous aborder.

SCENE IX.

HYPPOLITE, FLORICE.

HYP. I'Auray bien de la peine à la persuader.
Ah, Florice, en quel point laisses-tu Celidée?
FLO. De honte & de dépit tout-à-fait possedée.
HYP. Que t'a-t'elle montré? FLO. Cent choses à la fois,
Selon que le hazard les mettoit sous ses doigts.
Ce n'étoit qu'un pretexte à faire sa retraite.
HYP. Elle t'a témoigné d'estre fort satisfaite?
FLO. Sans que je vous amuse en discours superflus
Son visage suffit pour juger du surplus.
HYP.[a] Ses pleurs ne se sçauroient empescher de descendre,
Et j'en aurois pitié si je n'aimois Lysandre.

[a] Il regarde Celidée.

SCENE X.

CELIDEE.

INfidelles témoins d'un feu mal allumé,
Soyez-les de ma honte, & vous fondant en larmes,
Punissez-vous, mes yeux, d'avoir trop présumé
   Du pouvoir de vos charmes.

Dequoy vous a servy d'avoir sçeu me flater,
D'avoir pris le party d'un ingrat qui me trompe,
S'il ne fit le constant qu'afin de me quitter
   Avecque plus de pompe?

Quand je m'en veux deffaire, il est parfait amant,
Quand je veux le garder, il n'en fait plus de conte,
Et n'ayant pû le perdre avec contentement,
   Ie le perds avec honte.

Ce que j'eus lors de joye augmente mon regret,
Par là mon desespoir davantage se pique,
Quand je le crûs constant mon plaisir fut secret,
   Et ma honte est publique.

Le traistre avoit senty qu'alors me negliger
C'étoit à Dorimant livrer toute mon ame,
Et la constance plût à cét esprit leger,
   Pour amortir ma flame.

Autant que j'eus de peine à l'éteindre en naissant,
Autant m'en faudra-t'il à la faire renaistre;
De peur qu'à cét amour d'estre encor impuissant,
   Il n'ose plus paroistre.

Outre que de mon cœur pleinement exilé,
Et n'y conservant plus aucune intelligence,
Il est trop glorieux pour n'estre rappelé
   Qu'à servir ma vangeance.

Mais j'aperçoy celuy qui le porte en ses yeux.

Courage donc, mon cœur, esperons un peu mieux,
Ie sens bien que déja devers luy tu t'envoles,
Mais pour t'accompagner je n'ay point de paroles,
Ma honte & ma douleur surmontant mes desirs
N'en laissent le passage ouvert qu'à mes soûpirs.

SCENE XI.

DORIMANT, CELIDEE, CLEANTE.

DOR. Dans ce profond penser, pasle, triste, abatuë,
Ou quelque grand malheur de Lysandre vous tuë,
Qu'bien-tost vos douleurs l'accableront d'ennuis.
CEL. Il est cause en effet de l'état où je suis,
Non pas en la façon qu'un amy s'imagine,
Mais... DOR. Vous n'achevez point, faut-il que je devine?
CEL. Permettez que je cede à la confusion
Qui m'étouffe la voix en cette occasion,
I'ay d'incroyables traits de Lysandre à vous dire,
Mais ce reste du jour souffrez que je respire,
Et m'obligez demain que je vous puisse voir.
DOR. De sorte qu'à present on n'en peut rien sçavoir?
Dieux! elle se desrobe, & me laisse en un doute.
Poursuivons toutefois nostre premiere route,
Peut-estre ces beaux yeux dont l'éclat me surprit
De ce fascheux soupçon purgeront mon esprit.
Frape.

SCENE XII.

DORIMANT, FLORICE, CLEANTE.

FLO. Qve vous plaist-il? DOR. Peut-on voir Hyppolite?
FLO. Elle vient de sortir pour faire une visite.
DOR. Ainsi tout aujourd'huy mes pas ont esté vains.
Florice, à ce defaut fay-luy mes baise-mains.
FLO.[a] Ce sont des complimens qu'il fait mauvais luy faire,
Depuis que ce Lysandre a tasché de luy plaire,
Elle ne veut plus estre au logis que pour luy,
Et tous autres devoirs luy donnent de l'ennuy.

[a] Elle est seule.

Tome I. Cc

ACTE IV

SCENE PREMIERE.

HYPPOLITE, ARONTE.

HYP. Cet excès d'amour qu'il me faisoit paroistre,
Ie me croyois déja Maîtresse de ton maistre,
Tu m'as fait grand dépit de me desabuser.
Qu'il a l'esprit adroit quand il veut déguiser,
Et que pour mettre en jour ces complimens frivoles,
Il sçait bien ajuster ses yeux à ses paroles!
Mais je me promets tant de ta dexterité,
Qu'il tournera bien-tost la feinte en verité.
ARO. Ie n'ose l'esperer, sa passion trop forte
Déja vers son objet malgré moy le remporte,
Et comme s'il avoit reconnu son erreur,
Vos yeux luy sont à charge, & sa feinte en horreur.
Mesme il m'a commandé d'aller vers sa cruelle,
Luy jurer que son cœur n'a bruslé que pour elle,
Attaquer son orgueil par des submissions....
HYP. I'entens assez le but de tes commissions,
Tu vas tascher pour luy d'amollir son courage.
ARO. I'employe auprés de vous le temps de ce message,
Et la feray parler tantost à mon retour
D'une façon mal propre à donner de l'amour:
Mais aprés mon rapport, si son ardeur extresme
Le résout à porter son message luy-mesme,
Ie ne répons de rien, l'amour qu'ils ont tous deux
Vaincra nostre artifice, & parlera pour eux.
HYP. Sa Maîtresse éblouye ignore encor ma flame,
Et laisse à mes conseils tout pouvoir sur son ame:
Ainsi tout est à nous, s'il ne faut qu'empescher
Qu'un si fidelle amant n'en puisse rapprocher.
ARO. Qui pourroit toutefois en détourner Lysandre,
Ce seroit le plus seur. HYP. N'oses-tu l'entreprendre?

COMEDIE.

ARO. Donnez-moy les moyens de le rendre jaloux,
Et vous verrez après fraper d'étranges coups.
HYP. L'autre jour Dorimant toucha fort ma rivale,
Iusques-là qu'entre eux deux son ame étoit égale,
Mais Lysandre depuis endurant sa rigueur
Luy montra tant d'amour qu'il regagna son cœur.
ARO. Donc à voir Celidée & Dorimant ensemble,
Quelque Dieu qui vous aime aujourd'huy les assemble.
HYP. Fay-les voir à ton maistre, & ne perds point ce temps,
Puisque de là dépend le bonheur que j'attens.

SCENE II.

DORIMANT, CELIDEE, ARONTE.

DOR. ARonte, un mot, tu fuis, crains-tu que je te voye?
AR. Non, mais pressé d'aller où mon maistre m'envoye,
I'avois doublé le pas sans vous apercevoir.
DOR. D'où viens-tu? *ARO.* D'un logis vers la Croix du Tiroir.
DOR. C'est donc en ce Marais que finit ton voyage?
ARO. Non, je cours au Palais faire encor un message.
DOR. Et c'en est le chemin de passer par icy?
ARO. Souffrez que j'aille oster mon maistre de soucy,
Il meurt d'impatience à force de m'attendre.
DOR. Et touchant mes amours ne peux-tu rien m'apprendre?
As-tu veu depuis peu l'objet que je cheris?
ARO. Ouy, tantost en passant j'ay rencontré Cloris.
DOR. Tu cherches des détours, je parle d'Hyppolite.
CEL. Et c'est là seulement le discours qu'il évite.
Tu t'enferres, Aronte, & pris au dépourveu,
En vain tu veux cacher ce que nous avons veu.
Va, ne sois point honteux des crimes de ton maistre,
Pourquoy desavoüer ce qu'il fait trop paroistre?
Il la sert à mes yeux, cét infidelle amant, *Aronte*
Et te vient d'envoyer luy faire un compliment. *rentre.*

SCENE III.

DORIMANT, CELIDEE.

CEL. Près cette retraite & ce morne silence
Pouvez-vous bien encor demeurer en balance?
DOR. Ie n'en ay que trop veu, mes yeux m'en ont trop dit,
Aronte en me parlant étoit tout interdit,
Et sa confusion portoit sur son visage
Assez & trop de jour pour lire son message.
Traistre, traistre Lysandre, est-ce là donc le fruit
Qu'en faveur de mes feux ton amitié produit?
CEL. Connoissez tout à fait l'humeur de l'infidelle,
Vostre amour seulement la luy fait trouver belle,
Son objet, tout aimable & tout parfait qu'il est,
N'a des charmes pour luy que depuis qu'il vous plaist,
Et vostre affection de la sienne suivie
Montre que c'est par là qu'il en a pris envie,
Qu'il veut moins l'acquerir que vous la desrober.
DOR. Voicy dans ce larcin qui le fait succomber.
En ce dessein commun de servir Hyppolite,
Il faut voir seul à seul qui des deux la merite,
Son sang me répondra de son manque de foy,
Et me fera raison, & pour vous, & pour moy.
Nostre vieille union ne fait qu'aigrir mon ame,
Et mon amitié meurt voyant naistre sa flame.
CEL. Vouloir quelque mesure entre un perfide & vous
Est-ce faire justice à ce juste couroux?
Pouvez-vous presumer après sa tromperie
Qu'il ait dans les combats moins de supercherie?
Certes pour le punir c'est trop vous negliger,
Et chercher à vous perdre au lieu de vous vanger.
DOR. Pourriez-vous approuver que je prisse avantage
Pour immoler ce traistre à mon peu de courage?
I'acheterois trop cher la mort du suborneur,
Si pour avoir sa vie il m'en coûtoit l'honneur,
Et montrerois une ame, & trop basse, & trop noire,
De ménager mon sang aux dépens de ma gloire.
CEL. Sans les voir l'un ny l'autre en peril exposez,
Il est pour vous vanger des moyens plus aisez.

Pour peu que vous fussiez de mon intelligence,
Vous auriez bien-tost pris une digne vangeance,
Et vous pourriez sans bruit oster à l'inconstant...
DOR. Quoy? ce qu'il m'a volé? CEL. Non, mais du moins autant.
DOR. La foiblesse du sexe en ce point vous conseille,
Il se croit trop vangé quand il rend la pareille,
Mais suivre le chemin que vous voulez tenir,
C'est imiter son crime au lieu de le punir,
Au lieu de luy ravir une belle Maîtresse,
C'est prendre à son refus une beauté qu'il laisse,
[a] C'est luy faire plaisir, au lieu de l'affliger,
C'est souffrir un affront, & non pas se vanger.
I'en perds icy le temps, Adieu, je me retire,
Mais avant qu'il soit peu, si vous entendez dire
Qu'un coup fatal & juste ait puny l'imposteur,
Vous pourrez aisément en deviner l'autheur.
CEL. De grace encor un mot. Helas! il m'abandonne
Aux cuisans déplaisirs que ma douleur me donne;
Rentre, pauvre abusée, & dedans tes malheurs,
Si tu ne les retiens, cache du moins tes pleurs.

[a] *Lysandre vient avec Aronte qui luy fait voir Dorimant avec Celidée.*

SCENE IV.

LYSANDRE, ARONTE.

ARO. ET bien, qu'en dites-vous, & que vous semble d'elle?
LYS. Helas! pour mon malheur tu n'és que trop fidelle,
N'exerce plus tes soins à me faire endurer,
Ma plus douce fortune est de tout ignorer,
Ie serois trop heureux sans le rapport d'Aronte.
ARO. Encor pour Dorimant, il en a quelque honte,
Vous voyant il a fuy. LYS. Mais mon ingrate alors
Pour empescher sa fuite a fait tous ses efforts.
Aronte, & tu prenois ses dédains pour des feintes!
Tu croyois que son cœur n'eust point d'autres atteintes,
Que son esprit entier se conservoit à moy,
Et parmy ses rigueurs n'oublioit point sa foy!
ARO. A vous dire le vray, j'en suis trompé moy-mesme:
Après deux ans passez dans un amour extresme,
Que sans occasion elle vinst à changer!
Ie me susse tenu coupable d'y songer.

Mais puisque sans raison la volage vous change,
Faites qu'avec raison un changement vous vange :
Pour punir comme il faut son infidelité,
Vous n'avez qu'à tourner la feinte en verité.
LYS. Miserable, est-ce ainsi qu'il faut qu'on me soulage ?
Ay-je trop peu souffert sous cette humeur volage,
Et veux-tu deformais que par un second choix
Ie m'engage à souffrir encor une autre fois ?
Qui t'a dit qu'Hyppolite à cette amour nouvelle
Se rendroit plus sensible, ou seroit plus fidelle ?
ARO. Vous en devez, Monsieur, présumer beaucoup mieux.
LYS. Conseiller importun, oste-toy de mes yeux.
ARO. Son ame... LYS. Oste-toy, dis-je, & desrobe ta teste
Aux violents effets que ma colere appreste,
Ma boüillante fureur ne cherche qu'un objet,
Va, tu l'attirerois sur un sang trop abjet.

SCENE V.

LYSANDRE.

IL faut à mon couroux de plus nobles victimes,
Il faut qu'un mesme coup me vange de deux crimes,
Qu'aprés les trahisons de ce couple indiscret
L'un meure de ma main, & l'autre de regret.
Ouy, la mort de l'amant punira la Maîtresse,
Et mes plaisirs alors naistront de sa tristesse ;
Mon cœur à qui mes yeux apprendront ses tourmens
Permettra le retour à mes contentemens ;
Ce visage si beau, si bien pourveu de charmes,
N'en aura plus pour moy s'il n'est couvert de larmes,
Ses douleurs seulement ont droit de me guerir,
Pour me resoudre à vivre, il faut la voir mourir.
Freneriques transports, avec quelle insolence
Portez-vous mon esprit à tant de violence ?
Allez, vous avez pris trop d'empire sur moy,
Dois-je estre sans raison parce qu'ils sont sans foy ?
Dorimant, Celidée, amy, chere Maîtresse,
Suivrois-je contre vous la fureur qui me presse ?
Quoy ? vous ayant aimez, pourrois-je vous haïr ?
Mais vous pourrois-je aimer, quand vous m'osez trahir ?

Qu'un rigoureux combat déchire mon courage !
Ma jalousie augmente, & redouble ma rage,
Mais quelques fiers projets qu'elle jette en mon cœur,
L'amour, ah ! ce mot seul me range à la douceur.
Celle que nous aimons jamais ne nous offense,
Vn mouvement secret prend toûjours sa deffense,
L'amant souffre tout d'elle, & dans son changement,
Quelque irrité qu'il soit, il est toûjours amant.
Toutefois si l'amour contre elle m'intimide,
Revenez, mes fureurs, pour punir le perfide,
Arrachez-luy mon bien, une telle beauté
N'est pas le juste prix d'une déloyauté.
Souffrirois-je à mes yeux que par ses artifices
Il recueillist les fruits dûs à mes longs services ?
S'il vous faut épargner le sujet de mes feux,
Que ce traistre du moins réponde pour tous deux,
Vous me devez son sang pour expier son crime,
Contre sa lascheté tout vous est legitime,
Et quelques châtimens.... Mais, Dieux ! que voy-je icy ?

SCENE VI.

HYPPOLITE, LYSANDRE.

HYP. VOus avez dans l'esprit quelque pesant soucy,
Ce visage enflamé, ces yeux pleins de colere
En font voir au dehors une marque trop claire.
Ie prens assez de part en tous vos interests,
Pour vouloir en aveugle y mesler mes regrets,
Mais si vous me disiez ce qui cause vos peines...
LYS. Ah, ne m'imposez point de si cruelles gesnes,
C'est irriter mes maux que de me secourir,
La mort, la seule mort a droit de me guerir.
HYP. Si vous vous obstinez à m'en taire la cause,
Tout mon pouvoir sur vous n'est que fort peu de chose.
LYS. Vous l'avez souverain, horsmis en ce seul point.
HYP. Laissez le moy par tout, ou ne m'en laissez point,
C'est n'aimer qu'à demy qu'aimer avec reserve,
Et ce n'est pas ainsi que je veux qu'on me serve.
Il faut m'apprendre tout, & lors que je vous voy,
Estre de belle humeur, ou n'estre plus à moy.

LYS. Ne perdez point d'efforts à vaincre mon silence,
Vous useriez sur moy de trop de violence,
Adieu, je vous ennuye, & les grands déplaisirs
Veulent en liberté s'exhaler en soûpirs.

SCENE VII.

HYPPOLITE.

C'Est donc là tout l'état que tu fais d'Hyppolite?
Après des vœux offerts, c'est ainsi qu'on me quitte?
Qu'Aronte jugeoit bien que ses feintes amours
Avant qu'il fust long-temps interromproient leur cours!
Dans ce peu de succès des ruses de Florice
I'ay manqué de bonheur, mais non pas de malice,
Et si j'en puis jamais trouver l'occasion,
I'y mettray bien encor de la division.
Si nostre pauvre amant est plein de jalousie,
Ma rivale qui sort n'en est pas moins saisie.

SCENE VIII.

HYPPOLITE, CELIDEE.

CEL. N'Ay-je pas tantost veu mon perfide avec vous?
Il a bien-tost quitté des entretiens si doux.
HYP. Qu'y feroit-il, ma sœur? ta fidelle Hyppolite
Traite cet inconstant ainsi qu'il le merite;
Il a beau m'en conter de toutes les façons,
Ie le renvoye ailleurs pratiquer ses leçons.
CEL. Le parjure à present est fort sur ta loüange?
HYP. Il ne tient pas à luy que je ne sois un Ange,
Et quand il vient en suite à parler de ses feux,
Aucune passion jamais n'approcha d'eux.
Par tous ces vains discours il croit fort qu'il m'oblige,
Mais non la moitié tant qu'alors qu'il te neglige,
C'est par là qu'il me pense acquerir puissamment;
Et moy, qui t'ay toûjours cherie uniquement,
Ie te laisse à juger alors si je l'endure.
CEL. C'est trop prendre, ma sœur, de part en mon injure,

Laisse-le

COMEDIE.

Laisse-le mépriser celle dont les mépris
Sont cause maintenant que d'autres yeux l'ont pris,
Si Lysandre te plaist, possede le volage;
Mais ne me traite point avec desavantage,
Et si tu te resous d'accepter mon amant,
Relasche-moy du moins le cœur de Dorimant.
HYP. Pourveu que leur vouloir se range sous le nostre,
Ie te donne le choix, & de l'un, & de l'autre;
Ou si l'un ne suffit à ton jeune desir,
Défay-moy de tous deux, tu me feras plaisir.
I'estimay fort Lysandre avant que le connoistre,
Mais depuis cet amour que mes yeux ont fait naistre,
Ie te repute heureuse après l'avoir perdu.
Que son humeur est vaine, & qu'il fait l'entendu!
Que son discours est fade avec ses flateries!
Qu'on est importuné de ses affeteries!
Vraiment si tout le monde étoit fait comme luy,
Ie croy qu'avant deux jours je secherois d'ennuy.
CEL. Qu'en cela du Destin l'ordonnance fatale
A pris pour nos malheurs une route inégale!
L'un & l'autre me fuit, & je brusle pour eux,
L'un & l'autre t'adore, & tu les fuis tous deux.
HYP. Si nous changions de sort, que nous serions contentes!
CEL. Outre (helas) que le Ciel s'oppose à nos attentes,
Lysandre n'a plus rien à rengager ma foy.
HYP. Mais l'autre tu voudrois....

SCENE IX.

PLEIRANTE, HYPPOLITE, CELIDEE.

PLE. Ne rompez pas pour moy,
Craignez-vous qu'un amy sçache de vos Nouvelles?
HYP. Nous causions de mouchoirs, de rabats, de dentelles,
De ménages de fille. PLE. Et parmy ces discours
Vous conferiez ensemble un peu de vos amours?
Et bien, ce serviteur, l'aura-t'on agreable?
HYP. Vous m'attaquez toûjours par quelque trait semblable,
Des hommes comme vous ne sont que des conteurs,
Vraiment c'est bien à moy d'avoir des serviteurs?

Tome I. Dd

PLE. Parlons, parlons François. Enfin pour cette affaire
  Nous en remettrons-nous à l'avis d'une mere?
HYP. I'obeïray toûjours à son commandement,
  Mais de grace, Monsieur, parlez plus clairement,
  Ie ne puis deviner ce que vous voulez dire.
PLE. Vn certain Cavalier pour vos beaux yeux soûpire.
HYP. Vous en voulez par là. *PLE.* Ce n'est point fiction
  Que ce que je vous dis de son affection;
  Vostre mere sçeut hier à quel point il vous aime,
  Et veut que ce soit vous qui vous donniez vous mesme.
HYP. Et c'est ce que ma mere, afin de m'expliquer,
  Ne m'a point fait l'honneur de me communiquer:
  Mais pour l'amour de vous je vay le sçavoir d'elle.

SCENE X.

PLEIRANTE, CELIDEE.

PLE. TA compagne est du moins aussi fine que belle.
CEL. Elle a bien sçeu de vray se défaire de vous.
PLE. Et fort habilement se parer de mes coups.
CEL. Peut-estre innocemment, faute d'y rien comprendre.
PLE. Mais faute, bien plûtost, d'y vouloir rien entendre.
  Ie suis des plus trompez si Dorimant luy plaist.
CEL. Y prenez-vous, Monsieur, pour luy quelque interest?
PLE. Lysandre m'a prié d'en porter la parole.
CE. Lysandre! *PL.* Ouy, ton Lysandre. *CE.* Et luy-mesme cajole.
PLE. Quoy? que cajole-t'il? *CEL.* Hyppolite à mes yeux.
PLE. Folle, il n'aima jamais que toy dessous les Cieux,
  Et nous sommes tous prests de choisir la journée
  Qui bien-tost de vous deux termine l'Hymenée.
  Il se plaint toutefois un peu de ta froideur,
  Mais pour l'amour de moy montre-luy plus d'ardeur,
  Parle, ma volonté sera-t'elle obeïe?
CEL. Helas, qu'on vous abuse aprés m'avoir trahie!
  Il vous fait, cét ingrat, parler pour Dorimant,
  Tandis qu'au mesme objet il s'offre pour amant,
  Et traverse par là tout ce qu'à sa priere
  Vostre vaine entremise avance vers la mere.
  Cela, qu'est-ce, Monsieur, que se joüer de vous?
PLE. Qu'il est peu de raison dans ces esprits jaloux!

Et quoy ? pour un amy s'il rend une visite,
Faut-il s'imaginer qu'il cajole Hyppolite ?
CEL. Ie sçay ce que j'ay veu. PLE. Ie sçay ce qu'il m'a dit,
Et ne veux plus du tout souffrir de contredit,
Mon choix de vostre Hymen en sa faveur dispose.
CEL. Commandez-moy plutost, Monsieur, toute autre chose.
PLE. Quelle bizarre humeur ! quelle inégalité,
De rejetter un bien qu'on a tant souhaité !
La belle, voyez-vous, qu'on perde ces caprices,
Il faut pour m'éblouïr de meilleurs artifices.
Quelque nouveau venu vous donne dans les yeux,
Quelque jeune étourdy qui vous flate un peu mieux,
Et parce qu'il vous fait quelque feinte caresse,
Il faut que nous manquions vous & moy de promesse ?
Quittez pour vostre bien ces fantasques refus.
CEL. Monsieur. PLE. Quittez-les, dis-je, & ne contestez plus.

SCENE XI.

CELIDEE.

FAscheux commandement d'un incredule pere,
Qu'il me fut doux jadis, & qu'il me desespere !
I'avois auparavant qu'on m'eust manqué de foy
Le devoir & l'amour tout d'un party chez moy,
Et ma flame d'accord avecque sa puissance
Vnissoit mes desirs à mon obeïssance ;
Mais, helas ! que depuis cette infidelité
Ie trouve d'injustice en son authorité !
Mon esprit s'en revolte ; & ma flame bannie
Fait qu'un pouvoir si saint m'est une tyrannie.
Dures extrémitez où mon sort est reduit !
On donne mes faveurs à celuy qui les fuit,
Nous avons l'un pour l'autre une pareille haine,
Et l'on m'attache à luy d'une éternelle chaisne.
Mais s'il ne m'aimoit plus, parleroit-il d'amour
A celuy dont je tiens la lumiere du jour ?
Mais s'il m'aimoit encor, verroit-il Hyppolite ?
Mon cœur en mesme temps se retient, & s'excite,
Ie ne sçay quoy me flate, & je sens déja bien
Que mon feu ne dépend que de croire le sien.

Dd ij

212 LA GALERIE DV PALAIS,

Tout-beau, ma paſſion, c'eſt déja trop paroiſtre,
Attens, attens du moins la ſienne pour renaiſtre.
A quelle folle erreur me laiſſay-je emporter?
Il fait tout à deſſein de me perſecuter,
L'ingrat cherche ma peine, & veut par ſa malice
Que l'ordre qu'on me donne augmente mon ſupplice.
Rentrons, que ſon objet preſenté par hazard
De mon cœur ébranlé ne reprenne une part;
C'eſt bien aſſez qu'un pere à ſouffrir me deſtine,
Sans que mes yeux encor aident à ma ruïne.

SCENE XII.

LA LINGERE, LE MERCIER.

a Ils s'entrepouſſent une boëte qui eſt entre leurs boutiques.

LIN.[a] I'Envoiray tout à bas, puis après on verra.
Ardez, vraiment c'eſt-mon, on vous l'endurera,
Vous étes un bel homme, & je dois fort vous craindre!
MER. Tout eſt ſur mon tapis, qu'avez-vous à vous plaindre?
LIN. Auſſi voſtre tapis eſt tout ſur mon batant;
Ie ne m'étonne plus dequoy je gagne tant.
MER. Là là, criez bien haut, faites bien l'étourdie,
Et puis on vous joüra dedans le Comedie.
LIN. Ie voudrois l'avoir veu, que quelqu'un s'y fuſt mis,
Pour en avoir raiſon nous manquerions d'amis,
On joüe ainſi le monde. MER. Après tout ce langage
Ne me repouſſez pas mes boëtes davantage.
Voſtre caquet m'enleve à tous coups mes châlands,
Vous vendez dix rabats contre moy deux galands,
Pour conſerver la paix depuis ſix mois j'endure,
Sans vous en dire mot, ſans le moindre murmure,
Et vous me harcelez, & ſans cauſe, & ſans fin.
Qu'une femme hargneuſe eſt un mauvais voiſin!
Nous n'appaiſerons point cette humeur qui vous pique
Que par un entredeux mis à voſtre boutique,
Alors, n'ayant plus rien enſemble à demeſler,
Vous n'aurez plus auſſi ſur quoy me quereller.
LIN. Iuſtement.

SCENE XIII.

LA LINGERE, FLORICE, LE MERCIER, LE LIBRAIRE, CLEANTE.

LIN. DE tout loin je vous ay reconnuë.
FLO. Vous vous doutez donc bien pourquoy je suis venuë?
 Les avez-vous receus ces point-coupez nouveaux?
LIN. Ils viennent d'arriver. FLO. Voyons donc les plus beaux.
MER.[a] Ne vous vendray-je rien, Monsieur, des bas de soye,
 Des gands en broderie, ou quelque petite-oye?
CLE.[b] Ces livres que mon maistre avoit fait mettre à part,
 Les avez-vous encor? LIB.[c] Ah, que vous venez tard!
 Encore un peu, ma foy, je m'en allois les vendre:
 Trois jours sans revenir! je m'ennuyois d'attendre.
CLE. Ie l'avois oublié. Le prix? LIB. Chacun le sçait,
 Autant de quarts-d'écus, c'est un marché tout fait.
LIN.[d] Et bien qu'en dites-vous? FLO. I'en suis toute ravie,
 Et n'ay rien encor veu de pareil en ma vie,
 Vous aurez nostre argent si l'on croit mon rapport.
 Que celuy-cy me semble & delicat & fort,
 Que cét autre me plaist! que j'en aime l'ouvrage!
 Montrez-m'en cependant quelqu'un à mon usage.
LIN. Voicy dequoy vous faire un assez beau collet.
FLO. Ie pense en verité qu'il ne seroit pas laid,
 Que me coûtera-t'il? LIN. Allez, faites-moy vendre,
 Et pour l'amour de vous je n'en voudray rien prendre.
 Mais avisez alors à me recompenser.
FLO. L'offre n'est pas mauvaise, & vaut bien y penser,
 Vous me verrez demain avecque ma maîtresse.

[a] *A Cleante qui passe.*
[b] *Au Libraire.*
[c] *Il fait un paquet de ses livres.*
[d] *A Florice.*

SCENE XIV.

FLORICE, ARONTE, LE MERCIER,
LA LINGERE.

FLO. ARonte, & bien, quels fruits produira noſtre adreſſe?
    A. De fort mauvais pour moy, mon maiſtre au deſespoir
Fuit les yeux d'Hyppolite, & ne veut plus me voir.
FLO. Nous ſommes donc ainſi bien loin de noſtre conte?
ARO. Ouy, mais tout le malheur en tombe ſur Aronte.
FLO. Ne te débauche point, je veux faire ta paix.
ARO. Son couroux eſt trop grand pour s'appaiſer jamais.
FLO. S'il vient encor chez nous, ou chez ſa Celidée,
Ie te rends auſſi-toſt l'affaire accommodée.
ARO. Si tu fais ce coup là, que ton pouvoir eſt grand!
Vien, je te veux donner tout à l'heure un galand.
MER. Voyez, Monſieur, j'en ay des plus beaux de la Terre,
En voila de Paris, d'Avignon, d'Angleterre.
a Il regar- ARO.[a] Tous vos rubans n'ont point d'aſſez vives couleurs.
de une Allons, Florice, allons, il en faut voir ailleurs.
boëte de LIN. Ainſi faute d'avoir de belle marchandiſe,
rubans. Des hommes comme vous perdent leur chalandiſe.
MER. Vous ne la perdez pas, vous, mais Dieu ſçait comment;
Du moins ſi je vends peu, je vends loyalement,
Et je n'attire point avec une promeſſe
De Suivante qui m'aide à tromper ſa maîtreſſe.
LIN. Quand il faut dire tout, on s'entre-connoit bien,
Chacun ſçait ſon métier, &... Mais je ne dis rien.
MER. Vous ferez un grand coup, ſi vous pouvez vous taire.
LIN. Ie ne replique point à des gens en colere.

ACTE V.

SCENE PREMIERE.

LYSANDRE.

INDISCRETTE vangeance, imprudentes chaleurs,
Dont l'impuissance ajoûte un comble à mes malheurs,
Ne me conseillez plus la mort de ce faussaire;
J'aime encor Celidée, & n'ose luy déplaire,
Priver de la clarté ce qu'elle aime le mieux
Ce n'est pas le moyen d'agréer à ses yeux.
L'Amour en la perdant me retient en balance,
Il produit ma fureur, & rompt sa violence,
Et me laissant trahy, confus, & méprisé,
Ne veut que triompher de mon cœur divisé.
   Amour, cruel autheur de ma longue misere,
Ou permets à la fin d'agir à ma colere,
Ou sans m'embarrasser d'inutiles transports,
Auprès de ce bel œil fay tes derniers efforts.
Viens, accompagne-moy chez ma belle inhumaine,
Et comme de mon cœur triomphe de sa haine.
Contre toy ma vangeance a mis les armes bas,
Contre ses cruautez rends les mesmes combats,
Exerce ta puissance à fléchir la farouche,
Montre-toy dans mes yeux, & parle par ma bouche;
Si tu te sens trop foible, appelle à ton secours
Le souvenir de mille & de mille heureux jours,
Où ses desirs d'accord avec mon esperance
Ne laissoient à nos vœux aucune difference.
Ie pense avoir encor ce qui la sçeut charmer,
Les mesmes qualitez qu'elle voulut aimer,
Peut-estre mes douleurs ont changé mon visage,
Mais en revanche aussi je l'aime davantage,
Mon respect s'est accrû pour un objet si cher,
Ie ne me vange point de peur de la fascher;

Vn infidelle amy tient son ame captive,
Ie le sçay, je le vois, & je souffre qu'il vive.
Ie tarde trop, allons, ou vaincre ses refus,
Ou me vanger sur moy de ne luy plaire plus,
Et tirons de son cœur, malgré sa flame éteinte,
La pitié par ma mort, ou l'amour par ma plainte,
Ses rigueurs par ce fer me perceront le sein.

SCENE II.

DORIMANT, LYSANDRE.

DOR. ET quoy ? pour m'avoir veu vous changez de dessein!
Ne craignez point pour moy d'entrer chez Hyppolite,
Vous ne m'apprendrez rien en luy faisant visite,
Mes yeux, mes propres yeux n'ont que trop découvert
Comme un amy si rare auprés d'elle me sert.
LYS. Parlez plus franchement, ma rencontre importune
Auprés d'un autre objet trouble vostre fortune,
Et vous montrez assez par ces foibles détours
Qu'un témoin comme moy déplaist à vos amours,
Vous voulez seul à seul cajoler Celidée:
Nous en aurons bien-tost la querelle vuidée,
Ma mort vous donnera chez elle un libre accés,
Ou ma juste vangeance un funeste succés.
DOR. Qu'est-ce-cy, déloyal ? quelle fourbe est la vostre?
Vous m'en disputez une afin d'acquerir l'autre:
Aprés ce que chacun a veu de vostre feu,
C'est une lascheté d'en faire un desaveu.
LYS. Ie ne me connoy point à combatre d'injures.
DOR. Aussi veux-je punir autrement tes parjures,
Le Ciel, le juste Ciel ennemy des ingrats,
Qui pour ton châtiment a destiné mon bras,
T'apprendra qu'à moy seul Hyppolite est gardée.
LYS. Garde ton Hyppolite. DOR. Et toy ta Celidée.
LYS. Voila faire le fin de crainte d'un combat.
DOR. Tu m'imputes la crainte, & ton cœur s'en abat!
LYS. Laissons à part les noms, disputons la Maistresse,
Et pour qui que ce soit montre icy ton adresse.
DOR. C'est comme je l'entens.

SCENE

COMEDIE.

SCENE III.

CELIDEE, LYSANDRE, DORIMANT.

CEL. O Dieux ! ils sont aux coups,
Ah perfide ! sur moy détourne ton couroux,
La mort de Dorimant me seroit trop funeste.
DOR. Lysandre, une autre fois nous vuiderons le reste.
CEL.[a] Arreste, cher ingrat. LYS. Tu recules, voleur.
DOR. Ie fuis cette importune, & non pas ta valeur.

[a] A Dorimant.

SCENE IV.

LYSANDRE, CELIDEE.

LYS. NE suivez pas du moins ce perfide à ma veuë,
Avez-vous resolu que sa fuite me tuë,
Et qu'ayant sceu braver son plus vaillant effort,
Par sa retraite infame il me donne la mort ?
Pour en fraper le coup vous n'avez qu'à le suivre.
CEL. Ie tiens des gens sans foy si peu dignes de vivre,
Qu'on ne verra jamais que je recule un pas
De crainte de causer un si juste trépas.
LYS. Et bien, voyez-le donc, ma lame toute preste
N'attendoit que vos yeux pour immoler ma teste.
Vous lirez dans mon sang à vos pieds répandu
Ce que valoit l'amant que vous aurez perdu,
Et sans vous reprocher un si cruel outrage,
Ma main de vos rigueurs achevera l'ouvrage.
Trop heureux mille fois, si je plais en mourant
A celle à qui j'ay pû déplaire en l'adorant,
Et si ma prompte mort secondant son envie
L'asseure du pouvoir qu'elle avoit sur ma vie.
CEL. Moy, du pouvoir sur vous ! vos yeux se sont mépris,
Et quelque illusion qui trouble vos esprits
Vous fait imaginer d'estre auprès d'Hyppolite.
Allez, volage, allez où l'amour vous invite,
Dans ses doux entretiens recherchez vos plaisirs,
Et ne m'empeschez plus de suivre mes desirs.

Tome I. E e

LYS. Ce n'est pas sans raison que ma feinte passée,
 A jetté cette erreur dedans vostre pensée.
 Il est vray, devant vous forçant mes sentimens,
 I'ay presenté des vœux, j'ay fait des complimens;
 Mais c'étoient complimens qui partoient d'une bouche,
 Mon cœur que vous teniez desavoüoit ma bouche.
 Pleirante qui rompit ces ennuyeux discours
 Sçait bien que mon amour n'en changea point de cours,
 Contre vostre froideur une modeste plainte
 Fut tout nostre entretien au sortir de la feinte,
 Et je le priay lors.... *CEL.* D'user de son pouvoir?
 Ce n'étoit pas par là qu'il me falloit avoir,
 Les mauvais traitemens ne font qu'aigrir les ames.
LYS. Confus, desesperé du mépris de mes flames,
 Sans conseil, sans raison, pareil aux matelots
 Qu'un naufrage abandonne à la mercy des flots,
 Ie me suis pris à tout ne sçachant où me prendre.
 Ma douleur par mes cris d'abord s'est fait entendre,
 I'ay creu que vous seriez d'un naturel plus doux
 Pourveu que vostre esprit devinst un peu jaloux,
 I'ay fait agir pour moy l'autorité d'un pere,
 I'ay fait venir aux mains celuy qu'on me préfere,
 Et puisque ces efforts n'ont reüssi qu'en vain,
 I'auray de vous ma grace, ou la mort de ma main.
 Choisissez, l'une ou l'autre achevera mes peines,
 Mon sang brusle déja de sortir de mes veines,
 Il faut pour l'arréter me rendre vostre amour,
 Ie n'ay plus rien sans luy qui me retienne au jour.
CEL. Volage, falloit-il pour un peu de rudesse
 Vous porter si soudain à changer de Maîtresse ?
 Que je vous croyois bien d'un jugement plus meur!
 Ne pouviez-vous souffrir de ma mauvaise humeur?
 Ne pouviez-vous juger que c'étoit une feinte
 A dessein d'éprouver quelle étoit vostre atteinte?
 Les Dieux m'en soient témoins, & ce nouveau sujet
 Que vos feux inconstans ont choisi pour objet,
 Si jamais j'eus pour vous de dédain veritable
 Avant que vostre amour parust si peu durable.
 Qu'Hyppolite vous die avec quels sentimens
 Ie luy fus raconter vos premiers mouvemens,
 Avec quelles douceurs je m'étois préparée
 A redonner la joye à vostre ame éplorée.

COMEDIE. 219

Dieux ! que je fus surprise & mes sens éperdus
Quand je vis vos devoirs à sa beauté rendus !
Vostre legereté fut soudain imitée,
Non-pas que Dorimant m'en eust sollicitée,
Au contraire, il me fuit, & l'ingrat ne veut pas
Que sa franchise cede au peu que j'ay d'appas.
Mais helas ! plus il fuit, plus son portrait s'efface,
Ie vous sens malgré moy reprendre vostre place,
L'aveu de vostre erreur desarme mon couroux,
Ne redoutez plus rien, l'amour combat pour vous.
Si nous avons failly de feindre l'un & l'autre.
Pardonnez à ma feinte, & j'oubliray la vostre.
Moy-mesme je l'avoüe à ma confusion,
Mon imprudence a fait nostre division,
Tu ne meritois pas de si rudes alarmes ;
Accepte un repentir accompagné de larmes,
Et souffre que le tien nous fasse tour à tour
Par ce petit divorce augmenter nostre amour.
LYS. Que vous me surprenez ! ô Ciel ! est-il possible
Que je vous trouve encor à mes desirs sensible ?
Que j'aime ces dédains qui finissent ainsi ;
CEL. Et pour l'amour de toy que je les aime aussi !
LYS. Que ce soit toutefois sans qu'il vous prenne envie
De les plus essayer au peril de ma vie.
CEL. J'aime trop desormais ton repos & le mien,
Tous mes soins n'iront plus qu'à nostre commun bien,
Voudrois-je aprés ma faute une plus douce amende,
Que l'effet d'un Hymen qu'un pere me commande ?
Ie t'accusois en vain d'une infidelité,
Il agissoit pour toy de pleine authorité,
Me traitoit de parjure, & de fille rebelle ;
Mais allons luy porter cette heureuse Nouvelle,
Ce que pour mes froideurs il témoigne d'horreur
Merite bien qu'en haste on le tire d'erreur.
LYS. Vous craignez qu'à vos yeux cette belle Hyppolite
N'ait encor de ma bouche un hommage hypocrite.
CEL. Non, je fuy Dorimant qu'ensemble j'aperçoy,
Ie ne veux plus le voir puisque je suis à toy.

Ee ij

SCENE V.

DORIMANT, HYPPOLITE.

DOR. Avtant que mon esprit adore vos merites,
   Autant veux-je de mal à vos longues visites.
HYP. Que vous ont-elles fait, pour vous mettre en couroux?
DOR. Elles m'oſtent le bien de vous trouver chez vous.
   I'y fais à tous momens une courſe inutile,
   I'apprens cent fois le jour que vous étes en ville,
   En voicy preſque trois que je n'ay pû vous voir
   Pour rendre à vos beautez ce que je ſçay devoir,
   Et n'étoit qu'aujourd'huy cette heureuſe rencontre
   Sur le point de rentrer par hazard me les montre,
   Ie croy que ce jour meſme auroit encor paſſé
   Sans moyen de m'en plaindre aux yeux qui m'ont bleſſé.
HYP. Ma libre & gaye humeur hait le ton de la plainte,
   Ie n'en puis écouter qu'avec de la contrainte,
   Si vous prenez plaiſir dedans mon entretien,
   Pour le faire durer, ne vous plaignez de rien.
DOR. Vous me pouvez oſter tout ſujet de me plaindre.
HYP. Et vous pouvez auſſi vous empeſcher d'en feindre.
DOR. Eſt-ce en feindre un ſujet qu'accuſer vos rigueurs?
HYP. Pour vous en plaindre à faux, vous feignez des langueurs.
DOR. Verrois-je ſans languir ma flame qu'on neglige?
HYP. Eteignez cette flame où rien ne vous oblige.
DOR. Vos charmes trop puiſſans me forcent à ces feux.
HYP. Ouy, mais rien ne vous force à vous approcher d'eux.
DOR. Ma preſence vous faſche, & vous eſt odieuſe.
HYP. Non, mais tout ce diſcours la peut rendre ennuyeuſe.
DOR. Ie voy bien ce que c'eſt, je lis dans voſtre cœur,
   Il a receu les traits d'un plus heureux vainqueur,
   Vn autre regardé d'un œil plus favorable
   A mes ſubmiſſions vous fait inexorable,
   C'eſt pour luy ſeulement que vous voulez bruſler.
HYP. Il eſt vray, je ne puis vous le diſſimuler,
   Il faut que je vous traite avec toute franchiſe.
   Alors que je vous pris, un autre m'avoit priſe,
   Vn autre captivoit mes inclinations.
   Vous devez préſumer de vos perfections,

Que si vous attaquiez un cœur qui fust à prendre,
Il seroit mal-aisé qu'il s'en pûst bien défendre.
Vous auriez eu le mien, s'il n'eust esté donné;
Mais puisque les Destins ainsi l'ont ordonné,
Tant que ma passion aura quelque esperance,
N'attendez rien de moy que de l'indifference.
DOR. Vous ne m'apprenez point le nom de cet amant.
Sans doute que Lysandre est cet objet charmant
Dont les discours flateurs vous ont préoccupée.
HYP. Cela ne se dit point à des hommes d'épée.
Vous exposer aux coups d'un duel hazardeux,
Ce seroit le moyen de vous perdre tous deux.
Ie vous veux, si je puis, conserver l'un & l'autre,
Ie cheris sa personne, & hay si peu la vostre,
Qu'ayant perdu l'espoir de le voir mon époux,
Si ma mere y consent, Hyppolite est à vous:
Mais aussi jusque là plaignez vostre infortune.
DOR. Permettez pour ce nom que je vous importune,
Ne me refusez plus de me le declarer,
Que je sçache en quel temps j'auray droit d'esperer,
Vn mot me suffira pour me tirer de peine,
Et lors j'étoufferay si bien toute ma haine,
Que vous me trouverez vous-mesme trop remis.

SCENE VI.

PLEIRANTE, LYSANDRE, CELIDÉE,
DORIMANT, HYPPOLITE.

PLE. SOuffrez, mon Cavalier, que je vous fasse amis,
Vous ne luy voulez pas quereller Celidée?
DOR. L'affaire à cela près peut estre decidée,
Voicy le seul objet de nos affections,
Et l'unique motif de nos dissentions.
LYS. Dissipe, chèr amy, cette jalouse atteinte,
C'est l'objet de tes feux, & celuy de ma feinte,
Mon cœur fut toûjours ferme, & moy je me dédis
Des vœux que de ma bouche elle reçeut jadis.
Piqué d'un faux dédain j'avois pris fantaisie
De mettre Celidée en quelque jalousie,

E e iij

Mais au lieu d'un esprit j'en ay fait deux jaloux.
PLE. Vous pouvez deformais achever entre vous,
 Ie vay dans ce logis dire un mot à Madame.

SCENE VII.

DORIMANT, LYSANDRE, CELIDEE, HYPPOLITE.

DOR. Ainsi, loin de m'aider, tu traverfois ma flame!
LYS. Les efforts que Pleirante à ma priere a faits
 T'auroient acquis déja le but de tes fouhaits,
 Mais tu dois accufer les glaces d'Hyppolite,
 Si ton bonheur n'eſt pas égal à ton merite.
HYP. Qu'auray-je cependant pour fatisfaction
 D'avoir fervy d'objet à voſtre fiction?
 Dans voſtre different je fuis la plus bleſſée,
 Et me trouve à l'accord entierement laiſſée.
CEL. N'y fonge plus, de grace, & pour l'amour de moy
 Trouve bon qu'il ait feint de vivre fous ta loy.
 Veux-tu le quereller lors que je luy pardonne?
 Le droit de l'amitié tout autrement ordonne:
 Tous prefts d'eſtre aſſemblez d'un lien conjugal,
 Tu ne le peux haïr fans me vouloir du mal.
 I'ay feint par ton confeil, luy par celuy d'un autre,
 Et bien qu'amour jamais ne fut égal au noſtre,
 Ie m'étonne comment cette confufion
 Laiſſe finir fi-toſt noſtre divifion.
HYP. De forte qu'à prefent le Ciel y remedie?
CEL. Tu vois, mais après tout, s'il faut que je le die,
 Ton confeil eſt fort bon, mais un peu dangereux.
HYP. Excufe, chere amie, un esprit amoureux;
 Lyfandre me plaifoit, & tout mon artifice
 N'alloit qu'à détourner fon cœur de ton fervice.
 I'ay fait ce que j'ay pû pour broüiller vos efprits,
 I'ay, pour me l'attirer, pratiqué tes mépris,
 Mais puifqu'ainfi le Ciel rejoint voſtre Hymenée,
DOR. Voſtre rigueur vers moy doit eſtre terminée.
 Sans chercher de raifons pour vous perfuader,
 Voſtre amour hors d'efpoir fait qu'il me faut ceder,

COMEDIE.

Vous sçavez trop à quoy la parole vous lie.
HYP. A vous dire le vray, j'ay fait une folie,
Ie les croyois encor loin de se reünir,
Et moy par consequent loin de vous la tenir.
DOR. Auriez-vous pour la rompre une ame assez legere?
HYP. Puisque je l'ay promis, vous pouvez voir ma mere.
LYS. Si tu juges Pleirante à cela suffisant,
Ie croy qu'eux deux ensemble en parlent à present.
DOR. Aprés cette faveur qu'on me vient de promettre,
Ie croy que mes devoirs ne se peuvent remettre;
I'espere tout de luy, mais pour un bien si doux
Ie ne sçaurois.... LYS. Arreste, ils s'avancent vers nous.

SCENE VIII.

PLEIRANTE, CHRYSANTE,
LYSANDRE, DORIMANT,
CELIDEE, HYPPOLITE,
FLORICE.

DOR.[a] Madame, un pauvre amant captif de cette belle   [a] *A Chrysante.*
Implore le pouvoir que vous avez sur elle,
Tenant ses volontez vous gouvernez mon sort,
I'attens de vostre bouche, ou la vie, ou la mort.
CHR.[b] Vn homme tel que vous, & de vostre naissance,   [b] *A Dorimant.*
Ne peut avoir besoin d'implorer ma puissance;
Si vous avez gagné ses inclinations,
Soyez seur du succés de vos affections.
Mais je ne suis pas femme à forcer son courage,
Ie sçay ce que la force est en un mariage;
Il me souvient encor de tous mes déplaisirs,
Lors qu'un premier Hymen contraignit mes desirs,
Et sage à mes dépens, je veux bien qu'Hyppolite
Prenne ou laisse, à son choix, un homme de merite.
Ainsi presumez tout de mon consentement,
Mais ne pretendez rien de mon commandement.
DOR.[c] Aprés un tel aveu serez-vous inhumaine?   [c] *A Hyppolite.*
HYP.[d] Madame, un mot de vous me mettroit hors de peine,   [d] *A Chrysante.*
Ce que vous remettez à mon choix d'accorder,
Vous feriez beaucoup mieux de me le commander,

PLE.[a] Elle vous montre assez où son desir se porte.

[a] A Chrysante.

CHR. Puisqu'elle s'y résout, le reste ne m'importe.

DOR. Ce favorable mot me rend le plus heureux
De tout ce que jamais on a veu d'amoureux.

LYS. I'en sens croistre ma joye, & mon cœur qui se pasme
Croit qu'encore une fois on accepte sa flame.

HYP.[b] Ferez-vous donc enfin quelque chose pour moy ?

[b] A Lysandre.

LYS. Tout, horsmis ce seul point, de luy manquer de foy.

HYP. Pardonnez donc à ceux qui gagnez par Florice
Lors que je vous aimois m'ont fait quelque service.

LYS. Ie vous entens assez, soit, Aronte impuny
Pour ses mauvais conseils ne sera point banny.
Tu le souffriras bien, puisqu'elle m'en supplie.

CEL. Il n'est rien que pour elle & pour toy je n'oublie.

PLE. Attendant que demain ces deux couples d'amans
Soient mis au plus haut point de leurs contentemens,
Allons chez moy, Madame, achever la journée.

CHR. Mon cœur est tout ravy de ce double Hymenée.

FLO. Mais afin que la joye en soit égale à tous,
Faites encor celuy de Monsieur & de vous.

CHR. Outre l'âge en tous deux un peu trop refroidie,
Cela sentiroit trop sa fin de Comedie.

F I N.

LA SVIVANTE,

LA
SVIVANTE
COMEDIE

ACTEVRS.

GERASTE, Pere de Daphnis.

POLEMON, Oncle de Clarimond.

CLARIMOND, Amoureux de Daphnis.

FLORAME, Amant de Daphnis.

THEANTE, Aussi Amoureux de Daphnis.

DAMON, Amy de Florame & de Theante.

DAPHNIS, Maitresse de Florame, & aimée de Clarimond & de Theante.

AMARANTE, Suivante de Daphnis.

CELIE, Voisine de Geraste & sa confidente.

CLEON, Domestique de Damon.

La Scene est à Paris.

LA SUIVANTE,
COMEDIE

ACTE I.

SCENE PREMIERE.
DAMON, THEANTE.

DAM. MY, j'ay beau refver, toute ma ref-
verie
Ne me fait rien comprendre en ta
galanterie.
Auprés de ta Maîtresse engager un
amy
C'est à mon jugement ne l'aimer
qu'à demy,
Ton humeur qui s'en lasse au changement l'invite,
Et n'osant la quitter, tu veux qu'elle te quitte.
THE. Amy, n'y refve plus, c'est en juger trop bien
Pour t'oser plaindre encor de n'y comprendre rien.
Quelques puissans appas que possede Amarante,
Ie trouve qu'après tout ce n'est qu'une Suivante,
Et je ne puis songer à sa condition,
Que mon amour ne cede à mon ambition.
Ainsi malgré l'ardeur qui pour elle me presse,
A la fin j'ay levé les yeux sur sa maîtresse,

Ff ij

Où mon deſſein plus haut & plus laborieux
Se promet des ſuccés beaucoup plus glorieux.
Mais lors, ſoit qu'Amarante euſt pour moy quelque flame,
Soit qu'elle penetraſt juſqu'au fond de mon ame,
Et que malicieuſe elle priſt du plaiſir
A rompre les effets de mon nouveau deſir,
Elle ſçavoit toûjours m'arréter auprès d'elle
A tenir des propos d'une ſuite éternelle.
L'ardeur qui me bruſloit de parler à Daphnis
Me fourniſſoit en vain des détours infinis,
Elle uſoit de ſes droits, & toute imperieuſe,
D'une voix demy-gaye & demy-ſerieuſe,
Quand j'ay des Serviteurs, c'eſt pour m'entretenir,
Diſoit-elle, *autrement je les ſçay bien punir,*
Leurs devoirs près de moy n'ont rien qui les excuſe.
DAM. Maintenant je devine à peu près une ruſe
Que tout autre en ta place à peine entreprendroit.
THE. Ecoute, & tu verras ſi je ſuis maladroit.
Tu ſçais comme Florame à tous les beaux viſages
Fait par civilité toûjours de feints hommages,
Et ſans avoir d'amour offrant par tout des vœux,
Traite de peu d'eſprit les veritables feux.
Vn jour qu'il ſe vantoit de cette humeur étrange,
A qui chaque objet plaiſt, & que pas un ne range,
Et reprochoit à tous que leur peu de beauté
Luy laiſſoit ſi long-temps garder ſa liberté;
Florame, dis-je alors, *ton ame indifferente*
Ne tiendroit que fort peu contre mon Amarante;
Theante, me dit-il, *il faudroit l'éprouver,*
Mais l'éprouvant peut-eſtre on te feroit reſver,
Mon feu qui ne ſeroit que pure courtoiſie
La rempliroit d'amour & toy de jalouſie.
Ie replique, il repart, & nous tombons d'accord
Qu'au hazard du ſuccés il y feroit effort.
Ainſi je l'introduis, & par ce tour d'adreſſe
Qui me fait pour un temps luy ceder ma Maîtreſſe,
Engageant Amarante & Florame au diſcours,
I'entretiens à loiſir mes nouvelles amours.
DAM. Fut-elle ſur ce point, ou faſcheuſe, ou facile?
THE. Plus que je n'eſperois je l'y trouvay docile;
Soit que je luy donnaſſe une fort douce loy,
Et qu'il fuſt à ſes yeux plus aimable que moy;

COMEDIE.

Soit qu'elle fist dessein sur ce fameux rebelle,
Qui par simple gageure osoit se joüer d'elle;
Elle perdit pour moy son importunité,
Et n'en demanda plus tant d'assiduité.
L'aise de se voir seule à gouverner Florame
Ne souffrit plus chez elle aucun soin de ma flame,
Et ce qu'elle goustoit avec luy de plaisirs
Luy fit abandonner mon ame à mes desirs.
DAM. On t'abuse, Theante, il faut que je te die
Que Florame est atteint de mesme maladie,
Qu'il roule en son esprit mesmes desseins que toy,
Et que c'est à Daphnis qu'il veut donner sa foy.
A servir Amarante il met beaucoup d'étude,
Mais ce n'est qu'un pretexte à faire une habitude:
Il accoûtume ainsi ta Daphnis à le voir,
Et ménage un accès qu'il ne pouvoit avoir.
Sa richesse l'attire, & sa beauté le blesse,
Elle le passe en biens, il l'égale en noblesse,
Et cherche ambitieux par sa possession
A relever l'éclat de son extraction;
Il a peu de fortune, & beaucoup de courage,
Et hors cette esperance il hait le mariage.
C'est ce que l'autre jour en secret il m'apprit,
Tu peux sur cet avis lire dans son esprit.
THE. Parmy ses hauts projets il manque de prudence,
Puisqu'il traite avec toy de telle confidence.
DAM. Croy qu'il m'éprouvera fidelle au dernier point
Lors que ton interest ne s'y meslera point.
THE. Ie dois l'attendre icy, quitte-moy, je te prie,
De peur qu'il n'ait soupçon de ta supercherie.
DAM. Adieu, je suis à toy.

LA SVIVANTE,

SCENE II.

THEANTE.

Par quel malheur fatal
Ay-je donné moy-mefme entrée à mon rival?
De quelque trait rufé que mon esprit fe vante,
Ie me trompe moy-mefme en trompant Amarante,
Et choifis un amy qui ne veut que m'ofter
Ce que par luy je tafche à me faciliter.
Qu'importe toutesfois qu'il brufle, & qu'il foûpire?
Ie fçay trop comme il faut l'empefcher d'en rien dire.
Amarante l'arrefte, & j'arrefte Daphnis,
Ainfi tous entretiens d'entr'eux deux font bannis,
Et tant d'heur fe rencontre en ma fage conduite,
Qu'au langage des yeux fon amour eft reduite.
Mais n'eft-ce pas affez pour fe communiquer?
Que faut-il aux amants de plus pour s'expliquer?
Mefme ceux de Daphnis à tous coups luy répondent,
L'un dans l'autre à tous coups leurs regards fe confondent,
Et d'un commun aveu ces muets truchemens
Ne fe difent que trop leurs amoureux tourmens.
   Quelles vaines frayeurs troublent ma fantaifie?
Que l'amour aifément panche à la jaloufie!
Qu'on croit toft ce qu'on craint en ces perplexitez,
Où les moindres foupçons paffent pour veritez!
Daphnis eft toute aimable, & fi Florame l'aime,
Dois-je m'imaginer qu'il foit aimé de mefme?
Florame avec raifon adore tant d'appas,
Et Daphnis fans raifon s'abaifferoit trop bas,
Ce feu fi jufte en l'un, en l'autre inexcufable,
Rendroit l'un glorieux, & l'autre méprifable.
   Simple, l'amour peut-il écouter la raifon?
Et mefme ces raifons font-elles de faifon?
Si Daphnis doit rougir en bruflant pour Florame,
Qui l'en affranchiroit en fecondant ma flame?
Etant tous deux égaux, il faut bien que nos feux
Luy faffent mefme honte, ou mefme honneur tous deux:
Ou tous deux nous formons un deffein temeraire,
Ou nous avons tous deux mefme droit de luy plaire:

COMEDIE.

Si l'espoir m'est permis, il y peut aspirer,
Et s'il pretend trop haut, je dois desesperer.
Mais le voicy venir.

SCENE III.

THEANTE, FLORAME.

THE. Tv me fais bien attendre.
FLO. Encor est-ce à regret qu'icy je viens me rendre,
Et comme un criminel qu'on traisne à sa prison.
THE. Tu ne fais qu'en raillant cette comparaison.
FLO. Elle n'est que trop vraye. *THE.* Et ton indifference?
FLO. La conserver encor! le moyen! l'apparence!
Ie m'étois plû toûjours d'aimer en mille lieux,
Voyant une beauté mon cœur suivoit mes yeux;
Mais de quelques attraits que le Ciel l'eust pourveuë,
I'en perdois la memoire aussi-tost que la veuë,
Et bien que mes discours luy donnassent ma foy,
De retour au logis je me trouvois à moy.
Cette façon d'aimer me sembloit fort commode,
Et maintenant encor je vivrois à ma mode :
Mais l'objet d'Amarante est trop embarassant,
Ce n'est point un visage à ne voir qu'en passant,
Vn je ne sçay quel charme auprès d'elle m'attache,
Ie ne la puis quitter que le jour ne se cache,
Mesme alors malgré moy son image me suit,
Et me vient au lieu d'elle entretenir la nuit.
Le sommeil n'oseroit me peindre une autre idée,
I'en ay l'esprit remply, j'en ay l'ame obsedée;
Theante, où permets-moy de n'en plus approcher,
Ou songe que mon cœur n'est pas fait d'un rocher,
Tant de charmes enfin me rendroient infidelle.
THE. Devien-le, si tu veux, je suis asseuré d'elle,
Et quand il te faudra tout de bon l'adorer
Ie prendray du plaisir à te voir soûpirer,
Tandis que pour tout fruit tu porteras la peine
D'avoir tant persisté dans une humeur si vaine.
Quand tu ne pourras plus te priver de la voir,
C'est alors que je veux t'en oster le pouvoir,

232 *LA SVIVANTE,*

 Et j'attens de pied ferme à reprendre ma place
 Qu'il ne soit plus en toy de retrouver ta glace.
 Tu te défens encor, & n'en tiens qu'à demy.
FLO. Cruel, est-ce là donc me traiter en amy?
 Garde pour châtiment de cet injuste outrage
 Qu'Amarante pour toy ne change de courage,
 Et se rendant sensible à l'ardeur de mes vœux...
THE. A cela près poursuy, gagne-la, si tu peux;
 Ie ne m'en prendray lors qu'à ma seule imprudence,
 Et demeurant ensemble en bonne intelligence,
 En dépit du malheur que j'auray merité,
 I'aimeray le rival qui m'aura supplanté.
FLO. Amy, qu'il vaut bien mieux ne tomber point en peine
 De faire à tes dépens cette épreuve incertaine!
 Ie me confesse pris, je quitte, j'ay perdu,
 Que veux-tu plus de moy, repren ce qui t'est dû.
 Separer plus long-temps une amour si parfaite!
 Continüer encor la faute que j'ay faite!
 Elle n'est que trop grande, & pour la reparer
 I'empescheray Daphnis de vous plus separer:
 Pour peu qu'à mes discours je la trouve accessible,
 Vous joüirez vous deux d'un entretien paisible,
 Ie sçauray l'amuser, & vos feux redoublez
 Par son fascheux abord ne seront plus troublez.
THE. Ce seroit prendre un soin qui n'est pas necessaire,
 Daphnis sçait d'elle-mesme assez bien se distraire,
 Et jamais son abord ne trouble nos plaisirs,
 Tant elle est complaisante à nos chastes desirs.

SCENE IV.

FLORAME, THEANTE,
AMARANTE.

THE. DEploye, il en est temps, tes meilleurs artifices,
 (Sans mettre toutefois en oubly mes services)
 Ie t'améne un captif qui te veut échaper.
AMA. I'en ay veu d'échapez que j'ay sçeu r'atraper.
THE. Voy qu'en sa liberté ta gloire se hazarde.
AMA. Allez, laissez-le-moy, j'en feray bonne garde,

Daphnis

COMEDIE.

Daphnis est au jardin. *FLO.* Sans plus vous desunir,
Souffre qu'au lieu de toy je l'aille entretenir.

SCENE V.

AMARANTE, FLORAME.

AMA. Laissez, mon Cavalier, laissez aller Theante,
Il porte assez au cœur le portrait d'Amarante,
Ie n'apprehende point qu'on l'en puisse effacer,
C'est au vostre à present que je le veux tracer,
Et la difficulté d'une telle victoire
M'en augmente l'ardeur, comme elle en croist la gloire.
FLO. Aurez-vous quelque gloire à me faire souffrir?
AMA. Plus que de tous les vœux qu'on me pourroit offrir.
FLO. Vous plaisez-vous à ceux d'une ame si contrainte,
Qu'une vieille amitié retient toûjours en crainte?
AMA. Vous n'êtes pas encore au point où je vous veux,
Et toute amitié meurt où naissent de vrais feux.
FLO. De vray contre ses droits mon esprit se rebelle;
Mais feriez-vous état d'un amant infidelle?
AMA. Ie ne prendray jamais pour un manque de foy
D'oublier un amy pour se donner à moy.
FLO. Encor si je pouvois former quelque esperance
De vous voir favorable à ma perseverance,
Que vous pûssiez m'aimer aprés tant de tourment,
Et d'un mauvais amy faire un heureux amant!
Mais, helas! je vous sers, je vis sous vostre empire,
Et je ne puis pretendre où mon désir aspire :
Theante (ah, nom fatal pour me combler d'ennuy!)
Vous demandez mon cœur, & le vostre est à luy!
Souffrez qu'en autre lieu j'adresse mes services,
Que du manque d'espoir j'évite les supplices.
Qui ne peut rien pretendre a droit d'abandonner.
AMA. S'il ne tient qu'à l'espoir, je vous en veux donner,
Apprenez que chez moy c'est un foible avantage
De m'avoir de ses vœux le premier fait hommage,
Le merite y fait tout, & tel plaist à mes yeux,
Que je negligerois prés de qui vaudroit mieux.
Luy seul de mes amants regle la difference,
Sans que le temps leur donne aucune préference.

Tome I. Gg

FLO. Vous ne flatez mes sens que pour m'embaraſſer.
AMA. Peut-eſtre, mais enfin il faut le confeſſer,
Vous vous trouveriez mieux auprès de ma maitreſſe.
FLO. Ne penſez pas.... *AMA.* Non, non, c'eſt là ce qui vous preſſe,
Allons dans le jardin enſemble la chercher.
Que j'ay ſçeu dextrement à ſes yeux la cacher!

SCENE VI

DAPHNIS, THEANTE.

DAP. Voyez comme tous deux ont fuy noſtre rencontre.
Ie vous l'ay déja dit, & l'effet vous le montre;
Vous perdez Amarante, & cet amy fardé
Se ſaiſit finement d'un bien ſi mal gardé:
Vous devez vous laſſer de tant de patience,
Et voſtre ſeureté n'eſt qu'en la défiance.
THE. Ie connois Amarante, & ma facilité
Etablit mon repos ſur ſa fidelité,
Elle rit de Florame, & de ſes flateries,
Qui ne ſont après tout que des galanteries.
DAP. Amarante de vray n'aime pas à changer,
Mais voſtre peu de ſoin l'y pourroit engager;
On neglige aiſément un homme qui neglige,
Son naturel eſt vain, & qui la ſert l'oblige.
D'ailleurs les nouveautez ont de puiſſans appas,
Theante, croyez-moy, ne vous y fiez pas.
I'ay ſçeu me faire jour juſqu'au fond de ſon ame,
Où j'ay peu remarqué de ſa premiere flame,
Et s'il tournoit la feinte en veritable amour,
Elle ſeroit bien fille à vous joüer d'un tour.
Mais afin que l'iſſuë en ſoit pour vous meilleure,
Laiſſez-moy ce cauſeur à gouverner une heure;
I'ay tant de paſſion pour tous vos intereſts,
Que j'en ſçauray bien-toſt penetrer les ſecrets.
THE. C'eſt un trop bas employ pour de ſi hauts merites;
Et quand elle aimeroit à ſouffrir ſes viſites,
Quand elle auroit pour luy quelque inclination,
Vous m'en verriez toûjours ſans apprehenſion.
Qu'il ſe mette à loiſir s'il peut dans ſon courage,
Vn moment de ma veuë en efface l'image,

COMEDIE.

Nous nous reſſemblons mal, & pour ce changement
Elle a de trop bons yeux, & trop de jugement.
DAP. Vous le mépriſez trop, je trouve en luy des charmes,
Qui vous devroient du moins donner quelques alarmes :
Clarimond n'a de moy que haine, & que rigueur,
Mais s'il luy reſſembloit, il gagneroit mon cœur.
THE. Vous en parlez ainſi faute de le connoiſtre.
DAP. Mais j'en juge ſuivant ce que j'en voy paroiſtre.
THE. Quoy qu'il en ſoit, l'honneur de vous entretenir
DAP. Briſons-là ce diſcours, je l'aperçoy venir.
Amarante, ce ſemble, en eſt fort ſatisfaite.

SCENE VII.

DAPHNIS, FLORAME, THEANTE, AMARANTE.

THE. IE t'attendois, amy, pour faire la retraite,
L'heure du diſner preſſe, & nous incommodons
Celles qu'en nos diſcours icy nous retardons.
DAP. Il n'eſt pas encor tard. THE. Nous ferions conſcience
D'abuſer plus long-temps de voſtre patience.
FLO. Madame, excuſez donc cette incivilité
Dont l'heure nous impoſe une neceſſité.
DAP. Sa force vous excuſe, & je lis dans voſtre ame
Qu'à regret vous quittez l'objet de voſtre flame.

SCENE VIII.

DAPHNIS, AMARANTE.

DAP. CEtte aſſiduité de Florame avec vous
A la fin a rendu Theante un peu jaloux.
Auſſi de vous y voir tous les jours attachée,
Quelle puiſſante amour n'en feroit point touchée ?
Ie viens d'examiner ſon eſprit en paſſant,
Mais vous ne croiriez pas l'ennuy qu'il en reſſent.
Vous y devez pourvoir, & ſi vous êtes ſage
Il faut à cet amy faire mauvais viſage.

Gg ij

Luy fauſſer compagnie, éviter ſes diſcours,
Ce ſont pour l'appaiſer les chemins les plus cours:
Sinon, faites état qu'il va courir au change.
AMA. Il ſeroit en ce cas d'une humeur bien étrange.
A ſa priere ſeule, & pour le contenter
I'écoute cet amy quand il m'en vient conter;
Et pour vous dire tout, cet amant infidelle
Ne m'aime pas aſſez pour en eſtre en cervelle,
Il forme des deſſeins beaucoup plus relevez,
Et de plus beaux portraits en ſon cœur ſont gravez.
Mes yeux pour l'aſſervir ont de trop foibles armes,
Il voudroit pour m'aimer que j'euſſe d'autres charmes,
Que l'éclat de mon ſang mieux ſoûtenu de biens
Ne fuſt point ravalé par le rang que je tiens;
Enfin (que ſerviroit auſſi-bien de le taire?)
Sa vanité le porte au ſoucy de vous plaire.
DAP. En ce cas il verra que je ſçay comme il faut
Punir des inſolens qui pretendent trop haut.
AMA. Ie luy veux quelque bien, puiſque changeant de flame
Vous voyez par pitié qu'il me laiſſe Florame,
Qui n'étant pas ſi vain a plus de fermeté.
DAP. Amarante, après tout, diſons la verité,
Theante n'eſt ſi vain qu'en voſtre fantaiſie,
Et ſa froideur pour vous naiſt de ſa jalouſie.
Mais ſoit qu'il change ou non, il ne m'importe en rien,
Et ce que je vous dis n'eſt que pour voſtre bien.

SCENE IX.

AMARANTE.

Our peu ſçavant qu'on ſoit aux mouvemens de l'ame,
On devine aiſément qu'elle en veut à Florame.
Sa fermeté pour moy que je vantois à faux
Luy portoit dans l'eſprit de terribles aſſauts.
Sa ſurpriſe à ce mot a paru manifeſte,
Son teint en a changé, ſa parole, ſon geſte:
L'entretien que j'en ay luy ſembleroit bien doux,
Et je croy que Theante en eſt le moins jaloux.
Ce n'eſt pas d'aujourd'huy que je m'en ſuis doutée:
Eſtre toûjours des yeux ſur un homme arrétée,

Dans son manque de biens déplorer son malheur,
Iuger à sa façon qu'il a de la valeur,
Demander si l'esprit en répond à la mine,
Tout cela de ses feux eust instruit la moins fine.
Florame en est de mesme, il meurt de luy parler,
Et s'il peut d'avec moy jamais se demesler,
C'en est fait, je le perds. L'impertinente crainte!
Que m'importe de perdre une amitié si feinte?
Et que me peut servir un ridicule feu,
Où jamais de son cœur sa bouche n'a l'aveu?
Ie m'en veux mal en vain, l'Amour a tant de force,
Qu'il attache mes sens à cette fausse amorce,
Et fera son possible à toûjours conserver
Ce doux exterieur dont on me veut priver.

ACTE II.

SCENE PREMIERE.

GERASTE, CELIE.

CEL. ET bien j'en parleray, mais songez qu'à vostre âge
Mille accidens fascheux suivent le mariage,
On aime rarement de si sages époux,
Et leur moindre malheur c'est d'estre un peu jaloux.
Convaincus au dedans de leur propre foiblesse,
Vne ombre leur fait peur, une mouche les blesse,
Et cet heureux Hymen qui les charmoit si fort
Devient souvent pour eux un fourrier de la mort.
GER. Excuse, ou pour le moins pardonne à ma folie,
Le sort en est jetté, va, ma chere Celie,
Va trouver la beauté qui me tient sous sa loy,
Flate-la de ma part, promets-luy tout de moy:
Dy-luy que si l'amour d'un vieillard l'importune,
Elle fait une planche à sa bonne fortune,
Que l'excès de mes biens à force de presens
Repare la vigueur qui manque à mes vieux ans,
Qu'il ne luy peut échoir de meilleure avanture.
CEL. Ne m'importunez point de vostre tablature,
Sans vos instructions je sçay bien mon métier,
Et je n'en laisseray pas-un trait à quartier.
GER. Ie ne suis point ingrat quand on me rend office,
Peins-luy bien mon amour, offre bien mon service,
Dy bien que mes beaux jours ne sont pas si passez,
Qu'il ne me reste encor... CEL. Que vous m'étourdissez!
N'est-ce point assez dit que vostre ame est éprise?
Que vous allez mourir si vous n'avez Florise?
Reposez-vous sur moy. GER. Que voilà froidement
Me promettre ton aide à finir mon tourment!
CEL. S'il faut aller plus viste, allons, je voy son frere,
Et vay tout devant vous luy proposer l'affaire.

COMÉDIE.

GER. Ce seroit tout gaster, arreste, & par douceur
Essaye auparavant d'y resoudre la sœur.

SCENE II.

FLORAME.

IAmais ne verray-je finie
 Cette incommode affection
Dont l'impitoyable manie
 Tyrannise ma passion?
Ie feins, & je fais naistre un feu si veritable,
Qu'à force d'estre aimé je deviens miserable.

 Toy, qui m'assieges tout le jour,
 Fascheuse cause de ma peine,
 Amarante, de qui l'amour
 Commence à meriter ma haine,
Cesse de te donner tant de soins superflus,
Ie te voudray du bien de ne m'en vouloir plus.

 Dans une ardeur si violente,
 Prés de l'objet de mes desirs,
 Penses-tu que je me contente,
 D'un regard, & de deux soûpirs,
Et que je souffre encor cet injuste partage,
Où tu tiens mes discours, & Daphnis mon courage?

 Si j'ay feint pour toy quelques feux,
 C'est à quoy plus rien ne m'oblige:
 Quand on a l'effet de ses vœux
 Ce qu'on adoroit se neglige,
Ie ne voulois de toy qu'un accés chez Daphnis,
Amarante, je l'ay, mes amours sont finis.

 Theante, repren ta Maîtresse,
 N'oste plus à mes entretiens
 L'unique sujet qui me blesse,
 Et qui peut-estre est las des tiens:
Et toy, puissant Amour, fais enfin que j'obtienne
Vn peu de liberté pour luy donner la mienne.

SCENE III.

AMARANTE, FLORAME.

AMA. Qve vous voilà soudain de retour en ces lieux!
FLO. Vous jugerez par là du pouvoir de vos yeux.
AMA. Autre objet que mes yeux devers nous vous attire.
FLO. Autre objet que vos yeux ne cause mon martyre.
AMA. Vostre martyre donc est de perdre avec moy
    Vn temps dont vous voulez faire un meilleur employ.

SCENE IV.

DAPHNIS, AMARANTE, FLORAME.

DAP. Amarante, allez voir si dans la galerie
    Ils ont bien-tost tendu cette tapisserie,
Ces gens-là ne font rien si l'on n'a l'œil sur eux.
[a] Ie romps pour quelque temps le discours de vos feux.

[a] Amarante rentre & Daphnis continuë.

FLO. N'appellez point des feux un peu de complaisance,
    Que détruit vostre abord, qu'éteint vostre presence.
DAP. Vostre amour est trop forte, & vos cœurs trop unis,
    Pour l'oublier soudain à l'abord de Daphnis,
    Et vos civilitez étant dans l'impossible
    Vous rendent bien flateur, mais non pas insensible.
FLO. Quoy que vous estimiez de ma civilité,
    Ie ne me pique point d'insensibilité;
    I'aime, il n'est que trop vray, je brusle, je soûpire,
    Mais un plus haut sujet me tient sous son empire.
DAP. Le nom ne s'en dit point? FLO. Ie ry de ces amants
    Dont le trop de respect redouble les tourmens,
    Et qui pour les cacher se faisant violence
    Se promettent beaucoup d'un timide silence.
    Pour moy, j'ay toûjours creu qu'un amour vertueux
    N'avoit point à rougir d'estre présomptueux,
    Ie veux bien vous nommer le bel œil qui me dompte,
    Et ma temerité ne me fait point de honte.
    Ce rare & haut sujet.... AMA.[b] Tout est presque tendu.
DAP. Vous n'avez auprès d'eux gueres de temps perdu.
    AMA. I'ay

[b] Elle revient brusquement.

COMEDIE.

AMA. I'ay veu qu'ils l'employoient, & je suis revenuë.
DAP. I'ay peur de m'enrheumer au froid qui continuë,
 Allez au cabinet me querir un mouchoir,
 I'en ay laissé les clefs autour de mon miroir,
 Vous les trouverez là.ᵃ I'ay crû que cette belle   ᵃ *Amarâte*
 Ne pouvoit à propos se nommer devant elle,   *rentre, &*
 Qui recevant par là quelque espece d'affront   *Daphnis*
 En auroit eu soudain la rougeur sur le front.   *continuë.*
FLO. Sans affront je la quitte, & luy préfere une autre
 Dont le merite égal, le rang pareil au vostre,
 L'esprit & les attraits également puissans
 Ne dévroient de ma part avoir que de l'encens :
 Ouy, sa perfection comme la vostre extresme
 N'a que vous de pareille, en un mot, c'est.... *DA.* Moy-mesme,
 Ie voy bien que c'est là que vous voulez venir,
 Non tant pour m'obliger, comme pour me punir :
 Ma curiosité devenuë indiscrette
 A voulu trop sçavoir d'une flame secrette,
 Mais bien qu'elle en reçoive un juste châtiment
 Vous pouviez me traiter un peu plus doucement :
 Sans me faire rougir il vous devoit suffire
 De me taire l'objet dont vous aimez l'empire.
 Mettre en sa place un nom qui ne vous touche pas,
 C'est un cruel reproche au peu que j'ay d'appas.
FLO. Veu le peu que je suis, vous dédaignez de croire
 Vne si malheureuse & si basse victoire,
 Mon cœur est un captif si peu digne de vous,
 Que vos yeux en voudroient desavoüer leurs coups ;
 Ou peut-estre mon sort me rend si mesprisable,
 Que ma temerité vous devient incroyable.
 Mais quoy que deformais il m'en puisse arriver,
 Ie fais serment.... *AMA.* Vos clefs ne sçauroient se trouver.
DAP. Faute d'un plus exquis, & comme par bravade,
 Cecy servira donc de mouchoir de parade.
  Enfin ce Cavalier que nous vismes au bal,
 Vous trouvez comme moy qu'il ne danse pas mal ?
FLO. Ie ne le vis jamais mieux sur sa bonne mine.
DAP. Il s'étoit si bien mis pour l'amour de Clarine.
 ᵇ A propos de Clarine, il m'étoit échapé   ᵇ *A Ama-*
 Qu'elle en a deux à moy d'un nouveau point coupé ;   *rante.*
 Allez, & dites-luy qu'elle me les renvoye.
AMA. Il est hors d'apparence aujourd'huy qu'on la voye,

LA SVIVANTE,

Dès une heure au plus tard elle devoit sortir.
DAP. Son Cocher n'est jamais si-tost prest à partir,
Et d'ailleurs son logis n'est pas au bout du Monde,
Vous perdrez peu de pas. Quoy qu'elle vous réponde,
Dites-luy nettement que je les veux avoir.
AMA. A vous les rapporter je feray mon pouvoir.

SCENE V.

FLORAME, DAPHNIS.

FLO. C'Est à vous maintenant d'ordonner mon supplice,
Seure que sa rigueur n'aura point d'injustice.
DAP. Vous voyez qu'Amarante a pour vous de l'amour,
Et ne manquera pas d'estre tost de retour.
Bien que je pusse encor user de ma puissance,
Il vaut mieux ménager le temps de son absence.
Donc pour n'en perdre point en discours superflus,
Ie croy que vous m'aimez, n'attendez rien de plus,
Florame, je suis fille, & je dépens d'un pere.
FLO. Mais de vostre costé que faut-il que j'espere?
DAP. Si ma jalouse encor vous rencontroit icy,
Ce qu'elle a de soupçons seroit trop éclaircy:
Laissez-moy seule, allez. *FLO.* Se peut-il que Florame
Souffre d'estre si-tost separé de son ame?
Ouy, l'honneur d'obeïr à vos commandemens
Luy doit estre plus cher que ses contentemens.

SCENE VI.

DAPHNIS.

MOn amour par ses yeux plus forte devenuë
L'eust bien-tost emporté dessus ma retenuë,
Et je sentois mes feux tellement s'augmenter
Qu'il n'étoit plus en moy de les pouvoir dompter.
I'avois peur d'en trop dire, & cruelle à moy-mesme,
Parce que j'aime trop, j'ay banny ce que j'aime.
Ie me trouve captive en de si beaux liens,
Que je meurs qu'il le sçache, & j'en fuy les moyens.

Quelle importune loy que cette modestie,
Par qui noftre apparence en glace convertie
Etouffe dans la bouche, & nourrit dans le cœur
Vn feu dont la contrainte augmente la vigueur!
Que ce penfer m'eft doux! que je t'aime, Florame,
Et que je fonge peu dans l'excès de ma flame,
A ce qu'en nos deftins contre nous irritez
Le merite & les biens font d'inégalitez!
Auffi par celle-là de bien loin tu me paffes,
Et l'autre feulement eft pour les ames baffes,
Et ce penfer flateur me fait croire aifément
Que mon pere fera de mefme fentiment,
Helas! c'eft en effet bien flater mon courage
D'accommoder fon fens aux defirs de mon âge,
Il voit par d'autres yeux, & veut d'autres appas.

SCENE VII

DAPHNIS, AMARANTE.

AMA. IE vous avois bien dit qu'elle n'y feroit pas.
DAP. Que vous avez tardé pour ne trouver perfonne!
AMA. Ce reproche vraiment ne peut qu'il ne m'étonne,
 Pour revenir plus vifte il euft fallu voler.
DAP. Florame cependant qui vient de s'en aller
 A la fin malgré moy s'eft ennuyé d'attendre.
AMA. C'eft chofe toutefois que je ne puis comprendre,
 Des hommes de merite & d'efprit comme luy
 N'ont jamais avec vous aucun fujet d'ennuy,
 Voftre ame genereufe a trop de courtoifie.
DAP. Et la voftre amoureufe un peu de jaloufie.
AMA. De vray; je gouftois mal de faire tant de tours,
 Et perdois à regret ma part de fes difcours.
DAP. Auffi je me trouvois fi promptement fervie
 Que je me doutois bien qu'on me portoit envie.
 Et un mot, l'aimez-vous? AMA. Ie l'aime aucunement,
 Non-pas jufqu'à troubler voftre contentement;
 Mais fi fon entretien n'a point dequoy vous plaire,
 Vous m'obligerez fort de ne m'en plus diftraire.
DAP. Mais au cas qu'il me plûft? AMA. Il faudroit vous ceder,
 C'eft ainfi qu'avec vous je ne puis rien garder,

Hh ij

LA SVIVATE,

Au moindre feu pour moy qu'un amant fait paroistre
Par curiosité vous le voulez connoistre,
Et quand il a gousté d'un si doux entretien,
Ie puis dire dés lors que je ne tiens plus rien.
C'est ainsi que Theante a negligé ma flame,
Encor tout de nouveau vous m'enlevez Florame :
Si vous continuez à rompre ainsi mes coups,
Ie ne sçay tantost plus comment vivre avec vous.
DAP. Sans colere, Amarante, il semble à vous entendre
Qu'en mesme lieu que vous je voulusse pretendre?
Allez, asseurez-vous que mes contentemens
Ne vous desroberont aucun de vos amans,
Et pour vous en donner la preuve plus expresse,
Voilà vostre Theante avec qui je vous laisse.

SCENE VIII.

THEANTE, AMARANTE.

THE. TV me vois sans Florame, un amoureux ennuy
Assez adroitement m'a desrobé de luy.
Las de ceder ma place à son discours frivole,
Et n'osant toutefois luy manquer de parole,
Ie pratique un quart-d'heure à mes affections.
AMA. Ma maîtresse lisoit dans tes intentions,
Tu vois à ton abord comme elle a fait retraite,
De peur d'incommoder une amour si parfaite.
THE. Ie ne la sçaurois croire obligeante à ce point.
Ce qui la fait partir ne se dira-t'il point?
AMA. Veux-tu que je t'en parle auec toute franchise?
C'est la mauvaise humeur où Florame l'a mise.
THE. Florame! AMA. Oüy, ce causeur vouloit l'entretenir,
Mais il aura perdu le goust d'y revenir :
Elle n'a que fort peu souffert sa compagnie,
Et l'en a chassé presque avec ignominie.
De dépit cependant ses mouvemens aigris
Ne veulent aujourd'huy traiter que de mépris,
Et l'unique raison qui fait qu'elle me quitte,
C'est l'estime où te met près d'elle ton merite :
Elle ne voudroit pas te voir mal satisfait,
Ny rompre sur le champ le dessein qu'elle a fait.

COMEDIE.

THE. I'ay regret que Florame ait receu cette honte,
Mais enfin auprès d'elle il trouve mal son conte?
AMA. Auſſi c'eſt un diſcours ennuyeux que le ſien,
Il parle inceſſamment ſans dire jamais rien,
Et n'étoit que pour toy je me fais ces contraintes,
Ie l'envoirois bien-toſt porter ailleurs ſes feintes.
THE. Et je m'aſſeure auſſi tellement en ta foy,
Que bien que tout le jour il cajole avec toy,
Mon eſprit te conſerve une amitié ſi pure,
Que ſans eſtre jaloux je le vois & l'endure.
AMA. Comment le ſerois-tu pour un ſi triſte objet?
Ses imperfections t'en oſtent tout ſujet.
C'eſt à toy d'admirer qu'encor qu'un beau viſage
Dedans ſes entretiens à toute heure t'engage,
I'ay pour toy tant d'amour & ſi peu de ſoupçon,
Que je n'en ſuis jalouſe en aucune façon.
C'eſt aimer puiſſamment que d'aimer de la ſorte,
Mais mon affection eſt bien encor plus forte.
Tu ſçais (& je le dis ſans te meſeſtimer)
Que quand noſtre Daphnis auroit ſçeu te charmer,
Ce qu'elle eſt plus que toy mettroit hors d'eſperance
Les fruits qui ſeroient dûs à ta perſeverance.
Plûſt à Dieu que le Ciel te donnaſt aſſez d'heur
Pour faire naiſtre en elle autant que j'ay d'ardeur,
L'aiſe de voir la porte à ta fortune ouverte
Me feroit librement conſentir à ma perte.
THE. Ie te ſouhaite un change autant avantageux,
Plûſt à Dieu que le Sort te fuſt moins outrageux,
Ou que juſqu'à ce point il t'euſt favoriſée,
Que Florame fuſt Prince, & qu'il t'euſt épouſée.
Ie priſe auprès des tiens ſi peu mes intereſts,
Que bien que j'en ſentiſſe au cœur mille regrets,
Et que de déplaiſir il m'en couſtaſt la vie,
Ie me la tiendrois lors heureuſement ravie.
AMA. Ie ne voudrois point d'heur qui vinſt avec ta mort,
Et Damon que voilà n'en ſeroit pas d'accord.
THE. Il a mine d'avoir quelque choſe à me dire.
AMA. Ma preſence y nuiroit, Adieu, je me retire.
THE. Arreſte, nous pourrons nous voir tout à loiſir,
Rien ne le preſſe.

SCENE IX.

THEANTE, DAMON.

THE. Amy, que tu m'as fait plaisir !
Ie'tois fort à la gesne avec cette Suivante.
DAM. Celle qui te charmoit te devient bien pesante.
THE. Ie l'aime encor pourtant, mais mon ambition
Ne laisse point agir mon inclination,
Et bien que sur mon cœur elle soit la plus forte,
Tous mes desirs ne vont qu'où mon dessein les porte.
Au reste j'ay sondé l'esprit de mon rival.
DAM. Et connu ? THE. Qu'il n'est pas pour me faire grand mal.
Amarante m'en vient d'apprendre une Nouvelle
Qui ne me permet plus que j'en sois en cervelle,
Il a veu... DAM. Qui ? THE. Daphnis, & n'en a remporté
Que ce qu'elle devoit à sa temerité.
DA. Comme quoy ? TH. Des mépris, des rigueurs sans pareilles.
DAM. As-tu beaucoup de foy pour de telles merveilles ?
THE. Celle dont je les tiens en parle asseurément.
DAM. Pour un homme si fin on te dupe aisément,
Amarante elle-mesme en est mal satisfaite,
Et ne t'a rien conté que ce qu'elle souhaite ;
Pour seconder Florame en ses intentions
On l'avoit écartée à des commissions.
Ie viens de le trouver, tout ravy dans son ame
D'avoir eu les moyens de faire voir sa flame,
Et qui présume tant de ses prosperitez,
Qu'il croit ses vœux receus puisqu'ils sont écoutez.
Et certes son espoir n'est pas hors d'apparence,
Après ce bon accueil & cette conference
Dont Daphnis elle-mesme a fait l'occasion,
I'en crains fort un succès à ta confusion.
Taschons d'y donner ordre, & sans plus de langage
Avise en quoy tu veux employer mon courage.
THE. Luy disputer un bien où j'ay si peu de part,
Ce seroit m'exposer pour quelqu'autre au hazard.
Le duel est fascheux, & quoy qu'il en arrive
De sa possession l'un & l'autre il nous prive,

COMEDIE.

Puisque de deux rivaux l'un mort, l'autre s'enfuit,
Tandis que de sa peine un troisiéme a le fruit.
A croire son courage en amour on s'abuse,
La valeur d'ordinaire y sert moins que la ruse.
DAM. Avant que passer outre, un peu d'attention.
THE. Te viens-tu d'aviser de quelque invention?
DAM. Ouy, ta seule maxime en fonde l'entreprise.
Clarimond voit Daphnis, il l'aime, il la courtise,
Et quoy qu'il n'en reçoive encor que des mépris,
Vn moment de bon-heur luy peut gagner ce prix.
THE. Ce rival est bien moins à redouter qu'à plaindre.
DAM. Ie veux que de sa part tu ne doives rien craindre,
N'est-ce pas le plus seur qu'un duel hazardeux
Entre Florame & luy les en prive tous deux?
THE. Crois-tu qu'avec Florame aisément on l'engage?
DAM. Ie l'y resoudray trop avec un peu d'ombrage.
Vn amant dédaigné ne voit pas de bon œil
Ceux qui du mesme objet ont un plus doux accueil,
Des faveurs qu'on leur fait il forme ses offenses,
Et pour peu qu'on le pousse, il court aux violences.
Nous les verrions par là l'un & l'autre écartez
Laisser la place libre à tes felicitez.
THE. Ouy, mais s'il t'obligeoit d'en porter la parole?
DAM. Tu te mets en l'esprit une crainte frivole,
Mon peril de ces lieux ne te bannira pas,
Et moy pour te servir je courrois au trépas.
THE. En mesme occasion dispose de ma vie,
Et sois seur que pour toy j'auray la mesme envie.
DAM. Allons, ces complimens en retardent l'effet.
THE. Le Ciel ne vit jamais un amy si parfait.

ACTE III.

SCENE PREMIERE.

FLORAME, CELIE.

FLO. ENfin quelque froideur qui paroisse en Florise,
Aux volontez d'un frere elle s'en est remise.
CE. Quoy qu'elle s'en rapporte à vous entierement,
Vous luy feriez plaisir d'en user autrement.
Les amours d'un vieillard sont d'une foible amorce.
FLO. Que veux-tu ? son esprit se fait un peu de force,
Elle se sacrifie à mes contentemens,
Et pour mes interests contraint ses sentimens.
Asseure donc Geraste, en me donnant sa fille,
Qu'il gagne en un moment toute nostre famille,
Et que tout vieil qu'il est, cette condition
Ne laisse aucun obstacle à son affection.
Mais aussi de Florise il ne doit rien pretendre,
A moins que se resoudre à m'accepter pour gendre.
CEL. Plaisez-vous à Daphnis ? c'est là le principal.
FLO. Elle a trop de bonté pour me vouloir du mal:
D'ailleurs sa resistance obscurciroit sa gloire,
Ie la meriterois si je la pouvois croire.
La voilà qu'un rival m'empesche d'aborder:
Le rang qu'il tient sur moy m'oblige à luy ceder,
Et la pitié que j'ay d'un amant si fidelle
Luy veut donner loisir d'estre dédaigné d'elle.

SCENE II.

CLARIMOND, DAPHNIS.

CLA. CEs dédains rigoureux dureront-ils toûjours?
DAP. Non, ils ne dureront qu'autant que vos amours.
CLA. C'est

COMEDIE.

CLA. C'est prescrire à mes feux des loix bien inhumaines!
DAP. Faites finir vos feux, je finiray leurs peines.
CLA. Le moyen de forcer mon inclination?
DAP. Le moyen de souffrir vostre obstination?
CLA. Qui ne s'obstineroit en vous voyant si belle?
DAP. Qui vous pourroit aimer vous voyant si rebelle?
CLA. Est-ce rebellion que d'avoir trop de feu?
DAP. C'est avoir trop d'amour, & m'obeïr trop peu.
CLA. La puissance sur moy que je vous ay donnée...
DAP. D'aucune exception ne doit estre bornée.
CLA. Essayez autrement ce pouvoir souverain.
DAP. Cet essay me fait voir que je commande en vain.
CLA. C'est un injuste essay qui feroit ma ruine.
DAP. Ce n'est plus obeïr depuis qu'on examine.
CLA. Mais l'Amour vous défend un tel commandement.
DAP. Et moy je me défens un plus doux traitement.
CLA. Avec ce beau visage avoir le cœur de roche!
DAP. Si le mien s'endurcit, ce n'est qu'à vostre approche.
CLA. Que je sçache du moins d'où naissent vos froideurs.
DAP. Peut-estre du sujet qui produit vos ardeurs.
CLA. Si je brusle, Daphnis, c'est de nous voir ensemble.
DAP. Et c'est de nous y voir, Clarimond, que je tremble.
CLA. Vostre contentement n'est qu'à me maltraiter.
DAP. Comme le vostre n'est qu'à me persecuter.
CLA. Quoy! l'on vous persecute à force de services?
DAP. Non, mais de vostre part ce me sont des supplices.
CLA. Helas! & quand pourra venir ma guerison?
DAP. Lors que le temps chez vous remettra la raison.
CLA. Ce n'est pas sans raison que mon ame est éprise.
DAP. Ce n'est pas sans raison aussi qu'on vous méprise.
CLA. Iuste Ciel! & que doy-je esperer desormais?
DAP. Que je ne suis pas fille à vous aimer jamais.
CLA. C'est donc perdre mon temps que de plus y pretendre?
DAP. Comme je perds icy le mien à vous entendre.
CLA. Me quittez-vous si-tost sans me vouloir guerir?
DAP. Clarimond sans Daphnis peut & vivre & mourir.
CLA. Ie mourray toutesfois si je ne vous possede.
DAP. Tenez-vous donc pour mort, s'il vous faut ce remede.

LA SVIVANTE,

SCENE III.

CLARIMOND.

TOut dédaigné je l'aime, & malgré sa rigueur
Ses charmes plus puissans luy conservent mon cœur;
Par un contraire effet dont mes maux s'entretiennent
Sa bouche le refuse, & ses yeux le retiennent,
Ie ne puis, tant elle a de mépris & d'appas,
Ny le faire accepter, ny ne le donner pas;
Et comme si l'amour faisoit naistre sa haine,
Ou qu'elle mesurast ses plaisirs à ma peine,
On voit paroistre ensemble, & croistre également,
Ma flame & ses froideurs, sa joye & mon tourment.
Ie tasche à m'affranchir de ce malheur extresme,
Et je ne sçaurois plus disposer de moy-mesme,
Mon desespoir trop lasche obeït à mon sort,
Et mes ressentimens n'ont qu'un debile effort.
Mais pour foibles qu'ils soient, aidons leur impuissance,
Donnons-leur le secours d'une éternelle absence.
Adieu, cruelle ingrate, Adieu, je fuy ces lieux
Pour desrober mon ame au pouvoir de tes yeux.

SCENE IV.

CLARIMOND, AMARANTE.

AMA. MOnsieur, Monsieur, un mot. L'air de vostre visage
Témoigne un déplaisir caché dans le courage,
Vous quittez ma maîtresse un peu mal satisfait.
CLA. Ce que voit Amarante en est le moindre effet.
Ie porte, malheureux, après de tels outrages,
Des douleurs sur le front, & dans le cœur des rages.
AMA. Pour un peu de froideur c'est trop desesperer.
CLA. Que ne dis-tu plûtost que c'est trop endurer?
Ie devrois estre las d'un si cruel martyre,
Briser les fers honteux où me tient son empire,
Sans irriter mes maux avec un vain regret.
AMA. Si je vous croyois homme à garder un secret,

Vous pourriez sur ce point apprendre quelque chose,
Que je meurs de vous dire, & toutefois je n'ose.
L'erreur où je vous voy me fait compassion,
Mais pourriez-vous avoir de la discretion?
CLA. Prens-en ma foy de gage avec.... Laisse-moy faire.
^a AMA. Vous voulez justement m'obliger à me taire.
 Aux filles de ma sorte il suffit de la foy,
 Reservez vos presens pour quelqu'autre que moy.
CLA. Souffre.... AMA. Gardez-les, dis-je, ou je vous abandonne.
 Daphnis a des rigueurs dont l'excès vous étonne,
 Mais vous aurez bien plus dequoy vous étonner,
 Quand vous sçaurez comment il faut la gouverner.
 A force de douceurs vous la rendez cruelle,
 Et vos submissions vous perdent auprès d'elle;
 Epargnez desormais tous ces pas superflus,
 Parlez-en au bon-homme, & ne la voyez plus.
 Toutes ses cruautez ne sont qu'en apparence,
 Du costé du vieillard tournez vostre esperance;
 Quand il aura pour elle accepté quelque amant,
 Vn prompt amour naistra de son commandement.
 Elle vous fait tandis cette galanterie
 Pour s'acquerir le bruit de fille bien nourrie,
 Et gagner d'autant plus de reputation
 Qu'on la croira forcer son inclination.
 Nommez cette maxime, ou prudence, ou sottise,
 C'est la seule raison qui fait qu'on vous méprise.
CLA. Helas! & le moyen de croire tes discours?
AMA. De grace, n'usez point si mal de mon secours,
 Croyez les bons avis d'une bouche fidelle,
 Et songeant seulement que je viens d'avec elle,
 Derechef épargnez tous ces pas superflus,
 Parlez-en au bon-homme, & ne la voyez plus.
CLA. Tu ne flates mon cœur que d'un espoir frivole.
AMA. Hazardez seulement deux mots sur ma parole,
 Et n'apprehendez point la honte d'un refus.
CLA. Mais si j'en recevois, je serois bien confus,
 Vn oncle pourra mieux concerter cette affaire.
AMA. Ou par vous, ou par luy ménagez bien le pere.

^a *il veut tirer un diamant de son doigt pour le luy donner, & elle l'en empesche.*

SCENE V.

AMARANTE.

QV'aisément un esprit qui se laisse flater
S'imagine un bon-heur qu'il pense meriter!
Clarimond est bien vain ensemble & bien credule,
De se persuader que Daphnis dissimule;
Et que ce grand dédain déguise un grand amour
Que le seul choix d'un pere a droit de mettre au jour.
Il s'en pasme de joye, & dessus ma parole
De tant d'affronts receus son ame se console:
Il les cherit peut-estre & les tient à faveurs,
Tant ce trompeur espoir redouble ses ferveurs.
S'il rencontroit le pere, & que mon entreprise....

SCENE VI.

GERASTE, AMARANTE.

GER. A Marante. AM. Monsieur. GE. Vous faites la surprise,
Encor que de si loin vous m'ayez veu venir,
Que Clarimond n'est plus à vous entretenir!
Ie donne ainsi la chasse à ceux qui vous en content!
AMA. A moy? mes vanitez jusque là ne se montent.
GER. Il sembloit toutefois parler d'affection.
AMA. Ouy, mais qu'estimez-vous de son intention?
GER. Ie croy que ses desseins tendent au mariage.
AMA. Il est vray. GER. Quelque foy qu'il vous donne pour gage,
Il cherche à vous surprendre, & sous ce faux appas
Il cache des projets que vous n'entendez pas.
AMA. Vostre âge soupçonneux a toûjours des chimeres
Qui le font mal juger des cœurs les plus sinceres.
GER. Où les conditions n'ont point d'égalité,
L'amour ne se fait guere avec sincerité.
AMA. Posé que cela soit: Clarimond me caresse;
Mais si je vous disois que c'est pour ma maitresse,
Et que le seul besoin qu'il a de mon secours
Sortant d'avec Daphnis l'arreste en mes discours?

GER. S'il a besoin de toy pour avoir bonne issuë,
  C'est signe que sa flame est assez mal receuë.
AMA. Pas tant qu'elle paroit, & que vous présumez.
  D'un mutuel amour leurs cœurs sont enflamez,
  Mais Daphnis se contraint de peur de vous déplaire,
  Et sa bouche est toûjours à ses desirs contraire,
  Horsmis lors qu'avec moy s'ouvrant confidemment
  Elle trouve à ses maux quelque soulagement.
  Clarimond cependant, pour fondre tant de glaces,
  Tasche par tous moyens d'avoir mes bonnes graces,
  Et moy, je l'entretiens toûjours d'un peu d'espoir.
GER. A ce conte Daphnis est fort dans le devoir,
  Ie n'en puis souhaiter un meilleur témoignage,
  Et ce respect m'oblige à l'aimer davantage.
  Ie luy seray bon pere, & puisque ce party
  A sa condition se rencontre assorty,
  Bien qu'elle pûst encor un peu plus haut atteindre,
  Ie la veux enhardir à ne se plus contraindre.
AMA. Vous n'en pourrez jamais tirer la verité.
  Honteuse de l'aimer sans vostre autorité,
  Elle s'en défendra de toute sa puissance.
  N'en cherchez point d'aveu que dans l'obeïssance;
  Quand vous aurez fait choix de cet heureux amant
  Vos ordres produiront un prompt consentement.
  Mais on ouvre la porte, helas ! je suis perduë,
  Si j'ay tant de malheur qu'elle m'ait entenduë.
^aGER. Luy procurant du bien elle croit la fascher,
  Et cette vaine peur la fait ainsi cacher.
  Que ces jeunes cerveaux ont de traits de folie !
  Mais il faut aller voir ce qu'aura fait Celie.
  Toutefois disons-luy quelque mot en passant
  Qui la puisse guerir du mal qu'elle ressent.

[a] *Elle rentre dans le jardin.*

SCENE VII.

GERASTE, DAPHNIS.

GER. MA fille, c'est en vain que tu fais la discrette,
  I'ay découvert enfin ta passion secrette,
  Ie ne t'en parle point sur des avis douteux.
  N'en rougy point, Daphnis, ton choix n'est pas honteux,

Ii iij

Moy-mesme je l'agrée, & veux bien que ton ame
A cet amant si cher ne cache plus sa flame.
Tu pouvois en effet pretendre un peu plus haut,
Mais on ne peut assez estimer ce qu'il vaut;
Ses belles qualitez, son credit, & sa race
Auprés des gens d'honneur sont trop dignes de grace.
Adieu, si tu le vois, tu peux luy témoigner
Que sans beaucoup de peine on me pourra gagner.

SCENE VIII.

DAPHNIS.

D'Aise & d'étonnement je demeure immobile
D'où luy vient cette humeur de m'estre si facile?
D'où me vient ce bon-heur où je n'osois penser?
Florame, il m'est permis de te recompenser,
Et sans plus déguiser ce qu'un pere authorise,
Ie puis me revancher du don de ta franchise:
Ton merite le rend, malgré ton peu de biens,
Indulgent à mes feux, & favorable aux tiens,
Il trouve en tes vertus des richesses plus belles.
Mais est-il vray, mes sens? m'étes-vous bien fidelles?
Mon heur me rend confuse, & ma confusion
Me fait tout soupçonner de quelque illusion.
Ie ne me trompe point, ton merite & ta race
Auprés des gens d'honneur sont trop dignes de grace,
Florame, il est tout vray, deslors que je te vis
Vn batement de cœur me fit de cet avis,
Et mon pere aujourd'huy souffre que dans son ame
Les mesmes sentimens..

SCENE IX.

FLORAME, DAPHNIS.

DAP. Qvoy, vous voila, Florame!
Ie vous avois prié tantost de me quitter.
FLO. Et je vous ay quittée aussi sans contester.
DAP. Mais revenir si-tost c'est me faire une offense.
FLO. Quand j'aurois sur ce point receu quelque défense,

COMEDIE.

Si vous sçaviez quels feux ont pressé mon retour,
Vous en pardonneriez le crime à mon amour.
DAP. Ne vous préparez point à dire des merveilles,
Pour me persuader des flames sans pareilles:
Ie croy que vous m'aimez, & c'est en croire plus,
Que n'en exprimeroient vos discours superflus.
FLO. Mes feux, qu'ont redoublé ces propos adorables,
A force d'estre crûs deviennent incroyables,
Et vous n'en croyez rien qui ne soit au dessous,
Que ne m'est-il permis d'en croire autant de vous?
DAP. Vostre croyance est libre. FLO. Il me la faudroit vraye.
DAP. Mon cœur par mes regards vous fait trop voir sa playe,
Vn homme si sçavant au langage des yeux
Ne doit pas demander que je m'explique mieux,
Mais puisqu'il vous en faut un aveu de ma bouche,
Allez, asseurez-vous que vostre amour me touche,
Depuis tantost je parle un peu plus librement,
Ou si vous le voulez, un peu plus hardiment,
Aussi j'ay veu mon pere, & s'il vous faut tout dire,
Avec tous nos desirs sa volonté conspire.
FLO. Surpris, ravy, confus, je n'ay que repartir.
Estre aimé de Daphnis! un pere y consentir!
Dans mon affection ne trouver plus d'obstacles!
Mon espoir n'eust osé concevoir ces miracles.
DAP. Miracles toutesfois qu'Amarante a produits,
De sa jalouse humeur nous tirons ces doux fruits,
Au recit de nos feux, malgré son artifice,
La bonté de mon pere a trompé sa malice,
Du moins je le presume, & ne puis soupçonner
Que mon pere sans elle ait pû rien deviner.
FLO. Les avis d'Amarante en trahissant ma flame
N'ont point gagné Geraste en faveur de Florame,
Les ressorts d'un miracle ont un plus haut moteur,
Et tout autre qu'un Dieu n'en peut estre l'autheur.
DAP. C'en est un que l'Amour. FLO. Et vous verrez peut-estre
Que son pouvoir divin se fait icy paroistre,
Dont quelques grands effets avant qu'il soit long-temps
Vous rendront étonnée, & nos desirs contens.
DAP. Florame, après vos feux & l'aveu de mon pere,
L'amour n'a point d'effets capables de me plaire.
FLO. Aimez-en le premier, & recevez la foy
D'un bien-heureux amant qu'il met sous vostre loy.

DAP. Vous, prisez le dernier qui vous donne la mienne.
FLO. Quoy que doresnavant Amarante survienne,
 Ie croy que nos discours iront d'un pas égal,
 Sans donner sur le rheume, ou gauchir sur le bal?
DAP. Si je puis tant soit peu dissimuler ma joye,
 Et que dessus mon front son excès ne se voye,
 Ie me joüray bien d'elle, & des empeschemens
 Que son adresse apporte à nos contentemens.
FLO. I'en apprendray de vous l'agreable Nouvelle,
 Vn ordre necessaire au logis me rappelle,
 Et doit fort avancer le succès de nos vœux.
DAP. Nous n'avons plus qu'une ame & qu'vn vouloir nous deux:
 Bien que vous éloigner ce me soit un martyre,
 Puisque vous le voulez, je n'y puis contredire.
 Mais quand doy-je esperer de vous revoir icy?
FLO. Dans une heure au plus tard. *DAP.* Allez donc, la voicy.

SCENE X.

DAPHNIS, AMARANTE.

DAP. A Marante, vraiment vous étes fort jolie,
 Vous n'égayez pas mal vostre melancolie,
 Vostre jaloux chagrin a de beaux agrémens,
 Et choisit assez bien ses divertissemens.
 Vostre esprit pour vous mesme a force complaisance,
 De me faire l'objet de vostre médisance;
 Et pour donner couleur à vos détractions,
 Vous lisez fort avant dans mes intentions.
AMA. Moy! que de vous j'osasse aucunement médire!
DAP. Voyez-vous, Amarante, il n'est plus temps de rire,
 Vous avez veu mon pere, avec qui vos discours
 M'ont fait à vostre gré de frivoles amours.
 Quoy! souffrir un moment l'entretien de Florame,
 Vous le nommez bien-tost une secrette flame?
 Cette jalouse humeur dont vous suivez la loy
 Vous fait en mes secrets plus sçavante que moy.
 Mais passe pour le croire, il falloit que mon pere
 De vostre confidence apprist cette chimere?
AMA. S'il croit que vous l'aimez, c'est sur quelque soupçon
 Où je ne contribuë en aucune façon.

Ie sçay

COMEDIE.

Ie sçay trop que le Ciel avec de telles graces
Vous donne trop de cœur pour des flames si basses,
Et quand je vous croirois dans cet indigne choix,
Ie sçay ce que je suis, & ce que je vous dois.
DAP. Ne tranchez point ainsi de la respectueuse :
Vostre peine après tout vous est bien fructueuse,
Vous la devez cherir, & son heureux succès
Qui chez nous à Florame interdit tout accès.
Mon pere le bannit, & de l'une, & de l'autre,
Pensant nuire à mon feu, vous ruinez le vostre ;
Ie luy viens de parler, mais c'étoit seulement
Pour luy dire l'Arrest de son bannissement.
Vous devez cependant estre fort satisfaite,
Qu'à vostre occasion un pere me maltraite.
Pour fruit de vos labeurs si cela vous suffit,
C'est acquerir ma haine avec peu de profit.
AMA. Si touchant vos amours on sçait rien de ma bouche,
Que je puisse à vos yeux devenir une souche,
Que le Ciel... DAP. Finissez vos imprécations,
J'aime vostre malice, & vos delations.
  Ma mignonne, apprenez que vous étes deceuë :
C'est par vostre rapport que mon ardeur est sceuë,
Mais mon pere y consent, & vos avis jaloux
N'ont fait que me donner Florame pour époux.

SCENE XI.

AMARANTE.

AY-je bien entendu ? sa belle humeur se joue,
Et par plaisir soy-mesme elle se desavouë.
Son pere la mal-traite, & consent à ses vœux !
Ay-je nommé Florame en parlant de ses feux ?
Florame, Clarimond ; ces deux noms, ce me semble,
Pour estre confondus n'ont rien qui se ressemble.
Le moyen que jamais on entendist si mal,
Que l'un de ces amans fust pris pour son rival ?
Ie ne sçais où j'en suis, & toutefois j'espere,
Sous ces obscuritez je soupçonne un mistere,
Et mon esprit confus à force de douter,
Bien qu'il n'ose rien croire, ose encor se flater.

ACTE IV.

SCENE PREMIERE.

DAPHNIS.

QV'EN l'attente de ce qu'on aime
Vne heure est fascheuse à passer!
Qu'elle ennuye un amour extresme
Dont la joye est reduite aux douceurs d'y penser.

Le mien qui fuit la défiance
La trouve trop longue à venir,
Et s'accuse d'impatience
Plûtost que mon amant de peu de souvenir.

Ainsi moy-mesme je m'abuse
De crainte d'un plus grand ennuy,
Et je ne cherche plus de ruse
Qu'à m'oster tout sujet de me plaindre de luy.

Aussi-bien malgré ma colere
Ie bruslerois de m'appaiser,
Et sa peine la plus severe
Ne seroit, tout au plus, qu'un mot pour l'excuser.

Ie doy rougir de ma foiblesse,
C'est estre trop bonne en effet;
Daphnis, fais un peu la Maîtresse,
Et souuien-toy du moins...

COMEDIE.

SCENE II.

GERASTE, CELIE, DAPHNIS.

GER.[a] ADieu, cela vaut fait,
Tu l'en peux asseurer. [b] Ma fille, je présume,
Quelques feux dans ton cœur que ton amant allume,
Que tu ne voudrois pas sortir de ton devoir.
DAP. C'est ce que le passé vous a pû faire voir.
GER. Mais si pour en tirer une preuve plus claire,
Ie disois qu'il faut prendre un sentiment contraire,
Qu'une autre occasion te donne un autre amant?
DAP. Il seroit un peu tard pour un tel changement.
Sous vostre authorité j'ay dévoilé mon ame,
I'ay découvert mon cœur à l'objet de ma flame,
Et c'est sous vostre aveu qu'il a receu ma foy.
GER. Ouy, mais je viens de faire un autre choix pour toy.
DAP. Ma foy ne permet plus une telle inconstance.
GER. Et moy je ne sçaurois souffrir de resistance,
Si ce gage est donné par mon consentement,
Il faut le retirer par mon commandement.
Vous soûpirez en vain, vos soûpirs & vos larmes
Contre ma volonté sont d'impuissantes armes.
Rentrez, je ne puis voir qu'avec mille douleurs
Vostre rebellion s'exprimer par vos pleurs.
[c] La pitié me gagnoit, il m'étoit impossible
De voir encor ses pleurs & n'estre pas sensible,
Mon injuste rigueur ne pouvoit plus tenir,
Et de peur de me rendre il la falloit bannir.
N'importe toutefois, la parole me lie,
Et mon amour ainsi l'a promis à Celie,
Florise ne se peut acquerir qu'à ce prix,
Si Florame...

[a] A Celie.
[b] Celie rentre, & Geraste continuë à parler à Daphnis.

[c] Daphnis rentre, & Geraste continuë.

SCENE III.

GERASTE, AMARANTE.

AMA. Monsieur, vous vous étes mépris,
C'est Clarimond qu'elle aime. *GER.* Et ma plus grande peine
N'est que d'en avoir eu la preuve trop certaine.
Dans sa rebellion à mon authorité
L'amour qu'elle a pour luy n'a que trop éclaté:
Si pour ce Cavalier elle avoit moins de flame,
Elle agréroit le choix que je fais de Florame,
Et prenant desormais un mouvement plus sain,
Ne s'obstineroit pas à rompre mon dessein.
AMA. C'est ce choix inégal qui vous la fait rebelle,
Mais pour tout autre amant n'apprehendez rien d'elle.
GER. Florame a peu de bien, mais pour quelque raison
C'est luy seul dont je fais l'appuy de ma maison,
Examiner mon choix c'est un trait d'imprudence.
Toy qu'à present Daphnis traite de confidence,
Et dont le seul avis gouverne ses secrets,
Ie te prie, Amarante, adoucy ses regrets,
Resous-la, si tu peux, à contenter un pere,
Fay qu'elle aime Florame, ou craigne ma colere.
AMA. Puisque vous le voulez, j'y feray mon pouvoir:
C'est chose toutefois dont j'ay si peu d'espoir,
Que je craindrois plûtost de l'aigrir davantage.
GER. Il est tant de moyens de fléchir un courage,
Trouve pour la gagner quelque subtil appas,
La recompense aprés ne te manquera pas.

SCENE IV.

AMARANTE.

Ccorde qui pourra le pere avec la fille,
L'égarement d'esprit regne sur la famille.
Daphnis aime Florame, & son pere y consent,
D'elle-mesme j'ay sçeu l'aise qu'elle en ressent,
Et si j'en croy ce pere, elle ne porte en l'ame
Que revolte, qu'orgueil, que mépris pour Florame.
Peut-elle s'opposer à ses propres desirs,
Démentir tout son cœur, détruire ses plaisirs?
S'ils sont sages tous deux, il faut que je sois folle:
Leur méconte pourtant, quel qu'il soit, me console,
Et bien qu'il me réduise au bout de mon Latin,
Vn peu plus en repos j'en attendray la fin.

SCENE V.

FLORAME, DAMON.

FLO. SAns me voir elle rentre, & quelque bon Genie
Me sauve de ses yeux & de sa tyrannie;
Ie ne me croyois pas quitte de ses discours,
A moins que sa maistresse en vinst rompre le cours.
DAM. Ie voudrois t'avoir veu dedans cette contrainte.
FLO. Peut-estre voudrois-tu qu'elle empeschast ma plainte?
DAM. Si Theante sçait tout, sans raison tu t'en plains,
Ie t'ay dit ses secrets, comme à luy tes desseins,
Il voit dedans ton cœur, tu lis dans son courage,
Et je vous fais combatre ainsi sans avantage.
FLO. Toutefois au combat tu n'as pû l'engager?
DAM. Sa generosité n'en craint pas le danger,
Mais cela choque un peu sa prudence amoureuse,
Veu que la fuite en est la fin la plus heureuse,
Et qu'il faut que l'un mort l'autre tire païs.
FLO. Malgré le déplaisir de mes secrets trahis,
Ie ne puis, cher amy, qu'avec toy je ne rie
Des subtiles raisons de sa poltronnerie.

Nous faire ce duël sans s'expofer aux coups,
C'eſt veritablement en ſçavoir plus que nous,
Et te mettre en ſa place avec aſſez d'adreſſe.
DAM. Qu'importe à quels perils il gagne une Maîtreſſe?
Que ſes rivaux entr'eux faſſent mille combats,
Que j'en porte parole, ou ne la porte pas,
Tout luy ſemblera bon, pourveu que ſans en eſtre
Il puiſſe de ces lieux les faire disparoiſtre.
FLO. Mais ton ſervice offert hazardoit bien ta foy,
Et s'il euſt eu du cœur, t'engageoit contre moy.
DAM. Ie ſçavois trop que l'offre en ſeroit rejettée,
Depuis plus de dix ans je connoy ſa portée,
Il ne devient mutin que fort malaiſément,
Et préfere la ruſe à l'éclairciſſement.
FLO. Les maximes qu'il tient pour conſerver ſa vie
T'ont donné des plaiſirs où je te porte envie.
DAM. Tu peux incontinént les gouſter ſi tu veux.
Luy qui doute fort peu du ſuccés de ſes vœux,
Et qui croit que déja Clarimond & Florame
Diſputent loin d'icy le ſujet de leur flame,
Seroit-il homme à perdre un temps ſi précieux
Sans aller chez Daphnis faire le gracieux,
Et ſeul à la faveur de quelque mot pour rire
Prendre l'occaſion de conter ſon martire?
FLO. Mais s'il nous trouve enſemble, il pourra ſoupçonner
Que nous prenons plaiſir tous deux à le berner.
DAM. De peur que nous voyant il conceuſt quelque ombrage,
I'avois mis tout exprés Cleon ſur le paſſage.
Theante approche-t'il? *CLE.* Il eſt en ce carfour.
DAM. A'dieu donc, nous pourrons le joüer tour à tour.

[a] *Il eſt ſeul.* *FLO.*[a] Ie m'étonne comment tant de belles parties
En ce pauvre amoureux ſont ſi mal aſſorties,
Qu'il a ſi mauvais cœur avec de ſi bons yeux,
Et fait un ſi beau choix ſans le defendre mieux.
Pour tant d'ambition c'eſt bien peu de courage.

COMEDIE.

SCENE VI.

FLORAME, THEANTE.

FLO. Quelle surprise, amy, paroit sur ton visage ?
    THE. T'ayant cherché long-temps, je demeure confus
  De t'avoir rencontré quand je n'y pensois plus.
FLO. Parle plus franchement, fasché de ta promesse
  Tu veux & n'oserois reprendre ta Maîtresse,
  Ta passion qui souffre une trop dure loy
  Pour la gouverner seul te desroboit de moy ?
THE. De peur que ton esprit formast cette croyance
  De l'aborder sans toy je faisois conscience.
FLO. C'est ce qui t'obligeoit sans doute à me chercher ?
  Mais ne te prive plus d'un entretien si cher.
  Ie te cede Amarante, & te rends ta parole.
  I'aime ailleurs, & lassé d'un compliment frivole,
  Et de feindre une ardeur qui blesse mes amis,
  Ma flame est veritable, & son effet permis,
  I'adore une beauté qui peut disposer d'elle,
  Et seconder mes feux sans se rendre infidelle.
THE. Tu veux dire Daphnis ? FLO. Ie ne puis te celer
  Qu'elle est l'unique objet pour qui je veux brusler.
THE. Le bruit vole déja qu'elle est pour toy sans glace,
  Et déja d'un cartel Clarimond te menace.
FLO. Qu'il vienne ce rival apprendre à son malheur
  Que s'il me passe en biens, il me cede en valeur,
  Que sa vaine arrogance en ce duel trompée
  Me fasse meriter Daphnis à coups d'épée :
  Par là je gagne tout, ma generosité
  Suppléra ce qui fait nostre inégalité,
  Et son pere amoureux du bruit de ma vaillance
  La fera sur ses biens emporter la balance.
THE. Tu n'en peux esperer un moindre évenement.
  L'heur suit dans les duels le plus heureux amant,
  Le glorieux succès d'une action si belle,
  Ton sang mis au hazard, ou répandu pour elle,
  Ne peut laisser au pere aucun lieu de refus :
  Tien ta Maîtresse acquise, & ton rival confus,

Et sans t'épouvanter d'une vaine fortune
Qu'il soûtient laschement d'une valeur commune,
Ne fay de son orgueil qu'un sujet de mépris,
Et pense que Daphnis ne s'acquiert qu'à ce prix.
Adieu, puisse le Ciel à ton amour parfaite
Accorder un succès tel que je le souhaite.
FLO. Ce cartel, ce me semble, est trop long à venir,
Mon courage boüillant ne se peut contenir,
Enflé par tes discours il ne sçauroit attendre
Qu'un insolent deffy l'oblige à se deffendre.
 Va donc, & de ma part appelle Clarimond,
Dy-luy que pour demain il choisisse un second,
Et que nous l'attendrons au Chasteau de Bisseftre.
THE. I'adore ce grand cœur qu'icy tu fais paroistre,
Et demeure ravy du trop d'affection
Que tu m'as temoigné par cette élection.
Prens-y garde pourtant, pense à quoy tu t'engages.
Si Clarimond lassé de souffrir tant d'outrages
Eteignant son amour te cedoit ce bonheur,
Quel besoin seroit-il de le piquer d'honneur?
Peut-estre qu'un faux bruit nous apprend sa menace,
C'est à toy seulement de deffendre ta place;
Ces coups du desespoir des amans méprisez
N'ont rien d'avantageux pour les favorisez.
Qu'il recoure, s'il veut, à ces fascheux remedes,
Ne luy querelle point un bien que tu possedes:
Ton amour que Daphnis ne sçauroit dédaigner
Court risque d'y tout perdre, & n'y peut rien gagner.
Avise encor un coup, ta valeur inquiete
En d'extresmes perils un peu trop tost te jette.
FLO. Quels perils? l'heur y suit le plus heureux amant.
THE. Quelquefois le hazard en dispose autrement.
FLO. Clarimond n'eut jamais qu'une valeur commune.
THE. La valeur aux duëls fait moins que la fortune.
FLO. C'est par là seulement qu'on merite Daphnis.
THE. Mais plûtost de ses yeux par là tu te bannis.
FLO. Cette belle action pourra gagner son pere.
THE. Ie le souhaite ainsi plus que je ne l'espere.
FLO. Acceptant un cartel, suis-je plus asseuré?
THE. Où l'honneur souffriroit, rien n'est consideré.
FLO. Ie ne puis resister à des raisons si fortes,
 Sur ma boüillante ardeur malgré moy tu l'emportes.

I'attendray

COMEDIE.

l'attendray qu'on m'attaque. *THE.* Adieu donc. *FLO.* En ce cas,
 Souvien-t'en, cher amy, tu me promets ton bras?
THE. Dispose de ma vie. *FLO.*ᵃ Elle est fort asseurée
 Si rien que ce duël n'empesche sa durée.
 Il en parle des mieux, c'est un jeu qui luy plaist,
 Mais il devient fort sage aussi-tost qu'il en est,
 Et montre cependant des graces peu vulgaires
 A batre ses raisons par des raisons contraires.

ᵃ *il est seul.*

SCENE VII.

DAPHNIS, FLORAME.

DAP. Ie n'osois t'aborder les yeux baignez de pleurs,
 Et devant ce rival t'apprendre nos malheurs.
FLO. Vous me jettez, Madame, en d'estranges alarmes,
 Dieux! & d'où peut venir ce deluge de larmes?
 Le bon-homme est-il mort? *DAP.* Non, mais il se dédit,
 Tout amour desormais pour toy m'est interdit:
 Si-bien qu'il me faut estre, ou rebelle, ou parjure,
 Forcer les droits d'Amour, ou ceux de la Nature,
 Mettre un autre en ta place, ou luy desobeïr,
 L'irriter, ou moy-mesme avec toy me trahir.
 A moins que de changer, sa haine inévitable
 Me rend de tous costez ma perte indubitable,
 Ie ne puis conserver mon devoir, & ma foy,
 Ny sans crime brusler pour d'autres, n'y pour toy.
FLO. Le nom de cet amant dont l'indiscrette envie
 A mes ressentimens vient apporter sa vie?
 Le nom de cet amant qui par sa prompte mort
 Doit au lieu du vieillard me reparer ce tort,
 Et qui, sur quelque orgueil que son amour se fonde,
 N'a que jusqu'à ma veuë à demeurer au Monde?
DAP. Ie n'aime pas si mal que de m'en informer,
 Ie t'aurois fait trop voir que j'eusse pû l'aimer,
 Si j'en sçavois le nom, ta juste défiance
 Pourroit à ses defauts imputer ma constance,
 A son peu de merite attacher mon dédain,
 Et croire qu'un plus digne auroit receu ma main.
 I'atteste icy le bras qui lance le tonnerre,
 Que tout ce que le Ciel a fait paroistre en Terre

Tome I. L l

De merites, de biens, de grandeurs, & d'appas,
En mesme objet uny ne m'ébranleroit pas.
Florame a droit luy seul de captiver mon ame,
Florame vaut luy seul à ma pudique flame
Tout ce que peut le Monde offrir à mes ardeurs
De merites, d'appas, de biens, & de grandeurs.
FLO. Qu'avec des mots si doux vous m'étes inhumaine!
Vous me comblez de joye, & redoublez ma peine.
L'effet d'un tel amour hors de vostre pouvoir
Irrite d'autant plus mon sanglant desespoir,
L'excés de vostre ardeur ne sert qu'à mon supplice;
Devenez-moy cruelle, afin que je guerisse.
Guerir! ah, qu'ay-je dit ? ce mot me fait horreur.
Pardonnez aux transports d'une aveugle fureur,
Aimez toûjours Florame, & quoy qu'il ait pû dire,
Croissez de jour en jour vos feux & son martyre.
Peut-il rendre sa vie à de plus heureux coups
Ou mourir plus content, que pour vous, & par vous?
DAP. Puisque de nos destins la rigueur trop severe
Oppose à nos desirs l'authorité d'un pere,
Que veux-tu que je fasse ? en l'état où je suis,
Estre à toy malgré luy, c'est ce que je ne puis,
Mais je puis empescher qu'un autre me possede,
Et qu'un indigne amant à Florame succede.
Le cœur me manque, Adieu, je sens faillir ma voix.
Florame, souvien-toy de ce que tu me dois,
Si nos feux sont égaux, mon exemple t'ordonne,
Ou d'estre à ta Daphnis, ou de n'estre à personne.

SCENE VIII.

FLORAME.

Depourveu de conseil comme de sentiment,
L'excés de ma douleur m'oste le jugement.
De tant de biens promis je n'ay plus que sa veuë,
Et mes bras impuissans ne l'ont pas retenuë,
Et mesme je luy laisse abandonner ce lieu,
Sans trouver de parole à luy dire un Adieu!
Ma fureur pour Daphnis a de la complaisance,
Mon desespoir n'osoit agir en sa presence,

De peur que mon tourment aigrist ses déplaisirs,
Vne pitié secrette étouffoit mes soûpirs,
Sa douleur par respect faisoit taire la mienne,
Mais ma rage à present n'a rien qui la retienne.
 Sors, infame vieillard, dont le consentement
Nous a vendu si cher le bonheur d'un moment,
Sors, que tu sois puny de cette humeur brutale
Qui rend ta volonté pour nos feux inégale.
A nos chastes amours qui t'a fait consentir,
Barbare ? mais plûtost qui t'en fait repentir ?
Crois-tu qu'aimant Daphnis, le tiltre de son pere
Debilite ma force, ou rompe ma colere ?
Vn nom si glorieux, lasche, ne t'est plus dû,
En luy manquant de foy ton crime l'a perdu,
Plus j'ay d'amour pour elle, & plus pour toy de haine
Enhardit ma vangeance, & redouble ta peine,
Tu mourras, & je veux, pour finir mes ennuis,
Meriter par ta mort celle où tu me reduis.
 Daphnis, à ma fureur ma bouche abandonnée
Parle d'oster la vie à qui te l'a donnée,
Ie t'aime, & je t'oblige à m'avoir en horreur,
Et ne connois encor qu'à peine mon erreur,
Si je suis sans respect pour ce que tu respectes,
Que mes affections ne t'en soient pas suspectes,
De plus reglez transports me feroient trahison,
Si j'avois moins d'amour, j'aurois de la raison,
C'est peu que de la perdre après t'avoir perduë,
Rien ne sert plus de guide à mon ame éperduë,
Ie condamne à l'instant ce que j'ay resolu,
Ie veux, & ne veux plus si-tost que j'ay voulu,
Ie menace Geraste, & pardonne à ton pere,
Ainsi rien ne me vange, & tout me desespere.

SCENE IX.

FLORAME, CELIE.

^a *Il luy dit ce mot en soûpirant.* FLO.^a Celie.... CEL. Et bien, Celie ? enfin elle a tant fait
Qu'à vos defirs Geraste accorde leur effet.
Quel vifage avez-vous ? voſtre aife vous transporte.
FLO. C'eſſe d'aigrir ma flame en raillant de la ſorte,
Organe d'un vieillard, qui croit faire un bon tour
De ſe joüer de moy par une feinte amour.
Si tu te veux du bien, fay-luy tenir promeſſe,
Vous me rendrez tous deux la vie, où ma Maîtreſſe,
Et ce jour expiré, je vous feray ſentir
Que rien de ma fureur ne vous peut garantir.
CEL. Florame. FLO. Ie ne puis parler à des perfides.
^b *Elle eſt ſeule.* CEL.^b Il veut donner l'alarme à mes eſprits timides,
Et prend plaiſir luy-meſme à ſe joüer de moy.
Geraste a trop d'amour pour n'avoir point de foy,
Et s'il pouvoit donner trois Daphnis pour Florife,
Il la tiendroit encor heureuſement acquiſe.
D'ailleurs ce grand couroux pourroit-il eſtre feint ?
Auroit-il pû ſi-toſt falſiſier ſon teint,
Et ſi bien ajuſter ſes yeux & ſon langage
A ce que ſa fureur marquoit ſur ſon viſage ?
Quelqu'un des deux me joüe, épions tous les deux,
Et nous éclairciſſons ſur un point ſi douteux.

ACTE V.

SCENE PREMIERE.

THEANTE, DAMON.

THE. Roirois-tv qu'un momēt m'ait pû chāger de sorte
Que je passe à regret pardevant cette porte?
D. Que ton humeur n'a-t'elle un peu plûtost chāgé?
Nous aurions veu l'effet où tu m'as engagé.
Tantost quelque Démon ennemy de ta flame
Te faisoit en ces lieux accompagner Florame,
Sans la crainte qu'alors il te prist pour second,
Ie l'allois appeller au nom de Clarimond,
Et comme si depuis il étoit invisible,
Sa rencontre pour moy s'est renduë impossible.
THE. Ne le cherche donc plus : à bien considerer,
Qu'ils se batent, ou non, je n'en puis qu'esperer.
Daphnis, que son adresse a malgré moy seduite,
Ne pourroit l'oublier, quand il seroit en fuite,
Leur amour est trop forte, & d'ailleurs son trépas
Le privant d'un tel heur ne me le donne pas.
Inégal en fortune aux biens de cette belle,
Et déja par malheur assez mal voulu d'elle,
Que pourrois-je après tout prétendre de ses pleurs?
Et quel espoir pour moy naistroit de ses douleurs?
Deviendrois-je par là plus riche, ou plus aimable?
Que si de l'obtenir je me trouve incapable,
Mon amitié pour luy qui ne peut expirer
A tout autre qu'à moy me le fait preferer,
Et j'aurois peine à voir un troisiéme en sa place.
DAM. Tu t'avises trop tard, que veux-tu que je fasse?
I'ay poussé Clarimond à luy faire un appel,
I'ay charge de sa part de luy rendre un cartel,
Le puis-je supprimer? *THE.* Non, mais tu pourrois faire....
DAM. Quoy? *THE.* Que Clarimond prist un sentiment contraire.

DAM. Le détourner d'un coup où seul je l'ay porté!
   Mon courage est mal propre à cette laschété.
THE. A de telles raisons je n'ay de repartie,
   Sinon que c'est à moy de rompre la partie.
I'en vay semer le bruit. *DAM.* Et sur ce bruit tu veux?
THE. Qu'on leur donne dans peu des Gardes à tous deux,
   Et qu'une main puissante arreste leur querelle.
Qu'en dis-tu, cher amy? *DAM.* L'invention est belle,
   Et le chemin bien court à les mettre d'accord,
   Mais souffre auparavant que j'y fasse un effort.
   Peut-estre mon esprit trouvera quelque ruse
   Par où, sans en rougir, du cartel je m'excuse.
   Ne donnons point sujet de tant parler de nous,
   Et sçachons seulement à quoy tu te résous.
THE. A les laisser en paix, & courir l'Italie,
   Pour divertir le cours de ma melancolie,
   Et ne voir point Florame emporter à mes yeux
   Le prix où pretendoit mon cœur ambitieux.
DAM. Amarante à ce conte est hors de ta pensée?
THE. Son image du tout n'en est pas effacée,
   Mais.... *DAM.* Tu crains que pour elle on te fasse un duël.
THE. Railler un malheureux, c'est estre trop cruël.
   Bien que ses yeux encor regnent sur mon courage,
   Le bonheur de Florame à la quitter m'engage.
   Le Ciel ne nous fit point, & pareils, & rivaux,
   Pour avoir des succés tellement inégaux :
   C'est me perdre d'honneur, & par cette poursuite,
   D'égal que je luy suis, me ranger à sa suite.
   Ie donne desormais des regles à mes feux,
   De moindres que Daphnis sont incapables d'eux,
   Et rien doresnavant n'asservira mon ame,
   Qui ne me puisse mettre au dessus de Florame.
   Allons, je ne puis voir sans mille déplaisirs
   Ce possesseur du bien où tendoient mes desirs.
DAM. Arreste, cette fuite est hors de bienseance,
   Et je n'ay point d'appel à faire en ta presence.

Theante le retire du Theatre comme par force.

COMEDIE.

SCENE II.
FLORAME.

IEtteray-je toûjours des menaces en l'air
Sans que je sçache enfin à qui je doy parler?
Auroit-on jamais crû qu'elle me fust ravie,
Et qu'on me pûst oster Daphnis avant la vie?
Le possesseur du prix de ma fidelité,
Bien que je sois vivant, demeure en seureté;
Tout inconnu qu'il m'est, il produit ma misere,
Tout mon rival qu'il est, il rit de ma colere.
Rival! ah, quel malheur, j'en ay pour me bannir,
Et cesse d'en avoir quand je le veux punir.
  Grands Dieux, qui m'enviez cette juste allegeance
Qu'un amant supplanté tire de la vangeance,
Et me cachez le bras dont je reçoy les coups,
Est-ce vostre dessein que je m'en prenne à vous?
Est-ce vostre dessein d'attirer mes blasphesmes,
Et qu'ainsi que mes maux, mes crimes soient extresmes,
Qu'à mille impietez osant me dispenser
A vostre foudre oisif je donne où se lancer?
Ah! souffrez qu'en l'état de mon sort déplorable,
Ie demeure innocent encor que miserable,
Destinez à vos feux d'autres objets que moy,
Vous n'en sçauriez manquer quand on manque de foy,
Employez le tonnerre à punir les parjures,
Et prenez interest vous mesme à mes injures.
Montrez en me vangeant que vous étes des Dieux,
Ou conduisez mon bras puisque je n'ay point d'yeux,
Et qu'on sçait desrober d'un rival qui me tuë
Le nom à mon oreille & l'objet à ma veuë.
Rival, qui que tu sois, dont l'insolent amour
Idolatre un Soleil & n'ose voir le jour,
N'oppose plus ta crainte à l'ardeur qui te presse,
Fay toy, fay toy connoistre allant voir ta Maistresse.

SCENE III.

FLORAME, AMARANTE.

FLO. A Marante (auſſi bien te faut-il confeſſer
Que la ſeule Daphnis avoit ſceu me bleſſer)
Dy-moy qui me l'enleve, appren-moy quel myſtere
Me cache le rival qui poſſede ſon pere,
A quel heureux amant Geraſte a deſtiné
Ce beau prix que l'Amour m'avoit ſi bien donné.
AMA. Ce dûſt vous eſtre aſſez de m'avoir abuſée,
Sans faire encor de moy vos ſujets de riſée:
Ie ſçay que le vieillard favoriſe vos feux,
Et que rien que Daphnis n'eſt contraire à vos vœux.
FLO. Que me dis-tu ? luy ſeul, & ſa rigueur nouvelle
Empeſchent les effets d'une ardeur mutuelle.
AMA. Penſez-vous me duper avec ce feint couroux?
Luy-meſme il m'a prié de luy parler pour vous.
FLO. Vois-tu, ne t'en ry plus ; ta ſeule jalouſie
A mis à ce vieillard ce change en fantaiſie,
Ce n'eſt pas avec moy que tu te dois jouër,
Et ton crime redouble à le deſavouër :
Mais ſçache qu'aujourd'huy , ſi tu ne fais en ſorte
Que mon fidelle amour ſur ce rival l'emporte,
J'auray trop de moyens à te faire ſentir
Qu'on ne m'offenſe point ſans un prompt repentir.

SCENE IV.

AMARANTE.

V Oilà dequoy tomber en un nouveau Dedale.
O Ciel ! qui vit jamais confuſion égale ?
Si j'écoute Daphnis, j'apprens qu'un feu puiſſant
La bruſle pour Florame & qu'un pere y conſent :
Si j'écoute Geraſte, il luy donne Florame,
Et ſe plaint que Daphnis en rejette la flame :
Et ſi Florame eſt crû, ce vieillard aujourd'huy
Diſpoſe de Daphnis pour un autre que luy.

Sous

COMEDIE.

Sous un tel embarras je me trouve accablée,
Eux, ou moy, nous avons la cervelle troublée;
Si ce n'est qu'à dessein il veüillent tout mesler,
Et soient d'intelligence à me faire affoler.
Mon foible esprit s'y perd, & n'y peut rien comprendre,
Pour en venir à bout il me les faut surprendre,
Et quand ils se verront, écouter leurs discours,
Pour apprendre par là le fond de ces détours.
   Voicy mon vieux resveur, fuyons de sa presence,
Qu'il ne m'embroüille encor de quelque confidence:
De crainte que j'en ay d'icy je me bannis,
Tant qu'avec luy je voye, ou Florame, ou Daphnis.

SCENE V.

GERASTE, POLEMON.

POL. J'Ay grand regret, Monsieur, que la foy qui vous lie
Empesche que chez vous mon neveü ne s'allie,
Et que son feu m'employe aux offres qu'il vous fait
Lors qu'il n'est plus en vous d'en accepter l'effet.
GER. C'est un rare tresor que mon malheur me vole;
Et si l'honneur souffroit un manque de parole,
L'avantageux party que vous me presentez
Me verroit aussi-tost prest à ses volontez.
POL. Mais si quelque hazard rompoit cette alliance?
GER. N'ayez lors, je vous prie, aucune défiance,
Ie m'en tiendrois heureux, & ma foy vous répond
Que Daphnis sans tarder épouse Clarimond.
POL. Adieu, faites état de mon humble service.
GER. Et vous pareillement d'un cœur sans artifice.

SCENE VI.

CELIE, GERASTE.

CEL. DE sorte qu'à mes yeux vostre foy luy répond
Que Daphnis sans tarder épouse Clarimond?
GER. Cette vaine promesse en un cas impossible
Adoucit un refus & le rend moins sensible,

Tome I.

C'est ainsi qu'on oblige un homme à peu de frais.
CEL. Ajouster l'impudence à vos perfides traits!
    Il vous faudroit du charme au lieu de cette ruse,
    Pour me persuader que qui promet refuse.
GER. I'ay promis, & tiendrois ce que j'ay protesté,
    Si Florame rompoit le concert arrété.
    Pour Daphnis, c'est en vain qu'elle fait la rebelle,
    I'en viendray trop à bout. CEL. Impudence nouvelle!
    Florame que Daphnis fait maistre de son cœur
    De vostre seul caprice accuse la rigueur,
    Et je sçay que sans vous leur mutuelle flame
    Vniroit deux amants qui n'ont déja qu'une ame;
    Vous m'osez cependant effrontément conter
    Que Daphnis sur ce point aime à vous resister!
    Vous m'en aviez promis une toute autre issuë,
    I'en ay porté parole après l'avoir receuë:
    Qu'avois-je contre vous ou fait, ou projetté,
    Pour me faire tremper en vostre lascheté?
    Ne pouviez-vous trahir que par mon entremise?
    Avisez, il y va de plus que de Florise,
    Ne vous estimez pas quitte pour la quitter,
    Ny que de cette sorte on se laisse affronter.
GER. Me prends-tu donc pour homme à manquer de parole,
    En faveur d'un caprice où s'obstine une folle?
    Va, fay venir Florame, à ses yeux tu verras
    Que pour luy mon pouvoir ne s'épargnera pas,
    Que je maltraiteray Daphnis en sa presence
    D'avoir pour son amour si peu de complaisance.
    Qu'il vienne seulement voir un pere irrité,
    Et joindre sa priere à mon authorité,
    Et lors, soit que Daphnis y resiste, ou consente,
    Enfin ma volonté sera la plus puissante.
CEL. Croyez que nous tromper ce n'est pas vostre mieux.
GER. Me foudroye en ce cas la colere des Cieux.

SCENE VII.

GERASTE, DAPHNIS.

ᵃ Il est seul. GER.ᵃ Geraste, sur le champ il te falloit contraindre
    Celle que ta pitié ne pouvoit oüir plaindre,

COMEDIE.

Tu n'as pû refufer du temps à fes douleurs,
Ton cœur s'attendriffoit de voir couler fes pleurs,
Et pour avoir ufé trop peu de ta puiffance,
On t'impute à forfait fa defobeïffance.
Vn traitement trop doux te fait croire fans foy,
Faudra-t'il que de vous je reçoive la loy, *Daphnis vient fur le Theatre.*
Et que l'aveuglement d'une amour obftinée
Contre ma volonté regle voftre Hymenée ?
Mon extrefme indulgence a donné par malheur
A vos rebellions quelque foible couleur,
Et pour quelque moment que vos feux m'ont fçeu plaire
Vous penfez avoir droit de braver ma colere:
Mais fçachez qu'il falloit, ingrate, en vos amours
Ou ne m'obeïr point, ou m'obeïr toûjours.
DAP. Si dans mes premiers feux je vous femblé obftinée,
C'eft l'effet de ma foy fous voftre aveu donnée:
Quoy que mette en avant voftre injufte courroux,
Ie ne veux oppofer à vous-mefme que vous.
Voftre permiffion doit eftre irrevocable,
Devenez feulement à vous-méfme femblable,
Il vous falloit, Monfieur, vous-mefme à mes amours
Ou ne confentir point, ou confentir toûjours.
Ie choifiray la mort plûtoft que le parjure,
M'y voulant obliger vous vous faites injure,
Ne veüillez point combatre ainfi hors de faifon
Voftre vouloir, ma foy, mes pleurs, & la raifon.
Que vous a fait Daphnis ? que vous a fait Florame,
Que pour luy vous vouliez que j'éteigne ma flame ?
GER. Mais que vous a-t'il fait, que pour luy feulement
Vous vous rendiez rebelle à mon commandement?
Ma foy n'eft-elle rien au deffus de la voftre?
Vous vous donnez à l'un, ma foy vous donne à l'autre,
Qui le doit emporter ou de vous, ou de moy,
Et qui doit de nous deux plûtoft manquer de foy ?
Quand vous en manquerez mon vouloir vous excufe.
Mais à trop raifonner moy-mefme je m'abufe,
Il n'eft point de raifon valable entre nous deux,
Et pour toute raifon il fuffit que je veux.
DAP. Vn parjure jamais ne devient legitime,
Vne excufe ne peut juftifier un crime,
Malgré vos changemens mon efprit refolu
Croit fuffire à mes feux que vous ayez voulu.

Mm ij

SCENE VIII

GERASTE, DAPHNIS, FLORAME,
CELIE, AMARANTE.

DAP. Voicy ce cher amant qui me tient engagée,
A qui sous vostre aveu ma foy s'est obligée,
Changez de volonté pour un objet nouveau,
Daphnis épousera Florame, ou le tombeau.
GE. Que voy-je icy, bons Dieux ? *DA.* Mon amour, ma constance.
GER. Et surquoy donc fonder ta desobeïssance ?
Quel envieux Démon, & quel charme assez fort
Faisoit entrechoquer deux volontez d'accord ?
C'est luy que tu cheris, & que je te destine,
Et ta rebellion dans un refus s'obstine !
FLO. Appellez-vous refus de me donner sa foy,
Quand vostre volonté se declara pour moy ?
Et cette volonté pour un autre tournée,
Vous peut-elle obeïr après la foy donnée ?
GER. C'est pour vous que je change, & pour vous seulement
Ie veux qu'elle renonce à son premier amant ;
Lors que je consentis à sa secrette flame
C'étoit pour Clarimond qui possedoit son ame ;
Amarante du moins me l'avoit dit ainsi.
DAP. Amarante, approchez que tout soit éclaircy.
Vne telle imposture est-elle pardonnable ?
AMA. Mon amour pour Florame en est le seul coupable,
Mon esprit l'adoroit, & vous étonnez-vous
S'il devint inventif puisqu'il étoit jaloux ?
GER. Et par là tu voulois.... *AMA.* Que vostre amie deceuë
Donnast à Clarimond une si bonne issuë,
Que Florame frustré de l'objet de ses vœux
Fust reduit desormais à seconder mes feux.
FLO. Pardonnez-luy, Monsieur, & vous, ma chere vie,
Voyez que vostre exemple au pardon vous convie :
Si vous m'aimez encor, vous devez estimer
Qu'on ne peut faire un crime à force de m'aimer.
DAP. Si je t'aime, Florame ? ah ! ce doute m'offense,
D'Amarante avec toy je prendray la défense.

GER. Et moy, dans ce pardon je vous veux prévenir.
　Voſtre Hymen auſſi-bien ſçaura trop la punir.
DAP. Qu'un nom teu par hazard nous a donné de peine!
CEL. Mais que ſceu maintenant il rend ſa ruſe vaine,
　Et donne un prompt ſuccès à vos contentemens!
FLO.[a] Vous de qui je les tiens... *GER.* Tréve de complimens, [a] à Geraſte.
　Ils nous empeſcheroient de parler de Floriſe.
FLO. Il n'en faut point parler, elle vous eſt acquiſe.
GER. Allons donc la trouver, que cet échange heureux
　Comble d'aiſe à ſon tour un vieillard amoureux.
DAP. Quoy! je ne ſçavois rien d'une telle partie!
FLO. Ie penſe toutefois vous avoir avertie
　Qu'un grand effet d'amour avant qu'il fuſt long-temps
　Vous rendroit étonnée & nos deſirs contens.
　　Mais differez, Monſieur, une telle viſite,
　Mon feu ne ſouffre point que ſi-toſt je la quitte,
　Et d'ailleurs je ſçay trop que la loy du devoir
　Veut que je ſois chez nous pour vous y recevoir.
GER.[b] Va donc luy témoigner le deſir qui me preſſe. [b] A Celie.
FLO. Plûtoſt fay-là venir ſalüer ma Maitreſſe,
　Ainſi tout à la fois nous verrons ſatisfaits
　Vos feux & mon devoir, ma flame & vos ſouhaits.
GER. Ie dois eſtre honteux d'attendre qu'elle vienne.
CEL. Attendez-la, Monſieur, & qu'à cela ne tienne,
　Ie cours executer cette commiſſion.
GER. Le temps en ſera long à mon affection.
FLO. Toûjours l'impatience à l'amour eſt meſlée.
GER. Allons dans le jardin faire deux tours d'allée,
　Afin que cet ennuy que j'en pourray ſentir
　Parmy voſtre entretien trouve à ſe divertir.

SCENE IX.

AMARANTE.

IE le perds donc, l'ingrat, ſans que mon artifice
　Ait tiré de ſes maux aucun ſoulagement;
Sans que pas un effet ait ſuivy ma malice,
Ou ma confuſion n'égalaſt ſon tourment.
　　Pour agréer ailleurs il taſchoit à me plaire,
　Vn amour dans la bouche, un autre dans le ſein:

I'ay fervy de pretexte à fon feu temeraire,
Et je n'ay pû fervir d'obftacle à fon deffein.
　　Daphnis me le ravit, non par fon beau vifage,
Non par fon bel efprit, ou fes doux entretiens,
Non que fur moy fa race ait aucun avantage,
Mais par le feul éclat qui fort d'un peu de biens.
　　Filles, que la Nature a fi bien partagées,
Vous devez préfumer fort peu de vos attraits,
Quelques charmans qu'ils foient, vous étes negligées
A moins que la Fortune en rehauffe les traits.
　　Mais encor que Daphnis euft captivé Florame,
Le moyen qu'inégal il en fuft poffeffeur?
Deftins, pour rendre aifé le fuccès de fa flame,
Falloit-il qu'un vieux foû fuft épris de fa fœur?
　　Pour tromper mon attente & me faire un fupplice,
Deux fois l'ordre commun fe renverfe en un jour;
Vn jeune amant s'attache aux loix de l'avarice,
Et ce vieillard pour luy fuit celles de l'amour.
　　Vn difcours amoureux n'eft qu'une fauffe amorce,
Et Theante & Florame ont feint pour moy des feux,
L'un m'échape de gré, comme l'autre de force,
I'ay quitté l'un pour l'autre, & je les perds tous deux.
　　Mon cœur n'a point d'efpoir dont je ne fois feduite,
Si je prens quelque peine, une autre en a les fruits;
Et dans le trifte état où le Ciel m'a reduite
Ie ne fens que douleurs, & ne prévoy qu'ennuis.
　　Vieillard, qui de ta fille achetes une femme
Dont peut-eftre auffi-toft tu feras mécontent,
Puiffe le Ciel aux foins qui te vont ronger l'ame
Dénier le repos du tombeau qui t'attend!
　　Puiffe le noir chagrin de ton humeur jaloufe
Me contraindre moy-mefme à déplorer ton fort,
Te faire un long trépas, & cette jeune époufe
Vfer toute fa vie à fouhaiter ta mort.

F I N.

LA PLACE ROYALLE, COMEDIE

ACTEVRS.

ALIDOR, Amant d'Angelique.

CLEANDRE, Amy d'Alidor.

DORASTE, Amoureux d'Angelique.

LYSIS, Amoureux de Philis.

ANGELIQVE, Maitreſſe d'Alidor & de Doraste.

PHYLIS, Sœur de Doraste.

POLYMAS, Domestique d'Alidor.

LYCANTE, Domestique de Doraste.

La Scene eſt à Paris dans la Place Royalle.

LA PLACE ROYALLE,
COMEDIE.
ACTE I.
SCENE PREMIERE.

ANGELIQVE, PHYLIS.

ANG. TON frere, je l'avouë, a beaucoup de merite,
Mais souffre qu'envers luy cet Eloge m'acquite,
Et ne m'entretien plus des feux qu'il a pour moy.
PHY. C'est me vouloir prescrire une trop dure loy.
Puis-je, sans étouffer la voix de la Nature,
Dénier mon secours aux tourmens qu'il endure?
Quoy, tu m'aimes, il meurt, & tu peux le guerir,
Et sans t'importuner je le verrois perir!
Ne me diras-tu point que j'ay tort de le plaindre?
ANG. C'est un mal bien leger qu'un feu qu'on peut éteindre.
PHY. Ie sçay qu'il le devroit, mais avec tant d'appas
Le moyen qu'il te voye & ne t'adore pas?
Ses yeux ne souffrent point que son cœur soit de glace:
On ne pourroit aussi m'y resoudre en sa place,

Tome I.   Nn

Et tes regards sur moy plus forts que tes mépris
Te sçauroient conserver ce que tu m'aurois pris.
ANG. S'il veut garder encor cette humeur obstinée,
Ie puis bien m'empescher d'en estre importunée.
Feindre un peu de migraine, ou me faire celer,
C'est un moyen bien court de ne luy plus parler:
Mais ce qui m'en déplaist & qui me desespere,
C'est de perdre la sœur pour éviter le frere,
Et me violenter à fuir ton entretien,
Puisque te voir encor c'est m'exposer au sien.
Du moins, s'il faut quitter cette douce pratique,
Ne mets point en oubly l'amitié d'Angelique,
Et croy que ses effets auront leur premier cours,
Aussi-tost que ton frere aura d'autres amours.
PHY. Tu vis d'un air étrange, & presque insupportable.
ANG. Que toy-mesme pourtant dois trouver équitable,
Mais la raison sur toy ne sçauroit l'emporter,
Dans l'interest d'un frere on ne peut l'écouter.
PHY. Et par quelle raison negliger son martyre?
ANG. Vois-tu, j'aime Alidor, & c'est assez te dire;
Le reste des Mortels pourroit m'offrir des vœux,
Ie suis aveugle, sourde, insensible pour eux.
La pitié de leurs maux ne peut toucher mon ame
Que par des sentimens desrobez à ma flame.
On ne doit point avoir des amans par quartier,
Alidor a mon cœur & l'aura tout entier,
En aimer deux, c'est estre à tous deux infidelle.
PHY. Qu'Alidor seul te rende à tout autre cruelle!
C'est avoir pour le reste un cœur trop enduroy.
ANG. Pour aimer comme il faut, il faut aimer ainsi.
PHY. Dans l'obstination où je te voy reduite
I'admire ton amour & ris de ta conduite.
Fasse état qui voudra de ta fidelité,
Ie ne me pique point de cette vanité,
Et l'exemple d'autruy m'a trop fait reconnoistre
Qu'au lieu d'un serviteur c'est accepter un maistre.
Quand on n'en souffre qu'un, qu'on ne pense qu'à luy,
Tous autres entretiens nous donnent de l'ennuy,
Il nous faut de tout point vivre à sa fantaisie,
Souffrir de son humeur, craindre sa jalousie,
Et de peur que le temps n'emporte ses ferveurs,
Le combler chaque jour de nouvelles faveurs.

COMEDIE.

Noſtre ame, s'il s'éloigne, eſt chagrine, abatuë,
Sa mort nous defespere, & ſon change nous tuë,
Et de quelque douceur que nos feux ſoient ſuivis,
On diſpoſe de nous ſans prendre noſtre avis,
C'eſt rarement qu'un pere à nos gouſts s'accommode,
Et lors, juge quels fruits on a de ta methode.
    Pour moy, j'aime un chacun, & ſans rien negliger
Le premier qui m'en conte a dequoy m'engager.
Ainſi tout contribuë à ma bonne fortune,
Tout le monde me plaiſt, & rien ne m'importune,
De mille que je rends l'un de l'autre jaloux,
Mon cœur n'eſt à pas un, & ſe promet à tous:
Ainſi tous à l'envy s'efforcent à me plaire,
Tous vivent d'eſperance, & briguent leur ſalaire;
L'éloignement d'aucun ne ſçauroit m'affliger,
Mille encore preſens m'empeſchent d'y ſonger;
Ie n'en crains point la mort, je n'en crains point le change,
Vn monde m'en conſole auſſi-toſt, ou m'en vange.
Le moyen que de tant, & de ſi differents,
Quelqu'un n'ait aſſez d'heur pour plaire à mes parents?
Et ſi quelque inconnu m'obtient d'eux pour Maîtreſſe,
Ne croy pas que j'en tombe en profonde triſteſſe,
Il aura quelques traits de tant que je cheris,
Et je puis avec joye accepter tous maris.
ANG. Voila fort plaiſamment tailler cette matiere,
Et donner à ta langue une libre carriere.
Ce grand flux de raiſons dont tu viens m'attaquer
Eſt bon à faire rire & non à pratiquer.
Simple, tu ne ſçais pas ce que c'eſt que tu blâmes,
Et ce qu'a de douceurs l'union de deux ames,
Tu n'éprouvas jamais de quels contentemens
Se nourriſſent les feux des fidelles amans.
Qui peut en avoir mille, en eſt plus eſtimée,
Mais qui les aime tous, de pas-un n'eſt aimée,
Elle voit leur amour ſoudain ſe diſſiper:
Qui veut tout retenir, laiſſe tout échaper.
PHY. Défay-toy, défay-toy de tes fauſſes maximes,
Ou ſi ces vieux abus te ſemblent legitimes,
Si le ſeul Alidor te plaiſt deſſous les Cieux,
Conſerve-luy ton cœur, mais partage tes yeux.
De mon frere par là ſoulage un peu les playes,
Accorde un faux remede à des douleurs ſi vrayes,

Feins, déguise avec luy, trompe-le par pitié,
Ou du moins par vangeance, & par inimitié.
ANG. Le beau prix qu'il auroit de m'avoir tant cherie,
Si je ne le payois que d'une tromperie !
Pour salaire des maux qu'il endure en m'aimant,
Il aura qu'avec luy je vivray franchement.
PHY. Franchement, c'est à dire avec mille rudesses,
Le méprifer, le fuir, & par quelques adresses
Qu'il tasche d'adoucir.... Quoy, me quitter ainsi !
Et sans me dire Adieu ! le sujet ?

SCENE II.

DORASTE, PHYLIS.

DOR. Le voicy,
Ma sœur, ne cherche plus une chose trouvée.
Sa fuite n'est l'effet que de mon arrivée,
Ma presence la chasse, & son muët depart
A presque devancé son dédaigneux regard.
PHY. Iuge par là quels fruits produit mon entremise.
Ie m'acquitte des mieux de la charge commise,
Ie te fais plus parfait mille fois que tu n'es,
Ton feu ne peut aller au point où je les mets,
I'invente des raisons à combatre sa haine,
Ie blasme, flate, prie, & pers toûjours ma peine,
En grand peril d'y perdre encor son amitié,
Et d'estre en tes malheurs avec toy de moitié.
DOR. Ah ! tu ris de mes maux. *PHY.* Que veux-tu que je fasse ?
Ry des miens, si jamais tu me vois en ta place.
Que serviroient mes pleurs ? veux-tu qu'à tes tourmens
I'ajouste la pitié de mes ressentimens?
Aprés mille mépris qu'a receus ta folie,
Tu n'es que trop chargé de ta melancolie,
Si j'y joignois la mienne, elle t'accableroit,
Et de mon déplaisir le tien redoubleroit.
Contraindre mon humeur me seroit un supplice
Qui me rendroit moins propre à te faire service.
Vois-tu, par tous moyens je te veux soulager,
Mais j'ay bien plus d'esprit que de m'en affliger.

Il n'eſt point de douleur ſi forte en un courage
Qui ne perde ſa force auprès de mon viſage,
C'eſt toûjours de tes maux autant de rabatu;
Confeſſe, ont-ils encor le pouvoir qu'ils ont eu?
Ne ſens-tu point déja ton ame un peu plus gaye?
DOR. Tu me forces à rire en dépit que j'en aye,
Ie ſouffre tout de toy, mais à condition
D'employer tous tes ſoins à mon affection,
Dy-moy par quelle ruſe il faut... *PHY.* Rentrons, mon frere,
Vn de mes amans vient qui pourroit nous diſtraire.

SCENE III.

CLEANDRE.

Qve je doy bien faire pitié,
De ſouffrir les rigueurs d'un ſort ſi tyrannique!
    I'aime Alidor, j'aime Angelique,
    Mais l'amour cede à l'amitié,
Et jamais on n'a veu ſous les loix d'une belle
D'amant ſi malheureux, ny d'amy ſi fidelle.

    Ma bouche ignore mes deſirs,
Et de peur de ſe voir trahy par imprudence.
    Mon cœur n'a point de confidence
    Avec mes yeux, ny mes ſoûpirs,
Tous mes vœux ſont muets, & l'ardeur de ma flame
S'enferme toute entiere au dedans de mon ame.

    Ie feins d'aimer en d'autres lieux,
Et pour en quelque ſorte alleger mon ſupplice,
    Ie porte du moins mon ſervice
    A celle qu'elle aime le mieux;
Phylis à qui j'en conte a beau faire la fine,
Son plus charmant appas c'eſt d'eſtre ſa voiſine.

    Eſclave d'un œil ſi puiſſant
Iuſque-là ſeulement me laiſſe aller ma chaiſne,
    Trop recompenſé dans ma peine
    D'un de ſes regards en paſſant:

Ie n'en veux à Phylis que pour voir Angelique,
Et mon feu qui vient d'elle auprès d'elle s'explique.

Amy mieux aimé mille fois,
Faut-il pour m'accabler de douleurs infinies
Que nos volontez soient unies
Iusqu'à faire le mesme choix?
Vien quereller mon cœur d'avoir tant de foiblesse,
Que de se laisser prendre au mesme œil qui te blesse.

Mais plûtost voy te préferer
A celle que le tien préfere à tout le Monde,
Et ton amitié sans seconde
N'aura plus dequoy murmurer:
Ainsi je veux punir ma flame déloyale,
Ainsi...

SCENE IV.

ALIDOR, CLEANDRE.

ALI. TE rencontrer dans la place Royale,
Solitaire, & si près de ta douce prison,
Montre bien que Phylis n'est pas à la maison.
CLE. Mais voir de ce costé ta démarche avancée
Montre bien qu'Angelique est fort dans ta pensée.
ALI. Helas! c'est mon malheur, son objet trop charmant,
Quoy que je puisse faire, y regne absolument.
CLE. De ce pouvoir peut-estre elle use en inhumaine?
ALI. Rien moins, & c'est par là que redouble ma peine,
Ce n'est qu'en m'aimant trop qu'elle me fait mourir:
Vn moment de froideur, & je pourrois guerir,
Vne mauvaise œillade, un peu de jalousie,
Et j'en aurois soudain passé ma fantaisie.
Mais las! elle est parfaite, & sa perfection
N'approche point encor de son affection,
Point de refus pour moy, point d'heures inégales,
Accablé de faveurs à mon repos fatales,
Si-tost qu'elle voit jour à d'innocens plaisirs,
Ie voy qu'elle devine, & prévient mes desirs,

COMEDIE. 287

Et si j'ay des rivaux, sa dédaigneuse veuë
Les desespere autant que son ardeur me tuë.
CLE. Vit-on jamais amant de la sorte enflamé,
Qui se tinst malheureux pour estre trop aimé?
ALI. Contes-tu mon esprit entre les ordinaires?
Penses-tu qu'il s'arreste aux sentimens vulgaires?
Les regles que je suis ont un air tout divers,
Ie veux la liberté dans le milieu des fers.
Il ne faut point servir d'objet qui nous possede,
Il ne faut point nourrir d'amour qui ne nous cede,
Ie le hay s'il me force, & quand j'aime, je veux
Que de ma volonté dépendent tous mes vœux,
Que mon feu m'obeisse au lieu de me contraindre,
Que je puisse à mon gré l'enflamer, & l'éteindre,
Et toûjours en état de disposer de moy,
Donner quand il me plaist, & retirer ma foy.
Pour vivre de la sorte Angelique est trop belle,
Mes pensers ne sçauroient m'entretenir que d'elle,
Ie sens de ses regards mes plaisirs se borner,
Mes pas d'autre costé n'oseroient se tourner,
Et de tous mes soucis la liberté bannie
Me soûmet en esclave à trop de tyrannie.
I'ay honte de souffrir les maux dont je me plains,
Et d'éprouver ses yeux plus forts que mes desseins,
Ie n'ay que trop languy sous de si rudes gesnes,
A tel prix que ce soit il faut rompre mes chaisnes,
De crainte qu'un Hymen m'en ostant le pouvoir
Fist d'un amour par force un amour par devoir.
CLE. Crains-tu de posseder un objet qui te charme?
ALI. Ne parle point d'un nœud dont le seul nom m'alarme.
I'idolatre Angelique, elle est belle aujourd'huy,
Mais sa beauté peut-elle autant durer que luy,
Et pour peu qu'elle dure, aucun me peut-il dire
Si je pourray l'aimer jusqu'à ce qu'elle expire?
Du temps qui change tout les revolutions
Ne changent-elles pas nos resolutions?
Est-ce une humeur égale & ferme que la nostre?
N'a-t'on point d'autres gousts en un âge qu'en l'autre?
Iuge alors le tourment que c'est d'estre attaché,
Et de ne pouvoir rompre un si fascheux marché.
 Cependant Angelique à force de me plaire
Me flate doucement de l'espoir du contraire,

Et si d'autre façon je ne me sçay garder,
Ie sens que ses attraits m'en vont persuader.
Mais puisque son amour me donne tant de peine,
Ie la veux offenser pour acquerir sa haine,
Et meriter enfin un doux commandement
Qui prononce l'Arrest de mon banniffement.
Ce remede est cruel, mais pourtant necessaire,
Puisqu'elle me plaist trop, il me faut luy déplaire,
Tant que j'auray chez elle encor le moindre accès,
Mes desseins de guerir n'auront point de succès.
CLE. Etrange humeur d'amant ! ALI. Etrange, mais utile,
Ie me procure un mal pour en éviter mille.
CLE. Tu ne prévois donc pas ce qui t'attend de maux,
Quand un rival aura le fruit de tes travaux.
Pour se vanger de toy, cette belle offensée
Sous les loix d'un mary sera bien-tost passée,
Et lors, que de soûpirs & de pleurs répandus
Ne te rendront aucun de tant de biens perdus!
ALI. Dy mieux, que pour rentrer dans mon indifference
Ie perdray mon amour avec mon esperance,
Et qu'y trouvant alors sujet d'aversion,
Ma liberté naistra de ma punition.
CLE. Après cette asseurance, amy, je me declare.
Amoureux dès long-temps d'une beauté si rare,
Toy seul de la servir me pouvois empescher,
Et je n'aimois Phylis que pour m'en approcher.
Souffre donc maintenant que pour mon allegeance
Ie prenne, si je puis, le temps de sa vangeance,
Que des ressentimens qu'elle aura contre toy
Ie tire un avantage en luy portant ma foy,
Et que cette colere en son ame conceuë
Puisse de mes desirs faciliter l'issuë.
ALI. Si ce joug inhumain, ce passage trompeur,
Ce supplice éternel ne te fait point de peur,
A moy ne tiendra pas que la beauté que j'aime
Ne me quitte bien-tost pour un autre moy-mesme.
Tu portes en bon lieu tes desirs amoureux,
Mais songe que l'Hymen fait bien des malheureux.
CLE. I'en veux bien faire essay, mais d'ailleurs, quand j'y pense,
Peut-estre seulement le nom d'époux t'offense,
Et tu voudrois qu'un autre.... ALI. Amy, que me dis-tu ?
Connoy mieux Angelique, & sa haute vertu.

Et sçache

COMEDIE.

Et sçache qu'une fille a beau toucher mon ame,
Ie ne la connoy plus dès l'heure qu'elle est femme.
   De mille qu'autrefois tu m'as veu caresser,
En pas-une un mary pouvoit-il s'offenser?
I'évite l'apparence autant comme le crime,
Ie fuis un compliment qui semble illegitime,
Et le jeu m'en déplaist, quand on fait à tous coups
Causer un médisant, & resver un jaloux.
Encor que dans mon feu mon cœur ne s'interesse,
Ie veux pouvoir pretendre où ma bouche l'adresse,
Et garder, si je puis, parmy ces fictions
Vn renom aussi pur que mes intentions.
Amy, soupçon à part, & sans plus de replique,
Si tu veux en ma place estre aimé d'Angelique,
Allons tout de ce pas ensemble imaginer
Les moyens de la perdre & de te la donner,
Et quelle invention sera la plus aisée.
CLE. Allons, ce que j'ay dit n'étoit que par risée.

ACTE II.

SCENE PREMIERE.

ANGELIQVE, POLYMAS.

a Elle tient une lettre ouverte.

ANG.[a] DE cette trahison ton maistre est donc l'autheur?
PO. Assez imprudemment il m'en fait le porteur.
Comme il se rend par là digne qu'on le prévienne,
Ie veux bien en faire une en haine de la sienne,
Et mon devoir mal propre à de si lasches coups
Manque aussi-tost vers luy, que son amour vers vous.
ANG. Contre ce que je voy le mien encor s'obstine.
Qu'Alidor ait écrit cette lettre à Clarine!
Et qu'ainsi d'Angelique il se vouluſt joüer!
POL. Il n'aura pas le front de le desavoüer,
Opposez-luy ses traits, batez-le de ses armes,
Pour s'en pouvoir défendre il luy faudroit des charmes.
Mais sur tout cachez-luy ce que je fais pour vous,
Et ne m'exposez point aux traits de son couroux,
Que je vous puisse encor trahir son artifice,
Et pour mieux vous servir, rester à son service.
ANG. Rien ne m'echapera qui te puisse toucher,
Ie sçay ce qu'il faut dire, & ce qu'il faut cacher.
POL. Feignez d'avoir receu ce billet de Clarine,
Et que.... ANG. Ne m'instruy point, & va qu'il ne devine.
POL. Mais... ANG. Ne replique plus, & va-t'en. POL. I'obeïs.

b Elle est seule.

ANG.[b] Mes feux, il est donc vray que l'on vous a trahis,
Et ceux dont Alidor montroit son ame atteinte
Ne sont plus que fumée, ou n'étoient qu'une feinte!
Que la foy des amans est un gage pipeur!
Que leurs sermens sont vains, & nostre espoir trompeur!
Qu'on est peu dans leur cœur, pour estre dans leur bouche,
Et que malaisément on sçait ce qui les touche!
Mais voicy l'infidelle, ah, qu'il se contraint bien!

SCENE II

ALIDOR, ANGELIQUE.

ALI. **P**Vis-je avoir un moment de ton cher entretien,
Mais j'appelle un moment, de mesme qu'une année
Passe entre deux amans pour moins qu'une journée?
ANG. Avec de tels discours oses-tu m'aborder,
Perfide, & sans rougir peux-tu me regarder?
As-tu crû que le Ciel consentist à ma perte,
Iusqu'à souffrir encor ta lascheté couverte?
Appren, perfide, appren que je suis hors d'erreur,
Tes yeux ne me font plus que des objets d'horreur,
Ie ne suis plus charmée, & mon ame plus saine
N'eut jamais tant d'amour, qu'elle a pour toy de haine.
ALI. Voilà me recevoir avec des complimens
Qui feroient pour tout autre un peu moins que charmans.
Quel en est le sujet? ANG. Le sujet? ly, parjure,
Et puis accuse-moy de te faire une injure.

LETTRE SVPPOSEE D'ALIDOR à Clarine.

Alidor lit la lettre entre les mains d'Angelique.

*C*Larine, je suis tout à vous,
Ma liberté vous rend les armes,
Angelique n'a point de charmes
Pour me défendre de vos coups;
Ce n'est qu'une idole mouvante,
Ses yeux sont sans vigueur, sa bouche sans appas,
Alors que je l'aimay je ne la connus pas,
Et de quelques attraits que le Monde vous vante,
Vous devez mes affections,
Autant à ses defauts, qu'à vos perfections.

ANG. Et bien, ta perfidie est-elle en évidence?
ALI. Est-ce-là tant dequoy? ANG. Tant dequoy! l'impudence!
Aprés mille sermens il me manque de foy,
Et me demande encor si c'est-là tant dequoy!
Change, si tu le veux, je n'y perds qu'un volage,
Mais en m'abandonnant laisse en paix mon visage,

Oo ij

Oublie avec ta foy ce que j'ay de defauts,
N'étably point tes feux fur le peu que je vaux,
Fay que fans m'y mefler ton compliment s'explique,
Et ne le groffy point du mépris d'Angelique.
ALI. Deux mots de verité vous mettent bien aux champs.
ANG. Ciel, tu ne punis point des hommes fi méchans!
 Ce traiftre vit encor, il me voit, il respire,
 Il m'affronte, il l'avouë, il rit quand je foûpire.
ALI. Vrayment le Ciel a tort, de ne vous pas donner,
 Lors que vous tempeftez, fon foudre à gouverner,
 Il devroit avec vous eftre d'intelligence.

^a Angelique dechire la lettre & en jette les morceaux, & Alidor continuë.

 ^a Le digne & grand objet d'une haute vangeance!
 Vous traitez du papier avec trop de rigueur.
ANG. Que n'en puis-je autant faire à ton perfide cœur.
ALI. Qui ne vous flate point puiffamment vous irrite.
 Pour dire franchement voftre peu de merite,
 Commet-on des forfaits fi grands, & fi nouveaux,
 Qu'on doive tout à l'heure eftre mis en morceaux?
 Si ce crime autrement ne fçauroit fe remettre,

^b Il luy prefente aux yeux un miroir qu'elle porte à fa ceinture.

 ^b Caffez, cecy vous dit encor pis que ma lettre.
ANG. S'il me dit mes defauts autant, ou plus que toy,
 Déloyal, pour le moins il n'en dit rien qu'à moy,
 C'eft dedans fon cristal que je les étudie,
 Mais après il s'en taift, & moy j'y remedie,
 Il m'en donne un avis fans me les reprocher,
 Et me les découvrant, il m'aide à les cacher.
ALI. Vous étes en colere, & vous dites des pointes!
 Ne préfumiez-vous point que j'irois à mains jointes,
 Les yeux enflez de pleurs, & le cœur de foûpirs,
 Vous faire offre à genoux de mille repentirs?
 Que vous étes à plaindre étant fi fort deceuë!
ANG. Infolent, ofte-toy pour jamais de ma veuë.
ALI. Me deffendre vos yeux après mon changement,
 Appellez-vous cela du nom de châtiment?
 Ce n'eft que me bannir du lieu de mon fupplice,
 Et ce commandement eft fi plein de justice,
 Que bien que je renonce à vivre fous vos loix,
 Ie vay vous obeïr pour la derniere fois.

SCENE III.

ANGELIQVE.

COmmandement honteux, où ton obeïssance
N'est qu'un signe trop clair de mon peu de puissance,
Où ton bannissement a pour toy des appas,
Et me devient cruel de ne te l'estre pas.
A quoy se resoudra desormais ma colere,
Si ta punition te tient lieu de salaire?
Que mon pouvoir me nuit! & qu'il m'est cher vendu!
Voilà ce que me vaut d'avoir trop attendu.
Ie devois prévenir ton outrageux caprice,
Mon bonheur dépendoit de te faire injustice,
Ie chasse un fugitif avec trop de raison,
Et luy donne les champs quand il rompt sa prison.
  Ah, que n'ay-je eu des bras à suivre mon courage!
Qu'il m'eust bien autrement reparé cet outrage!
Que j'eusse retranché de ses propos railleurs!
Le traistre n'eust jamais porté son cœur ailleurs,
Puisqu'il m'étoit donné, je m'en fusse saisie,
Et sans prendre conseil que de ma jalousie,
Puisqu'un autre portrait en efface le mien,
Cent coups auroient chassé ce voleur de mon bien.
Vains projets, vains discours, vaine & fausse allegeance,
Et mes bras & son cœur manquent à ma vangeance.
  Ciel, qui m'en vois donner de si justes sujets,
Donne-m'en des moyens, donne-m'en des objets,
Où me doy-je adresser? qui doit porter sa peine?
Qui doit à son defaut m'éprouver inhumaine?
De mille desespoirs mon cœur est assailly,
Ie suis seule punie; & je n'ay point failly.
Mais j'ose faire au Ciel une injuste querelle,
Ie n'ay que trop failly d'aimer un infidelle,
De recevoir un traistre, un ingrat sous ma loy,
Et trouver du merite en qui manquoit de foy.
Ciel, encor une fois écoute mon envie,
Oste-m'en la memoire, ou le prive de vie,
Fay que de mon esprit je puisse le bannir,
Ou ne l'avoir que mort dedans mon souvenir.

Que je m'anime en vain contre un objet aimable!
Tout criminel qu'il eſt, il me ſemble adorable,
Et mes ſouhaits qu'étouffe un ſoudain repentir
En demandant ſa mort n'y ſçauroient conſentir.
Reſtes impertinens d'une flame inſenſée,
Ennemis de mon heur, ſortez de ma penſée,
Ou ſi vous m'en peignez encore quelques traits,
Laiſſez-là ſes vertus, peignez-moy ſes forfaits.

SCENE IV.

ANGELIQVE, PHYLIS.

AN. LE croirois-tu, Phylis? Alidor m'abandonne.
   PH. Pourquoy non? je n'y voy rien du tout qui m'étonne,
Rien qui ne ſoit poſſible, & de plus fort commun.
La conſtance eſt un bien qu'on ne voit en pas-un,
Tout change ſous les Cieux, mais par tout bon remede.
ANG. Le Ciel n'en a point fait au mal qui me poſſede.
PHY. Choiſy de mes amants, ſans t'affliger ſi fort;
Et n'apprehende pas de me faire grand tort,
J'en pourrois au beſoin fournir toute la Ville,
Qu'il m'en demeureroit encor plus de deux mille.
ANG. Tu me ferois mourir avec de tels propos,
Ah! laiſſe-moy plûtoſt ſoûpirer en repos,
Ma ſœur. *PHY.* Pleuſt au bon Dieu que tu vouluſſes l'eſtre!
ANG. Et quoy, tu ris encor! c'eſt bien faire paroiſtre....
PHY. Que je ne ſçaurois voir d'un viſage affligé
Ta cruauté punie, & mon frere vangé.
Aprés tout je connoy quelle eſt ta maladie,
Tu vois comme Alidor eſt plein de perfidie,
Mais je mets dans deux jours ma teſte à l'abandon,
Au cas qu'un repentir n'obtienne ſon pardon.
ANG. Aprés que cet ingrat me quitte pour Clarine?
PHY. De le garder long-temps elle n'a pas la mine,
Et j'eſtime ſi peu ces nouvelles amours,
Que je te plége encor ſon retour dans deux jours:
Et lors ne penſe pas, quoy que tu te propoſes,
Que de tes volontez devant luy tu diſpoſes.
Prépare tes dédains, arme-toy de rigueur,
Vne larme, un ſoûpir te percera le cœur;

COMEDIE.

Et je feray ravie alors de voir vos flames
Brufler mieux que devant, & rejoindre vos ames:
Mais j'en crains un fuccès à ta confufion,
Qui change une fois, change à toute occafion,
Et nous verrons toûjours, fi Dieu le laiffe vivre,
Vn change, un repentir, un pardon s'entrefuivre.
Ce dernier eft fouvent l'amorce d'un forfait,
Et l'on ceffe de craindre un couroux fans effet.
ANG. Sa faute a trop d'excés pour eftre remiffible,
Ma fœur, je ne fuis pas de la forte infenfible,
Et fi je préfumois que mon trop de bonté
Pûft jamais fe refoudre à cette lafcheté,
Qu'un fi honteux pardon pûft fuivre cette offenfe,
I'en préviendrois le coup, m'en oftant la puiffance.
Adieu, dans la colere où je fuis aujourd'huy,
I'accepterois plûtoft un Barbare que luy.

SCENE V.

PHYLIS, DORASTE.

PHY. IL faut donc fe hafter, qu'elle ne refoidiffe.
ᵃ Frere, quelque inconnu t'a fait un bon office,
Il ne tiendra qu'à toy d'eftre un fecond Medor,
On a fait qu'Angelique... *DOR.* Et bien? *PHY.* Hait Alidor.
DOR. Elle hait Alidor! Angelique! *PHY.* Angelique.
DOR. D'où luy vient cette humeur? qui les a mis en pique?
PHY. Si tu prens bien ton temps, il y fait bon pour toy?
Va, ne t'amufe point à fçavoir le pourquoy,
Parle au pere d'abord, tu fçais qu'il te fouhaite,
Et s'il ne s'en dédit, tien l'affaire pour faite.
DOR. Bien qu'un fi bon avis ne foit à méprifer,
Ie crains.... *PHY.* Lyfis m'aborde, & tu me veux caufer?
Entre chez Angelique, & pouffe ta fortune.
Quand je vois un amant, un frere m'importune.

ᵃ *Elle frape du pied à la porte de fon logis & fait fortir fon frere.*

SCENE VI.

LYSIS, PHYLIS.

LYS. COmme vous le chassez ! *PHY.* Qu'eust-il fait avec nous ?
    Mon entretien sans luy te semblera plus doux,
Tu pourras t'expliquer avec moins de contrainte,
Me conter de quels feux tu te sens l'ame atteinte,
Et ce que tu croiras propre à te soulager.
Regarde maintenant si je sçay t'obliger.
LYS. Cette obligation seroit bien plus extresme
Si vous vouliez traiter tous mes rivaux de mesme,
Et vous feriez bien plus pour mon contentement,
De souffrir avec vous vint freres qu'un amant.
PHY. Nous sommes donc, Lysis, d'une humeur bien contraire,
I'y souffrirois plûtost cinquante amans qu'un frere,
Et puisque nos esprits ont si peu de rapport,
Ie m'étonne comment nous nous aimons si fort.
LYS. Vous étes ma Maitresse, & mes flames discrettes
Doivent un tel respect aux loix que vous me faites,
Que pour leur obeïr mes sentimens domptez
N'osent plus se regler que sur vos volontez.
PHY. I'aime des Serviteurs qui pour une Maitresse
Souffrent ce qui leur nuit, aiment ce qui les blesse.
Si tu vois quelque jour tes feux recompensez,
Souvien-toy.... Qu'est-ce-cy, Cleandre, vous passez ?

Cleandre va pour entrer chez Angelique, & Phylis l'arreste.

SCENE VII.

CLEANDRE, PHYLIS, LYSIS.

CLE. IL me faut bien passer, puisque la place est prise.
PHY. Venez, cette raison est de mauvaise mise,
D'un million d'amans je puis flater les vœux,
Et n'aurois pas l'esprit d'en entretenir deux ?
Sortez de cette erreur, & souffrant ce partage,
Ne faites pas icy l'entendu davantage.
CLE. Le moyen que je sois insensible à ce point ?
PHY. Quoy ? pour l'entretenir ne vous aimay-je point ?
CLE. Encor

COMEDIE.

CLE. Encor que voſtre ardeur à la mienne réponde,
Ie ne veux plus d'un bien commun à tout le Monde.
PHY. Si vous nommez ma flame un bien commun à tous,
Ie n'aime pour le moins perſonne plus que vous,
Cela vous doit ſuffire. CLE. Ouy bien à des volages
Qui peuvent en un jour adorer cent viſages,
Mais ceux dont un objet poſſede tous les ſoins,
Se donnant tous entiers, n'en meritent pas moins.
PHY. De vray, ſi vous valiez beaucoup plus que les autres,
Ie dévrois dédaigner leurs vœux auprès des voſtres;
Mais mille auſſi bien faits ne ſont pas mieux traitez,
Et ne murmurent point contre mes volontez.
Eſt-ce à moy, s'il vous plaiſt, de vivre à voſtre mode!
Voſtre amour en ce cas ſeroit fort incommode,
Loin de la recevoir, vous me feriez la loy:
Qui m'aime de la ſorte, il s'aime, & non pas moy.
LYS.[a] Perſiſte en ton humeur, je te prie, & conſeille
A tous nos concurrens d'en prendre une pareille.   [a] A Cleandre.
CLE. Tu ſeras bien-toſt ſeul, s'ils veulent m'imiter.
PHY. Quoy donc, c'eſt tout de bon que tu me veux quitter?
Tu ne dis mot, reſveur, & pour toute replique
Tu tournes tes regards du coſté d'Angelique.
Eſt-elle donc l'objet de tes legeretez?
Veux-tu faire d'un coup deux infidelitez,
Et que dans mon offenſe Alidor s'intereſſe?
Cleandre, c'eſt aſſez de trahir ta Maîtreſſe,
Dans ta nouvelle flame épargne tes amis,
Et ne l'adreſſe point en lieu qui ſoit promis.
CLE. De la part d'Alidor je vay voir cette belle,
Laiſſe-m'en avec luy démeſler la querelle,
Et ne t'informe point de mes intentions.
PHY. Puiſqu'il me faut reſoudre en mes afflictions,
Et que pour te garder j'ay trop peu de merite,
Du moins avant l'Adieu demeurons quitte à quitte,
Que ce que j'ay du tien je te le rende icy,
Tu m'as offert des vœux, que je t'en offre auſſi,
Et faiſons entre nous toutes choſes égales.
LYS. Et moy durant ce temps je garderay les balles?
PHY. Ie te donne congé d'une heure, ſi tu veux.
LYS. Ie l'accepte, au hazard de le prendre pour deux.
PHY. Pour deux, pour quatre, ſoit, ne crains pas qu'il m'ennuye.

Tome I.   Pp

SCENE VIII.

CLEANDRE, PHYLIS.

a Elle ar-
reste Clean-
dre qui
tasche de
s'échaper,
pour en-
trer chez
Angeli-
que.

PHY.[a] Mais je ne consens pas cependant qu'on me fuye,
    Tu perds temps d'y tascher, si tu n'as mon congé.
    Inhumain, est-ce ainsi que je t'ay negligé?
    Quand tu m'offrois des vœux prenois-je ainsi la fuite,
    Et rends-tu la pareille à ma juste poursuite?
    Avec tant de douceur tu te vis écouter,
    Et tu tournes le dos quand je t'en veux conter.
CLE. Va te jouër d'un autre avec tes railleries,
    J'ay l'oreille mal faite à ces galanteries:
    Ou cesse de m'aimer, ou n'aime plus que moy.
PHY. Je ne t'impose pas une si dure loy;
    Avec moy, si tu veux, aime toute la Terre,
    Sans craindre que jamais je t'en fasse la guerre.
    Je reconnois assez mes imperfections,
    Et quelque part que j'aye en tes affections,
    C'est encor trop pour moy, seulement ne rejette
    La parfaite amitié d'une fille imparfaite.
CLE. Qui te rend obstinée à me persecuter?
PHY. Qui te rend si cruel que de me rebuter?
CLE. Il faut que de tes mains un Adieu me delivre.
PHY. Si tu sçais t'en aller, je sçauray bien te suivre,
    Et quelque occasion qui t'amene en ces lieux,
    Tu ne luy diras pas grand secret à mes yeux.
    Je suis plus incommode encor qu'il ne te semble,
    Parlons plûtost d'accord, & composons ensemble.
    Hier un peintre excellent m'apporta mon portrait:
    Tandis qu'il t'en demeure encore quelque trait,
    Qu'encor tu me connois, & que de ta pensée
    Mon image n'est pas tout-à-fait effacée,
    Ne m'en refuse point ton petit jugement.
CLE. Je le tiens pour bien fait. PHY. Plains-tu tant un moment?
    Et m'attachant à toy, si je te desespere,
    A ce prix trouves-tu ta liberté trop chere?
CLE. Allons, puis qu'autrement je ne te puis quitter,
    A tel prix que ce soit, il me faut racheter.

ACTE III.

SCENE PREMIERE.

PHYLIS, CLEANDRE.

CLE. EN ce point il reſſemble à ton humeur volage,
Qu'il reçoit tout le monde avec meſme viſage;
Mais d'ailleurs ce portrait ne te reſſemble pas,
En ce qu'il ne dit mot, & ne ſuit point mes pas.
PHY. En quoy que deſormais ma preſence te nuiſe,
La civilité veut que je te reconduiſe.
CLE. Mets enfin quelque borne à ta civilité,
Et ſuivant noſtre accord me laiſſe en liberté.

SCENE II.

DORASTE, PHYLIS, CLEANDRE.

DOR.[a] TOut eſt gagné, ma ſœur, la belle m'eſt acquiſe, [a] *Il ſort de*
Iamais occaſion ne ſe trouva mieux priſe,   *chez An-*
Ie poſſede Angelique. CLE. Angelique! DOR. Ouy, tu peux *gelique.*
Avertir Alidor du ſuccès de mes vœux,
Et qu'au ſortir du bal que je donne chez elle
Demain un ſacré nœud m'unit à cette belle.
Dy-luy qu'il s'en conſole. Adieu, je vay pourvoir
A tout ce qu'il me faut préparer pour ce ſoir.
PHY. Ce ſoir j'ay bien la mine, en dépit de ta glace,
D'en trouver là cinquante à qui donner ta place.
Va-t'en, ſi bon te ſemble, ou demeure en ces lieux;
Ie ne t'arrétois pas icy pour tes beaux yeux,
Mais juſqu'à maintenant j'ay voulu te diſtraire,
De peur que ton abord interrompiſt mon frere.
Quelque fin que tu ſois, tien-toy pour affiné.

Pp ij

SCENE III.

CLEANDRE.

Ciel, à tant de malheurs m'aviez-vous destiné?
Faut-il que d'un deſſein ſi juſte que le noſtre
La peine ſoit pour nous, & les fruits pour un autre,
Et que noſtre artifice ait ſi mal ſuccedé
Qu'il me deſrobe un bien qu'Alidor m'a cedé?
Officieux amy d'un amant déplorable,
Que tu m'offres en vain cet objet adorable!
Qu'en vain de m'en ſaiſir ton adreſſe entreprend!
Ce que tu m'as donné, Doraſte le ſurprend;
Tandis qu'il me ſupplante, une ſœur me cajole,
Elle me tient les mains cependant qu'il me vole,
On me jouë, on me brave, on me tuë, on s'en rit,
L'un me vante ſon heur, l'autre ſon trait d'eſprit,
L'un & l'autre à la fois me perd, me deſeſpere:
Et je puis épargner, ou la ſœur, ou le frere,
Eſtre ſans Angelique, & ſans reſſentiment,
Avec ſi peu de cœur aimer ſi puiſſamment!
Cleandre, eſt-ce un forfait que l'ardeur qui te preſſe?
Craignois-tu d'avoüer une telle Maîtreſſe?
Et cachois-tu l'excès de ton affection,
Par honte, par dépit, ou par diſcretion?
Pouvois-tu deſirer occaſion plus belle
Que le nom d'Alidor à vanger ta querelle?
Si pour tes feux cachez tu n'oſes t'émouvoir,
Laiſſe leurs intereſts, ſuy ceux de ton devoir.
On ſupplante Alidor, du moins en apparence,
Et ſans reſſentiment tu ſouffres cette offenſe,
Ton courage eſt muet, & ton bras endormy,
Pour eſtre amant diſcret tu parois laſche amy!
C'eſt trop abandonner ta renommée au blaſme.
Il faut ſauver d'un coup ton honneur, & ta flame,
Et l'un & l'autre icy marchent d'un pas égal,
Soûtenant un amy tu t'oſtes un rival.
Ne differe donc plus ce que l'honneur commande:
Et luy gagne Angelique afin qu'il te la rende,
Il faut....

COMEDIE.

SCENE IV.

ALIDOR, CLEANDRE.

ALI. Et bien, Cleandre, ay-je sçeu t'obliger?
CLE. Pour m'avoir obligé, que je vay t'affliger!
   Doraste a pris le temps des dépits d'Angelique.
ALI. Aprés? *CLE.* Aprés cela tu veux que je m'explique!
ALI. Qu'en a-t'il obtenu? *CLE.* Pardelà son espoir.
   Il l'épouse demain, luy donne bal ce soir;
   Iuge, juge par là si mon mal est extresme.
ALI. En es-tu bien certain? *CLE.* I'ay tout sçeu de luy-mesme.
ALI. Que je serois heureux, si je ne t'aimois point!
   Ton malheur auroit mis mon bonheur à son point,
   La prison d'Angelique auroit rompu la mienne:
   Quelque empire sur moy que son visage obtienne,
   Ma passion fust morte avec sa liberté,
   Et trop vain pour souffrir qu'en sa captivité
   Les restes d'un rival m'eussent enchaisné l'ame,
   Les feux de son Hymen auroient éteint ma flame.
   Pour forcer sa colere à de si doux effets
   Quels efforts, cher amy, ne me suis-je point faits?
   Malgré tout mon amour prendre un orgueil farouche,
   L'adorer dans le cœur, & l'outrager de bouche,
   I'ay souffert ce supplice, & me suis feint leger,
   De honte & de dépit de ne pouvoir changer?
   Et je voy prés du but où je voulois pretendre
   Les fruits de mon travail n'estre pas pour Cleandre!
   A ces conditions mon bonheur me déplaist,
   Ie ne puis estre heureux, si Cleandre ne l'est,
   Ce que je t'ay promis ne peut estre à personne,
   Il faut que je perisse, ou que je te le donne,
   I'auray trop de moyens de te garder ma foy,
   Et malgré les Destins Angelique est à toy.
CLE. Ne trouble point pour moy le repos de ton ame,
   Il t'en cousteroit trop pour avancer ma flame;
   Sans que ton amitié fasse un second effort,
   Voicy de qui j'auray ma Maistresse, ou la mort.
   Si Doraste a du cœur, il faut qu'il la défende,
   Et que l'épée au poin il la gagne, ou la rende.

ALI. Simple, par le chemin que tu penses tenir,
Tu la luy peux oster, mais non pas l'obtenir.
La suite des duels ne fut jamais plaisante,
C'étoit ces jours passez ce que disoit Theante:
Ie veux prendre un moyen, & plus court, & plus seur,
Et sans aucun peril t'en rendre possesseur.
Va-t'en donc, & me laisse auprès de ta Maîtresse
De mon reste d'amour faire joüer l'adresse.
CLE. Cher amy.... *ALI.* Va-t'en, dis-je, & par tes complimens
Cesse de t'opposer à tes contentemens,
Desormais en ces lieux tu ne fais que me nuire.
CLE. Ie vay donc te laisser ma fortune à conduire.
Adieu, puissay-je avoir les moyens à mon tour
De faire autant pour toy, que toy pour mon amour.

ᵃ *Il est seul.* *ALI.*ᵃ Que pour ton amitié je vay souffrir de peine!
Déja presque échapé je rentre dans ma chaîne,
Il faut encore un coup, m'exposant à ses yeux,
Reprendre de l'amour afin d'en donner mieux.
Mais reprendre un amour dont je veux me défaire,
Qu'est-ce qu'à mes desseins un chemin tout contraire?
Allons-y toutesfois, puisque je l'ay promis,
Et que la peine est douce à qui sert ses amis.

SCENE V.

ANGELIQVE.ᵇ

ᵇ *Elle est dans son cabinet.*

Qvel malheur par tout m'accompagne!
Qu'un indiscret Hymen me vange à mes dépens!
Que de pleurs en vain je répans,
Moins pour ce que je perds, que pour ce que je gagne!
L'un m'est plus doux que l'autre, & j'ay moins de tourment
Du crime d'Alidor, que de son châtiment.

Ce traître alluma donc ma flame!
Ie puis donc consentir à ces tristes accords!
Helas, par quelques pleins efforts
Que je me fasse jour jusqu'au fond de mon ame,
I'y trouve seulement, afin de me punir,
Le dépit du passé, l'horreur de l'avenir.

COMEDIE.

SCENE VI.

ANGELIQVE, ALIDOR.

ANG. OV viens-tu, déloyal? avec quelle impudence
Oſes-tu redoubler mes maux par ta preſence?
Qui te donne le front de ſurprendre mes pleurs?
Cherches-tu de la joye à meſme mes douleurs,
Et peux-tu conſerver une ame aſſez hardie,
Pour voir ce qu'à mon cœur coûte ta perfidie?
Aprés que tu m'as fait un inſolent aveu
De n'avoir plus pour moy ny de foy, ny de feu,
Tu te mets à genoux, & tu veux miſerable,
Que ton feint repentir m'en donne un veritable!
Va, va, n'eſpere rien de tes ſubmiſſions,
Porte-les à l'objet de tes affections,
Ne me preſente plus les traits qui m'ont deceuë,
N'attaque point mon cœur en me bleſſant la veuë:
Penſes-tu que je ſois, aprés ton changement,
Ou ſans reſſouvenir, ou ſans reſſentiment?
S'il te ſouvient encor de ton brutal caprice,
Dy-moy, que viens-tu faire au lieu de ton ſupplice?
Garde un exil ſi cher à tes legeretez,
Ie ne veux plus ſçavoir de toy mes veritez.
 Quoy? tu ne me dis mot! crois-tu que ton ſilence
Puiſſe de tes diſcours reparer l'inſolence?
Des pleurs effacent-ils un mépris ſi cuiſant,
Et ne t'en dédis-tu, traiſtre, qu'en te taiſant?
Pour triompher de moy, veux-tu pour toutes armes
Employer des ſoûpirs, & de muettes larmes?
Sur noſtre amour paſſé c'eſt trop te confier,
Du moins dy quelque choſe à te juſtifier,
Demande le pardon que tes regards m'arrachent,
Explique leurs diſcours, dy-moy ce qu'ils me cachent.
Que mon couroux eſt foible, & que leurs traits puiſſans
Rendent des criminels aiſément innocens!
Ie n'y puis reſiſter, quelque effort que je faſſe,
Et de peur de me rendre il faut quitter la place.
ALI.[a] Quoy! voſtre amour renaiſt, & vous m'abandonnez!
C'eſt bien là me punir quand vous me pardonnez.

[a] Il la retient comme elle veut s'en aller.

Ie sçay ce que j'ay fait, & qu'après tant d'audace
Ie ne merite pas de jouïr de ma grace:
Mais demeurez du moins, tant que vous ayez sçeu
Que par un feint mépris vostre amour fut deceu,
Que je vous fus fidelle en dépit de ma lettre,
Qu'en vos mains seulement on la devoit remettre,
Que mon dessein n'alloit qu'à voir vos mouvemens,
Et juger de vos feux par vos ressentimens.
Dites, quand je la vis entre vos mains remise,
Changeay-je de couleur? eus-je quelque surprise?
Ma parole plus ferme, & mon port asseuré
Ne vous montroient-ils pas un esprit préparé?
Que Clarine vous die à la premiere veuë
Si jamais de mon change elle s'est aperceuë;
Ce mauuais compliment flatoit mal ses appas,
Il vous faisoit outrage, & ne l'obligeoit pas,
Et ses termes piquans mal conceus pour luy plaire
Au lieu de son amour cherchoient vostre colere.
ANG. Cesse de m'éclaircir sur ce triste secret,
En te montrant fidelle il accroist mon regret,
Ie perds moins, si je croy ne perdre qu'un volage,
Et je ne puis sortir d'erreur qu'à mon dommage.
Que me sert de sçavoir que tes vœux sont constans,
Que te sert d'estre aimé quand il n'en est plus temps?
ALI. Aussi je ne viens pas pour regagner vostre ame,
Preferez-moy Doraste, & devenez sa femme,
Ie vous viens par ma mort en donner le pouvoir.
Moy vivant, vostre foy ne le peut recevoir,
Elle m'est engagée, & quoy que l'on vous die,
Sans crime elle ne peut durer moins que ma vie;
Mais voicy qui vous rend l'une & l'autre à la fois.
ANG. Ah! ce cruel discours me reduit aux abois,
Ma colere a rendu ma perte inevitable,
Et je deteste en vain ma faute irreparable.
ALI. Si vous avez du cœur, on la peut reparer.
ANG. On nous doit dés demain pour jamais separer,
Que puis-je à de tels maux appliquer pour remede?
ALI. Ce qu'ordonne l'amour aux ames qu'il possede.
Si vous m'aimez encor, vous sçaurez dés ce soir
Rompre les noirs effets d'un juste desespoir.
Quittez avec le bal vos malheurs pour me suivre,
Ou soudain à vos yeux je vay cesser de vivre.

Mettrez-

COMEDIE.

Mettrez-vous en ma mort voſtre contentement?
ANG. Non, mais que dira-t'on d'un tel emportement?
ALI. Eſt-ce-là donc le prix de vous avoir ſervie?
   Il y va de voſtre heur, il y va de ma vie,
   Et vous vous arrétez à ce qu'on en dira!
   Mais faites deſormais tout ce qu'il vous plaira,
   Puiſque vous conſentez plûtoſt à vos ſupplices
   Qu'à l'unique moyen de payer mes ſervices,
   Ma mort va me vanger de voſtre peu d'amour:
   Si vous n'étes à moy, je ne veux plus du jour.
ANG. Retien ce coup fatal, me voila reſoluë,
   Vſe ſur tout mon cœur de puiſſance abſoluë,
   Puiſqu'il eſt tout à toy, tu peux tout commander,
   Et contre nos malheurs j'oſe tout hazarder.
   Cet éclat du dehors n'a rien qui m'embaraſſe:
   Mon honneur ſeulement te demande une grace.
   Accorde à ma pudeur que deux mots de ta main
   Puiſſent juſtifier ma fuite, & ton deſſein,
   Que mes parens ſurpris trouvent icy ce gage
   Qui les rende aſſeurez d'un heureux mariage,
   Et que je ſauve ainſi ma reputation
   Par la ſincerité de ton intention.
   Ma faute en ſera moindre, & mon trop de conſtance
   Paroiſtra ſeulement fuir une violence.
ALI. Enfin par ce deſſein vous me reſſuſcitez,
   Agiſſez pleinement deſſus mes volontez:
   J'avois pour voſtre honneur la meſme inquietude,
   Et ne pourrois d'ailleurs, qu'avec ingratitude,
   Voyant ce que pour moy voſtre flame reſout,
   Dénier quelque choſe à qui m'accorde tout.
   Donnez-moy, ſur le champ je vous veux ſatisfaire.
ANG. Il vaut mieux que l'effet à tantoſt ſe differe,
   Ie manque icy de tout, & j'ay le cœur tranſi
   De crainte que quelqu'un ne te découvre icy.
   Mon deſſein genereux fait naiſtre cette crainte,
   Depuis qu'il eſt formé j'en ay ſenty l'atteinte;
   Quitte moy, je te prie, & coule toy ſans bruit.
ALI. Puiſque vous le voulez, Adieu juſqu'à minuit.
       [a] Que promets-tu, pauvre aveuglée?
   A quoy t'engage icy ta folle paſſion?
       Et de quelle indiſcretion
   Ne s'accompagne point ton ardeur déreglée?

Tome I.

[a] *Alidor s'en va & Angelique continuë.*

Tu cours à ta ruïne, & vas tout hazarder
Sur la foy d'un amant qui n'en fçauroit garder.
   Ie me trompe, il n'eſt point volage,
I'ay veu ſa fermeté, j'en ay crû ſes ſoûpirs,
   Et ſi je flate mes deſirs
Vne ſi douce erreur n'eſt qu'à mon avantage :
Me manquaſt-il de foy, je la luy dois garder,
Et pour perdre Doraſte il faut tout hazarder.
^a Cleandre, elle eſt à toy, j'ay fléchy ſon courage.
Que ne peut l'artifice, & le fard du langage?
Et ſi pour un amy ces effets je produis,
Lors que j'agis pour moy, qu'eſt-ce que je ne puis?

^a Il ſort de la porte d'Angelique & repaſſe ſur le Theatre.

SCENE VII.

PHYLIS.

ALidor à mes yeux ſort de chez Angelique,
Comme s'il y gardoit encor quelque pratique,
Et meſme à ſon viſage il ſemble aſſez content.
Auroit-il regagné cet eſprit inconſtant?
O qu'il feroit bon voir que cette humeur volage
Deux fois en moins d'une heure euſt changé de courage!
Que mon frere en tiendroit, s'il s'étoient mis d'accord!
Il faut qu'à le ſçavoir je faſſe mon effort.
Ce ſoir je ſonderay les ſecrets de ſon ame,
Et ſi ſon entretien ne me trahit ſa flame,
I'auray l'œil de ſi près deſſus ſes actions,
Que je m'éclairciray de ſes intentions.

SCENE VIII.

PHYLIS, LYSIS.

PHY. Quoy, Lyſis? ta retraite eſt de peu de durée?
LYS. L'heure de mon congé n'eſt qu'à peine expirée.
Mais vous voyant icy ſans frere & ſans amant...
PHY. N'en préſume pas mieux pour ton contentement.
LYS. Et d'où vient à Phylis une humeur ſi nouvelle?
PHY. Vois-tu, je ne ſçay quoy me broüille la cervelle,

COMEDIE. 307
Va, ne me conte rien de ton affection,
Elle en auroit fort peu de satisfaction.
LYS. Cependant sans parler il faut que je soûpire?
PHY. Reserve pour le bal ce que tu me veux dire.
LYS. Le bal! où le tient-on? *PHY.* Là dedans. *LYS.* Il suffit,
De vostre bon avis je feray mon profit.

ACTE IV.

SCENE PREMIERE.

ALIDOR, CLEANDRE,
Troupe d'armez.

ALI.  TTEN sans faire bruit que je t'en avertisse.
Enfin la nuit s'avance, & son voile propice
Me va faciliter le succès que j'attens,
Pour rédre heureux Cleandre, & mes desirs côtens.
Mon cœur las de porter un joug si tyrannique
Ne sera plus qu'une heure esclave d'Angelique,
Ie vay faire un amy possesseur de mon bien:
Aussi dans son bonheur je rencontre le mien,
C'est moins pour l'obliger, que pour me satisfaire,
Moins pour le luy donner, qu'afin de m'en défaire.
Ce trait paroistra lasche, & plein de trahison,
Mais cette lascheté m'ouvrira ma prison,
Ie veux bien à ce prix avoir l'ame traîtresse,
Et que ma liberté me coûte une Maîtresse.
Que luy fais-je après tout qu'elle n'ait merité
Pour avoir malgré moy fait ma captivité?
Qu'on ne m'accuse point d'aucune ingratitude,
Ce n'est que me vanger d'un an de servitude,
Que rompre son dessein, comme elle a fait le mien,
Qu'user de mon pouvoir, comme elle a fait du sien,
Et ne luy pas laisser un si grand avantage,
De suivre son humeur, & forcer mon courage.

a L'Acte est dans la nuit, & Alidor dit ce premier vers à Cleandre, & l'ayant fait retirer avec sa troupe, il continuë seul.

Qq ij

Le forcer ! mais helas ! que mon confentement
Par un fi doux effort fut furpris aifément !
Quel excès de plaifirs goufta mon imprudence
Avant que refléchir fur cette violence !
Examinant mon feu qu'eft-ce que je ne pers !
Et qu'il m'eft cher vendu de connoiftre mes fers !
Ie foupçonne déja mon deffein d'injustice,
Et je doute s'il eft, ou raifon, ou caprice,
Ie crains un pire mal aprés ma guerifon,
Et d'aller au fupplice en rompant ma prifon.
Alidor, tu confens qu'un autre la poffede !
Tu t'expofes fans crainte à des maux fans remede !
Ne romps point les effets de fon intention,
Et laiffe un libre cours à ton affection,
Fay ce beau coup pour toy, fuy l'ardeur qui te preffe.
Mais trahir ton amy ! mais trahir ta Maîtreffe !
Ie n'en veux obliger pas-vn à me haïr,
Et ne fçay qui des deux ou fervir, ou trahir.

 Quoy, je balance encor, je m'arrefte, je doute !
Mes refolutions, qui vous met en déroute ?
Revenez, mes deffeins, & ne permettez pas
Qu'on triomphe de vous avec un peu d'appas.
En vain pour Angelique ils prennent la querelle,
Cleandre, elle eft à toy, nous fommes deux contre elle,
Ma liberté confpire avecque tes ardeurs,
Les miennes deformais vont tourner en froideurs,
Et laffé de fouffrir un fi rude fervage
I'ay l'efprit affez fort pour combatre un vifage.
Ce coup n'eft qu'un effet de generofité,
Et je ne fuis honteux que d'en avoir douté.

 Amour, que ton pouvoir tafche en vain de paroiftre :
Fuy, petit infolent, je veux eftre le maiftre,
Il ne fera pas dit qu'un homme tel que moy
En dépit qu'il en ait obeïffe à ta loy ?
Ie ne me refoudray jamais à l'Hymenée
Que d'une volonté franche & determinée,
Et celle à qui fes nœuds m'uniront pour jamais
M'en fera redevable, & non à fes attraits,
Et ma flame...

COMEDIE.

SCENE II.

ALIDOR, CLEANDRE.

CLE. ALidor. *ALI.* Qui m'appelle? *CLE.* Cleandre.
ALI. Tu t'avances trop toft. *CLE.* Ie me laffe d'attendre.
ALI. Laiffe-moy, cher amy, le foin de t'avertir
En quel temps de ce coin il te faudra fortir.
CLE. My-nuit vient de fonner, & par experience
Tu fçais comme l'amour eft plein d'impatience.
ALI. Va donc tenir tout preft à faire un fi beau coup,
Ce que nous attendons ne peut tarder beaucoup,
Ie livre entre tes mains cette belle Maîtreffe,
Si-toft que j'auray pû luy rendre ta promeffe:
Sans lumiere, & d'ailleurs s'affeurant en ma foy,
Rien ne l'empefchera de la croire de moy.
Après, acheve feul, je ne puis fans fupplice
Forcer icy mes bras à te faire fervice,
Et mon reste d'amour en cet enlevement
Ne peut contribuer que mon confentement.
CLE. Amy, ce m'eft affez. *ALI.* Va donc là bas attendre
Que je te donne avis du temps qu'il faudra prendre.
Cleandre, encor un mot. Pour de pareils exploits
Nous nous reffemblons mal, & de taille, & de voix,
Angelique foudain pourra te reconnoiftre,
Regarde après fes cris fi tu ferois le maiftre.
CLE. Ma main deffus fa bouche y fçaura trop pourvoir.
ALI. Amy, feparons-nous, je penfe l'entrevoir.
CLE. Adieu, fay promptement.

SCENE III.

ALIDOR, ANGELIQVE.

ANG. Qve la nuit eft obscure!
Alidor n'eft pas loin, j'entens quelque murmure.
ALI. De peur d'eftre connu, je défens à mes gens
De paroiftre en ces lieux avant qu'il en foit temps.
Tenez.ª *ANG.* Ie prens fans lire, & ta foy m'eft fi claire,
Que je la prens bien moins pour moy, que pour mon pere.

ª *Il luy donne la promeffe de Cleandre.*

Qq iij

Ie la porte à ma chambre, épargnons les discours,
Fais avancer tes gens, & dépesche. *ALI.* I'y cours.
  Lors que de son honneur je luy rens l'asseurance
C'est quand je trompe mieux sa credule esperance,
Mais puisqu'au lieu de moy je luy donne un amy,
A tout prendre, ce n'est la tromper qu'à demy.

SCENE IV.

PHYLIS.

Angelique. C'est fait, mon frere en a dans l'aisle;
La voyant échaper je courois après elle,
Mais un maudit galand m'est venu brusquement
Servir à la traverse un mauvais compliment,
Et par ses vains discours m'embarrasser de sorte
Qu'Angelique à son aise a sceu gagner la porte.
Sa perte est asseurée, & le traistre Alidor
La posseda jadis, & la possede encor.
Mais jusques à ce point seroit-elle imprudente?
Il n'en faut point douter, sa perte est évidente,
Le cœur me le disoit le voyant en sortir,
Et mon frere dès lors se devoit avertir.
Ie te trahis, mon frere, & par ma negligence
Etant sans y penser de leur intelligence....

Alidor paroit avec Cleandre accompagné d'vne troupe, & après luy avoir montré Phylis qu'il croit estre Angelique, il se retire en un coin du Theatre, & Cleandre enleve Phylis, & luy met d'abord la main sur la bouche.

SCENE V.

ALIDOR.

On l'enleve, & mon cœur surpris d'un vain regret
Fait à ma perfidie un reproche secret,
Il tient pour Angelique, il la suit, le rebelle,
Parmy mes trahisons il veut estre fidelle,
Ie le sens malgré moy de nouveaux feux épris
Refuser de ma main sa franchise à ce prix,
Desavoüer mon crime, & pour mieux s'en défendre,
Me demander son bien que je cede à Cleandre.
Helas! qui me prescrit cette brutale loy
De payer tant d'amour avec si peu de foy?

Qu'envers cette beauté ma flame est inhumaine!
Si mon feu la trahit, que luy feroit ma haine?
Iuge, juge, Alidor, en quelle extrémité
La va précipiter ton infidelité,
Ecoute ses soûpirs, considere ses larmes,
Laisse-toy vaincre enfin à de si fortes armes,
Et va voir si Cleandre à qui tu sers d'appuy
Pourra faire pour toy ce que tu fais pour luy.
Mais mon esprit s'égare, & quoy qu'il se figure,
Faut-il que je me rende à des pleurs en peinture,
Et qu'Alidor de nuit plus foible que de jour
Redonne à la pitié ce qu'il oste à l'amour?
Ainsi donc mes desseins se tournent en fumée!
I'ay d'autres repentirs que de l'avoir aimée!
Suis-je encor Alidor après ces sentimens,
Et ne pourray-je enfin regler mes mouvemens?
   Vaine compassion des douleurs d'Angelique,
Qui penses triompher d'un cœur melancolique,
Temeraire avorton d'un impuissant remords,
Va, va porter ailleurs tes debiles efforts:
Aprés de tels appas qui ne m'ont pû seduire,
Qui te fait esperer ce qu'ils n'ont sçeu produire?
Pour un méchant soûpir que tu m'as defrobé
Ne me présume pas tout-à-fait succombé,
Ie sçay trop maintenir ce que je me propose,
Et souverain sur moy, rien que moy n'en dispose.
En vain un peu d'amour me déguise en forfait
Du bien que je me veux le genereux effet,
De nouveau j'y consens, & prest à l'entreprendre.

SCENE VI.

ANGELIQVE, ALIDOR.

ANG. IE demande pardon de t'avoir fait attendre;
  D'autant qu'en l'escalier on faisoit quelque bruit,
Et qu'un peu de lumiere en effaçoit la nuit,
Ie n'osois avancer de peur d'estre aperceuë.
Allons, tout est-il prest, personne ne m'a veuë:
De grace dépeschons, c'est trop perdre de temps,
Et les momens icy nous sont trop importans,

Fuyons viste, & craignons les yeux d'un Domestique.
Quoy, tu ne répons point à la voix d'Angelique?
ALI. Angelique ! mes gens vous viennent d'enlever,
Qui vous a fait si-tost de leurs mains vous sauver?
Quel soudain repentir, quelle crainte de blasme,
Et quelle ruse enfin vous desrobe à ma flame?
Ne vous suffit-il point de me manquer de foy,
Sans prendre encor plaisir à vous joüer de moy?
ANG. Que tes gens cette nuit m'ayent veuë, ou saisie!
N'ouvre point ton esprit à cette fantaisie.
ALI. Autant que l'ont permis les ombres de la nuit,
Ie l'ay veu de mes yeux. ANG. Tes yeux t'ont donc seduit,
Et quelqu'autre sans doute après moy descenduë
Se trouve entre les mains dont j'étois attenduë.
Mais, ingrat, pour toy seul j'abandonne ces lieux,
Et tu n'accompagnois ma fuite que des yeux !
Pour marque d'un amour que je croyois extresme,
Tu remets ma conduite à d'autres qu'à toy-mesme,
Et je suis un larcin indigne de tes mains!
ALI. Quand vous aurez appris le fond de mes desseins,
Vous n'attribûrez plus, voyant mon innocence,
A peu d'affection l'effet de ma prudence.
ANG. Pour oster tout soupçon, & tromper ton rival,
Tu diras qu'il falloit te montrer dans le bal.
Foible ruse! ALI. Ajoûtez, & vaine, & sans adresse,
Puisque je ne pouvois démentir ma promesse.
ANG. Quel étoit donc ton but? ALI. D'attendre icy le bruit
Que les premiers soupçons auront bien-tost produit,
Et d'un autre costé me jettant à la fuite
Divertir de vos pas leur plus chaude poursuite.
ANG. Mais enfin, Alidor, tes gens se sont mépris?
ALI. Dans ce coup de malheur & confus & surpris,
Ie voy tous mes desseins succeder à ma honte:
Mais il me faut donner quelque ordre à ce mécontent,
Permettez... ANG. Cependant, à qui me laisses-tu?
Tu frustres donc mes vœux de l'espoir qu'ils ont eu,
Et ton manque d'amour de mes malheurs complice,
M'abandonnant icy, me livre à mon supplice !
L'Hymen, (ah ce mot seul me reduit aux abois)
D'un amant odieux me va soûmettre aux loix,
Et tu peux m'exposer à cette tyrannie!
De l'erreur de tes gens je me verray punie!

ALI. Nous

ALI. Nous preferve le Ciel d'un pareil defespoir,
Mais voftre éloignement n'eft plus en mon pouvoir.
I'en ay manqué le coup, & ce que je regrette,
Mon carroffe eft party, mes gens ont fait retraite,
A Paris, & de nuit, une telle beauté
Suivant un homme feul eft mal en feureté :
Doraste, ou par malheur quelque rencontre pire
Me pourroit arracher le trefor où j'aspire,
Evitons ces perils en differant d'un jour.
ANG. Tu manques de courage aussi-bien que d'amour,
Et tu me fais trop voir par ta bizarrerie,
Le chimerique effet de ta poltronnerie.
Alidor (quel amant !) n'ofe me poffeder.
ALI. Vn bien fi précieux fe doit-il hazarder?
Et ne pouvez-vous point d'une feule journée
Retarder le malheur de ce triste Hymenée?
Peut-eftre le defordre & la confufion
Qui naiftront dans le bal de cette occafion
Le remettront pour vous, & l'autre nuit je jure...
ANG. Que tu feras encor ou timide, ou parjure?
Quand tu m'as refoluë à tes intentions,
Lafche, t'ay-je oppofé tant de précautions?
Tu m'adores, dis-tu, tu le fais bien paroiftre
Rejettant mon bonheur ainfi fur un peut-eftre.
ALI. Quoy qu'ofe mon amour apprehender pour vous,
Puisque vous le voulez, fuyons, je m'y refous,
Et malgré ces perils... Mais on ouvre la porte,
C'eft Doraste qui fort, & nous fuit à main forte.

Alidor s'é-chape, & Angelique le veut fuivre, mais Doraste l'arrefte.

SCENE VII.

ANGELIQVE, DORASTE, LYCANTE,
Troupe d'Amis.

DOR. Qvoy, ne m'attendre pas! c'eft trop me dédaigner,
Ie ne viens qu'à deffein de vous acompagner;
Car vous n'entreprenez fi matin ce voyage
Que pour vous préparer à noftre mariage.
Encor que vous partiez beaucoup devant le jour,
Vous ne ferez jamais affez toft de retour,

Tome I. R r

Vous vous éloignez trop, veu que l'heure nous presse.
Infidelle, est-ce-là me tenir ta promesse?
ANG. Et bien, c'est te trahir, penses-tu que mon feu
 D'un genereux dessein te fasse un desaveu?
 Ie t'acquis par dépit, & perdrois avec joye,
 Mon desespoir à tous m'abandonnoit en proye,
 Et lors que d'Alidor je me vis outrager,
 Ie fis armes de tout afin de me vanger.
 Tu t'offris par hazard, je t'acceptay de rage,
 Ie te donnay son bien, & non pas mon courage.
 Ce change à mon couroux jettoit un faux appas,
 Ie le nommois sa peine, & c'étoit mon trépas,
 Ie prenois pour vangeance une telle injustice,
 Et dessous ses couleurs j'adorois mon supplice.
 Aveugle que j'étois ! mon peu de jugement
 Ne se laissoit guider qu'à mon ressentiment :
 Mais depuis, Alidor m'a fait voir que son ame
 En feignant un mépris n'avoit pas moins de flame,
 Il a repris mon cœur en me rendant les yeux,
 Et soudain mon amour m'a fait haïr ces lieux.
DOR. Tu suivois Alidor ! ANG. Ta funeste arrivée
 En arrêtant mes pas de ce bien m'a privée,
 Mais si... DOR. Tu le suivois ! ANG. Ouy, fais tous tes efforts,
 Luy seul aura mon cœur, tu n'auras que le corps.
DOR. Impudente, effrontée autant comme traîtresse,
 De ce cher Alidor tiens-tu cette promesse?
 Est-elle de sa main, parjure ? de bon cœur
 I'aurois cedé ma place à ce premier vainqueur.
 Mais suivre un inconnu ! me quitter pour Cleandre !
ANG. Pour Cleandre ! DOR. I'ay tort, je tasche à te surprendre.
 Voy ce qu'en te cherchant m'a donné le hazard,
 C'est ce que dans ta chambre a laissé ton depart,
 C'est là qu'au lieu de toy j'ay trouvé sur ta table
 De ta fidelité la preuve indubitable.
 Ly, mais ne rougy point, & me soûtiens encor
 Que tu ne fuis ces lieux que pour suivre Alidor.

COMEDIE.

BILLET DE CLEANDRE
à Angelique.

  Ngelique, reçoy ce gage
  De la foy que je te promets
Qu'un prompt & sacré mariage
Vnira nos jours desormais:
 Quittons ces lieux, chere Maîtresse,
Rien ne peut que ta fuite asseurer mon bonheur,
 Mais laisse aux tiens cette promesse
 Pour seureté de ton honneur,
 Afin qu'ils en puissent apprendre,
Que tu suis ton mary, lors que tu suis Cleandre.
CLEANDRE.

ANG. Que je suy mon mary, lors que je suy Cleandre!
 Alidor est perfide, ou Doraste imposteur,
 Ie voy la trahison, & doute de l'autheur.
 Mais pour m'en éclaircir ce billet doit suffire,
 Ie le pris d'Alidor, & le pris sans le lire,
 Et puisqu'à m'enlever son bras se refusoit,
 Il ne pretendoit rien au larcin qu'il faisoit.
 Le traistre! j'étois donc destinée à Cleandre!
 Helas! mais qu'à propos le Ciel l'a fait méprendre,
 Et ne consentant point à ses lasches desseins
 Met au lieu d'Angelique une autre entre ses mains!
DOR. Que parles-tu d'une autre en ta place ravie?
ANG. I'en ignore le nom, mais elle m'a suivie,
 Et ceux qui m'attendoient dans l'ombre de la nuit...
DOR. C'en est assez, mes yeux du reste m'ont instruit.
 Autre n'est que Phylis entre leurs mains tombée,
 Aprés toy de la Salle elle s'est desrobée,
 I'arreste une Maîtresse, & je perds une sœur;
 Mais allons promptement aprés le ravisseur.

SCENE VIII.

ANGELIQVE.

DVre condition de mon malheur extresme!
Si j'aime on me trahit, je trahis si l'on m'aime.
Qu'accuseray-je icy d'Alidor, ou de moy?
Nous manquons l'un & l'autre également de foy;
Si j'ose l'appeller lasche, traistre, parjure,
Ma rougeur aussi-tost prendra part à l'injure,
Et les mesmes couleurs qui peindront ses forfaits,
Des miens en mesme temps exprimeront les traits.
Mais quel aveuglement nos deux crimes égale,
Puisque c'est pour luy seul que je suis déloyale?
L'amour m'a fait trahir (qui n'en trahiroit pas?)
Et la trahison seule a pour luy des appas,
Son crime est sans excuse, & le mien pardonnable,
Il est deux fois, (que dis-je?) il est le seul coupable,
Il m'a prescrit la loy, je n'ay fait qu'obeïr,
Il me trahit luy-mesme, & me force à trahir.
   Déplorable Angelique, en malheurs sans seconde,
Que veux-tu desormais, que peux-tu faire au Monde,
Si ton ardeur sincere, & ton peu de beauté
N'ont pû te garantir d'une déloyauté?
Doraste tient ta foy, mais si ta perfidie
A jusque à te quitter son ame refroidie,
Suy, fuy doresnavant de plus saines raisons,
Et sans plus t'exposer à tant de trahisons,
Puisque de ton amour on fait si peu de conte,
Va cacher dans un Cloistre & tes pleurs & ta honte.

ACTE V.

SCENE PREMIERE.

CLEANDRE, PHYLIS.

CLE. Accordez-moy ma grace avãt qu'entrer chez vous.
P. Vous voulez donc enfin d'un bien cōmun à tous!
    Craignez-vous qu'à vos feux ma flame ne réponde?
    Et puis-je vous haïr, si j'aime tout le Monde?
CLE. Vostre bel esprit raille, & pour moy seul crüel
    Du rang de vos amans separe un criminel:
    Toutefois mon amour n'est pas moins legitime,
    Et mon erreur du moins me rend vers vous sans crime.
    Soyez, quoy qu'il en soit, d'un naturel plus doux,
    L'Amour a pris le soin de me punir pour vous,
    Les traits que cette nuit il trempoit dans vos larmes
    Ont triomphé d'un cœur invincible à vos charmes.
PHY. Puisque vous ne m'aimez que par punition,
    Vous m'obligez fort peu de cette affection.
CLE. Après vostre beauté sans raison negligée,
    Il me punit bien moins qu'il ne vous a vangée.
    Avez-vous jamais veu dessein plus renversé?
    Quand j'ay la force en main, je me trouve forcé,
    Ie croy prendre une fille, & suis pris par une autre,
    I'ay tout pouvoir sur vous, & me remets au vostre,
    Angelique me perd quand je croy l'acquerir.
    Ie gagne un nouveau mal quand je pense guerir,
    Dans un enlevement je hay la violence,
    Ie suis respectueux après cette insolence,
    Ie commets un forfait, & n'en sçaurois user,
    Ie ne suis criminel que pour m'en accuser,
    Ie m'expose à ma peine, & negligeant ma fuite
    Aux vostres offensez j'épargne la poursuite,
    Ce que j'ay pû ravir, je viens le demander,
    Et pour vous devoir tout je veux tout hazarder.

PHY. Vous ne me devrez rien, du moins si j'en suis creuë,
Et si mes propres yeux vous donnent dans la veuë,
Si vostre propre cœur soûpire aprés ma main,
Vous courez grand hazard de soûpirer en vain.
   Toutefois aprés tout, mon humeur est si bonne,
Que je ne puis jamais desesperer personne.
Sçachez que mes desirs toûjours indifferens
Iront sans resistance au gré de mes parens,
Leur choix sera le mien, c'est vous parler sans feinte.
CLE. Ie voy de leur costé mesmes sujets de crainte,
Si vous me refusez, m'écouteroit-il mieux ?
PHY. Le Monde vous croit riche, & mes parens sont vieux.
CLE. Puis-je sur cet espoir.... *PHY.* C'est assez vous en dire.

SCENE II

ALIDOR, CLEANDRE, PHYLIS.

ALI. CLeandre a-il enfin ce que son cœur desire,
Et ses amours changez par un heureux hazard
De celuy de Phylis ont-ils pris quelque part?
CLE. Cette nuit tu l'as veuë en un mépris extresme,
Et maintenant, amy, c'est encor elle-mesme :
Son orgueil se redouble étant en liberté,
Et devient plus hardy d'agir en seureté.
I'espere toutefois, à quelque point qu'il monte,
Qu'à la fin.... *PHY.* Cependant que vous luy rendrez conte,
Ie vay voir mes parens, que ce coup de malheur
A mon occasion accable de douleur ;
Ie n'ay tardé que trop à les tirer de peine.

[a] *Il retient Cleandre qui la veut suivre.* *ALI.*[a] Est-ce donc tout de bon qu'elle t'est inhumaine ?
CLE. Il la faut suivre, Adieu, je te puis asseurer
Que je n'ay pas sujet de me desesperer.
Va voir ton Angelique, & la conte pour tienne,
Si tu la vois d'humeur qui ressemble à la sienne.
ALI. Tu me la rens enfin ? *CLE.* Doraste tient sa foy,
Tu possedes son cœur, qu'auroit-elle pour moy?
Quelques charmans appas qui soient sur son visage
Ie n'y sçaurois avoir qu'un fort mauvais partage,
Peut-estre elle croiroit qu'il luy seroit permis
De ne me rien garder ne m'ayant rien promis,

COMEDIE.

Il vaut mieux que ma flame à son tour te la cede.
Mais derechef, Adieu.

SCENE III.

ALIDOR.

AInsi tout me succede,
Ses plus ardents desirs se réglent sur mes vœux,
Il accepte Angelique, & la rend quand je veux,
Quand je tasche à la perdre, il meurt de m'en défaire,
Quand je l'aime, elle cesse aussi-tost de luy plaire,
Mon cœur prest à guerir, le sien se trouve atteint,
Et mon feu rallumé, le sien se trouve éteint,
Il aime quand je quitte, il quitte alors que j'aime,
Et sans estre rivaux nous aimons en lieu mesme.
C'en est fait, Angelique, & je ne sçaurois plus
Rendre contre tes yeux des combats superflus,
De ton affection cette preuve derniere
Reprend sur tous mes sens une puissance entiere,
Les ombres de la nuit m'ont redonné le jour.
Que j'eus de perfidie, & que je vis d'amour!
Quand je sceus que Cleandre avoit manqué sa proye,
Que j'en eus de regret, & que j'en ay de joye!
Plus je t'étois ingrat, plus tu me cherissois,
Et ton ardeur croissoit plus je te trahissois.
Aussi j'en fus honteux, & confus dans mon ame,
La honte & le remords rallumerent ma flame.
Que l'Amour pour nous vaincre a de chemins divers,
Et que malaisément on rompt de si beaux fers!
C'est en vain qu'on resiste aux traits d'un beau visage,
En vain à son pouvoir refusant son courage,
On veut éteindre un feu par ses yeux allumé,
Et ne le point aimer quand on s'en voit aimé:
Sous ce dernier appas l'Amour a trop de force,
Il jette dans nos cœurs une trop douce amorce,
Et ce tyran secret de nos affections
Saisit trop puissamment nos inclinations.
Aussi ma liberté n'a plus rien qui me flate,
Le grand soin que j'en eus partoit d'une ame ingrate,

Et mes desseins d'accord avecque mes desirs
A servir Angelique ont mis tous mes plaisirs.
Mais helas ! ma raison est-elle assez hardie,
Pour croire qu'on me souffre après ma perfidie ?
Quelque secret instinct à mon bonheur fatal
Ne la porte-t'il point à me vouloir du mal ?
Que de mes trahisons elle seroit vangée,
Si comme mon humeur la sienne étoit changée !
Mais qui la changeroit, puisqu'elle ignore encor
Tous les lasches complots du rebelle Alidor ?
Que dis-je, malheureux ? ah ! c'est trop me méprendre,
Elle en a trop appris du billet de Cleandre,
Son nom au lieu du mien en ce papier souscrit
Ne luy montre que trop le fond de mon esprit.
Sur ma foy toutefois elle le prit sans lire,
Et si le Ciel vangeur contre moy ne conspire,
Elle s'y fie assez pour n'en avoir rien leu.
Entrons, quoy qu'il en soit, d'un esprit resolu,
Desrobons à ses yeux le témoin de mon crime,
Et si pour l'avoir leu sa colere s'anime,
Et qu'elle vueille user d'une juste rigueur,
Cherchons quelques moyens de regagner son cœur.

SCENE IV.

DORASTE, LYCANTE.

DOR. NE sollicite plus mon ame refroidie,
Ie méprise Angelique après sa perfidie,
Mon cœur s'est revolté contre ses lasches traits,
Et qui n'a point de foy, n'a point pour moy d'attraits.
Veux-tu qu'on me trahisse, & que mon amour dure ?
I'ay souffert sa rigueur, mais je hay son parjure,
Et tiens sa trahison indigne à l'avenir
D'occuper aucun lieu dedans mon souvenir.
Qu'Alidor la possede, il est traistre comme elle,
Iamais pour ce sujet nous n'aurons de querelle ;
Pourrois-je avec raison luy vouloir quelque mal
De m'avoir delivré d'un esprit déloyal ?
Ma colere l'épargne, & n'en veut qu'à Cleandre,
Il verra que son pire étoit de se méprendre,

Et si je

COMEDIE.

Et si je puis jamais trouver ce ravisseur,
Il me rendra soudain, & la vie, & ma sœur.
LYC. Faites mieux, puisque à peine elle pourroit pretendre
Vne fortune égale à celle de Cleandre,
En faveur de ses biens calmez vostre couroux,
Et de son ravisseur faites-en son époux,
Bien qu'il eust fait dessein sur une autre personne,
Faites-luy retenir ce qu'un hazard luy donne;
Ie croy que cet Hymen pour satisfaction
Plaira mieux à Phylis que sa punition.
DOR. Nous consultons en vain, ma poursuite étant vaine.
LYC. Nous le rencontrerons, n'en soyez point en peine,
Où que soit sa retraite, il n'est pas toûjours nuit,
Et ce qu'un jour nous cache, un autre le produit.
Mais Dieux ! voilà Phylis qu'il a déja renduë.

SCENE V.

DORASTE, PHYLIS, LYCANTE.

DOR. MA sœur, je te retrouve après t'avoir perduë ?
Et de grace, quel lieu me cache le voleur
Qui pour s'estre mépris a causé ton malheur?
Que son trépas.... PHY. Tout beau, peut-estre ta colere
Au lieu de ton rival en veut à ton beau-frere.
En un mot, tu sçauras qu'en cet enlevement
Mes larmes m'ont acquis Cleandre pour amant,
Son cœur m'est demeuré pour peine de son crime,
Et veut changer un rapt en amour legitime.
Il fait tous ses efforts pour gagner mes parens,
Et s'il les peut fléchir, quant à moy, je me rens.
Non, à dire le vray, que son objet me tente,
Mais mon pere content, je dois estre contente.
Tandis, par la fenestre ayant veu ton retour,
Ie t'ay voulu sur l'heure apprendre cet amour,
Pour te tirer de peine, & rompre ta colere.
DOR. Crois-tu que cet Hymen puisse me satisfaire?
PHY. Si tu n'es ennemy de mes contentemens,
Ne pren mes interests que dans mes sentimens,
Ne fay point le mauvais si je ne suis mauvaise,
Et ne condamne rien à moins qu'il me déplaise.

Tome I. Sf

322　*LA PLACE ROYALLE,*
En cette occasion, si tu me veux du bien,
C'est à toy de regler ton esprit sur le mien.
Ie respecte mon pere, & le tiens assez sage
Pour ne resoudre rien à mon desavantage.
Si Cleandre le gagne, & m'en peut obtenir,
Ie croy de mon devoir.... *LYC.* Ie l'aperçoy venir.
Resolvez-vous, Monsieur, à ce qu'elle desire.

SCENE VI.

DORASTE, CLEANDRE, PHYLIS, LYCANTE.

CLE. SI vous n'étes d'humeur, Madame, à vous dédire,
　　Tout me rit desormais, j'ay leur consentement.
Mais excusez, Monsieur, le transport d'un amant,
Et souffrez qu'un rival confus de son offense
Pour en perdre le nom entre en vostre alliance.
Ne me refusez point un oubly du passé,
Et son ressouvenir à jamais effacé,
Bannissant toute aigreur, recevez un beau-frere
Que vostre sœur accepte après l'aveu d'un pere.
DOR. Quand j'aurois sur ce point des avis differens,
Ie ne puis contredire au choix de mes parens;
Mais outre leur pouvoir, vostre ame genereuse,
Et ce franc procedé qui rend ma sœur heureuse,
Vous acquierent les biens qu'ils vous ont accordez,
Et me font souhaiter ce que vous demandez.
Vous m'avez obligé de m'oster Angelique,
Rien de ce qui la touche à present ne me pique,
Ie n'y prens plus de part après sa trahison,
Ie l'aimay par malheur, & la hay par raison.
Mais la voicy qui vient de son amant suivie.

COMEDIE.

SCENE VII.

ALIDOR, ANGELIQVE, DORASTE,
CLEANDRE, PHYLIS, LYCANTE.

ALI. Finissez vos mépris, ou m'arrachez la vie.
ANG. Ne m'importune plus, infidelle. Ah! ma sœur,
Comme as-tu pû si-tost tromper ton ravisseur?
PHY.[a] Il n'en a plus le nom, & son feu legitime   [a] *A Angelique.*
Authorisé des miens en efface le crime,
Le hazard me le donne, & changeant ses desseins
Il m'a mise en son cœur aussi bien qu'en ses mains;
Son erreur fut soudain de son amour suivie,
Et je ne l'ay ravy qu'après qu'il m'a ravie.
Iusque-là tes beautez ont possedé ses vœux,
Mais l'Amour d'Alidor faisoit taire ses feux,
De peur de l'offenser te cachant son martire
Il me venoit conter ce qu'il ne t'osoit dire;
Mais nous changeons de sort par cet' enlevément,
Tu perds un serviteur, & j'y gagne un amant.
DOR.[b] Dy-luy qu'elle en perd deux, mais qu'elle s'en console,   [b] *A Phylis.*
Puisqu'avec Alidor je luy rends sa parole.
[c] Satisfaites sans crainte à vos intentions,   [c] *A Angelique.*
Ie ne mets plus d'obstacle à vos affections.
Si vous faussez déja la parole donnée,
Que ne feriez-vous point après nostre Hymenée?
Pour moy, malaisément on me trompe deux fois,
Vous l'aimez, j'y consens, & luy cede mes droits.
ALI. Puisque vous me pouvez accepter sans parjure,
Pouvez-vous consentir que vostre rigueur dure?
Vos yeux sont-ils changez? vos feux sont-ils éteints?
Et quand mon amour croist, produit-il vos dédains?
Voulez-vous.... *ANG.* Déloyal, cesse de me poursuivre,
Si je t'aime jamais, je veux cesser de vivre.
Quel espoir mal conçeu te rapproche de moy?
Aurois-je de l'amour pour qui n'a point de foy?
DOR. Quoy, le bannissez-vous parce qu'il vous ressemble?
Cette union d'humeurs vous doit unir ensemble,
Pour ce manque de foy c'est trop le rejetter,
Il ne l'a pratiqué que pour vous imiter.

Sf ij

ANG. Cessez de reprocher à mon ame troublée
La faute où la porta son ardeur aveuglée.
Vous seul avez ma foy, vous seul à l'avenir
Pouvez à vostre gré me la faire tenir :
Si toutefois aprés ce que j'ay pû commettre
Vous me pouvez haïr jusqu'à me la remettre,
Vn Cloistre desormais bornera mes desseins :
C'est là que je prendray des mouvemens plus sains,
C'est là que loin du Monde, & de sa vaine pompe,
Ie n'auray qui tromper, non-plus que qui me trompe.
ALI. Mon soucy. *ANG.* Tes soucis doivent tourner ailleurs.
[a] *A Ange-*
lique. *PHY.*[a] De grace pren pour luy des sentimens meilleurs.
[b] *A Phylis.* *DOR.*[b] Nous leur nuisons, ma sœur, hors de nostre presence
Elle se porteroit à plus de complaisance,
L'Amour seul assez fort pour la persuader
Ne veut point d'autre tiers à les r'accommoder.
[c] *A Do-*
raste. *CLE.*[c] Mon amour ennuyé des yeux de tant de monde
Adore la raison où vostre avis se fonde.
Adieu, belle Angelique, Adieu, c'est justement
Que vostre ravisseur vous cede à vostre amant.
[d] *A Ange-*
lique. *DOR.*[d] Ie vous eus par dépit, luy seul il vous merite,
Ne luy refusez point ma part que je luy quitte.
PHY. Si tu t'aimes, ma sœur, fais-en autant que moy,
Et laisse à tes parens à disposer de toy.
Ce sont des jugemens imparfaits que les nostres.
Le Cloistre a ses douceurs, mais le Monde en a d'autres,
Qui pour avoir un peu moins de solidité
N'accommodent que mieux nostre instabilité.
Ie croy qu'un bon dessein dans le Cloistre te porte,
Mais un dépit d'amour n'en est pas bien la porte,
Et l'on court grand hazard d'un cuïsant repentir
De se voir en prison sans espoir d'en sortir.
[e] *A Phylis.* *CLE.*[e] N'acheverez-vous point ? *PHY.* I'ay fait, & vous vay suivre.
Adieu, par mon exemple appren comme il faut vivre,
Et pren pour Alidor un naturel plus doux.
[f] *Cleandre,*
Doraste,
Phylis, &
Lycante
rentrent. *ANG.* Rien ne rompra le coup à quoy je me resous.
Ie me veux exempter de ce honteux commerce
Où la déloyauté si pleinement s'exerce :
Vn Cloistre est desormais l'objet de mes desirs,
L'ame ne gouste point ailleurs de vrais plaisirs.
Ma foy qu'avoit Doraste engageoit ma franchise,
Et je ne voy plus rien puisqu'il me l'a remise,

COMEDIE.

Qui me retienne au Monde, où m'arreste en ce lieu.
Cherche une autre à trahir, & pour jamais, Adieu.

SCENE VIII.

ALIDOR.

Que par cette retraite elle me favorise!
Alors que mes desseins cedent à mes amours,
Et qu'ils ne sçauroient plus défendre ma franchise,
Sa haine & ses refus viennent à leur secours.

I'avois beau la trahir, une secrette amorce
Rallumoit dans mon cœur l'amour par la pitié,
Mes feux en recevoient une nouvelle force,
Et toûjours leur ardeur en croissoit de moitié.

Ce que cherchoit par là mon ame peu rusée,
De contraires moyens me l'ont fait obtenir:
Ie suis libre à present qu'elle est desabusée,
Et je ne l'abusois que pour le devenir.

Impuissant ennemy de mon indifference,
Ie brave, vain Amour, ton debile pouvoir,
Ta force ne venoit que de mon esperance,
Et c'est ce qu'aujourd'huy m'oste son desespoir.

Ie cesse d'esperer, & commence de vivre,
Ie vis dorefnavant puisque je vis à moy,
Et quelques doux assauts qu'un autre objet me livre,
C'est de moy seulement que je prendray la loy.

Beautez, ne pensez point à rallumer ma flame,
Vos regards ne sçauroient asservir ma raison,
Et ce sera beaucoup emporté sur mon ame,
S'ils me font curieux d'apprendre vostre nom.

Nous feindrons toutefois pour nous donner carriere,
Et pour mieux déguiser nous en prendrons un peu,
Mais nous sçaurons toûjours rebrousser en arriere,
Et quand il nous plaira nous retirer du jeu.

Cependant Angelique enfermant dans un Cloiſtre
Ses yeux dont nous craignions la fatale clarté,
Les murs qui garderont ces tyrans de paroiſtre
Serviront de ramparts à noſtre liberté.

Ie ſuis hors de peril qu'après ſon mariage
Le bonheur d'un jaloux augmente mon ennuy,
Et ne ſeray jamais ſujet à cette rage
Qui naiſt de voir ſon bien entre les mains d'autruy.

Ravy qu'aucun n'en ait ce que j'ay pû pretendre,
Puiſqu'elle dit au Monde un éternel Adieu,
Comme je la donnois ſans regret à Cleandre,
Ie verray ſans regret qu'elle ſe donne à Dieu.

F I N.

MEDEE,
TRAGEDIE

ACTEVRS.

CREON, Roy de Corinthe.

ÆGEE, Roy d'Athenes.

IASON, Mary de Medée.

POLLVX, Argonaute, amy de Iason.

CREVSE, Fille de Creon.

MEDEE, Femme de Iason.

CLEONE, Gouvernante de Creüſe.

NERINE, Suivante de Medée.

THEVDAS, Domestique de Creon.

TROVPE des Gardes de Creon.

La Scene eſt à Corinthe.

MEDEE,
TRAGEDIE.

ACTE I.

SCENE PREMIERE.

POLLVX, IASON.

POL. VE je sens à la fois de surprise, & de joye!
Se peut-il qu'en ces lieux enfin je vous revoye,
Que Pollux dans Corinthe ait rencontré Iason?
JAS. Vous n'y pouviez venir en meilleure saison,
Et pour vous rendre encor l'ame plus étonnée,
Préparez-vous à voir mon second Hymenée.
POL. Quoy! Medée est donc morte, amy? *JAS.* Non, elle vit,
Mais un objet plus beau la chasse de mon lit.
POL. Dieux! & que fera-t'elle? *JAS.* Et que fit Hypsipile,
Que pousser les éclats d'un couroux inutile?
Elle jetta des cris, elle versa des pleurs,
Elle me souhaita mille & mille malheurs,
Dit que j'étois sans foy, sans cœur, sans conscience,
Et lasse de le dire, elle prit patience.

Tome I.   Tt

Medée en son malheur en pourra faire autant :
Qu'elle soûpire, pleure, & me nomme inconstant,
Ie la quitte à regret, mais je n'ay point d'excuse
Contre un pouvoir plus fort qui me donne à Creüse.
POL. Creüse est donc l'objet qui vous vient d'enflamer ?
Ie l'avois deviné, sans l'entendre nommer.
Iason ne fit jamais de communes Maîtresses,
Il est né seulement pour charmer les Princesses,
Et haïroit l'Amour, s'il avoit sous sa loy
Rangé de moindres cœurs que des filles de Roy.
Hypsipile à Lemnos, sur le Phase Medée,
Et Creüse à Corinthe, autant vaut, possedée,
Font bien voir qu'en tous lieux sans le secours de Mars
Les Sceptres sont acquis à ses moindres regards.
JAS. Aussi je ne suis pas de ces amans vulgaires,
I'accommode ma flame au bien de mes affaires,
Et sous quelque climat que me jette le Sort,
Par maxime d'Estat je me fais cet effort.
Nous voulant à Lemnos rafraischir dans la ville,
Qu'eussions-nous fait, Pollux, sans l'amour d'Hypsipile ?
Et depuis, à Colchos que fit vostre Iason,
Que cajoler Medée, & gagner la Toison ?
Alors sans mon amour qu'eust fait vostre vaillance ?
Eust-elle du Dragon trompé la vigilance ?
Ce peuple que la Terre enfantoit tout armé,
Qui de vous l'eust deffait, si Iason n'eust aimé ?
Maintenant qu'un exil m'interdit ma Patrie,
Creüse est le sujet de mon idolatrie ;
Et j'ay trouvé l'adresse, en luy faisant la Cour,
De relever mon sort sur les aisles d'Amour.
POL. Que parlez-vous d'exil ? la haine de Pelie....
IAS. Me fait, tout mort qu'il est, fuir de sa Thessalie.
POL. Il est mort ! IAS. Ecoutez, & vous sçaurez comment
Son trépas seul m'oblige à cet éloignement.
Après six ans passez depuis nostre voyage
Dans les plus grands plaisirs qu'on gouste au mariage,
Mon pere tout caduc émouvant ma pitié,
Ie conjuray Medée au nom de l'amitié...
POL. I'ay sceu comme son Art forçant les Destinées
Luy rendit la vigueur de ses jeunes années ;
Ce fut, s'il m'en souvient, icy que je l'appris,
D'où soudain un voyage en Asie entrepris

TRAGEDIE.

Fait que nos deux sejours divisez par Neptune,
Ie n'ay point sçeu depuis quelle est vostre fortune.
Ie n'en fais qu'arriver. IAS. Apprenez donc de moy
Le sujet qui m'oblige à luy manquer de foy.
 Malgré l'aversion d'entre nos deux familles
De mon tyran Pelie elle gagne les filles,
Et leur feint de ma part tant d'outrages receus,
Que ces foibles esprits sont aisément deceus.
Elle fait amitié, leur promet des merveilles,
Du pouvoir de son Art leur remplit les oreilles,
Et pour mieux leur montrer comme il est infiny,
Leur étale sur tout mon pere rajeuny.
Pour épreuve, elle égorge un Belier à leurs veuës,
Le plonge en un bain d'eaux, & d'herbes inconnuës,
Luy forme un nouveau sang avec cette liqueur,
Et luy rend d'un Agneau la taille & la vigueur.
Les sœurs crient miracle, & chacune ravie
Conçoit pour son vieux pere une pareille envie,
Veut un effet pareil, le demande, & l'obtient;
Mais chacune a son but. Cependant la nuit vient,
Medée après le coup d'une si belle amorce
Prépare de l'eau pure, & des herbes sans force,
Redouble le sommeil des Gardes, & du Roy,
La suite au seul recit me fait trembler d'effroy.
A force de pitié ces filles inhumaines
De leur pere endormy vont épuiser les veines;
Leur tendresse credule à grands coups de couteau
Prodigue ce vieux sang, & fait place au nouveau;
Le coup le plus mortel s'impute à grand service,
On nomme pieté ce cruël sacrifice,
Et l'amour paternel qui fait agir leurs bras
Croiroit commettre un crime à n'en commettre pas.
Medée est éloquente à leur donner courage,
Chacune toutefois tourne ailleurs son visage,
Vne secrette horreur condamne leur dessein,
Et refuse leurs yeux à conduire leur main.
POL. A me representer ce tragique spectacle,
 Qui fait un parricide, & promet un miracle,
 I'ay de l'horreur moy-mesme, & ne puis concevoir
 Qu'un esprit jusque là se laisse decevoir.
JAS. Ainsi mon pere Æson recouvra sa jeunesse,
 Mais oyez le surplus. Ce grand courage cesse,

Tt ij

L'épouvante les prend, Medée en raille, & fuit.
Le jour découvre à tous les crimes de la nuit,
Et pour vous épargner un discours inutile,
Acaste nouveau Roy fait mutiner la ville,
Nomme Iason l'autheur de cette trahison,
Et pour vanger son pere assiege ma maison.
Mais j'étois déja loin aussi-bien que Medée,
Et ma famille enfin à Corinthe abordée,
Nous saluons Creon, dont la benignité
Nous promet contre Acaste un lieu de seureté.
Que vous diray-je plus ? mon bon-heur ordinaire
M'acquiert les volontez de la fille, & du pere,
Si bien que de tous deux également chery,
L'un me veut pour son gendre, & l'autre pour mary,
D'un rival couronné les grandeurs souveraines,
La Majesté d'Ægée, & le Sceptre d'Athénes,
N'ont rien à leur avis de comparable à moy,
Et banny que je suis, je leur suis plus qu'un Roy.
Ie voy trop ce bonheur, mais je le dissimule,
Et bien que pour Creüse un pareil feu me brûle,
Du devoir conjugal je combats mon amour,
Et je ne l'entretiens que pour faire ma Cour.
  Acaste cependant menace d'une guerre
Qui doit perdre Creon, & dépeupler sa terre;
Puis changeant tout à coup ses resolutions,
Il propose la paix sous des conditions.
Il demande d'abord, & Iason, & Medée,
On luy refuse l'un, & l'autre est accordée,
Ie l'empesche, on debat, & je fais tellement
Qu'enfin il se reduit à son bannissement.
De nouveau je l'empesche, & Creon me refuse,
Et pour m'en consoler il m'offre sa Creüse.
Qu'eussay-je fait, Pollux, en cette extremité
Qui commettoit ma vie avec ma loyauté ?
Car sans doute, à quitter l'utile pour l'honneste,
La paix alloit se faire aux dépens de ma teste,
Ce mépris insolent des offres d'un grand Roy
Aux mains d'un ennemy livroit Medée & moy.
Ie l'eusse fait pourtant si je n'eusse esté pere,
L'amour de mes enfans m'a fait l'ame legere,
Ma perte étoit la leur, & cet Hymen nouveau
Avec Medée & moy les tire du tombeau,

TRAGEDIE.

Eux seuls m'ont fait resoudre, & la paix s'est concluë.
POL. Bien que de tous côstez l'affaire resoluë
Ne laisse aucune place aux conseils d'un amy,
Ie ne puis toutesfois l'approuver qu'à demy.
Sur quoy que vous fondiez un traitement si rude,
C'est montrer pour Medée un peu d'ingratitude,
Ce qu'elle a fait pour vous est mal recompensé.
Il faut craindre aprés tout son courage offensé,
Vous sçavez mieux que moy ce que peuvent ses charmes.
JAS. Ce sont à sa fureur d'épouvantables armes,
Mais son bannissement nous en va garantir.
POL. Gardez d'avoir sujet de vous en repentir.
JAS. Quoy qu'il puisse arriver, amy, c'est chose faite.
POL. La termine le Ciel comme je le souhaite,
Permettez cependant qu'afin de m'acquiter
J'aille trouver le Roy pour l'en feliciter.
JAS. Ie vous y conduirois, mais j'attens ma Princesse,
Qui va sortir du Temple. *POL.* Adieu, l'amour vous presse,
Et je serois marry qu'un soin officieux
Vous fist perdre pour moy des temps si précieux.

SCENE II.

IASON.

DEpuis que mon esprit est capable de flame,
Iamais un trouble égal n'a confondu mon ame.
Mon cœur qui se partage en deux affections
Se laisse déchirer à mille passions.
Ie doy tout à Medée, & je ne puis sans honte
Et d'elle & de ma foy tenir si peu de conte :
Ie doy tout à Creon, & d'un si puissant Roy
Ie fais un ennemy si je garde ma foy :
Ie regrette Medée, & j'adore Creüse,
Ie voy mon crime en l'une, en l'autre mon excuse,
Et dessus mon regret mes desirs triomphans
Ont encor le secours du soin de mes enfans.
Mais la Princesse vient ; l'éclat d'un tel visage
Du plus constant du Monde attireroit l'hommage,
Et semble reprocher à ma fidelité,
D'avoir osé tenir contre tant de beauté.

SCENE III.

IASON, CREVSE, CLEONE.

JAS. Ve voſtre zélé eſt long, & que d'impatience
       Il donne à voſtre amant qui meurt en voſtre abſence!
CRE. A nos Dieux toutefois je n'ay rien demandé,
En me donnant Iaſon ils m'ont tout accordé.
JAS. Et moy, puis-je eſperer l'effet d'une priere,
Que ma flame tiendroit à faveur ſinguliere?
Au nom de noſtre amour, ſauvez deux jeunes fruits,
Que d'un premier Hymen la couche m'a produits,
Employez-vous pour eux, faites auprès d'un pere
Qu'ils ne ſoient point compris en l'exil de leur mere;
C'eſt luy ſeul qui bannit ces petits malheureux,
Puiſque dans les Traitez il n'eſt point parlé d'eux.
CRE. I'avois déja pitié de leur tendre innocence,
Et vous y ſerviray de toute ma puiſſance,
Pourveu qu'à voſtre tour vous m'accordiez un point
Que juſques à tantoſt je ne vous diray point.
JAS. Dites, & quel qu'il ſoit, que ma Reine en diſpoſe.
CRE. Si je puis ſur mon pere obtenir quelque choſe,
Vous le ſçaurez après, je ne veux rien pour rien.
CLE. Vous pourrez au Palais ſuivre cet entretien,
On ouvre chez Medée, oſtez-vous de ſa veuë,
Vos preſences rendroient ſa douleur plus émeuë,
Et vous ſeriez marris que cet eſprit jaloux
Meſlaſt ſon amertume à des plaiſirs ſi doux.

SCENE IV.

MEDEE.

Ouverains protecteurs des loix de l'Hymenée,
Dieux garands de la foy que Iaſon m'a donnée,
Vous qu'il prit à témoins d'une immortelle ardeur,
Quand par un faux ſerment il vainquit ma pudeur,
Voyez de quel mépris vous traite ſon parjure,
Et m'aidez à vanger cette commune injure;

S'il me peut aujourd'huy chasser impunément
Vous étes sans pouvoir, ou sans ressentiment.
 Et vous, troupe sçavante en noires barbaries,
Filles de l'Acheron, Pestes, Larves, Furies,
Fieres sœurs, si jamais nostre commerce étroit
Sur vous & vos serpens me donna quelque droit,
Sortez de vos cachots avec les mesmes flames,
Et les mesmes tourmens dont vous gesnez les ames:
Laissez-les quelque temps reposer dans leurs fers,
Pour mieux agir pour moy faites trefve aux Enfers,
Apportez-moy du fond des antres de Megere
La mort de ma rivale, & celle de son pere,
Et si vous ne voulez mal servir mon couroux,
Quelque chose de pis pour mon perfide époux.
Qu'il coure vagabond de Province en Province,
Qu'il fasse laschement la Cour à chaque Prince,
Banny de tous costez, sans bien, & sans appuy,
Accablé de frayeur, de misere, d'ennuy,
Qu'à ses plus grands malheurs aucun ne compatisse,
Qu'il ait regret à moy pour son dernier supplice,
Et que mon souvenir jusque dans le tombeau
Attache à son esprit un éternel bourreau.
Iason me repudie! & qui l'auroit pû croire?
S'il a manqué d'amour, manque-t'il de memoire?
Me peut-il bien quitter après tant de bienfaits?
M'ose-t'il bien quitter après tant de forfaits?
Sçachant ce que je puis, ayant veu ce que j'ose,
Croit-il que m'offenser ce soit si peu de chose?
Quoy? mon pere trahy, les Elemens forcez,
D'un frere dans la Mer les membres dispersez,
Luy font-il présumer mon audace épuisée?
Luy font-il présumer qu'à mon tour méprisée,
Ma rage contre luy n'ait par où s'assouvir,
Et que tout mon pouvoir se borne à le servir?
 Tu t'abuses, Iason, je suis encor moy-mesme,
Tout ce qu'en ta faveur fit mon amour extresme,
Ie le feray par haine, & je veux pour le moins,
Qu'un forfait nous separe ainsi qu'il nous a joints,
Que mon sanglant divorce en meurtres, en carnage,
S'égale aux premiers jours de nostre mariage,
Et que nostre union que rompt ton changement
Trouve une fin pareille à son commencement.

Déchirer par morceaux l'enfant aux yeux du pere,
N'est que le moindre effet qui suivra ma colere;
Des crimes si legers furent mes coups d'essay,
Il faut bien autrement montrer ce que je sçay,
Il faut faire un chef-d'œuvre, & qu'un dernier ouvrage
Surpasse de bien loin ce foible apprentissage.
 Mais pour executer tout ce que j'entreprens
Quels Dieux me fourniront des secours assez grands?
Ce n'est plus vous, Enfers, qu'icy je sollicite,
Vos feux sont impuissans pour ce que je medite.
Autheur de ma naissance, aussi bien que du jour
Qu'à regret tu depars à ce fatal sejour,
Soleil, qui vois l'affront qu'on va faire à ta race,
Donne-moy tes chevaux à conduire en ta place,
Accorde cette grace à mon desir boüillant,
Ie veux choir sur Corinthe avec ton char bruslant.
Mais ne crains pas de cheute à l'Vnivers funeste,
Corinthe consumé garantira le reste,
De mon juste couroux les implacables vœux
Dans ses odieux murs arréteront tes feux,
Creon en est le Prince, & prend Iason pour gendre:
C'est assez meriter d'estre reduit en cendre,
D'y voir reduit tout l'Isthme afin de l'en punir,
Et qu'il n'empesche plus les deux Mers de s'unir.

SCENE V.

MEDEE, NERINE.

MED. ET bien, Nerine, à quand, à quand cet Hymenée?
En ont-ils choisi l'heure? en sçais-tu la journée?
N'en as-tu rien appris? n'as-tu point veu Iason?
N'apprehende-t'il rien après sa trahison?
Croit-il qu'en cet affront je m'amuse à me plaindre?
S'il cesse de m'aimer, qu'il commence à me craindre,
Il verra, le perfide, à quel comble d'horreur
De mes ressentimens peut monter la fureur.
NER. Moderez les boüillons de cette violence,
Et laissez déguiser vos douleurs au silence.
Quoy, Madame! est-ce ainsi qu'il faut dissimuler,
Et faut-il perdre ainsi des menaces en l'air?

Les plus

TRAGEDIE.

Les plus ardents transports d'une haine connuë
Ne font qu'autant d'éclairs avortez dans la nuë,
Qu'autant d'avis à ceux que vous voulez punir
Pour repousser vos coups, ou pour les prévenir.
Qui peut sans s'émouvoir supporter une offense,
Pour mieux prendre à son point le temps de sa vangeance,
Et sa feinte douceur sous un appas mortel,
Méne insensiblement sa victime à l'autel.

MED. Tu veux que je me taise, & que je dissimule !
Nerine, porte ailleurs ce conseil ridicule,
L'ame en est incapable en de moindres malheurs,
Et n'a point où cacher de si grandes douleurs.
Iason m'a fait trahir mon païs & mon pere,
Et me laisse au milieu d'une terre étrangere,
Sans support, sans amis, sans retraite, sans bien,
La fable de son peuple, & la haine du mien;
Nerine, après cela, tu veux que je me taise !
Ne doy-je point encor en témoigner de l'aise,
De ce Royal Hymen souhaiter l'heureux jour,
Et forcer tous mes soins à servir son amour ?

NER. Madame, pensez mieux à l'éclat que vous faites,
Quelque juste qu'il soit, regardez où vous étes,
Considerez qu'à peine un esprit plus remis
Vous tient en seureté parmy vos ennemis.

MED. L'ame doit se roidir plus elle est menacée,
Et contre la Fortune aller teste baissée,
La choquer hardiment, & sans craindre la mort
Se presenter de front à son plus rude effort.
Cette lasche ennemie a peur des grands courages,
Et sur ceux qu'elle abat redouble ses outrages.

NER. Que sert ce grand courage où l'on est sans pouvoir?
MED. Il trouve toûjours lieu de se faire valoir.
NER. Forcez l'aveuglement dont vous étes seduite,
Pour voir en quel état le Sort vous a reduite.
Vostre païs vous hait, vostre époux est sans foy,
Dans un si grand revers que vous reste-t'il ? MED. Moy,
Moy, dis-je, & c'est assez. NER. Quoy ? vous seule, Madame !
MED. Ouy, tu vois en moy seule, & le fer, & la flame,
Et la Terre, & la Mer, & l'Enfer, & les Cieux,
Et le Sceptre des Rois, & le foudre des Dieux.
NER. L'impetueuse ardeur d'un courage sensible
A vos ressentimens figure tout possible,

Tome I.   V u

Mais il faut craindre un Roy fort de tant de Sujets.
MED. Mon pere qui l'étoit rompit-il mes projets?
NER. Non, mais il fut surpris, & Creon se défie.
Fuyez, qu'à ses soupçons il ne vous sacrifie.
MED. Las ! je n'ay que trop fuy, cette infidelité
D'un juste châtiment punit ma lascheté.
Si je n'eusse point fuy pour la mort de Pelie,
Si j'eusse tenu bon dedans la Thessalie,
Il n'eust point veu Creüse, & cet objet nouveau
N'eust point de nostre Hymen étouffé le flambeau.
NER. Fuyez encor, de grace. MED. Ouy, je fuiray, Nerine,
Mais avant de Creon on verra la ruïne.
Ie brave la Fortune, & toute sa rigueur
En m'ostant un mary ne m'oste pas le cœur.
Sois seulement fidelle, & sans te mettre en peine,
Laisse agir pleinement mon sçavoir, & ma haine.

[a] *Elle est seule.*

NER.[a] Madame. Elle me quitte au lieu de m'écouter,
Ces violens transports la vont précipiter,
D'une trop juste ardeur l'inexorable envie
Luy fait abandonner le soucy de sa vie.
Taschons encor un coup d'en divertir le cours,
Appaiser sa fureur c'est conserver ses jours.

TRAGEDIE.

ACTE II.

SCENE PREMIERE.

MEDEE, NERINE.

NER. BIEN qu'un peril certain suive voftre entreprife,
Affeurez-vous fur moy, je vous fuis toute acquife,
Employez mon fervice aux flames, au poifon,
Ie ne refufe rien, mais épargnez Iafon.
Voftre aveugle vangeance une fois affouvie,
Le regret de fa mort vous coûteroit la vie,
Et les coups violens d'un rigoureux ennuy.
MED. Ceffe de m'en parler, & ne crains rien pour luy,
Ma fureur jufque-là n'oferoit me feduire,
Iafon m'a trop coûté pour le vouloir détruire,
Mon couroux luy fait grace, & ma premiere ardeur
Soûtient fon intereft au milieu de mon cœur.
Ie croy qu'il m'aime encore, & qu'il nourrit en l'ame
Quelques reftes fecrets d'une fi belle flame,
Il ne fait qu'obeïr aux volontez d'un Roy,
Qui l'arrache à Medée en dépit de fa foy.
Qu'il vive, & s'il fe peut, que l'ingrat me demeure,
Sinon, ce m'eft affez que fa Creüfe meure,
Qu'il vive cependant, & joüiffe du jour
Que luy conferve encor mon immuable amour.
Creon feul & fa fille ont fait la perfidie,
Eux feuls termineront toute la Tragedie,
Leur perte achevera cette fatale paix.
NER. Contenez-vous, Madame, il fort de fon Palais.

Vu ij

MEDEE,

SCENE II.

CREON, MEDEE, NERINE,
 Soldats.

CRE. Qvoy ! je te vois encor ! avec quelle impudence
Peux-tu sans t'effrayer soûtenir ma presence?
Ignores-tu l'Arrest de ton bannissement?
Fais-tu si peu de cas de mon commandement?
Voyez comme elle s'enfle, & d'orgueil, & d'audace,
Ses yeux ne sont que feu, ses regards que menace.
Gardes, empeschez-la de s'approcher de moy.
Va, purge mes Etats d'un tel monstre que toy,
Delivre mes Sujets & moy-mesme de crainte.
MED. Dequoy m'accuse-t'on ? quel crime, quelle plainte
Pour mon bannissement vous donne tant d'ardeur?
CRE. Ah, l'innocence mesme, & la mesme candeur !
Medée est un miroir de vertu signalée,
Quelle inhumanité de l'avoir exilée !
Barbare ; as-tu si-tost oublié tant d'horreurs?
Repasse tes forfaits, repasse tes erreurs,
Et de tant de païs nomme quelque contrée
Dont tes méchancetez te permettent l'entrée.
Toute la Thessalie en armes te poursuit,
Ton pere te deteste, & l'Vnivers te fuit:
Me doy-je en ta faveur charger de tant de haines,
Et sur mon peuple & moy faire tomber tes peines?
Va pratiquer ailleurs tes noires actions,
I'ay racheté la paix à ces conditions.
MED. Lasche paix, qu'entre vous sans m'avoir écoutée
Pour m'arracher mon bien vous avez complotée,
Paix, dont le deshonneur vous demeure éternel.
Quiconque sans l'oüir condamne un criminel,
Son crime eust-il cent fois merité le supplice,
D'un juste châtiment il fait une injustice.
CRE. Au regard de Pelie, il fut bien mieux traité,
Avant que l'égorger tu l'avois écouté?
MED. Ecouta-t'il Iason quand sa haine couverte
L'envoya sur nos bords se livrer à sa perte;

Car comment voulez-vous que je nomme un deſſein
Au deſſus de ſa force, & du pouvoir humain?
Apprenez quelle étoit cette illustre conqueſte,
Et de combien de morts j'ay garanty ſa teſte.
  Il falloit mettre au joug deux Taureaux furieux,
Des tourbillons de feu s'élançoient de leurs yeux,
Et leur maiſtre Vulcain pouſſoit par leur haleine
Vn long embraſement deſſus toute la Plaine:
Eux domptez, on entroit en de nouveaux hazards,
Il falloit labourer les triſtes champs de Mars,
Et des dents d'un Serpent enſemencer leur terre,
Dont la ſterilité fertile pour la guerre
Produiſoit à l'inſtant des eſcadrons armez
Contre la meſme main qui les avoit ſemez.
Mais quoy qu'euſt fait contre eux une valeur parfaite,
La Toiſon n'étoit pas au bout de leur défaite:
Vn Dragon enyvré des plus mortels poiſons
Qu'enfantent les pechez de toutes les ſaiſons,
Vomiſſant mille traits de ſa gorge enflammée,
La gardoit beaucoup mieux que toute cette Armée.
Iamais Eſtoile, Lune, Aurore, ny Soleil
Ne virent abaiſſer ſa paupiere au ſommeil.
Ie l'ay ſeule aſſoupy, ſeule j'ay par mes charmes
Mis au joug les Taureaux, & défait les Genſdarmes.
Si lors à mon devoir mon deſir limité
Euſt conſervé ma gloire, & ma fidelité,
Si j'euſſe eu de l'horreur de tant d'énormes fautes,
Que devenoit Iaſon, & tous vos Argonautes?
Sans moy ce vaillant Chef que vous m'avez ravy
Fuſt pery le premier, & tous l'auroient ſuivy.
Ie ne me repens point d'avoir par mon adreſſe
Sauvé le ſang des Dieux, & la fleur de la Grece;
Zethez, & Calaïs, & Pollux, & Caſtor,
Et le charmant Orphée, & le ſage Neſtor,
Tous vos Heros enfin tiennent de moy la vie:
Ie vous les verray tous poſſeder ſans envie,
Ie vous les ay ſauvez, je vous les cede tous;
Ie n'en veux qu'un pour moy, n'en ſoyez point jaloux,
Pour de ſi bons effets laiſſez-moy l'infidelle,
Il eſt mon crime ſeul, ſi je ſuis criminelle,
Aimer cet inconſtant c'eſt tout ce que j'ay fait:
Si vous me puniſſez, rendez-moy mon forfait.

V u iij

Est-ce uſer comme il faut d'un pouvoir legitime,
Que me faire coupable, & joüir de mon crime?
CRE. Va te plaindre à Colchos. MED. Le retour m'y plaira,
Que Iaſon m'y remette ainſi qu'il m'en tira,
Ie ſuis preſte à partir ſous la meſme conduite
Qui de ces lieux aimez précipita ma fuite.
O d'un injuſte affront les coups les plus cruels!
Vous faites difference entre deux criminels!
Vous voulez qu'on l'honore, & que de deux complices
L'un ait voſtre couronne, & l'autre des ſupplices.
CRE. Ceſſe de plus meſler ton intereſt au ſien,
Ton Iaſon pris à part eſt trop homme de bien,
Le ſeparant de toy ſa défenſe eſt facile.
Iamais il n'a trahy ſon pere, ny ſa ville,
Iamais ſang innocent n'a fait rougir ſes mains,
Iamais il n'a prété ſon bras à tes deſſeins,
Son crime, s'il en a, c'eſt de t'avoir pour femme;
Laiſſe-le s'affranchir d'une honteuſe flame,
Rens-luy ſon innocence en t'éloignant de nous,
Porte en d'autres climats ton inſolent couroux,
Tes herbes, tes poiſons, ton cœur impitoyable,
Et tout ce qui jamais a fait Iaſon coupable.
MED. Peignez mes actions plus noires que la nuit,
Ie n'en ay que la honte, il en a tout le fruit.
Ce fut en ſa faveur que ma ſçavante audace
Immola ſon Tyran par les mains de ſa race,
Ioignez-y mon païs, & mon frere, il ſuffit
Qu'aucun de tant de maux ne va qu'à ſon profit.
Mais vous les ſçaviez tous quand vous m'avez reçeuë,
Voſtre ſimplicité n'a point été deceuë;
En ignoriez-vous un, quand vous m'avez promis
Vn rempart aſſeuré contre mes ennemis?
Ma main ſeignante encor du meurtre de Pelie
Soûlevoit contre moy toute la Theſſalie,
Quand voſtre cœur ſenſible à la compaſſion
Malgré tous mes forfaits prit ma protection.
Si l'on me peut depuis imputer quelque crime,
C'eſt trop peu que l'exil, ma mort eſt legitime:
Sinon, à quel propos me traitez-vous ainſi?
Ie ſuis coupable ailleurs, mais innocente icy.
CRE. Ie ne veux plus icy d'une telle innocence,
Ny ſouffrir en ma Cour ta fatale preſence.

TRAGEDIE.

Va... *ME.* Dieux justes vangeurs! *CR.* Va, dis-je, en d'autres lieux
Par tes cris importuns solliciter les Dieux.
　Laisse-nous tes enfans, je serois trop severe
Si je les punissois des crimes de leur mere,
Et bien que je le pûsse avec juste raison,
Ma fille les demande en faveur de Iason.
MED. Barbare humanité qui m'arrache à moy-mesme,
Et feint de la douceur pour m'oster ce que j'aime!
Si Iason & Creüse ainsi l'ont ordonné,
Qu'ils me rendent le sang que je leur ay donné.
CRE. Ne me replique plus, suy la loy qui t'est faite,
Prépare ton depart, & pense à ta retraite.
Pour en deliberer, & choisir le quartier,
De grace ma bonté te donne un jour entier.
MED. Quelle grace! *CRE.* Soldats, remettez-la chez elle,
Sa contestation deviendroit eternelle.
　ᵃ Quel indomptable esprit! quel arrogant maintien
Accompagnoit l'orgueil d'un si long entretien!
A-t'elle rien fléchy de son humeur altiere?
A-t'elle pû descendre à la moindre priere?
Et le sacré respect de ma condition
En a-t'il arraché quelque soûmission?

　　　　ᵃ *Medée*
　　　　rentre, &
　　　　Creon con-
　　　　tinuë.

SCENE III.

CREON, IASON, CREVSE,
CLEONE, Soldats.

CREO. TE voila sans rivale, & mon païs sans guerres,
　　　Ma fille, c'est demain qu'elle sort de nos terres,
Nous n'avons deformais que craindre de sa part;
Acaste est satisfait d'un si proche depart,
Et si tu peux calmer le courage d'Ægée
Qui voit par nostre choix son ardeur negligée,
Fais état que demain nous asseure à jamais,
Et dedans, & dehors, une profonde paix.
CREV. Ie ne croy pas, Seigneur, que ce vieux Roy d'Athenes
Voyant aux mains d'autruy le fruit de tant de peines,
Mesle tant de foiblesse à son ressentiment,
Que son premier couroux se dissipe aisément.

I'espere toutefois qu'avec un peu d'adresse
Ie pourray le resoudre à perdre une Maitresse,
Dont l'âge peu sortable & l'inclination
Répondoient assez mal à son affection.
JAS. Il doit vous témoigner par son obeïssance
Combien sur son esprit vous avez de puissance,
Et s'il s'obstine à suivre un injuste couroux,
Nous sçaurons, ma Princesse, en rabatre les coups,
Et nos préparatifs contre la Thessalie
Ont trop dequoy punir sa flame, & sa folie.
CREON. Nous n'en viendrons pas là, regarde seulement
A le payer d'estime & de remerciment.
Ie voudrois pour tout autre un peu de raillerie,
Vn vieillard amoureux merite qu'on en rie;
Mais le trosne soûtient la Majesté des Rois
Au dessus du mépris, comme au dessus des loix.
On doit toûjours respect au Sceptre, à la Couronne;
Remets tout, si tu veux, aux ordres que je donne,
Ie sçauray l'appaiser avec facilité,
Si tu ne te défens qu'avec civilité.

SCENE IV.

IASON, CREVSE, CLEONE.

JAS. QVe ne vous doy-je point pour cette préference
Où mes desirs n'osoient porter mon esperance?
C'est bien me témoigner un amour infiny
De mépriser un Roy pour un pauvre banny.
A toutes ses grandeurs préferer ma misere!
Tourner en ma faveur les volontez d'un pere!
Garantir mes enfans d'un exil rigoureux!
CRE. Qu'a pû faire de moindre un courage amoureux?
La Fortune a montré dedans vostre naissance
Vn trait de son envie, ou de son impuissance,
Elle devoit un Sceptre au sang dont vous naissez,
Et sans luy vos vertus le meritoient assez.
L'Amour qui n'a pû voir une telle injustice
Supplée à son defaut, ou punit sa malice,
Et vous donne au plus fort de vos adversitez
Le Sceptre que j'attens, & que vous meritez.

La gloire

La gloire m'en demeure, & les races futures
Contant noſtre Hymenée entre vos avantures,
Vanteront à jamais mon amour genereux
Qui d'un ſi grand Heros rompt le ſort malheureux.
 Après tout cependant, riez de ma foibleſſe.
Preſte de poſſeder le Phenix de la Grece,
La fleur de nos guerriers, le ſang de tant de Dieux,
La robe de Medée a donné dans mes yeux;
Mon caprice à ſon luſtre attachant mon envie
Sans elle trouve à dire au bonheur de ma vie,
C'eſt ce qu'ont pretendu mes deſſeins relevez
Pour le prix des enfans que je vous ay ſauvez.
JAS. Que ce prix eſt leger pour un ſi bon office!
 Il y faut toutefois employer l'artifice,
Ma jalouſe en fureur n'eſt pas femme à ſouffrir
Que ma main l'en dépoüille afin de vous l'offrir;
Des treſors dont ſon pere épuiſe la Scythie
C'eſt tout ce qu'elle a pris quand elle en eſt ſortie.
CRE. Qu'elle a fait un beau choix! jamais éclat pareil
 Ne ſema dans la nuit les clartez du Soleil.
Les perles avec l'or confuſément meſlées,
Mille pierres de prix ſur ſes bords étalées,
D'un mélange divin éboüiſſent les yeux;
Iamais rien d'approchant ne ſe fit en ces lieux.
Pour moy, tout auſſi-toſt que je l'en vis parée,
Ie ne fis plus d'état de la Toiſon dorée,
Et duſſiez-vous vous-meſme en eſtre un peu jaloux,
I'en eus preſques envie auſſi-toſt que de vous.
Pour appaiſer Medée & reparer ſa perte,
L'Epargne de mon pere entierement ouverte
Luy met à l'abandon tous les treſors du Roy,
Pourveu que cette robe & Iaſon ſoient à moy
JAS. N'en doutez point, ma Reine, elle vous eſt acquiſe,
 Ie vay chercher Nerine, & par ſon entremiſe
Obtenir de Medée avec dexterité
Ce que refuſeroit ſon courage irrité.
Pour elle, vous ſçavez que j'en fuy les approches,
I'aurois peine à ſouffrir l'orgueil de ſes reproches,
Et je me connoy mal, ou dans noſtre entretien
Son couroux s'allumant allumeroit le mien.
Ie n'ay point un eſprit complaiſant à ſa rage
Iuſques à ſupporter ſans replique un outrage,

MEDEE,

Et ce feroient pour moy d'éternels déplaisirs
De reculer par là l'effet de vos defirs.
 Mais fans plus de discours, d'une maifon voifine
Ie vay prendre le temps que fortira Nerine;
Souffrez, pour avancer voftre contentement,
Que malgré mon amour je vous quitte un moment.
CLE. Madame, j'aperçoy venir le Roy d'Athenes.
CRE. Allez donc, voftre veuë augmenteroit fes peines.
CLE. Souvenez-vous de l'air dont il le faut traiter.
CRE. Ma bouche accortement fçaura s'en acquiter.

SCENE V.

ÆGEE, CREVSE, CLEONE.

ÆGE. Vr un bruit qui m'étonne & que je ne puis croire,
 Madame, mon amour jaloux de voftre gloire
Vient fçavoir s'il eft vray que vous foyez d'accord
Par un honteux Hymen de l'Arreft de ma mort.
Voftre peuple en fremit, voftre Cour en murmure,
Et tout Corinthe enfin s'impute à grande injure,
Qu'un fugitif, un traiftre, un meurtrier de Rois
Luy donne à l'avenir des Princes & des loix.
Il ne peut endurer que l'horreur de la Grece
Pour prix de fes forfaits époufe fa Princeffe,
Et qu'il faille ajoufter à vos titres d'honneur,
Femme d'un affaffin, & d'un empoifonneur.
CRE. Laiffez agir, grand Roy, la raifon fur voftre ame,
Et ne le chargez point des crimes de fa femme.
I'époufe un malheureux, & mon pere y confent,
Mais Prince, mais vaillant, & fur tout, innocent.
Non-pas que je ne faille en cette préference;
De voftre rang au fien je fçay la difference:
Mais fi vous connoiffez l'amour, & fes ardeurs,
Iamais pour fon objet il ne prend les grandeurs;
Avoüez que fon feu n'en veut qu'à la perfonne,
Et qu'en moy vous n'aimiez rien moins que ma couronne.
 Souvent je ne fçay quoy qu'on ne peut exprimer
Nous furprend, nous emporte, & nous force d'aimer,
Et fouvent fans raifon les objets de nos flames
Frapent nos yeux enfemble, & faififfent nos ames.

TRAGEDIE. 347

Ainsi nous avons veu le souverain des Dieux
Au mépris de Iunon aimer en ces bas lieux,
Venus quitter son Mars, & negliger sa prise,
Tantost pour Adonis, & tantost pour Anchise,
Et c'est peut-estre encore avec moins de raison
Que, bien que vous m'aimez, je me donne à Iason.
D'abord dans mon esprit vous eustes ce partage,
Ie vous estimay plus, & l'aimay davantage.
ÆGE. Gardez ces complimens pour de moins enflamez,
Et ne m'estimez point qu'autant que vous m'aimez.
Que me sert cet aveu d'une erreur volontaire?
Si vous croyez faillir, qui vous force à le faire?
N'accusez point l'amour, ny son aveuglement,
Quand on connoit sa faute, on manque doublement.
CREV. Puis donc que vous trouvez la mienne inexcusable,
Ie ne veux plus, Seigneur, me confesser coupable.
   L'amour de mon païs & le bien de l'Etat
Me défendoient l'Hymen d'un si grand Potentat.
Il m'eust fallu soudain vous suivre en vos Provinces,
Et priver mes Sujets de l'aspect de leurs Princes;
Vostre Sceptre pour moy n'est qu'un pompeux exil.
Que me sert son éclat, & que me donne-t'il?
M'éleve-t'il d'un rang plus haut que Souveraine,
Et sans le posseder ne me voy-je pas Reine?
Graces aux Immortels, dans ma condition
I'ay dequoy m'assouvir de cette ambition,
Ie ne veux point changer mon Sceptre contre un autre,
Ie perdrois ma Couronne en acceptant la vostre,
Corinthe est bon Sujet, mais il veut voir son Roy,
Et d'un Prince éloigné rejetteroit la loy.
Ioignez à ces raisons qu'un pere un peu sur l'âge,
Dont ma seule presence adoucit le veufvage,
Ne sçauroit se resoudre à separer de luy
De ses debiles ans l'esperance & l'appuy,
Et vous reconnoistrez que je ne vous préfere
Que le bien de l'Estat, mon païs, & mon pere.
   Voilà ce qui m'oblige au choix d'un autre époux:
Mais comme ces raisons font peu d'effet sur vous,
Afin de redonner le repos à vostre ame,
Souffrez que je vous quitte. ÆGE.ᵃ Allez, allez, Madame, ᵃ *Il est seul.*
Etaler vos appas, & vanter vos mépris
A l'infame sorcier qui charme vos esprits.

X x ij

De cette indignité faites un mauvais conte,
Riez de mon ardeur, riez de voſtre honte,
Favoriſez celuy de tous vos Courtiſans
Qui raillera le mieux le declin de mes ans.
Vous joüirez fort peu d'une telle inſolence;
Mon amour outragé court à la violence,
Mes vaiſſeaux à la rade aſſez proches du port
N'ont que trop de ſoldats à faire un coup d'effort.
La jeuneſſe me manque, & non pas le courage:
Les Rois ne perdent point les forces avec l'âge,
Et l'on verra peut-eſtre avant ce jour finy
Ma paſſion vangée, & voſtre orgueil puny.

ACTE III

SCENE PREMIERE.

NERINE.

ALHEVREVX instrument du malheur qui nous preſſe,
Que j'ay pitié de toy, déplorable Princeſſe!
Avant que le Soleil ait fait encore un tour,
Ta perte inévitable acheve ton amour.
Ton deſtin te trahit, & ta beauté fatale
Sous l'appas d'un Hymen t'expoſe à ta rivale,
Ton Sceptre eſt impuiſſant à vaincre ſon effort,
Et le jour de ſa fuite eſt celuy de ta mort.
Sa vangeance à la main elle n'a qu'à reſoudre,
Vn mot du haut des Cieux fait deſcendre le foudre,
Les Mers pour noyer tout n'attendent que ſa loy,
La Terre offre à s'ouvrir ſous le Palais du Roy,
L'Air tient les Vents tous preſts à ſuivre ſa colere,
Tant la Nature eſclave a peur de luy déplaire,
Et ſi ce n'eſt aſſez de tous les Elemens,
Les Enfers vont ſortir à ſes commandemens.
  Moy, bien que mon devoir m'attache à ſon ſervice,
Ie luy préte à regret un ſilence complice,

D'un loüable desir mon cœur sollicité
Luy feroit avec joye une infidelité :
Mais loin de s'arrêter, sa rage découverte
A celle de Creüse ajousteroit ma perte,
Et mon funeste avis ne serviroit de rien
Qu'à confondre mon sang dans les boüillons du sien.
D'un mouvement contraire à celuy de mon ame
La crainte de la mort m'oste celle du blâme,
Et ma timidité s'efforce d'avancer
Ce que hors du peril je voudrois traverser.

SCENE II.

IASON, NERINE.

JAS. NErine, & bien, que dit, que fait nostre exilée?
Dans ton cher entretien s'est-elle consolée?
Veut-elle bien ceder à la necessité?
NER. Ie trouve en son chagrin moins d'animosité,
De moment en moment son ame plus humaine
Abaisse sa colere, & rabat de sa haine,
Déja son déplaisir ne nous veut plus de mal.
JAS. Fay-luy prendre pour tous un sentiment égal.
Toy qui de mon amour connoissois la tendresse,
Tu peux connoistre aussi quelle douleur me presse;
Ie me sens déchirer le cœur à son depart,
Creüse en ses malheurs prend mesme quelque part,
Ses pleurs en ont coulé, Creon mesme en soûpire,
Luy préfere à regret le bien de son Empire:
Et si dans son Adieu son cœur moins irrité
Pouvoit laisser agir sa liberalité,
Si jusque-là Medée appaisoit ses menaces,
Qu'elle vouluft partir avec ses bonnes graces;
Ie sçay (comme il est bon) que ses tresors ouverts
Luy seroient sans reserve entierement offerts,
Et malgré les malheurs où le Sort l'a reduite,
Soulageroient sa peine, & soûtiendroient sa fuite.
NER. Puisqu'il faut se resoudre à ce bannissement,
Il faut en adoucir le mécontentement,
Cet offre y peut servir, & par elle j'espere
Avec un peu d'adresse appaiser sa colere.

X x iij

Mais d'ailleurs toutefois, n'attendez rien de moy,
S'il faut prendre congé de Creüse, & du Roy :
L'objet de voſtre amour, & de ſa jalouſie
De toutes ſes fureurs l'auroit toſt reſſaiſie.
JAS. Pour montrer ſans les voir ſon courage appaiſé,
Ie te diray, Nerine, un moyen fort aiſé,
Et de ſi longue main je connoy ta prudence,
Que je t'en fais ſans peine entiere confidence.
 Creon bannit Medée, & ſes ordres précis
Dans ſon banniſſement envelopoient ſes fils;
La pitié de Creüſe a tant fait vers ſon pere,
Qu'ils n'auront point de part au malheur de leur mere.
Elle luy doit par eux quelque remerciment;
Qu'un preſent de ſa part ſuive leur compliment :
Sa robe dont l'éclat ſied mal à ſa fortune,
Et n'eſt à ſon exil qu'une charge importune,
Luy gagneroit le cœur d'un Prince liberal,
Et de tous ſes treſors l'abandon general.
D'une vaine parûre inutile à ſa peine
Elle peut acquerir dequoy faire la Reine:
Creüſe, ou je me trompe, en a quelque deſir,
Et je ne penſe pas qu'elle puſt mieux choiſir.
Mais la voicy qui ſort, ſouffre que je l'évite,
Ma rencontre la trouble, & mon aſpect l'irrite.

SCENE III.

MEDEE, IASON, NERINE.

MED. NE fuyez pas, Iaſon, de ces funeſtes lieux,
 C'eſt à moy d'en partir, recevez mes Adieux.
Accoûtumée à fuir, l'exil m'eſt peu de choſe,
Sa rigueur n'a pour moy de nouveau que ſa cauſe,
C'eſt pour vous que j'ay fuy, c'eſt vous qui me chaſſez.
 Où me renvoyez-vous, ſi vous me banniſſez?
Iray-je ſur le Phaſe, où j'ay trahy mon pere,
Appaiſer de mon ſang les Manes de mon frere?
Iray-je en Theſſalie, où le meurtre d'un Roy
Pour victime aujourd'huy ne demande que moy?
Il n'eſt point de climat, dont mon amour fatale
N'ait acquis à mon nom la haine generale,

TRAGEDIE.

Et ce qu'ont fait pour vous mon sçavoir & ma main
M'a fait un ennemy de tout le genre humain.
Ressouvien-t'en, ingrat, remets-toy dans la Plaine
Que ces Taureaux affreux brusloient de leur halaine,
Revoy ce champ guerrier dont les sacrez fillons
Elevoient contre toy de soudains bataillons,
Ce Dragon qui jamais n'eut les paupieres closes;
Et lors préfere-moy Creüse, si tu l'oses.
Qu'ay-je épargné depuis qui fust en mon pouvoir?
Ay-je auprès de l'amour écouté mon devoir?
Pour jetter un obstacle à l'ardente poursuite
Dont mon pere en fureur touchoit déja ta fuite,
Semay-je avec regret mon frere par morceaux?
A ce funeste objet épandu sur les eaux,
Mon pere trop sensible aux droits de la Nature
Quitta tous autres soins que de sa sepulture,
Et par ce nouveau crime émouvant sa pitié
I'arrétay les effets de son inimitié.
Prodigue de mon sang, honte de ma famille,
Aussi cruelle sœur que déloyale fille :
Ces titres glorieux plaisoient à mes amours,
Ie les pris sans horreur pour conserver tes jours,
Alors certes, alors mon merite étoit rare,
Tu n'étois point honteux d'une femme Barbare :
Quand à ton pere usé je rendis la vigueur,
I'avois encor tes vœux, j'étois encor ton cœur :
Mais cette affection mourant avec Pelie
Dans le mesme tombeau se vit ensevelie;
L'ingratitude en l'ame, & l'impudence au front,
Vne Scythe en ton lit te fut lors un affront;
Et moy, que tes desirs avoient tant souhaitée,
Le Dragon assoupy, la Toison emportée,
Ton tyran massacré, ton pere rajeuny,
Ie devins un objet digne d'estre banny.
Tes desseins achevez j'ay merité ta haine,
Il t'a fallu sortir d'une honteuse chaisne,
Et prendre une moitié qui n'a rien plus que moy
Que le bandeau Royal que j'ay quitté pour toy.
JAS. Ah! que n'as-tu des yeux à lire dans mon ame,
Et voir les purs motifs de ma nouvelle flame?
Les tendres sentimens d'un amour paternel
Pour sauver mes enfans me rendent criminel,

Si l'on peut nommer crime un malheureux divorce,
Où le foin que j'ay d'eux me reduit, & me force.
Toy-mesme, furieufe, ay-je peu fait pour toy,
D'arracher ton trépas aux vangeances d'un Roy?
Sans moy ton infolence alloit eftre punie,
A ma feule priere on ne t'a que bannie :
C'eft rendre la pareille à tes grands coups d'effort,
Tu m'as fauvé la vie, & j'empefche ta mort.
MED. On ne m'a que bannie ! ô bonté fouveraine !
C'eft donc une faveur & non pas une peine !
Ie reçois une grace au lieu d'un châtiment !
Et mon exil encor doit un remerciment !
Ainfi l'avare foif du brigand affouvie,
Il s'impute à pitié de nous laiffer la vie,
Quand il n'égorge point il croit nous pardonner,
Et ce qu'il n'ofte pas il penfe le donner.
JAS. Tes difcours dont Creon de plus en plus s'offenfe,
Le forceroient enfin à quelque violence,
Eloigne-toy d'icy tandis qu'il t'eft permis,
Les Rois ne font jamais de foibles ennemis.
MED. A travers tes confeils je vois affez ta rufe,
Ce n'eft là m'en donner qu'en faveur de Creüfe,
Ton amour déguifé d'un foin officieux
D'un objet importun veut delivrer fes yeux.
JAS. N'appelle point amour un change inévitable,
Où Creüfe fait moins que le Sort qui m'accable.
MED. Peux-tu bien fans rougir defavoüer tes feux ?
JAS. Et bien, foit, fes attraits captivent tous mes vœux,
Toy, qu'un amour furtif foüilla de tant de crimes,
M'ofes-tu reprocher des ardeurs legitimes ?
MED. Ouy, je te les reproche, & de plus.... *JAS.* Quels forfaits ?
MED. La trahifon, le meurtre, & tous ceux que j'ay faits.
JAS. Il manque encor ce point à mon fort déplorable
Que de tes cruautez on me faffe coupable.
MED. Tu préfumes en vain de t'en mettre à couvert,
Celuy-là fait le crime à qui le crime fert.
Que chacun indigné contre ceux de ta femme
La traite en fes difcours de méchante, & d'infame;
Toy feul, dont fes forfaits ont fait tout le bonheur,
Tien-la pour innocente, & défends fon honneur.
IAS. I'ay honte de ma vie, & je hay fon ufage,
Depuis que je la dois aux effets de ta rage.

MED. La

MED. La honte genereuse, & la haute vertu!
Puisque tu la hais tant, pourquoy la gardes-tu?
JAS. Au bien de nos enfans, dont l'âge foible & tendre
Contre tant de malheurs ne sçauroit se défendre.
Deviens en leur faveur d'un naturel plus doux.
MED. Mon ame à leur sujet redouble son couroux.
Faut-il ce deshonneur pour comble à mes miseres,
Qu'à mes enfans Creüse enfin donne des freres?
Tu vas mesler, impie, & mettre en rang pareil
Des neveux de Sysiphe avec ceux du Soleil!
JAS. Leur grandeur soûtiendra la fortune des autres,
Creüse & ses enfans conserveront les nostres.
MED. Ie l'empescheray bien, ce mélange odieux,
Qui deshonore ensemble, & ma race, & les Dieux.
JAS. Lassez de tant de maux cedons à la Fortune.
MED. Ce corps n'enferme pas une ame si commune,
Ie n'ay jamais souffert qu'elle me fist la loy,
Et toûjours ma fortune a dépendu de moy.
JA. La peur que j'ay d'un Sceptre... *ME.* Ah cœur remply de feinte!
Tu masques tes desirs d'un faux titre de crainte,
Vn Sceptre est l'objet seul qui fait ton nouveau choix.
JAS. Veux-tu que je m'expose aux haines de deux Rois,
Et que mon imprudence attire sur nos testes
D'un & d'autre costé de nouvelles tempestes?
MED. Fuy-les, fuy-les tous deux, suy Medée à ton tour,
Et garde au moins ta foy, si tu n'as plus d'amour.
JAS. Il est aisé de fuir, mais il n'est pas facile
Contre deux Rois aigris de trouver un azile.
Qui leur resistera, s'ils viennent à s'unir?
MED. Qui me resistera si je te veux punir?
Déloyal, auprés d'eux crains-tu si peu Medée?
Que toute leur puissance en armes débordée
Dispute contre moy ton cœur qu'ils m'ont surpris,
Et ne sois du combat que le juge, & le prix:
Ioins-leur, si tu le veux, mon pere, & la Scythie,
En moy seule ils n'auront que trop forte Partie.
Bornes-tu mon pouvoir à celuy des Humains?
Contre-eux, quand il me plaist, j'arme leurs propres mains,
Tu le sçais, tu l'as veu, quand ces fils de la Terre
Par leurs coups mutuels terminerent leur guerre.
Miserable! je puis adoucir des Taureaux,
La flame m'obeït, & je commande aux eaux,

Tome I. Y y

L'Enfer tremble, & les Cieux, si-tost que je les nomme,
Et je ne puis toucher les volontez d'un homme.
Ie t'aime encor, Iason, malgré ta lascheté,
Ie ne m'offense plus de ta legereté,
Ie sens à tes regards décroistre ma colere,
De moment en moment ma fureur se modere,
Et je cours sans regret à mon bannissement
Puisque j'en voy sortir ton établissement.
Ie n'ay plus qu'une grace à demander en suite.
Souffre que mes enfans accompagnent ma fuite,
Que je t'admire encor en chacun de leurs traits,
Que je t'aime, & te baise en ces petits portraits,
Et que leur cher objet entretenant ma flame
Te presente à mes yeux aussi-bien qu'à mon ame.

JAS. Ah ! repren ta colere, elle a moins de rigueur.
M'enlever mes enfans c'est m'arracher le cœur,
Et Iuppiter tout prest à m'écraser du foudre
Mon trépas à la main ne pourroit m'y resoudre.
C'est pour eux que je change, & la Parque sans eux
Seule de nostre Hymen pourroit rompre les nœuds.

MED. Cet amour paternel qui te fournit d'excuses
Me fait souffrir aussi que tu me les refuses,
Ie ne t'en presse plus, & preste à me bannir
Ie ne veux plus de toy qu'un leger souvenir.

JAS. Ton amour vertueux fait ma plus grande gloire,
Ce seroit me trahir qu'en perdre la memoire,
Et le mien envers toy qui demeure eternel,
T'en laisse en cet Adieu le serment solemnel.
Puissent briser mon chef les traits les plus severes
Que lancent des grands Dieux les plus aspres coleres,
Qu'ils s'unissent ensemble afin de me punir,
Si je ne perds la vie avant ton souvenir.

TRAGEDIE.

SCENE IV.

MEDEE, NERINE.

MED. I'Y donneray bon ordre, il est en ta puissance
D'oublier mon amour, mais non pas ma vangeance:
Ie la sçauray graver en tes esprits glacez
Par des coups trop profonds pour en estre effacez.
Il aime ses enfans, ce courage inflexible,
Son foible est découvert, par eux il est sensible,
Par eux mon bras armé d'une juste rigueur
Va trouver des chemins à luy percer le cœur.
NER. Madame, épargnez-les, épargnez vos entrailles,
N'avancez point par là vos propres funerailles;
Contre un sang innocent pourquoy vous irriter,
Si Creüse en vos laqs se vient précipiter?
Elle-mesme s'y jette, & Iason vous la livre.
MED. Tu flates mes desirs. *NER.* Que je cesse de vivre
Si ce que je vous dis n'est pure verité.
MED. Ah! ne me tien donc plus l'ame en perplexité.
NER. Madame, il faut garder que quelqu'un ne nous voye,
Et du Palais du Roy découvre nostre joye,
Vn dessein éventé succede rarement.
MED. Rentrons donc, & mettons nos secrets seurement.

Yy ij

ACTE IV.

SCENE PREMIERE

MEDEE, NERINE.

<small>^a Elle est seule dans sa grotte Magique.</small>

MED^a. C'Est trop peu de Iason que ton œil me desrobe,
C'est trop peu de mon lit, tu veux encor ma robe,
Rivale insatiable, & c'est encor trop peu
Si la force à la main tu l'as sans mon aveu;
Il faut que par moy-mesme elle te soit offerte,
Que perdant mes enfans j'achete encor leur perte;
Il en faut un hommage à tes divins attraits,
Et des remercîmens au vol que tu me fais.
Tu l'auras, mon refus seroit un nouveau crime,
Mais je t'en veux parer pour estre ma victime,
Et sous un faux semblant de liberalité
Saouler, & ma vangeance, & ton avidité.
   Le charme est achevé, tu peux entrer, Nerine.

<small>^b Nerine sort, & Medée continuë.</small>

^b Mes maux dans ces poisons trouvent leur Medecine.
Voy combien de Serpens à mon commandement
D'Afrique jusqu'icy n'ont tardé qu'un moment,
Et contraints d'obeir à mes clameurs funestes,
Ont sur ce don fatal vomy toutes leurs pestes.
L'amour à tous mes sens ne fut jamais si doux,
Que ce triste appareil à mon esprit jaloux:
Ces herbes ne sont pas d'une vertu commune,
Moy-mesme en les cueillant je fis pâlir la Lune,
Quand les cheveux flottans, le bras & le pied nu,
I'en dépoüillay jadis un climat inconnu.
Voy mille autre venins; cette liqueur épaisse
Mesle du sang de l'Hydre avec celuy de Nesse,
Python eut cette langue, & ce plumage noir
Est celuy qu'une Harpye en fuyant laissa choir.
Par ce tison Althée assouvit sa colere,
Trop pitoyable sœur, & trop cruelle mere.

TRAGEDIE.

Ce feu tomba du Ciel avecque Phaëton,
Cet autre vient des flots du pierreux Phlegeton,
Et celuy-cy jadis remplit en nos contrées
Des Taureaux de Vulcain les gorges enfoufrées,
Enfin tu ne vois là, poudres, racines, eaux,
Dont le pouvoir mortel n'ouvrist mille tombeaux,
Ce prefent deceptif a beu toute leur force,
Et bien mieux que mon bras vangera mon divorce,
Mes tyrans par leur perte apprendront que jamais...
Mais d'où vient ce grand bruit que j'entens au Palais?
NER. Du bonheur de Iafon, & du malheur d'Ægée,
Madame, peu s'en faut qu'il ne vous ait vangée.
Ce genereux vieillard ne pouvant fupporter
Qu'on luy vole à fes yeux ce qu'il croit meriter,
Et que fur fa couronne & fa perfeverance
L'exil de voftre époux ait eu la préference,
A tafché par la force à repouffer l'affront
Que ce nouvel Hymen luy porte fur le front.
Comme cette beauté pour luy toute de glace
Sur les bords de la Mer contemploit la bonace,
Il la voit mal fuivie, & prend un fi beau temps
A rendre fes defirs & les voftres contens.
De fes meilleurs foldats une troupe choifie
Enferme la Princeffe, & fert fa jaloufie;
L'effroy qui la furprend la jette en pafmoifon,
Et tout ce qu'elle peut, c'eft de nommer Iafon.
Ses Gardes à l'abord font quelque refiftance,
Et le peuple leur préte une foible affiftance;
Mais l'obstacle leger de ces debiles cœurs
Laiffoit honteufement Creüfe à leurs vainqueurs,
Déja presque en leur bord elle étoit enlevée....
MED. Ie devine la fin, mon traiftre l'a fauvée.
NER. Ouy, Madame, & de plus Ægée eft prifonnier,
Voftre époux à fon myrthe ajoufte ce laurier,
Mais apprenez comment. MED. N'en dy pas davantage,
Ie ne veux point fçavoir ce qu'a fait fon courage,
Il fuffit que fon bras a travaillé pour nous,
Et rend une victime à mon jufte couroux.
Nerine, mes douleurs auroient peu d'allegeance
Si cet enlevement l'oftoit à ma vangeance:
Pour quitter fon païs en eft-on malheureux?
Ce n'eft pas fon exil, c'eft fa mort que je veux,

MEDEE,

Elle auroit trop d'honneur de n'avoir que ma peine,
Et de verser des pleurs pour estre deux fois Reine.
Tant d'invisibles feux enfermez dans ce don,
Que d'un titre plus vray j'appelle ma rançon,
Produiront des effets bien plus doux à ma haine.
NER. Par là vous vous vangez, & sa perte est certaine,
Mais contre la fureur de son pere irrité
Où pensez-vous trouver un lieu de seureté?
MED. Si la prison d'Ægée a suivy sa défaite,
Tu peux voir qu'en l'ouvrant je m'ouvre une retraite,
Et que ses fers brisez malgré leurs attentats
A ma protection engagent ses Etats.
Dépesche seulement, & cours vers ma rivale
Luy porter de ma part cette robe fatale.
Méne-luy mes enfans, & fay-les, si tu peux,
Presenter par leur pere à l'objet de ses vœux.
NER. Mais, Madame, porter cette robe empestée
Que de tant de poisons vous avez infectée,
C'est pour vostre Nerine un trop funeste employ,
Avant que sur Creüse ils agiroient sur moy.
MED. Ne crains pas leur vertu, mon charme la modere,
Et luy deffend d'agir que sur elle, & son pere.
Pour un si grand effet prens un cœur plus hardy,
Et sans me repliquer fay ce que je te dy.

SCENE II

CREON, POLLVX, Soldats.

CRE. Nous devons bien cherir cette valeur parfaite
Qui de nos ravisseurs nous donne la défaite.
Invincible Heros, c'est à vostre secours
Que je doy desormais le bonheur de mes jours,
C'est vous seul aujourd'huy dont la main vangeresse
Rend à Creon sa fille, à Iason sa Maîtresse,
Met Ægée en prison, & son orgueil à bas,
Et fait mordre la Terre à ses meilleurs soldats.
POL. Grand Roy, l'heureux succès de cette delivrance
Vous est beaucoup mieux dû qu'à mon peu de vaillance.
C'est vous seul & Iason dont les bras indomptez
Portoient avec effroy la mort de tous costez,

TRAGEDIE.

Pareils à deux Lyons, dont l'ardente furie
Dépeuple en un moment toute une bergerie.
L'exemple glorieux de vos faits plus qu'humains
Echauffoit mon courage, & conduisoit mes mains:
I'ay suivy, mais de loin, des actions si belles
Qui laissoient à mon bras tant d'illustres modelles.
Pourroit-on reculer en combatant sous vous,
Et n'avoir point de cœur à seconder vos coups?
CRE. Vostre valeur qui souffre en cette repartie
Oste toute croyance à vostre modestie.
Mais puisque le refus d'un honneur merité
N'est pas un petit trait de generosité,
Ie vous laisse en joüir. Autheur de la victoire,
Ainsi qu'il vous plaira départez-en la gloire,
Comme elle est vostre bien, vous pouvez la donner.
Que prudemment les Dieux sçavent tout ordonner!
Voyez, brave guerrier, comme vostre arrivée
Au jour de nos malheurs se trouve reservée,
Et qu'au point que le Sort osoit nous menacer,
Ils nous ont envoyé dequoy le terrasser.
Digne sang de leur Roy, Demy-dieu magnanime,
Dont la vertu ne peut recevoir trop d'estime,
Qu'avons-nous plus à craindre, & quel destin jaloux,
Tant que nous vous aurons, s'osera prendre à nous?
PO. Apprehendez pourtant, grand Prince. CR. Et quoy? PO. Medée,
Qui par vous de son lit se voit dépossedée.
Ie crains qu'il ne vous soit malaisé d'empescher
Qu'un gendre valeureux ne vous couste bien cher.
Aprés l'assassinat d'un Monarque, & d'un frere,
Peut-il estre de sang qu'elle épargne, ou revere?
Accoûtumée au meurtre, & sçavante en poison,
Voyez ce qu'elle a fait pour acquerir Iason,
Et ne presumez pas, quoy que Iason vous die,
Que pour le conserver elle soit moins hardie.
CRE. C'est dequoy mon esprit n'est plus inquieté,
Par son bannissement j'ay fait ma seureté,
Elle n'a que fureur & que vangeance en l'ame,
Mais en si peu de temps que peut faire une femme?
Ie n'ay prescrit qu'un jour de terme à son depart.
POL. C'est peu pour une femme, & beaucoup pour son Art,
Sur le pouvoir humain ne reglez pas les charmes.
CRE. Quelques puissans qu'ils soient, je n'en ay point d'alarmes,

MEDEE,

Et quand bien ce delay devroit tout hazarder,
Ma parole est donnée, & je la veux garder.

SCENE III.

CREON, POLLVX, CLEONE.

CRE. Qve font nos deux amans, Cleone? *CLE.* La Princesse,
Seigneur, près de Iason reprend son allegresse;
Et ce qui sert beaucoup à son contentement,
C'est de voir que Medée est sans ressentiment.
CRE. Et quel Dieu si propice a calmé son courage?
CLE. Iason, & ses enfans qu'elle vous laisse en gage.
La grace que pour eux Madame obtient de vous
A calmé les transports de son esprit jaloux.
Le plus riche present qui fust en sa puissance
A ses remercîmens joint sa reconnoissance.
Sa robe sans pareille, & sur qui nous voyons
Du Soleil son ayeul briller mille rayons,
Que la Princesse mesme avoit tant souhaitée,
Par ces petits Heros luy vient d'estre apportée,
Et fait voir clairement les merveilleux effets
Qu'en un cœur irrité produisent les bien-faits.
CRE. Et bien, qu'en dites-vous? qu'avons-nous plus à craindre?
POL. Si vous ne craignez rien, que je vous trouve à plaindre?
CRE. Vn si rare present montre un esprit remis.
POL. I'eus toûjours pour suspects les dons des ennemis,
Il font assez souvent ce que n'ont pû leurs armes:
Ie connoy de Medée, & l'esprit, & les charmes,
Et veux bien m'exposer aux plus cruels trépas,
Si ce rare present n'est un mortel appas.
CRE. Ses enfans si cheris qui nous servent d'ostages
Nous peuvent-ils laisser quelque sorte d'ombrages?
POL. Peut-estre que contre eux s'étend sa trahison,
Qu'elle ne les prend plus que pour ceux de Iason,
Et qu'elle s'imagine, en haine de leur pere,
Que n'étant plus sa femmme, elle n'est plus leur mere.
Renvoyez-luy, Seigneur, ce don pernicieux,
Et ne vous chargez point d'un poison precieux.
CLE. Madame cependant en est toute ravie,
Et de s'en voir parée elle brusle d'envie.

POL. Où le

TRAGEDIE.

POL. Où le peril égale, & passe le plaisir,
Il faut se faire force, & vaincre son desir,
Iason dans son amour a trop de complaisance
De souffrir qu'un tel don s'accepte en sa presence.
CRE. Sans rien mettre au hazard, je sçauray dextrement
Accorder vos soupçons & son contentement.
Nous verrons dés ce soir sur une criminelle
Si ce present nous cache une embusche mortelle.
Nise pour ses forfaits destinée à mourir
Ne peut par cette épreuve injustement perir;
Heureuse, si sa mort nous rendoit ce service,
De nous en découvrir le funeste artifice.
Allons-y de ce pas, & ne consumions plus
De temps ny de discours en debats superflus.

SCENE IV.

ÆGEE.[a]

[a] *Il est en prison.*

DEmeure affreuse des coupables,
Lieux maudits, funeste sejour,
Dont jamais avant mon amour
Les Sceptres n'ont été capables,
Redoublez puissamment vostre mortel effroy,
Et joignez à mes maux une si vive atteinte,
Que mon ame chassée, ou s'enfuyant de crainte,
Desrobe à mes vainqueurs le supplice d'un Roy.

Le triste bonheur où j'aspire!
Ie ne veux que hafter ma mort,
Et n'accuse mon mauvais sort
Que de souffrir que je respire.
Puisqu'il me faut mourir, que je meure à mon choix,
Le coup m'en sera doux, s'il est sans infamie;
Prendre l'ordre à mourir d'une main ennemie,
C'est mourir, pour un Roy, beaucoup plus d'une fois.

Malheureux Prince, on te méprise
Quand tu t'arreftes à servir,
Si tu t'efforces de ravir,
Ta prison suit ton entreprise.

Tome I. Zz

Ton amour qu'on dédaigne ; & ton vain attentat,
D'un éternel affront vont foüiller ta memoire;
L'un t'a déja coûté ton repos, & ta gloire;
L'autre te va coûter ta vie, & ton Etat.

   Destin, qui punis mon audace,
   Tu n'as que de justes rigueurs,
   Et s'il est d'assez tendres cœurs
   Pour compatir à ma disgrace,
Mon feu de leur tendresse étouffe la moitié,
Puisqu'à bien comparer mes fers avec ma flâme,
Vn vieillard amoureux merite plus de blâme,
Qu'un Monarque en prison n'est digne de pitié.

   Cruel autheur de ma misere,
   Peste des cœurs, tyran des Rois,
   Dont les imperieuses loix
   N'épargnent pas mesme ta mere,
Amour, contre Iason tourne ton trait fatal,
Au pouvoir de tes dards je remets ma vangeance,
Atterre son orgueil, & montre ta puissance
A perdre également l'un & l'autre rival.

   Qu'une implacable jalousie
   Suive son nuptial flambeau,
   Que sans cesse un objet nouveau
   S'empare de sa fantaisie,
Que Corinthe à sa veuë accepte un autre Roy,
Qu'il puisse voir sa race à ses yeux égorgée,
Et pour dernier malheur, qu'il ait le sort d'Ægée,
Et devienne à mon âge amoureux comme moy.

SCENE V.

ÆGEE, MEDEE.

ÆGE. Mais d'où vient ce bruit sourd ? quelle pasle lumiere
Dissipe ces horreurs, & frape ma paupiere?
Mortel, qui que tu sois, détourne icy tes pas,
Et de grace m'appren l'Arrest de mon trépas,
L'heure, le lieu, le genre, & si ton cœur sensible
A la compassion peut se rendre accessible,

Donne-moy les moyens d'un genereux effort,
Qui des mains des bourreaux affranchisse ma mort.
MED. Ie viens l'en affranchir. Ne craignez plus, grand Prince,
Ne pensez qu'à revoir vostre chere Province,
^a Ny grilles, ny verroux ne tiennent contre moy.
 Cessez, indignes fers, de captiver un Roy,
Est-ce à vous à presser les bras d'un tel Monarque?
Et vous, reconnoissez Medée à cette marque,
Et fuyez un tyran, dont le forcenement
Ioindroit voftre supplice à mon bannissement,
Avec la liberté reprenez le courage.
ÆGE. Ie les reprens tous deux pour vous en faire hommage,
Princesse, de qui l'Art propice aux malheureux
Oppose un tel miracle à mon sort rigoureux.
Disposez de ma vie, & du Sceptre d'Athenes,
Ie dois & l'une & l'autre à qui brise mes chaisnes;
Si vostre heureux secours me tire de danger,
Ie ne veux en sortir qu'afin de vous vanger,
Et si je puis jamais avec vostre assistance
Arriver jusqu'aux lieux de mon obeïssance,
Vous me verrez suivy de mille bataillons
Sur ces murs renversez planter mes pavillons,
Punir leur traistre Roy de vous avoir bannie,
Dedans le sang des siens noyer sa tyrannie,
Et remettre en vos mains, & Creüse, & Iason,
Pour vanger vostre exil plûtost que ma prison.
MED. Ie veux une vangeance, & plus haute, & plus prompte,
Ne l'entreprenez pas, vostre offre me fait honte:
Emprunter le secours d'aucun pouvoir humain
D'un reproche éternel diffameroit ma main.
En est-il après tout aucun qui ne me cede?
Qui force la Nature a-t'il besoin qu'on l'aide?
Laissez-moy le soucy de vanger mes ennuis,
Et par ce que j'ay fait jugez ce que je puis.
L'ordre en est tout donné, n'en soyez point en peine,
C'est demain que mon Art fait triompher ma haine,
Demain je suis Medée, & je tire raison
De mon bannissement & de vostre prison.
ÆGE. Quoy, Madame, faut-il que mon peu de puissance
Empesche les devoirs de ma reconnoissance?
Mon Sceptre ne peut-il estre employé pour vous,
Et vous seray-je ingrat autant que vostre époux?

^a *Elle donne un coup de baguette sur la porte de la prison qui s'ouvre aussi-tost, & en ayāt tiré Aegée elle en donne encor un sur ses fers qui tombent.*

MED. Si je vous ay fervy, tout ce que j'en fouhaite,
C'eſt de trouver chez vous une feure retraite,
Où de mes ennemis menaces, ny prefens,
Ne puiſſent plus troubler le repos de mes ans.
Non-pas que je les craigne, eux & toute la Terre
A leur confufion me livreroient la guerre;
Mais je hay ce defordre, & n'aime pas à voir
Qu'il me faille pour vivre ufer de mon ſçavoir.
ÆGE. L'honneur de recevoir une fi grande hoſteſſe
De mes malheurs paſſez efface la triſteſſe.
Difpofez d'un païs qui vivra fous vos loix,
Si vous l'aimez aſſez pour luy donner des Rois,
Si mes ans ne vous font méprifer ma perfonne,
Vous y partagerez mon lit, & ma Couronne;
Sinon, fur mes Sujets faites état d'avoir,
Ainfi que fur moy-mefme, un abfolu pouvoir.
Allons, Madame, allons, & par voftre conduite
Faites la feureté que demande ma fuite.
MED. Ma vangeance n'auroit qu'un fuccès imparfait,
Ie ne me vange pas, fi je n'en voy l'effet,
Ie dois à mon couroux l'heur d'un fi doux fpectacle.
Allez, Prince, & fans moy ne craignez point d'obftacle;
Ie vous fuivray demain par un chemin nouveau.
Pour voftre feureté confervez cet anneau,
Sa fecrette vertu qui vous fait invifible
Rendra voftre depart de tous coftez paifible.
Icy, pour empefcher l'alarme que le bruit
De voftre delivrance auroit bien-toſt produit,
Vn fantofme pareil, & de taille, & de face,
Tandis que vous fuïrez, remplira voftre place.
Partez fans plus tarder, Prince chery des Dieux,
Et quittez pour jamais ces deteftables lieux.
ÆGE. I'obeis fans replique, & je parts fans remife.
Puiſſe d'un prompt fuccès voftre grande entreprife
Combler nos ennemis d'un mortel defespoir,
Et me donner bien-toſt l'honneur de vous revoir.

TRAGEDIE.

ACTE V.

SCENE PREMIERE.

MEDEE, THEVDAS.

THE. H, déplorable Prince ! ah, fortune cruelle !
    Que je porte à Iason une triste Nouvelle !
 ME.ᵃ Arreste, miserable, & m'appren quel effet   ᵃ *Elle luy*
    A produit chez le Roy le present que j'ay fait.   *donne un*
THE. Dieux ! je suis dans les fers d'une invisible chaisne !   *coup de ba-*
MED. Depesche, ou ces longueurs attireront ma haine.   *guette qui*
THE. Apprenez donc l'effet le plus prodigieux   *le fait de-*
    Que jamais la vangeance ait offert à nos yeux.   *meurer*
    Vostre robe a fait peur, & sur Nise éprouvée   *immobile.*
En dépit des soupçons sans peril s'est trouvée,
Et cette épreuve a sçeu si bien les asseurer,
Qu'incontinent Creüse a voulu s'en parer.
Mais cette infortunée à peine l'a vetuë,
Qu'elle sent aussi-tost une ardeur qui la tuë,
Vn feu subtil s'allume, & ses brandons épars
Sur vostre don fatal courent de toutes parts.
Et Cleone, & le Roy s'y jettent pour l'éteindre,
Mais (ô nouveau sujet de pleurer, & de plaindre !)
Ce feu saisit le Roy, ce Prince en un moment
Se trouve envelopé du mesme embrasement.
MED. Courage, enfin il faut que l'un & l'autre meure.
THE. La flame disparoit, mais l'ardeur leur demeure,
    Et leurs habits charmez, malgré nos vains efforts,
    Sont des brasiers secrets attachez à leurs corps.
    Qui veut les dépoüiller luy-mesme les déchire,
    Et ce nouveau secours est un nouveau martire.
MED. Que dit mon déloyal ? que fait-il là dedans ?
THE. Iason, sans rien sçavoir de tous ces accidens,
    S'acquitte des devoirs d'une amitié civile,
    A conduire Pollux hors des murs de la ville,

Zz iij

Qui va se rendre en haste aux nopces de sa sœur
Dont bien-tost Menelas doit estre possesseur,
Et j'allois luy porter ce funeste message.

^a *Elle luy donne un autre coup de baguette.*

MED.^b Va, tu peux maintenant achever ton voyage.

SCENE II.

MEDEE.

ESt-ce assez, ma vangeance, est-ce assez de deux morts?
Consulte avec loisir tes plus ardens transports.
Des bras de mon perfide arracher une femme
Est-ce pour assouvir les fureurs de mon ame?
Que n'a-t'elle déja des enfans de Iason
Sur qui plus pleinement vanger sa trahison?
Suppléons-y des miens, immolons avec joye
Ceux qu'à me dire Adieu Creüse me renvoye,
Nature, je le puis sans violer ta loy,
Ils viennent de sa part & ne sont plus à moy.
Mais ils sont innocens: aussi l'étoit mon frere,
Ils sont trop criminels d'avoir Iason pour pere,
Il faut que leur trépas redouble son tourment,
Il faut qu'il souffre en pere, aussi-bien qu'en amant.
Mais quoy! j'ay beau contre eux animer mon audace,
La pitié la combat, & se met en sa place,
Puis cedant tout à coup la place à ma fureur,
J'adore les projets qui me faisoient horreur:
De l'amour aussi-tost je passe à la colere,
Des sentimens de femme, aux tendresses de mere.

Cessez doresnavant, pensers irresolus,
D'épargner des enfans que je ne verray plus.
Chers fruits de mon amour, si je vous ay fait naistre,
Ce n'est pas seulement pour caresser un traistre,
Il me prive de vous, & je l'en vay priver.
Mais ma pitié renaist, & revient me braver,
Ie n'execute rien, & mon ame éperduë
Entre deux passions demeure suspenduë.
N'en deliberons plus, mon bras en resoudra,
Je vous perds, mes enfans, mais Iason vous perdra,
Il ne vous verra plus. Creon sort tout en rage,
Allons à son trépas joindre ce triste ouvrage.

SCENE III.

CREON, Domestiques.

CRE. Loin de me foulager, vous croiffez mes tourmens,
Le poifon à mon corps unit mes vétemens,
Et ma peau qu'avec eux voftre fecours m'arrache
Poux fuivre voftre main de mes os fe détache.
Voyez comme mon fang en coule à gros ruiffeaux,
Ne me déchirez plus, officieux bourreaux,
Voftre pitié pour moy s'eft affez hazardée,
Fuyez, ou ma fureur vous prendra pour Medée;
C'eft avancer ma mort que de me fecourir,
Ie ne veux que moy-mefme à m'aider à mourir.
Quoy, vous continuez, canailles infidelles!
Plus je vous le défens, plus vous m'étes rebelles!
Traiftres, vous fentirez encor ce que je puis,
Ie feray voftre Roy tout mourant que je fuis;
Si mes commandemens ont trop peu d'efficace,
Ma rage pour le moins me fera faire place,
Il faut ainfi payer voftre cruel fecours.

Il fe défait d'eux & les chaffe à coups d'épée.

SCENE IV.

CREON, CREVSE, CLEONE.

CREV. OV fuyez-vous de moy, cher autheur de mes jours?
Fuyez vous l'innocente, & malheureufe fource
D'où prennent tant de maux leur effroyable courfe?
Ce feu qui me confume, & dehors, & dedans,
Vous vange-t'il trop peu de mes vœux imprudens?
Ie ne puis excufer mon indifcrette envie
Qui donne le trépas à qui je doy la vie,
Mais foyez fatisfait des rigueurs de mon fort,
Et ceffez d'ajoufter voftre haine à ma mort.
L'ardeur qui me devore & que j'ay meritée,
Surpaffe en cruauté l'Aigle de Promethée,
Et je croy qu'Ixion au choix des châtimens
Prefereroit fa rouë à mes embrafemens.

CREO. Si ton jeune desir eut beaucoup d'imprudence,
Ma fille, j'y devois opposer ma défence,
Ie n'impute qu'à moy l'excés de mes malheurs,
Et j'ay part en ta faute ainsi qu'en tes douleurs.
Si j'ay quelque regret, ce n'est pas à ma vie
Que le declin des ans m'auroit bien-tost ravie,
La jeunesse des tiens si beaux, si florissans,
Me porte au fond du cœur des coups bien plus pressans.
 Ma fille, c'est donc là ce Royal Hymenée
Dont nous pensions toucher la pompeuse journée!
La Parque impitoyable en éteint le flambeau,
Et pour lit nuptial il te faut un tombeau!
Ah rage, desespoir, Destins, feux, poisons, charmes,
Tournez tous contre moy vos plus cruelles armes;
S'il faut vous assouvir par la mort de deux Rois
Faites en ma faveur que je meure deux fois,
Pourveu que mes deux morts emportent cette grace
De laisser ma Couronne à mon unique race,
Et cet espoir si doux qui m'a toûjours flaté
De revivre à jamais en sa posterité.
CREV. Cleone, soûtenez, je chancelle, je tombe,
Mon reste de vigueur sous mes douleurs succombe,
Ie sens que je n'ay plus à souffrir qu'un moment.
Ne me refusez pas ce triste allegement,
Seigneur, & si pour moy quelque amour vous demeure,
Entre vos bras mourans permettez que je meure.
Mes pleurs arroseront vos mortels déplaisirs,
Ie mesleray leurs eaux à vos bruslans soûpirs.
 Ah je brusle, je meurs, je ne suis plus que flame,
De grace hastez-vous de recevoir mon ame.
Quoy, vous vous éloignez ! CREO. Ouy, je ne verray pas
Comme un lasche témoin ton indigne trépas,
Il faut, ma fille, il faut que ma main me delivre
De l'infame regret de t'avoir pû survivre.
Invisible ennemy, sors avecque mon sang.

[a] *Il se tuë d'un poignard.*

[a] CREV. Courez à luy, Cleone, il se perce le flanc.
CREO. Retourne, c'en est fait. Ma fille, adieu, j'expire,
Et ce dernier soûpir met fin à mon martyre,
Ie laisse à ton Iason le soin de nous vanger.
CREV. Vain & triste confort, soulagement leger.
 Mon pere.... CLE. Il ne vit plus, sa grande ame est partie.
CREV. Donnez donc à la mienne une mesme sortie,

Apportez-

TRAGEDIE.

Apportez-moy ce fer qui de ses maux vainqueur
Est déja si sçavant à traverser le cœur.
Ah! je sens fers, & feux, & poison tout ensemble,
Ce que souffroit mon pere à mes peines s'assemble.
Helas, que de douceur auroit un prompt trépas!
Dépeschez-vous, Cleone, aidez mon foible bras.
CLE. Ne desesperez point, les Dieux plus pitoyables
A nos justes clameurs se rendront exorables,
Et vous conserveront, en dépit du poison,
Et pour Reine à Corinthe, & pour femme à Iason.
Il arrive, & surpris il change de visage,
Ie lis dans sa palleur une secrette rage,
Et son étonnement va passer en fureur.

SCENE V.

IASON, CREVSE, CLEONE, THEVDAS.

JAS. Qve voy-je icy, grands Dieux! quel spectacle d'horreur!
Où que puissent mes yeux porter ma veuë errante,
Ie vois, ou Creon mort, ou Creüse mourante.
Ne t'en va pas, belle ame, attens encor un peu,
Et le sang de Medée éteindra tout ce feu,
Pren le triste plaisir de voir punir son crime,
De te voir immoler cette infame victime,
Et que ce scorpion sur la playe écrasé
Fournisse le remede au mal qu'il a causé.
CREV. Il n'en faut point chercher au poison qui me tuë,
Laisse-moy le bonheur d'expirer à ta veuë,
Souffre que j'en joüisse en ce dernier moment;
Mon trépas fera place à ton ressentiment,
Le mien cede à l'ardeur dont je suis possedée,
I'aime mieux voir Iason, que la mort de Medée.
Approche, cher amant, & retien ces transports,
Mais garde de toucher ce miserable corps:
Ce brasier que le charme, ou répand, ou modere,
A negligé Cleone, & devoré mon pere,
Au gré de ma rivale il est contagieux,
Iason, ce m'est assez de mourir à tes yeux,

Tome I. Aaa

Empefche les plaifirs qu'elle attend de ta peine,
N'attire point ces feux efclaves de fa haine,
  Ah, quel afpre tourment! quels douloureux abois!
Et que je fens de morts fans mourir une fois!
JAS. Quoy! vous m'eftimez donc fi lafche que de vivre,
Et de fi beaux chemins font ouverts pour vous fuivre?
Ma Reine, fi l'Hymen n'a pû joindre nos corps,
Nous joindrons nos efprits, nous joindrons nos deux morts,
Et l'on verra Charon paffer chez Radamante
Dans une mefme barque, & l'amant, & l'amante.
Helas! vous recevez par ce prefent charmé
Le déplorable prix de m'avoir trop aimé;
Et puifque cette robe a caufé voftre perte,
Ie dois eftre puny de vous l'avoir offerte.
Quoy! ce poifon m'épargne, & ces feux impuiffans
Refufent de finir les douleurs que je fens!
Il faut donc que je vive, & vous m'étes ravie!
Iuftes Dieux, quel forfait me condamne à la vie?
Eft-il quelque tourment plus grand pour mon amour
Que de la voir mourir, & de fouffrir le jour?
Non non, fi par ces feux mon attente eft trompée,
I'ay dequoy m'affranchir au bout de mon épée,
Et l'exemple du Roy de fa main transpercé,
Qui nage dans les flots du fang qu'il a verfé,
Inftruit fuffifamment un genereux courage
Des moyens de braver le Deftin qui l'outrage.
CREV. Si Creüfe eut jamais fur toy quelque pouvoir,
Ne t'abandonne point aux coups du defefpoir.
Vy pour fauver ton nom de cette ignominie,
Que Creüfe foit morte, & Medée impunie:
Vy pour garder le mien en ton cœur affligé,
Et du moins ne meurs point que tu ne fois vangé.
  Adieu, donne la main, que malgré ta jaloufe
I'emporte chez Pluton le nom de ton époufe.
Ah douleurs! c'en eft fait, je meurs à cette fois,
Et perds en ce moment la vie avec la voix,
Si tu m'aimes.... JAS. Ce mot luy coupe la parole,
Et je ne fuivray pas fon ame qui s'envole!
Mon efprit retenu par fes commandemens
Referve encor ma vie à de pires tourmens!
Pardonne, chere époufe, à mon obeïffance,
Mon déplaifir mortel défere à ta puiffance,

TRAGEDIE. 371

Et de mes jours maudits tout prest de triompher,
De peur de te déplaire, il n'ose m'étouffer.
　Ne perdons point de temps, courons chez la forciere
Delivrer par sa mort mon ame prisonniere.
Vous autres cependant enlevez ces deux corps,
Contre tous ses Démons mes bras sont assez forts,
Et la part que vostre aide auroit en ma vangeance
Ne m'en permettroit pas une entiere allegeance.
Préparez seulement des gesnes, des bourreaux,
Devenez inventifs en supplices nouveaux,
Qui la fassent mourir tant de fois sur leur tombe,
Que son coupable sang leur vaille une Hecatombe:
Et si cette victime en mourant mille fois
N'appaise point encor les Manes de deux Rois,
Ie seray la seconde, & mon esprit fidelle
Ira gesner là bas son ame criminelle,
Ira faire assembler pour sa punition
Les peines de Titye à celles d'Ixion.
　^a Mais leur puis-je imputer ma mort en sacrifice?
Elle m'est un plaisir, & non-pas un supplice,
Mourir, c'est seulement auprès d'eux me ranger,
C'est rejoindre Creüse, & non-pas la vanger.
Instrumens des fureurs d'une mere insensée,
Indignes rejettons de mon amour passée,
Quel malheureux destin vous avoit reservez
A porter le trépas à qui vous a sauvez?
C'est vous, petits ingrats, que malgré la Nature
Il me faut immoler dessus leur sepulture;
Que la sorciere en vous commence de souffrir,
Que son premier tourment soit de vous voir mourir.
Toutefois, qu'ont-ils fait, qu'obeïr à leur mere?

^a *Cleone & le reste emportent les corps de Creon & de Creüse, & Iason continuë seul.*

SCENE VI.

MEDEE, IASON.

a Elle est en haut sur un balcon.

MED.[a] Lasche, ton desespoir encor en delibere?
Leve les yeux, perfide, & reconnoy ce bras
Qui t'a déja vangé de ces petits ingrats,
Ce poignard que tu vois vient de chasser leurs ames,
Et noyer dans leur sang les restes de nos flames.
Heureux pere, & mary, ma fuite & leur tombeau
Laissent la place vuide à ton Hymen nouveau.
Réjoüy-t'en, Iason, va posseder Creüse,
Tu n'auras plus icy personne qui t'accuse,
Ces gages de nos feux ne feront plus pour moy
De reproches secrets à ton manque de foy.

IAS. Horreur de la Nature, execrable Tygresse.

MED. Va, bien-heureux amant, cajoler ta Maîtresse,
A cet objet si cher tu dois tous tes discours,
Parler encor à moy c'est trahir tes amours.
Va luy, va luy conter tes rares avantures,
Et contre mes effets ne combats point d'injures.

IAS. Quoy? tu m'oses braver, & ta brutalité
Pense encor échaper à mon bras irrité?
Tu redoubles ta peine avec cette insolence.

MED. Et que peut contre moy ta debile vaillance?
Mon Art faisoit ta force, & tes exploits guerriers
Tiennent de mon secours ce qu'ils ont de lauriers.

IAS. Ah, c'est trop en souffrir, il faut qu'un prompt supplice
De tant de cruautez à la fin te punisse.
Sus, sus, brisons la porte, enfonçons la maison,
Que des bourreaux soudain m'en fassent la raison,
Ta teste répondra de tant de barbaries.

b Elle est en l'air dans un Char tiré par deux Dragons.

MED.[b] Que sert de t'emporter à ces vaines furies?
Epargne, cher époux, des efforts que tu perds,
Voy les chemins de l'Air qui me sont tous ouverts,
C'est par là que je fuis, & que je t'abandonne
Pour courir à l'exil que ton change m'ordonne.
Suy-moy, Iason, & trouve en ces lieux desolez
Des postillons pareils à mes Dragons aislez.
Enfin je n'ay pas mal employé la journée
Que la bonté du Roy de grace m'a donnée,

TRAGEDIE.

Mes defirs font contens, Mon pere, & mon païs,
Ie ne me repens plus de vous avoir trahis,
Avec cette douceur j'en accepte le blâme.
Adieu, parjure, apprens à connoiftre ta femme,
Souvien-toy de fa fuite, & fonge une autre fois
Lequel eft plus à craindre, ou d'elle, ou de deux Rois.

SCENE VII.

IASON.

O Dieux! ce char volant difparu dans la nuë
La defrobe à fa peine aufli-bien qu'à ma veuë,
Et fon impunité triomphe arrogamment
Des projets avortez de mon reffentiment.
Creüfe, enfans, Medée, Amour, haine, vangeance,
Où doy-je deformais chercher quelque allegeance,
Où fuivre l'inhumaine, & deffous quels climats
Porter les châtimens de tant d'affaffinats?
Va, furie execrable, en quelque coin de terre
Que t'emporte ton char, j'y porteray la guerre,
I'apprendray ton fejour de tes fanglans effets,
Et te fuivray par tout au bruit de tes forfaits.
Mais que me fervira cette vaine pourfuite,
Si l'Air eft un chemin toûjours libre à ta fuite,
Si toûjours tes Dragons font prefts à t'enlever,
Si toûjours tes forfaits ont dequoy me braver?
Malheureux, ne perds point contre une telle audace
De ta jufte fureur l'impuiffante menace,
Ne cours point à ta honte, & fuy l'occafion
D'accroiftre fa victoire & ta confufion.
Miferable, perfide, ainfi donc ta foibleffe
Epargne la forciere, & trahit ta Princeffe!
Eft-ce-là le pouvoir qu'ont fur toy fes defirs,
Et ton obeïffance à fes derniers foûpirs?
Vange-toy, pauvre amant, Creüfe le commande,
Ne luy refufe point un fang qu'elle demande,
Ecoute les accens de fa mourante voix,
Et vole fans rien craindre à ce que tu luy dois.
A qui fçait bien aimer, il n'eft rien d'impoffible,
Euffes-tu pour retraite un roc inacceffible,

Aaa iij

Tygresse, tu mourras, & malgré ton sçavoir
Mon amour te verra soûmise à son pouvoir,
Mes yeux se repaistront des horreurs de ta peine,
Ainsi le veut Creüse, ainsi le veut ma haine.
Mais quoy ! je vous écoute, impuissantes chaleurs !
Allez, n'ajoustez plus de comble à mes malheurs,
Entreprendre une mort que le Ciel s'est gardée,
C'est préparer encor un triomphe à Medée.
Tourne avec plus d'effet sur toy-mesme ton bras,
Et puny-toy, Iason, de ne la punir pas.

 Vains transports, où sans fruit mon desespoir s'amuse,
Cessez de m'empescher de rejoindre Creüse.
Ma Reine, ta belle ame en partant de ces lieux
M'a laissé la vangeance, & je la laisse aux Dieux.
Eux seuls, dont le pouvoir égale la justice,
Peuvent de la sorciere achever le supplice,
Trouve-le bon, chere Ombre, & pardonne à mes feux
Il se tuë. Si je vay te revoir plûtost que tu ne veux.

FIN.

L'ILLVSION,
COMEDIE

ACTEVRS.

ALCANDRE, Magicien.
PRIDAMANT, Pere de Clindor.
DORANTE, Amy de Pridamant.
MATAMORE, Capitan Gascon, amoureux d'Isabelle.
CLINDOR, Suivant du Capitan, & amant d'Isabelle.
ADRASTE, Gentilhomme amoureux d'Isabelle.
GERONTE, Pere d'Isabelle.
ISABELLE, Fille de Geronte.
LYSE, Servante d'Isabelle.
GEOLIER de Bordeaux.
PAGE du Capitan.
CLINDOR, representāt Theagene Seigneur Anglois.
ISABELLE, representant Hyppolite femme de Theagene.
LYSE, representant Clarine, suivante d'Hyppolite.
ERASTE, Escuyer de Florilame.
TROVPE de Domestiques d'Adraste.
TROVPE de Domestiques de Florilame.

La Scene est en Touraine, en une campagne proche de la grotte du Magicien.

L'ILLVSION.

L'ILLVSION,
COMEDIE

ACTE I.

SCENE PREMIERE.

PRIDAMANT, DORANTE.

DOR. E Mage qui d'un mot renverse la Nature
N'a choisy pour Palais que cette grotte obscure.
La nuit qu'il entretient sur cet affreux sejour,
N'ouvrant son voile épais qu'aux rayons d'un faux jour,
De leur éclat douteux n'admet en ces lieux sombres
Que ce qu'en peut souffrir le commerce des Ombres.
N'avancez pas, son Art au pied de ce rocher
A mis dequoy punir qui s'en ose approcher,
Et cette large bouche est un mur invisible,
Où l'Air en sa faveur devient inaccessible,
Et luy fait un rempart, dont les funestes bords
Sur un peu de poussiere étalent mille morts.
Ialoux de son repos, plus que de sa défense,
Il perd qui l'importune, ainsi que qui l'offense;

Malgré l'empreſſement d'un curieux deſir,
Il faut pour luy parler attendre ſon loiſir,
Chaque jour il ſe montre, & nous touchons à l'heure
Que pour ſe divertir il fort de ſa demeure.
PRI. I'en attens peu de choſe, & bruſle de le voir,
I'ay de l'impatience, & je manque d'eſpoir.
Ce fils, ce cher objet de mes inquietudes,
Qu'ont éloigné de moy des traitemens trop rudes,
Et que depuis dix ans je cherche en tant de lieux,
A caché pour jamais ſa preſence à mes yeux.
 Sous ombre qu'il prenoit un peu trop de licence,
Contre ſes libertez je roidis ma puiſſance,
Ie croyois le dompter à force de punir,
Et ma ſeverité ne fit que le bannir.
Mon ame vit l'erreur dont elle étoit ſeduite,
Ie l'outrageois preſent, & je pleuray ſa fuite,
Et l'amour paternel me fit bien-toſt ſentir
D'une injuſte rigueur un juſte repentir.
Il l'a fallu chercher, j'ay veu dans mon voyage
Le Pó, le Rin, la Meuſe, & la Seine, & le Tage,
Toûjours le meſme ſoin travaille mes eſprits,
Et ces longues erreurs ne m'en ont rien appris.
Enfin au deſeſpoir de perdre tant de peine,
Et n'attendant plus rien de la prudence humaine,
Pour trouver quelque borne à tant de maux ſoufferts,
I'ay déja ſur ce point conſulté les Enfers,
I'ay veu les plus fameux en la haute ſcience
Dont vous dites qu'Alcandre a tant d'experience,
On m'en faiſoit l'état que vous faites de luy,
Et pas-un d'eux n'a pû ſoulager mon ennuy.
L'Enfer devient muet quand il me faut répondre,
Ou ne me répond rien qu'afin de me confondre.
DOR. Ne traitez pas Alcandre en homme du commun,
Ce qu'il ſçait en ſon Art n'eſt connu de pas-un.
 Ie ne vous diray point qu'il commande au tonnerre,
Qu'il fait enfler les Mers, qu'il fait trembler la Terre,
Que de l'Air qu'il mutine en mille tourbillons
Contre ſes ennemis il fait des bataillons,
Que de ſes mots ſçavans les forces inconnuës
Tranſportent les rochers, font deſcendre les nuës,
Et briller dans la nuit l'éclat de deux Soleils;
Vous n'avez pas beſoin de miracles pareils.

COMEDIE.

Il suffira pour vous qu'il lit dans les pensées,
Qu'il connoit l'avenir, & les choses passées:
Rien n'est secret pour luy dans tout cet Vnivers,
Et pour luy nos Destins sont des livres ouverts.
Moy-mesme ainsi que vous, je ne pouvois le croire,
Mais si-tost qu'il me vit, il me dit mon histoire,
Et je fus étonné d'entendre le discours
Des traits les plus cachez de toutes mes amours.
PRI. Vous m'en dites beaucoup. DOR. J'en ay veu davantage.
PRI. Vous essayez en vain de me donner courage,
Mes soins, & mes travaux verront sans aucun fruit
Clorre mes tristes jours d'une éternelle nuit.
DOR. Depuis que j'ay quitté le sejour de Bretagne
Pour venir faire icy le Noble de campagne,
Et que deux ans d'amour par une heureuse fin
M'ont acquis Sylverie & ce Chasteau voisin,
De pas un, que je sçache, il n'a deceu l'attente.
Quiconque le consulte en sort l'ame contente,
Croyez-moy, son secours n'est pas à negliger;
D'ailleurs il est ravy quand il peut m'obliger,
Et j'ose me vanter qu'un peu de mes prieres
Vous obtiendra de luy des faveurs singulieres.
PRI. Le Sort m'est trop cruel pour devenir si doux.
DOR. Esperez mieux, il sort, & s'avance vers nous.
Regardez-le marcher. Ce visage si grave
Dont le rare sçavoir tient la Nature esclave,
N'a sauvé toutefois des ravages du temps
Qu'un peu d'os & de nerfs qu'ont décharné cent ans.
Son corps malgré son âge a les forces robustes,
Le mouvement facile, & les démarches justes,
Des ressorts inconnus agitent le vieillard,
Et font de tous ses pas des miracles de l'Art.

SCENE II.

ALCANDRE, PRIDAMANT, DORANTE.

DOR. GRand Démon du sçavoir, de qui les doctes veilles
Produisent chaque jour de nouvelles merveilles,
A qui rien n'est secret dans nos intentions,
Et qui vois, sans nous voir, toutes nos actions;
Si de ton Art divin le pouvoir admirable
Iamais en ma faveur se rendit secourable,
De ce pere affligé soulage les douleurs:
Vne vieille amitié prend part en ses malheurs,
Rennes, ainsi qu'à moy, luy donna la naissance,
Et presque entre ses bras j'ay passé mon enfance:
Là son fils pareil d'âge & de condition
S'unissant avec moy d'étroite affection...
ALC. Dorante, c'est assez, je sçay ce qui l'améne,
Ce fils est aujourd'huy le sujet de sa peine.
Vieillard, n'est-il pas vray que son éloignement
Par un juste remords te gesne incessamment?
Qu'une obstination à te montrer severe
L'a banny de ta veuë, & cause ta misere?
Qu'en vain au repentir de ta severité
Tu cherches en tous lieux ce fils si maltraité?
PRI. Oracle de nos jours, qui connois toutes choses,
En vain de ma douleur je cacherois les causes,
Tu sçais trop quelle fut mon injuste rigueur,
Et vois trop clairement les secrets de mon cœur,
Il est vray, j'ay failly, mais pour mes injustices
Tant de travaux en vain sont d'assez grands supplices,
Donne enfin quelque borne à mes regrets cuisans,
Rens-moy l'unique appuy de mes debiles ans;
Ie le tiendray rendu si j'en sçay des nouvelles,
L'amour pour le trouver me fournira des aisles,
Où fait-il sa retraite? en quels lieux doy-je aller?
Fust-il au bout du Monde, on m'y verra voler.
ALC. Commencez d'esperer, vous sçaurez par mes charmes
Ce que le Ciel vangeur refusoit à vos larmes,

COMEDIE.

Vous reverrez ce fils plein de vie & d'honneur,
De son bannissement il tire son bonheur.
C'est peu de vous le dire, en faveur de Dorante
Ie veux vous faire voir sa fortune éclatante.
Les Novices de l'Art avec tous leurs encens,
Et leurs mots inconnus qu'ils feignent tous-puissans,
Leurs herbes, leurs parfums, & leurs ceremonies,
Apportent au métier des longueurs infinies,
Qui ne sont, aprés tout, qu'un mystere pipeur
Pour se faire valoir & pour vous faire peur.
Ma baguette à la main j'en feray davantage,
^a Iugez de vostre fils par un tel équipage.
    Et bien ? celuy d'un Prince a-t'il plus de splendeur?
Et pouvez-vous encor douter de sa grandeur?
PRI. D'un amour paternel vous flatez les tendresses,
Mon fils n'est point de rang à porter ces richesses,
Et sa condition ne sçauroit consentir
Que d'une telle pompe il s'ose revétir.
ALC. Sous un meilleur destin sa fortune rangée,
Et sa condition avec le temps changée,
Personne maintenant n'a dequoy murmurer
Qu'en public de la sorte il aime à se parer.
PRI. A cet espoir si doux j'abandonne mon ame.
Mais parmy ses habits je voy ceux d'une femme,
Seroit-il marié? ALC. Ie vay de ses amours
Et de tous ses hazards vous faire le discours.
    Toutefois si vostre ame étoit assez hardie,
Sous une illusion vous pourriez voir sa vie,
Et tous ses accidens devant vous exprimez
Par des spectres pareils à des corps animez;
Il ne leur manquera ny geste, ny parole.
PRI. Ne me soupçonnez point d'une crainte frivole,
Le portrait de celuy que je cherche en tous lieux
Pourroit-il par sa veuë épouvanter mes yeux?
ALC. Mon Cavalier, de grace il faut faire retraite,
Et souffrir qu'entre nous l'histoire en soit secrette.
PRI. Pour un si bon amy je n'ay point de secrets.
DOR. Il nous faut sans replique accepter ses Arrests,
Ie vous attens chez moy. ALC. Ce soir, si bon luy semble,
Il vous apprendra tout quand vous serez ensemble.

^a Il donne un coup de baguette, & on tire un rideau derriere lequel sont en parade les plus beaux habits des Comediens.

Bbb iij

SCENE III.

ALCANDRE, PRIDAMANT.

ALC. VOstre fils tout d'un coup ne fut pas grand Seigneur,
　　Toutes ses actions ne vous font pas honneur,
Et je serois marry d'exposer sa misere
En spectacle à des yeux autres que ceux d'un pere.
　Il vous prit quelque argent, mais ce petit butin
A peine luy dura du soir jusqu'au matin,
Et pour gagner Paris, il vendit par la Plaine
Des brevets à chasser la fiévre & la migraine,
Dit la bonne-avanture, & s'y rendit ainsi.
Là, comme on vit d'esprit, il en vécut aussi.
Dedans saint Innocent il se fit Secretaire,
Après montant d'état, il fut Clerc d'un Notaire :
Ennuyé de la plume, il le quitta soudain,
Et fit danser un Singe au faux bourg saint Germain :
Il se mit sur la rime, & l'essay de sa veine
Enrichit les chanteurs de la Samaritaine :
Son stile prit après de plus beaux ornemens,
Il se hazarda mesme à faire des Romans,
Des chansons pour Gautier, des pointes pour Guillaume;
Depuis il trafiqua de chapelets de baume,
Vendit du Mithridate en maistre Operateur,
Revint dans le Palais, & fut Solliciteur :
Enfin jamais Buscon, Lazarille de Tormes,
Sayauédre & Gusman ne prirent tant de formes.
C'étoit là pour Dorante un honneste entretien!
PRI. Que je vous suis tenu, de ce qu'il n'en sçait rien!
ALC. Sans vous faire rien voir, je vous en fais un conte
　Dont le peu de longueur épargne vostre honte.
　Las de tant de métiers sans honneur, & sans fruit,
Quelque meilleur destin à Bordeaux l'a conduit,
Et là, comme il pensoit au choix d'un exercice,
Vn brave du païs l'a pris à son service.
Ce guerrier amoureux en a fait son Agent,
Cette commission l'a remeublé d'argent;
Il sçait avec adresse en portant les paroles
De la vaillante dupe attraper les pistoles,

Mesme de son Agent il s'est fait son rival,
Et la beauté qu'il sert ne luy veut point de mal.
Lors que de ses amours vous aurez veu l'histoire,
Ie vous le veux montrer plein d'éclat & de gloire,
Et la mesme action qu'il pratique aujourd'huy.
PRI. Que déja cet espoir soulage mon ennuy!
ALC. Il a caché son nom en batant la campagne,
Et s'est fait de Clindor le sieur de la Montagne,
C'est ainsi que tantost vous l'entendrez nommer:
Voyez tout sans rien dire, & sans vous alarmer.
　Ie tarde un peu beaucoup pour vostre impatience,
N'en concevez pourtant aucune défiance;
C'est qu'un charme ordinaire a trop peu de pouvoir
Sur les spectres parlans qu'il faut vous faire voir.
Entrons dedans ma grotte, afin que j'y prépare
Quelque charmes nouveaux pour un effet si rare.

ACTE II.

SCENE PREMIERE.

ALCANDRE, PRIDAMANT.

ALC. Qu'Voy qui s'offre à vos yeux, n'en ayez point d'effroy,
De ma grotte sur tout ne sortez qu'après moy,
Sinon, vous étes mort. Voyez déja paroistre
Sous deux fantômes vains voftre fils, & son maiftre.
PRI. O Dieux ! je sens mon ame après luy s'envoler.
ALC. Faites-luy du silence, & l'écoutez parler.

SCENE II.

MATAMORE, CLINDOR.

CLI. Quoy, Monsieur, vous resvez ! & cette ame hautaine,
Après tant de beaux faits semble estre encor en peine !
N'étes-vous point lassé d'abatre des guerriers?
Et vous faut-il encor quelques nouveaux lauriers?
MAT. Il est vray que je resve, & ne sçaurois resoudre
Lequel je doy des deux le premier mettre en poudre,
Du grand Sophy de Perse, ou bien du grand Mogor.
CLI. Et de grace, Monsieur, laissez-les vivre encor.
Qu'ajousteroit leur perte à vostre Renommée?
Dailleurs, quand auriez-vous rassemblé vostre Armée?
MAT. Mon Armée ! ah poltron ! ah traistre ! pour leur mort
Tu crois donc que ce bras ne soit pas assez fort?
Le seul bruit de mon nom renverse les murailles,
Défait les escadrons, & gagne les batailles;
Mon courage invaincu contre les Empereurs
N'arme que la moitié de ses moindres fureurs;
D'un seul commandement que je fais aux trois Parques
Ie dépeuple l'Etat des plus heureux Monarques;

Le foudre

COMEDIE.

Le foudre est mon canon, les Destins mes soldats,
Ie couche d'un revers mille ennemis à bas,
D'un soufle je reduis leurs projets en fumée,
Et tu m'oses parler cependant d'une Armée!
Tu n'auras plus l'honneur de voir un second Mars,
Ie vay t'assassiner d'un seul de mes regards,
Veillaque. Toutefois, je songe à ma Maîtresse,
Ce penser madoucit. Va, ma colere cesse,
Et ce petit Archer qui dompte tous les Dieux
Vient de chasser la Mort qui logeoit dans mes yeux.
Regarde, j'ay quitté cette effroyable mine,
Qui massacre, détruit, brise, brusle, extermine,
Et pensant au bel œil qui tient ma liberté,
Ie ne suis plus qu'amour, que grace, que beauté.
CLI. O Dieux! en un moment que tout vous est possible!
Ie vous vois aussi beau que vous étiez terrible,
Et ne croy point d'objet si ferme en sa rigueur,
Qu'il puisse constamment vous refuser son cœur.
MAT. Ie te le dis encor, ne sois plus en alarme,
Quand je veux, j'épouvante, & quand je veux, je charme,
Et selon qu'il me plaist, je remplis tour à tour
Les hommes de terreur, & les femmes d'amour.
Du temps que ma beauté m'étoit inseparable,
Leurs persecutions me rendoient miserable;
Ie ne pouvois sortir sans les faire pasmer,
Mille mouroient par jour à force de m'aimer,
I'avois des rendez-vous de toutes les Princesses,
Les Reines à l'envy mandioient mes caresses,
Celle d'Ethoïpie, & celle du Iapon
Dans leurs soupirs d'amour ne mesloient que mon nom,
De passion pour moy deux Sultanes troublerent,
Deux autres pour me voir du Serrail s'échaperent,
I'en fus mal quelque temps avec le grand Seigneur.
CLI. Son mécontentement n'alloit qu'à vostre honneur.
MAT. Ces pratiques nuisoient à mes desseins de guerre,
Et pouvoient m'empescher de conquerir la Terre.
D'ailleurs j'en devins las, & pour les arréter,
I'envoyay le Destin dire à son Iupiter,
Qu'il trouvast un moyen, qui fist cesser les flames,
Et l'importunité dont m'accabloient les Dames,
Qu'autrement, ma colere iroit dedans les Cieux
Le degrader soudain de l'Empire des Dieux,

Tome I.   Ccc

Et donneroit à Mars à gouverner son foudre:
La frayeur qu'il en eut le fit bien-tost resoudre,
Ce que je demandois fut prest en un moment,
Et depuis, je suis beau quand je veux seulement.
CLI. Que j'aurois sans cela de poulets à vous rendre!
MAT. De quelle que ce soit garde-toy bien d'en prendre,
Sinon de.... Tu m'entens, que dit-elle de moy?
CLI. Que vous étes des cœurs & le charme, & l'effroy,
Et que si quelque effet peut suivre vos promesses,
Son sort est plus heureux que celuy des Déesses.
MAT. Ecoute, en ce temps-là dont tantost je parlois,
Les Déesses aussi se rangeoient sous mes loix,
Et je te veux conter une étrange avanture
Qui jetta du desordre en toute la Nature,
Mais desordre aussi grand qu'on en voye arriver.
   Le Soleil fut un jour sans se pouvoir lever,
Et ce visible Dieu que tant de monde adore,
Pour marcher devant luy ne trouvoit point d'Aurore.
On la cherchoit par tout, au lit du vieux Thiton,
Dans les bois de Cephale, au Palais de Memnon,
Et faute de trouver cette belle fourriere,
Le jour jusqu'à midy se passa sans lumiere.
CLI. Où pouvoit estre alors la Reine des clartez?
MAT. Au milieu de ma chambre à m'offrir ses beautez.
Elle y perdit son temps, elle y perdit ses larmes,
Mon cœur fut insensible à ses plus puissans charmes,
Et tout ce qu'elle obtint par son frivole amour
Fut un ordre précis d'aller rendre le jour.
CLI. Cet étrange accident me revient en memoire,
J'étois lors en Mexique, où j'en appris l'histoire,
Et j'entendis conter que la Perse en couroux
De l'affront de son Dieu murmuroit contre vous.
MAT. J'en ouïs quelque chose, & je l'eusse punie,
Mais j'étois engagé dans la Transsilvanie,
Où ses Ambassadeurs qui vindrent l'excuser
A force de presens me sceurent appaiser.
CLI. Que la clemence est belle en un si grand courage!
MAT. Contemple, mon amy, contemple ce visage:
Tu vois un abregé de toutes les vertus.
D'un monde d'ennemis sous mes pieds abatus,
Dont la race est perie, & la terre deserte,
Pas-un qu'à son orgueil n'a jamais deu sa perte:

COMEDIE.

Tous ceux qui font hommage à mes perfections
Confervent leurs Etats par leurs fubmiſſions.
 En Europe, où les Rois font d'une humeur civile,
Ie ne leur raze point de chafteau, ny de ville,
Ie les fouffre regner : mais chez les Africains,
Par tout où j'ay trouvé des Rois un peu trop vains,
I'ay détruit les païs pour punir leurs Monarques;
Et leurs vaftes Deferts en font de bonnes marques,
Ces grands fables, qu'à peine on paffe fans horreur,
Sont d'affez beaux effets de ma jufte fureur.
CLI. Revenons à l'amour, voicy voftre Maîtreſſe.
MAT. Ce diable de rival l'accompagne fans ceſſe.
CLI. Où vous retirez-vous? MAT. Ce fat n'eſt pas vaillant,
Mais il a quelque humeur qui le rend infolent.
Peut-eftre qu'orgueilleux d'eſtre avec cette belle
Il feroit affez vain pour me faire querelle.
CLI. Ce feroit bien courir luy-mefme à fon malheur.
MAT. Lors que j'ay ma beauté, je n'ay point ma valeur.
CLI. Ceffez d'eſtre charmant, & faites-vous terrible.
MAT. Mais tu n'en prévois pas l'accident infaillible.
 Ie ne fçaurois me faire effroyable à demy,
 Ie tûrois ma Maîtreſſe avec mon ennemy.
 Attendons en ce coin l'heure qui les fepare.
CLI. Comme voftre valeur voftre prudence eſt rare.

SCENE III.

ADRASTE, ISABELLE.

ADR. HElas! s'il eſt ainfi, quel malheur eſt le mien!
  Ie foûpire, j'endure, & je n'avance rien,
Et malgré les tranſports de mon amour extrefme,
Vous ne voulez pas croire encor que je vous aime.
ISA. Ie ne fçay pas, Monſieur, dequoy vous me blafmez,
Ie me connois aimable & croy que vous m'aimez,
Dans vos foûpirs ardens j'en voy trop d'apparence,
Et quand bien de leur part j'aurois moins d'affeurance,
Pour peu qu'un honnefte homme ait vers moy de credit,
Ie luy fais la faveur de croire ce qu'il dit.
Rendez-moy la pareille, & puifqu'à voſtre flame
Ie ne déguife rien de ce que j'ay dans l'ame,

Faites-moy la faveur de croire sur ce point,
Que bien que vous m'aimiez, je ne vous aime point.
ADR. Cruelle, est-ce-là donc ce que vos injustices
Ont reservé de prix à de si longs services?
Et mon fidelle amour est-il si criminel,
Qu'il doive estre puny d'un mépris éternel?
ISA. Nous donnons bien souvent de divers noms aux choses,
Des épines pour moy, vous les nommez des roses;
Ce que vous appellez service, affection,
Ie l'appelle supplice, & persecution.
Chacun dans sa croyance également s'obstine,
Vous pensez m'obliger d'un feu qui m'assassine,
Et ce que vous jugez digne du plus haut prix
Ne merite à mon gré que haine, & que mépris.
ADR. N'avoir que du mépris pour des flames si saintes,
Dont j'ay receu du Ciel les premieres atteintes!
Ouy, le Ciel au moment qu'il me fit respirer
Ne me donna de cœur que pour vous adorer,
Mon ame vint au jour pleine de vostre idée,
Avant que de vous voir vous l'avez possedée,
Et quand je me rendis à des regards si doux,
Ie ne vous donnay rien qui ne fust tout à vous.
Rien que l'ordre du Ciel n'eust déja fait tout vostre.
ISA. Le Ciel m'eust fait plaisir d'en enrichir une autre.
Il vous fit pour m'aimer, & moy pour vous haïr,
Gardons-nous bien tous deux de luy desobeïr,
Vous avez après tout bonne part à sa haine,
Ou d'un crime secret il vous livre à la peine,
Car je ne pense pas qu'il soit tourment égal
Au supplice d'aimer qui vous traite si mal.
ADR. La grandeur de mes maux vous étant si connuë,
Me refuserez-vous la pitié qui m'est deuë?
ISA. Certes j'en ay beaucoup, & vous plains d'autant plus,
Que je voy ces tourmens tout-à-fait superflus,
Et n'avoir pour tout fruit d'une longue souffrance,
Que l'incommode honneur d'une triste constance.
ADR. Vn pere l'authorise, & mon feu maltraité
Enfin aura recours à son authorité.
ISA. Ce n'est pas le moyen de trouver vostre conte,
Et d'un si beau dessein vous n'aurez que la honte.
ADR. I'espere voir pourtant avant la fin du jour
Ce que peut son vouloir au defaut de l'amour.

ISA. Et moy j'espere voir avant que le jour passe
 Vn amant accablé de nouvelle disgrace.
ADR. Et quoy ! cette rigueur ne cessera jamais?
ISA. Allez trouver mon pere, & me laissez en paix.
ADR. Vostre ame au repentir de sa froideur passée
 Ne la veut point quitter sans estre un peu forcée,
 I'y vay tout de ce pas, mais avec des sermens
 Que c'est pour obeïr à vos commandemens.
ISA. Allez continuer une vaine poursuite.

SCENE IV.

MATAMORE, ISABELLE, CLINDOR.

MAT. ET bien? dés qu'il m'a veu, comme a-t'il pris la fuite?
 M'a-t'il bien sçeu quitter la place au mesme instant?
ISA. Ce n'est pas honte à luy, les Rois en font autant;
 Du moins si ce grand bruit qui court de vos merveilles
 N'a trompé mon esprit en frapant mes oreilles.
MAT. Vous le pouvez bien croire, & pour le témoigner,
 Choisissez en quels lieux il vous plaist de regner,
 Ce bras tout aussi-tost vous conqueste un Empire,
 I'en jure par luy-mesme, & cela, c'est tout dire.
ISA. Ne prodiguez pas tant ce bras toûjours vainqueur,
 Ie ne veux point regner que dessus vostre cœur;
 Toute l'ambition que me donne ma flame
 C'est d'avoir pour Sujets les desirs de vostre ame.
MAT. Ils vous sont tous acquis, & pour vous faire voir
 Que vous avez sur eux un absolu pouvoir,
 Ie n'écouteray plus cette humeur de conqueste,
 Et laissant tous les Rois leurs couronnes en teste,
 I'en prendray seulement deux ou trois pour valets,
 Qui viendront à genoux vous rendre mes poulets.
ISA. L'éclat de tels Suivans attireroit l'Envie
 Sur le rare bonheur où je coule ma vie;
 Le commerce discret de nos affections
 N'a besoin que de luy pour ces commissions.
MAT. Vous avez, Dieu me sauve, un esprit à ma mode,
 Vous trouvez comme moy la grandeur incommode,

Ccc iij

Les Sceptres les plus beaux n'ont rien pour moy d'exquis,
Ie les rens aussi-tost que je les ay conquis,
Et me suis veu charmer quantité de Princesses,
Sans que jamais mon cœur les vouluſt pour Maîtresses.
ISA. Certes en ce point seul je manque un peu de foy.
Que vous ayez quitté des Princesses pour moy !
Que vous leur refuſiez un cœur dont je dispoſe !
MAT. Ie croy que la Montagne en ſçaura quelque choſe.
Viença. Lors qu'en la Chine, en ce fameux tournoy,
Ie donnay dans la veuë aux deux filles du Roy,
Que te dit-on en Cour de cette jalouſie
Dont pour moy toutes deux eurent l'ame ſaiſie ?
CLI. Par vos mépris enfin l'une & l'autre mourut,
I'étois lors en Egypte, où le bruit en courut,
Et ce fut en ce temps que la peur de vos armes
Fit nager le grand Caire en un fleuve de larmes.
Vous veniez d'aſſommer dix Geans en un jour,
Vous aviez deſolé les païs d'alentour,
Razé quinze chaſteaux, applany deux montagnes,
Fait paſſer par le feu villes, bourgs, & campagnes,
Et defait vers Damas cent mille combatans.
MAT. Que tu rémarques bien, & les lieux, & les temps !
Ie l'avois oublié. ISA. Des faits ſi plains de gloire
Vous peuvent-ils ainſi ſortir de la memoire ?
MAT. Trop pleine des lauriers remportez ſur les Rois,
Ie ne la charge point de ces menus exploits.

SCENE V.

MATAMORE, ISABELLE, CLINDOR, PAGE.

PA. Monſieur. MAT. Que veux-tu, Page ? PA. Vn Courrier
vous demande
MAT. D'où vient-il ? PAG. De la part de la Reine d'Iſlande.
MAT. Ciel, qui ſçais comme quoy j'en ſuis perſecuté,
Vn peu plus de repos avec moins de beauté,
Fay qu'un ſi long mépris enfin la deſabuſe.
CLI. Voyez ce que pour vous ce grand guerrier refuſe.
ISA. Ie n'en puis plus douter. CLI. Il vous le diſoit bien.
MAT. Elle m'a beau prier, non, je n'en feray rien.

COMEDIE.

Et quoy qu'un fol espoir ose encor luy promettre,
Ie luy vais envoyer sa mort dans une lettre.
 Trouvez-le bon, ma Reine, & souffrez cependant
Vne heure d'entretien de ce cher confident,
Qui comme de ma vie il sçait toute l'histoire,
Vous fera voir sur qui vous avez la victoire.
ISA. Tardez encore moins, & par ce prompt retour
Ie jugeray quelle est envers moy vostre amour.

SCENE VI.

CLINDOR, ISABELLE.

CLI. Ivgez plûtost par là l'humeur du personnage.
 Ce Page n'est chez luy que pour ce badinage,
Et venir d'heure en heure avertir sa Grandeur,
D'un Courrier, d'un Agent, ou d'un Ambassadeur.
ISA. Ce message me plaist bien plus qu'il ne luy semble,
Il me défait d'un fou, pour nous laisser ensemble.
CLI. Ce discours favorable enhardira mes feux
 A bien user d'un temps si propice à mes vœux.
ISA. Que m'allez-vous conter? CLI. Que j'adore Isabelle,
 Que je n'ay plus de cœur, ny d'ame que pour elle;
Que ma vie... ISA. Epargnez ces propos superflus,
Ie les sçay, je les croy, que voulez-vous de plus?
Ie neglige à vos yeux l'offre d'un diadesme,
Ie dédaigne un rival, en un mot, je vous aime.
C'est aux commencemens des foibles passions
A s'amuser encor aux protestations,
Il suffit de nous voir au point où sont les nostres,
Vn coup d'œil vaut pour vous tout le discours des autres.
CLI. Dieux! qui l'eust jamais creu, que mon sort rigoureux
 Se rendist si facile à mon cœur amoureux!
Banny de mon païs par la rigueur d'un pere,
Sans support, sans amis, accablé de misere,
Et reduit à flater le caprice arrogant
Et les vaines humeurs d'un maistre extravagant,
Ce pitoyable état de ma triste fortune
N'a rien qui vous déplaise, ou qui vous importune,
Et d'un rival puissant les biens & la grandeur
Obtiennent moins sur vous que ma sincere ardeur.

ISA. C'est comme il faut choisir, un amour veritable
S'attache seulement à ce qu'il voit aimable.
Qui regarde les biens, ou la condition,
N'a qu'un amour avare, ou plein d'ambition,
Et souille laschement par ce meslange infame
Les plus nobles desirs qu'enfante une belle ame.
Ie sçay bien que mon pere a d'autres sentimens,
Et mettra de l'obstacle à nos contentemens,
Mais l'amour sur mon cœur a pris trop de puissance
Pour écouter encor les loix de la naissance;
Mon pere peut beaucoup, mais bien moins que ma foy,
Il a choisy pour luy, je veux choisir pour moy.
CLI. Confus de voir donner à mon peu de merite...
ISA. Voicy mon importun, souffrez que je l'évite.

SCENE VII.

ADRASTE, CLINDOR.

ADR. Qve vous étes heureux, & quel malheur me suit!
Ma Maîtresse vous souffre, & l'ingrate me fuit;
Quelque goust qu'elle prenne en vostre compagnie,
Si-tost que j'ay paru, mon abord l'a bannie.
CLI. Sans avoir veu vos pas s'adresser en ce lieu,
Lasse de mes discours elle m'a dit Adieu.
ADR. Lasse de vos discours! vostre humeur est trop bonne,
Et vostre esprit trop beau pour ennuyer personne.
Mais que luy contiez-vous qui pûst l'importuner?
CLI. Des choses qu'aisément vous pouvez deviner,
Les amours de mon maistre, ou plûtost ses sottises,
Ses conquestes en l'air, ses hautes entreprises.
ADR. Voulez-vous m'obliger? vostre maistre, ny vous
N'étes pas gens tous deux à me rendre jaloux,
Mais si vous ne pouvez arréter ses saillies,
Divertissez ailleurs le cours de ses folies.
CLI. Que craignez-vous de luy, dont tous les complimens
Ne parlent que de morts, & de saccagemens,
Qu'il bat, terrasse, brise, étrangle, brusle, assomme?
ADR. Pour estre son valet je vous trouvé honneste homme;
Vous n'étes point de taille à servir sans dessein
Vn fanfaron plus fou que son discours n'est vain.

Quoy

COMEDIE.

Quoy qu'il en soit, depuis que je vous voy chez elle,
Toûjours de plus en plus je l'éprouve cruelle.
Ou vous servez quelqu'autre, ou vostre qualité
Laisse dans vos projets trop de temerité,
Ie vous tiens fort suspect de quelque haute adresse;
Que vostre maistre enfin fasse une autre Maîtresse,
Ou s'il ne peut quitter un entretien si doux,
Qu'il se serve du moins d'un autre que de vous.
Ce n'est pas qu'après tout les volontez d'un pere,
Qui sçait ce que je suis, ne terminent l'affaire,
Mais purgez-moy l'esprit de ce petit soucy,
Et si vous vous aimez, bannissez-vous d'icy,
Car si je vous voy plus regarder cette porte,
Ie sçay comme traiter les gens de vostre sorte.
CLI. Me prenez vous pour homme à nuire à vostre feu?
ADR. Sans replique, de grace, ou nous verrons beau jeu.
Allez, c'est assez dit. CLI. Pour un leger ombrage
C'est trop indignement traiter un bon courage.
Si le Ciel en naissant ne m'a fait grand Seigneur,
Il m'a fait le cœur ferme & sensible à l'honneur,
Et je pourrois bien rendre un jour ce qu'on me prête.
ADR. Quoy! vous me menacez! CLI. Non, non, je fais retraite.
D'un si cruël affront vous aurez peu de fruit,
Mais ce n'est pas icy qu'il faut faire du bruit.

SCENE VIII.

ADRASTE, LYSE.

ADR. CE belistre insolent me fait encor bravade.
LYS. A ce conte, Monsieur, vostre esprit est malade?
ADR. Malade! mon esprit! LYS. Ouy, puisqu'il est jaloux
Du malheureux Agent de ce Prince des foux.
ADR. Ie sçay ce que je suis & ce qu'est Isabelle,
Et crains peu qu'un valet me supplante auprès d'elle;
Ie ne puis toutefois souffrir sans quelque ennuy
Le plaisir qu'elle prend à causer avec luy.
LYS. C'est dénier ensemble & confesser la debte.
ADR. Nomme, si tu le veux, ma boutade indiscrette,
Et trouve mes soupçons bien ou mal à propos,
Ie l'ay chassé d'icy pour me mettre en repos.

Tome I. Ddd

En effet, qu'en est-il ? *LYS.* Si j'ose vous le dire,
Ce n'est plus que pour luy qu'Isabelle soûpire.
ADR. Lyse, que me dis-tu ? *LYS.* Qu'il possede son cœur,
Que jamais feux naissans n'eurent tant de vigueur,
Qu'ils meurent l'un pour l'autre, & n'ont qu'une pensée.
ADR. Trop ingrate beauté, déloyale, insensée,
Tu m'oses donc ainsi preferer un maraut ?
LYS. Ce rival orgueilleux le porte bien plus haut,
Et je vous en veux faire entiere confidence.
Il se dit Gentilhomme, & riche. *ADR.* Ah ! l'impudence !
LYS. D'un pere rigoureux fuyant l'authorité
Il a couru long-temps d'un & d'autre costé,
Enfin manque d'argent peut-estre, ou par caprice,
De nostre Fierabras il s'est mis au service,
Et sous ombre d'agir pour ses folles amours,
Il a sçeu pratiquer de si rusez détours,
Et charmer tellement cette pauvre abusée,
Que vous en avez veu vostre ardeur méprisée.
Mais parlez à son pere, & bien-tost son pouvoir
Remettra son esprit aux termes du devoir.
ADR. Ie viens tout maintenant d'en tirer asseurance
De recevoir les fruits de ma perseverance,
Et devant qu'il soit peu nous en verrons l'effet.
Mais écoute, il me faut obliger tout à fait.
LYS. Où je vous puis servir, j'ose tout entreprendre.
ADR. Peux-tu dans leurs amours me les faire surprendre ?
LYS. Il n'est rien plus aisé, peut-estre dés ce soir.
ADR. Adieu donc, souvien-toy de me les faire voir.
Cependant pren cecy seulement par avance.
LYS. Que le galand alors soit froté d'importance.
ADR. Croy-moy qu'il se verra, pour te mieux contenter,
Chargé d'autant de bois qu'il en pourra porter.

SCENE IX.

LYSE.

L'Arrogant croit déja tenir ville gaignée,
Mais il fera puny de m'avoir dédaignée.
Parce qu'il est aimable, il fait le petit Dieu,
Et ne veut s'adresser qu'aux filles de bon lieu,
Ie ne merite pas l'honneur de ses caresses:
Vraiment c'est pour son nez, il luy faut des maîtresses,
Ie ne suis que servante, & qu'est-il que valet?
Si son visage est beau, le mien n'est pas trop laid.
Il se dit riche & noble, & cela me fait rire,
Si loin de son païs qui n'en peut autant dire?
Qu'il le soit, nous verrons ce soir, si je le tiens,
Dancer sous le cotret sa noblesse & ses biens.

SCENE X.

ALCANDRE, PRIDAMANT.

ALC. Le cœur vous bat un peu. *PRI.* Ie crains cette menace.
ALC. Lyse aime trop Clindor pour causer sa disgrace.
PRI. Elle en est méprisée, & cherche à se vanger.
ALC. Ne craignez point, l'amour la fera bien changer.

ACTE III.

SCENE PREMIERE.

GERONTE, ISABELLE.

GER. APpaisez vos soûpirs & tarissez vos larmes,
Contre ma volonté ce sont de foibles armes,
Mon cœur, quoy que sensible à toutes vos douleurs,
Ecoute la raison, & neglige vos pleurs.
Ie sçay ce qu'il vous faut beaucoup mieux que vous mesme,
Vous dédaignez Adraste à cause que je l'aime,
Et parce qu'il me plaist d'en faire vostre époux,
Vostre orgueil n'y voit rien qui soit digne de vous.
Quoy, manque-t'il de bien, de cœur, ou de noblesse?
En est-ce le visage, ou l'esprit qui vous blesse?
Il vous fait trop d'honneur. *ISA.* Ie sçay qu'il est parfait,
Et reconnoy fort mal les honneurs qu'il me fait:
Mais si vostre bonté me permet en ma cause
Pour me justifier de dire quelque chose,
Par un secret instinct que je ne puis nommer,
I'en fais beaucoup d'état, & ne le puis aimer.
Souvent je ne sçay quoy que le Ciel nous inspire
Soûleve tout le cœur contre ce qu'on desire,
Et ne nous laisse pas en état d'obeïr,
Quand on choisit pour nous ce qu'il nous fait haïr.
Il attache icy-bas avec des sympathies
Les ames que son ordre a là-haut assorties,
On n'en sçauroit unir sans ses avis secrets,
Et cette chaisne manque où manquent ses decrets.
Aller contre les loix de cette Providence,
C'est le prendre à Partie, & blasmer sa prudence,
L'attaquer en rebelle, & s'exposer aux coups
Des plus aspres malheurs qui suivent son couroux.
GER. Insolente, est-ce ainsi que l'on se justifie?
Quel maistre vous apprend cette Philosophie?

Vous en sçavez beaucoup, mais tout voſtre ſçavoir
Ne m'empeſchera pas d'uſer de mon pouvoir.
Si le Ciel pour mon choix vous donne tant de haine,
Vous a-t'il miſe en feu pour ce grand Capitaine?
Ce guerrier valeureux vous tient-il dans ſes fers,
Et vous a-t'il domptée avec tout l'Vnivers?
Ce fanfaron doit-il relever ma famille?
ISA. Et de grace, Monſieur, traitez mieux voſtre fille.
GER. Quel ſujet donc vous porte à me deſobeïr?
ISA. Mon heur & mon repos que je ne puis trahir;
Ce que vous appelez un heureux Hymenée
N'eſt pour moy qu'un Enfer, ſi j'y ſuis condamnée.
GER. Ah, qu'il en eſt encor de mieux faites que vous,
Qui ſe voudroient bien voir dans un Enfer ſi doux!
Aprés tout, je le veux, cedez à ma puiſſance.
ISA. Faites un autre eſſay de mon obeïſſance.
GER. Ne me repliquez plus, quand j'ay dit, *je le veux,*
Rentrez, c'eſt deſormais trop conteſté nous deux.

SCENE II.

GERONTE.

QV'à preſent la jeuneſſe a d'étranges manies,
Les regles du devoir luy ſont des tyrannies,
Et les droits les plus ſaints deviennent impuiſſans
Contre cette fierté qui l'attache à ſon ſens.
Telle eſt l'humeur du ſexe, il aime à contredire,
Rejette obſtinément le joug de noſtre empire,
Ne ſuit que ſon caprice en ſes affections,
Et n'eſt jamais d'accord de nos élections.
N'eſpere pas pourtant, aveugle, & ſans cervelle,
Que ma prudence cede à ton eſprit rebelle.
Mais ce fou viendra-t'il toûjours m'embarraſſer?
Par force, ou par adreſſe il me le faut chaſſer.

SCENE III.

GERONTE, MATAMORE, CLINDOR.

a A Clin-
dor.

MAT.[a] NE doit-on pas avoir pitié de ma fortune?
  Le grand Visir encor de nouveau m'importune,
 Le Tartare d'ailleurs m'appelle à son secours,
 Narsingue & Calicut m'en pressent tous les jours;
 Si je ne les refuse, il me faut mettre en quatre.
CLI. Pour moy, je suis d'avis que vous les laissiez batre,
 Vous emploîriez trop mal vos invincibles coups,
 Si pour en servir un vous faisiez trois jaloux.
MAT. Tu dis bien, c'est assez de telles courtoisies,
 Ie ne veux qu'en Amour donner des jalousies.
 Ah, Monsieur, excusez si faute de vous voir,
 Bien que si près de vous, je manquois au devoir.
 Mais quelle émotion paroit sur ce visage?
 Où sont vos ennemis, que j'en fasse carnage?
GER. Monsieur, graces aux Dieux, je n'ay point d'ennemis.
MAT. Mais graces à ce bras qui vous les a soûmis.
GER. C'est une grace encor que j'avois ignorée.
MAT. Depuis que ma faveur pour vous s'est declarée,
 Ils sont tous morts de peur, ou n'ont osé bransler.
GER. C'est ailleurs maintenant qu'il vous faut signaler,
 Il fait beau voir ce bras plus craint que le tonnerre
 Demeurer si paisible en un temps plein de guerre,
 Et c'est pour acquerir un nom bien relevé,
 D'estre dans une ville à batre le pavé!
 Chacun croit vostre gloire à faux titre usurpée,
 Et vous ne passez plus que pour traisneur d'épée.
MAT. Ah ventre! il est tout vray que vous avez raison,
 Mais le moyen d'aller, si je suis en prison?
 Isabelle m'arreste, & ses yeux pleins de charmes
 Ont captivé mon cœur, & suspendu mes armes.
GER. Si rien que son sujet ne vous tient arrété,
 Faites vostre équipage en toute liberté,
 Elle n'est pas pour vous, n'en soyez point en peine.
MAT. Ventre! que dites-vous? je la veux faire Reine.
GER. Ie ne suis pas d'humeur à rire tant de fois,
 Du crotesque recit de vos rares exploits,

COMEDIE.

La sottise ne plaist qu'alors qu'elle est nouvelle:
En un mot, faites Reine une autre qu'Isabelle.
Si pour l'entretenir vous venez plus icy....
MAT. Il a perdu le sens de me parler ainsi.
Pauvre homme, sçais-tu bien que mon nom effroyable
Met le grand Turc en fuite, & fait trembler le Diable,
Que pour t'aneantir je ne veux qu'un moment?
GER. J'ay chez moy des valets à mon commandement,
Qui n'ayant pas l'esprit de faire des bravades
Répondroient de la main à vos Rodomontades.
MAT.[a] Dy-luy ce que j'ay fait en mille & mille lieux.
GER. Adieu, moderez-vous, il vous en prendra mieux;
Bien que je ne sois pas de ceux qui vous haïssent,
J'ay le sang un peu chaud, & mes gens m'obeïssent.

[a] A Clindor.

SCENE IV.

MATAMORE, CLINDOR.

MAT. Respect de ma Maîtresse, incommode vertu,
Tyran de ma vaillance, à quoy me reduis-tu?
Que n'ay-je eu cent rivaux en la place d'un pere,
Sur qui sans t'offenser laisser choir ma colere?
Ah, visible Démon, vieux spectre décharné,
Vray suppost de Satan, médaille de damné,
Tu m'oses donc bannir, & mesme avec menaces,
Moy de qui tous les Rois briguent les bonnes graces!
CLI. Tandis qu'il est dehors, allez dès aujourd'huy
Causer de vos amours, & vous moquer de luy.
MAT. Cadediou, ses valets feroient quelque insolence.
CLI. Ce fer a trop dequoy dompter leur violence.
MAT. Ouy, mais les feux qu'il jette en sortant de prison
Auroient en un moment embrasé la maison,
Devoré tout à l'heure ardoises, & goutieres,
Faistes, lates, chévrons, montants, courbes, filieres,
Entretoises, sommiers, colomnes, soliveaux,
Parnes, soles, appuis, jambages, traveteaux,
Portes, grilles, verroux, serrures, tuilles, pierre,
Plomb, fer, plastre, ciment, peintures, marbre, verre,
Caves, puys, cours, perrons, salles, chambres, greniers,
Offices, cabinets, terrasses, escaliers,

L'ILLVSION,

Iuge un peu quel desordre aux yeux de ma charmeuse.
Ces feux étouferoient son ardeur amoureuse:
Va luy parler pour moy, toy qui n'es pas vaillant,
Tu puniras à moins un valet insolent.
CLI. C'est m'exposer.... *MAT.* Adieu, je vois ouvrir la porte,
Et crains que sans respect cette canaille sorte.

SCENE V.

CLINDOR, LYSE.

Il est seul. CLI. LE souverain poltron, à qui pour faire peur
Il ne faut qu'une feüille, une ombre, une vapeur,
Vn vieillard le maltraite, il fuit pour une fille,
Et tremble à tous momens de crainte qu'on l'étrille.
Lyse, que ton abord doit estre dangereux,
Il donne l'épouvante à ce cœur genereux,
Cet unique vaillant, la fleur des Capitaines,
Qui dompte autant de Rois, qu'il captive de Reines.
LYS. Mon visage est ainsi malheureux en attraits,
D'autres charment de loin, le mien fait peur de prés.
CLI. S'il fait peur à des fous, il charme les plus sages,
Il n'est pas quantité de semblables visages.
Si l'on brusle pour toy, ce n'est pas sans sujet,
Ie ne connus jamais un si gentil objet,
L'esprit beau, prompt, accort, l'humeur un peu railleuse,
L'enbonpoint ravissant, la taille avantageuse,
Les yeux doux, le teint vif, & les traits delicats,
Qui seroit le brutal qui ne t'aimeroit pas?
LYS. De grace, & depuis quand me trouvez-vous si belle?
Voyez bien, je suis Lyse, & non-pas Isabelle.
CLI. Vous partagez vous deux mes inclinations,
J'adore sa fortune, & tes perfections.
LYS. Vous en embrassez trop, c'est assez pour vous d'une,
Et mes perfections cedent à sa fortune.
CLI. Quelque effort que je fasse à luy donner ma foy,
Penses-tu qu'en effet je l'aime plus que toy?
L'Amour & l'Hymenée ont diverse methode,
L'un court au plus aimable, & l'autre au plus commode:
Ie suis dans la misere, & tu n'as point de bien,
Vn rien s'ajuste mal avec un autre rien,

Et malgré

COMEDIE.

Et malgré les douceurs que l'Amour y déploye,
Deux malheureux ensemble ont toûjours courte joye.
Ainsi j'aspire ailleurs pour vaincre mon malheur,
Mais je ne puis te voir sans un peu de douleur,
Sans qu'un soûpir échape à ce cœur qui murmure,
De ce qu'à ses desirs ma raison fait d'injure.
A tes moindres coups d'œil je me laisse charmer.
Ah, que je t'aimerois, s'il ne falloit qu'aimer,
Et que tu me plairois, s'il ne falloit que plaire!
LYS. Que vous auriez d'esprit, si vous sçaviez vous taire,
Ou remettre du moins en quelque autre saison
A montrer tant d'amour avec tant de raison!
Le grand tresor pour moy qu'un amoureux si sage,
Qui par compassion n'ose me rendre hommage,
Et porte ses desirs à des partis meilleurs,
De peur de m'accabler sous nos communs malheurs!
Ie n'oubliray jamais de si rares merites,
Allez continüer cependant vos visites.
CLI. Que j'aurois avec toy l'esprit bien plus content!
LYS. Ma maîtresse là-haut est seule, & vous attend.
CLI. Tu me chasses ainsi! LYS. Non, mais je vous envoye
Aux lieux où vous aurez une plus longue joye.
CLI. Que mesmes tes dédains me semblent gracieux!
LYS. Ah, que vous prodiguez un temps si precieux!
Allez. CLI. Souvien-toy donc que si j'en aime une autre....
LYS. C'est de peur d'ajoûster ma misere à la vostre.
Ie vous l'ay déja dit, je ne l'oubliray pas.
CLI. Adieu, ta raillerie a pour moy tant d'appas,
Que mon cœur à tes yeux de plus en plus s'engage,
Et je t'aimerois trop à tarder davantage.

SCENE VI.

LYSE.

L'Ingrat, il trouve enfin mon visage charmant,
Et pour se divertir il contrefait l'amant!
Qui neglige mes feux m'aime par raillerie,
Me prend pour le joüet de sa galanterie,
Et par un libre aveu de me voler sa foy,
Me jure qu'il m'adore, & ne veut point de moy.

Aime en tous lieux, perfide, & partage ton ame,
Choify qui tu voudras pour Maîtreffe, ou pour femme,
Donne à tes interefts à ménager tes vœux,
Mais ne croy plus tromper aucune de nous deux.
Ifabelle vaut mieux qu'un amour Politique,
Et je vaux mieux qu'un cœur où cet amour s'applique.
I'ay raillé comme toy, mais c'étoit feulement
Pour ne t'avertir pas de mon reffentiment.
Qu'euft produit fon éclat que de la défiance?
Qui cache fa colere affeure fa vangeance,
Et ma feinte douceur prépare beaucoup mieux
Ce piége où tu vas choir, & bien-toft, à mes yeux.
 Toutefois qu'as-tu fait qui te rende coupable?
Pour chercher fa fortune eft-on fi puniffable?
Tu m'aimes, mais le bien te fait eftre inconftant :
Au fiecle où nous vivons qui n'en feroit autant?
Oublions des mépris où par force il s'excite,
Et laiffons-le joüir du bonheur qu'il merite,
S'il m'aime, il fe punit en m'ofant dédaigner,
Et fi je l'aime encor, je le dois épargner.
Dieux, à quoy me reduit ma folle inquietude,
De vouloir faire grace à tant d'ingratitude?
Digne foif de vangeance, à quoy m'expofez-vous,
De laiffer affoiblir un fi jufte couroux?
Il m'aime, & de mes yeux je m'en voy méprifée :
Ie l'aime, & ne luy fers que d'objet de rifée !
Silence, amour, filence, il eft temps de punir,
I'en ay donné ma foy, laiffe-moy la tenir,
Puifque ton faux efpoir ne fait qu'aigrir ma peine,
Fay ceder tes douceurs à celles de la haine,
Il eft temps qu'en mon cœur elle regne à fon tour,
Et l'amour outragé ne doit plus eftre amour.

SCENE VII.

MATAMORE.

Les voila, fauvons-nous. Non, je ne voy perfonne,
Avançons hardiment. Tout le corps me friffonne,
Ie les entens, fuyons. Le vent faifoit ce bruit.
Marchons fous la faveur des ombres de la nuit.

COMEDIE. 403

Vieux resveur, malgré toy j'attens icy ma Reine.
Ces diables de valets me mettent bien en peine,
De deux mille ans & plus je ne tremblay si fort.
C'est trop me hazarder, s'ils sortent, je suis mort,
Car j'aime mieux mourir que leur donner bataille,
Et profaner mon bras contre cette canaille.
Que le courage expose à d'étranges dangers!
Toutefois en tout cas je suis des plus legers,
S'il ne faut que courir, leur atttente est dupée,
I'ay le pied pour le moins aussi bon que l'épée.
Tout de bon je les voy, c'est fait, il faut mourir,
I'ay le corps si glacé que je ne puis courir.
Destin, qu'à ma valeur tu te montres contraire!
C'est ma Reine elle-mesme avec mon Secretaire,
Tout mon corps se déglace, écoutons leurs discours,
Et voyons son adresse à traiter mes amours.

SCENE VIII.

CLINDOR, ISABELLE, MATAMORE.

ISA.[a] TOut se prépare mal du costé de mon pere,
    Ie ne le vis jamais d'une humeur si severe,
Il ne souffrira plus vostre maistre, ny vous:
Vostre rival d'ailleurs est devenu jaloux.
C'est par cette raison que je vous fais décendre,
Dedans mon cabinet ils pourroient nous surprendre,
Icy nous parlerons en plus de seureté,
Vous pourrez vous couler d'un & d'autre costé,
Et si quelqu'un survient, ma retraite est ouverte.
CLI. C'est trop prendre de soin pour empescher ma perte.
ISA. Ie n'en puis prendre trop pour m'asseurer un bien
Sans qui tous autres biens à mes yeux ne sont rien,
Vn bien qui vaut pour moy la Terre toute entiere,
Et pour qui seul enfin j'aime à voir la lumiere.
Vn rival par mon pere attaque en vain ma foy,
Vostre amour seul a droit de triompher de moy:
Des discours de tous deux je suis persecutée,
Mais pour vous je me plais à me voir mal-traitée,

[a] *Matamore écoute caché.*

Et des plus grands malheurs je benirois les coups,
Si ma fidelité les enduroit pour vous.
CLI. Vous me rendez confus, & mon ame ravie
Ne vous peut en revanche offrir rien que ma vie;
Mon sang est le seul bien qui me reste en ces lieux,
Trop heureux de le perdre en servant vos beaux yeux.
Mais si mon Astre un jour changeant son influence
Me donne un accés libre aux lieux de ma naissance,
Vous verrez que ce choix n'est pas fort inégal,
Et que tout balancé je vaux bien mon rival.
Mais avec ces douceurs permettez-moy de craindre
Qu'un pere & ce rival ne veüillent vous contraindre.
ISA. N'en ayez point d'alarme, & croyez qu'en ce cas
L'un aura moins d'effet que l'autre n'a d'appas.
Ie ne vous diray point où je suis resoluë,
Il suffit que sur moy je me rens absoluë.
Ainsi tous leurs projets sont des projets en l'air,
Ainsi.... MAT. Ie n'en puis plus, il est temps de parler.
ISA. Dieux! on nous écoutoit. CLI. C'est nostre Capitaine,
Ie vay bien l'appaiser, n'en soyez pas en peine.

SCENE IX.

MATAMORE, CLINDOR.

MA. AH, traistre. C. Parlez bas, ces valets.... MA. Et bien, quoy?
Ils fondront tout à l'heure, & sur vous, & sur moy.
il le tire MAT.ª Viença, tu sçais ton crime, & qu'à l'objet que j'aime,
à un coin Loin de parler pour moy, tu parlois pour toy-mesme.
du Thea- CLI. Ouy, pour me rendre heureux j'ay fait quelques efforts.
tre. MAT. Ie te donne le choix de trois ou quatre morts.
Ie vay d'un coup de poin te briser comme verre,
Ou t'enfoncer tout vif au centre de la Terre,
Ou te fendre en dix parts d'un seul coup de revers,
Ou te jetter si haut au dessus des éclairs,
Que tu sois devoré des feux élementaires.
Choisy donc promptement, & pense à tes affaires.
CLI. Vous-mesme choisissez. MAT. Quel choix proposes-tu?
CLI. De fuir en diligence, ou d'estre bien batu.
MAT. Me menacer encor! ah ventre, quelle audace,
Au lieu d'estre à genoux, & d'implorer ma grace!

COMEDIE.

Il a donné le mot, ces valets vont sortir,
Ie m'en vay commander aux Mers de t'engloutir.
CLI. Sans vous chercher si loin un si grand cimetiere,
Ie vous vay de ce pas jetter dans la riviere.
MAT. Ils sont d'intelligence. Ah, teste. *CLI.* Point de bruit,
I'ay déja massacré dix hommes cette nuit,
Et si vous me faschez, vous en croistrez le nombre.
MAT. Cadediou, ce coquin a marché dans mon ombre,
Il s'est fait tout vaillant d'avoir suivy mes pas:
S'il avoit du respect, j'en voudrois faire cas.
　　Ecoute, je suis bon, & ce seroit dommage
De priver l'Vnivers d'un homme de courage.
Demande-moy pardon, & cesse par tes feux
De profaner l'objet digne seul de mes vœux;
Tu connois ma valeur, éprouve ma clemence.
CLI. Plûtost, si vostre amour a tant de vehemence,
Faisons deux coups d'épée au nom de sa beauté.
MAT. Parbieu, tu me ravis de generosité.
Va, pour la conquerir n'use plus d'artifices,
Ie te la veux donner pour prix de tes services,
Plains-toy doresnavant d'avoir un maistre ingrat.
CLI. A ce rare present d'aise le cœur me bat.
　　Protecteur des grands Rois, guerrier trop magnanime,
Puisse tout l'Vnivers bruire de vostre estime.

SCENE X.

ISABELLE, MATAMORE, CLINDOR.

ISA. IE rens graces au Ciel de ce qu'il a permis
　　Qu'à la fin sans combat je vous voy bons amis.
MAT. Ne pensez plus, ma Reine, à l'honneur que ma flame
Vous devoit faire un jour de vous prendre pour femme,
Pour quelque occasion j'ay changé de dessein;
Mais je vous veux donner un homme de ma main,
Faites-en de l'état, il est vaillant luy-mesme,
Il commandoit sous moy. *ISA.* Pour vous plaire, je l'aime.
CLI. Mais il faut du silence à nostre affection.
MAT. Ie vous promets silence, & ma protection,
Avoüez-vous de moy par tous les coins du Monde,
Ie suis craint à l'égal sur la Terre & sur l'Onde.

Ecc iij

Allez, vivez contens fous une mefme loy.
ISA. Pour vous mieux obeïr je luy donne ma foy.
CLI. Commandez que fa foy de quelque effet fuivie...

SCENE XI.

GERONTE, ADRASTE, MATAMORE,
CLINDOR, ISABELLE, LYSE,
Troupe de Domestiques.

ADR. CEt infolent discours te coûtera la vie,
Suborneur. MA. Ils ont pris mon courage en défaut.
Cette porte eft ouverte, allons gagner le haut. ᵃ
^a il entre chez Ifa-belle, après qu'elle & Lyfe y font en-trées. CLI. Traiftre, qui te fais fort d'une troupe brigande,
Ie te choifiray bien au milieu de la bande.
GER. Dieux! Adrafte eft bleffé, courez au medecin.
Vous autres cependant arrétez l'affaffin.
CLI. Helas! je cede au nombre. Adieu, chere Ifabelle,
Ie tombe au précipice où mon destin m'appelle.
GER. C'en eft fait, emportez ce corps à la maifon,
Et vous, conduifez toft ce traiftre à la prifon.

SCENE XII.

ALCANDRE, PRIDAMANT.

PRI. HElas! mon fils eft mort. ALC. Que vous avez d'alarmes!
PRI. Ne luy refufez point le fecours de vos charmes.
ALC. Vn peu de patience, & fans un tel fecours,
Vous le verrez bien-toft heureux en fes amours.

ACTE IV.

SCENE PREMIERE

ISABELLE.

Nfin le terme approche, un jugement inique
Doit abuser demain d'un pouvoir tyrannique,
A son propre assassin immoler mon amant,
Et faire une vangeance au lieu d'un châtiment.
Par un decret injuste autant comme severe,
Demain doit triompher la haine de mon pere,
La faveur du païs, la qualité du mort,
Le malheur d'Isabelle, & la rigueur du Sort;
Helas! que d'ennemis, & de quelle puissance,
Contre le foible appuy que donne l'innocence,
Contre un pauvre inconnu, de qui tout le forfait
Est de m'avoir aimée, & d'estre trop parfait!
Ouy, Clindor, tes vertus & ton feu legitime,
T'ayant acquis mon cœur, ont fait aussi ton crime,
Mais en vain aprés toy l'on me laisse le jour,
Ie veux perdre la vie en perdant mon amour,
Prononçant ton Arrest, c'est de moy qu'on dispose,
Ie veux suivre ta mort puisque j'en suis la cause,
Et le mesme moment verra par deux trépas
Nos esprits amoureux se rejoindre là-bas.
    Ainsi, pere inhumain, ta cruauté deçeuë,
De nos saintes ardeurs verra l'heureuse issuë;
Et si ma perte alors fait naistre tes douleurs,
Auprés de mon amant je riray de tes pleurs,
Ce qu'un remors cuisant te coûtera de larmes,
D'un si doux entretien augmentera les charmes;
Ou s'il n'a pas assez dequoy te tourmenter,
Mon Ombre chaque jour viendra t'épouvanter,
S'attacher à tes pas dans l'horreur des tenebres,
Presenter à tes yeux mille images funebres,

Ietter dans ton esprit un éternel effroy,
Te reprocher ma mort, t'appeler après moy,
Accabler de malheurs ta languissante vie,
Et te reduire au point de me porter envie.
Enfin....

SCENE II.

ISABELLE, LYSE.

LYS. Quoy, chacun dort, & vous étes icy!
  Ie vous jure, Monsieur en est en grand soucy.
ISA. Quand on n'a plus d'espoir, Lyse, on n'a plus de crainte,
  Ie trouve des douceurs à faire icy ma plainte,
  Icy je vis Clindor pour la derniere fois,
  Ce lieu me redit mieux les accens de sa voix,
  Et remet plus avant en mon ame éperduë
  L'aimable souvenir d'une si chere veuë.
LYS. Que vous prenez de peine à grossir vos ennuis!
ISA. Que veux-tu que je fasse en l'état où je suis?
LYS. De deux amants parfaits dont vous étiez servie,
  L'un doit mourir demain, l'autre est déja sans vie;
  Sans perdre plus de temps à soûpirer pour eux,
  Il en faut trouver un qui les vaille tous deux.
ISA. De quel front oses-tu me tenir ces paroles?
LYS. Quel fruit esperez-vous de vos douleurs frivoles?
  Pensez-vous pour pleurer, & ternir vos appas,
  Rappeler vostre amant des portes du trépas?
  Songez plûtost à faire une illustre conqueste,
  Ie sçay pour vos liens une ame toute preste,
  Vn homme incomparable. ISA. Oste-toy de mes yeux.
LYS. Le meilleur jugement ne choisiroit pas mieux.
ISA. Pour croistre mes douleurs faut-il que je te voye?
LYS. Et faut-il qu'à vos yeux je déguise ma joye?
ISA. D'où te vient cette joye ainsi hors de saison?
LYS. Quand je vous l'auray dit, jugez si j'ay raison.
ISA. Ah, ne me conte rien. LYS. Mais l'affaire vous touche.
ISA. Parle-moy de Clindor, ou n'ouvre point la bouche.
LYS. Ma belle humeur qui rit au milieu des malheurs
  Fait plus en un moment, qu'un siecle de vos pleurs;

Elle a

Elle a sauvé Clindor. *ISA.* Sauvé Clindor! *LYS.* Luy-mesme.
  Iugez après cela comme quoy je vous aime.
ISA. Et de grace, où faut-il que je l'aille trouver?
LYS. Ie n'ay que commencé, c'est à vous d'achever.
ISA. Ah, Lyse! *LYS.* Tout de bon, feriez-vous pour le suivre?
ISA. Si je suivrois celuy sans qui je ne puis vivre?
  Lyse, si ton esprit ne le tire des fers,
  Ie l'accompagneray jusque dans les Enfers,
  Va, ne demande plus si je suivrois sa fuite.
LYS. Puisqu'à ce beau dessein l'amour vous a reduite,
  Ecoutez où j'en suis, & secondez mes coups,
  Si vostre amant n'échape, il ne tiendra qu'à vous.
    La prison est fort proche... *ISA.* Et bien? *LYS.* Ce voisinage
  Au frere du Concierge a fait voir mon visage,
  Et comme c'est tout un que me voir & m'aimer,
  Le pauvre malheureux s'en est laissé charmer.
ISA. Ie n'en avois rien sçeu! *LYS.* I'en avois tant de honte,
  Que je mourois de peur qu'on vous en fist le conte;
  Mais depuis quatre jours vostre amant arrété
  A fait que l'allant voir je l'ay mieux écouté.
  Des yeux & du discours flatant son esperance
  D'un mutuel amour j'ay formé l'apparence;
  Quand on aime une fois, & qu'on se croit aimé,
  On fait tout pour l'objet dont on est enflamé.
  Par là j'ay sur son ame asseuré mon empire,
  Et l'ay mis en état de ne m'oser dédire.
  Quand il n'a plus douté de mon affection,
  I'ay fondé mes refus sur sa condition;
  Et luy pour m'obliger juroit de s'y déplaire,
  Mais que malaisément il s'en pouvoit défaire,
  Que les clefs des prisons qu'il gardoit aujourd'huy
  Etoient le plus grand bien de son frere, & de luy.
  Moy, de dire soudain que sa bonne fortune
  Ne luy pouvoit offrir d'heure plus opportune;
  Que pour se faire riche, & pour me posseder,
  Il n'avoit seulement qu'à s'en accommoder;
  Qu'il tenoit dans les fers un Seigneur de Bretagne,
  Déguisé sous le nom du Sieur de la Montagne;
  Qu'il falloit le sauver, & le suivre chez luy,
  Qu'il nous feroit du bien, & seroit nostre appuy.
  Il demeure étonné, je le presse, il s'excuse,
  Il me parle d'amour, & moy je le refuse,

Tome I. Fff

Ie le quitte en colère, il me fuit tout confus,
Me fait nouvelle excuse, & moy nouveau refus.
ISA. Mais enfin? LYS. I'y retourne, & le trouve fort triste;
Ie le juge ébranlé, je l'attaque, il resiste.
Ce matin, *en un mot le peril est pressant,*
Ay-je dit, tu peux tout, & ton frere est absent.
Mais il faut de l'argent pour un si long voyage,
M'a-t'il dit, il en faut pour faire l'équipage,
Ce Cavalier en manque. ISA. Ah, Lyse, tu devois
Luy faire offre aussi-tost de tout ce que j'avois,
Perles, bagues, habits. LYS. I'ay bien fait davantage,
I'ay dit qu'à vos beautez ce captif rend hommage,
Que vous l'aimez de mesme, & fuirez avec nous.
Ce mot me l'a rendu si traitable, & si doux,
Que j'ay bien reconnu qu'un peu de jalousie
Touchant vostre Clindor broüilloit sa fantaisie,
Et que tous ces détours provenoient seulement
D'une vaine frayeur qu'il ne fust mon amant.
Il est party soudain après vostre amour sceuë,
A trouvé tout aisé, m'en a promis l'issuë,
Et vous mande par moy qu'environ à my-nuit
Vous soyez toute preste à déloger sans bruit.
ISA. Que tu me rends heureuse! LYS. Ajoustez-y, de grace,
Qu'accepter un mary pour qui je suis de glace,
C'est me sacrifier à vos contentemens.
ISA. Aussi... LYS. Ie ne veux point de vos remercimens,
Allez ployer bagage, & pour grossir la somme,
Ioignez à vos bijoux les escus du bon homme.
Ie vous vends ses tresors, mais à fort bon marché,
I'ay desrobé ses clefs depuis qu'il est couché,
Ie vous les livre. ISA. Allons-y travailler ensemble.
LYS. Passez-vous de mon aide. ISA. Et quoy! le cœur te tremble?
LYS. Non, mais c'est un secret tout propre à l'éveiller,
Nous ne nous garderions jamais de babiller.
ISA. Folle, tu ris toûjours. LYS. De peur d'une surprise
Ie dois attendre icy le Chef de l'entreprise,
S'il tardoit à la ruë, il seroit reconnu,
Nous vous irons trouver dès qu'il sera venu,
C'est là sans raillerie. ISA. Adieu donc, je te laisse,
Et consens que tu sois aujourd'huy la maitresse.
LYS. C'est du moins. ISA. Fay bon guet. LY. Vous, faites bon butin.

COMEDIE.

SCENE III.
LYSE.

Ainsi, Clindor, je fais moy seule ton destin,
Des fers où je t'ay mis c'est moy qui te delivre,
Et te puis à mon choix faire mourir, ou vivre.
On me vangeoit de toy pardelà mes desirs,
Ie n'avois de dessein que contre tes plaisirs;
Ton sort trop rigoureux m'a fait changer d'envie,
Ie te veux asseurer tes plaisirs, & ta vie,
Et mon amour éteint, te voyant en danger,
Renaist pour m'avertir que c'est trop me vanger.
I'espere aussi, Clindor, que pour reconnoissance
De ton ingrat amour étouffant la licence.

SCENE IV.
MATAMORE, ISABELLE, LYSE.

IS. QVoy! chez nous, & de nuit! *M.* L'autre jour. *I.* Qu'est-ce-cy,
L'autre jour? est-il temps que je vous trouve icy?
LYS. C'est ce grand Capitaine. Où s'est-il laissé prendre?
ISA. En montant l'escalier je l'en ay veu descendre.
MAT. L'autre jour au defaut de mon affection,
I'asseuray vos appas de ma protection.
ISA. Après? *MAT.* On vint icy faire une broüillerie,
Vous rentrastes voyant cette forfanterie,
Et pour vous proteger je vous suivis soudain.
ISA. Vostre valeur prit lors un genereux dessein.
Depuis? *MAT.* Pour conserver une Dame si belle,
Au plus haut du logis j'ay fait la sentinelle.
ISA. Sans sortir? *MAT.* Sans sortir. *LYS.* C'est à dire en deux mots
Que la peur l'enfermoit dans la chambre aux fagots.
MAT. La peur? *LYS.* Ouy, vous tremblez, la vostre est sans égale.
MAT. Parce qu'elle a bon pas j'en fais mon Bucephale,
Lors que je la domptay je luy fis cette loy,
Et depuis, quand je marche, elle tremble sous moy.
LYS. Vostre caprice est rare à choisir des montures.
MAT. C'est pour aller plus viste aux grandes avantures.

Fff ij

ISA. Vous en exploitez bien ; mais changeons de discours.
  Vous avez demeuré là dedans quatre jours ?
MAT. Quatre jours. *ISA.* Et vécu ? *MA.* De Nectar, d'Ambrosie.
LYS. Ie croy que cette viande aisément rassasie ?
MAT. Aucunement. *ISA.* Enfin, vous étiez décendu…
MAT. Pour faire qu'un amant en vos bras fust rendu,
  Pour rompre sa prison, en fracasser les portes,
  Et briser en morceaux ses chaisnes les plus fortes.
LYS. Avoüez franchement que pressé de la faim
  Vous veniez bien plûtost faire la guerre au pain.
MAT. L'un & l'autre parbieu. Cette Ambrosie est fade,
  I'en eus au bout d'un jour l'estomach tout malade.
  C'est un mets delicat, & de peu de soûtien,
  A moins que d'estre un Dieu l'on n'en vivroit pas bien,
  Il cause mille maux, & dès l'heure qu'il entre,
  Il allonge les dents, & rétressit le ventre.
LYS. Enfin c'est un ragoust qui ne vous plaisoit pas ?
MAT. Quitte pour chaque nuit faire deux tours en bas,
  Et là m'accommodant des reliefs de cuisine,
  Mesler la viande humaine avecque la divine.
ISA. Vous aviez après tout dessein de nous voler.
MAT. Vous-mesmes après tout m'osez-vous quereller ?
  Si je laisse une fois échaper ma colere….
ISA. Lyse, fay-moy sortir les valets de mon pere.
MAT. Vn sot les attendroit.

SCENE V.

ISABELLE, LYSE.

LYS. Vous ne le tenez pas.
ISA. Il nous avoit bien dit que la peur a bon pas.
LYS. Vous n'avez cependant rien fait, ou peu de chose ?
ISA. Rien du tout, que veux-tu ? sa rencontre en est cause.
LYS. Mais vous n'aviez alors qu'à le laisser aller.
ISA. Mais il m'a reconnuë, & m'est venu parler.
  Moy, qui seule & de nuit craignois son Insolence,
  Et beaucoup plus encor de troubler le silence,
  I'ay crû, pour m'en défaire & m'oster de soucy,
  Que le meilleur étoit de l'amener icy.

COMEDIE. 413

Voy quand j'ay ton secours que je me tiens vaillante,
  Puisque j'ose affronter cette humeur violente.
LYS. I'en ay ry comme vous, mais non sans murmurer,
  C'est bien du temps perdu. ISA. Ie vay le reparer.
LYS. Voicy le conducteur de nostre intelligence,
  Sçachez auparavant toute sa diligence.

SCENE VI.

ISABELLE, LYSE, LE GEOLIER.

ISA. ET bien, mon grand amy, braverons-nous le Sort,
  Et viens-tu m'apporter, ou la vie, ou la mort?
Ce n'est plus qu'en toy seul que mon espoir se fonde.
GEO. Bannissez vos frayeurs, tout va le mieux du Monde,
  Il ne faut que partir, j'ay des chevaux tous prests,
  Et vous pourrez bien-tost vous moquer des Arrests.
ISA. Ie te doy regarder comme un Dieu tutelaire,
  Et ne sçay point pour toy d'assez digne salaire.
GEO. Voicy le prix unique où tout mon cœur pretend.
ISA. Lyse, il faut te resoudre à le rendre content.
LYS. Ouy, mais tout son apprest nous est fort inutile,
  Comment ouvrirons-nous les portes de la ville?
GEO. On nous tient des chevaux en main seure aux faux-bourgs,
  Et je sçais un vieux mur qui tombe tous les jours,
  Nous pourrons aisément sortir par ses ruines.
ISA. Ah! que je me trouvois sur d'étranges épines!
GEO. Mais il faut se haster. ISA. Nous partirons soudain,
  Viens nous aider là haut à faire nostre main.

SCENE VII.

CLINDOR.[a]   [a] Il est en prison.

Aimables souvenirs de mes cheres delices,
  Qu'on va bien-tost changer en d'infames supplices,
Que malgré les horreurs de ce mortel effroy
Vos charmants entretiens ont de douceurs pour moy!
Ne m'abandonnez point, soyez-moy plus fidelles,
Que les rigueurs du Sort ne se montrent cruelles;

Fff iij

Et lors que du trépas les plus noires couleurs
Viendront à mon esprit figurer mes malheurs,
Figurez aussi-tost à mon ame interdite
Combien je fus heureux pardelà mon merite.
Lors que je me plaindray de leur severité,
Redites-moy l'excés de ma temerité;
Que d'un si haut dessein ma fortune incapable
Rendoit ma flame injuste, & mon espoir coupable;
Que je fus criminel quand je devins amant,
Et que ma mort en est le juste châtiment.
 Quel bonheur m'accompagne à la fin de ma vie!
Isabelle, je meurs pour vous avoir servie,
Et de quelque tranchant que je souffre les coups,
Ie meurs trop glorieux, puisque je meurs pour vous.
Helas! que je me flate, & que j'ay d'artifice
A me dissimuler la honte d'un supplice!
En est-il de plus grand, que de quitter ces yeux
Dont le fatal amour me rend si glorieux?
L'Ombre d'un meurtrier creuse icy ma ruine,
Il succomba vivant, & mort il m'assassine,
Son nom fait contre moy ce que n'a pû son bras,
Mille assassins nouveaux naissent de son trépas,
Et je voy de son sang fecond en perfidies
S'élever contre moy des ames plus hardies,
De qui les passions s'armant d'autorité
Font un meurtre public avec impunité,
Demain de mon courage on doit faire un grand crime,
Donner au déloyal ma teste pour victime,
Et tous pour le païs prennent tant d'interest,
Qu'il ne m'est pas permis de douter de l'Arrest.
Ainsi de tous costez ma perte étoit certaine,
I'ay repoussé la mort, je la reçoy pour peine,
D'un peril évité je tombe en un nouveau,
Et des mains d'un rival en celles d'un bourreau.
Ie fremis à penser à ma triste avanture,
Dans le sein du repos je suis à la torture,
Au milieu de la nuit & du temps du sommeil
Ie voy de mon trépas le honteux appareil,
I'en ay devant les yeux les funestes ministres,
On me lit du Senat les mandemens sinistres,
Ie sors les fers aux pieds, j'entens déja le bruit
De l'amas insolent d'un peuple qui me suit,

Ie voy le lieu fatal où ma mort se prepare;
Là mon esprit se trouble, & ma raison s'égare,
Ie ne découvre rien qui m'ose secourir,
Et la peur de la mort me fait déja mourir.
 Isabelle, toy seule en réveillant ma flame
Dissipes ces terreurs, & rasseures mon ame,
Et si-tost que je pense à tes divins attraits,
Ie vois évanoüir ces infames portraits.
Quelques rudes assauts que le malheur me livre,
Garde mon souvenir, & je croiray revivre.
Mais d'où vient que de nuit on ouvre ma prison?
Amy, que viens-tu faire icy hors de saison?

SCENE VIII.

CLINDOR, LE GEOLIER.

GEO.[a] Es Iuges assemblez pour punir vostre audace
 Meus de compassion enfin vous ont fait grace.
CL. M'ont fait grace, bons Dieux! GE. Ouy, vous mourrez de nuit.
CLI. De leur compassion est-ce-là tout le fruit?
GEO. Que de cette faveur vous tenez peu de conte!
 D'un supplice public c'est vous sauver la honte.
CLI. Quels encens puis-je offrir aux maistres de mon sort,
 Dont l'Arrest me fait grace, & m'envoye à la mort?
GEO. Il la faut recevoir avec meilleur visage.
CLI. Fay ton office, amy, sans causer davantage.
GEO. Vne troupe d'Archers là dehors vous attend,
 Peut-estre en les voyant serez-vous plus content.

[a] Isabelle & Lyse paroissent à quartier.

SCENE IX.

CLINDOR, ISABELLE, LYSE,
LE GEOLIER.

ISA.[b] Yse, nous l'allons voir. LYS. Que vous étes ravie!
 ISA. Ne le serois-je point de recevoir la vie?
Son destin & le mien prennent un mesme cours,
Et je mourrois du coup qui trancheroit ses jours.

[b] Elle dit ces mots à Lyse, cependant que le Geolier ouvre la prison à Clindor.

GEO. Monsieur, connoissez-vous beaucoup d'Archers semblables?
CLI. Ah Madame, est-ce vous ? surprises adorables,
Trompeur trop obligeant ! tu disois bien vraiment
Que je mourrois de nuit, mais de contentement.
ISA. Clindor ! *GEO.* Ne perdons point le temps à ces caresses,
Nous aurons tout loisir de flater nos Maîtresses.
CLI. Quoy, Lyse est donc la sienne ! *ISA.* Ecoutez le discours
De vostre liberté qu'ont produit leurs amours.
GEO. En lieu de seureté le babil est de mise,
Mais icy ne songeons qu'à nous oster de prise.
ISA. Sauvons-nous, mais avant promettez-nous tous deux
Iusqu'au jour d'un Hymen de moderer vos feux;
Autrement, nous rentrons. *CLI.* Que cela ne vous tienne,
Ie vous donne ma foy. *GEO.* Lyse, reçoy la mienne.
ISA. Sur un gage si bon j'ose tout hazarder.
GEO. Nous nous amusons trop, il est temps d'évader.

SCENE X.

ALCANDRE, PRIDAMANT.

AL. NE craignez plus pour eux ny perils, ny disgraces,
Beaucoup les poursuivront, mais sans trouver leurs traces.
PRI. A la fin je respire. *ALC.* Après un tel bonheur
Deux ans les ont montez en haut degré d'honneur,
Ie ne vous diray point le cours de leurs voyages,
S'ils ont trouvé le calme, ou vaincu les orages,
Ny par quel Art non-plus ils se sont élevez;
Il suffit d'avoir veu comme ils se sont sauvez,
Et que sans vous en faire une histoire importune,
Ie vous les vay montrer en leur haute fortune.
Mais puisqu'il faut passer à des effets plus beaux,
Rentrons pour évoquer des Fantosmes nouveaux:
Ceux que vous avez veus representer de suite
A vos yeux étonnez leur amour, & leur fuite,
N'étant pas destinez aux hautes fonctions,
N'ont point assez d'éclat pour leurs conditions.

ACTE

ACTE V.

SCENE PREMIERE

ALCANDRE, PRIDAMANT.

PRI. QV'Isabelle est changée, & qu'elle est éclatante!
AL. Lyse marche après elle, & luy sert de Suivante.
  Mais derechef sur tout n'ayez aucun effroy,
  Et de ce lieu fatal ne sortez qu'après moy,
Ie vous le dis encor, il y va de la vie.
PRI. Cette condition m'en oste assez l'envie.

SCENE II.

ISABELLE representant Hyppolite,
LYSE representant Cldrine.

LYS. CE divertissement n'aura-t'il point de fin?
  Et voulez-vous passer la nuit dans ce jardin?
ISA. Ie ne puis plus cacher le sujet qui m'améne,
  C'est grossir mes douleurs que de taire ma peine.
    Le Prince Florilame... LYS. Et bien? il est absent.
ISA. C'est la source des maux que mon ame ressent.
  Nous sommes ses voisins, & l'amour qu'il nous porte
  Dedans son grand jardin nous permet cette porte:
  La Princesse Rosine & mon perfide époux
  Durant qu'il est absent en font leur rendez-vous.
  Ie l'attens au passage, & luy feray connoistre
  Que je ne suis pas femme à rien souffrir d'un traistre.
LYS. Madame, croyez-moy, loin de le quereller,
  Vous ferez beaucoup mieux de tout dissimuler.
  Il nous vient peu de fruit de telles jalousies,
  Vn homme en court plûtost après ses fantaisies,

Tome I.   Ggg

Il est toûjours le maistre, & tout nostre discours
Par un contraire effet l'obstine en ses amours.
ISA. Ie dissimuleray son adultere flame!
Vne autre aura son cœur, & moy le nom de femme!
Sans crime d'un Hymen peut-il rompre la loy?
Et ne rougit-il point d'avoir si peu de foy?
LYS. Cela fut bon jadis, mais au temps où nous sommes,
Ny l'Hymen, ny la foy n'obligent plus les hommes.
Leur gloire a son brillant & ses regles à part,
Où la nostre se perd, la leur est sans hazard,
Elle croist aux dépens de nos lasches foiblesses,
L'honneur d'un galant homme est d'avoir des Maitresses.
ISA. Oste-moy cet honneur & cette vanité
De se mettre en credit par l'infidelité.
Si pour haïr le change, & vivre sans amie
Vn homme tel que luy tombe dans l'infamie,
Ie le tiens glorieux d'estre infame à ce prix,
S'il en est méprisé, j'estime ce mépris.
Le blasme qu'on reçoit d'aimer trop une femme,
Aux maris vertueux est un illustre blasme.
LYS. Madame, il vient d'entrer, la porte a fait du bruit.
ISA. Retirons-nous qu'il passe. LYS. Il vous voit, & vous suit.

SCENE III.

CLINDOR representant Theagene,
ISABELLE representant Hyppolite,
LYSE representant Clarine.

CLI. Vous fuyez, ma Princesse, & cherchez des remises,
Sont-ce-là les douceurs que vous m'aviez promises?
Est-ce ainsi que l'amour ménage un entretien?
Ne fuyez plus, Madame, & n'apprehendez rien,
Florilame est absent, ma jalouse endormie.
ISA. En étes-vous bien seur? CLI. Ah, Fortune ennemie!
ISA. Ie veille, déloyal, ne croy plus m'aveugler,
Au milieu de la nuit je ne voy que trop clair,
Ie voy tous mes soupçons passer en certitudes,
Et ne puis plus douter de tes ingratitudes,
Toy mesme par ta bouche as trahy ton secret,
O l'esprit avisé pour un amant discret,

Et que c'est en amour une haute prudence,
D'en faire avec sa femme entiere confidence!
Où sont tant de sermens de n'aimer rien que moy?
Qu'as-tu fait de ton cœur? qu'as-tu fait de ta foy?
Lors que je la receus, ingrat, qu'il te souvienne
De combien differoient ta fortune & la mienne.
De combien de rivaux je dédaignay les vœux,
Ce qu'un simple soldat pouvoit estre auprès d'eux,
Quelle tendre amitié je recevois d'un pere;
Ie le quittay pourtant pour suivre ta misere,
Et je tendis les bras à mon enlevement,
Pour soustraire ma main à son commandement.
En quelle extremité depuis ne m'ont reduite
Les hazards dont le Sort a traversé ta fuite,
Et que n'ay-je souffert avant que le bon-heur
Elevast ta bassesse à ce haut rang d'honneur?
Si pour te voir heureux ta foy s'est relaschée,
Remets-moy dans le sein dont tu m'as arrachée;
L'amour que j'ay pour toy m'a fait tout hazarder,
Non-pas pour des grandeurs, mais pour te posseder.

CLI. Ne me reproche plus ta fuite, ny ta flame,
Que ne fait point l'Amour quand il possede une ame?
Son pouvoir à ma veuë attachoit tes plaisirs,
Et tu me suivois moins que tes propres desirs.
I'étois lors peu de chose, ouy, mais qu'il te souvienne
Que ta fuite égala ta fortune à la mienne;
Et que pour t'enlever c'étoit un foible appas
Que l'éclat de tes biens qui ne te suivoient pas.
Ie n'eus de mon costé que l'épée en partage,
Et ta flame du tien fut mon seul avantage:
Celle-là m'a fait grand en ces bords étrangers,
L'autre exposa ma teste à cent & cent dangers.

Regrette maintenant ton pere, & ses richesses,
Fasche-toy de marcher à costé des Princesses,
Retourne en ton païs chercher avec tes biens
L'honneur d'un rang pareil à celuy que tu tiens.
De quel manque après tout as-tu lieu de te plaindre?
En quelle occasion m'as-tu veu te contraindre?
As-tu receu de moy, ny froideurs, ny mépris?
Les femmes, à vray dire, ont d'étranges esprits;
Qu'un mary les adore, & qu'un amour extresme
A leur bizarre humeur le soûmettre luy-mesme,

Qu'il les comble d'honneurs & de bons traitemens,
Qu'il ne refuse rien à leurs contentemens;
S'il fait la moindre bréche à la foy conjugale,
Il n'est point à leur gré de crime qui l'égale,
C'est vol, c'est perfidie, assassinat, poison,
C'est massacrer son pere, & brusler sa maison,
Et jadis des Titans l'effroyable supplice
Tomba sur Encelade avec moins de justice.
ISA. Ie te l'ay déja dit, que toute ta grandeur
Ne fut jamais l'objet de ma sincere ardeur,
Ie ne suivois que toy quand je quittay mon pere,
Mais puisque ces grandeurs t'ont fait l'ame legere,
Laisse mon interest, songe à qui tu les dois.
   Florilame luy seul t'a mis où tu te vois,
A peine il te connut, qu'il te tira de peine,
De soldat vagabond il te fit Capitaine,
Et le rare bonheur qui suivit cet employ
Ioignit à ses faveurs les faveurs de son Roy.
Quelle forte amitié n'a-t'il point fait paroistre
A cultiver depuis ce qu'il avoit fait naistre?
Par ses soins redoublez n'és-tu pas aujourd'huy
Vn peu moindre de rang, mais plus puissant que luy?
Il eust gagné par là l'esprit le plus farouche;
Et pour remerciment tu veux foüiller sa couche!
Dans ta brutalité trouve quelques raisons,
Et contre ses faveurs défens tes trahisons.
Il t'a comblé de biens, tu luy voles son ame!
Il t'a fait grand Seigneur, & tu le rens infame!
Ingrat, c'est donc ainsi que tu rens les biens-faits?
Et ta reconnoissance a produit ces effets?
CLI. Mon ame (car encor ce beau nom te demeure,
Et te demeurera jusqu'à tant que je meure)
Crois-tu qu'aucun respect, ou crainte du trépas
Puisse obtenir sur moy ce que tu n'obtiens pas?
Dy que je suis ingrat, appelle-moy parjure,
Mais à nos feux sacrez ne fay plus tant d'injure,
Ils conservent encor leur premiere vigueur,
Et si le fol amour qui m'a surpris le cœur
Avoit pû s'étouffer au point de sa naissance,
Celuy que je te porte eust eu cette puissance.
Mais en vain mon devoir tasche à luy resister,
Toy-mesme as éprouvé qu'on ne le peut dompter.

Ce Dieu qui te força d'abandonner ton pere,
Ton païs, & tes biens pour suivre ma misere,
Ce Dieu mesme aujourd'huy force tous mes desirs
A te faire un larcin de deux ou trois soûpirs.
　A mon égarement souffre cette échapée,
Sans craindre que ta place en demeure usurpée.
L'Amour dont la vertu n'est point le fondement
Se détruit de soy-mesme, & passe en un moment;
Mais celuy qui nous joint est un amour solide,
Où l'honneur a son lustre, où la vertu préside,
Sa durée a toûjours quelques nouveaux appas,
Et ses fermes liens durent jusqu'au trépas.
　Mon ame, derechef pardonne à la surprise
Que ce Tyran des cœurs a faite à ma franchise,
Souffre une folle ardeur qui ne vivra qu'un jour,
Et qui n'affoiblit point le conjugal amour.
ISA. Helas! que j'aide bien à m'abuser moy-mesme!
Ie voy qu'on me trahit, & veux croire qu'on m'aime,
Ie me laisse charmer à ce discours flateur,
Et j'excuse un forfait dont j'adore l'autheur.
　Pardonne, cher époux, au peu de retenuë
Où d'un premier transport la chaleur est venuë:
C'est en ces accidens manquer d'affection,
Que de les voir sans trouble, & sans émotion.
Puisque mon teint se fane, & ma beauté se passe,
Il est bien juste aussi que ton amour se lasse,
Et mesme je croiray que ce feu passager
En l'amour conjugal ne pourra rien changer.
Songe un peu toutefois à qui ce feu s'adresse,
En quel peril te jette une telle Maîtresse.
　Dissimule, déguise, & sois amant discret,
Les Grands en leur amour n'ont jamais de secret.
Ce grand train qu'à leurs pas leur grandeur propre attache
N'est qu'un grand corps tout d'yeux à qui rien ne se cache,
Et dont il n'est pas un qui ne fist son effort
A se mettre en faveur par un mauvais rapport.
Tost ou tard Florilame apprendra tes pratiques,
Ou de sa défiance, ou de ses Domestiques,
Et lors (à ce penser je frissonne d'horreur)
A quelle extremité n'ira point sa fureur?
Puisqu'à ces passe-temps ton humeur te convie,
Cours aprés tes plaisirs, mais asseure ta vie,

Sans aucun sentiment je te verray changer,
Lors que tu changeras sans te mettre en danger.
CLI. Encor une fois donc tu veux que je te die
Qu'auprès de mon amour je méprise ma vie?
Mon ame est trop atteinte, & mon cœur trop blessé
Pour craindre les perils dont je suis menacé,
Ma passion m'aveugle, & pour cette conqueste
Croit hazarder trop peu de hazarder ma teste.
C'est un feu que le temps pourra seul moderer,
C'est un torrent qui passe, & ne sçauroit durer.
ISA. Et bien, cours au trépas, puisqu'il a tant de charmes,
Et neglige ta vie aussi-bien que mes larmes.
Penses-tu que ce Prince, après un tel forfait,
Par ta punition se tienne satisfait?
Qui sera mon appuy lors que ta mort infame
A sa juste vangeance exposera ta femme,
Et que sur la moitié d'un perfide étranger
Vne seconde fois il croira se vanger?
Non, je n'attendray pas que ta perte certaine
Puisse attirer sur moy les restes de ta peine,
Et que de mon honneur gardé si cherement
Il fasse un sacrifice à son ressentiment.
Ie préviendray la honte où ton malheur me livre,
Et sçauray bien mourir, si tu ne veux pas vivre.
Ce corps dont mon amour t'a fait le possesseur
Ne craindra plus bien-tost l'effort d'un ravisseur;
I'ay vécu pour t'aimer, mais non pour l'infamie
De servir au mary de ton illustre Amie.
Adieu, je vay du moins, en mourant avant toy,
Diminuer ton crime & dégager ta foy.
CLI. Ne meurs pas, chere épouse, & dans un second change
Voy l'effet merveilleux où ta vertu me range.
M'aimer malgré mon crime, & vouloir par ta mort
Eviter le hazard de quelque indigne effort!
Ie ne sçay qui je dois admirer davantage,
Ou de ce grand amour, ou de ce grand courage.
Tous les deux m'ont vaincu, je reviens sous tes loix,
Et ma brutale ardeur va rendre les abois:
C'en est fait, elle expire, & mon ame plus saine
Vient de rompre les nœuds de sa honteuse chaisne,
Mon cœur, quand il fut pris, s'étoit mal défendu,
Perds-en le souvenir. ISA. Ie l'ay déja perdu.

COMEDIE.

CLI. Que les plus beaux objets qui soient dessus la Terre
Conspirent deformais à me faire la guerre;
Ce cœur inexpugnable aux assauts de leurs yeux
N'aura plus que les tiens pour maistres, & pour Dieux.
LYS. Madame, quelqu'un vient.

SCENE IV.

CLINDOR representant Theagene, ISABELLE representant Hyppolite, LYSE representant Clarine, ERASTE, Troupe de Domestiques de Florilame.

ERA.[a] Reçoy, traistre, avec joye
   Les faveurs que par nous ta Maistresse t'envoye.
PRI.[b] On l'assassine, ô Dieux, daignez le secourir.
ERA. Puissent les suborneurs ainsi toûjours perir.
ISA. Qu'avez-vous fait, bourreaux? ER. Vn juste & grand exemple,
   Qu'il faut qu'avec effroy tout l'avenir contemple,
   Pour apprendre aux ingrats aux dépens de son sang
   A n'attaquer jamais l'honneur d'un si haut rang.
   Nostre main a vangé le Prince Florilame,
   La Princesse outragée, & vous mesme, Madame,
   Immolant à tous trois un déloyal époux
   Qui ne meritoit pas la gloire d'estre à vous.
   D'un si lasche attentat souffrez le prompt supplice,
   Et ne vous plaignez point quand on vous rend justice.
   Adieu. ISA. Vous ne l'avez massacré qu'à demy,
   Il vit encor en moy, saoulez son ennemy,
   Achevez, assassins, de m'arracher la vie.
   Cher époux, en mes bras on te l'a donc ravie,
   Et de mon cœur jaloux les secrets mouvemens
   N'ont pû rompre ce coup par leurs pressentimens!
   O clarté trop fidelle, helas, & trop tardive,
   Qui ne fais voir le mal, qu'au moment qu'il arrive!
   Falloit-il... Mais j'étouffe; & dans un tel malheur
   Mes forces & ma voix cedent à ma douleur,
   Son vif excés me tuë ensemble & me console,
   Et puisqu'il nous rejoint... LYS. Elle perd la parole.
   Madame. Elle se meurt, épargnons les discours,
   Et courons au logis appeler du secours.[c]

[a] *Il poignarde Clindor.*
[b] *A Alcandre.*
[c] *Icy on rabaisse une toile qui couvre le jardin & les corps de Clindor & d'Isabelle, & le Magicien & le pere sortent de la grotte.*

SCENE V.

ALCANDRE, PRIDAMANT.

ALC. Ainſi de noſtre eſpoir la Fortune ſe jouë,
  Tout s'éleve, ou s'abaiſſe au branſle de ſa rouë,
  Et ſon ordre inégal qui regit l'Vnivers,
  Au milieu du bonheur a ſes plus grands revers.
PRI. Cette reflexion mal propre pour un pere
  Conſoleroit peut-eſtre une douleur legere:
  Mais aprés avoir veu mon fils aſſaſſiné,
  Mes plaiſirs foudroyez, mon eſpoir ruiné,
  J'aurois d'un ſi grand coup l'ame bien peu bleſſée
  Si de pareils diſcours m'entroient dans la penſée.
  Helas! dans ſa miſere il ne pouvoit perir,
  Et ſon bonheur fatal luy ſeul l'a fait mourir.
  N'attendez pas de moy des plaintes davantage,
  La douleur qui ſe plaint cherche qu'on la ſoulage,
  La mienne court aprés ſon déplorable ſort,
  Adieu, je vay mourir, puiſque mon fils eſt mort.
ALC. D'un juſte deſeſpoir l'effort eſt legitime,
  Et de le détourner je croirois faire un crime,
  Oüy, ſuivez ce cher fils ſans atttendre à demain:
  Mais épargnez du moins ce coup à voſtre main,
  Laiſſez faire aux douleurs qui rongent vos entrailles,
  Et pour les redoubler, voyez ſes funerailles.ᵃ

ᵃ Icy on re-leve la toi-le, & tous les Come-diens pa-roiſſent avec leur Portier qui con-tent de l'argent ſur une ta-ble & en prennent chacun leur part.

PRI. Que voy-je? chez les morts conte-t'on de l'argent?
ALC. Voyez ſi pas-un d'eux s'y montre negligent.
PRI. Ie voy Clindor, ah Dieux, quelle étrange ſurpriſe!
  Ie voy ſes aſſaſſins, je voy ſa femme, & Lyſe!
  Quel charme en un moment étouffe leurs diſcords,
  Pour aſſembler ainſi les vivans & les morts?
ALC. Ainſi tous les Acteurs d'une troupe Comique,
  Leur Poëme recité, partagent leur pratique,
  L'un tuë, & l'autre meurt, l'autre vous fait pitié,
  Mais la Scene préſide à leur inimitié,
  Leurs Vers font leurs combats, leur mort ſuit leurs paroles,
  Et ſans prendre intereſt en pas-un de leurs rôles,
  Le traiſtre & le trahy, le mort & le vivant,
  Se trouvent à la fin amis comme devant.

            Voſtre

COMEDIE.

Voſtre fils & ſon train ont bien ſçeu par leur fuite
D'un pere & d'un Prevoſt éviter la pourſuite,
Mais tombant dans les mains de la neceſſité,
Ils ont pris le Theatre en cette extremité.
PRI. Mon fils Comedien! ACL. D'un Art ſi difficile
Tous les quatre au beſoin ont fait un doux azile,
Et depuis ſa priſon, ce que vous avez veu,
Son adultere amour, ſon trépas imprévcu,
N'eſt que la triſte fin d'une Piece Tragique
Qu'il expoſe aujourd'huy ſur la Scene publique,
Par où ſes compagnons en ce noble métier
Raviſſent à Paris un peuple tout entier.
Le gain leur en demeure, & ce grand équipage
Dont je vous ay fait voir le ſuperbe étalage,
Eſt bien à voſtre fils, mais non pour s'en parer
Qu'alors que ſur la Scene il ſe fait admirer.
PRI. I'ay pris ſa mort pour vraye, & ce n'étoit que feinte,
Mais je trouve par tout meſmes ſujets de plainte.
Eſt-ce-là cette gloire & ce haut rang d'honneur
Où le devoit monter l'excès de ſon bonheur?
ALC. Ceſſez de vous en plaindre. A preſent le Theatre
Eſt en un point ſi haut que chacun l'idolatre,
Et ce que voſtre temps voyoit avec mépris,
Eſt aujourd'huy l'amour de tous les bons eſprits,
L'entretien de Paris, le ſouhait des Provinces,
Le divertiſſement le plus doux de nos Princes,
Les delices du Peuple, & le plaiſir des Grands;
Parmy leurs paſſe-temps il tient les premiers rangs,
Et ceux dont nous voyons la ſageſſe profonde
Par ſes illuſtres ſoins conſerver tout le Monde,
Trouvent dans les douceurs d'un ſpectacle ſi beau
Dequoy ſe délaſſer d'un ſi peſant fardeau.
Meſme noſtre grand Roy, ce foudre de la guerre,
Dont le nom ſe fait craindre aux deux bouts de la Terre,
Le front ceint de lauriers, daigne bien quelquefois
Prêter l'œil & l'oreille au Theatre François.
C'eſt là que le Parnaſſe étale ſes merveilles,
Les plus rares Eſprits luy conſacrent leurs veilles,
Et tous ceux qu'Apollon voit d'un meilleur regard
De leur doctes travaux luy donnent quelque part.
D'ailleurs, ſi par les biens on priſe les perſonnes,
Le Theatre eſt un fief dont les rentes ſont bonnes,

Tome I.   Hhh

Et voſtre fils rencontre en un métier ſi doux
Plus d'accommodement qu'il n'euſt trouvé chez vous,
Défaites-vous enfin de cette erreur commune,
Et ne vous plaignez plus de ſa bonne fortune.
PRI. Ie n'oſe plus m'en plaindre, & voy trop de combien
Le métier qu'il a pris eſt meilleur que le mien.
Il eſt vray que d'abord mon ame s'eſt émeuë,
I'ay creu la Comedie au point où je l'ay veuë,
I'en ignorois l'éclat, l'utilité, l'appas,
Et la blaſmois ainſi ne la connoiſſant pas.
Mais depuis vos discours, mon cœur plein d'allegreſſe
A banny cette erreur avecque ſa triſteſſe.
Clindor a trop bien fait. ALC. N'en croyez que vos yeux.
PRI. Demain pour ce ſujet j'abandonne ces lieux,
Ie vole vers Paris, cependant, grand Alcandre,
Quelles graces icy ne vous doy-je point rendre?
ALC. Servir les gens d'honneur eſt mon plus grand deſir,
I'ay pris ma recompenſe en vous faiſant plaiſir.
Adieu, je ſuis content puisque je vous voy l'eſtre.
PRI. Vn ſi rare bien-fait ne ſe peut reconnoiſtre,
Mais, grand Mage, du moins croyez qu'à l'avenir
Mon ame en gardera l'éternel ſouvenir.

F I N.

LE CID,
TRAGEDIE

ACTEVRS

D. FERNAND, Premier Roy de Castille.

D. VRRAQVE, Infante de Castille.

D. DIEGVE, Pere de D. Rodrigue.

D. GOMES, Comte de Gormas pere de Chimene.

D. RODRIGVE, Amant de Chimene.

D. SANCHE, Amoureux de Chimene.

D. ARIAS,
D. ALONSE, } Gentils-hommes Castillans.

CHIMENE, Fille de D. Gomes.

LEONOR, Gouvernante de l'Infante.

ELVIRE, Gouvernante de Chimene.

VN PAGE de l'Infante.

La Scene est à Seville.

LE CID,
TRAGEDIE.

ACTE I.

SCENE PREMIERE.

CHIMENE, ELVIRE.

CHI. LVIRE, m'as-tu fait un rapport bien sincere?
Ne déguises-tu rien de ce qu'a dit mon pere?
ELV. Tous mes sens à moy-mesme en font encor charmez,
Il estime Rodrigue autant que vous l'aimez,
Et si je ne m'abuse à lire dans son ame,
Il vous commandera de répondre à sa flame.
CHI. Dy-moy donc, je te prie, une seconde fois
Ce qui te fait juger qu'il approuve mon choix,
Appren moy de nouveau quel espoir j'en doy prendre;
Vn si charmant discours ne se peut trop entendre,
Tu ne peux trop promettre aux feux de nostre amour
La douce liberté de se montrer au jour.
Que t'a-t'il répondu sur la secrette brigue
Que font auprés de toy Don Sanche, & Don Rodrigue?

Hhh iij

N'as-tu point trop fait voir quelle inégalité
Entre ces deux amans me panche d'un costé?
ELV. Non, j'ay peint vostre cœur dans une indifference
Qui n'enfle d'aucun d'eux, ny détruit l'esperance,
Et sans les voir d'un œil trop severe, ou trop doux,
Attend l'ordre d'un pere à choisir un époux.
Ce respect l'a ravy, sa bouche & son visage
M'en ont donné sur l'heure un digne témoignage,
Et puisqu'il vous en faut encor faire un recit,
Voicy d'eux & de vous ce qu'en hasté il m'a dit.
Elle est dans le devoir, tous deux sont dignes d'elle,
Tous deux formez d'un sang, noble, vaillant, fidelle,
Ieunes, mais qui font lire aisément dans leurs yeux
L'éclatante vertu de leurs braves ayeux.
Don Rodrigue sur tout n'a trait en son visage
Qui d'un homme de cœur ne soit la haute image,
Et sort d'une maison si feconde en guerriers,
Qu'ils y prennent naissance au milieu des lauriers.
La valeur de son pere en son temps sans pareille,
Tant qu'a duré sa force, a passé pour merveille,
Ses rides sur son front ont gravé ses exploits,
Et nous disent encor ce qu'il fut autrefois.
Ie me promets du fils ce que j'ay veu du pere,
Et ma fille en un mot peut l'aimer & me plaire.
Il alloit au Conseil, dont l'heure qui pressoit
A tranché ce discours qu'à peine il commençoit,
Mais à ce peu de mots je croy que sa pensée
Entre vos deux amans n'est pas fort balancée.
Le Roy doit à son fils élire un Gouverneur,
Et c'est luy que regarde un tel degré d'honneur,
Ce choix n'est pas douteux, & sa rare vaillance
Ne peut souffrir qu'on craigne aucune concurrence.
Comme ses hauts exploits le rendent sans égal,
Dans un espoir si juste il sera sans rival :
Et puisque Don Rodrigue a resolu son pere
Au sortir du Conseil à proposer l'affaire,
Ie vous laisse à juger s'il prendra bien son temps,
Et si tous vos desirs seront bien-tost contents.
CHI. Il semble toutesfois que mon ame troublée
Refuse cette joye, & s'en trouve accablée,
Vn moment donne au Sort des visages divers,
Et dans ce grand bonheur je crains un grand revers.

TRAGEDIE.

ELV. Vous verrez cette crainte heureusement deceuë.
CHI. Allons, quoy qu'il en soit, en attendre l'issuë.

SCENE II.

L'INFANTE, LEONOR, Page.

L'IN. PAge, allez avertir Chiméne de ma part
Qu'aujourd'huy pour me voir elle attend un peu tard,
Et que mon amitié se plaint de sa paresse. [a]   [a] *Le Page rentre.*
LEO. Madame, chaque jour mesme desir vous presse,
Et dans son entretien je vous voy chaque jour
Demander en quel point se trouve son amour.
L'IN. Ce n'est pas sans sujet, je l'ay presque forcée
A recevoir les traits dont son ame est blessée.
Elle aime Don Rodrigue, & le tient de ma main,
Et par moy Don Rodrigue a vaincu son dédain:
Ainsi de ces amans ayant formé les chaisnes,
Ie doy prendre interest à voir finir leurs peines.
LEO. Madame, toutefois parmy leurs bons succès
Vous montrez un chagrin qui va jusqu'à l'excès.
Cet amour, qui tous deux les comble d'allegresse,
Fait-il de ce grand cœur la profonde tristesse,
Et ce grand interest que vous prenez pour eux
Vous rend-il malheureuse, alors qu'ils sont heureux?
Mais je vay trop avant, & deviens indiscrette.
L'IN. Ma tristesse redouble à la tenir secrette.
Ecoute, écoute enfin comme j'ay combatu,
Ecoute quels assauts brave encor ma vertu.
L'Amour est un tyran qui n'épargne personne;
Ce jeune Cavalier, cet amant que je donne,
Ie l'aime. LE. Vous l'aimez! L'IN. Mets la main sur mon cœur,
Et voy comme il se trouble au nom de son vainqueur,
Comme il le reconnoit. LEO. Pardonnez-moy, Madame,
Si je sors du respect pour blasmer cette flame.
Vne grande Princesse à ce point s'oublier,
Que d'admettre en son cœur un simple Cavalier!
Et que diroit le Roy? que diroit la Castille?
Vous souvient-il encor de qui vous étes fille?
L'IN. Il m'en souvient si bien, que j'épandray mon sang,
Avant que je m'abaisse à démentir mon rang.

Ie te répondrois bien que dans les belles ames
Le seul merite a droit de produire des flames,
Et si ma passion cherchoit à s'excuser,
Mille exemples fameux pourroient l'authoriser:
Mais je n'en veux point suivre où ma gloire s'engage,
La surprise des sens n'abat point mon courage,
Et je me dis toûjours, qu'étant fille de Roy,
Tout autre qu'un Monarque est indigne de moy.
Quand je vis que mon cœur ne se pouvoit défendre,
Moy-mesme je donnay ce que je n'osois prendre,
Ie mis au lieu de moy Chiméne en ses liens,
Et j'allumay leurs feux pour éteindre les miens.
Ne t'étonne donc plus si mon ame gesnée
Avec impatience attend leur Hymenée,
Tu vois que mon repos en dépend aujourd'huy:
Si l'amour vit d'espoir, il perit avec luy,
C'est un feu qui s'éteint faute de nourriture,
Et malgré la rigueur de ma triste avanture,
Si Chiméne a jamais Rodrigue pour mary,
Mon esperance est morte, & mon esprit guery.
  Ie souffre cependant un tourment incroyable,
Iusques à cet Hymen Rodrigue m'est aimable,
Ie travaille à le perdre, & le perds à regret,
Et de là prend son cours mon déplaisir secret.
Ie vois avec chagrin que l'amour me contraigne
A pousser des soûpirs pour ce que je dédaigne,
Ie sens en deux partis mon esprit divisé,
Si mon courage est haut, mon cœur est embrasé,
Cet Hymen m'est fatal, je le crains, & souhaite,
Ie n'ose en esperer qu'une joye imparfaite,
Ma gloire & mon amour ont pour moy tant d'appas,
Que je meurs s'il s'acheve, ou ne s'acheve pas.
LEO. Madame, après cela je n'ay rien à vous dire,
Sinon que de vos maux avec vous je soûpire:
Ie vous blasmois tantost, je vous plains à present.
Mais puisque dans un mal si doux, & si cuisant,
Vostre vertu combat, & son charme, & sa force,
En repousse l'assaut, en rejette l'amorce,
Elle rendra le calme à vos esprits flotans.
Esperez donc tout d'elle, & du secours du temps,
Esperez tout du Ciel, il a trop de justice
Pour laisser la vertu dans un si long supplice.

L'IN. Ma

L'IN. Ma plus douce esperance est de perdre l'espoir.
PAG. Par vos commandemens Chiméne vous vient voir.
L'IN.[a] Allez l'entretenir en cette Galerie.
LEO. Voulez-vous demeurer dedans la resverie?
L'IN. Non, je veux seulement malgré mon déplaisir
  Remettre mon visage un peu plus à loisir,
  Ie vous suy. Iuste Ciel, d'où j'attens mon remede,
  Mets enfin quelque borne au mal qui me possede,
  Asseure mon repos, asseure mon honneur,
  Dans le bonheur d'autruy je cherche mon bonheur,
  Cet Hymenée à trois également importe;
  Rends son effet plus prompt, ou mon ame plus forte:
  D'un lien conjugal joindre ces deux amans,
  C'est briser tous mes fers, & finir mes tourmens.
  Mais je tarde un peu trop, allons trouver Chiméne,
  Et par son entretien soulager nostre peine.

[a] *A Leonor.*

SCENE III.

LE COMTE, D. DIEGVE.

COM. ENfin vous l'emportez, & la faveur du Roy
  Vous éleve en un rang qui n'étoit dû qu'à moy,
  Il vous fait Gouverneur du Prince de Castille.
DIE. Cette marque d'honneur qu'il met dans ma famille
  Montre à tous qu'il est juste, & fait connoistre assez
  Qu'il sçait recompenser les services passez.
COM. Pour grands que soient les Rois, ils sont ce que nous sommes,
  Ils peuvent se tromper comme les autres hommes,
  Et ce choix sert de preuve à tous les Courtisans
  Qu'ils sçavent mal payer les services presens.
DIE. Ne parlons plus d'un choix dont vostre esprit s'irrite,
  La faveur l'a pû faire autant que le merite,
  Mais on doit ce respect au pouvoir absolu
  De n'examiner rien quand un Roy l'a voulu.
  A l'honneur qu'on m'a fait ajoustez-en un autre,
  Ioignons d'un sacré nœud ma maison à la vostre:
  Vous n'avez qu'une fille, & moy je n'ay qu'un fils,
  Leur Hymen nous peut rendre à jamais plus qu'amis,
  Faites-nous cette grace, & l'acceptez pour gendre.
COM. A des partis plus hauts ce beau fils doit pretendre,

Tome I. Iii

Et le nouvel éclat de voſtre Dignité
　　Luy doit enfler le cœur d'une autre vanité.
　　　Exercez-la, Monſieur, & gouvernez le Prince,
　　Montrez-luy comme il faut regir une Province,
　　Faire trembler par tout les Peuples ſous ſa loy,
　　Remplir les bons d'amour, & les méchans d'effroy.
　　Ioignez à ces vertus celles d'un Capitaine,
　　Montrez-luy comme il faut s'endurcir à la peine,
　　Dans le métier de Mars ſe rendre ſans égal,
　　Paſſer les jours entiers & les nuits à cheval,
　　Repoſer tout armé, forcer une muraille,
　　Et ne devoir qu'à ſoy le gain d'une bataille.
　　Inſtruiſez-le d'exemple, & rendez-le parfait
　　Expliquant à ſes yeux vos leçons par l'effet.
DIE. Pour s'inſtruire d'exemple, en dépit de l'Envie,
　　Il lira ſeulement l'hiſtoire de ma vie.
　　　Là dans un long tiſſu de belles actions
　　Il verra comme il faut dompter des nations,
　　Attaquer une Place, & ranger une Armée,
　　Et ſur de grands exploits baſtir ſa Renommée.
COM. Les exemples vivans ſont d'un autre pouvoir,
　　Vn Prince dans un livre apprend mal ſon devoir,
　　Et qu'a fait après tout ce grand nombre d'années,
　　Que ne puiſſe égaler une de mes journées?
　　Si vous fuſtes vaillant, je le ſuis aujourd'huy,
　　Et ce bras du Royaume eſt le plus ferme appuy.
　　Grenade & l'Arragon tremblent quand ce fer brille,
　　Mon nom ſert de rempart à toute la Caſtille,
　　Sans moy vous paſſeriez bien-toſt ſous d'autres loix,
　　Et vous auriez bien-toſt vos ennemis pour Rois.
　　Chaque jour, chaque inſtant, pour rehauſſer ma gloire,
　　Met lauriers ſur lauriers, victoire ſur victoire:
　　Le Prince à mes coſtez feroit dans les combats
　　L'eſſay de ſon courage à l'ombre de mon bras;
　　Il apprendroit à vaincre en me regardant faire,
　　Et pour répondre en haſte à ſon grand caractere,
　　Il verroit.... DIE. Ie le ſçay, vous ſervez bien le Roy,
　　Ie vous ay veu combatre & commander ſous moy:
　　Quand l'âge dans mes nerfs a fait couler ſa glace,
　　Voſtre rare valeur a bien remply ma place;
　　Enfin, pour épargner les diſcours ſuperflus,
　　Vous étes aujourd'huy ce qu'autrefois je fus.

TRAGEDIE. 435

Vous voyez toutefois qu'en cette concurrence,
Vn Monarque entre nous met quelque difference.
COM. Ce que je meritois vous l'avez emporté.
DIE. Qui l'a gagné sur vous l'avoit mieux merité.
COM. Qui peut mieux l'exercer en est bien le plus digne.
DIE. En estre refusé n'en est pas un bon signe.
COM. Vous l'avez eu par brigue étant vieux Courtisan.
DIE. L'éclat de mes hauts faits fut mon seul partisan.
COM. Parlons-en mieux, le Roy fait honneur à vostre âge.
DIE. Le Roy, quand il en fait, le mesure au courage.
COM. Et par là cet honneur n'étoit deu qu'à mon bras.
DIE. Qui n'a pû l'obtenir ne le meritoit pas.
COM. Ne le meritoit pas ! moy ? *DI.* Vous. *COM.* Ton impudence,
Temeraire vieillard, aura sa recompense.[a]
DIE.[b] Acheve, & pren ma vie aprés un tel affront,
Le premier dont ma race ait veu rougir son front.
COM. Et que penses-tu faire avec tant de foiblesse ?
DIE. O Dieu ! ma force usée en ce besoin me laisse !
COM. Ton épée est à moy, mais tu serois trop vain,
Si ce honteux trophée avoit chargé ma main.
Adieu, fay lire au Prince, en dépit de l'Envie,
Pour son instruction l'histoire de ta vie,
D'un insolent discours ce juste châtiment
Ne luy servira pas d'un petit ornement.

[a] il luy donne un souflet.
[b] Il met l'épée à la main.

SCENE IV.

D. DIEGVE.

O Rage ! ô desespoir ! ô vieillesse ennemie !
N'ay-je donc tant vécu que pour cette infamie ?
Et ne suis-je blanchy dans les travaux guerriers,
Que pour voir en un jour flestrir tant de lauriers ?
Mon bras qu'avec respect toute l'Espagne admire,
Mon bras qui tant de fois a sauvé cet Empire,
Tant de fois affermy le trosne de son Roy,
Trahit donc ma querelle, & ne fait rien pour moy ?
O cruel souvenir de ma gloire passée !
Oeuvre de tant de jours en un jour effacée !
Nouvelle Dignité fatale à mon bonheur !
Precipice élevé d'où tombe mon honneur !

Iii ij

Faut-il de voſtre éclat voir triompher le Comte,
Et mourir ſans vangeance, ou vivre dans la honte?
Comte, ſois de mon Prince à preſent Gouverneur,
Ce haut rang n'admet point un homme ſans honneur,
Et ton jaloux orgueil par cet affront inſigne
Malgré le choix du Roy m'en a ſçeu rendre indigne.
Et toy, de mes exploits glorieux inſtrument,
Mais d'un corps tout de glace inutile ornement,
Fer jadis tant à craindre, & qui dans cette offenſe
M'as ſervy de parade, & non pas de défenſe;
Va, quitte deſormais le dernier des Humains,
Paſſe pour me vanger en de meilleures mains.

SCENE V.

D. DIEGVE, D. RODRIGVE.

DIE. ROdrigue, as-tu du cœur? *RO.* Tout autre que mon pere
L'éprouveroit ſur l'heure. *DIE.* Agreable colere!
Digne reſſentiment à ma douleur bien doux!
Ie reconnoy mon ſang à ce noble couroux,
Ma jeuneſſe revit en cette ardeur ſi prompte.
Vien mon fils, vien mon ſang, vien reparer ma honte,
Vien me vanger. *ROD.* Dequoy? *DIE.* D'un affront ſi cruel,
Qu'à l'honneur de tous deux il porte un coup mortel,
D'un ſouflet. L'inſolent en euſt perdu la vie,
Mais mon âge a trompé ma genereuſe envie,
Et ce fer que mon bras ne peut plus ſoûtenir,
Ie le remets au tien pour vanger & punir.
Va contre un arrogant éprouver ton courage,
Ce n'eſt que dans le ſang qu'on lave un tel outrage,
Meurs, ou tuë. Au ſurplus, pour ne te point flater,
Ie te donne à combatre un homme à redouter,
Ie l'ay veu tout couvert de ſang & de pouſſiere
Porter par tout l'effroy dans une Armée entiere,
I'ay veu par ſa valeur cent eſcadrons rompus,
Et pour t'en dire encor quelque choſe de plus,
Plus que brave ſoldat, plus que grand Capitaine,
C'eſt.... *ROD.* De grace, achevez. *DIE.* Le pere de Chiméne.
ROD. Le.... *DIE.* Ne replique point, je connoy ton amour,
Mais qui peut vivre infame eſt indigne du jour,

TRAGEDIE. 437

Plus l'offenseur est cher, & plus grande est l'offense:
Enfin tu sçais l'affront, & tu tiens la vangeance,
Ie ne te dis plus rien, vange-moy, vange-toy,
Montre-toy digne fils d'un pere tel que moy;
Accablé des malheurs où le Destin me range,
Ie vay les déplorer, va, cours, vole, & nous vange.

SCENE VI.

D. RODRIGVE.

PErcé jusques au fond du cœur,
D'une atteinte impréveuë aussi-bien que mortelle,
Miserable vangeur d'une juste querelle,
Et malheureux objet d'une injuste rigueur:
Ie demeure immobile, & mon ame abatuë
  Cede au coup qui me tuë.
 Si près de voir mon feu recompensé,
  O Dieu! l'étrange peine!
 En cet affront mon pere est l'offensé,
 Et l'offenseur le pere de Chiméne!

  Que je sens de rudes combats!
Contre mon propre honneur mon amour s'interesse,
Il faut vanger un pere & perdre une Maîtresse,
L'un m'anime le cœur, l'autre retient mon bras.
Réduit au triste choix, ou de trahir ma flame,
  Ou de vivre en infame,
 Des deux costez mon mal est infiny.
  O Dieu! l'étrange peine!
 Faut-il laisser un affront impuny?
 Faut-il punir le pere de Chiméne?

  Pere, Maîtresse, honneur, amour,
Noble & dure contrainte, aimable tyrannie,
Tous mes plaisirs sont morts, ou ma gloire ternie,
L'un me rend malheureux, l'autre indigne du jour.
Cher & cruel espoir d'une ame genereuse,
  Mais ensemble amoureuse,
 Digne ennemy de mon plus grand bonheur,
  Fer qui causes ma peine,

M'es-tu donné pour vanger mon honneur?
M'es-tu donné pour perdre ma Chiméne?

  Il vaut mieux courir au trépas,
Ie dois à ma Maîtreſſe auſſi-bien qu'à mon pere,
I'attire en me vangeant ſa haine & ſa colere,
I'attire ſes mépris en ne me vangeant pas.
A mon plus doux eſpoir l'un me rend infidelle,
  Et l'autre, indigne d'elle.
Mon mal augmente à le vouloir guerir,
  Tout redouble ma peine,
 Allons, mon ame, & puiſqu'il faut mourir,
Mourons du moins ſans offenſer Chiméne.

  Mourir ſans tirer ma raiſon!
Rechercher un trépas ſi mortel à ma gloire!
Endurer que l'Eſpagne impute à ma memoire
D'avoir mal ſoûtenu l'honneur de ma maiſon!
Reſpecter un amour dont mon ame égarée
  Voit la perte aſſeurée!
N'écoutons plus ce penſer ſuborneur
  Qui ne ſert qu'à ma peine,
Allons, mon bras, ſauvons du moins l'honneur,
Puiſqu'aprés tout il faut perdre Chiméne.

  Ouy, mon eſprit s'étoit deçeu,
Ie doy tout à mon pere avant qu'à ma Maîtreſſe:
Que je meure au combat, ou meure de triſteſſe,
Ie rendray mon ſang pur, comme je l'ay receu.
Ie m'accuſe déja de trop de negligence,
  Courons à la vangeance,
 Et tout honteux d'avoir tant balancé,
  Ne ſoyons plus en peine
 (Puiſqu'aujourd'huy mon pere eſt l'offenſé)
Si l'offenſeur eſt pere de Chiméne.

ACTE II.

SCENE PREMIERE.

D. ARIAS, LE COMTE.

COM. IE l'avoüe entre nous, mon sang un peu trop chaud
S'est trop émeu d'un mot, & l'a porté trop haut,
Mais puisque c'en est fait, le coup est sans remede.
A. Qu'aux volontez du Roy ce grād courage cede,
Il y prend grande part, & son cœur irrité
Agira contre vous de pleine authorité.
Aussi vous n'avez point de valable défense,
Le rang de l'offensé, la grandeur de l'offense,
Demandent des devoirs, & des submissions,
Qui passent le commun des satisfactions.
COM. Le Roy peut à son gré disposer de ma vie.
ARI. De trop d'emportement vostre faute est suivie.
Le Roy vous aime encor, appaisez son couroux,
Il a dit, *je le veux*, desobeïrez-vous?
COM. Monsieur, pour conserver tout ce que j'ay d'estime,
Desobeïr un peu n'est pas un si grand crime,
Et quelque grand qu'il soit, mes services presens
Pour le faire abolir sont plus que suffisans.
ARI. Quoy qu'on fasse d'illustre & de considerable,
Iamais à son Sujet un Roy n'est redevable;
Vous vous flatez beaucoup, & vous devez sçavoir
Que qui sert bien son Roy ne fait que son devoir.
Vous vous perdrez, Monsieur, sur cette confiance.
COM. Ie ne vous en croiray qu'après l'experience.
ARI. Vous devez redouter la puissance d'un Roy.
COM. Vn jour seul ne perd pas un homme tel que moy.
Que toute sa grandeur s'arme pour mon supplice,
Tout l'Etat perira, s'il faut que je perisse.
ARI. Quoy? vous craignez si peu le pouvoir souverain....
COM. D'un sceptre qui sans moy tomberoit de sa main.

Il a trop d'interest luy-mesme en ma personne,
Et ma teste en tombant feroit choir sa couronne.
ARI. Souffrez que la raison remette vos esprits.
Prenez un bon conseil. *COM.* Le conseil en est pris.
ARI. Que luy diray-je enfin ? je luy doy rendre conte.
COM. Que je ne puis du tout consentir à ma honte.
ARI. Mais songez que les Rois veulent estre absolus.
COM. Le sort en est jetté, Monsieur, n'en parlons plus.
ARI. Adieu donc, puisqu'en vain je tasche à vous resoudre.
Avec tous vos lauriers craignez encor le foudre.
COM. Ie l'attendray sans peur. *ARI.* Mais non pas sans effet.
COM. Nous verrons donc par là Don Diegue satisfait.

^a*Il est seul.*   ^aQui ne craint point la mort ne craint point les menaces,
I'ay le cœur au dessus des plus fieres disgraces,
Et l'on peut me reduire à vivre sans bonheur,
Mais non pas me resoudre à vivre sans honneur.

SCENE II.

LE COMTE, D. RODRIGVE.

RO. A Moy, Comte, deux mots. *C.* Parle. *R.* Oste-moy d'un doute.
Cônois-tu bien Don Diegue? *C.* Ouy. *R.* Parlôs bas, écoute.
Sçais-tu que ce vieillard fut la mesme vertu,
La vaillance & l'honneur de son temps ? le sçais-tu ?
COM. Peut-estre. *ROD.* Cette ardeur que dans les yeux je porte,
Sçais-tu que c'est son sang ? le sçais-tu ? *COM.* Que m'importe ?
ROD. A quatre pas d'icy je te le fais sçavoir.
COM. Ieune presomptueux. *ROD.* Parle sans t'émouvoir.
Ie suis jeune, il est vray, mais aux ames bien nées
La valeur n'attend point le nombre des années.
COM. Te mesurer à moy ! qui t'a rendu si vain ?
Toy, qu'on n'a jamais veu les armes à la main ?
ROD. Mes pareils à deux fois ne se font point connoistre,
Et pour leurs coups d'essay veulent des coups de maistre.
COM. Sçais-tu bien qui je suis ? *ROD.* Ouy, tout autre que moy
Au seul bruit de ton nom pourroit trembler d'effroy.
Les palmes dont je voy ta teste si couverte
Semblent porter écrit le destin de ma perte,
I'attaque en temeraire un bras toûjours vainqueur;
Mais j'auray trop de force ayant assez de cœur,

A qui

TRAGEDIE.

A qui vange son pere il n'est rien impossible,
Ton bras est invaincu, mais non pas invincible.
COM. Ce grand cœur qui paroit aux discours que tu tiens
Par tes yeux chaque jour se découvroit aux miens,
Et croyant voir en toy l'honneur de la Castille,
Mon ame avec plaisir te destinoit ma fille.
Ie sçay ta passion, & suis ravy de voir
Que tous ses mouvemens cedent à ton devoir,
Qu'ils n'ont point affoibly cette ardeur magnanime,
Que ta haute vertu répond à mon estime,
Et que voulant pour gendre un Cavalier parfait,
Ie ne me trompois point au choix que j'avois fait,
Mais je sens que pour toy ma pitié s'interesse,
I'admire ton courage, & je plains ta jeunesse.
Ne cherche point à faire un coup-d'essay fatal,
Dispense ma valeur d'un combat inégal,
Trop peu d'honneur pour moy suivroit cette victoire,
A vaincre sans peril on triomphe sans gloire,
On te croiroit toûjours abatu sans effort,
Et j'aurois seulement le regret de ta mort.
ROD. D'une indigne pitié ton audace est suivie:
Qui m'ose oster l'honneur craint de m'oster la vie!
COM. Retire-toy d'icy. ROD. Marchons sans discourir.
COM. Es-tu si las de vivre? ROD. As-tu peur de mourir?
COM. Vien, tu fais ton devoir, & le fils dégenere
Qui survit un moment à l'honneur de son pere.

SCENE III.

L'INFANTE, CHIMENE, LEONOR.

L'IN. Appaise, ma Chiméne, appaise ta douleur,
Fais agir ta constance en ce coup de malheur,
Tu reverras le calme après ce foible orage,
Ton bonheur n'est couvert que d'un peu de nuage,
Et tu n'as rien perdu pour le voir differer.
CHI. Mon cœur outré d'ennuis n'ose rien esperer.
Vn orage si prompt qui trouble une bonace
D'un naufrage certain nous porte la menace,
Ie n'en sçaurois douter, je peris dans le port.
I'aimois, j'étois aimée, & nos peres d'accord,

Tome I. Kkk

Et je vous en contois la premiere Nouvelle
Au malheureux moment que naiſſoit leur querelle,
Dont le recit fatal, ſi-toſt qu'on vous l'a fait,
D'une ſi douce attente a ruiné l'effet.
    Maudite ambition, deteſtable manie,
Dont les plus genereux ſouffrent la tyrannie,
Honneur impitoyable à mes plus chers deſirs,
Que tu me vas coûter de pleurs, & de ſoûpirs!
L'IN. Tu n'as dans leur querelle aucun ſujet de craindre,
Vn moment l'a fait naiſtre, un moment va l'éteindre,
Elle a fait trop de bruit pour ne pas s'accorder,
Puiſque déja le Roy les veut accommoder,
Et tu ſçais que mon ame à tes ennuis ſenſible,
Pour en tarir la ſource, y fera l'impoſſible.
CHI. Les accommodemens ne font rien en ce point,
De ſi mortels affronts ne ſe reparent point.
En vain on fait agir la force, ou la prudence,
Si l'on guerit le mal, ce n'eſt qu'en apparence,
La haine que les cœurs conſervent au dedans
Nourrit des feux cachez, mais d'autant plus ardens.
L'IN. Le ſaint nœud qui joindra Don Rodigue & Chiméne
Des peres ennemis diſſipera la haine,
Et nous verrons bien-toſt voſtre amour le plus fort
Par un heureux Hymen étouffer ce diſcord.
CHI. Ie le ſouhaite ainſi plus que je ne l'eſpere,
Don Diegue eſt trop altier, & je connoy mon pere,
Ie ſens couler des pleurs que je veux retenir,
Le paſſé me tourmente, & je crains l'avenir.
L'IN. Que crains-tu? d'un vieillard l'impuiſſante foibleſſe?
CHI. Rodrigue a du courage. L'IN. Il a trop de jeuneſſe.
CHI. Les hommes valeureux le ſont du premier coup.
L'IN. Tu ne dois pas pourtant le redouter beaucoup,
Il eſt trop amoureux pour te vouloir déplaire,
Et deux mots de ta bouche arreſtent ſa colere.
CHI. S'il ne m'obeït point, quel comble à mon ennuy!
Et s'il peut m'obeïr, que dira-t'on de luy?
Etant né ce qu'il eſt, ſouffrir un tel outrage!
Soit qu'il cede ou reſiſte au feu qui me l'engage,
Mon eſprit ne peut qu'eſtre, ou honteux, ou confus,
De ſon trop de reſpect, ou d'un juſte refus.
L'IN. Chiméne a l'ame haute, & quoy qu'intereſſée,
Elle ne peut ſouffrir une baſſe penſée:

TRAGEDIE.

Mais si jusques au jour de l'accommodement
Ie fais mon prisonnier de ce parfait amant,
Et que j'empesche ainsi l'effet de son courage,
Ton esprit amoureux n'aura-t'il point d'ombrage?
CHI. Ah, Madame: en ce cas je n'ay plus de soucy.

SCENE IV.

L'INFANTE, CHIMENE, LEONOR, LE PAGE.

L'I. PAge, cherchez Rodrigue, & l'amenez icy.
P. Le Comte de Gormas & luy... C. Bon Dieu ! je tremble.
L'IN. Parlez. PAG. De ce Palais ils sont sortis ensemble.
CHI. Seuls? PAG. Seuls, & qui sembloient tout bas se quereller.
CHI. Sans doute ils sont aux mains, il n'en faut plus parler.
Madame, pardonnez à cette promptitude.

SCENE V.

L'INFANTE, LEONOR.

L'IN. HElas ! que dans l'esprit je sens d'inquietude !
Ie pleure ses malheurs, son amant me ravit,
Mon repos m'abandonne, & ma flame revit.
Ce qui va separer Rodrigue de Chiméne
Fait renaistre à la fois mon espoir, & ma peine,
Et leur division que je vois à regret
Dans mon esprit charmé jette un plaisir secret.
LEO. Cette haute vertu qui regne dans vostre ame
Se rend-elle si-tost à cette lasche flame?
L'IN. Ne la nomme point lasche, à present que chez moy
Pompeuse & triomphante elle me fait la loy,
Porte-luy du respect puisqu'elle m'est si chere;
Ma vertu la combat, mais malgré moy j'espere,
Et d'un si fol espoir mon cœur mal défendu
Vole aprés un amant que Chiméne a perdu.
LEO. Vous laissez choir ainsi ce glorieux courage,
Et la raison chez vous perd ainsi son usage?

Kkk ij

L'IN. Ah ! qu'avec peu d'effet on entend la raison,
  Quand le cœur est atteint d'un si charmant poison!
  Et lors que le malade aime sa maladie,
  Qu'il a peine à souffrir que l'on y remedie!
LEO. Vostre espoir vous seduit, vostre mal vous est doux,
  Mais enfin ce Rodrigue est indigne de vous.
L'IN. Ie ne le sçay que trop, mais si ma vertu cede,
  Appren comme l'amour flate un cœur qu'il possede.
  Si Rodrigue une fois sort vainqueur du combat,
  Si dessous sa valeur ce grand guerrier s'abat,
  Ie puis en faire cas, je puis l'aimer sans honte,
  Que ne fera-t'il point s'il peut vaincre le Comte?
  I'ose m'imaginer qu'à ses moindres exploits
  Les Royaumes entiers tomberont sous ses loix,
  Et mon amour flateur déja me persuade
  Que je le vois assis au Trosne de Grenade,
  Les Mores subjuguez trembler en l'adorant,
  L'Arragon recevoir ce nouveau conquerant,
  Le Portugal se rendre, & ses nobles journées
  Porter delà les Mers ses hautes Destinées,
  Du sang des Afriquains arroser ses lauriers,
  Enfin tout ce qu'on dit des plus fameux guerriers,
  Ie l'attens de Rodrigue après cette victoire,
  Et fais de son amour un sujet de ma gloire.
LEO. Mais, Madame, voyez où vous portez son bras
  En suite d'un combat qui peut-estre n'est pas.
L'IN. Rodrigue est offensé, le Comte a fait l'outrage,
  Ils sont sortis ensemble, en faut-il davantage?
LEO. Et bien, ils se batront, puisque vous le voulez,
  Mais Rodrigue ira-t'il si loin que vous allez?
L'IN. Que veux-tu? je suis folle, & mon esprit s'égare,
  Tu vois par là quels maux cet amour me prépare.
  Vien dans mon cabinet consoler mes ennuis,
  Et ne me quitte point dans le trouble où je suis.

SCENE VI.

D. FERNAND, D. ARIAS, D. SANCHE.

FER. Le Comte est donc si vain, & si peu raisonnable!
Ose-t'il croire encor son crime pardonnable?
ARI. Ie l'ay de vostre part long-temps entretenu,
I'ay fait mon pouvoir, Sire, & n'ay rien obtenu.
FER. Iustes Cieux! Ainsi donc un Sujet temeraire
A si peu de respect & de soin de me plaire!
Il offense Don Diegue, & méprise son Roy!
Au milieu de ma Cour il me donne la loy!
Qu'il soit brave guerrier, qu'il soit grand Capitaine,
Ie sçauray bien rabatre une humeur si hautaine :
Fust-il la valeur mesme, & le Dieu des combats
Il verra ce que c'est que de n'obeïr pas.
Quoy qu'ait pû meriter une telle insolence,
Ie l'ay voulu d'abord traiter sans violence,
Mais puisqu'il en abuse, allez dés aujourd'huy,
Soit qu'il resiste, ou non, vous asseurer de luy.
SAN. Peut-estre un peu de temps le rendroit moins rebelle,
On l'a pris tout boüillant encor de sa querelle,
Sire, dans la chaleur d'un premier mouvement
Vn cœur si genereux se rend mal-aisément :
Il voit bien qu'il a tort, mais une ame si haute
N'est pas si-tost reduite à confesser sa faute.
FER. Don Sanche, taisez-vous, & soyez averty
Qu'on se rend criminel à prendre son party.
SAN. I'obeïs, & me tais, mais de grace encor, Sire,
Deux mots en sa défense. *FER.* Et que pourrez-vous dire?
SAN. Qu'une ame accoûtumée aux grandes actions
Ne se peut abaisser à des submissions.
Elle n'en conçoit point qui s'expliquent sans honte,
Et c'est à ce mot seul qu'a resisté le Comte.
Il trouve en son devoir un peu trop de rigueur,
Et vous obeïroit, s'il avoit moins de cœur.
Commandez que son bras nourry dans les alarmes
Répare cette injure à la pointe des armes,
Il satisfera, Sire, & vienne qui voudra,
Attendant qu'il l'ait sçeu voicy qui répondra.

Kkk iij

FER. Vous perdez le respect, mais je pardonne à l'âge,
Et j'excuse l'ardeur en un jeune courage.
Vn Roy dont la prudence a de meilleurs objets
Eſt meilleur ménager du ſang de ſes Sujets;
Ie veille pour les miens, mes ſoucis les conſervent,
Comme le chef a ſoin des membres qui le ſervent.
Ainſi voſtre raiſon n'eſt pas raiſon pour moy,
Vous parlez en Soldat, je dois agir en Roy,
Et quoy qu'on veüille dire, & quoy qu'il oſe croire,
Le Comte à m'obeïr ne peut perdre ſa gloire.
D'ailleurs l'affront me touche, il a perdu d'honneur
Celuy que de mon fils j'ay fait le Gouverneur.
S'attaquer à mon choix, c'eſt ſe prendre à moy-meſme,
Et faire un attentat ſur le pouvoir ſupreſme.
N'en parlons plus. Au reſte, ou a veu dix vaiſſeaux
De nos vieux ennemis arborer les drapeaux,
Vers la bouche du fleuve ils ont oſé paroiſtre.
ARI. Les Mores ont appris par force à vous connoiſtre,
Et tant de fois vaincus ils ont perdu le cœur
De ſe plus hazarder contre un ſi grand vainqueur.
FER. Ils ne verront jamais ſans quelque jalouſie
Mon ſceptre en dépit d'eux regir l'Andalouſie,
Et ce pays ſi beau qu'ils ont trop poſſedé
Avec un œil d'envie eſt toûjours regardé.
C'eſt l'unique raiſon qui m'a fait dans Seville
Placer depuis dix ans le troſne de Caſtille,
Pour les voir de plus près, & d'un ordre plus prompt
Renverſer auſſi-toſt ce qu'ils entreprendront.
ARI. Ils ſçavent aux dépens de leurs plus dignes teſtes
Combien voſtre preſence aſſeure vos conqueſtes,
Vous n'avez rien à craindre. *FER.* Et rien à negliger,
Le trop de confiance attire le danger,
Et vous n'ignorez pas qu'avec fort peu de peine
Vn flux de pleine mer jusqu'icy les améne.
Toutefois j'aurois tort de jetter dans les cœurs,
L'avis étant mal ſeur, de paniques terreurs,
L'effroy que produiroit cette alarme inutile
Dans la nuit qui ſurvient troubleroit trop la ville.
Faites doubler la Garde aux murs, & ſur le port,
C'eſt aſſez pour ce ſoir.

TRAGEDIE. 447

SCENE VII.

D. FERNAND, D. SANCHE,
D. ALONSE.

ALO. Sire, le Comte est mort,
Don Diegue par son fils a vangé son offense.
FER. Dés que j'ay sçeu l'affront, j'ay préveu la vangeance,
Et j'ay voulu deslors prévenir ce malheur.
ALO. Chiméne à vos genoux apporte sa douleur,
Elle vient toute en pleurs vous demander justice.
FER. Bien qu'à ses déplaisirs mon ame compatisse,
Ce que le Comte a fait semble avoir merité
Ce digne châtiment de sa temerité.
Quelque juste pourtant que puisse estre sa peine,
Ie ne puis sans regret perdre un tel Capitaine.
Aprés un long service à mon Etat rendu,
Aprés son sang pour moy mille fois répandu,
A quelques sentimens que son orgueil m'oblige,
Sa perte m'affoiblit, & son trépas m'afflige.

SCENE VIII.

D. FERNAND, D. DIEGVE, CHIMENE,
D. SANCHE, D. ARIAS, D. ALONSE.

CHI. Sire, Sire, justice. DIE. Ah ! Sire, écoutez-nous.
CHI. Ie me jette à vos pieds. DI. l'embrasse vos genoux.
CHI. Ie demande justice. DIE. Entendez ma défense.
CHI. D'un jeune audacieux punissez l'insolence,
Il a de vostre sceptre abatu le soûtien,
Il a tué mon pere. DIE. Il a vangé le sien.
CHI. Au sang de ses Sujets un Roy doit la justice.
DIE. Pour la juste vangeance il n'est point de supplice.
FER. Levez-vous l'un & l'autre, & parlez à loisir.
Chiméne, je prens part à vostre déplaisir,
D'une égale douleur je sens mon ame atteinte.
Vous parlerez aprés, ne troublez pas sa plainte.

CHI. Sire, mon pere est mort, mes yeux ont veu son sang
   Couler à gros boüillons de son genereux flanc,
   Ce sang qui tant de fois garantit vos murailles,
   Ce sang qui tant de fois vous gagna des batailles,
   Ce sang qui tout sorty fume encor de couroux
   De se voir répandu pour d'autres que pour vous,
   Qu'au milieu des hazards n'osoit verser la guerre,
   Rodrigue en vostre Cour vient d'en couvrir la Terre.
   J'ay couru sur le lieu sans force, & sans couleur,
   Je l'ay trouvé sans vie. Excusez ma douleur,
   Sire, la voix me manque à ce recit funeste,
   Mes pleurs & mes soûpirs vous diront mieux le reste.
FER. Pren courage, ma fille, & sçache qu'aujourd'huy
   Ton Roy te veut servir de pere au lieu de luy.
CHI. Sire, de trop d'honneur ma misere est suivie.
   Je vous l'ay deja dit, je l'ay trouvé sans vie,
   Son flanc étoit ouvert, & pour mieux m'émouvoir,
   Son sang sur la poussiere écrivoit mon devoir,
   Ou plûtost sa valeur en cet état reduite
   Me parloit par sa playe, & hastoit ma poursuite,
   Et pour se faire entendre au plus juste des Rois,
   Par cette triste bouche elle empruntoit ma voix.
   Sire, ne souffrez pas que sous vostre puissance
   Regne devant vos yeux une telle licence,
   Que les plus valeureux avec impunité
   Soient exposez aux coups de la temerité,
   Qu'un jeune audacieux triomphe de leur gloire,
   Se baigne dans leur sang, & brave leur memoire.
   Un si vaillant guerrier qu'on vient de vous ravir
   Eteint, s'il n'est vangé, l'ardeur de vous servir.
   Enfin mon pere est mort, j'en demande vangeance,
   Plus pour vostre interest, que pour mon allegeance,
   Vous perdez en la mort d'un homme de son rang,
   Vangez-la par une autre, & le sang par le sang,
   Immolez, non à moy, mais à vostre Couronne,
   Mais à vostre grandeur, mais à vostre personne,
   Immolez dis-je, Sire, au bien de tout l'Etat
   Tout ce qu'énorgueillit un si haut attentat.
FER. Don Diegue, répondez. *DIE.* Qu'on est digne d'envie
   Lors qu'en perdant la force on perd aussi la vie,
   Et qu'un long âge apreste aux hommes genereux
   Au bout de leur carriere un destin malheureux!

Moy, dont

TRAGEDIE. 449

Moy, dont les longs travaux ont acquis tant de gloire,
Moy, que jadis par tout a fuivy la victoire,
Ie me vois aujourd'huy, pour avoir trop vécu,
Recevoir un affront, & demeurer vaincu.
Ce que n'a pû jamais combat, fiege, embuscade,
Ce que n'a pû jamais Arragon, ny Grenade,
Ny tous vos ennemis, ny tous mes envieux,
Le Comte en voftre Cour l'a fait presque à vos yeux,
Ialoux de voftre choix, & fier de l'avantage
Que luy donnoit fur moy l'impuiffance de l'âge.
  Sire, ainfi ces cheveux blanchis fous le harnois,
Ce fang pour vous fervir prodigué tant de fois,
Ce bras jadis l'effroy d'une Armée ennemie,
Defcendoient au tombeau tous chargez d'infamie,
Si je n'euffe produit un fils digne de moy,
Digne de fon païs, & digne de fon Roy.
Il m'a prêté fa main, il a tué le Comte,
Il m'a rendu l'honneur, il a lavé ma honte.
Si montrer du courage & du reffentiment,
Si vanger un fouflet merite un châtiment,
Sur moy feul doit tomber l'éclat de la tempefte:
Quand le bras a failly l'on en punit la tefte.
Qu'on nomme crime, ou non, ce qui fait nos debats,
Sire, j'en fuis la tefte, il n'en eft que le bras;
Si Chiméne fe plaint qu'il a tué fon pere,
Il ne l'euft jamais fait, fi je l'euffe pû faire.
Immolez donc ce Chef que les ans vont ravir,
Et confervez pour vous le bras qui peut fervir,
Aux dépens de mon fang fatisfaites Chiméne,
Ie n'y refifte point, je confens à ma peine,
Et loin de murmurer d'un rigoureux decret,
Mourant fans deshonneur, je mourray fans regret.
FER. L'affaire eft d'importance, & bien confiderée
Merite en plein Confeil d'eftre deliberée.
  Don Sanche, remettez Chiméne en fa maifon,
Don Diegue aura ma Cour & fa foy pour prifon.
Qu'on me cherche fon fils. Ie vous feray juftice.
CHI. Il eft jufte, grand Roy, qu'un meurtrier periffe.
FER. Pren du repos, ma fille, & calme tes douleurs.
CHI. M'ordonner du repos c'eft croiftre mes malheurs.

Tome I.   Lll

ACTE III.

SCENE PREMIERE.

D. RODRIGVE, ELVIRE.

ELV. Rodrigve, qu'as-tu fait ? où viens-tu, miserable?
RO. Suivre le triste cours de mon sort déplorable.
EL. Où prens-tu cette audace & ce nouvel orgueil
De paroistre en des lieux que tu remplis de deüil?
Quoy ? viens-tu jusqu'icy braver l'Ombre du Comte?
Ne l'as-tu pas tué? ROD. Sa vie étoit ma honte,
Mon honneur de ma main a voulu cet effort.
ELV. Mais chercher ton azile en la maison du mort!
Iamais un meurtrier en fit-il son refuge?
ROD. Et je n'y viens aussi que m'offrir à mon Iuge.
Ne me regarde plus d'un visage étonné,
Ie cherche le trépas après l'avoir donné.
Mon Iuge est mon amour, mon Iuge est ma Chiméne,
Ie merite la mort de meriter sa haine,
Et j'en viens recevoir, comme un bien souverain,
Et l'Arrest de sa bouche, & le coup de sa main.
ELV. Fuy plûtost de ses yeux, fuy de sa violence;
A ses premiers transports desrobe ta presence;
Va, ne t'expose point aux premiers mouvemens
Que poussera l'ardeur de ses ressentimens.
ROD. Non, non, ce cher objet à qui j'ay pû déplaire,
Ne peut pour mon supplice avoir trop de colere,
Et j'évite cent morts qui me vont accabler,
Si pour mourir plûtost je puis la redoubler.
ELV. Chiméne est au Palais de pleurs toute baignée,
Et n'en reviendra point que bien accompagnée.
Rodrigue, fuy de grace, osté-moy de soucy,
Que ne dira-t'on point si l'on te voit icy?
Veux-tu qu'un médisant pour comble à sa misere
L'accuse d'y souffrir l'assassin de son pere?

Elle va revenir, elle vient, je la voy;
Du moins pour son honneur, Rodrigue, cache-toy.

SCENE II.

D. SANCHE, CHIMENE, ELVIRE.

SAN. OVy, Madame, il vous faut de sanglantes victimes,
Voſtre colere eſt juſte, & vos pleurs legitimes,
Et je n'entreprens pas à force de parler
Ny de vous adoucir, ny de vous conſoler:
Mais ſi de vous ſervir je puis eſtre capable,
Employez mon épée à punir le coupable,
Employez mon amour à vanger cette mort,
Sous vos commandemens mon bras ſera trop fort.
CHI. Malheureuſe! SAN. De grace, acceptez mon ſervice.
CHI. I'offenſerois le Roy qui m'a promis juſtice.
SAN. Vous ſçavez qu'elle marche avec tant de langueur,
Qu'aſſez ſouvent le crime échape à ſa longueur;
Son cours lent & douteux fait trop perdre de larmes,
Souffrez qu'un Cavalier vous vange par les armes,
La voye en eſt plus ſeure, & plus prompte à punir.
CHI. C'eſt le dernier remede, & s'il y faut venir,
Et que de mes malheurs cette pitié vous dure,
Vous ſerez libre alors de vanger mon injure.
SAN. C'eſt l'unique bonheur où mon ame pretend,
Et pouvant l'eſperer je m'en vay trop content.

SCENE III.

CHIMENE, ELVIRE.

CHI. ENfin je me voy libre, & je puis ſans contrainte
De mes vives douleurs te faire voir l'atteinte,
Ie puis donner paſſage à mes triſtes ſoûpirs,
Ie puis t'ouvrir mon ame, & tous mes déplaiſirs.
Mon pere eſt mort, Elvire, & la premiere épée
Dont s'eſt armé Rodrigue a ſa trame coupée.
Pleurez, pleurez, mes yeux, & fondez-vous en eau,
La moitié de ma vie a mis l'autre au tombeau,

Lll ij

Et m'oblige à vanger après ce coup funeste
Celle que je n'ay plus sur celle qui me reste.
ELV. Reposez-vous, Madame. CHI. Ah ! que mal à propos
Dans un malheur si grand tu parles de repos :
Par où sera jamais ma douleur appaisée,
Si je ne puis haïr la main qui l'a causée ?
Et que doy-je esperer qu'un tourment éternel,
Si je poursuis un crime aimant le criminel ?
ELV. Il vous prive d'un père, & vous l'aimez encore !
CHI. C'est peu de dire aimer, Elvire, je l'adore,
Ma passion s'oppose à mon ressentiment,
Dedans mon ennemy je trouve mon amant,
Et je sens qu'en dépit de toute ma colere,
Rodrigue dans mon cœur combat encor mon pere.
Il l'attaque, il le presse, il cede, il se défend,
Tantost fort, tantost foible, & tantost triomphant :
Mais en ce dur combat de colere & de flame
Il déchire mon cœur sans partager mon ame,
Et quoy que mon amour ait sur moy de pouvoir,
Ie ne consulte point pour suivre mon devoir.
Ie cours sans balancer où mon honneur m'oblige ;
Rodrigue m'est bien cher, son interest m'afflige.
Mon cœur prend son party, mais malgré son effort,
Ie sçay ce que je suis, & que mon pere est mort.
ELV. Pensez-vous le poursuivre ? CHI. Ah ! cruelle pensée,
Et cruelle poursuite où je me voy forcée !
Ie demande sa teste, & crains de l'obtenir,
Ma mort suivra la sienne, & je le veux punir.
ELV. Quittez, quittez, Madame, un dessein si Tragique,
Ne vous imposez point de loy si tyrannique.
CHI. Quoy, mon pere étant mort, & presque entre mes bras,
Son sang criera vangeance, & je ne l'orray pas !
Mon cœur honteusement surpris par d'autres charmes
Croira ne luy devoir que d'impuissantes larmes !
Et je pourray souffrir qu'un amour suborneur
Sous un lasche silence étouffe mon honneur !
ELV. Madame, croyez-moy, vous serez excusable
D'avoir moins de chaleur contre un objet aimable,
Contre un amant si cher ; vous avez assez fait,
Vous avez veu le Roy, n'en pressez point d'effet,
Ne vous obstinez point en cette humeur étrange.
CHI. Il y va de ma gloire, il faut que je me vange,

TRAGEDIE.

Et dequoy que nous flate un defir amoureux,
Toute excufe eft honteufe aux efprits genereux.
ELV. Mais vous aimez Rodrigue, il ne vous peut déplaire.
CHI. Ie l'avouë. *ELV.* Aprés tout que penfez-vous donc faire?
CHI. Pour conferver ma gloire & finir mon ennuy,
Le pourfuivre, le perdre, & mourir aprés luy.

SCENE IV.

D. RODRIGVE, CHIMENE, ELVIRE.

ROD. ET bien, fans vous donner la peine de pourfuivre,
Affeurez-vous l'honneur de m'empefcher de vivre.
CHI. Elvire, où fommes-nous? & qu'eft-ce que je voy?
Rodrigue en ma maifon! Rodrigue devant moy!
ROD. N'épargnez point mon fang, gouftez fans refiftance
La douceur de ma perte & de voftre vangeance.
CH. Helas! *RO.* Ecoute-moy. *CH.* Ie me meurs. *RO.* Vn moment.
CHI. Va, laiffe-moy mourir. *ROD.* Quatre mots feulement,
Aprés ne me répons qu'avecque cette épée.
CHI. Quoy! du fang de mon pere encor toute trempée!
ROD. Ma Chiméne. *CHI.* Ofte-moy cet objet odieux,
Qui reproche ton crime & ta vie à mes yeux.
ROD. Regarde-le plûtoft pour exciter ta haine,
Pour croiftre ta colere, & pour hafter ma peine.
CHI. Il eft teint de mon fang. *ROD.* Plonge-le dans le mien,
Et fay-luy perdre ainfi la teinture du tien.
CHI. Ah, quelle cruauté, qui tout en un jour tuë
Le pere par le fer, la fille par la veuë!
Ofte-moy cet objet, je ne le puis fouffrir,
Tu veux que je t'écoute, & tu me fais mourir!
ROD. Ie fais ce que tu veux, mais fans quitter l'envie
De finir par tes mains ma déplorable vie;
Car enfin n'atten pas de mon affection
Vn lafche repentir d'une bonne action.
L'irreparable effet d'une chaleur trop prompte
Deshonoroit mon pere, & me couvroit de honte,
Tu fçais comme un fouflet touche un homme de cœur;
I'avois part à l'affront, j'en ay cherché l'autheur,
Ie l'ay veu, j'ay vangé mon honneur, & mon pere,
Ie le ferois encor, fi j'avois à le faire.

LIl iij

Ce n'est pas qu'en effet contre mon pere & moy
Ma flame assez long-temps n'ait combatu pour toy:
Iuge de son pouvoir. Dans une telle offense
I'ay pû deliberer si j'en prendrois vangeance,
Reduit à te déplaire, ou souffrir un affront,
I'ay pensé qu'à son tour mon bras étoit trop prompt,
Ie me suis accusé de trop de violence :
Et ta beauté sans doute emportoit la balance,
A moins que d'opposer à tes plus forts appas
Qu'un homme sans honneur ne te meritoit pas,
Que malgré cette part que j'avois en ton ame,
Qui m'aima genereux, me haïroit infame,
Qu'écouter ton amour, obeïr à sa voix,
C'étoit m'en rendre indigne, & diffamer ton choix.
Ie te le dis encor, & quoy que j'en soûpire,
Iusqu'au dernier soûpir je veux bien le redire,
Ie t'ay fait une offense, & j'ay deu m'y porter,
Pour effacer ma honte, & pour te meriter.
Mais quitte envers l'honneur, & quitte envers mon pere,
C'est maintenant à toy que je viens satisfaire,
C'est pour t'offrir mon sang qu'en ce lieu tu me vois,
I'ay fait ce que jay deu, je fais ce que je dois,
Ie sçay qu'un pere mort t'arme contre mon crime,
Ie ne t'ay pas voulu desrober ta victime:
Immole avec courage au sang qu'il a perdu
Celuy qui met sa gloire à l'avoir répandu.

CHI. Ah, Rodrigue ! il est vray, quoy que ton ennemie,
Ie ne puis te blasmer d'avoir fuy l'infamie,
Et de quelque façon qu'éclatent mes douleurs,
Ie ne t'accuse point, je pleure mes malheurs.
Ie sçay ce que l'honneur aprés un tel outrage
Demandoit à l'ardeur d'un genereux courage,
Tu n'as fait le devoir que d'un homme de bien,
Mais aussi le faisant tu m'as appris le mien,
Ta funeste valeur m'instruit par ta victoire.
Elle a vangé ton pere, & soûtenu ta gloire,
Mesme soin me regarde, & j'ay pour m'affliger,
Ma gloire à soûtenir, & mon pere à vanger.
Helas ! ton interest icy me desespere;
Si quelqu'autre malheur m'avoit ravy mon pere,
Mon ame auroit trouvé dans le bien de te voir
L'unique allegement qu'elle eust pû recevoir,

Et contre ma douleur j'aurois senty des charmes,
Quand une main si chere eust essuyé mes larmes.
Mais il me faut te perdre apres l'avoir perdu,
Cet effort sur ma flame a mon honneur est deu,
Et cet affreux devoir dont l'ordre m'assassine
Me force à travailler moy-mesme à ta ruine.
Car enfin n'atten pas de mon affection
De lasches sentimens pour ta punition:
Dequoy qu'en ta faveur nostre amour m'entretienne,
Ma generosité doit répondre à la tienne;
Tu t'es en m'offensant montré digne de moy,
Ie me doy par ta mort montrer digne de toy.
ROD. Ne differe donc plus ce que l'honneur t'ordonne,
Il demande ma teste, & je te l'abandonne,
Fais-en un sacrifice à ce noble interest,
Le coup m'en sera doux aussi-bien que l'Arrest.
Attendre aprés mon crime une lente justice,
C'est reculer ta gloire autant que mon supplice,
Ie mourray trop heureux mourant d'un coup si beau.
CHI. Va, je suis ta Partie, & non pas ton bourreau.
Si tu m'offres ta teste, est-ce à moy de la prendre?
Ie la dois attaquer, mais tu dois la défendre,
C'est d'un autre que toy qu'il me faut l'obtenir,
Et je doy te poursuivre, & non pas te punir.
ROD. Dequoy qu'en ma faveur nostre amour t'entretienne,
Ta generosité doit répondre à la mienne,
Et pour vanger un pere emprunter d'autres bras,
Ma Chiméne, croy-moy, c'est n'y répondre pas.
Ma main seule du mien a sçeu vanger l'offense,
Ta main seule du tien doit prendre la vangeance.
CHI. Cruel, à quel propos sur ce point t'obstiner?
Tu t'es vangé sans aide, & tu m'en veux donner!
Ie suivray ton exemple, & j'ay trop de courage
Pour souffrir qu'avec toy ma gloire se partage.
Mon pere & mon honneur ne veulent rien devoir
Aux traits de ton amour, ny de ton desespoir.
ROD. Rigoureux point d'honneur! helas! quoy que je fasse,
Ne pourray-je à la fin obtenir cette grace?
Au nom d'un pere mort, ou de nostre amitié,
Puny-moy par vangeance, ou du moins par pitié;
Ton malheureux amant aura bien moins de peine
A mourir par ta main, qu'à vivre avec ta haine.

CHI. Va, je ne te hay point. *ROD.* Tu le dois. *CHI.* Ie ne puis.
ROD. Crains-tu si peu le blasme, & si peu les faux bruits?
Quand on sçaura mon crime & que ta flame dure,
Que ne publiront point l'Envie & l'imposture?
Force-les au silence, & sans plus discourir,
Sauve ta Renommée en me faisant mourir.
CHI. Elle éclate bien mieux en te laissant la vie,
Et je veux que la voix de la plus noire Envie
Eleve au Ciel ma gloire, & plaigne mes ennuis,
Sçachant que je t'adore, & que je te poursuis.
Va-t'en, ne monte plus à ma douleur extresme
Ce qu'il faut que je perde encore que je l'aime,
Dans l'ombre de la nuit cache bien ton depart.
Si l'on te voit sortir, mon honneur court hazard,
La seule occasion qu'aura la médisance,
C'est de sçavoir qu'icy j'ay souffert ta presence;
Ne luy donne point lieu d'attaquer ma vertû.
ROD. Que je meure. *CHI.* Va-t'en. *ROD.* A quoy-te resous-tu?
CHI. Malgré des feux si beaux qui troublent ma colere,
Ie feray mon possible à bien vanger mon pere;
Mais malgré la rigueur d'un si cruel devoir,
Mon unique souhait est de ne rien pouvoir.
ROD. O miracle d'amour! *CHI.* O comble de miseres!
ROD. Que de maux & de pleurs nous cousteront nos peres!
CHI. Rodrigue qui l'eust creu! *ROD.* Chiméne, qui l'eust dit!
CHI. Que nostre heur fust si proche, & si-tost se perdit!
ROD. Et que si prés du port, contre toute apparence,
Vn orage si prompt brisast nostre esperance!
CHI. Ah, mortelles douleurs! *ROD.* Ah, regrets superflus!
CHI. Va-t'en, encor un coup, je ne t'écoute plus.
ROD. Adieu, je vay traisner une mourante vie,
Tant que par ta poursuite elle me soit ravie.
CHI. Si j'en obtiens l'effet, je t'engage ma foy
De ne respirer pas un moment aprés toy.
Adieu, sors, & sur tout garde bien qu'on te voye.
ELV. Madame, quelques maux que le Ciel nous envoye...
CHI. Ne m'importune plus, laisse-moy soûpirer,
Ie cherche le silence & la nuit pour pleurer.

SCENE

TRAGEDIE. 457

SCENE V.

D. DIEGVE.

IAmais nous ne gouftons de parfaite allegreffe,
Nos plus heureux fuccès font meflez de triftefſe,
Toûjours quelques foucis en ces évenemens
Troublent la pureté de nos contentemens.
Au milieu du bonheur mon ame en fent l'atteinte,
Ie nage dans la joye, & je tremble de crainte,
I'ay veu mort l'ennemy qui m'avoit outragé,
Et je ne fçaurois voir la main qui m'a vangé.
En vain je m'y travaille, & d'un foin inutile,
Tout caffé que je fuis, je cours toute la ville,
Ce peu que mes vieux ans m'ont laiffé de vigueur
Se confume fans fruit à chercher ce vainqueur.
A toute heure, en tous lieux, dans une nuit fi fombre,
Ie penfe l'embraffer, & n'embraffe qu'une ombre,
Et mon amour deceu par cet objet trompeur
Se forme des foupçons qui redoublent ma peur.
Ie ne découvre point de marques de fa fuite,
Ie crains du Comte mort les amis & la fuite,
Leur nombre m'épouvante & confond ma raifon,
Rodrigue ne vit plus, ou refpire en prifon.
Iuftes Cieux! me trompay-je encore à l'apparence,
Ou fi je vois enfin mon unique efperance?
C'eft luy, n'en doutons plus, mes vœux font exaucez,
Ma crainte eft diffipée, & mes ennuis ceffez.

SCENE VI.

D. DIEGVE, D. RODRIGVE.

DIE. ROdrigue, enfin le Ciel promet que je te voye!
ROD. Helas: DI. Ne mefle point de foûpirs à ma joye,
Laiffe-moy prendre haleine afin de te loüer.
Ma valeur n'a point lieu de te defavoüer,
Tu l'as bien imitée, & ton illuftre audace
Fait bien revivre en toy les Heros de ma race.

Tome I.   M m m

C'est d'eux que tu descens, c'est de moy que tu viens,
Ton premier coup d'épée égale tous les miens;
Et d'une belle ardeur ta jeunesse animée
Par cette grande épreuve atteint ma renommée.
Appuy de ma vieillesse, & comble de mon heur,
Touche ces cheveux blancs à qui tu rens l'honneur,
Vien baiser cette joüe, & reconnoy la place,
Où fut empreint l'affront que ton courage efface.
ROD. L'honneur vous en est deu, je ne pouvois pas moins,
Etant forty de vous, & nourry par vos soins;
Ie m'en tiens trop heureux, & mon ame est ravie
Que mon coup-d'essay plaise à qui je doy la vie;
Mais parmy vos plaisirs ne soyez point jaloux,
Si je m'ose à mon tour satisfaire après vous.
Souffrez qu'en liberté mon desespoir éclate,
Assez & trop long-temps vostre discours le flate;
Ie ne me repens point de vous avoir servy,
Mais rendez-moy le bien que ce coup m'a ravy.
Mon bras pour vous vanger armé contre ma flame
Par ce coup glorieux m'a privé de mon ame;
Ne me dites plus rien, pour vous j'ay tout perdu,
Ce que je vous devois, je vous l'ay bien rendu.
DIE. Porte, porte plus haut le fruit de ta victoire.
Ie t'ay donné la vie, & tu me rens ma gloire,
Et d'autant que l'honneur m'est plus cher que le jour,
D'autant plus maintenant je te doy de retour.
Mais d'un cœur magnanime éloigne ces foiblesses,
Nous n'avons qu'un honneur, il est tant de Maitresses,
L'amour n'est qu'un plaisir, l'honneur est un devoir.
ROD. Ah ! que me dites-vous ? DIE. Ce que tu dois sçavoir.
ROD. Mon honneur offensé sur moy-mesme se vange,
Et vous m'osez pousser à la honte du change !
L'infamie est pareille, & suit également
Le guerrier sans courage & le perfide amant.
A ma fidelité ne faites point d'injure,
Souffrez-moy genereux sans me rendre parjure,
Mes liens sont trop forts pour estre ainsi rompus,
Ma foy m'engage encor si je n'espere plus,
Et ne pouvant quitter, ny posseder Chiméne,
Le trépas que je cherche est ma plus douce peine.
DIE. Il n'est pas temps encor de chercher le trépas,
Ton Prince & ton païs ont besoin de ton bras.

TRAGEDIE. 459

La Flote qu'on craignoit dans ce grand Fleuve entrée
Croit surprendre la ville, & piller la contrée,
Les Mores vont descendre, & le flux & la nuit
Dans une heure à nos murs les aména sans bruit.
La Cour est en desordre, & le Peuple en alarmes,
On n'entend que des cris, on ne voit que des larmes.
Dans ce malheur public mon bonheur a permis
Que, j'ay trouvé chez moy cinq cens de mes amis,
Qui sçachant mon affront, poussez d'un mesme zéle,
Se venoient tous offrir à vanger ma querelle:
Tu les a prévenus, mais leurs vaillantes mains
Se tremperont bien mieux au sang des Africains.

Va marcher à leur teste où l'honneur te demande,
C'est toy que veut pour Chef leur genereuse bande.
De ces vieux ennemis va soûtenir l'abord,
Là, si tu veux mourir, trouvé une belle mort,
Prens-en l'occasion puisqu'elle t'est offerte,
Fay devoir à ton Roy son salut à ta perte.
Mais reviens-en plûtost les palmes sur le front,
Ne borne pas ta gloire à vanger un affront,
Porte-la plus avant, force par ta vaillance
Ce Monarque au pardon, & Chiméne au silence.
Si tu l'aimes, appren que revenir vainqueur
C'est l'unique moyen de regagner son cœur.
Mais le temps est trop cher pour le perdre en paroles,
Ie t'arreste en discours, & je veux que tu voles,
Vien, suy moy, va combatre, & montrer à ton Roy
Que ce qu'il perd au Comté il le recouvre en toy.

ACTE IV.

SCENE PREMIERE.

CHIMENE, ELVIRE.

CHI. N'Est-ce point un faux bruit ? le sçais-tu bien, Elvire?
EL. Vous ne croiriez jamais côme chacun l'admire,
Et porte jusqu'au Ciel d'une commune voix
De ce jeune Heros les glorieux explois.
Les Mores devant luy n'ont paru qu'à leur honte,
Leur abord fut bien prompt, leur fuite encor plus prompte,
Trois heures de combat laissent à nos guerriers
Vne victoire entiere, & deux Rois prisonniers,
La valeur de leur Chef ne trouvoit point d'obstacles.
CHI. Et la main de Rodrigue a fait tous ces miracles!
ELV. De ses nobles efforts ces deux Rois sont le prix,
Sa main les a vaincus, & sa main les a pris.
CHI. De qui peux-tu sçavoir ces Nouvelles étranges?
ELV. Du Peuple qui par tout fait sonner ses loüanges,
Le nomme de sa joye, & l'objet, & l'autheur,
Son Ange tutelaire, & son liberateur.
CHI. Et le Roy, de quel œil voit-il tant de vaillance?
ELV. Rodrigue n'ose encor paroistre en sa presence,
Mais Don Diegue ravy luy presente enchaisnez
Au nom de ce vainqueur ces captifs couronnez,
Et demande pour grace à ce genereux Prince
Qu'il daigne voir la main qui sauve la Province.
CHI. Mais n'est-il point blessé? ELV. Ie n'en ay rien appris.
Vous changez de couleur ! reprenez vos esprits.
CHI. Reprenons donc aussi ma colere affoiblie,
Pour avoir soin de luy faut-il que je m'oublie?
On le vante, on le loüe, & mon cœur y consent!
Mon honneur est muet, mon devoir impuissant!
Silence, mon amour, laisse agir ma colere,
S'il a vaincu deux Rois, il a tué mon pere,

TRAGEDIE. 461

Ces tristes vêtemens où je lis mon malheur
Sont les premiers effets qu'ait produit sa valeur,
Et quoy qu'on die ailleurs d'un cœur si magnanime,
Icy tous les objets me parlent de son crime.
　Vous qui rendez la force à mes ressentimens,
Voile, crespes, habits, lugubres ornemens,
Pompe, que me prescrit sa premiere victoire,
Contre ma passion soûtenez bien ma gloire,
Et lors que mon amour prendra trop de pouvoir
Parlez à mon esprit de mon triste devoir,
　Attaquez sans rien craindre une main triomphante.
ELV. Moderez ces transports, voicy venir l'Infante.

SCENE II.

L'INFANTE, CHIMENE, LEONOR, ELVIRE.

L'IN. Je ne viens pas icy consoler tes douleurs,
　　Ie viens plûtost mesler mes soûpirs à tes pleurs.
CHI. Prenez bien plûtost part à la commune joye,
　Et goustez le bonheur que le Ciel vous envoye,
Madame, autre que moy n'a droit de soûpirer,
Le peril dont Rodrigue a sçeu nous retirer,
Et le salut public que vous rendent ses armes,
A moy seule aujourd'huy souffrent encor les larmes,
Il a sauvé la ville, il a servy son Roy,
Et son bras valeureux n'est funeste qu'à moy.
L'IN. Ma Chiméne, il est vray qu'il a fait des merveilles.
CHI. Déja ce bruit fascheux a frapé mes oreilles,
　Et je l'entens par tout publier hautement
　Aussi brave guerrier, que malheureux amant.
L'IN. Qu'a de fascheux pour toy ce discours populaire?
　Ce jeune Mars qu'il loüe a sçeu jadis te plaire,
　Il possedoit ton ame, il vivoit sous tes loix,
　Et vanter sa valeur c'est honorer ton choix.
CHI. Chacun peut la vanter avec quelque justice,
　Mais pour moy sa loüange est un nouveau supplice,
　On aigrit ma douleur en l'élevant si haut,
　Ie voy ce que je perds, quand je voy ce qu'il vaut.

Mmm iij

Ah, cruels déplaisirs à l'esprit d'une amante!
Plus j'apprens son merite, & plus mon feu s'augmente,
Cependant mon devoir est toûjours le plus fort,
Et malgré mon amour va poursuivre sa mort.
L'IN. Hier ce devoir te mit en une haute estime;
L'effort que tu te fis parut si magnanime,
Si digne d'un grand cœur, que chacun à la Cour
Admiroit ton courage, & plaignoit ton amour.
Mais croirois-tu l'avis d'une amitié fidelle?
CHI. Ne vous obeïr pas me rendroit criminelle.
L'IN. Ce qui fut juste alors ne l'est plus aujourd'huy.
Rodrigue maintenant est nostre unique appuy,
L'esperance & l'amour d'un Peuple qui l'adore,
Le soûtien de Castille, & la terreur du More;
Le Roy mesme est d'accord de cette verité
Que ton pere en luy seul se voit ressuscité,
Et si tu veux enfin qu'en deux mots je m'explique,
Tu poursuis en sa mort la ruine publique.
Quoy? pour vanger un pere est-il jamais permis
De livrer sa Patrie aux mains des ennemis?
Contre-nous ta poursuite est-elle legitime,
Et pour estre punis avons-nous part au crime?
Ce n'est pas qu'aprés tout tu doives épouser
Celuy qu'un pere mort t'obligeoit d'accuser,
Ie te voudrois moy-mesme en arracher l'envie;
Oste-luy ton amour, mais laisse nous sa vie.
CHI. Ah, ce n'est pas à moy d'avoir tant de bonté,
Le devoir qui m'aigrit n'a rien de limité.
Quoy que pour ce vainqueur mon amour s'interesse,
Quoy qu'un Peuple l'adore, & qu'un Roy le caresse,
Qu'il soit environné des plus vaillans guerriers,
l'iray sous mes cyprés accabler ses lauriers.
L'IN. C'est generosité, quand pour vanger un pere
Nostre devoir attaque une teste si chere:
Mais c'en est une encor d'un plus illustre rang,
Quand on donne au Public les interests du sang.
Non, croy-moy, c'est assez que d'éteindre ta flame,
Il sera trop puny s'il n'est plus dans ton ame.
Que le bien du païs t'impose cette loy;
Aussi-bien que crois-tu que t'accorde le Roy?
CHI. Il peut me refuser, mais je ne puis me taire.
L'IN. Pense bien, ma Chiméne, à ce que tu veux faire.

TRAGEDIE.

Adieu, tu pourras seule y penser à loisir.
CHI. Après mon pere mort je n'ay point à choisir.

SCENE III.

D. FERNAND, D. DIEGVE, D. ARIAS, D. RODRIGVE, D. SANCHE.

FER. GEnereux heritier d'une illustre famille,
Qui fut toûjours la gloire & l'appuy de Castille,
Race de tant d'Ayeux en valeur signalez,
Que l'essay de la tienne a si-tost égalez,
Pour te recompenser ma force est trop petite,
Et j'ay moins de pouvoir que tu n'as de merite.
Le païs delivré d'un si rude ennemy,
Mon Sceptre dans ma main par la tienne affermy,
Et les Mores défaits, avant qu'en ces alarmes
I'eusse pû donner ordre à repousser leurs armes,
Ne sont point des exploits qui laissent à ton Roy
Le moyen ny l'espoir de s'acquiter vers toy.
Mais deux Rois tes captifs feront ta recompense,
Ils t'ont nommé tous deux leur Cid en ma presence,
Puisque Cid en leur langue est autant que Seigneur,
Ie ne t'enviray pas ce beau titre d'honneur,
Sois desormais le Cid, qu'à ce grand nom tout cede,
Qu'il comble d'épouvante, & Grenade, & Tolede,
Et qu'il marque à tous ceux qui vivent sous mes loix,
Et ce que tu me vaux, & ce que je te dois.
ROD. Que vostre Majesté, Sire, épargne ma honte,
D'un si foible service elle fait trop de conte,
Et me force à rougir devant un si grand Roy
De meriter si peu l'honneur que j'en reçoy.
Ie sçay trop que je dois au bien de vostre Empire,
Et le sang qui m'anime, & l'air que je respire,
Et quand je les perdray pour un si digne objet,
Ie feray seulement le devoir d'un Sujet.
FER. Tous ceux que ce devoir à mon service engage
Ne s'en acquitent pas avec mesme courage,
Et lors que la valeur ne va point dans l'excés,
Elle ne produit point de si rares succés.

Souffre donc qu'on té loüe, & de cette victoire
Appren-moy plus au long la veritable histoire.
ROD. Sire, vous avez sçeu qu'en ce danger pressant
Qui jetta dans la ville un effroy si puissant,
Vne troupe d'amis chez mon pere assemblée
Sollicita mon ame encor toute troublée....
Mais, Sire, pardonnez à ma témerité,
Si j'osay l'employer sans vostre autorité;
Le peril approchoit, leur brigade étoit preste,
Me montrant à la Cour je hazardois ma teste,
Et s'il falloit la perdre, il m'étoit bien plus doux
De sortir de la vie en combatant pour vous.
FER. I'excuse ta chaleur à vanger ton offense,
Et l'Etat défendu me parle en ta défense:
Croy que doresnavant Chiméne a beau parler,
Ie ne l'écoute plus que pour la consoler.
Mais poursuy. ROD. Sous moy donc cette troupe s'avance,
Et porte sur le front une masle asseurance.
Nous partismes cinq cens, mais par un prompt renfort
Nous nous vismes trois mille en arrivant au port,
Tant à nous voir marcher avec un tel visage
Les plus épouvantez prenoient de courage.
I'en cache les deux tiers aussi-tost qu'arrivez
Dans le fond des vaisseaux qui lors furent trouvez,
Le reste, dont le nombre augmentoit à toute heure,
Bruslant d'impatience autour de moy demeure,
Se couche contre terre, & sans faire aucun bruit,
Passe une bonne part d'une si belle nuit.
Par mon commandement la Garde en fait de mesme,
Et se tenant cachée aide à mon stratagesme,
Et je feins hardiment d'avoir receu de vous
L'ordre qu'on me voit suivre & que je donne à tous.
   Cette obscure clarté qui tombe des Etoiles
Enfin avec le flux nous fait voir trente voiles;
L'onde s'enfle dessous, & d'un commun effort
Les Mores & la Mer montent jusques au Port.
On les laisse passer, tout leur paroit tranquille,
Point de soldats au Port, point aux murs de la ville:
Nostre profond silence abusant leurs esprits,
Ils n'osent plus douter de nous avoir surpris,
Ils abordent sans peur, ils anchrent, ils descendent,
Et courent se livrer aux mains qui les attendent.

                                         Les nostres

TRAGEDIE. 465

Nous nous levons alors, & tous en mefme temps
Pouffons jusques au Ciel mille cris éclatans.
Les noftres à ces cris de nos vaiffeaux répondent,
Ils paroiffent armez, les Mores fe confondent,
L'épouvante les prend à demy defcendus,
Avant que de combatre ils s'eftiment perdus.
Ils couroient au pillage, & rencontrent la guerre,
Nous les preffons fur l'eau, nous les preffons fur terre,
Et nous faifons courir des ruiffeaux de leur fang,
Avant qu'aucun refiste, ou reprenne fon rang.
Mais bien-toft malgré nous leurs Princes les rallient,
Leur courage renaift, & leurs terreurs s'oublient,
La honte de mourir fans avoir combatu
Arrefte leur defordre, & leur rend leur vertu.
Contre nous de pied ferme ils tirent les épées,
Des plus braves foldats les trames font coupées,
Et la terre, & le fleuve, & leur flotte, & le port,
Sont des champs de carnage où triomphe la mort.

O combien d'actions, combien d'exploits celébres
Sont demeurez fans gloire au milieu des tenébres,
Où chacun feul témoin des grands coups qu'il donnoit
Ne pouvoit difcerner où le Sort inclinoit!
J'allois de tous coftez encourager les noftres,
Faire avancer les uns, & foûtenir les autres,
Ranger ceux qui venoient, les pouffer à leur tour,
Et ne l'ay pû fçavoir jusques au point du jour.
Mais enfin fa clarté montre noftre avantage,
Le More voit fa perte, & perd foudain courage,
Et voyant un renfort qui nous vient fecourir,
L'ardeur de vaincre cede à la peur de mourir.
Ils gagnent leurs vaiffeaux, ils en coupent les cables,
Pouffent jusques aux Cieux des cris épouvantables,
Font retraite en tumulte, & fans confiderer
Si leurs Rois avec eux peuvent fe retirer.
Pour fouffrir ce devoir leur frayeur eft trop forte,
Le flux les apporta, le reflux les remporte,
Cependant que leurs Rois engagez parmy nous,
Et quelque peu des leurs tous percez de nos coups,
Difputent vaillamment & vendent bien leur vie;
A fe rendre moy-mefme en vain je les convie,
Le cimeterre au poin ils ne m'écoutent pas:
Mais voyant à leurs pieds tomber tous leurs foldats,

Tome I. Nnn

Et que seuls deformais en vain ils se défendent,
Ils demandent le Chef, je me nomme, ils se rendent,
Ie vous les envoyay tous deux en mesme temps,
Et le combat cessa faute de combatans,
C'est de cette façon que pour vostre service...

SCENE IV.

D. FERNAND, D. DIEGVE, D. RODRIGVE, D. ARIAS, D. ALONSE, D. SANCHE.

ALO. Sire, Chiméne vient vous demander Iustice.
FER. La fascheuse Nouvelle, & l'importun devoir!
Va, je ne la veux pas obliger à te voir,
Pour tous remercîmens il faut que je te chasse,
Mais avant que sortir, vien, que ton Roy t'embrasse.^a

^a D. Rodrigue rentre.

DIE. Chiméne le poursuit, & voudroit le sauver.
FER. On m'a dit qu'elle l'aime, & je vay l'éprouver.
Montrez un œil plus triste.

SCENE V.

D. FERNAND, D. DIEGVE, D. ARIAS, D. SANCHE, D. ALONSE, CHIMENE, ELVIRE.

FER. Enfin soyez contente,
Chiméne, le succès répond à vostre attente;
Si de nos ennemis Rodrigue a le dessus,
Il est mort à nos yeux des coups qu'il a receus,
Rendez graces au Ciel qui vous en a vangée,
^bVoyez comme déja sa couleur est changée.

^b A Don Diegue.

DIE. Mais voyez qu'elle pasme, & d'un amour parfait
Dans cette pasmoison, Sire, admirez l'effet,
Sa douleur a trahy les secrets de son ame,
Et ne vous permet plus de douter de sa flame.

TRAGEDIE.

CHI. Quoy? Rodrigue est donc mort? *FER.* Non, non, il voit le jour,
Et te conserve encor un immuable amour,
Calme cette douleur qui pour luy s'interesse.
CHI. Sire, on pasme de joye ainsi que de tristesse,
Vn excès de plaisir nous rend tous languissans,
Et quand il surprend l'ame, il accable les sens.
FER. Tu veux qu'en ta faveur nous croyions l'impossible,
Chiméne, ta douleur a paru trop visible.
CHI. Et bien, Sire, ajoustez ce comble à mon malheur,
Nommez ma pasmoison l'effet de ma douleur,
Vn juste déplaisir à ce point m'a reduite;
Son trépas desroboit sa teste à ma poursuite.
S'il meurt des coups receus pour le bien du païs,
Ma vangeance est perduë & mes desseins trahis;
Vne si belle fin m'est trop injurieuse,
Ie demande sa mort, mais non-pas glorieuse,
Non-pas dans un éclat qui l'éleve si haut,
Non-pas au lit d'honneur, mais sur un échaffaut.
Qu'il meure pour mon pere, & non pour la Patrie,
Que son nom soit taché, sa memoire flestrie,
Mourir pour le païs n'est pas un triste sort,
C'est s'immortaliser par une belle mort.
I'aime donc sa victoire, & je le puis sans crime,
Elle asseure l'Etat, & me rend ma victime,
Mais noble, mais fameuse entre tous les guerriers,
Le chef au lieu de fleurs couronné de lauriers,
Et pour dire en un mot ce que j'en considere,
Digne d'estre immolée aux Manes de mon pere.
Helas! à quel espoir me laissay-je emporter!
Rodrigue de ma part n'a rien à redouter.
Que pourroient contre luy des larmes qu'on méprise?
Pour luy tout vostre Empire est un lieu de franchise,
Là sous vostre pouvoir tout luy devient permis,
Il triomphe de moy comme des ennemis,
Dans leur sang répandu la justice étouffée
Aux crimes du vainqueur sert d'un nouveau trophée,
Nous en croissons la pompe, & le mépris des loix
Nous fait suivre son char au milieu de deux Rois.
FER. Ma fille, ces transports ont trop de violence,
Quand on rend la justice, on met tout en balance.
On a tué ton pere, il étoit l'aggresseur,
Et la mesme équité m'ordonne la douceur.

Avant que d'accuſer ce que j'en fais paroiſtre,
Conſulte bien ton cœur, Rodrigue en eſt le maiſtre,
Et ta flame en ſecret rend graces à ton Roy
Dont la faveur conſerve un tel amant pour toy.
CHI. Pour moy mon ennemy! l'objet de ma colere!
L'autheur de mes malheurs! l'aſſaſſin de mon pere!
De ma juſte pourſuite on fait ſi peu de cas
Qu'on me croit obliger en ne m'écoutant pas!
Puiſque vous refuſez la juſtice à mes larmes,
Sire, permettez-moy de recourir aux armes,
C'eſt par là ſeulement qu'il a ſçeu m'outrager,
Et c'eſt auſſi par-là que je me dois vanger.
A tous vos Cavaliers je demande ſa teſte,
Ouy, qu'un d'eux me l'apporte, & je ſuis ſa conqueſte,
Qu'ils le combatent, Sire, & le combat finy,
J'épouſe le vainqueur ſi Rodrigue eſt puny.
Sous voſtre authorité ſouffrez qu'on le publie.
FER. Cette vieille coûtume en ces lieux établie
Sous couleur de punir un injuſte attentat
Des meilleurs combatans affoiblit un Etat.
Souvent de cet abus le ſuccés déplorable
Opprime l'innocent & ſoûtient le coupable.
J'en diſpenſe Rodrigue, il m'eſt trop précieux
Pour l'expoſer aux coups d'un ſort capricieux,
Et quoy qu'ait pû commettre un cœur ſi magnanime,
Les Mores en fuyant ont emporté ſon crime.
DIE. Quoy, Sire! pour luy ſeul vous renverſez des loix
Qu'a veu toute la Cour obſerver tant de fois!
Que croira voſtre Peuple, & que dira l'Envie
Si ſous voſtre défence il ménage ſa vie,
Et s'en fait un pretexte à ne paroiſtre pas
Où tous les gens d'honneur cherchent un beau trépas?
De pareilles faveurs terniroient trop ſa gloire,
Qu'il gouſte ſans rougir les fruits de ſa victoire;
Le Comte eut de l'audace, il l'en a ſçeu punir,
Il l'a fait en brave homme, & le doit maintenir.
FER. Puiſque vous le voulez, j'accorde qu'il le faſſe,
Mais d'un guerrier vaincu mille prendroient la place,
Et le prix que Chiméne au vainqueur a promis,
De tous mes Cavaliers feroit ſes ennemis:
L'oppoſer ſeul à tous feroit trop d'injuſtice,
Il ſuffit qu'une fois il entre dans la lice.

TRAGEDIE.

Choisy qui tu voudras, Chiméne, & choisy bien,
Mais aprés ce combat ne demande plus rien.
DIE. N'excusez point par-là ceux que son bras étonne,
Laissez un champ ouvert où n'entrera personne.
Aprés ce que Rodrigue a fait voir aujourd'huy,
Quel courage assez vain s'oseroit prendre à luy?
Qui se hazarderoit contre un tel adversaire?
Qui seroit ce vaillant, ou bien ce temeraire?
SAN. Faites ouvrir le champ, vous voyez l'assaillant,
Ie suis ce temeraire, ou plûtost ce vaillant.
Accordez cette grace à l'ardeur qui me presse,
Madame, vous sçavez quelle est vostre promesse.
FER. Chiméne, remets-tu ta querelle en sa main?
CHI. Sire, je l'ay promis. *FER.* Soyez prest à demain.
DIE. Non, Sire, il ne faut pas differer davantage,
On est toûjours trop prest quand on a du courage.
FER. Sortir d'une bataille & combatre à l'instant.
DIE. Rodrigue a pris haleine en vous la racontant.
FER. Du moins, une heure ou deux je veux qu'il se délasse.
Mais de peur qu'en exemple un tel combat ne passe,
Pour témoigner à tous qu'à regret je permets
Vn sanglant procedé qui ne me plût jamais,
De moy, ny de ma Cour il n'aura la presence.
Vous seul des combatans jugerez la vaillance,
Ayez soin que tous deux fassent en gens de cœur,
Et le combat finy m'amenez le vainqueur.
Quel qu'il soit, mesme prix est acquis à sa peine,
Ie le veux de ma main presenter à Chiméne,
Et que pour recompense il reçoive sa foy.
CHI. Quoy, Sire! m'imposer une si dure loy!
FER. Tu t'en plains, mais ton feu loin d'aoüer ta plainte,
Si Rodrigue est vainqueur, l'accepte sans contrainte.
Cesse de murmurer contre un Arrest si doux,
Qui que ce soit des deux, j'en feray ton époux.

ACTE V.

SCENE PREMIERE.

D. RODRIGVE, CHIMENE.

C. Voy, Rodrigue, en plein jour! d'où te viēt cette audace?
Va, tu me perds d'honneur, retire-toy de grace.
RO. Ie vay mourir, Madame, & vous viens en ce lieu
Avant le coup mortel dire un dernier Adieu.
Cet immuable amour qui sous vos loix m'engage
N'ose accepter ma mort sans vous en faire hommage.
CHI. Tu vas mourir! ROD. Ie cours à ces heureux momens,
Qui vont livrer ma vie à vos ressentimens.
CHI. Tu vas mourir! Don Sanche est-il si redoutable,
Qu'il donne l'épouvante à ce cœur indomptable?
Qui t'a rendu si foible, ou qui le rend si fort?
Rodrigue va combatre, & se croit déja mort!
Celuy qui n'a pas craint les Mores, ny mon pere,
Va combatre Don Sanche, & déja desespere!
Ainsi donc au besoin ton courage s'abat?
ROD. Ie cours à mon supplice, & non pas au combat,
Et ma fidelle ardeur sçait bien m'oster l'envie,
Quand vous cherchez ma mort, de défendre ma vie.
I'ay toûjours mesme cœur, mais je n'ay point de bras
Quand il faut conserver ce qui ne vous plaist pas;
Et déja cette nuit m'auroit été mortelle,
Si j'eusse combatu pour ma seule querelle:
Mais défendant mon Roy, son Peuple, & mon païs,
A me défendre mal je les aurois trahis.
Mon esprit genereux ne hait pas tant la vie
Qu'il en vüeille sortir par une perfidie.
Maintenant qu'il s'agit de mon seul interest,
Vous demandez ma mort, j'en accepte l'Arrest;
Vostre ressentiment choisit la main d'un autre,
Ie ne meritois pas de mourir de la vostre;

TRAGEDIE. 471

On ne me verra point en repousser les coups,
Ie doy plus de respect à qui combat pour vous,
Et ravy de penser que c'est de vous qu'ils viennent,
Puisque c'est vostre honneur que ses armes soûtiennent,
Ie vay luy presenter mon estomac ouvert,
Adorant en sa main la vostre qui me perd.

CHI. Si d'un triste devoir la juste violence,
Qui me fait malgré-moy poursuivre ta vaillance,
Prescrit à ton amour une si forte loy,
Qu'il te rend sans défense à qui combat pour moy,
En cet aveuglement ne perds pas la memoire,
Qu'ainsi que de ta vie, il y va de ta gloire,
Et que dans quelque éclat que Rodrigue ait vécu,
Quand on le sçaura mort, on le croira vaincu.
Ton honneur t'est plus cher que je ne te suis chere,
Puisqu'il trempe tes mains dans le sang de mon pere,
Et te fait renoncer malgré ta passion
A l'espoir le plus doux de ma possession:
Ie t'en voy cependant faire si peu de conte,
Que sans rendre combat tu veux qu'on te surmonte!
Quelle inégalité ravale ta vertu?
Pourquoy ne l'as-tu plus, ou pourquoy l'avois-tu?
Quoy? n'es-tu genereux que pour me faire outrage?
S'il ne faut m'offenser, n'as-tu point de courage,
Et traites-tu mon pere avec tant de rigueur,
Qu'après l'avoir vaincu tu souffres un vainqueur?
Va, sans vouloir mourir laisse-moy te poursuivre,
Et défens ton honneur, si tu ne veux plus vivre.

ROD. Après la mort du Comte, & les Mores défaits,
Faudroit-il à ma gloire encor d'autres effets?
Elle peut dédaigner le soin de me défendre,
On sçait que mon courage ose tout entreprendre,
Que ma valeur peut tout, & que dessous les Cieux
Auprès de mon honneur rien ne m'est précieux.
Non, non, en ce combat, quoy que vous veüilliez croire,
Rodrigue peut mourir sans hazarder sa gloire,
Sans qu'on l'ose accuser d'avoir manqué de cœur,
Sans passer pour vaincu, sans souffrir un vainqueur.
On dira seulement, *il adoroit Chiméne,*
Il n'a pas voulu vivre, & meriter sa haine,
Il a cedé luy-mesme à la rigueur du Sort
Qui forçoit sa Maîtresse à poursuivre sa mort,

Elle vouloit sa teste, & son cœur magnanime
S'il l'en eust refusée; eust pensé faire un crime.
Pour vanger son honneur il perdit son amour,
Pour vanger sa Maîtresse il a quitté le jour,
Preferant (quelque espoir qu'eust son ame asservie)
Son honneur à Chiméne, & Chiméne à sa vie.
Ainsi donc vous verrez ma mort en ce combat,
Loin d'obscurcir ma gloire, en rehausser l'éclat,
Et cet honneur suivra mon trépas volontaire,
Que tout autre que moy n'eust pû vous satisfaire.
CHI. Puisque pour t'empescher de courir au trépas
Ta vie & ton honneur sont de foibles appas,
Si jamais je t'aimay, cher Rodrigue, en revanche,
Défens-toy maintenant pour m'oster à Don Sanche;
Combats pour m'affranchir d'une condition
Qui me donne à l'objet de mon aversion.
Te diray-je encor plus? va, songe à ta défense,
Pour forcer mon devoir, pour m'imposer silence,
Et si tu sens pour moy ton cœur encor épris,
Sors vainqueur d'un combat dont Chiméne est le prix.
Adieu, ce mot lasché me fait rougir de honte.
ROD. Est-il quelque ennemy qu'à present je ne dompte.
Paroissez Navarrois, Mores, & Castillans,
Et tout ce que l'Espagne a nourry de vaillans,
Vnissez vous ensemble, & faites une Armée
Pour combatre une main de la sorte animée,
Ioignez tous vos efforts contre un espoir si doux,
Pour en venir à bout c'est trop peu que de vous.

SCENE

TRAGEDIE.

SCENE II.
L'INFANTE.

T'Ecouteray-je encor, respect de ma naissance,
Qui fais un crime des mes feux?
T'écouteray-je, Amour, dont la douce puissance
Contre ce fier tyran fait revolter mes vœux?
  Pauvre Princesse, auquel des deux
  Dois-tu préter obeïssance?
Rodrigue, ta valeur te rend digne de moy,
Mais pour estre vaillant, tu n'es pas fils de Roy.

  Impitoyable Sort, dont la rigueur separe
  Ma gloire d'avec mes desirs!
Est-il dit que le choix d'une vertu si rare
Coûte à ma passion de si grands déplaisirs?
  O Cieux! à combien de soûpirs
  Faut-il que mon cœur se prépare,
Si jamais il n'obtient sur un si long tourment
Ny d'éteindre l'amour, ny d'accepter l'amant?

  Mais c'est trop de scrupule, & ma raison s'étonne
  Du mépris d'un si digne choix,
Bien qu'aux Monarques seuls ma naissance me donne,
Rodrigue, avec honneur je vivray sous tes loix;
  Aprés avoir vaincu deux Rois
  Pourrois-tu manquer de Couronne?
Et ce grand nom de Cid que tu viens de gagner
Ne fait-il pas trop voir sur qui tu dois regner?

  Il est digne de moy, mais il est à Chiméne,
  Le don que j'en ay fait me nuit,
Entre eux la mort d'un pere a si peu mis de haine,
Que le devoir du sang à regret le poursuit:
  Ainsi n'esperons aucun fruit
  De son crime, ny de ma peine,
Puisque pour me punir le Destin a permis
Que l'amour dure mesme entre deux ennemis.

Tome I.   Ooo

SCENE III.

L'INFANTE, LEONOR.

L'IN. OV viens-tu, Leonor? *LEO.* Vous applaudir, Madame,
  Sur le repos qu'enfin a retrouvé voſtre ame.
L'IN. D'où viendroit ce repos dans un comble d'ennuy?
LEO. Si l'amour vit d'eſpoir, & s'il meurt avec luy,
  Rodrigue ne peut plus charmer voſtre courage;
  Vous ſçavez le combat où Chiméne l'engage,
  Puisqu'il faut qu'il y meure, ou qu'il ſoit ſon mary,
  Voſtre eſperance eſt morte, & voſtre eſprit guery.
L'IN. Ah, qu'il s'en faut encor! *LEO.* Que pouvez-vous pretendre?
L'IN. Mais plûtoſt quel eſpoir me pourrois-tu défendre?
  Si Rodrigue combat ſous ces conditions,
  Pour en rompre l'effet j'ay trop d'inventions,
  L'Amour, ce doux autheur de mes cruels ſupplices,
  Aux eſprits des amans apprend trop d'artifices.
LEO. Pourrez-vous quelque choſe après qu'un pere mort
  N'a pû dans leurs eſprits allumer de diſcord?
  Car Chiméne aiſément montre par ſa conduite
  Que la haine aujourd'huy ne fait pas ſa pourſuite.
  Elle obtient un combat, & pour ſon combatant,
  C'eſt le premier offert qu'elle accepte à l'inſtant.
  Elle n'a point recours à ces mains genereuſes
  Que tant d'exploits fameux rendent ſi glorieuſes:
  Don Sanche luy ſuffit, & merite ſon choix,
  Parce qu'il va s'armer pour la premiere fois,
  Elle aime en ce duël ſon peu d'experience,
  Comme il eſt ſans renom, elle eſt ſans défiance,
  Et ſa facilité vous doit bien faire voir
  Qu'elle cherche un combat qui force ſon devoir,
  Qui livre à ſon Rodrigue une victoire aiſée,
  Et l'authoriſe enfin à paroiſtre appaiſée.
L'IN. Ie le remarque aſſez, & toutefois mon cœur
  A l'envy de Chiméne adore ce vainqueur.
  A quoy me reſoudray-je, amante infortunée?
LEO. A vous mieux ſouvenir de qui vous étes née,
  Le Ciel vous doit un Roy, vous aimez un Sujet.
L'IN. Mon inclination a bien changé d'objet.

T RAGEDIE.

Ie n'aime plus Rodrigue, un simple Gentilhomme,
Non, ce n'est plus ainsi que mon amour le nomme;
Si j'aime, c'est l'autheur de tant de beaux exploits,
C'est le valeureux Cid, le maistre de deux Rois.
 Ie me vaincray pourtant, non de peur d'aucun blâme,
Mais pour ne troubler pas une si belle flame,
Et quand pour m'obliger on l'auroit couronné,
Ie ne veux point reprendre un bien que j'ay donné.
Puisque en un tel combat sa victoire est certaine,
Allons encor un coup le donner à Chiméne;
Et toy qui vois les traits dont mon cœur est percé,
Vien me voir achever comme j'ay commencé.

SCENE IV.

CHIMENE, ELVIRE.

CHI. ELvire, que je souffre, & que je suis à plaindre:
Ie ne sçay qu'esperer, & je voy tout à craindre.
Aucun vœu ne m'échape où j'ose consentir,
Ie ne souhaite rien sans un prompt repentir;
A deux rivaux pour moy je fais prendre les armes,
Le plus heureux succès me coûtera des larmes,
Et quoy qu'en ma faveur en ordonne le Sort,
Mon pere est sans vangeance, ou mon amant est mort.
ELV. D'un & d'autre costé je vous voy soulagée,
Ou vous avez Rodrigue, ou vous êtes vangée,
Et quoy que le Destin puisse ordonner de vous,
Il soûtient vostre gloire, & vous donne un époux.
CHI. Quoy? l'objet de ma haine, ou bien de ma colere!
L'assassin de Rodrigue, ou celuy de mon pere!
De tous les deux costez on me donne un mary
Encor tout teint du sang que j'ay le plus chery.
De tous les deux costez mon ame se rebelle,
Ie crains plus que la mort la fin de ma querelle;
Allez vangeance, amour, qui troublez mes esprits,
Vous n'avez point pour moy de douceurs à ce prix.
Et toy, puissant moteur du Destin qui m'outrage,
Termine ce combat sans aucun avantage,
Sans faire aucun des deux ny vaincu, ny vainqueur.
ELV. Ce seroit vous traiter avec trop de rigueur.

Ooo ij

Ce combat pour voſtre ame eſt un nouveau ſupplice,
S'il vous laiſſe obligée à demander juſtice,
A témoigner toûjours ce haut reſſentiment,
Et pourſuivre toûjours la mort de voſtre amant.
Madame, il vaut bien mieux que ſa rare vaillance
Luy couronnant le front vous impoſe ſilence,
Que la loy du combat étouffe vos ſoûpirs,
Et que le Roy vous force à ſuivre vos deſirs.
CHI. Quand il ſera vainqueur, crois-tu que je me rende?
Mon devoir eſt trop fort & ma perte trop grande,
Et ce n'eſt pas aſſez pour leur faire la loy
Que celle du combat, & le vouloir du Roy.
Il peut vaincre Don Sanche avec fort peu de peine,
Mais non-pas avec luy la gloire de Chiméne,
Et quoy qu'à ſa victoire un Monarque ait promis,
Mon honneur luy fera mille autres ennemis.
ELV. Gardez, pour vous punir de cet orgueil étrange,
Que le Ciel à la fin ne ſouffre qu'on vous vange.
Quoy! vous voulez encor refuſer le bonheur
De pouvoir maintenant vous taire avec honneur!
Que pretend ce devoir, & qu'eſt-ce qu'il eſpere?
La mort de voſtre amant vous rendra-t'elle un pere?
Eſt-ce trop peu pour vous que d'un coup de malheur?
Faut-il perte ſur perte, & douleur ſur douleur?
Allez, dans le caprice où voſtre humeur s'obſtine,
Vous ne meritez pas l'amant qu'on vous deſtine,
Et nous verrons du Ciel l'équitable couroux
Vous laiſſer par ſa mort Don Sanche pour époux.
CHI. Elvire, c'eſt aſſez des peines que j'endure,
Ne les redouble point par ce funeſte augure:
Ie veux, ſi je le puis, les éviter tous deux,
Sinon, en ce combat Rodrigue a tous mes vœux.
Non qu'une folle ardeur de ſon coſté me panche,
Mais s'il étoit vaincu, je ſerois à Don Sanche,
Cette apprehenſion fait naiſtre mon ſouhait.
Que voy-je, malheureuſe? Elvire, c'en eſt fait,

SCENE V.

D. SANCHE, CHIMENE, ELVIRE.

SAN. Obligé d'apporter à vos pieds cette épée...
CH. Quoy? du sang de Rodrigue encor toute trempée?
Perfide, oses-tu bien te montrer à mes yeux
Après m'avoir osté ce que j'aimois le mieux?
Eclate, mon amour, tu n'as plus rien à craindre,
Mon pere est satisfait, cesse de te contraindre,
Vn mesme coup a mis ma gloire en seureté,
Mon ame au desespoir, ma flame en liberté.
SAN. D'un esprit plus rassis.... CHI. Tu me parles encore,
Execrable assassin d'un Heros que j'adore?
Va, tu l'as pris en traistre, un guerrier si vaillant
N'eust jamais succombé sous un tel assaillant.
N'espere rien de moy, tu ne m'as point servie,
En croyant me vanger tu m'as osté la vie.
SAN. Etrange impression, qui loin de m'écouter....
CHI. Veux-tu que de sa mort je t'écoute vanter?
Que j'entende à loisir avec quelle insolence
Tu peindras son malheur, mon crime, & ta vaillance?

SCENE VI.

D. FERNAND, D. DIEGVE, D. ARIAS, D. SANCHE, D. ALONSE, CHIMENE, ELVIRE.

CHI. Sire, il n'est plus besoin de vous dissimuler
Ce que tous mes efforts ne vous ont pû celer.
I'aimois, vous l'avez sceu, mais pour vanger mon pere
I'ay bien voulu proscrire une teste si chere:
Vostre Majesté, Sire, elle-mesme a pû voir
Comme j'ay fait ceder mon amour au devoir.
Enfin Rodrigue est mort, & sa mort m'a changée
D'implacable ennemie en amante affligée;
I'ay dû cette vangeance à qui m'a mise au jour,
Et je doy maintenant ces pleurs à mon amour.

Don Sanche m'a perduë en prenant ma défense,
Et du bras qui me perd je suis la recompense!
Sire, si la pitié peut émouvoir un Roy,
De grace, revoquez une si dure loy;
Pour prix d'une victoire où je perds ce que j'aime,
Ie luy laisse mon bien, qu'il me laisse à moy-mesme,
Qu'en un Cloistre sacré je pleure incessamment
Iusqu'au dernier soûpir mon pere & mon amant.
DIE. Enfin, elle aime, Sire, & ne croit plus un crime
D'avoüer par sa bouche un amour legitime.
FER. Chiméne, sors d'erreur, ton amant n'est pas mort,
Et Don Sanche vaincu t'a fait un faux rapport.
SAN. Sire, un peu trop d'ardeur malgré moy l'a deceuë.
Ie venois du combat luy raconter l'issuë.
Ce genereux guerrier dont son cœur est charmé,
Ne crains rien (m'a-t'il dit quand il m'a desarmé)
Ie laisserois plûtost la victoire incertaine,
Que de répandre un sang haZardé pour Chiméne:
Mais puisque mon devoir m'appelle auprès du Roy,
Va de nostre combat l'entretenir pour moy,
De la part du vainqueur luy porter ton épée.
Sire, j'y suis venu, cet objet l'a trompée,
Elle m'a creu vainqueur me voyant de retour,
Et soudain sa colere a trahy son amour,
Avec tant de transport & tant d'impatience,
Que je n'ay pû gagner un moment d'audience.
Pour moy, bien que vaincu, je me repute heureux,
Et malgré l'interest de mon cœur amoureux,
Perdant infiniment, j'aime encor ma défaite,
Qui fait le beau succès d'une amour si parfaite.
FER. Ma fille, il ne faut point rougir d'un si beau feu,
Ny chercher les moyens d'en faire un desaveu,
Vne loüable honte en vain t'en sollicite,
Ta gloire est dégagée, & ton devoir est quitte,
Ton pere est satisfait, & c'étoit le vanger
Que mettre tant de fois ton Rodrigue en danger.
Tu vois comme le Ciel autrement en dispose,
Ayant tant fait pour luy, fay pour toy quelque chose,
Et ne sois point rebelle à mon commandement,
Qui te donne un époux aimé si cherement.

TRAGEDIE. 479

SCENE VII.

D. FERNAND, D. DIEGVE, D. ARIAS,
D. RODRIGVE, D. ALONSE,
D. SANCHE, L'INFANTE,
CHIMENE, LEONOR,
ELVIRE.

LIN. SEche tes pleurs, Chiméne, & reçoy sans tristesse
    Ce genereux vainqueur des mains de ta Princesse.
ROD. Ne vous offensez point, Sire, si devant vous
    Vn respect amoureux me jette à ses genoux.
    Ie ne viens point icy demander ma conqueste,
    Ie viens tout de nouveau vous apporter ma teste,
    Madame, mon amour n'emploira point pour moy,
    Ny la loy du combat, ny le vouloir du Roy.
    Si tout ce qui s'est fait est trop peu pour un pere,
    Dites par quels moyens il vous faut satisfaire.
    Faut-il combattre encor mille & mille rivaux,
    Aux deux bouts de la Terre étendre mes travaux,
    Forcer moy seul un camp, mettre en fuite une Armée,
    Des Heros fabuleux passer la renommée?
    Si mon crime par là se peut enfin laver,
    I'ose tout entreprendre, & puis tout achever.
    Mais si ce fier honneur toûjours inexorable
    Ne se peut appaiser sans la mort du coupable,
    N'armez plus contre moy le pouvoir des Humains,
    Ma teste est à vos pieds, vangez-vous par vos mains,
    Vos mains seules ont droit de vaincre un invincible,
    Prenez une vangeance à tout autre impossible :
    Mais du moins que ma mort suffise à me punir,
    Ne me bannissez point de vostre souvenir,
    Et puisque mon trépas conserve vostre gloire,
    Pour vous en revancher conservez ma memoire,
    Et dites quelquefois en déplorant mon sort,
    S'il ne m'avoit aimée, il ne seroit pas mort.
CHI. Releve-toy, Rodrigue. Il faut l'avoüer, Sire,
    Ie vous en ay trop dit, pour m'en pouvoir dédire,

Rodrigue a des vertus que je ne puis haïr,
Et quand un Roy commande, on luy doit obeïr.
Mais à quoy que déja vous m'ayez condamnée,
Pourrez-vous à vos yeux souffrir cet Hymenée?
Et quand de mon devoir vous voulez cet effort,
Toute vostre justice en est-elle d'accord?
Si Rodrigue à l'Etat devient si necessaire,
De ce qu'il fait pour vous doy-je estre le salaire,
Et me livrer moy-mesme au reproche éternel
D'avoir trempé mes mains dans le sang paternel?

FER. Le temps assez souvent a rendu legitime
Ce qui sembloit d'abord ne se pouvoir sans crime.
Rodrigue t'a gagnée, & tu dois estre à luy;
Mais quoy que sa valeur t'ait conquise aujourd'huy,
Il faudroit que je fusse ennemy de ta gloire
Pour luy donner si tost le prix de sa victoire.
Cet Hymen differé ne rompt point une loy
Qui sans marquer de temps luy destine ta foy,
Prens un an, si tu veux, pour essuyer tes larmes.
    Rodrigue, cependant il faut prendre les armes.
Après avoir vaincu les Mores sur nos bords,
Renversé leurs desseins, repoussé leurs efforts,
Va jusqu'en leur païs leur reporter la guerre,
Commander mon Armée, & ravager leur terre.
A ce nom seul de Cid ils trembleront d'effroy,
Ils t'ont nommé Seigneur, & te voudront pour Roy.
Mais parmy tes hauts faits sois-luy toûjours fidelle,
Reviens-en, s'il se peut, encor plus digne d'elle,
Et par tes grands exploits fay-toy si bien priser,
Qu'il luy soit glorieux alors de t'épouser.

ROD. Pour posseder Chiméne, & pour vostre service,
Que peut-on m'ordonner que mon bras n'accomplisse?
Quoy qu'absent de ses yeux il me faille endurer,
Sire, ce m'est trop d'heur de pouvoir esperer.

FER. Espere en ton courage, espere en ma promesse,
Et possedant déja le cœur de ta Maistresse,
Pour vaincre un point d'honneur qui combat contre toy,
Laisse faire le temps, ta vaillance, & ton Roy.

F I N.

HORACE,
TRAGEDIE.

ACTEVRS

TVLLE, Roy de Rome.

Le vieil *HORACE*, Chevalier Romain.

HORACE, son fils.

CVRIACE, Gentilhomme d'Albe, amant de Camille.

VALERE, Chevalier Romain, amoureux de Camille.

SABINE, Femme d'Horace, & sœur de Curiace.

CAMILLE, Amäte de Curiace, & sœur d'Horace.

IVLIE, Dame Romaine, Confidente de Sabine & de Camille.

FLAVIAN, Soldat de l'Armée d'Albe.

PROCVLE, Soldat de l'Armée de Rome.

La Scene est à Rome dans une Salle de la maison d'Horace.

HORACE,
TRAGEDIE.

ACTE I.

SCENE PREMIERE.

SABINE, IVLIE.

SAB. PPROVVEZ ma foiblesse, & souf-
frez ma douleur,
Elle n'est que trop juste en un si grand
malheur;
Si prés de voir sur soy fondre de tels
orages,
L'ébranlement sied bien aux plus fer-
mes courages,
Et l'esprit le plus masle & le moins abbatu
Ne sçauroit sans desordre exercer sa vertu.
Quoy que le mien s'étonne à ces rudes alarmes,
Le trouble de mon cœur ne peut rien sur mes larmes,
Et parmy les soûpirs qu'il pousse vers les Cieux,
Ma constance du moins regne encor sur mes yeux.
Quand on arreste là les déplaisirs d'une ame,
Si l'on fait moins qu'un homme, on fait plus qu'une femme;
Commander à ses pleurs en cette extremité,
C'est montrer pour le sexe assez de fermeté.

Ppp ij

IVL. C'en eft peut-eftre affez pour une ame commune
Qui du moindre peril fe fait une infortune ;
Mais de cette foibleffe un grand cœur eft honteux,
Il ofe esperer tout dans un fuccès douteux.
Les deux camps font rangez au pied de nos murailles,
Mais Rome ignore encor comme on perd des batailles ;
Loin de trembler pour elle, il luy faut applaudir,
Puifqu'elle va combattre, elle va s'aggrandir.
Banniffez, banniffez une frayeur fi vaine,
Et concevez des vœux dignes d'une Romaine.

SAB. Ie fuis Romaine, helas ! puis qu'Horace eft Romain,
I'en ay receu le tître en recevant fa main,
Mais ce nœud me tiendroit en esclaue enchaifnée,
S'il m'empefchoit de voir en quels lieux je fuis née.
Albe où j'ay commencé de respirer le jour,
Albe mon cher païs, & mon premier amour,
Lors qu'entre nous & toy je voy la guerre ouverte,
Ie crains noftre victoire autant que noftre perte.
Rome, fi tu te plains que c'eft là te trahir,
Fay-toy des ennemis que je puiffe haïr.
Quand je voy de tes murs leur Armée & la noftre,
Mes trois freres dans l'une, & mon mary dans l'autre,
Puis-je former des vœux, & fans impieté
Importuner le Ciel pour ta felicité ?
Ie fçay que ton Etat encor en fa naiffance
Ne fçauroit fans la guerre affermir fa puiffance,
Ie fçay qu'il doit s'accroiftre, & que tes grands Destins
Ne le borneront pas chez les peuples Latins,
Que les Dieux t'ont promis l'Empire de la Terre,
Et que tu n'en peux voir l'effet que par la guerre.
Bien loin de m'oppofer à cette noble ardeur
Qui fuit l'Arreft des Dieux & court à ta grandeur,
Ie voudrois déja voir tes troupes couronnées
D'un pas victorieux franchir les Pyrenées.
Va jusqu'en l'Orient pouffer tes bataillons,
Va fur les bords du Rhin planter tes pavillons,
Fay trembler fous tes pas les colomnes d'Hercule,
Mais refpecte une ville à qui tu dois Romule.
Ingrate, fouvien-toy que du fang de fes Rois
Tu tiens ton nom, tes murs, & tes premieres loix,
Albe eft ton origine, arrefte, & confidere
Que tu portes le fer dans le fein de ta mere.

Tourne ailleurs les efforts de tes bras triomphans,
Sa joye éclatera dans l'heur de ses enfans,
Et se laissant ravir à l'amour maternelle,
Ses vœux seront pour toy, si tu n'es plus contre elle.
IVL. Ce discours me surprend, veu que depuis le temps
Qu'on a contre son peuple armé nos combatans,
Ie vous ay veu pour elle autant d'indifference
Que si d'un sang Romain vous aviez pris naissance.
I'admirois la vertu qui reduisoit en vous
Vos plus chers interests à ceux de vostre époux,
Et je vous consolois au milieu de vos plaintes,
Comme si nostre Rome eust fait toutes vos craintes.
SAB. Tant qu'on ne s'est choqué qu'en de legers combats,
Trop foibles pour jetter un des partis à bas,
Tant qu'un espoir de paix a pû flater ma peine,
Ouy, j'ay fait vanité d'estre toute Romaine.
Si j'ay veu Rome heureuse avec quelque regret,
Soudain j'ay condamné ce mouvement secret;
Et si j'ay ressenty dans ses destins contraires
Quelque maligne joye en faveur de mes freres,
Soudain pour l'étouffer rappelant ma raison,
I'ay pleuré quand la gloire entroit dans leur maison.
Mais aujourd'huy qu'il faut que l'une ou l'autre tombe,
Qu'Albe devienne esclave, ou que Rome succombe,
Et qu'après la bataille il ne demeure plus
Ny d'obstacle aux vainqueurs, ny d'espoir aux vaincus,
I'aurois pour mon païs une cruelle haine,
Si je pouvois encore estre toute Romaine,
Et si je demandois vostre triomphe aux Dieux
Au prix de tant de sang qui m'est si précieux.
Ie m'attache un peu moins aux interests d'un homme,
Ie ne suis point pour Albe, & ne suis plus pour Rome,
Ie crains pour l'une & l'autre en ce dernier effort,
Et seray du party qu'affligera le Sort.
Egale à tous les deux jusques à la victoire,
Ie prendray part aux maux sans en prendre à la gloire,
Et je garde au milieu de tant d'aspres rigueurs
Mes larmes aux vaincus, & ma haine aux vainqueurs.
IVL. Qu'on voit naistre souvent de pareilles traverses
En des esprits divers des passions diverses,
Et qu'à nos yeux Camille agit bien autrement!
Son frere est vostre époux, le vostre est son amant,

Mais elle voit d'un œil bien different du voſtre,
Son ſang dans une Armée, & ſon amour dans l'autre.
Lors que vous conſerviez un esprit tout Romain,
Le ſien irreſolu, le ſien tout incertain,
De la moindre meſlée appréhendoit l'orage,
De tous les deux partis detestoit l'avantage,
Au malheur des vaincus donnoit toûjours ſes pleurs,
Et nourriſſoit ainſi d'eternelles douleurs.
Mais hier quand elle ſçeut qu'on avoit pris journée,
Et qu'enfin la bataille alloit eſtre donnée,
Vne ſoudaine joye éclatant ſur ſon front....

SAB. Ah! que je crains, Iulie, un changement ſi prompt!
Hier dans ſa belle humeur elle entretint Valere,
Pour ce rival ſans doute elle quitte mon frere,
Son esprit ébranlé par les objets preſens
Ne trouve point d'abſent aimable aprés deux ans.
Mais excuſez l'ardeur d'une amour fraternelle,
Le ſoin que j'ay de luy me fait craindre tout d'elle,
Ie forme des ſoupçons d'un trop leger ſujet,
Prés d'un jour ſi funeste on change peu d'objet,
Les ames rarement ſont de nouveau bleſſées,
Et dans un ſi grand trouble on a d'autres penſées:
Mais on n'a pas auſſi de ſi doux entretiens,
Ny de contentemens qui ſoient pareils aux ſiens.

JVL. Les cauſes comme à vous m'en ſemblent fort obscures,
Ie ne me ſatisfais d'aucunes conjectures.
C'eſt aſſez de constance en un ſi grand danger
Que de le voir, l'attendre, & ne point s'affliger;
Mais certes c'en eſt trop d'aller jusqu'à la joye.

SAB. Voyez qu'un bon Genie à propos nous l'envoye.
Eſſayez ſur ce point à la faire parler,
Elle vous aime aſſez pour ne vous rien celer,
Ie vous laiſſe. Ma ſœur, entretenez Iulie,
I'ay honte de montrer tant de melancolie,
Et mon cœur accablé de mille déplaiſirs,
Cherche la ſolitude à cacher ſes ſoûpirs.

SCENE II.

CAMILLE, IVLIE.

CAM. Qv'elle a tort de vouloir que je vous entretienne!
Croit-elle ma douleur moins vive que la sienne,
Et que plus insensible à de si grands malheurs,
A mes tristes discours je mesle moins de pleurs?
De pareilles frayeurs mon ame est alarmée,
Comme elle je perdray dans l'une & l'autre Armée.
Ie verray mon amant, mon plus unique bien,
Mourir pour son païs, ou détruire le mien,
Et cet objet d'amour devenir pour ma peine
Digne de mes soûpirs, ou digne de ma haine.
Helas! *IVL.* Elle est pourtant plus à plaindre que vous.
On peut changer d'amant, mais non changer d'époux.
Oubliez Curiace, & recevez Valere,
Vous ne tremblerez plus pour le party contraire,
Vous serez toute nostre, & vostre esprit remis
N'aura plus rien à perdre au camp des ennemis.
CAM. Donnez-moy des conseils qui soient plus legitimes,
Et plaignez mes malheurs sans m'ordonner des crimes.
Quoy qu'à peine à mes maux je puisse resister,
I'aime mieux les souffrir, que de les meriter.
IVL. Quoy? vous appellez crime un change raisonnable?
CAM. Quoy? le manque de foy vous semble pardonnable?
IVL. Envers un ennemy qui peut nous obliger?
CAM. D'un serment solemnel qui peut nous dégager?
IVL. Vous déguisez en vain une chose trop claire,
Ie vous vis encor hier entretenir Valere,
Et l'accueil gracieux qu'il recevoit de vous
Luy permet de nourrir un espoir assez doux.
CAM. Si je l'entretins hier & luy fis bon visage,
N'en imaginez rien qu'à son desavantage,
De mon contentement un autre étoit l'objet;
Mais pour sortir d'erreur sçachez-en le sujet,
Ie garde à Curiace une amitié trop pure,
Pour souffrir plus long-temps qu'on m'estime parjure.
Il vous souvient qu'à peine on voyoit de sa sœur
Par un heureux Hymen mon frere possesseur,

Quand pour comble de joye il obtint de mon pere
Que de ses chastes feux je serois le salaire.
Ce jour nous fut propice & funeste à la fois,
Vnissant nos maisons il desunit nos Rois,
Vn mesme instant conclud nostre Hymen & la guerre,
Fit naistre nostre espoir & le jetta par terre,
Nous osta tout si-tost qu'il nous eust tout promis,
Et nous faisant amants, il nous fit ennemis.
Combien nos déplaisirs parurent lors extresmes,
Combien contre le Ciel il vomit de blasphesmes,
Et combien de ruisseaux coulerent de mes yeux,
Ie ne vous le dis point, vous vistes nos Adieux.
Vous avez veu depuis les troubles de mon ame,
Vous sçavez pour la paix quels vœux a faits ma flame,
Et quels pleurs j'ay versez à chaque évenement
Tantost pour mon païs, tantost pour mon amant.
Enfin mon desespoir, parmy ces longs obstacles,
M'a fait avoir recours à la voix des Oracles;
Ecoutez si celuy qui me fut hier rendu
Eut droit de rasseurer mon esprit éperdu.
Ce Grec si renommé qui depuis tant d'années
Au pied de l'Aventin prédit nos Destinées,
Luy qu'Apollon jamais n'a fait parler à faux,
Me promit par ces Vers la fin de mes travaux.
 Albe & Rome demain prendront une autre face,
 Tes vœux sont exaucez, elles auront la Paix,
 Et tu seras unie avec ton Curiace,
 Sans qu'aucun mauvais sort t'en separe jamais.
Ie pris sur cet Oracle une entiere asseurance,
Et comme le succès passoit mon esperance,
J'abandonnay mon ame à des ravissemens
Qui passoient les transports des plus heureux amans.
Iugez de leur excès. Ie rencontray Valere,
Et contre sa coûtume il ne pût me déplaire,
Il me parla d'amour sans me donner d'ennuy,
Ie ne m'aperçeus pas que je parlois à luy,
Ie ne luy pûs montrer de mépris, ny de glace,
Tout ce que je voyois me sembloit Curiace,
Tout ce qu'on me disoit me parloit de ses feux,
Tout ce que je disois l'asseuroit de mes vœux.
Le combat general aujourd'huy se hazarde,
I'en sçeus hier la Nouvelle, & je n'y pris pas garde,

TRAGEDIE.

Mon esprit rejettoit ces funestes objets
Charmé des doux pensers d'Hymen & de la Paix.
La nuit a dissipé des erreurs si charmantes,
Mille songes affreux, mille images sanglantes,
Ou plûtost mille amas de carnage & d'horreur
M'ont arraché ma joye & rendu ma terreur.
I'ay veu du sang, des morts, & n'ay rien veu de suite,
Vn spectre en paroissant prenoit soudain la fuite,
Ils s'effaçoient l'un l'autre, & chaque illusion
Redoubloit mon effroy par sa confusion.
JVL. C'est en contraire sens qu'un songe s'interprete.
CAM. Ie le doy croire ainsi, puisque je le souhaite,
Mais je me trouve enfin malgré tous mes souhaits
Au jour d'une bataille, & non pas d'une paix.
IVL. Par-là finit la guerre, & la Paix luy succede.
CAM. Dure à jamais le mal s'il y faut ce remede !
Soit que Rome y succombe, ou qu'Albe ait le dessous,
Cher amant, n'atten plus d'estre un jour mon époux ;
Iamais, jamais ce nom ne sera pour un homme
Qui soit ou le vainqueur, ou l'esclave de Rome.
   Mais quel objet nouveau se presente en ces lieux ?
Est-ce toy, Curiace ? en croiray-je mes yeux ?

SCENE III.

CVRIACE, CAMILLE, IVLIE.

CVR. N'En doutez point, Camille, & revoyez un homme
Qui n'est ny le vainqueur, ny l'esclave de Rome.
Cessez d'apprehender de voir rougir mes mains
Du poids honteux des fers, ou du sang des Romains.
I'ay crû que vous aimiez assez Rome, & la gloire,
Pour mépriser ma chaisne, & haïr ma victoire,
Et comme également en cette extremité
Ie craignois la victoire, & la captivité.
CAM. Curiace, il suffit, je devine le reste,
Tu fuis une bataille à tes vœux si funeste,
Et ton cœur tout à moy, pour ne me perdre pas,
Desrobe à ton païs le secours de ton bras.
Qu'un autre considere icy ta Renommée,
Et te blasme, s'il veut, de m'avoir trop aimée ;

Tome I. Qqq

Ce n'est point à Camille à t'en mesestimer,
Plus ton amour paroit, plus elle doit t'aimer,
Et si tu dois beaucoup aux lieux qui t'ont veu naistre,
Plus tu quittes pour moy, plus tu le fais paroistre.
Mais as-tu veu mon pere, & peut-il endurer
Qu'ainsi dans sa maison tu t'oses retirer?
Ne prefere-t'il point l'Etat à sa famille?
Ne regarde-t'il point Rome plus que sa fille?
Enfin nostre bonheur est-il bien affermy?
T'a-t'il veu comme gendre, ou bien comme ennemy?

CVR. Il m'a veu comme gendre, avec une tendresse
Qui témoignoit assez une entiere allegresse,
Mais il ne m'a point veu par une trahison
Indigne de l'honneur d'entrer dans sa maison.
Ie n'abandonne point l'interest de ma ville,
I'aime encor mon honneur en adorant Camille;
Tant qu'a duré la guerre on m'a veu constamment
Aussi bon citoyen que veritable amant,
D'Albe avec mon amour j'accordois la querelle,
Ie soûpirois pour vous en combatant pour elle;
Et s'il falloit encor que l'on en vinst aux coups,
Ie combatrois pour elle en soûpirant pour vous.
Ouy, malgré les desirs de mon ame charmée,
Si la guerre duroit, je serois dans l'Armée :
C'est la Paix qui chez vous me donne un libre accès,
La Paix à qui nos feux doivent ce beau succès.

CAM. La Paix ! & le moyen de croire un tel miracle?

IVL. Camille, pour le moins croyez-en vostre Oracle,
Et sçachons pleinement par quels heureux effets
L'heure d'une bataille a produit cette paix.

CVR. L'auroit-on jamais crû! Déja les deux Armées
D'une égale chaleur au combat animées
Se menaçoient des yeux, & marchant fierement,
N'attendoient pour donner que le commandement;
Quand nostre Dictateur devant les rangs s'avance,
Demande à vostre Prince un moment de silence,
Et l'ayant obtenu, *Que faisons-nous, Romains,*
Dit-il, *& quel Démon nous fait venir aux mains ?*
Souffrons que la raison éclaire enfin nos ames,
Nous sommes vos voisins, nos filles sont vos femmes,
Et l'Hymen nous a joints par tant & tant de nœuds,
Qu'il est peu de nos fils qui ne soient vos neveux.

TRAGEDIE.

Nous ne sommes qu'un sang, & qu'un Peuple en deux villes,
Pourquoy nous déchirer par des guerres civiles,
Où la mort des vaincus affoiblit les vainqueurs,
Et le plus beau triomphe est arrosé de pleurs?
Nos ennemis communs attendent avec joye
Qu'un des partis défait leur donne l'autre en proye,
Lassé, demy-rompu, vainqueur; mais pour tout fruit
Dénué d'un secours par luy mesme détruit.
Ils ont assez long-temps joüy de nos divorces,
Contr'eux doresnavant joignons toutes nos forces,
Et noyons dans l'oubly ces petits differens
Qui de si bons guerriers font de mauvais parens.
Que si l'ambition de commander aux autres
Fait marcher aujourd'huy vos troupes & les nostres,
Pourveu qu'à moins de sang nous voulions l'appaiser,
Elle nous unira, loin de nous diviser.
Nommons des combatans pour la cause commune,
Que chaque Peuple aux siens attache sa fortune,
Et suivant ce que d'eux ordonnera le Sort,
Que le foible party prenne loy du plus fort:
Mais sans indignité pour des guerriers si braves,
Qu'ils deviennent Sujets sans devenir esclaves,
Sans honte, sans tribut, & sans autre rigueur
Que de suivre en tous lieux les drapeaux du vainqueur.
Ainsi nos deux Etats ne feront qu'un Empire.
A ces mots il se taist, d'aise chacun soûpire,
Chacun jettant les yeux dans un rang ennemy
Reconnoit un beau-frere, un cousin, un amy.
Ils s'étonnent comment leurs mains de sang avides
Voloient sans y penser à tant de parricides,
Et font paroistre un front couvert tout à la fois
D'horreur pour la bataille, & d'ardeur pour ce choix.
Enfin l'offre s'accepte, & la paix desirée
Sous ces conditions est aussi-tost jurée,
Trois combatront pour tous, mais pour les mieux choisir
Nos Chefs ont voulu prendre un peu plus de loisir,
Le vostre est au Senat, le nostre dans sa Tente.

CAM. O Dieux, que ce discours rend mon ame contente!
CVR. Dans deux heures au plus par un commun accord
 Le sort de nos guerriers reglera nostre sort.
 Cependant tout est libre attendant qu'on les nomme,
 Rome est dans nostre camp, & nostre camp dans Rome,

D'un & d'autre cofté l'accès étant permis,
Chacun va renoüer avec fes vieux amis.
Pour moy, ma paffion m'a fait fuivre vos freres,
Et mes defirs ont eu des fuccès fi profperes,
Que l'autheur de vos jours m'a promis à demain
Le bonheur fans pareil de vous donner la main.
Vous ne deviendrez pas rebelle à fa puiffance?
CAM. Le devoir d'une fille eft en l'obeïffance.
CVR. Venez donc recevoir ce doux commandement
Qui doit mettre le comble à mon contentement.
CAM. Ie vay fuivre vos pas, mais pour revoir mes freres,
Et fçavoir d'eux encor la fin de nos miferes.
IVL. Allez, & cependant au pied de nos Autels
I'iray rendre pour vous graces aux Immortels.

ACTE II.

SCENE PREMIERE.

HORACE, CVRIACE.

CVR.  INSI Rome n'a point feparé fon estime,
Elle euft creu faire ailleurs un choix illegitime,
Cette fuperbe ville en vos freres & vous
Trouve les trois guerriers qu'elle préfere à tous,
Et fon illuftre ardeur d'ofer plus que les autres,
D'une feule maifon brave toutes les noftres.
Nous croirons, à la voir toute entiere en vos mains,
Que hors les fils d'Horace il n'eft point de Romains.
Ce choix pouvoit combler trois familles de gloire,
Confacrer hautement leurs noms à la memoire;
Ouy, l'honneur que reçoit la voftre par ce choix
En pouvoit à bon titre immortalifer trois;
Et puifque c'eft chez vous que mon heur & ma flame
M'ont fait placer ma fœur, & choifir une femme,
Ce que je vay vous eftre & ce que je vous fuis
Me font y prendre part autant que je le puis:

Mais un autre interest tient ma joye en contrainte,
Et parmy ses douceurs mesle beaucoup de crainte.
La guerre en tel éclat a mis vostre valeur
Que je tremble pour Albe, & prévoy son malheur.
Puisque vous combatez, sa perte est asseurée,
En vous faisant nommer le Destin l'a jurée,
Ie voy trop dans ce choix ses funestes projets,
Et me conte déja pour un de vos Sujets.
HOR. Loin de trembler pour Albe, il vous faut plaindre Rome,
Voyant ceux qu'elle oublie, & les trois qu'elle nomme.
C'est un aveuglement pour elle bien fatal
D'avoir tant à choisir, & de choisir si mal.
Mille de ses enfans beaucoup plus dignes d'elle
Pouvoient bien mieux que nous soûtenir sa querelle;
Mais quoy que ce combat me promette un cercueil,
La gloire de ce choix m'enfle d'un juste orgueil,
Mon esprit en conçoit une masse asseurance,
I'ose esperer beaucoup de mon peu de vaillance,
Et du Sort envieux quels que soient les projets,
Ie ne me conte point pour un de vos Sujets.
Rome a trop crû de moy, mais mon ame ravie
Remplira son attente, ou quittera la vie.
Qui veut mourir, ou vaincre, est vaincu rarement,
Ce noble desespoir perit malaisément :
Rome, quoy qu'il en soit, ne sera point Sujette,
Que mes derniers soûpirs n'asseurent ma défaite.
CVR. Helas, c'est bien icy que je dois estre plaint !
Ce que veut mon païs, mon amitié le craint.
Dures extrémitez, de voir Albe asservie,
Ou sa victoire au prix d'une si chere vie,
Et que l'unique bien où tendent ses desirs
S'achete seulement par vos derniers soûpirs !
Quels vœux puis-je former, & quel bonheur attendre ?
De tous les deux costez j'ay des pleurs à répandre,
De tous les deux costez mes desirs sont trahis.
HOR. Quoy ! vous me pleureriez mourant pour mon païs !
Pour un cœur genereux ce trépas a des charmes,
La gloire qui le suit ne souffre point de larmes,
Et je le recevrois en benissant mon sort,
Si Rome & tout l'Etat perdoient moins en ma mort.
CVR. A vos amis pourtant permettez de le craindre,
Dans un si beau trépas ils sont les seuls à plaindre,

La gloire en est pour vous, & la perte pour eux,
Il vous fait immortel, & les rend malheureux,
On perd tout quand on perd un amy si fidelle.
Mais Flavian m'apporte icy quelque Nouvelle.

SCENE II.

HORACE, CVRIACE, FLAVIAN.

C. Albe de trois guerriers a-t'elle fait le choix ?
F. Ie viens pour vous l'apprendre. C. Et bien, qui sont les trois ?
FL. Vos deux freres & vous. CV. Qui ? FL. Vous & vos deux freres.
 Mais pourquoy ce front triste, & ces regards severes ?
 Ce choix vous déplaist-il ? CVR. Non, mais il me surprend ;
 Ie m'estimois trop peu pour un honneur si grand.
FLA. Diray-je au Dictateur dont l'ordre icy m'envoye
 Que vous le recevez avec si peu de joye ?
 Ce morne & froid accueil me surprend à mon tour.
CVR. Dy-luy que l'amitié, l'alliance, & l'amour,
 Ne pourront empescher que les trois Curiaces
 Ne servent leur païs contre les trois Horaces.
FLA. Contre eux ! ah, c'est beaucoup me dire en peu de mots.
CVR. Porte-luy ma réponse & nous laisse en repos.

SCENE III.

HORACE, CVRIACE.

CVR. Qve desormais le Ciel, les Enfers, & la Terre,
 Vnissent leurs fureurs à nous faire la guerre,
 Que les hommes, les Dieux, les Démons, & le Sort,
 Préparent contre nous un general effort ;
 Ie mets à faire pis en l'état où nous sommes
 Le Sort, & les Démons, & les Dieux, & les hommes,
 Ce qu'ils ont de cruel, & d'horrible, & d'affreux,
 L'est bien moins que l'honneur qu'on nous fait à tous deux.
HOR. Le Sort qui de l'honneur nous ouvre la barriere,
 Offre à nostre constance une illustre matiere.
 Il épuise sa force à former un malheur
 Pour mieux se mesurer avec nostre valeur,

TRAGEDIE. 495

Et comme il voit en nous des ames peu communes,
Hors de l'ordre commun il nous fait des fortunes.
  Combattre un ennemy pour le salut de tous,
Et contre un inconnu s'exposer seul aux coups,
D'une simple vertu c'est l'effet ordinaire,
Mille déja l'ont fait, mille pourroient le faire.
Mourir pour le païs est un si digne sort
Qu'on brigueroit en foule une si belle mort.
Mais vouloir au Public immoler ce qu'on aime,
S'attacher au combat contre un autre soy-mesme,
Attaquer un party qui prend pour défenseur
Le frere d'une femme & l'amant d'une sœur,
Et rompant tous ces nœuds s'armer pour la Patrie
Contre un sang qu'on voudroit racheter de sa vie;
Vne telle vertu n'appartenoit qu'à nous.
L'éclat de son grand nom luy fait peu de jaloux,
Et peu d'hommes au cœur l'ont assez imprimée,
Pour oser aspirer à tant de Renommée.
CVR. Il est vray que nos noms ne sçauroient plus perir,
  L'occasion est belle, il nous la faut cherir,
Nous serons les miroirs d'une vertu bien rare :
Mais vostre fermeté tient un peu du barbare.
Peu, mesme des grands cœurs, tireroient vanité
D'aller par ce chemin à l'immortalité :
A quelque prix qu'on mette une telle fumée,
L'obscurité vaut mieux que tant de Renommée.
  Pour moy, je l'ose dire, & vous l'avez pû voir,
Ie n'ay point consulté pour suivre mon devoir,
Nostre longue amitié, l'amour, ny l'alliance,
N'ont pû mettre un moment mon esprit en balance,
Et puisque par ce choix Albe montre en effet
Qu'elle m'estime autant que Rome vous a fait,
Ie croy faire pour elle autant que vous pour Rome,
I'ay le cœur aussi bon, mais enfin je suis homme.
Ie voy que vostre honneur demande tout mon sang,
Que tout le mien consiste à vous percer le flanc,
Prest d'épouser la sœur qu'il faut tuer le frere,
Et que pour mon païs j'ay le Sort si contraire;
Encor qu'à mon devoir ie coure sans terreur,
Mon cœur s'en effarouche, & j'en fremis d'horreur,
I'ay pitié de moy-mesme, & jette un œil d'envie
Sur ceux dont nostre guerre a consumé la vie.

Sans souhait toutefois de pouvoir reculer,
Ce triste & fier honneur m'émeut sans m'ébranler;
J'aime ce qu'il me donne, & je plains ce qu'il m'oste;
Et si Rome demande une vertu plus haute,
Ie rens graces aux Dieux de n'estre pas Romain,
Pour conserver encor quelque chose d'humain.
HOR. Si vous n'étes Romain, soyez digne de l'estre,
Et si vous m'égalez, faites-le mieux paroistre.
    La solide vertu dont je fais vanité
N'admet point de foiblesse avec sa fermeté,
Et c'est mal de l'honneur entrer dans la carriere
Que dés le premier pas regarder en arriere.
Nostre malheur est grand, il est au plus haut point,
Ie l'envisage entier, mais je n'en fremis point.
Contre qui que ce soit que mon païs m'employe,
J'accepte aveuglément cette gloire avec joye.
Celle de recevoir de tels commandemens
Doit étouffer en nous tous autres sentimens;
Qui prés de le servir considere autre chose,
A faire ce qu'il doit laschement se dispose,
Ce droit saint & sacré rompt tout autre lien.
Rome a choisi mon bras, je n'examine rien,
Avec une allegresse aussi pleine & sincere
Que j'épousay la sœur, je combattray le frere,
Et pour trancher enfin ces discours superflus,
Albe vous a nommé, je ne vous connoy plus.
CVR. Ie vous connois encor, & c'est ce qui me tuë;
Mais cette aspre vertu ne m'étoit pas connuë;
Comme nostre malheur elle est au plus haut point,
Souffrez que je l'admire & ne l'imite point.
HOR. Non, non, n'embrassez pas de vertu par contrainte,
Et puisque vous trouvez plus de charme à la plainte,
En toute liberté goustez un bien si doux,
Voicy venir ma sœur pour se plaindre avec vous.
Ie vay revoir la vostre, & resoudre son ame
A se bien souvenir qu'elle est toûjours ma femme,
A vous aimer encor si je meurs par vos mains,
Et prendre en son malheur des sentimens Romains.

SCENE

TRAGEDIE. 497

SCENE IV.
HORACE, CVRIACE, CAMILLE.

HOR. Avez-vous sçeû l'état qu'on fait de Curiace,
    Ma sœur? CAM. Helas! mon sort a bien changé de face.
HOR. Armez-vous de constance, & montrez vous ma sœur,
    Et si par mon trépas il retourne vainqueur,
    Ne le recevez point en meurtrier d'un frere,
    Mais en homme d'honneur, qui fait ce qu'il doit faire,
    Qui sert bien son païs, & sçait montrer à tous
    Par sa haute vertu qu'il est digne de vous.
    Comme si je vivois, achevez l'Hymenée.
    Mais si ce fer aussi tranche sa Destinée,
    Faites à ma victoire un pareil traitement,
    Ne me reprochez point la mort de vostre amant.
    Vos larmes vont couler, & vostre cœur se presse,
    Consumez avec luy toute cette foiblesse,
    Querellez Ciel & Terre, & maudissez le Sort,
    Mais après le combat ne pensez plus au mort.
    ^a Ie ne vous laisseray qu'un moment avec elle,
    Puis nous irons ensemble où l'honneur nous appelle.

^a *A Curiace.*

SCENE V.
CVRIACE, CAMILLE.

CAM. Iras-tu, Curiace, & ce funeste honneur
    Te plaist-il aux dépens de tout nostre bonheur?
CVR. Helas, je voy trop bien qu'il faut, quoy que je fasse,
    Mourir, ou de douleur, ou de la main d'Horace.
    Ie vay comme au supplice à cet illustre employ,
    Ie maudis mille fois l'état qu'on fait de moy,
    Ie hay cette valeur qui fait qu'Albe m'estime,
    Ma flame au desespoir passe jusques au crime,
    Elle se prend au Ciel, & l'ose quereller,
    Ie vous plains, je me plains; mais il y faut aller.
CAM. Non, je te connoy mieux, tu veux que je te prie,
    Et qu'ainsi mon pouvoir t'excuse à ta Patrie.

Tome I.   Rrr

Tu n'es que trop fameux par tes autres exploits,
Albe a receu par eux tout ce que tu luy dois;
Autre n'a mieux que toy soûtenu cette guerre,
Autre de plus de morts n'a couvert nostre terre,
Ton nom ne peut plus croiftre, il ne luy manque rien,
Souffre qu'un autre icy puiffe ennoblir le fien.
CVR. Que je souffre à mes yeux qu'on ceigne une autre tefte
Des lauriers immortels que la gloire m'aprefte,
Ou que tout mon païs reproche à ma vertu
Qu'il auroit triomphé fi j'avois combatu,
Et que fous mon amour ma valeur endormie
Couronne tant d'exploits d'une telle infamie?
Non, Albe, après l'honneur que j'ay receu de toy,
Tu ne fuccomberas, ny vaincras que par moy.
Tu m'as commis ton fort, je t'en rendray bon conte,
Et vivray fans reproche, ou periray fans honte.
CAM. Quoy! tu ne veux pas voir qu'ainfi tu me trahis!
CVR. Avant que d'eftre à vous je fuis à mon païs.
CAM. Mais te priver pour luy toy-mefme d'un beau-frere,
Ta fœur de fon mary! *CVR.* Telle eft noftre miferé.
Le choix d'Albe & de Rome ofte toute douceur
Aux noms jadis fi doux de beau-frere & de fœur.
CAM. Tu pourras donc, cruel, me prefenter fa tefte,
Et demander ma main pour prix de ta conquefte!
CVR. Il n'y faut plus penfer, en l'état où ie fuis
Vous aimer fans espoir, c'eft tout ce que je puis.
Vous en pleurez, Camille? *CAM.* Il faut bien que je pleure,
Mon infenfible amant ordonne que je meure,
Et quand l'Hymen pour nous allume fon flambeau
Il l'éteint de fa main pour m'ouvrir le tombeau.
Ce cœur impitoyable à ma perte s'obstine,
Et dit qu'il m'aime encor alors qu'il m'affaffine.
CVR. Que les pleurs d'une amante ont de puiffans discours,
Et qu'un bel œil eft fort avec un tel fecours!
Que mon cœur s'attendrit à cette triste veuë!
Ma constance contre elle à regret s'évertuë.
N'attaquez plus ma gloire avec tant de douleurs,
Et laiffez-moy fauver ma vertu de vos pleurs.
Ie fens qu'elle chancelle, & défend mal la place,
Plus je fuis voftre amant, moins je fuis Curiace:
Foible d'avoir déja combattu l'amitié
Vaincroit-elle à la fois l'amour & la pitié?

Allez, ne m'aimez plus, ne verſez plus de larmes,
Ou j'oppoſe l'offenſe à de ſi fortes armes,
Ie me défendray mieux contre voſtre couroux,
Et pour le meriter, je n'ay plus d'yeux pour vous.
Vangez-vous d'un ingrat, puniſſez un volage.
Vous ne vous montrez point ſenſible à cet outrage!
Ie n'ay plus d'yeux pour vous, vous en avez pour moy!
En faut-il plus encor? je renonce à ma foy.
 Rigoureuſe vertu dont je ſuis la victime,
Ne peux-tu reſiſter ſans le ſecours d'un crime?
CAM. Ne fay point d'autre crime, & j'atteſte les Dieux
Qu'au lieu de t'en haïr je t'en aimeray mieux;
Ouy, je te cheriray tout ingrat & perfide,
Et ceſſe d'aſpirer au nom de fratricide.
Pourquoy ſuis-je Romaine, ou que n'es-tu Romain?
Ie te prepareroy des lauriers de ma main,
Ie t'encouragerois au lieu de te diſtraire,
Et je te traiterois comme j'ay fait mon frere.
Helas! j'étois aveugle en mes vœux aujourd'huy,
I'en ay fait contre toy quand j'en ay fait pour luy.
 Il revient, quel malheur, ſi l'amour de ſa femme
Ne peut non plus ſur luy que le mien ſur ton ame!

SCENE VI.

HORACE, CVRIACE, SABINE, CAMILLE.

CVR. Dieux! Sabine le ſuit! Pour ébranler mon cœur
Eſt-ce peu de Camille, y joignez-vous ma ſœur?
Et laiſſant à ſes pleurs vaincre ce grand courage,
L'amenez-vous icy chercher meſme avantage?
SAB. Non non, mon frere, non, je ne viens en ce lieu
Que pour vous embraſſer, & pour vous dire adieu.
Voſtre ſang eſt trop bon, n'en craignez rien de laſche,
Rien dont la fermeté de ces grands cœurs ſe faſche;
Si ce malheur illuſtre ébranloit l'un de vous,
Ie le deſavoûrois pour frere, ou pour époux.
Pourray-je toutefois vous faire une priere
Digne d'un tel époux & digne d'un tel frere?

Ie veux d'un coup si noble oster l'impieté,
A l'honneur qui l'attend rendre sa pureté,
La mettre en son éclat sans meslange de crimes,
Enfin je vous veux faire ennemis legitimes.
 Du saint nœud qui vous joint je suis le seul lien,
Quand je ne seray plus, vous ne vous serez rien;
Brisez vostre alliance, & rompez-en la chaisne,
Et puisque vostre honneur veut des effets de haine,
Achetez par ma mort le droit de vous haïr.
Albe le veut & Rome, il faut leur obeïr,
Qu'un de vous deux me tuë & que l'autre me vange;
Alors vostre combat n'aura plus rien d'étrange,
Et du moins l'un des deux sera juste aggresseur,
Ou pour vanger sa femme, ou pour vanger sa sœur.
Mais quoy ? vous soüilleriez une gloire si belle,
Si vous vous animiez par quelque autre querelle,
Le zele du païs vous défend de tels soins,
Vous feriez peu pour luy, si vous vous étiez moins,
Il luy faut, & sans haine, immoler un beau-frere.
Ne differez donc plus ce que vous devez faire,
Commencez par sa sœur à répandre son sang,
Commencez par sa femme à luy percer le flanc,
Commencez par Sabine à faire de vos vies
Vn digne sacrifice à vos cheres Patries;
Vous êtes ennemis en ce combat fameux,
Vous d'Albe, vous de Rome, & moy de toutes deux.
Quoy ? me reservez-vous à voir une victoire,
Où pour haut appareil d'une pompeuse gloire,
Ie verray les lauriers d'un frere ou d'un mary
Fumer encor d'un sang que j'auray tant chery?
Pourray-je entre vous deux regler alors mon ame?
Satisfaire aux devoirs, & de sœur, & de femme?
Embrasser le vainqueur en pleurant le vaincu?
Non non, avant ce coup Sabine aura vécu,
Ma mort le préviendra, de qui que je l'obtienne,
Le refus de vos mains y condamne la mienne.
Sus donc, qui vous retient ? Allez, cœurs inhumains,
I'auray trop de moyens pour y forcer vos mains,
Vous ne les aurez point au combat occupées,
Que ce corps au milieu n'arreste vos épées,
Et malgré vos refus, il faudra que leurs coups
Se fassent jour icy pour aller jusqu'à vous.

HOR. O ma femme! *CV.* O ma fœur! *CA.* Courage, ils s'amolliffent.
SAB. Vos pouffez des foûpirs, vos vifages palliffent!
Quelle peur vous faifit! font-ce-là ces grands cœurs,
Ces Heros qu'Albe & Rome ont pris pour défenfeurs?
HOR. Que t'ay-je fait, Sabine, & quelle eft mon offenfe
Qui t'oblige à chercher une telle vangeance?
Que t'a fait mon honneur, & par quel droit viens-tu
Avec toute ta force attaquer ma vertu?
Du moins contente-toy de l'avoir étonnée,
Et me laiffe achever cette grande journée.
Tu me viens de reduire en un étrange point,
Aime affez ton mary pour n'en triompher point;
Va-t'en, & ne rends plus la victoire douteufe,
La dispute déja m'en eft affez honteufe,
Souffre qu'avec honneur je termine mes jours.
SAB. Va, ceffe de me craindre, on vient à ton fecours.

SCENE VII.

Le vieil HORACE, HORACE, CVRIACE, SABINE, CAMILLE.

V. HO. QV'eft-ce-cy, mes enfans? écoutez-vous vos flames,
Et perdez-vous encor le temps avec des femmes?
Prefts à verfer du fang, regardez-vous des pleurs?
Fuyez, & laiffez-les déplorer leurs malheurs.
Leurs plaintes ont pour vous trop d'art, & de tendreffe,
Elles vous feroient part enfin de leur foibleffe,
Et ce n'eft qu'en fuyant qu'on pare de tels coups.
SAB. N'apprehendez rien d'eux, ils font dignes de vous.
Malgré tous nos efforts vous en devez attendre
Ce que vous fouhaitez, & d'un fils, & d'un gendre,
Et fi noftre foibleffe avoit pû les changer,
Nous vous laiffons icy pour les encourager.
Allons, ma fœur, allons, ne perdons plus de larmes,
Contre tant de vertus ce font de foibles armes,
Ce n'eft qu'au defespoir qu'il nous faut recourir.
Tigres, allez combattre, & nous allons mourir.

SCENE VIII.

Le vieil HORACE, HORACE, CVRIACE.

HOR. Mon pere, retenez des femmes qui s'emportent,
  Et de grace empeschez sur tout qu'elles ne sortent,
Leur amour importun viendroit avec éclat
Par des cris & des pleurs troubler nostre combat,
Et ce qu'elles nous font feroit qu'avec justice
On nous imputeroit ce mauvais artifice.
L'honneur d'un si beau choix seroit trop acheté
Si l'on nous soupçonnoit de quelque lascheté.
V.HO. I'en auray soin, allez, vos freres vous attendent,
 Ne pensez qu'aux devoirs que vos païs demandent.
CVR. Quel Adieu vous diray-je, & par quels complimens...
V.HO. Ah! n'attendrissez point icy mes sentimens,
 Pour vous encourager ma voix manque de termes,
 Mon cœur ne forme point de pensers assez fermes,
 Moy-mesme en cet Adieu j'ay les larmes aux yeux.
 Faites vostre devoir, & laissez faire aux Dieux.

ACTE III.

SCENE PREMIERE.
SABINE.

PRENONS party, mon ame, en de telles disgraces,
Soyons femme d'Horace, ou sœur des Curiaces,
Cessons de partager nos inutiles soins,
Souhaitons quelque chose, & craignõs un peu moins.
Mais las ! quel party prendre en un sort si contraire !
Quel ennemy choisir d'un époux, ou d'un frere !
La Nature, ou l'Amour parle pour chacun d'eux,
Et la loy du devoir m'attache à tous les deux.
Sur leurs hauts sentimens reglons plûtost les nostres,
Soyons femme de l'un ensemble, & sœur des autres,
Regardons leur honneur comme un souverain bien,
Imitons leur constance, & ne craignons plus rien.
La mort qui les menace est une mort si belle,
Qu'il en faut sans frayeur attendre la Nouvelle.
N'appellons point alors les Destins inhumains,
Songeons pour quelle cause, & non par quelles mains,
Revoyons les vainqueurs sans penser qu'à la gloire
Que toute leur maison reçoit de leur victoire,
Et sans considerer aux dépens de quel sang
Leur vertu les éleve en cet illustre rang,
Faisons nos interests de ceux de leur famille :
En l'une je suis femme, en l'autre je suis fille,
Et tiens à toutes deux par de si forts liens,
Qu'on ne peut triompher que par les bras des miens.
Fortune, quelques maux que ta rigueur m'envoye,
J'ay trouvé les moyens d'en tirer de la joye,
Et puis voir aujourd'huy le combat sans terreur,
Les morts sans desespoir, les vainqueurs sans horreur.

 Flateuse illusion, erreur douce & grossiere,
Vain effort de mon ame, impuissante lumiere,

De qui le faux brillant prend droit de m'éblouïr,
Que tu fçais peu durer, & tost t'évanoüir!
Pareille à ces éclairs qui dans le fort des ombres
Poussent un jour qui fuit & rend les nuits plus sombres,
Tu n'as frapé mes yeux d'un moment de clarté
Que pour les abysmer dans plus d'obscurité.
Tu charmois trop ma peine, & le Ciel qui s'en fasche
Me vend déja bien cher ce moment de relasche.
Ie sens mon triste cœur percé de tous les coups
Qui m'ostent maintenant un frere, ou mon époux:
Quand je songe à leur mort, quoy que je me propose,
Ie songe par quels bras, & non pour quelle cause,
Et ne voy les vainqueurs en leur illustre rang,
Que pour considerer aux dépens de quel sang.
La maison des vaincus touche seule mon ame,
En l'une je suis fille, en l'autre je suis femme,
Et tiens à toutes deux par de si forts liens,
Qu'on ne peut triompher que par la mort de miens.
C'est là donc cette paix que j'ay tant souhaitée!
Trop favorables Dieux, vous m'avez écoutée!
Quels foudres lancez-vous quand vous vous irritez,
Si mesme vos faveurs ont tant de cruautez,
Et de quelle façon punissez-vous l'offense
Si vous traitez ainsi les vœux de l'innocence?

SCENE II.

SABINE, IVLIE.

SAB. EN est-ce fait, Iulie, & que m'apportez-vous?
Est-ce la mort d'un frere, ou celle d'un époux?
Le funeste succès de leurs armes impies
De tous les combatans fait-il autant d'hosties,
Et m'enviant l'horreur que j'aurois des vainqueurs,
Pour tous tant qu'ils étoient demande-t'il mes pleurs?
IVL. Quoy, ce qui s'est passé, vous l'ignorez encore?
SAB. Vous faut-il étonner de ce que je l'ignore,
Et ne sçavez-vous point que de cette maison
Pour Camille & pour moy l'on fait une prison?
Iulie, on nous renferme, on a peur de nos larmes,
Sans cela nous serions au milieu de leurs armes,

Et par

TRAGEDIE.

Et par les defespoirs d'une chaste amitié
Nous aurions des deux camps tiré quelque pitié.
IVL. Il n'étoit pas befoin d'un fi tendre fpectacle,
Leur veuë à leur combat apporte affez d'obstacle.
Si-toſt qu'ils ont paru prefts à fe mefurer,
On a dans les deux camps entendu murmurer ;
A voir de tels amis, des perfonnes fi proches,
Venir pour leur Patrie aux mortelles approches,
L'un s'émeut de pitié, l'autre eſt faifi d'horreur,
L'autre d'un fi grand zéle admiré la fureur,
Tel porte jufqu'aux Cieux leur vertu fans égale,
Et tel l'ofe nommer facrilége & brutale.
Ces divers fentimens n'ont pourtant qu'une voix,
Tous accufent leurs Chefs, tous deteſtent leur choix,
Et ne pouvant fouffrir un combat fi barbare,
On s'écrie, on s'avance, enfin on les fepare.
SAB. Que je vous doy d'encens, grands Dieux, qui m'exaucez !
IVL. Vous n'étes pas, Sabine, encore où vous penfez,
Vous pouvez esperer, vous avez moins à craindre,
Mais il vous reste encor affez dequoy vous plaindre.
En vain d'un fort fi triste on les veut garantir,
Ces cruels genereux n'y peuvent confentir.
La gloire de ce choix leur eſt fi precieufe,
Et charme tellement leur ame ambitieufe,
Qu'alors qu'on les déplore ils s'eſtiment heureux,
Et prennent pour affront la pitié qu'on a d'eux.
Le trouble des deux camps foüille leur Renommée,
Ils combatront plûtoft & l'une & l'autre Armée,
Et mourront par les mains qui leur font d'autres loix,
Que pas un d'eux renonce aux honneurs d'un tel choix.
SAB. Quoy ? dans leur dureté ces cœurs d'acier s'obstinent !
IVL. Ils le font, mais d'ailleurs les deux camps fe mutinent,
Et leurs cris des deux parts pouffez en mefme temps
Demandent la bataille, ou d'autres combatans.
La prefence des Chefs à peine eſt respectée,
Leur pouvoir eſt douteux, leur voix mal écoutée,
Le Roy mefme s'étonne, & pour dernier effort,
Puisque chacun, dit-il, s'échauffe en ce discord,
Confultons des grands Dieux la Majesté facrée,
Et voyons fi ce change à leurs bontez agrée.
Quel impie ofera fe prendre à leur vouloir,
Lors qu'en un facrifice ils nous l'auront fait voir ?

Tome I.

Il se taist, & ces mots semblent estre des charmes,
Mesme aux six combatans ils arrachent les armes,
Et ce desir d'honneur qui leur ferme les yeux,
Tout aveugle qu'il est, respecte encor les Dieux.
Leur plus boüillante ardeur céde à l'avis de Tulle,
Et soit par déference, ou par un prompt scrupule,
Dans l'une & l'autre Armée on s'en fait une loy,
Comme si toutes deux le connoissoient pour Roy.
Le reste s'apprendra par la mort des victimes.
SAB. Les Dieux n'avoûront point un combat plein de crimes,
J'en espere beaucoup puisqu'il est differé,
Et je commence à voir ce que j'ay desiré.

SCENE III.

SABINE, CAMILLE, IVLIE.

SAB. MA sœur, que je vous die une bonne Nouvelle.
CAM. Ie pense la sçavoir, s'il faut la nommer telle,
On l'a dite à mon pere, & j'étois avec luy;
Mais je n'en conçoy rien qui flate mon ennuy.
Ce delay de nos maux rendra leurs coups plus rudes,
Ce n'est qu'un plus long terme à nos inquietudes,
Et tout l'allegement qu'il en faut esperer,
C'est de pleurer plus tard ceux qu'il faudra pleurer.
SAB. Les Dieux n'ont pas en vain inspiré ce tumulte.
CAM. Disons plûtost, ma sœur, qu'en vain on les consulte,
Ces mesmes Dieux à Tulle ont inspiré ce choix,
Et la voix du Public n'est pas toûjours leur voix.
Ils descendent bien moins dans de si bas étages,
Que dans l'ame des Rois, leurs vivantes images,
De qui l'independante & sainte autorité
Est un rayon secret de leur divinité.
JVL. C'est vouloir sans raison vous former des obstacles,
Que de chercher leur voix ailleurs qu'en leurs Oracles,
Et vous ne vous pouvez figurer tout perdu,
Sans démentir celuy qui vous fut hier rendu.
CAM. Vn Oracle jamais ne se laisse comprendre,
On l'entend d'autant moins que plus on croit l'entendre,
Et loin de s'asseurer sur un pareil Arrest,
Qui n'y voit rien d'obscur, doit croire que tout l'est.

TRAGEDIE.

SAB. Sur ce qui fait pour nous prenons plus d'asseurance,
Et souffrons les douceurs d'une juste esperance.
Quand la faveur du Ciel ouvre à demy ses bras,
Qui ne s'en promet rien ne la merite pas,
Il empesche souvent qu'elle ne se déploye,
Et lors qu'elle descend son refus la renvoye.
CAM. Le Ciel agit sans nous en ces evenemens,
Et ne les regle point dessus nos sentimens.
JUL. Il ne vous a fait peur que pour vous faire grace,
Adieu, je vay sçavoir comme enfin tout se passe.
Moderez vos frayeurs, j'espere à mon retour
Ne vous entretenir que de propos d'amour,
Et que nous n'emploirons la fin de la journée
Qu'aux doux préparatifs d'un heureux Hymenée.
SAB. I'ose encor l'esperer. *CAM.* Moy, je n'espere rien.
IUL. L'effet vous fera voir que nous en jugeons bien.

SCENE IV.

SABINE, CAMILLE.

SAB. PArmy nos déplaisirs souffrez que je vous blasme,
Ie ne puis approuver tant de trouble en vostre ame,
Que feriez-vous, ma sœur, au point où je me voy,
Si vous aviez à craindre autant que je le doy,
Et si vous attendiez de leurs armes fatales
Des maux pareils aux miens, & des pertes égales ?
CAM. Parlez plus sainement de vos maux & des miens,
Chacun voit ceux d'autruy d'un autre œil que les siens,
Mais à bien regarder ceux où le Ciel me plonge,
Les vostres auprès d'eux vous sembleront un songe.
La seule mort d'Horace est à craindre pour vous,
Des freres ne sont rien à l'égal d'un époux,
L'Hymen qui nous attache en une autre famille
Nous détache de celle où l'on a vécu fille,
On voit d'un œil divers des nœuds si differens,
Et pour suivre un mary l'on quitte ses parens.
Mais si près d'un Hymen l'amant que donne un pere
Nous est moins qu'un époux, & non-pas moins qu'un frere,
Nos sentimens entr'eux demeurent suspendus,
Nostre choix impossible, & nos vœux confondus.

Sss ij

Ainsi, ma sœur, du moins vous avez dans vos plaintes,
Où porter vos souhaits, & terminer vos craintes;
Mais si le Ciel s'obstine à nous persecuter,
Pour moy, j'ay tout à craindre, & rien à souhaiter.
SAB. Quand il faut que l'un meure, & par les mains de l'autre,
C'est un raisonnement bien mauvais que le vostre.
Quoy que ce soient, ma sœur, des nœuds bien differens,
C'est sans les oublier qu'on quitte ses parens,
L'Hymen n'efface point ces profonds caracteres,
Pour aimer un mary l'on ne hait pas ses freres,
La Nature en tout temps garde ses premiers droits,
Aux dépens de leur vie on ne fait point de choix,
Aussi-bien qu'un époux ils sont d'autres nous-mesmes,
Et tous maux sont pareils alors qu'ils sont extresmes.
Mais l'amant qui vous charme, & pour qui vous bruslez,
Ne vous est après tout que ce que vous voulez;
Vne mauvaise humeur, un peu de jalousie,
En fait assez souvent passer la fantaisie.
Ce que peut le caprice, osez-le par raison,
Et laissez vostre sang hors de comparaison.
C'est crime qu'opposer des liens volontaires
A ceux que la naissance a rendus necessaires.
Si donc le Ciel s'obstine à nous persecuter,
Seule j'ay tout à craindre, & rien à souhaiter,
Mais pour vous, le devoir vous donne dans vos plaintes
Où porter vos souhaits, & terminer vos craintes.
CAM. Ie le voy bien, ma sœur, vous n'aimastes jamais,
Vous ne connoissez point, ny l'Amour, ny ses traits.
On peut luy resister quand il commence à naistre,
Mais non pas le bannir quand il s'est rendu maistre,
Et que l'aveu d'un pere engageant nostre foy,
A fait de ce Tyran un legitime Roy.
Il entre avec douceur, mais il regne par force,
Et quand l'ame une fois a gousté son amorce,
Vouloir ne plus aimer c'est ce qu'elle ne peut,
Puisqu'elle ne peut plus vouloir que ce qu'il veut,
Ses chaisnes sont pour nous aussi fortes que belles.

SCENE V.

Le vieil HORACE, SABINE, CAMILLE.

V.HO. IE viens vous apporter de fafcheufes Nouvelles,
Mes filles, mais en vain je voudrois vous celer
Ce qu'on ne vous fçauroit long-temps diffimuler,
Vos freres font aux mains, les Dieux ainfi l'ordonnent.
SAB. Ie veux bien l'avoüer, ces Nouvelles m'étonnent,
Et je m'imaginois dans la Divinité
Beaucoup moins d'injuftice, & bien plus de bonté.
Ne nous confolez point, contre tant d'infortune
La pitié parle en vain, la raifon importune,
Nous avons en nos mains la fin de nos douleurs,
Et qui veut bien mourir peut braver les malheurs.
Nous pourrions aifément faire en voftre prefence
De noftre defefpoir une fauffe conftance,
Mais quand on peut fans honte eftre fans fermeté,
L'affecter au dehors, c'eft une lafcheté:
L'ufage d'un tel art, nous le laiffons aux hommes,
Et ne voulons paffer que pour ce que nous fommes.
 Nous ne demandons point qu'un courage fi fort
S'abaiffe à noftre exemple à fe plaindre du Sort;
Recevez fans fremir ces mortelles alarmes,
Voyez couler nos pleurs fans y mefler vos larmes,
Enfin pour toute grace en de tels déplaifirs,
Gardez voftre conftance, & fouffrez nos foûpirs.
V.HO. Loin de blafmer les pleurs que je vous voy répandre,
Ie croy faire beaucoup de m'en pouvoir défendre,
Et cederois peut-eftre à de fi rudes coups,
Si je prenois icy mefme intereft que vous.
Non qu'Albe par fon choix m'ait fait haïr vos freres,
Tous trois me font encor des perfonnes bien cheres,
Mais enfin l'amitié n'eft pas du mefme rang,
Et n'a point les effets de l'amour, ny du fang.
Ie ne fens point pour eux la douleur qui tourmente
Sabine comme fœur, Camille comme amante,
Ie puis les regarder comme nos ennemis,
Et donne fans regret mes fouhaits à mes fils.

Ils font, graces aux Dieux, dignes de leur Patrie,
Aucun étonnement n'a leur gloire fleſtrie,
Et j'ay veu leur honneur croiſtre de la moitié,
Quand ils ont des deux camps refuſé la pitié.
Si par quelque foibleſſe ils l'avoient mandiée,
Si leur haute vertu ne l'euſt repudiée,
Ma main bien-toſt ſur eux m'euſt vangé hautement
De l'affront que m'euſt fait ce mol conſentement.
Mais lors qu'en dépit d'eux on en a voulu d'autres,
Ie ne le cele point, j'ay joint mes vœux aux voſtres,
Si le Ciel pitoyable euſt écouté ma voix,
Albe ſeroit reduite à faire un autre choix;
Nous pourrions voir tantoſt triompher les Horaces,
Sans voir leurs bras foüillez du ſang des Curiaces,
Et de l'evenement d'un combat plus humain
Dépendroit maintenant l'honneur du nom Romain.
La prudence des Dieux autrement en diſpoſe,
Sur leur ordre eternel mon eſprit ſe repoſe,
Il s'arme en ce beſoin de generoſité,
Et du bonheur public fait ſa felicité.
Taſchez d'en faire autant pour ſoulager vos peines,
Et ſongez toutes deux que vous étes Romaines,
Vous l'étes deuenuë, & vous l'étes encor.
Vn ſi glorieux titre eſt un digne treſor,
Vn jour, un jour viendra que par toute la terre
Rome ſe fera craindre à l'égal du Tonnerre,
Et que tout l'Vnivers tremblant deſſous ſes loix,
Ce grand nom deviendra l'ambition des Rois.
Les Dieux à noſtre Ænée ont promis cette gloire.

TRAGEDIE.

SCENE VI.

Le vieil HORACE, SABINE, CAMILLE, IVLIE.

V.HO. Nous venez-vous, Iulie, apprendre la victoire?
IVL. Mais plûtost du combat les funestes effets,
Rome est Sujette d'Albe, & vos fils sont défaits,
Des trois les deux sont morts, son époux seul vous reste.
V.HO. O d'un triste combat effet vraiment funeste!
Rome est Sujette d'Albe, & pour l'en garantir
Il n'a pas employé jusqu'au dernier soûpir!
Non non, cela n'est point; on vous trompe, Iulie,
Rome n'est point Sujette, ou mon fils est sans vie,
Ie connoy mieux mon sang, il sçait mieux son devoir.
IVL. Mille de nos remparts comme moy l'ont pû voir.
Il s'est fait admirer tant qu'ont duré ses freres,
Mais comme il s'est veu seul contre trois adversaires,
Prés d'estre enfermé d'eux, sa fuite l'a sauvé.
V.HO. Et nos soldats trahis ne l'ont point achevé!
Dans leurs rangs à ce lasche ils ont donné retraite.
IVL. Ie n'ay rien voulu voir aprés cette défaite.
CAM. O mes freres! *V.HO.* Tout-beau, ne les pleurez pas tous,
Deux joüissent d'un sort dont leur pere est jaloux.
Que des plus nobles fleurs leur tombe soit couverte,
La gloire de leur mort m'a payé de leur perte:
Ce bonheur a suivy leur courage invaincu
Qu'ils ont veu Rome libre autant qu'ils ont vécu,
Et ne l'auront point veuë obeïr qu'à son Prince,
Ny d'un Etat voisin devenir la Province.
Pleurez l'autre, pleurez l'irreparable affront
Que sa fuite honteuse imprime à nostre front,
Pleurez le deshonneur de toute nostre race,
Et l'opprobre eternel qu'il laisse au nom d'Horace.
IVL. Que vouliez-vous qu'il fist contre trois? *V.HO.* Qu'il mourust,
Ou qu'un beau desespoir alors le secourust.
N'eust-il que d'un moment reculé sa défaite,
Rome eust été du moins un peu plus tard Sujette,
Il eust avec honneur laissé mes cheveux gris,
Et c'étoit de sa vie un assez digne prix.

Il est de tout son sang contable à sa Patrie,
Chaque goute épargnée a sa gloire flestrie,
Chaque instant de sa vie après ce lasche tour
Met d'autant plus ma honte avec la sienne au jour.
I'en rompray bien le cours, & ma juste colere,
Contre un indigne fils usant des droits d'un pere,
Sçaura bien faire voir dans sa punition
L'éclatant desaveu d'une telle action.
SAB. Ecoutez un peu moins ces ardeurs genereuses,
Et ne nous rendez point tout-à-fait malheureuses.
V.HO. Sabine, vostre cœur se console aisément,
Nos malheurs jusqu'icy vous touchent foiblement,
Vous n'avez point encor de part à nos miseres,
Le Ciel vous a sauvé vostre époux & vos freres,
Si nous sommes Sujets, c'est de vostre païs,
Vos freres sont vainqueurs quand nous sommes trahis,
Et voyant le haut point où leur gloire se monte,
Vous regardez fort peu ce qui nous vient de honte.
Mais vostre trop d'amour pour cet infame époux
Vous donnera bien-tost à plaindre comme à nous.
Vos pleurs en sa faveur sont de foibles défenses.
I'atteste des grands Dieux les supresmes Puissances
Qu'avant ce jour finy, ces mains, ces propres mains
Laveront dans son sang la honte de Romains.
SAB. Suivons-le promptement, la colere l'emporte.
Dieux! verrons-nous toûjours des malheurs de la sorte?
Nous faudra-t'il toûjours en craindre de plus grands,
Et toûjours redouter la main de nos parens?

ACTE

TRAGEDIE. 513

ACTE IV.

SCENE PREMIERE.

Le vieil HORACE, CAMILLE.

V.HO. Ne me parlez jamais en faveur d'un infame,
　　　Qu'il me fuye à l'égal des freres de sa femme,
　　　Pour conserver un sang qu'il tient si précieux
　　　Il n'a rien fait encor, s'il n'évite mes yeux.
　Sabine y peut mettre ordre, ou derechef j'atteste
　Le souverain pouvoir de la troupe celeste....
CAM. Ah! mon pere, prenez un plus doux sentiment,
　Vous verrez Rome mesme en user autrement,
　Et de quelque malheur que le Ciel l'ait comblée,
　Excuser la vertu sous le nombre accablée.
V.HO. Le jugement de Rome est peu pour mon regard,
　Camille, je suis pere, & j'ay mes droits à part.
　Ie sçay trop comme agit la vertu veritable,
　C'est sans en triompher que le nombre l'accable,
　Et sa masle vigueur toûjours en mesme point
　Succombe sous la force, & ne luy céde point.
　Taisez-vous, & sçachons ce que nous veut Valere.

SCENE II.

Le vieil HORACE, VALERE, CAMILLE.

VAL. Envoyé par le Roy pour consoler un pere,
　　　Et pour luy témoigner...V.HO.N'en prenez aucun soin,
　C'est un soulagement dont je n'ay pas besoin,
　Et j'aime mieux voir morts que couverts d'infamie
　Ceux que vient de m'oster une main ennemie.
　Tous deux pour leur païs sont morts en gens d'honneur,
　Il me suffit. VAL. Mais l'autre est un rare bonheur,

De tous les trois chez vous il doit tenir la place.
V.HO. Que n'a-t'on veu perir en luy le nom d'Horace!
VAL. Seul vous le mal-traitez aprés ce qu'il a fait.
V.HO. C'est à moy seul aussi de punir son forfait.
VAL. Quel forfait trouvez-vous en sa bonne conduite?
V.HO. Quel éclat de vertu trouvez-vous en sa fuite?
VAL. La fuite est glorieuse en cette occasion.
V.HO. Vous redoublez ma honte & ma confusion,
Certes l'exemple est rare, & digne de memoire,
De trouver dans la fuite un chemin à la gloire.
VAL. Quelle confusion, & quelle honte à vous
D'avoir produit un fils qui nous conserve tous,
Qui fait triompher Rome, & luy gaigne un Empire?
A quels plus grands honneurs faut-il qu'un pere aspire?
V.HO. Quels honneurs, quel triomphe, & quel Empire enfin,
Lors qu'Albe sous ses loix range nostre Destin?
VAL. Que parlez-vous icy d'Albe, & de sa victoire?
Ignorez-vous encor la moitié de l'histoire?
V.HO. Ie sçay que par sa fuite il a trahy l'Etat.
VAL. Ouy, s'il eust en fuyant terminé le combat;
Mais on a bien-tost veu qu'il ne fuyoit qu'en homme
Qui sçavoit ménager l'avantage de Rome.
V.HO. Quoy, Rome donc triomphe? *VAL.* Apprenez, apprenez
La valeur de ce fils qu'à tort vous condamnez.
Resté seul contre trois, mais en cette avanture,
Tous trois étant blessez, & luy seul sans blessure,
Trop foible pour eux tous, trop fort pour chacun d'eux,
Il sçait bien se tirer d'un pas si hazardeux,
Il fuit pour mieux combatre, & cette prompte ruse
Divise adroitement trois freres qu'elle abuse.
Chacun le suit d'un pas, ou plus, ou moins pressé,
Selon qu'il se rencontre, ou plus, ou moins blessé;
Leur ardeur est égale à poursuivre sa fuite,
Mais leurs coups inégaux separent leur poursuite.
Horace les voyant l'un de l'autre écartez,
Se retourne, & déja les croit demy-domptez,
Il attend le premier, & c'étoit vostre gendre.
L'autre tout indigné qu'il ait osé l'attendre,
En vain en l'attaquant fait paroistre un grand cœur,
Le sang qu'il a perdu rallentit sa vigueur.
Albe à son tour commence à craindre un sort contraire,
Elle crie au second qu'il secoure son frere,

TRAGEDIE.

Il se haste & s'épuise en efforts superflus,
Il trouve en les joignant que son frere n'est plus.
CAM. Helas! *VAL.* Tout hors d'haleine il prend pourtant sa place,
Et redouble bien-tost la victoire d'Horace,
Son courage sans force est un debile appuy,
Voulant vanger son frere il tombe auprés de luy.
L'air resonne des cris qu'au Ciel chacun envoye,
Albe en jette d'angoisse, & les Romains de joye.
  Comme nostre Heros se voit prés d'achever,
C'est peu pour luy de vaincre, il veut encor braver.
J'en viens d'immoler deux aux Manes de mes freres,
Rome aura le dernier de mes trois adversaires,
C'est à ses interests que je vay l'immoler,
Dit-il, & tout d'un temps on le voit y voler.
La victoire entr'eux-deux n'étoit pas incertaine,
L'Albain percé de coups ne se traisnoit qu'à peine,
Et comme une victime aux marches de l'Autel,
Il sembloit presenter sa gorge au coup mortel.
Aussi le reçoit-il, peu s'en faut, sans défense,
Et son trépas de Rome établit la puissance.
V.HO. O mon fils, ô ma joye, ô l'honneur de nos jours!
O d'un Etat panchant l'inesperé secours!
Vertu digne de Rome, & sang digne d'Horace,
Appuy de ton païs, & gloire de ta race!
Quand pourray-je étouffer dans tes embrassemens
L'erreur dont j'ay formé de si faux sentimens?
Quand pourra mon amour baigner avec tendresse
Ton front victorieux de larmes d'allegresse?
VAL. Vos caresses bien-tost pourront se déployer,
Le Roy dans un moment vous le va renvoyer,
Et remet à demain la pompe qu'il prepare
D'un sacrifice aux Dieux pour un bonheur si rare.
Aujourd'huy seulement on s'acquite vers eux
Par des chants de victoire, & par de simples vœux,
C'est où le Roy le méne, & tandis il m'envoye
Faire office vers vous de douleur & de joye.
Mais cet office encor n'est pas assez pour luy,
Il y viendra luy-mesme, & peut-estre aujourd'huy;
Il croit mal reconnoistre une vertu si pure,
Si de sa propre bouche il ne vous en asseure,
S'il ne vous dit chez vous combien vous doit l'Etat.
V.HO. De tels remercîmens ont pour moy trop d'éclat,

Ttt ij

Et je me tiens déja trop payé par les voſtres
Du ſervice d'un fils & du ſang des deux autres.
VAL. Il ne ſçait ce que c'eſt d'honorer à demy,
Et ſon ſceptre arraché des mains de l'ennemy
Fait qu'il tient cet honneur qu'il luy plaiſt de vous faire
Au deſſous du merite, & du fils, & du pere.
Ie vay luy témoigner quels nobles ſentimens
La vertu vous inſpire en tous vos mouvemens,
Et combien vous montrez d'ardeur pour ſon ſervice.
V.HO. Ie vous devray beaucoup pour un ſi bon office.

SCENE III.

Le vieil HORACE, CAMILLE.

V.HO. MA fille, il n'eſt plus temps de répandre des pleurs,
Il ſied mal d'en verſer où l'on voit tant d'honneurs,
On pleure injuſtement des pertes domeſtiques
Quand on en voit ſortir des victoires publiques.
Rôme triomphe d'Albe, & c'eſt aſſez pour nous,
Tous nos maux à ce prix doivent nous eſtre doux.
En la mort d'un amant vous ne perdez qu'un homme
Dont la perte eſt aiſée à reparer dans Rome:
Après cette victoire il n'eſt point de Romain
Qui ne ſoit glorieux de vous donner la main.
Il me faut à Sabine en porter la Nouvelle,
Ce coup ſera ſans doute aſſez rude pour elle,
Et ſes trois freres morts par la main d'un époux
Luy donneront des pleurs bien plus juſtes qu'à vous:
Mais j'eſpere aiſément en diſſiper l'orage,
Et qu'un peu de prudence aidant ſon grand courage
Fera bien-toſt regner ſur un ſi noble cœur
Le genereux amour qu'elle doit au vainqueur.
Cependant étouffez cette laſche triſteſſe,
Recevez-le, s'il vient, avec moins de foibleſſe,
Faites-vous voir ſa ſœur, & qu'en un meſme flanc
Le Ciel vous a tous deux formez d'un meſme ſang.

SCENE IV.

CAMILLE.

Ovy, je luy feray voir par d'infaillibles marques
Qu'un veritable amour brave la main des Parques,
Et ne prend point de loix de ces cruels tyrans
Qu'un Astre injurieux nous donne pour parens.
Tu blafmes ma douleur, tu l'ofes nommer lafche,
Ie l'aime d'autant plus que plus elle te fafche,
Impitoyable pere, & par un juste effort
Ie la veux rendre égale aux rigueurs de mon fort.
En vit-on jamais un dont les rudes traverfes
Priffent en moins de rien tant de faces diverfes,
Qui fuft doux tant de fois, & tant de fois cruel,
Et portaft tant de coups avant le coup mortel?
Vit-on jamais une ame en un jour plus atteinte
De joye & de douleur, d'esperance & de crainte,
Affervie en esclave à plus d'évenemens,
Et le piteux joüet de plus de changemens?
Vn Oracle m'affeure, un fonge me travaille,
La Paix calme l'effroy que me fait la bataille,
Mon Hymen fe prépare, & presque en un moment
Pour combattre mon frere on choifit mon amant.
Ce choix me defespere, & tous le defavoüent,
La partie eft rompuë, & les Dieux la renoüent:
Rome femble vaincuë, & feul des trois Albains
Curiace en mon fang n'a point trempé fes mains.
O Dieu, fentois-je alors des douleurs trop legeres,
Pour le malheur de Rome, & la mort de deux freres?
Et me flatois-je trop quand je croyois pouvoir
L'aimer encor fans crime, & nourrir quelque espoir?
Sa mort m'en punit bien, & la façon cruelle
Dont mon ame éperduë en reçoit la Nouvelle;
Son rival me l'apprend, & faifant à mes yeux
D'un fi trifte fuccès le recit odieux,
Il porte fur le front une allegreffe ouverte
Que le bonheur public fait bien moins que ma perte,
Et baftiffant en l'air fur le malheur d'autruy,
Auffi-bien que mon frere il triomphe de luy.

Mais ce n'est rien encor au prix de ce qui reste.
On demande ma joye en un jour si funeste,
Il me faut applaudir aux exploits du vainqueur,
Et baiser une main qui me perce le cœur.
En un sujet de pleurs si grand, si legitime,
Se plaindre est une honte, & soûpirer un crime,
Leur brutale vertu veut qu'on s'estime heureux,
Et si l'on n'est barbare, on n'est point genereux.

Dégenerons, mon cœur, d'un si vertueux pere,
Soyons indigne sœur d'un si genereux frere,
C'est gloire de passer pour un cœur abatu
Quand la brutalité fait la haute vertu.

Eclatez, mes douleurs, à quoy bon vous contraindre?
Quand on a tout perdu que sçauroit-on plus craindre?
Pour ce cruel vainqueur n'ayez point de respect,
Loin d'éviter ses yeux, croissez à son aspect,
Offensez sa victoire, irritez sa colere,
Et prenez, s'il se peut, plaisir à luy déplaire.
Il vient, préparons-nous à montrer constamment
Ce que doit une amante à la mort d'un amant.

SCENE V.

a Procule porte en sa main les trois épées des Curiaces.

HORACE, CAMILLE, PROCVLE.[a]

HOR. Ma sœur, voicy le bras qui vange nos deux freres,
Le bras qui rompt le cours de nos Destins contraires,
Qui nous rend maistres d'Albe, enfin voicy le bras
Qui seul fait aujourd'huy le sort de deux Etats.
Voy ces marques d'honneur, ces témoins de ma gloire,
Et rens ce que tu dois à l'heur de ma victoire.
CAM. Recevez donc mes pleurs, c'est ce que je luy dois.
HOR. Rome n'en veut point voir après de tels exploits,
Et nos deux freres morts dans le malheur des armes
Sont trop payez de sang pour exiger des larmes,
Quand la perte est vangée, on n'a plus rien perdu.
CAM. Puisqu'ils sont satisfaits par le sang épandu,
Ie cesseray pour eux de paroistre affligée,
Et j'oubliray leur mort que vous avez vangée.
Mais qui me vangera de celle d'un amant,
Pour me faire oublier sa perte en un moment?

HOR. Que dis-tu, malheureuse? *CAM.* O mon cher Curiace!
HOR. O d'une indigne sœur insupportable audace!
D'un ennemy public dont je reviens vainqueur
Le nom est dans ta bouche, & l'amour dans ton cœur!
Ton ardeur criminelle à la vangeance aspire!
Ta bouche la demande, & ton cœur la respire!
Suy moins ta passion, regle mieux tes desirs,
Ne me fay plus rougir d'entendre tes soûpirs,
Tes flames desormais doivent estre étouffées,
Banny-les de ton ame, & songe à mes trophées,
Qu'ils soient doresnavant ton unique entretien.
CAM. Donne-moy donc, barbare, un cœur comme le tien,
Et si tu veux enfin que je t'ouvre mon ame,
Rens-moy mon Curiace, ou laisse agir ma flame.
Ma joye & mes douleurs dépendoient de son sort,
Ie l'adorois vivant, & je le pleure mort.
Ne cherche plus ta sœur où tu l'avois laissée,
Tu ne revois en moy qu'une amante offensée,
Qui comme une Furie attachée à tes pas
Te veut incessamment reprocher son trépas.
Tigre alteré de sang, qui me défens les larmes,
Qui veux que dans sa mort je trouve encor des charmes,
Et que jusques au Ciel élevant tes exploits
Moy-mesme je le tuë une seconde fois.
Puissent tant de malheurs accompagner ta vie
Que tu tombes au point de me porter envie,
Et toy bien-tost souiller par quelque lascheté
Cette gloire si chere à ta brutalité.
HOR. O Ciel, qui vit jamais une pareille rage!
Crois-tu donc que je sois insensible à l'outrage,
Que je souffre en mon sang ce mortel deshonneur?
Aime, aime cette mort qui fait nostre bonheur,
Et prefere du moins au souvenir d'un homme
Ce que doit ta naissance aux interests de Rome.
CAM. Rome, l'unique objet de mon ressentiment!
Rome à qui vient ton bras d'immoler mon amant!
Rome qui t'a veu naistre, & que ton cœur adore!
Rome enfin que je hay parce qu'elle t'honore!
Puissent tous ses voisins ensemble conjurez
Sapper ses fondemens encor mal asseurez,
Et si ce n'est assez de toute l'Italie,
Que l'Orient contre elle à l'Occident s'allie,

Que cent Peuples unis des bouts de l'Vnivers
Paffent pour la détruire, & les monts, & les mers,
Qu'elle mefme fur foy renverfe fes murailles,
Et de fes propres mains déchire fes entrailles:
Que le courroux du Ciel allumé par mes vœux
Faffe pleuvoir fur elle un deluge de feux.
Puiffay-je de mes yeux y voir tomber ce foudre,
Voir fes maifons en cendre, & tes lauriers en poudre;
Voir le dernier Romain à fon dernier foûpir,
Moy feule en eftre caufe, & mourir de plaifir.

a Il met la main à l'épée, & pourfuit fa fœur qui s'enfuit.
b Derriere le theatre.
c Il revient fur le theatre.

HOR. ªC'eft trop, ma patience à la raifon fait place.
Va dedans les Enfers plaindre ton Curiace.
CAM. ᵇ Ah, traiftre! HOR. ᶜ Ainfi reçoive un châtiment foudain
Quiconque ofe pleurer un ennemy Romain.

SCENE VI.

HORACE, PROCVLE.

PRO. Qve venez-vous de faire? HOR. Vn acte de juftice.
Vn femblable forfait veut un pareil fupplice.
PRO. Vous deviez la traiter avec moins de rigueur.
HOR. Ne me dy point qu'elle eft, & mon fang, & ma fœur.
Mon pere ne peut plus l'avoüer pour fa fille,
Qui maudit fon païs renonce à fa famille,
Des noms fi pleins d'amour ne luy font plus permis,
De fes plus chers parens il fait fes ennemis,
Le fang mefme les arme en haine de fon crime,
La plus prompte vangeance en eft plus legitime,
Et ce fouhait impie, encore qu'impuiffant,
Eft un monftre qu'il faut étouffer en naiffant.

SCENE

SCENE VII.

HORACE, SABINE, PROCVLE.

SAB. A Quoy s'arreste icy ton illustre colere?
Vien voir mourir ta sœur dans les bras de ton pere,
Vien repaistre tes yeux d'un spectacle si doux;
Ou si tu n'es point las de ces genereux coups,
Immole au cher païs des vertueux Horaces
Ce reste malheureux du sang des Curiaces,
Si prodigue du tien, n'épargne pas le leur,
Ioins Sabine à Camille, & ta femme à ta sœur.
Nos crimes sont pareils, ainsi que nos miseres,
Ie soûpire comme elle & déplore mes freres,
Plus coupable en ce point contre tes dures loix,
Qu'elle n'en pleuroit qu'un, & que j'en pleure trois:
Qu'après son châtiment ma faute continuë.
HOR. Seche tes pleurs, Sabine, ou les cache à ma veuë,
Rens-toy digne du nom de ma chaste moitié,
Et ne m'accable point d'une indigne pitié.
Si l'absolu pouvoir d'une pudique flame
Ne nous laisse à tous deux qu'un penser & qu'une ame,
C'est à toy d'élever tes sentimens aux miens,
Non à moy de descendre à la honte des tiens.
Ie t'aime, & je connoy la douleur qui te presse,
Embrasse ma vertu pour vaincre ta foiblesse,
Participe à ma gloire au lieu de la soüiller,
Tasche à t'en revétir, non à m'en dépoüiller.
Es-tu de mon honneur si mortelle ennemie,
Que je te plaise mieux couvert d'une infamie?
Sois plus femme que sœur, & te reglant sur moy
Fay-toy de mon exemple une immuable loy.
SAB. Cherche pour t'imiter des ames plus parfaites.
Ie ne t'impute point les pertes que j'ay faites,
I'en ay les sentimens que je dois en avoir,
Et je m'en prens au Sort plûtost qu'à ton devoir.
Mais enfin je renonce à la vertu Romaine,
Si pour la posseder je dois estre inhumaine,
Et ne puis voir en moy la femme du vainqueur,
Sans y voir des vaincus la déplorable sœur.

Tome I.   Vuu

Prenons part en public aux victoires publiques,
Pleurons dans la maison nos malheurs domestiques,
Et ne regardons point des biens communs à tous,
Quand nous voyons des maux qui ne font que pour nous.
Pourquoy veux-tu, cruel, agir d'une autre sorte?
Laisse en entrant icy tes lauriers à la porte,
Mesle tes pleurs aux miens. Quoy? ces lasches discours
N'arment point ta vertu contre mes tristes jours?
Mon crime redoublé n'émeut point ta colere?
Que Camille est heureuse! elle a pû te déplaire,
Elle a receu de toy ce qu'elle a prétendu,
Et recouvre là bas tout ce qu'elle a perdu.
Cher époux, cher auteur du tourment qui me presse,
Ecoute la pitié, si ta colere cesse,
Exerce l'une ou l'autre aprés de tels malheurs
A punir ma foiblesse, ou finir mes douleurs.
Ie demande la mort pour grace, ou pour supplice,
Qu'elle soit un effet d'amour, ou de justice,
N'importe, tous ses traits n'auront rien que de doux,
Si je les voy partir de la main d'un époux.
HOR. Quelle injustice aux Dieux, d'abandonner aux femmes
Vn empire si grand sur les plus belles ames,
Et de se plaire à voir de si foibles vainqueurs
Regner si puissamment sur les plus nobles cœurs!
A quel point ma vertu devient-elle reduite!
Rien ne la sçauroit plus garantir que la fuite.
Adieu, ne me suy point, ou retien tes soûpirs.

^a Elle est seule. SAB. ^aO colere, ô pitié sourdes à mes desirs!
Vous negligez mon crime, & ma douleur vous lasse,
Et je n'obtiens de vous ny supplice, ny grace.
Allons-y par nos pleurs faire encor un effort,
Et n'employons aprés que nous à nostre mort.

ACTE V.

SCENE PREMIERE.

Le vieil HORACE, HORACE.

V.HO. Retirons nos regards de cet objet funeste
Pour admirer icy le jugement celeste.   (faut
Quand la gloire nous enfle, il sçait bien comme il
Confondre nostre orgueil qui s'éleve trop haut,
Nos plaisirs les plus doux ne vont point sans tristesse,
Il mesle à nos vertus des marques de foiblesse,
Et rarement accorde à nostre ambition
L'entier & pur honneur d'une bonne action.
Ie ne plains point Camille, elle étoit criminelle,
Ie me tiens plus à plaindre, & je te plains plus qu'elle:
Moy, d'avoir mis au jour un cœur si peu Romain,
Toy, d'avoir par sa mort deshonoré ta main.
Ie ne la trouve point injuste, ny trop prompte,
Mais tu pouvois, mon fils, t'en épargner la honte,
Son crime, quoy qu'énorme & digne du trépas,
Etoit mieux impuny, que puny par ton bras.
HOR. Disposez de mon sang, les loix vous en font maistre,
I'ay crû devoir le sien aux lieux qui m'ont veu naistre:
Si dans vos sentimens mon zéle est criminel,
S'il m'en faut recevoir un reproche éternel,
Si ma main en devient honteuse & profanée,
Vous pouvez d'un seul mot trancher ma Destinée.
Reprenez tout ce sang de qui ma lascheté
A si brutalement soüillé la pureté;
Ma main n'a pû souffrir de crime en vostre race,
Ne souffrez point de tache en la maison d'Horace.
C'est en ces actions dont l'honneur est blessé
Qu'un pere tel que vous se montre interessé,
Son amour doit se taire où toute excuse est nulle,
Luy-mesme il y prend part lors qu'il les dissimule,

Et de sa propre gloire il fait trop peu de cas
Quand il ne punit point ce qu'il n'approuve pas.
V.HO. Il n'use pas toûjours d'une rigueur extresme,
Il épargne ses fils bien souvent pour soy-mesme,
Sa vieillesse sur eux aime à se soûtenir,
Et ne les punit point de peur de se punir.
Ie te voy d'un autre œil que tu ne te regardes,
Ie sçay.... Mais le Roy vient, je vois entrer ses Gardes.

SCENE II.

TVLLE, VALERE, Le vieil *HORACE, HORACE,* Troupe de Gardes.

V.HO. AH, Sire, un tel honneur a trop d'excès pour moy,
Ce n'est point en ce lieu que je doy voir mon Roy,
Permettez qu'à genoux.... *TVL.* Non, levez-vous, mon pere,
Ie fais ce qu'en ma place un bon Prince doit faire.
Vn si rare service, & si fort important
Veut l'honneur le plus rare, & le plus éclatant:
Vous en aviez déja sa parole pour gage,
Ie ne l'ay pas voulu differer davantage.
I'ay sçeu par son rapport (& je n'en doutois pas)
Comme de vos deux fils vous portez le trépas,
Et que déja vostre ame étant trop resoluë,
Ma consolation vous seroit superfluë:
Mais je viens de sçavoir quel étrange malheur
D'un fils victorieux a suivy la valeur,
Et que son trop d'amour pour la cause publique
Par ses mains à son pere oste une fille unique.
Ce coup est un peu rude à l'esprit le plus fort,
Et je doute comment vous portez cette mort.
V.HO. Sire, avec déplaisir, mais avec patience.
TVL. C'est l'effet vertueux de vostre experience.
Beaucoup par un long âge ont appris comme vous
Que le malheur succéde au bonheur le plus doux;
Peu sçavent comme vous s'appliquer ce remede,
Et dans leur interest toute leur vertu céde.
Si vous pouvez trouver dans ma compassion
Quelque soulagement pour vostre affliction,

TRAGEDIE.

Ainſi que voſtre mal ſçachez qu'elle eſt extreſme,
Et que je vous en plains autant que je vous aime.
VAL. Sire, puiſque le Ciel entre les mains des Rois
Dépoſe ſa juſtice & la force des loix,
Et que l'Etat demande aux Princes legitimes
Des prix pour les vertus, des peines pour les crimes,
Souffrez qu'un bon Sujet vous faſſe ſouvenir
Que vous plaignez beaucoup ce qu'il vous faut punir,
Souffrez... V. HO. Quoy? qu'on envoye un vainqueur au ſupplice?
TVL. Permettez qu'il acheve, & je feray juſtice.
J'aime à la rendre à tous, à toute heure, en tout lieu,
C'eſt par elle qu'un Roy ſe fait un demy-Dieu,
Et c'eſt dont je vous plains qu'après un tel ſervice
On puiſſe contre luy me demander juſtice.
VAL. Souffrez donc, ô grand Roy, le plus juſte des Rois,
Que tous les gens de bien vous parlent par ma voix.
Non que nos cœurs jaloux de ſes honneurs s'irritent,
S'il en reçoit beaucoup, ſes hauts faits les meritent,
Ajouſtez-y plûtoſt que d'en diminuer,
Nous ſommes tous encor preſts d'y contribuer.
Mais puiſque d'un tel crime il s'eſt montré capable,
Qu'il triomphe en vainqueur & periſſe en coupable,
Arrétez ſa fureur, & ſauvez de ſes mains,
Si vous voulez regner, le reſte des Romains,
Il y va de la perte, ou du ſalut du reſte.
 La guerre avoit un cours ſi ſanglant, ſi funeſte,
Et les nœuds de l'Hymen durant nos bons Deſtins
Ont tant de fois uny des peuples ſi voiſins,
Qu'il eſt peu de Romains que le party contraire
N'intereſſe en la mort d'un gendre, ou d'un beau-frere,
Et qui ne ſoient forcez de donner quelques pleurs
Dans le bonheur public à leurs propres malheurs.
Si c'eſt offenſer Rome, & que l'heur de ſes armes,
L'authoriſe à punir ce crime de nos larmes,
Quel ſang épargnera ce barbare vainqueur
Qui ne pardonne pas à celuy de ſa ſœur,
Et ne peut excuſer cette douleur preſſante
Que la mort d'un amant jette au cœur d'une amante,
Quand près d'eſtre éclairez du nuptial flambeau
Elle voit avec luy ſon eſpoir au tombeau?
Faiſant triompher Rome, il ſe l'eſt aſſervie,
Il a ſur nous un droit, & de mort, & de vie,

Vuu iij

Et nos jours criminels ne pourront plus durer,
Qu'autant qu'à sa clemence il plaira l'endurer.
  Ie pourrois ajouster aux interests de Rome
Combien un pareil coup est indigne d'un homme;
Ie pourrois demander qu'on mist devant vos yeux
Ce grand & rare exploit d'un bras victorieux.
Vous verriez un beau sang, pour accuser sa rage,
D'un frere si cruel rejallir au visage,
Vous verriez des horreurs qu'on ne peut concevoir,
Son âge, & sa beauté vous pourroient émouvoir :
Mais je hay ces moyens qui sentent l'artifice.
Vous avez à demain remis le sacrifice,
Pensez-vous que les Dieux, vangeurs des innocens,
D'une main parricide acceptent de l'encens ?
Sur vous ce sacrilege attireroit sa peine,
Ne le considerez qu'en objet de leur haine,
Et croyez avec nous qu'en tous ses trois combats
Le bon Destin de Rome a plus fait que son bras,
Puisque ces mesmes Dieux autheurs de sa victoire
Ont permis qu'aussi-tost il en souillast la gloire,
Et qu'un si grand courage après ce noble effort
Fust digne en mesme jour de triomphe & de mort.
Sire, c'est ce qu'il faut que vostre Arrest décide,
En ce lieu Rome a veu le premier parricide,
La suite en est à craindre, & la haine des Cieux.
Sauvez-nous de sa main, & redoutez les Dieux.
TVL. Défendez-vous, Horace. *HOR.* A quoy bon me défendre?
Vous sçavez l'action, vous la venez d'entendre,
Ce que vous en croyez me doit estre une loy.
  Sire, on se défend mal contre l'avis d'un Roy,
Et le plus innocent devient soudain coupable
Quand aux yeux de son Prince il paroit condamnable.
C'est crime qu'envers luy se vouloir excuser,
Nostre sang est son bien, il en peut disposer,
Et c'est à nous de croire alors qu'il en dispose
Qu'il ne s'en prive point sans une juste cause.
Sire, prononcez donc, je suis prest d'obeïr,
D'autres aiment la vie, & je la doy haïr.
Ie ne reproche point à l'ardeur de Valere
Qu'en amant de la sœur il accuse le frere,
Mes vœux avec les siens conspirent aujourd'huy,
Il demande ma mort, je la veux comme luy.

TRAGEDIE.

Vn seul point entre nous met cette difference,
Que mon honneur par-là cherche son asseurance,
Et qu'à ce mesme but nous voulons arriver,
Luy, pour flestrir ma gloire, & moy, pour la sauver.
 Sire, c'est rarement qu'il s'offre une matiere
A montrer d'un grand cœur la vertu toute entiere;
Suivant l'occasion elle agit plus, ou moins,
Et paroit forte, ou foible, aux yeux de ses témoins.
Le Peuple qui voit tout seulement par l'écorce
S'attache à son effet pour juger de sa force,
Il veut que ses dehors gardent un mesme cours,
Qu'ayant fait un miracle, elle en fasse toûjours.
Aprés une action pleine, haute, éclatante,
Tout ce qui brille moins remplit mal son attente:
Il veut qu'on soit égal en tout temps, en tous lieux,
Il n'examine point si lors on pouvoit mieux,
Ny que s'il ne voit pas sans cesse une merveille,
L'occasion est moindre, & la vertu pareille.
Son injustice accable & détruit les grands noms,
L'honneur des premiers faits se perd par les seconds,
Et quand la Renommée a passé l'ordinaire,
Si l'on n'en veut déchoir, il faut ne plus rien faire.
 Ie ne vanteray point les exploits de mon bras,
Vostre Majesté, Sire, a veu mes trois combats,
Il est bien malaisé qu'un pareil les seconde,
Qu'une autre occasion à celle-cy réponde,
Et que tout mon courage, aprés de si grands coups,
Parvienne à des succés qui n'aillent au dessous;
Si bien que pour laisser une illustre memoire,
La mort seule aujourd'huy peut conserver ma gloire.
Encor la falloit-il si-tost que j'eus vaincu,
Puisque pour mon honneur j'ay déja trop vécu.
Vn homme tel que moy voit sa gloire ternie
Quand il tombe en peril de quelque ignominie,
Et ma main auroit sçeu déja m'en garantir;
Mais sans vostre congé mon sang n'ose sortir,
Comme il vous appartient, vostre aveu doit se prendre,
C'est vous le desrober qu'autrement le répandre.
Rome ne manque point de genereux guerriers,
Assez d'autres sans moy soûtiendront vos lauriers,
Que vostre Majesté desormais m'en dispense;
Et si ce que j'ay fait vaut quelque recompense,

Permettez, ô grand Roy, que de ce bras vainqueur
Ie m'immole à ma gloire, & non pas à ma sœur.

SCENE III.

TVLLE, VALERE, Le vieil HORACE, HORACE, SABINE.

SAB. Sire, écoutez Sabine, & voyez dans son ame
    Les douleurs d'une sœur, & celles d'une femme,
Qui toute desolée à vos sacrez genoux
Pleure pour sa famille, & craint pour son époux.
Ce n'est pas que je veüille avec cet artifice
Desrober un coupable au bras de la justice,
Quoy qu'il ait fait pour vous, traitez-le comme tel,
Et punissez en moy ce noble criminel;
De mon sang malheureux expiez tout son crime,
Vous ne changerez point pour cela de victime,
Ce n'en sera point prendre une injuste pitié,
Mais en sacrifier la plus chere moitié.
Les nœuds de l'Hymenée & son amour extresme
Font qu'il vit plus en moy qu'il ne vit en luy-mesme,
Et si vous m'accordez de mourir aujourd'huy,
Il mourra plus en moy qu'il ne mourroit en luy.
La mort que je demande, & qu'il faut que j'obtienne,
Augmentera sa peine, & finira la mienne.
Sire, voyez l'excès de mes tristes ennuis,
Et l'effroyable état où mes jours sont reduits.
Quelle horreur d'embrasser un homme dont l'épée
De toute ma famille a la trame coupée,
Et quelle impieté de haïr un époux
Pour avoir bien servy les siens, l'Etat, & vous!
Aimer un bras soüillé du sang de tous mes freres!
N'aimer pas un mary qui finit nos miseres!
Sire, delivrez-moy par un heureux trépas
Des crimes de l'aimer & de ne l'aimer pas.
I'en nommeray l'Arrest une faveur bien grande:
Ma main peut me donner ce que je vous demande,
Mais ce trépas enfin me sera bien plus doux
Si je puis de sa honte affranchir mon époux,

Si je puis par mon sang appaiser la colere
Des Dieux qu'a pû fascher sa vertu trop severe,
Satisfaire en mourant aux Manes de sa sœur,
Et conserver à Rome un si bon défenseur.
V. HO. [a] Sire, c'est donc à moy de répondre à Valere,   [a] *Au Roy.*
Mes enfans avec luy conspirent contre un pere,
Tous trois veulent me perdre, & s'arment sans raison
Contre si peu de sang qui reste en ma maison.
  [b] Toy, qui par des douleurs à ton devoir contraires   [b] *A Sabine.*
Veux quitter un mary, pour rejoindre tes freres,
Va plûtost consulter leurs Manes genereux ;
Ils sont morts, mais pour Albe, & s'en tiennent heureux.
Puisque le Ciel vouloit qu'elle fust asservie,
Si quelque sentiment demeure après la vie,
Ce mal leur semble moindre, & moins rudes ses coups,
Voyant que tout l'honneur en retombe sur nous.
Tous trois desavoûront la douleur qui te touche,
Les larmes de tes yeux, les soûpirs de ta bouche,
L'horreur que tu fais voir d'un mary vertueux.
Sabine, sois leur sœur, suy ton devoir comme eux.
  [c] Contre ce cher époux Valere en vain s'anime,   [c] *Au Roy.*
Vn premier mouvement ne fut jamais un crime,
Et la loüange est deuë au lieu du châtiment
Quand la vertu produit ce premier mouvement.
Aimer nos ennemis avec idolatrie,
De rage en leur trépas maudire la Patrie,
Souhaiter à l'Etat un malheur infiny,
C'est ce qu'on nomme crime, & ce qu'il a puny.
Le seul amour de Rome a sa main animée,
Il seroit innocent s'il l'avoit moins aimée.
Qu'ay-je dit, Sire ? il l'est, & ce bras paternel
L'auroit déja puny s'il étoit criminel,
J'aurois sçeu mieux user de l'entiere puissance
Que me donnent sur luy les droits de la naissance,
J'aime trop l'honneur, Sire, & ne suis point de rang
A souffrir ny d'affront, ny de crime en mon sang.
C'est dont je ne veux point de témoin que Valere,
Il a veu quel accueil luy gardoit ma colere,
Lors qu'ignorant encor la moitié du combat
Ie croyois que sa fuite avoit trahy l'Etat.
Qui le fait se charger des soins de ma famille ?
Qui le fait malgré moy vouloir vanger ma fille ?

Et par quelle raison dans son juste trépas
Prend-il un interest qu'un pere ne prend pas?
On craint qu'après sa sœur il n'en maltraite d'autres,
Sire, nous n'avons part qu'à la honte des nostres,
Et de quelque façon qu'un autre puisse agir,
Qui ne nous touche point ne nous fait point rougir.

^a *A Valere.*
^a Tu peux pleurer, Valere, & mesme aux yeux d'Horace,
Il ne prend interest qu'aux crimes de sa race,
Qui n'est point de son sang ne peut faire d'affront
Aux lauriers immortels qui luy ceignent le front.
Lauriers, sacrez rameaux qu'on veut reduire en poudre,
Vous qui mettez sa teste à couvert de la foudre,
L'abandonnerez-vous à l'infame couteau
Qui fait choir les méchans sous la main d'un bourreau?
Romains, souffrirez-vous qu'on vous immole un homme
Sans qui Rome aujourd'huy cesseroit d'estre Rome,
Et qu'un Romain s'efforce à tacher le renom
D'un guerrier à qui tous doivent un si beau nom?
Dy, Valere, dy-nous, si tu veux qu'il perisse,
Où tu penses choisir un lieu pour son supplice?
Sera-ce entre ces murs, que mille & mille voix
Font resonner encor du bruit de ses exploits?
Sera-ce hors des murs, au milieu de ces places
Qu'on voit fumer encor du sang des Curiaces,
Entre leurs trois tombeaux, & dans ce champ d'honneur
Témoin de sa vaillance, & de nostre bonheur?
Tu ne sçaurois cacher sa peine à sa victoire,
Dans les murs, hors des murs, tout parle de sa gloire,
Tout s'oppose à l'effort de ton injuste amour,
Qui veut d'un si bon sang souiller un si beau iour.
Albe ne pourra pas souffrir un tel spectacle,
Et Rome par ses pleurs y mettra trop d'obstacle.

^b *Au Roy.*
^b Vous les préviendrez, Sire, & par un juste Arrest
Vous sçaurez embrasser bien mieux son interest;
Ce qu'il a fait pour elle il peut encor le faire,
Il peut la garantir encor d'un sort contraire.
Sire, ne donnez rien à mes debiles ans,
Rome aujourd'huy m'a veu pere de quatre enfans,
Trois en ce mesme jour sont morts pour sa querelle,
Il m'en reste encor un, conservez-le pour elle,
N'ostez pas à ses murs un si puissant appuy,
Et souffrez pour finir que je m'adresse à luy.

TRAGEDIE.

^a Horace, ne croy pas que le Peuple stupide
Soit le maistre absolu d'un renom bien solide.
Sa voix tumultueuse assez souvent fait bruit,
Mais un moment l'éleve, un moment le détruit,
Et ce qu'il contribuë à nostre Renommée
Toûjours en moins de rien se dissipe en fumée.
C'est aux Rois, c'est aux Grands, c'est aux esprits bien faits,
A voir la vertu pleine en ses moindres effets,
C'est d'eux seuls qu'on reçoit la veritable gloire,
Eux seuls des vrais Heros asseurent la memoire.
Vy toûjours en Horace, & toûjours auprès d'eux
Ton nom demeurera grand, illustre, fameux,
Bien que l'occasion moins haute, ou moins brillante,
D'un vulgaire ignorant trompe l'injuste attente.
Ne hay donc plus la vie, & du moins vy pour moy,
Et pour servir encor ton païs & ton Roy.
 Sire, j'en ay trop dit, mais l'affaire vous touche,
Et Rome toute entiere a parlé par ma bouche.
VAL. Sire, permettez-moy.... TVL. Valere, c'est assez,
Vos discours par les leurs ne sont pas effacez,
I'en garde en mon esprit les forces plus pressantes,
Et toutes vos raisons me sont encor presentes.
 Cette enorme action faite presque à nos yeux
Outrage la Nature, & blesse jusqu'aux Dieux.
Vn premier mouvement qui produit un tel crime
Ne sçauroit luy servir d'excuse legitime,
Les moins severes loix en ce point sont d'accord,
Et si nous les suivons, il est digne de mort.
Si d'ailleurs nous voulons regarder le coupable,
Ce crime, quoy que grand, enorme, inexcusable,
Vient de la mesme épée, & part du mesme bras
Qui me fait aujourd'huy maistre de deux Etats.
Deux sceptres en ma main, Albe à Rome asservie,
Parlent bien hautement en faveur de sa vie.
Sans luy j'obeïrois où je donne la loy,
Et je serois Sujet où je suis deux fois Roy.
Assez de bons Sujets dans toutes les Provinces
Par des vœux impuissans s'acquitent vers leurs Princes,
Tous les peuvent aimer, mais tous ne peuvent pas
Par d'illustres effets asseurer leurs Etats,
Et l'art & le pouvoir d'affermir des Couronnes
Sont des dons que le Ciel fait à peu de personnes,

^a *A Horace.*

Xxx ij

De pareils serviteurs sont les forces des Rois,
Et de pareils aussi sont au dessus des loix.
Qu'elles se taisent donc, que Rome dissimule
Ce que dès sa naissance elle vit en Romule;
Elle peut bien souffrir en son liberateur
Ce qu'elle a bien souffert en son premier auteur.

 Vy donc, Horace, vy, guerrier trop magnanime,
Ta vertu met ta gloire au dessus de ton crime,
Sa chaleur genereuse a produit ton forfait,
D'une cause si belle il faut souffrir l'effet.
Vy pour servir l'Etat, vy, mais aime Valere,
Qu'il ne reste entre vous, ny haine, ny colere,
Et soit qu'il ait suivy l'amour, ou le devoir,
Sans aucun sentiment resous-toy de le voir.

 Sabine, écoutez moins la douleur qui vous presse,
Chassez de ce grand cœur ces marques de foiblesse,
C'est en sechant vos pleurs que vous vous montrerez
La veritable sœur de ceux que vous pleurez.

 Mais nous devons aux Dieux demain un sacrifice,
Et nous aurions le Ciel à nos vœux mal propice,
Si nos Prestres avant que de sacrifier
Ne trouvoient les moyens de le purifier.
Son pere en prendra soin ; il luy sera facile
D'appaiser tout d'un temps les Manes de Camille.
Ie la plains, & pour rendre à son sort rigoureux
Ce que peut souhaiter son esprit amoureux,
Puisqu'en un mesme jour l'ardeur d'un mesme zéle
Acheve le Destin de son amant, & d'elle,
Ie veux qu'un mesme jour témoin de leurs deux morts
En un mesme tombeau voye enfermer leurs corps.

F I N.

CINNA,
TRAGEDIE

ACTEVRS

OCTAVE CESAR AVGVSTE, Empereur de Rome.

LIVIE, Imperatrice.

CINNA, Fils d'une Fille de Pompée, Chef de la conjuration contre Auguste.

MAXIME, autre Chef de la conjuration.

ÆMILIE, Fille de C. Toranius tuteur d'Auguste, & proscrit par luy durant le Trium-virat.

FVLVIE, Confidente d'Æmilie.

POLYCLETE, Affranchy d'Auguste.

EVANDRE, Affranchy de Cinna.

EVPHORBE, Affranchy de Maxime.

La Scene est à Rome.

CINNA,
TRAGEDIE.

ACTE I.

SCENE PREMIERE.

ÆMILIE.

MPATIENS desirs d'une illustre vangeance
Dont la mort de mon pere a formé la naissance,
Enfans impetueux de mon ressentiment,
Que ma douleur seduite embrasse aveuglément,
Vous prenez sur mon ame un trop puissant empire :
Durant quelques momens souffrez que je respire,
Et que je considere, en l'état où je suis,
Et ce que je hazarde, & ce que je poursuis.
Quand je regarde Auguste au milieu de sa gloire,
Et que vous reprochez à ma triste memoire
Que par sa propre main mon pere massacré
Du Trosne où je le voy fait le premier degré;
Quand vous me presentez cette sanglante image,
La cause de ma haine, & l'effet de sa rage,
Ie m'abandonne toute à vos ardens transports,
Et croy pour une mort luy devoir mille morts.

Au milieu toutefois d'une fureur si juste,
J'aime encor plus Cinna que je ne hais Auguste,
Et je sens refroidir ce boüillant mouvement,
Quand il faut pour le suivre exposer mon amant.
Ouy, Cinna, contre moy moy-mesme je m'irrite
Quand je songe aux dangers où je te précipite.
Quoy que pour me servir tu n'apprehendes rien,
Te demander du sang, c'est exposer le tien.
D'une si haute place on n'abat point de testes,
Sans attirer sur soy mille & mille tempestes,
L'issuë en est douteuse, & le peril certain:
Vn amy déloyal peut trahir ton dessein,
L'ordre mal concerté, l'occasion mal prise,
Peuvent sur son autheur renverser l'entreprise,
Tourner sur toy les coups dont tu le veux fraper,
Dans sa ruine mesme il peut t'enveloper,
Et quoy qu'en ma faveur ton amour execute,
Il te peut en tombant écraser sous sa chûte.
Ah! cesse de courir à ce mortel danger,
Te perdre en me vangeant ce n'est pas me vanger.
Vn cœur est trop cruel quand il trouve des charmes
Aux douceurs que corrompt l'amertume des larmes,
Et l'on doit mettre au rang des plus cuisans malheurs
La mort d'un ennemy qui coûte tant de pleurs.

Mais peut-on en verser alors qu'on vange un pere?
Est-il perte à ce prix qui ne semble legere?
Et quand son assassin tombe sous nostre effort,
Doit-on considerer ce que coûte sa mort?
Cessez, vaines frayeurs, cessez, lasches tendresses,
De jetter dans mon cœur vos indignes foiblesses;
Et toy qui les produis par tes soins superflus,
Amour, sers mon devoir, & ne le combats plus.
Luy céder c'est ta gloire, & le vaincre ta honte,
Montre-toy genereux souffrant qu'il te surmonte,
Plus tu luy donneras, plus il te va donner,
Et ne triomphera que pour te couronner.

SCENE

SCENE II.

ÆMILIE, FVLVIE.

ÆMI. IE l'ay juré, Fulvie, & je le jure encore,
Quoy que j'aime Cinna, quoy que mon cœur l'adore,
S'il me veut posseder, Auguste doit perir,
Sa teste est le seul prix dont il peut m'acquerir,
Ie luy prescris la loy que mon devoir m'impose.
FVL. Elle a pour la blasmer une trop juste cause,
Par un si grand dessein vous vous faites juger
Digne sang de celuy que vous voulez vanger :
Mais encor une fois souffrez que je vous die
Qu'une si juste ardeur devroit estre attiedie.
Auguste chaque jour à force de bien-faits
Semble assez reparer les maux qu'il vous a faits;
Sa faveur envers vous paroit si declarée,
Que vous étes chez luy la plus consideréc,
Et de ses Courtisans souvent les plus heureux
Vous pressent à genoux de luy parler pour eux.
ÆMI. Toute cette faveur ne me rend pas mon pere,
Et de quelque façon que l'on me considere,
Abondante en richesse, ou puissante en credit,
Ie demeure toûjours la fille d'un Proscrit.
Les bien-faits ne font pas toûjours ce que tu penses,
D'une main odieuse ils tiennent lieu d'offenses,
Plus nous en prodiguons à qui nous peut haïr,
Plus d'armes nous donnons à qui nous veut trahir.
Il m'en fait chaque jour sans changer mon courage,
Ie suis ce que j'étois, & je puis davantage,
Et des mesmes presens qu'il verse dans mes mains
I'achéte contre luy les esprits des Romains.
Ie recevrois de luy la place de Livie
Comme un moyen plus seur d'attenter à sa vie,
Pour qui vange son pere il n'est point de forfaits,
Et c'est vendre son sang que se rendre aux bien-faits.
FVL. Quel besoin toutefois de passer pour ingrate?
Ne pouvez-vous haïr sans que la haine éclate?
Assez d'autres sans vous n'ont pas mis en oubly
Par quelles cruautez son Trosne est establyx

Tant de braves Romains, tant d'illustres victimes
Qu'à son ambition ont immolé ses crimes,
Laissent à leurs enfans d'assez vives douleurs,
Pour vanger vostre perte en vangeant leurs malheurs.
Beaucoup l'ont entrepris, mille autres vont les suivre,
Qui vit haï de tous, ne sçauroit long-temps vivre,
Remettez à leurs bras les communs interests,
Et n'aidez leurs desseins que par des vœux secrets.
ÆMI. Quoy, je le haïray sans tascher de luy nuire?
J'attendray du hazard qu'il ose le détruire,
Et je satisferay des devoirs si pressans
Par une haine obscure, & des vœux impuissans?
Sa perte que je veux me deviendroit amere
Si quelqu'un l'immoloit à d'autres qu'à mon pere;
Et tu verrois mes pleurs couler pour son trépas,
Qui le faisant perir ne me vangeroit pas.
C'est une lascheté que de remettre à d'autres
Les interests publics qui s'attachent aux nostres.
Ioignons à la douceur de vanger nos parens
La gloire qu'on remporte à punir les Tyrans,
Et faisons publier par toute l'Italie,
La liberté de Rome est l'œuvre d'Æmilie,
On a touché son ame, & son cœur s'est épris,
Mais elle n'a donné son amour qu'à ce prix.
FVL. Vostre amour à ce prix n'est qu'un present funeste
Qui porte à vostre amant sa perte manifeste.
Pensez mieux, Æmilie, à quoy vous l'exposez,
Combien à cet écueil se sont déja brisez,
Ne vous aveuglez point quand sa mort est visible.
ÆMI. Ah! tu sçais me fraper par où je suis sensible.
Quand je songe aux dangers que je luy fais courir,
La crainte de sa mort me fait déja mourir,
Mon esprit en desordre à soy-mesme s'oppose,
Ie veux, & ne veux pas, je m'emporte, & je n'ose,
Et mon devoir confus, languissant, étonné,
Céde aux rebellions de mon cœur mutiné.
Tout-beau, ma passion, deviens un peu moins forte,
Tu vois bien des hazards, ils sont grands, mais n'importe,
Cinna n'est pas perdu pour estre hazardé.
De quelques Legions qu'Auguste soit gardé,
Quelque soin qu'il se donne, & quelque ordre qu'il tienne,
Qui méprise sa vie est maistre de la sienne;

Plus le peril eſt grand, plus doux en eſt le fruit,
La vertu nous y jette, & la gloire le ſuit.
Quoy qu'il en ſoit, qu'Auguſte, ou que Cinna periſſe,
Aux Manes paternels je doy ce ſacrifice,
Cinna me l'a promis en recevant ma foy,
Et ce coup ſeul auſſi le rend digne de moy.
Il eſt tard après tout de m'en vouloir dédire,
Aujourd'huy l'on s'aſſemble, aujourd'huy l'on conspire,
L'heure, le lieu, le bras ſe choiſit aujourd'huy,
Et c'eſt à faire enfin à mourir après luy.

SCENE III.

CINNA, ÆMILIE, FVLVIE.

ÆMI. Mais le voicy qui vient. Cinna, voſtre Aſſemblée
Par l'effroy du peril n'eſt-elle point troublée,
Et reconnoiſſez-vous au front de vos amis
Qu'ils ſoient preſts à tenir ce qu'ils vous ont promis?
CIN. Iamais contre un Tyran entrepriſe conceuë
Ne permit d'eſperer une ſi belle iſſuë,
Iamais de telle ardeur on n'en jura la mort,
Et jamais conjurez ne furent mieux d'accord.
Tous s'y montrent portez avec tant d'allegreſſe,
Qu'ils ſemblent comme moy ſervir une Maîtreſſe;
Et tous font éclater un ſi puiſſant courroux,
Qu'ils ſemblent tous vanger un pere comme vous.
ÆMI. Ie l'avois bien préveu, que pour un tel ouvrage
Cinna ſçauroit choiſir des hommes de courage,
Et ne remettroit pas en de mauvaiſes mains
L'intereſt d'Æmilie, & celuy des Romains.
CIN. Pleuſt aux Dieux que vous-meſme euſſiez veu de quel zéle
Cette troupe entreprend une action ſi belle!
Au ſeul nom de Ceſar, d'Auguſte, & d'Empereur,
Vous euſſiez veu leurs yeux s'enflamer de fureur,
Et dans un meſme inſtant par un effet contraire
Leur front paſlir d'horreur, & rougir de colere.
Amis, leur ay-je dit, voicy le jour heureux
Qui doit conclurre enfin nos deſſeins genereux,
Le Ciel entre nos mains a mis le ſort de Rome,
Et ſon ſalut dépend de la perte d'un homme,

Si l'on doit le nom d'homme à qui n'a rien d'humain,
A ce Tigre alteré de tout le sang Romain.
Combien pour le répandre a-t'il formé de brigues?
Combien de fois changé de partis, & de ligues,
Tantost amy d'Antoine, & tantost ennemy,
Et jamais insolent ny cruel à demy?
Là par un long recit de toutes les miseres
Que durant nostre enfance ont enduré nos peres,
Renouvelant leur haine avec leur souvenir,
Ie redouble en leurs cœurs l'ardeur de le punir.
Ie leur fais des tableaux de ces tristes batailles
Où Rome par ses mains déchiroit ses entrailles,
Où l'Aigle abatoit l'Aigle, & de chaque costé
Nos Legions s'armoient contre leur liberté;
Où les meilleurs soldats, & les Chefs les plus braves
Mettoient toute leur gloire à devenir esclaves;
Où pour mieux asseurer la honte de leurs fers,
Tous vouloient à leur chaîne attacher l'Vnivers,
Et l'execrable honneur de luy donner un maistre
Faisant aimer à tous l'infame nom de traistre,
Romains contre Romains, parens contre parens,
Combatoient seulement pour le choix des Tyrans.
J'ajouste à ces tableaux la peinture effroyable
De leur concorde impie, affreuse, inexorable,
Funeste aux gens de bien, aux riches, au Senat,
Et pour tout dire enfin, de leur Trium-virat.
Mais je ne trouve point de couleurs assez noires
Pour en representer les Tragiques histoires.
Ie les peins dans le meurtre à l'envy triomfans,
Rome entiere noyée au sang de ses enfans,
Les uns assassinez dans les Places publiques,
Les autres dans le sein de leurs Dieux domestiques,
Le méchant par le prix au crime encouragé,
Le mary par sa femme en son lit égorgé,
Le fils tout degouttant du meurtre de son pere,
Et sa teste à la main demandant son salaire,
Sans pouvoir exprimer par tant d'horribles traits,
Qu'un crayon imparfait de leur sanglante paix.
Vous diray-je les noms de ces grands personnages
Dont j'ay dépeint les morts pour aigrir les courages,
De ces fameux Proscrits, ces demy-Dieux mortels,
Qu'on a sacrifiez jusques sur les Autels?

TRAGEDIE.

Mais pourrois-je vous dire à quelle impatience,
A quels fremissemens, à quelle violence,
Ces indignes trépas, quoy que mal figurez,
Ont porté les esprits de tous nos conjurez?
Ie n'ay point perdu temps, & voyant leur colere
Au point de ne rien craindre, en état de tout faire,
J'ajouste en peu de mots : *Toutes ces cruautez,*
La perte de nos biens & de nos libertez,
Le ravage des champs, le pillage des villes,
Et les proscriptions, & les guerres civiles,
Sont les degrez sanglans dont Auguste a fait choix
Pour monter dans le trosne, & nous donner des loix :
Mais nous pouvons changer un Destin si funeste,
Puisque de trois Tyrans c'est le seul qui nous reste,
Et que juste une fois il s'est privé d'appuy
Perdant, pour regner seul, deux méchans comme luy.
Luy mort, nous n'avons point de vangeur, ny de maistre,
Avec la liberté Rome s'en va renaistre,
Et nous meriterons le nom de vrais Romains
Si le joug qui l'accable est brisé par nos mains.
Prenons l'occasion tandis qu'elle est propice,
Demain au Capitole il fait un sacrifice,
Qu'il en soit la victime, & faisons en ces lieux
Iustice à tout le Monde à la face des Dieux.
Là presque pour sa suite il n'a que nostre troupe,
C'est de ma main qu'il prend, & l'encens, & la coupe,
Et je veux pour signal, que cette mesme main
Luy donne au lieu d'encens d'un poignard dans le sein.
Ainsi d'un coup mortel la victime frapée
Fera voir si je suis du sang du grand Pompée,
Faites voir après moy si vous vous souvenez
Des illustres Ayeux de qui vous étes nez.
A peine ay-je achevé, que chacun renouvelle
Par un noble serment le vœu d'estre fidelle,
L'occasion leur plaist, mais chacun veut pour soy
L'honneur du premier coup que j'ay choisy pour moy.
La raison regle enfin l'ardeur qui les emporte,
Maxime & la moitié s'asseurent de la porte,
L'autre moitié me suit; & doit l'environner,
Preste au moindre signal que je voudray donner.
    Voilà, belle Æmilie, à quel point nous en sommes,
Demain, j'attens la haine ou la faveur des hommes,

Yyy iij

Le nom de parricide, ou de liberateur,
Cesar celuy de Prince, ou d'un usurpateur.
Du succés qu'on obtient contre la Tyrannie
Dépend, ou nostre gloire, ou nostre ignominie,
Et le Peuple inégal à l'endroit des Tyrans,
S'il les deteste morts, les adore vivans.
Pour moy, soit que le Ciel me soit dur, ou propice,
Qu'il m'éleve à la gloire, ou me livre au supplice,
Que Rome se declare, ou pour, ou contre nous,
Mourant pour vous servir, tout me semblera doux.
ÆMI. Ne crains point de succés qui souille ta memoire,
Le bon & le mauvais sont égaux pour ta gloire,
Et dans un tel dessein le manque de bonheur
Met en peril ta vie, & non-pas ton honneur.
Regarde le malheur de Brute & de Cassie.
La splendeur de leurs noms en est-elle obscurcie?
Sont-ils morts tous entiers avec leurs grands desseins?
Ne les conte-t'on plus pour les derniers Romains?
Leur memoire dans Rome est encor précieuse,
Autant que de Cesar la vie est odieuse:
Si leur vainqueur y regne, ils y sont regrettez,
Et par les vœux de tous leurs pareils souhaitez.
Va marcher sur leurs pas où l'honneur te convie,
Mais ne perds pas le soin de conserver ta vie,
Souvien-toy du beau feu dont nous sommes épris,
Qu'aussi-bien que la gloire Æmilie est ton prix,
Que tu me dois ton cœur, que mes faveurs t'attendent,
Que tes jours me sont chers, que les miens en dépendent.
Mais quelle occasion méne Evandre vers nous?

SCENE IV.

CINNA, ÆMILIE, EVANDRE, FULVIE.

EVA. SEigneur, Cesar vous mande, & Maxime avec vous.
CIN. Et Maxime avec moy ! le sçais-tu bien, Evandre?
EVA. Polyclete est encor chez vous à vous attendre,
Et fust venu luy-mesme avec moy vous chercher,
Si ma dexterité n'eust sceu l'en empescher.

TRAGEDIE. 543

 Ie vous en donne avis de peur d'une furprife,
 Il preffe fort. *ÆMI.* Mander les Chefs de l'entreprife !
 Tous deux ! en mefme temps ! vous étes découverts.
CIN. Esperons mieux, de grace. *ÆMI.* Ah ! Cinna, je te perds,
 Et les Dieux obstinez à nous donner un maiftre
 Parmy tes vrais amis ont meflé quelque traiftre.
 Il n'en faut point douter, Auguste a tout apris ;
 Quoy, tous deux ! & fi-toft que le confeil eft pris !
CIN. Ie ne vous puis celer que fon ordre m'étonne,
 Mais fouvent il m'appelle auprès de fa perfonne,
 Maxime eft comme moy de fes plus confidens,
 Et nous nous alarmons peut-eftre en imprudens.
ÆMI. Sois moins ingenieux à te tromper toy-mefme,
 Cinna, ne porte point mes maux jufqu'à l'extrefme,
 Et puifque deformais tu ne peux me vanger,
 Defrobe au moins ta tefte à ce mortel danger,
 Fuy d'Auguste irrité l'implacable colere ;
 Ie verfe affez de pleurs pour la mort de mon pere,
 N'aigry point ma douleur par un nouveau tourment,
 Et ne me reduy point à pleurer mon amant.
CIN. Quoy ! fur l'illufion d'une terreur Panique
 Trahir vos interefts & la caufe publique !
 Par cette lafcheté moy-mefme m'accufer,
 Et tout abandonner quand il faut tout ofer !
 Que feront nos amis, fi vous étes deceuë ?
ÆMI. Mais que deviendras-tu, fi l'entreprife eft fçeuë ?
CIN. S'il eft pour me trahir des esprits affez bas,
 Ma vertu pour le moins ne me trahira pas.
 Vous la verrez brillante au bord des précipices
 Se couronner de gloire en bravant les fupplices,
 Rendre Auguste jaloux du fang qu'il répandra,
 Et le faire trembler alors qu'il me perdra.
 Ie deviendrois fuspect à tarder davantage,
 Adieu, raffermiffez ce genereux courage.
 S'il faut fubir le coup d'un Destin rigoureux,
 Ie mourray tout enfemble heureux & malheureux,
 Heureux pour vous fervir de perdre ainfi la vie,
 Malheureux de mourir fans vous avoir fervie.
ÆMI. Ouy, va, n'écoute plus ma voix qui te retient,
 Mon trouble fe diffipe & ma raifon revient,
 Pardonne à mon amour cette indigne foibleffe,
 Tu voudrois fuïr en vain, Cinna, je le confeffe,

Si tout eſt découvert, Auguſte a ſçeu pourvoir
A ne te laiſſer pas ta fuite en ton pouvoir.
Porte, porte chez-luy cette maſle aſſeurance
Digne de noſtre amour, digne de ta naiſſance,
Meurs, s'il y faut mourir, en Citoyen Romain,
Et par un beau trépas couronne un beau deſſein.
Ne crains pas qu'aprés-toy rien icy me retienne,
Ta mort emportera mon ame vers la tienne,
Et mon cœur auſſi-toſt percé des meſmes coups....
CIN. Ah! ſouffrez que tout mort je vive encor en vous,
Et du moins en mourant permettez que j'eſpere
Que vous ſçaurez vanger l'amant avec le pere.
Rien n'eſt pour vous à craindre, aucun de nos amis
Ne ſçait ny vos deſſeins, ny ce qui m'eſt promis,
Et leur parlant tantoſt des miſeres Romaines
Ie leur ay teu la mort qui fait naiſtre nos haines,
De peur que mon ardeur touchant vos intereſts
D'un ſi parfait amour ne trahiſt les ſecrets.
Il n'eſt ſçeu que d'Evandre, & de voſtre Fulvie.
ÆMI. Avec moins de frayeur je vay donc chez Livie,
Puiſque dans ton peril il me reſte un moyen
De faire agir pour toy ſon credit & le mien.
Mais ſi mon amitié par là ne te delivre,
N'eſpere pas qu'enfin je veüille te ſurvivre,
Ie fais de ton Deſtin des regles à mon ſort,
Et j'obtiendray ta vie, ou je ſuivray ta mort.
CIN. Soyez en ma faveur moins cruelle à vous-meſme.
ÆMI. Va-t'en, & ſouvien-toy ſeulement que je t'aime.

ACTE

ACTE II.

SCENE PREMIERE.

AVGVSTE, CINNA, MAXIME,
Troupe de Courtisans.

AVG.
Que chacun se retire, & qu'aucun n'entre icy, ^a
Vous Cinna, demeurez, & vous Maxime aussi.
Cet empire absolu sur la Terre & sur l'Onde,
Ce pouvoir souverain que j'ay sur tout le Monde,
Cette grandeur sans borne, & cet illustre rang
Qui m'a jadis coûté tant de peine & de sang,
Enfin tout ce qu'adore en ma haute fortune
D'un Courtisan flateur la presence importune,
N'est que de ces beautez dont l'éclat éblouït,
Et qu'on cesse d'aimer si-tost qu'on en joüit.
L'ambition déplaist quand elle est assouvie,
D'une contraire ardeur son ardeur est suivie,
Et comme nostre esprit jusqu'au dernier soûpir
Toûjours vers quelque objet pousse quelque desir,
Il se raméne en soy n'ayant plus où se prendre,
Et monté sur le faiste il aspire à descendre.
J'ay souhaité l'Empire, & j'y suis parvenu,
Mais en le souhaitant je ne l'ay pas connu.
Dans sa possession j'ay trouvé pour tous charmes,
D'effroyables soucis, d'éternelles alarmes,
Mille ennemis secrets, la mort à tous propos,
Point de plaisir sans trouble, & jamais de repos.
Sylla m'a precedé dans ce pouvoir supresme,
Le grand Cesar mon pere en a joüy de mesme,
D'un œil si different tous deux l'ont regardé,
Que l'un s'en est démis, & l'autre l'a gardé :
Mais l'un cruel, barbare, est mort aimé, tranquille,
Comme un bon Citoyen dans le sein de sa ville,
L'autre tout debonnaire, au milieu du Senat,
A veu trancher ses jours par un assassinat.

^a *Tous se retirent, à la reserve de Cinna & de Maxime.*

Ces exemples récens suffiroient pour m'instruire,
Si par l'exemple seul on se devoit conduire,
L'un m'invite à le suivre, & l'autre me fait peur :
Mais l'exemple souvent n'est qu'un miroir trompeur,
Et l'ordre du Destin qui gesne nos pensées
N'est pas toûjours écrit dans les choses passées.
Quelquefois l'un se brise où l'autre s'est sauvé,
Et par où l'un perit un autre est conservé.
 Voila, mes chers amis, ce qui me met en peine,
Vous qui me tenez lieu d'Agrippe & de Mecéne,
Pour resoudre ce point avec eux debatu
Prenez sur mon esprit le pouvoir qu'ils ont eu.
Ne considerez point cette grandeur supresme,
Odieuse aux Romains, & pesante à moy-mesme,
Traitez-moy comme amy, non comme Souverain ;
Rome, Auguste, l'Etat, tout est en vostre main.
Vous mettrez & l'Europe, & l'Asie, & l'Afrique,
Sous les loix d'un Monarque, ou d'une Republique,
Vostre avis est ma regle, & par ce seul moyen
Ie veux estre Empereur, ou simple Citoyen.
CIN. Malgré nostre surprise & mon insuffisance,
Ie vous obeïray, Seigneur, sans complaisance,
Et mets bas le respect qui pourroit m'empescher
De combatre un avis où vous semblez pancher.
Souffrez-le d'un esprit jaloux de vostre gloire
Que vous allez soüiller d'une tache trop noire,
Si vous ouvrez vostre ame à ces impressions,
Iusques à condamner toutes vos actions.
 On ne renonce point aux grandeurs legitimes,
On garde sans remords ce qu'on acquiert sans crimes,
Et plus le bien qu'on quitte est noble, grand, exquis,
Plus qui l'ose quitter le juge mal acquis.
N'imprimez pas, Seigneur, cette honteuse marque
A ces rares vertus qui vous ont fait Monarque,
Vous l'étes justement, & c'est sans attentat
Que vous avez changé la forme de l'Etat.
Rome est dessous vos loix par le droit de la guerre
Qui sous les loix de Rome a mis toute la Terre,
Vos armes l'ont conquise, & tous les conquerans
Pour estre usurpateurs ne sont pas des Tyrans.
Quand ils ont sous leurs loix asservy des Provinces,
Gouvernant justement ils s'en font justes Princes :

TRAGEDIE.

C'est ce que fit Cesar, il vous faut aujourd'huy
Condamner sa memoire, ou faire comme luy.
Si le pouvoir supresme est blasmé par Auguste,
Cesar fut un Tyran, & son trépas fut juste,
Et vous devez aux Dieux conte de tout le sang
Dont vous l'avez vangé pour monter à son rang.
N'en craignez point, Seigneur, les tristes Destinées,
Vn plus puissant Démon veille sur vos années,
On a dix fois sur vous attenté sans effet,
Et qui l'a voulu perdre, au mesme instant l'a fait.
On entreprend assez, mais aucun n'execute,
Il est des assassins, mais il n'est plus de Brute ;
Enfin s'il faut attendre un semblable revers,
Il est beau de mourir maistre de l'Vnivers.
C'est ce qu'en peu de mots j'ose dire, & j'estime
Que ce peu que j'ay dit est l'avis de Maxime.

MAX. Ouy, j'accorde qu'Auguste a droit de conserver
L'Empire où sa vertu l'a fait seule arriver,
Et qu'au prix de son sang, au peril de sa teste,
Il a fait de l'Etat vne juste conqueste :
Mais que sans se noircir il ne puisse quitter
Le fardeau que sa main est lasse de porter,
Qu'il accuse par là Cesar de tyrannie,
Qu'il approuve sa mort, c'est ce que je dénie.
Rome est à vous, Seigneur, l'Empire est vostre bien,
Chacun en liberté peut disposer du sien,
Il le peut à son choix garder, ou s'en défaire,
Vous seul ne pourriez pas ce que peut le vulgaire,
Et seriez devenu, pour avoir tout dompté,
Esclave des grandeurs où vous étes monté !
Possedez-lés, Seigneur, sans qu'elles vous possedent ;
Loin de vous captiver, souffrez qu'elles vous cédent,
Et faites hautement connoistre enfin à tous
Que tout ce qu'elles ont est au dessous de vous.
Vostre Rome autrefois vous donna la naissance,
Vous luy voulez donner vostre toute-puissance,
Et Cinna vous impute à crime capital,
La liberalité vers le païs natal !
Il appelle remords l'amour de la Patrie !
Par la haute vertu la gloire est donc flestrie,
Et ce n'est qu'un objet digne de nos mépris,
Si de ses pleins effets l'infamie est le prix.

Ie veux bien avoüer qu'une action si belle
Donne à Rome bien plus que vous ne tenez d'elle;
Mais commet-on un crime indigne de pardon,
Quand la reconnoissance est au dessus du don?
Suivez, suivez, Seigneur, le Ciel qui vous inspire,
Vostre gloire redouble à méprifer l'Empire,
Et vous serez fameux chez la Posterité
Moins pour l'avoir conquis, que pour l'avoir quitté.
Le bonheur peut conduire à la grandeur supresme,
Mais pour y renoncer il faut la vertu mesme,
Et peu de genereux vont jusqu'à dédaigner,
Aprés un sceptre acquis, la douceur de regner.
 Considerez d'ailleurs que vous regnez dans Rome,
Où de quelque façon que vostre Cour vous nomme,
On hait la Monarchie, & le nom d'Empereur
Cachant celuy de Roy ne fait pas moins d'horreur.
Ils passent pour Tyran quiconque s'y fait maistre,
Qui le sert, pour esclave, & qui l'aime, pour traistre,
Qui le souffre a le cœur lasche, mol, abatu,
Et pour s'en affranchir tout s'appelle vertu.
Vous en avez, Seigneur, des preuves trop certaines,
On a fait contre vous dix entreprises vaines,
Peut-estre que l'vnziéme est preste d'éclater,
Et que ce mouvement qui vous vient agiter
N'est qu'un avis secret que le Ciel vous envoye,
Qui pour vous conserver n'a plus que cette voye.
Ne vous exposez plus à ces fameux revers,
Il est beau de mourir maistre de l'Vnivers,
Mais la plus belle mort soüille nostre memoire
Quand nous avons pû vivre & croistre nostre gloire.

CIN. Si l'amour du païs doit icy prévaloir,
C'est son bien seulement que vous devez vouloir,
Et cette liberté qui luy semble si chere,
N'est pour Rome, Seigneur, qu'un bien imaginaire,
Plus nuisible qu'utile, & qui n'approche pas
De celuy qu'un bon Prince apporte à ses Etats.
 Avec ordre & raison les honneurs il dispense,
Avec discernement punit & recompense,
Et dispose de tout en juste possesseur,
Sans rien précipiter de peur d'un successeur.
Mais quand le Peuple est maistre, on n'agit qu'en tumulte,
La voix de la raison jamais ne se consulte,

Les honneurs font vendus aux plus ambitieux,
L'authorité livrée aux plus feditieux.
Ces petits Souverains qu'il fait pour une année,
Voyant d'un temps fi court leur puiffance bornée,
Des plus heureux deffeins font avorter le fruit,
De peur de le laiffer à celuy qui les fuit.
Comme ils ont peu de part au bien dont ils ordonnent,
Dans le champ du Public largement ils moiffonnent,
Affeurez que chacun leur pardonne aifément,
Esperant à fon tour un pareil traitement.
Le pire des Etats c'eft l'Etat populaire.
AVG. Et toutefois le feul qui dans Rome peut plaire.
Cette haine des Rois que depuis cinq cens ans
Avec le premier lait fuccent tous fes enfans,
Pour l'arracher des cœurs, eft trop enracinée.
MAX. Ouy, Seigneur, dans fon mal Rome eft trop obftinée,
Son Peuple qui s'y plaift en fuit la guerifon,
Sa coûtume l'emporte, & non-pas la raifon,
Et cette vieille erreur que Cinna veut abatre
Eft une heureufe erreur dont il eft idolaftre,
Par qui le Monde entier affervy fous fes loix
L'a veu cent fois marcher fur la tefte des Rois,
Son Epargne s'enfler du fac de leurs Provinces;
Que luy pouvoient de plus donner les meilleurs Princes?
J'ofe dire, Seigneur, que par tous les climats
Ne font pas bien receus toutes fortes d'Etats,
Chaque Peuple a le fien conforme à fa nature,
Qu'on ne fçauroit changer fans luy faire une injure:
Telle eft la loy du Ciel, dont la fage équité
Seme dans l'Vnivers cette diverfité.
Les Macedoniens aiment le Monarchique,
Et le refte des Grecs la liberté publique,
Les Parthes, les Perfans veulent des Souverains,
Et le feul Confulat eft bon pour les Romains.
CIN. Il eft vray que du Ciel la prudence infinie
Depart à chaque Peuple un different Genie;
Mais il n'eft pas moins vray que cet ordre des Cieux
Change felon les temps, comme felon les lieux.
Rome a receu des Rois fes murs & fa naiffance,
Elle tient des Confuls fa gloire & fa puiffance,
Et reçoit maintenant de vos rares bontez
Le comble fouverain de fes profperitez.

Sous vous l'Etat n'est plus en pillage aux Armées,
Les portes de Ianus par vos mains sont fermées,
Ce que sous ses Consuls on n'a veu qu'une fois,
Et qu'a fait voir comme eux le second de ses Rois.
MAX. Les changemens d'Etat que fait l'ordre celeste
Ne coûtent point de sang, n'ont rien qui soit funeste.
CIN. C'est un ordre des Dieux qui jamais ne se rompt,
De nous vendre bien cher les grands biens qu'ils nous font.
L'exil des Tarquins mesme ensanglanta nos terres,
Et nos premiers Consuls nous ont coûté des guerres.
MAX. Donc vostre ayeul Pompée au Ciel a resisté,
Quand il a combatu pour nostre liberté?
CIN. Si le Ciel n'eust voulu que Rome l'eust perduë,
Par les mains de Pompée il l'auroit défenduë,
Il a choisy sa mort pour servir dignement
D'une marque eternelle à ce grand changement,
Et devoit cette gloire aux Manes d'un tel homme,
D'emporter avec eux la liberté de Rome.
Ce nom depuis long-temps ne sert qu'à l'ébloüir,
Et sa propre grandeur l'empesche d'en joüir.
Depuis qu'elle se voit la maîtresse du Monde,
Depuis que la richesse entre ses murs abonde,
Et que son sein fecond en glorieux exploits
Produit des Citoyens plus puissans que des Rois,
Les Grands pour s'affermir achetant les suffrages
Tiennent pompeusement leurs maistres à leurs gages,
Qui par des fers dorez se laissant enchaisner
Reçoivent d'eux les loix qu'ils pensent leur donner.
Envieux l'un de l'autre ils menent tout par brigues,
Que leur ambition tourne en sanglantes ligues.
Ainsi de Marius Sylla devint jaloux,
Cesar de mon ayeul, Marc Antoine de vous;
Ainsi la liberté ne peut plus estre utile
Qu'à former les fureurs d'une guerre Civile,
Lors que par un desordre à l'Vnivers fatal
L'un ne veut point de maistre, & l'autre point d'égal.
Seigneur, pour sauver Rome, il faut qu'elle s'unisse
En la main d'un bon Chef à qui tout obeïsse.
Si vous aimez encore à la favoriser,
Ostez-luy les moyens de se plus diviser.
Sylla quittant la place enfin bien usurpée,
N'a fait qu'ouvrir le champ à Cesar & Pompée,

Que le malheur des temps ne nous euſt pas fait voir,
S'il euſt dans ſa famille aſſeuré ſon pouvoir.
Qu'a fait du grand Ceſar le cruel parricide,
Qu'élever contre vous Antoine avec Lepide,
Qui n'euſſent pas détruit Rome par les Romains,
Si Ceſar euſt laiſſé l'Empire entre vos mains?
Vous la replongerez en quittant cet Empire,
Dans les maux dont à peine encor elle reſpire,
Et de ce peu, Seigneur, qui luy reſte de ſang
Vne guerre nouvelle épuiſera ſon flanc.
  Que l'amour du païs, que la pitié vous touche,
Voſtre Rome à genoux vous parle par ma bouche.
Conſiderez le prix que vous avez coûté,
Non pas qu'elle vous croye avoir trop acheté,
Des maux qu'elle a ſoufferts elle eſt trop bien payée,
Mais une juſte peur tient ſon ame effrayée.
Si jaloux de ſon heur & las de commander
Vous luy rendez un bien qu'elle ne peut garder,
S'il luy faut à ce prix en acheter un autre,
Si vous ne préferez ſon intereſt au voſtre,
Si ce funeſte don la met au deſespoir,
Ie n'oſe dire icy ce que j'oſe prévoir.
Conſervez-vous, Seigneur, en luy laiſſant un maiſtre,
Sous qui ſon vray bonheur commence de renaiſtre;
Et pour mieux aſſeurer le bien commun de tous,
Donnez un ſucceſſeur qui ſoit digne de vous.
AVG. N'en deliberons plus, cette pitié l'emporte,
Mon repos m'eſt bien cher, mais Rome eſt la plus forte,
Et quelque grand malheur qui m'en puiſſe arriver,
Ie conſens à me perdre afin de la ſauver.
Pour ma tranquillité mon cœur en vain ſoûpire,
Cinna, par vos conſeils je retiendray l'Empire,
Mais je le retiendray pour vous en faire part,
Ie voy trop que vos cœurs n'ont point pour moy de fard,
Et que chacun de vous dans l'avis qu'il me donne
Regarde ſeulement l'Etat & ma perſonne,
Voſtre amour en tous deux fait ce combat d'eſprits,
Et vous allez tous deux en recevoir le prix.
  Maxime, je vous fais Gouverneur de Sicile.
Allez donner mes loix à ce terroir fertile,
Songez que c'eſt pour moy que vous gouvernerez,
Et que je répondray de ce que vous ferez.

Pour épouſe, Cinna, je vous donne Æmilie,
Vous ſçavez qu'elle tient la place de Iulie,
Et que ſi nos malheurs & la neceſſité
M'ont fait traiter ſon pere avec ſeverité,
Mon Epargne depuis en ſa faveur ouverte
Doit avoir adoucy l'aigreur de cette perte.
Voyez-la de ma part, taſchez de la gaigner,
Vous n'étes point pour elle un homme à dédaigner,
De l'offre de vos vœux elle ſera ravie.
Adieu, j'en veux porter la Nouvelle à Livie.

SCENE II.

CINNA, MAXIME.

MAX. Qvel eſt voſtre deſſein après ces beaux diſcours?
CIN. Le meſme que j'avois, & que j'auray toûjours.
MAX. Vn Chef de conjurez flate la Tyrannie!
CIN. Vn Chef de conjurez la veut voir impunie!
MAX. Ie veux voir Rome libre. CIN. Et vous pouvez juger
   Que je veux l'affranchir enſemble, & la vanger.
    Octave aura donc veu ſes fureurs aſſouvies,
Pillé juſqu'aux Autels, ſacrifié nos vies,
Remply les champs d'horreur, comblé Rome de morts,
Et ſera quitte après pour l'effet d'un remords!
Quand le Ciel par nos mains à le punir s'apreſte,
Vn laſche repentir garantira ſa teſte!
C'eſt trop ſemer d'appas, & c'eſt trop inviter
Par ſon impunité quelqu'autre à l'imiter.
Vangeons nos Citoyens, & que ſa peine étonne
Quiconque après ſa mort aſpire à la Couronne,
Que le Peuple aux Tyrans ne ſoit plus expoſé;
S'il euſt puny Sylla, Ceſar euſt moins oſé.
MAX. Mais la mort de Ceſar que vous trouvez ſi juſte
A ſervy de prétexte aux cruautez d'Auguſte,
Voulant nous affranchir, Brute s'eſt abuſé,
S'il n'euſt puny Ceſar, Auguſte euſt moins oſé.
CIN. La faute de Caſſie, & ſes terreurs Paniques
Ont fait rentrer l'Etat ſous des loix tyranniques,
Mais nous ne verrons point de pareils accidens
Lors que Rome ſuivra des Chefs moins imprudens.
                        MAX. Nous

TRAGEDIE.

MAX. Nous sommes encor loin de mettre en évidence
Si nous nous conduirons avec plus de prudence;
Cependant c'en est peu que de n'accepter pas
Le bonheur qu'on recherche au peril du trépas.
CIN. C'en est encor bien moins, alors qu'on s'imagine
Guerir un mal si grand sans couper la racine.
Employer la douceur à cette guerison,
C'est en fermant la playe y verser du poison.
MAX. Vous la voulez sanglante, & la rendez douteuse.
CIN. Vous la voulez sans peine, & la rendez honteuse.
MAX. Pour sortir de ses fers jamais on ne rougit.
CIN. On en sort laschement si la vertu n'agit.
MAX. Iamais la liberté ne cesse d'estre aimable,
Et c'est toûjours pour Rome un bien inestimable.
CIN. Ce ne peut estre un bien qu'elle daigne estimer
Quand il vient d'une main lasse de l'opprimer.
Elle a le cœur trop bon pour se voir avec joye
Le rebut du Tyran dont elle fut la proye,
Et tout ce que la gloire a de vrais partisans
Le hait trop puissamment pour aimer ses presens.
MAX. Donc pour vous Æmilie est un objet de haine?
CIN. La recevoir de luy me seroit une gesne,
Mais quand j'auray vangé Rome des maux soufferts,
Ie sçauray le braver jusque dans les Enfers.
Ouy, quand par son trépas je l'auray meritée,
Ie veux joindre à sa main ma main ensanglantée,
L'épouser sur sa cendre, & qu'après nostre effort
Les presens du Tyran soient le prix de sa mort.
MAX. Mais l'apparence, amy, que vous puissiez luy plaire
Teint du sang de celuy qu'elle aime comme un pere?
Car vous n'étes pas homme à la violenter.
CIN. Amy, dans ce Palais on peut nous écouter,
Et nous parlons peut-estre avec trop d'imprudence
Dans un lieu si mal-propre à nostre confidence.
Sortons, qu'en seureté j'examine avec vous
Pour en venir à bout les moyens les plus doux.

ACTE III

SCENE PREMIERE

MAXIME, EVPHORBE.

MAX. Vy-mesme il m'a tout dit, leur flame est mutuelle,
Il adore Æmilie, il est adoré d'elle,
Mais sans vanger son pere il n'y peut aspirer,
Et c'est pour l'acquerir qu'il nous fait conspirer.
EVP. Ie ne m'étonne plus de cette violence
Dont il contraint Auguste à garder sa puissance :
La ligue se romproit s'il s'en étoit démis,
Et tous vos conjurez deviendroient ses amis.
MAX. Ils servent à l'envy la passion d'un homme,
Qui n'agit que pour soy feignant d'agir pour Rome ;
Et moy par un malheur qui n'eut jamais d'égal,
Ie pense servir Rome, & je sers mon rival.
EVP. Vous étes son rival ! MAX. Ouy, j'aime sa Maîtresse,
Et l'ay caché toûjours avec assez d'adresse.
Mon ardeur inconnuë, avant que d'éclater,
Par quelque grand exploit la vouloit meriter :
Cependant par mes mains je voy qu'il me l'enleve,
Son dessein fait ma perte, & c'est moy qui l'acheve,
I'avance des succès dont j'attens le trépas,
Et pour m'assassiner je luy préte mon bras.
Que l'amitié me plonge en un malheur extresme !
EVP. L'issuë en est aisée, agissez pour vous-mesme,
D'un dessein qui vous perd rompez le coup fatal,
Gaignez une Maîtresse accusant un rival.
Auguste à qui par là vous sauverez la vie
Ne vous pourra jamais refuser Æmilie.
MAX. Quoy, trahir mon amy ! EVP. L'amour rend tout permis,
Vn veritable amant ne connoit point d'amis,
Et mesme avec justice on peut trahir un traistre
Qui pour une Maîtresse ose trahir son Maistre.

TRAGEDIE.

Oubliez l'amitié comme luy les bien-faits.
MAX. C'est un exemple à fuïr que celuy des forfaits.
EVP. Contre un si noir dessein tout devient legitime,
On n'est point criminel quand on punit un crime.
MAX. Vn crime par qui Rome obtient sa liberté!
EVP. Craignez tout d'un esprit si plein de lascheté.
L'interest du païs n'est point ce qui l'engage,
Le sien, & non la gloire, anime son courage,
Il aimeroit Cesar s'il n'étoit amoureux,
Et n'est enfin qu'ingrat, & non-pas genereux.
Pensez-vous avoir leu jusqu'au fond de son ame?
Sous la cause publique il vous cachoit sa flame,
Et peut cacher encor sous cette passion
Les detestables feux de son ambition.
Peut-estre qu'il prétend après la mort d'Octave,
Au lieu d'affranchir Rome, en faire son esclave,
Qu'il vous conte déja pour un de ses Sujets,
Ou que sur vostre perte il fonde ses projets.
MAX. Mais comment l'accuser sans nommer tout le reste?
A tous nos conjurez l'avis seroit funeste,
Et par là nous verrions indignement trahis
Ceux qu'engage avec nous le seul bien du païs.
D'un si lasche dessein mon ame est incapable,
Il perd trop d'innocens pour punir un coupable,
I'ose tout contre luy, mais je crains tout pour eux.
EVP. Auguste s'est lassé d'estre si rigoureux,
En ces occasions ennuyé de supplices,
Ayant puny les Chefs, il pardonne aux complices.
Si toutefois pour eux vous craignez son couroux,
Quand vous luy parlerez, parlez au nom de tous.
MAX. Nous disputons en vain, & ce n'est que folie
De vouloir par sa perte acquerir Æmilie;
Ce n'est pas le moyen de plaire à ses beaux yeux
Que de priver du jour ce qu'elle aime le mieux.
Pour moy, j'estime peu qu'Auguste me la donne,
Ie veux gagner son cœur plûtost que sa personne,
Et ne fais point d'état de sa possession
Si je n'ay point de part à son affection.
Puis-je la meriter par une triple offense?
Ie trahis son amant, je détruis sa vangeance,
Ie conserve le sang qu'elle veut voir perir,
Et j'aurois quelque espoir qu'elle me pûst cherir!

A aaa ij

EVP. C'est ce qu'à dire vray je voy fort difficile,
L'artifice pourtant vous y peut estre utile,
Il en faut trouver un qui la puisse abuser,
Et du reste, le temps en pourra disposer.
MAX. Mais si pour s'excuser il nomme sa complice?
S'il arrive qu'Auguste avec luy la punisse?
Puis-je luy demander pour prix de mon rapport
Celle qui nous oblige à conspirer sa mort?
EVP. Vous pourriez m'opposer tant & de tels obstacles,
Que pour les surmonter il faudroit des miracles,
J'espere toutefois qu'à force d'y resver....
MAX. Eloigne-toy, dans peu j'iray te retrouver,
Cinna vient, & je veux en tirer quelque chose,
Pour t'aller dire après ce que je me propose.

SCENE II.

CINNA, MAXIME.

MAX. Vous me semblez pensif. *CIN.* Ce n'est pas sans sujet.
  MA. Puis-je d'un tel chagrin sçavoir quel est l'objet?
CIN. Æmilie, & Cesar. L'un & l'autre me gesne,
L'un me semble trop bon, l'autre trop inhumaine.
Pleust aux Dieux que Cesar employast mieux ses soins,
Et s'en fist plus aimer, ou m'aimast un peu moins,
Que sa bonté touchast la beauté qui me charme,
Et la pust adoucir comme elle me desarme.
Je sens au fond du cœur mille remords cuisans
Qui rendent à mes yeux tous ses bienfaits presens:
Cette faveur si pleine & si mal reconnuë,
Par un mortel reproche à tous momens me tuë.
Il me semble sur tout incessamment le voir
Déposer en nos mains son absolu pouvoir,
Ecouter nos avis, m'applaudir, & me dire;
Cinna, par vos conseils je retiendray l'Empire,
Mais je le retiendray pour vous en faire part.
Et je puis dans son sein enfoncer un poignard!
Ah plûtost.... Mais helas! j'idolatre Æmilie,
Vn serment execrable à sa haine me lie,
L'horreur qu'elle a luy me le rend odieux,
Des deux costez j'offense, & ma gloire, & les Dieux,

Ie deviens sacrilege, ou je suis parricide,
Et vers l'un ou vers l'autre il faut estre perfide.
MAX. Vous n'aviez point tantost ces agitations,
Vous paroissiez plus ferme en vos intentions,
Vous ne sentiez au cœur ny remords, ny reproche.
CIN. On ne les sent aussi que quand le coup approche,
Et l'on ne reconnoit de semblables forfaits
Que quand la main s'apreste à venir aux effets.
L'ame de son dessein jusques-là possedée
S'attache aveuglément à sa premiere idée,
Mais alors quel esprit n'en devient point troublé?
Ou plûtost quel esprit n'en est point accablé?
Ie croy que Brute mesme, à tel point qu'on le prise,
Voulut plus d'une fois rompre son entreprise,
Et qu'avant que fraper elle luy fit sentir
Plus d'un remords en l'ame, & plus d'un repentir.
MAX. Il eut trop de vertu pour tant d'inquietude,
Il ne soupçonna point sa main d'ingratitude,
Et fut contre un Tyran d'autant plus animé
Qu'il en receut de biens, & qu'il s'en vit aimé.
Comme vous l'imitez, faites la mesme chose,
Et formez vos remords d'une plus juste cause,
De vos lasches conseils, qui seuls ont arresté
Le bonheur renaissant de nostre liberté.
C'est vous seul aujourd'huy qui nous l'avez ostée,
De la main de Cesar Brute l'eust acceptée,
Et n'eust jamais souffert qu'un interest leger
De vangeance ou d'amour l'eust remise en danger.
N'écoutez plus la voix d'un Tyran qui vous aime,
Et vous veut faire part de son pouvoir supresme;
Mais entendez crier Rome à vostre costé,
Rends-moy, rends-moy, Cinna, ce que tu m'as osté,
Et si tu m'as tantost preferé ta Maîtresse,
Ne me prefere pas le Tyran qui m'oppresse.
CIN. Amy, n'accable plus un esprit malheureux
Qui mesme fait en lasche un acte genereux.
Envers nos Citoyens je sçay quelle est ma faute,
Et leur rendray bien-tost tout ce que je leur oste,
Mais pardonne aux abois d'une vieille amitié
Qui ne peut expirer sans me faire pitié,
Et laisse-moy, de grace, attendant Æmilie,
Donner un libre cours à ma melancolie.

Mon chagrin t'importune, & le trouble où je suis
Veut de la solitude à calmer tant d'ennuis.
MAX. Vous voulez rendre conte à l'objet qui vous blesse
De la bonté d'Octave, & de vostre foiblesse.
L'entretien des amans veut un entier secret.
Adieu, je me retire en confident discret.

SCENE III.

CINNA.

Donne un plus digne nom au glorieux empire
Du noble sentiment que la vertu m'inspire,
Et que l'honneur oppose au coup précipité
De mon ingratitude & de ma lascheté.
Mais plûtost continuë à le nommer foiblesse,
Puisqu'il devient si foible auprès d'une Maitresse,
Qu'il respecte un amour qu'il devroit étouffer,
Et que s'il le combat, il n'ose en triompher!
En ces extrémitez quel conseil doy-je prendre?
De quel costé pancher? à quel party me rendre?
 Qu'une ame genereuse a de peine à faillir!
Quelque fruit que par là j'espere de cueillir,
Les douceurs de l'amour, celles de la vangeance,
La gloire d'affranchir le lieu de ma naissance,
N'ont point assez d'appas pour flater ma raison
S'il les faut acquerir par une trahison,
S'il faut percer le flanc d'un Prince magnanime,
Qui du peu que je suis fait une telle estime,
Qui me comble d'honneurs, qui m'accable de biens,
Qui ne prend pour regner de conseils que les miens.
O coup, ô trahison trop indigne d'un homme!
Dure, dure à jamais l'esclavage de Rome,
Perisse mon amour, perisse mon espoir,
Plûtost que de ma main parte un crime si noir.
Quoy! ne m'offre-t'il pas tout ce que je souhaite,
Et qu'au prix de son sang ma passion achete?
Pour joüir de ses dons faut-il l'assassiner?
Et faut-il luy ravir ce qu'il me veut donner?
 Mais je dépens de vous, ô serment temeraire,
O haine d'Æmilie, ô souvenir d'un pere,

Ma foy, mon cœur, mon bras, tout vous est engagé,
Et je ne puis plus rien que par vostre congé.
C'est à vous à regler ce qu'il faut que je fasse,
C'est à vous, Æmilie, à luy donner sa grace,
Vos seules volontez président à son sort,
Et tiennent en mes mains & sa vie & sa mort.
O Dieux, qui comme vous la rendez adorable,
Rendez-la comme vous à mes vœux exorable,
Et puisque de ses loix je ne puis m'affranchir,
Faites qu'à mes desirs je la puisse fléchir.
Mais voicy de retour cette aimable inhumaine.

SCENE IV.

ÆMILIE, CINNA, FVLVIE.

ÆMI. Graces aux Dieux, Cinna, ma frayeur étoit vaine,
Aucun de tes amis ne t'a manqué de foy,
Et je n'ay point eu lieu de m'employer pour toy.
Octave en ma presence a tout dit à Livie,
Et par cette Nouvelle il m'a rendu la vie.
CIN. Le desavoûrez-vous, & du don qu'il me fait
Voudrez-vous retarder le bien-heureux effet ?
ÆMI. L'effet est en ta main. *CIN.* Mais plûtost en la vostre.
ÆMI. Ie suis toûjours moy-mesme, & mon cœur n'est point autre,
Me donner à Cinna, c'est ne luy donner rien,
C'est seulement luy faire un present de son bien.
CIN. Vous pouvez toutefois... O Ciel ! l'osay-je dire !
ÆMI. Que puis-je, & que crains-tu ? *CIN.* Ie tremble, je soûpire,
Et voy que si nos cœurs avoient mesmes desirs,
Ie n'aurois pas besoin d'expliquer mes soûpirs.
Ainsi je suis trop seur que je vay vous déplaire,
Mais je n'ose parler, & je ne puis me taire.
ÆMI. C'est trop me gesner, parle. *CIN.* Il faut vous obeïr,
Ie vay donc vous déplaire, & vous m'allez haïr.
Ie vous aime, Æmilie, & le Ciel me foudroye
Si cette passion ne fait toute ma joye,
Et si je ne vous aime avec toute l'ardeur
Que peut un digne objet attendre d'un grand cœur.
Mais voyez à quel prix vous me donnez vostre ame,
En me rendant heureux, vous me rendez infame,

Cette bonté d'Auguste.... *ÆMI.* Il suffit, je t'entens,
Ie voy ton repentir & tes vœux inconstans,
Les faveurs du Tyran emportent tes promesses,
Tes feux & tes sermens cédent à ses caresses,
Et ton esprit credule ose s'imaginer
Qu'Auguste pouvant tout peut aussi me donner,
Tu me veux de sa main plûtost que de la mienne;
Mais ne croy pas qu'ainsi jamais je t'appartienne.
Il peut faire trembler la Terre sous ses pas,
Mettre un Roy hors du Trosne, & donner ses Etats,
De ses proscriptions rougir la Terre & l'Onde,
Et changer à son gré l'ordre de tout le Monde;
Mais le cœur d'Æmilie est hors de son pouvoir.
CIN. Aussi n'est-ce qu'à vous que je veux le devoir;
Ie suis toûjours moy-mesme, & ma foy toûjours pure,
La pitié que je sens ne me rend point parjure,
I'obeïs sans reserve à tous vos sentimens,
Et prens vos interests par-de-là mes sermens.
I'ay pû, vous le sçavez, sans parjure & sans crime
Vous laisser échaper cette illustre victime;
Cesar se dépoüillant du pouvoir souverain
Nous ostoit tout prétexte à luy percer le sein,
La conjuration s'en alloit dissipée,
Vous desseins avortez, vostre haine trompée:
Moy seul j'ay raffermy son esprit étonné,
Et pour vous l'immoler ma main l'a couronné.
ÆMI. Pour me l'immoler, traistre! & tu veux que moy-mesme
Ie retienne ta main! qu'il vive, & que je l'aime!
Que je sois le butin de qui l'ose épargner,
Et le prix du conseil qui le force à regner!
CIN. Ne me condamnez point quand je vous ay servie,
Sans moy vous n'auriez plus de pouvoir sur sa vie.
Et malgré ses bienfaits je rends tout à l'amour
Quand je veux qu'il perisse, ou vous doive le jour.
Avec les premiers vœux de mon obeïssance
Souffrez ce foible effort de ma reconnoissance,
Que je tasche de vaincre un indigne couroux,
Et vous donner pour luy l'amour qu'il a pour vous,
Vne ame genereuse & que la vertu guide
Fuit la honte des noms d'ingrate, & de perfide,
Elle en hait l'infamie attachée au bonheur,
Et n'accepte aucun bien aux dépens de l'honneur.

ÆMI. Ie

ÆMI. Ie fais gloire pour moy de cette ignominie,
    La perfidie est noble envers la Tyrannie,
    Et quand on rompt le cours d'un fort si malheureux,
    Les cœurs les plus ingrats sont les plus genereux.
CIN. Vous faites des vertus au gré de vostre haine.
ÆMI. Ie me fais des vertus dignes d'une Romaine.
CIN. Vn cœur vraiment Romain.... *ÆMI.* Ose tout pour ravir
    Vne odieuse vie à qui le fait servir,
    Il fuit plus que la mort la honte d'estre esclave.
CIN. C'est l'estre avec honneur que de l'estre d'Octave,
    Et nous voyons souvent des Rois à nos genoux
    Demander pour appuy tels esclaves que nous,
    Il abaisse à nos pieds l'orgueil des Diadesmes,
    Il nous fait souverains sur leurs grandeurs supresmes,
    Il prend d'eux les tributs dont il nous enrichit,
    Et leur impose un joug dont il nous affranchit.
ÆMI. L'indigne ambition que ton cœur se propose!
    Pour estre plus qu'un Roy tu te crois quelque chose!
    Aux deux bouts de la Terre en est-il un si vain
    Qu'il prétende égaler un Citoyen Romain?
    Antoine sur sa teste attira nostre haine
    En se deshonorant par l'amour d'une Reine:
    Attale, ce grand Roy dans la pourpre blanchy,
    Qui du peuple Romain se nommoit l'affranchy,
    Quand de toute l'Asie il se fust veu l'arbitre,
    Eust encor moins prisé son Trosne que ce titre.
    Souvien-toy de ton nom, soûtien sa dignité,
    Et prenant d'un Romain la generosité,
    Sçache qu'il n'en est point que le Ciel n'ait fait naistre
    Pour commander aux Rois, & pour vivre sans maistre.
CIN. Le Ciel a trop fait voir en de tels attentats
    Qu'il hait les assassins, & punit les ingrats,
    Et quoy qu'on entreprenne, & quoy qu'on execute,
    Quand il éleve un Trosne, il en vange la chûte,
    Il se met du party de ceux qu'il fait regner,
    Le coup dont on les tuë est long-temps à saigner,
    Et quand à les punir il a pû se resoudre,
    De pareils châtimens n'appartiennent qu'au foudre.
ÆMI. Dy que de leur party toy-mesme tu te rens,
    De te remettre au foudre à punir les Tyrans.
        Ie ne t'en parle plus, va, sers la Tyrannie,
    Abandonne ton ame à son lasche Genie,

Tome I.   B bbb

Et pour rendre le calme à ton esprit flotant,
Oublie, & ta naissance, & le prix qui t'attend.
Sans emprunter ta main pour servir ma colere
Ie sçauray bien vanger mon païs & mon pere,
I'aurois déja l'honneur d'un si fameux trépas,
Si l'Amour iusqu'icy n'eust arrété mon bras.
C'est luy qui sous tes loix me tenant asservie
M'a fait en ta faveur prendre soin de ma vie;
Seule contre un Tyran en le faisant perir
Par les mains de sa Garde il me falloit mourir,
Ie t'eusse par ma mort desrobé ta captive;
Et comme pour toy seul l'Amour veut que je vive,
I'ay voulu, mais en vain, me conserver pour toy,
Et te donner moyen d'estre digne de moy.

Pardonnez-moy, grands Dieux, si je me suis trompée,
Quand j'ay pensé cherir un neveu de Pompée,
Et si d'un faux semblant mon esprit abusé
A fait choix d'un esclave en son lieu supposé.
Ie t'aime toutefois, quel que tu puisses estre,
Et si pour me gagner il faut trahir ton Maistre,
Mille autres à l'envy recevroient cette loy,
S'ils pouvoient m'acquerir à mesme prix que toy.
Mais n'apprehende pas qu'un autre ainsi m'obtienne,
Vy pour ton cher Tyran, tandis que je meurs tienne,
Mes jours avec les siens se vont précipiter
Puisque ta lascheté n'ose me meriter.
Vien me voir dans son sang & dans le mien baignée,
De ma seule vertu mourir accompagnée,
Et te dire en mourant d'un esprit satisfait:
N'accuse point mon sort, c'est toy seul qui l'as fait,
Ie descens dans la tombe où tu m'as condamnée,
Où la gloire me suit qui t'étoit destinée,
Ie meurs en détruisant un pouvoir absolu,
Mais je vivrois à toy si tu l'avois voulu.

CIN. Et bien, vous le voulez, il faut vous satisfaire,
Il faut affranchir Rome, il faut vanger un pere,
Il faut sur un Tyran porter de justes coups:
Mais apprenez qu'Auguste est moins Tyran que vous.
S'il nous oste à son gré nos biens, nos jours, nos femmes,
Il n'a point jusqu'icy tyrannisé nos ames;
Mais l'empire inhumain qu'exercent vos beautez
Force jusqu'aux esprits & jusqu'aux volontez.

TRAGEDIE,

Vous me faites priser ce qui me deshonore,
Vous me faites haïr ce que mon ame adore,
Vous me faites répandre un sang pour qui je dois
Exposer tout le mien & mille & mille fois,
Vous le voulez, j'y cours, ma parole est donnée,
Mais ma main aussi-tost contre mon sein tournée
Aux Manes d'un tel Prince immolant vostre amant,
A mon crime forcé joindra mon châtiment,
Et par cette action dans l'autre confonduë
Recouvrera ma gloire aussi-tost que perduë.
Adieu.

SCENE V.

ÆMILIE, FVLVIE.

FVL. Vous avez mis son ame au desespoir.
ÆMI. Qu'il cesse de m'aimer, ou suive son devoir.
FVL. Il va vous obeïr aux dépens de sa vie.
  Vous en pleurez! ÆMI. Helas! cours après luy, Fulvie,
Et si ton amitié daigne me secourir,
Arrache-luy du cœur ce dessein de mourir,
Dy-luy.... FVL. Qu'en sa faveur vous laissez vivre Auguste?
ÆMI. Ah! c'est faire à ma haine une loy trop injuste.
FVL. Et quoy donc? ÆMI. Qu'il acheve, & dégage sa foy,
Et qu'il choisisse après de la mort, ou de moy.

ACTE IV.

SCENE PREMIERE

AVGVSTE, EVPHORBE, POLYCLETE,
Gardes.

AVG. TOVT ce que tu me dis, Euphorbe, est incroyable.
EV. Seigneur, le recit mesme en paroit effroyable,
On ne conçoit qu'à peine une telle fureur,
Et la seule pensée en fait fremir d'horreur.
AVG. Quoy, mes plus chers amis! quoy, Cinna! quoy, Maxime!
Les deux que j'honorois d'une si haute estime,
A qui j'ouvrois mon cœur, & dont j'avois fait choix
Pour les plus importans & plus nobles emplois!
Aprés qu'entre leurs mains j'ay remis mon Empire,
Pour m'arracher le jour l'un & l'autre conspire:
Maxime a veu sa faute, il m'en fait avertir,
Et montre un cœur touché d'un juste repentir,
Mais Cinna! *EVP.* Cinna seul dans sa rage s'obstine,
Et contre vos bontez d'autant plus se mutine:
Luy seul combat encor les vertueux efforts
Que sur les conjurez fait ce juste remords,
Et malgré les frayeurs à leurs regrets meslées
Il tasche à raffermir leurs ames ébranlées.
AVG. Luy seul les encourage, & luy seul les seduit!
O le plus déloyal que la Terre ait produit!
O trahison conceuë au sein d'une Furie!
O trop sensible coup d'une main si cherie!
Cinna, tu me trahis! Polyclete, écoutez.ᵃ

^a *Il luy parle à l'oreille.*

POL. Tous vos ordres, Seigneur, seront executez.
AVG. Qu'Eraste en mesme temps aille dire à Maxime
Qu'il vienne recevoir le pardon de son crime.ᵇ

^b *Polyclete rentre.*

EVP. Il l'a trop jugé grand pour ne pas s'en punir,
A peine du Palais il a pû revenir,
Que les yeux égarez, & le regard farouche,
Le cœur gros de soûpirs, les sanglots à la bouche,

TRAGEDIE.

Il détefte fa vie & ce complot maudit,
M'en apprend l'ordre entier tel que je vous l'ay dit,
Et m'ayant commandé que je vous advertiffe,
Il ajoufte : *Dy-luy que je me fais juftice,*
Que je n'ignore point ce que j'ay merité ;
Puis foudain dans le Tibre il s'eft précipité,
Dont l'eau groffe & rapide, & la nuit affez noire,
M'ont defrobé la fin de fa Tragique hiftoite.
AVG. Sous ce preffant remords il a trop fuccombé,
Et s'eft à mes bontez luy-mefme defrobé,
Il n'eft crime envers moy qu'un repentir n'efface :
Mais puifqu'il a voulu renoncer à ma grace,
Allez pourvoir au refte, & faites qu'on ait foin
De tenir en lieu feur ce fidelle témoin.

SCENE II.

AVGVSTE.

Ciel, à qui voulez-vous deformais que je fie
Les fecrets de mon ame, & le foin de ma vie ?
Reprenez le pouvoir que vous m'avez commis
Si donnant des Sujets il ofte les amis,
Si tel eft le Deftin des grandeurs fouveraines
Que leurs plus grands bien-faits n'attirent que des háines,
Et fi voftre rigueur les condamne à cherir
Ceux que vous animez à les faire perir.
Pour elles rien n'eft feur, qui peut tout, doit tout craindre.
    Rentre en toy-mefme, Octave, & ceffe de te plaindre,
Quoy, tu veux qu'on t'épargne, & n'as rien épargné !
Songe aux fleuves de fang où ton bras s'eft baigné,
De combien ont roügy les champs de Macedoine,
Combien en a verfé la défaite d'Antoine,
Combien celle de Sexte, & revoy tout d'un temps
Peroufe au fien noyée & tous fes habitans.
Remets dans ton efprit, après tant de carnages,
De tes profcriptions les fanglantes images,
Où toy-mefme des tiens devenu le bourreau
Au fein de ton tuteur enfonças le coûteau,
Et puis ofe accufer le Deftin d'injuftice
Quand tu vois que les tiens s'arment pour ton fupplice.

Et que par ton exemple à ta perte guidez
Ils violent les droits que tu n'as pas gardez.
Leur trahison est juste & le Ciel l'authorise,
Quitte ta Dignité comme tu l'as acquise,
Rens un sang infidelle à l'infidelité,
Et souffre des ingrats après l'avoir été.
 Mais que mon jugement au besoin m'abandonne!
Quelle fureur, Cinna, m'accuse, & te pardonne?
Toy, dont la trahison me force à retenir
Ce pouvoir souverain dont tu me veux punir,
Me traite en criminel, & fait seule mon crime,
Releve pour l'abatre un Trosne illegitime,
Et d'un zéle effronté couvrant son attentat,
S'oppose pour me perdre au bonheur de l'Etat?
Donc iusqu'à l'oublier je pourrois me contraindre!
Tu vivrois en repos après m'avoir fait craindre!
Non non, je me trahis moy-mesme d'y penser,
Qui pardonne aisément invite à l'offenser,
Punissons l'assassin, proscrivons les complices.
 Mais quoy! toûjours du sang, & toûjours des supplices!
Ma cruauté se lasse, & ne peut s'arrêter,
Ie veux me faire craindre, & ne fais qu'irriter;
Rome a pour ma ruïne une Hydre trop fertile,
Vne teste coupée en fait renaistre mille,
Et le sang répandu de mille conjurez
Rend mes jours plus maudits & non plus asseurez.
Octave, n'atten plus le coup d'un nouveau Brute,
Meurs, & desrobe-luy la gloire de ta cheute,
Meurs, tu ferois pour vivre un lasche & vain effort
Si tant de gens de cœur font des vœux pour ta mort,
Et si tout ce que Rome a d'illustre jeunesse
Pour te faire perir tour à tour s'interesse:
Meurs, puisque c'est un mal que tu ne peux guerir,
Meurs enfin puisqu'il faut, ou tout perdre, ou mourir.
La vie est peu de chose, & le peu qui t'en reste
Ne vaut pas l'acheter par un prix si funeste,
Meurs. Mais quitte du moins la vie avec éclat,
Eteins-en le flambeau dans le sang de l'ingrat,
A toy-mesme en mourant immole ce perfide,
Contentant ses desirs puny son parricide,
Fais un tourment pour luy de ton propre trépas,
En faisant qu'il le voye, & n'en joüisse pas.

TRAGEDIE.

Mais joüiſſons plûtoſt nous-meſmes de ſa peine,
Et ſi Rome nous hait, triomphons de ſa haine.
   O Romains, ô vangeance, ô pouvoir abſolu,
O rigoureux combat d'un cœur irreſolu
Qui fuit en meſme temps tout ce qu'il ſe propoſe,
D'un Prince malheureux ordonnez quelque choſe.
Qui des deux doy-je ſuivre, & duquel m'éloigner?
Ou laiſſez-moy perir, ou laiſſez-moy regner.

SCENE III.

AVGVSTE, LIVIE.

AVG. MAdame, on me trahit, & la main qui me tuë
    Rend ſous mes déplaiſirs ma conſtance abatuë.
Cinna, Cinna le traiſtre... *LIV.* Euphorbe m'a tout dit,
   Seigneur, & j'ay paſly cent fois à ce recit.
   Mais écouteriez-vous les conſeils d'une femme?
AVG. Helas! de quel conſeil eſt capable mon ame?
LIV. Voſtre ſeverité ſans produire aucun fruit,
   Seigneur, juſqu'à preſent a fait beaucoup de bruit.
   Par les peines d'un autre aucun ne s'intimide,
   Salvidien à bas a ſoûlevé Lepide,
   Murene a ſuccedé, Cepion l'a ſuivy,
   Le jour à tous les deux dans les tourmens ravy
   N'a point meſlé de crainte à la fureur d'Egnace,
   Dont Cinna maintenant oſe prendre la place,
   Et dans les plus bas rangs les noms les plus abjets
   Ont voulu s'ennoblir par de ſi hauts projets.
   Aprés avoir en vain puny leur inſolence,
   Eſſayez ſur Cinna ce que peut la clemence,
   Faites ſon châtiment de ſa confuſion,
   Cherchez le plus utile en cette occaſion.
   Sa peine peut aigrir une ville animée,
   Son pardon peut ſervir à voſtre Renommée,
   Et ceux que vos rigueurs ne font qu'effaroucher
   Peut-eſtre à vos bontez ſe laiſſeront toucher.
AVG. Gagnons-les tout à fait en quittant cet Empire
   Qui nous rend odieux, contre qui l'on conſpire;
   J'ay trop par vos advis conſulté là deſſus,
   Ne m'en parlez jamais, je ne conſulte plus.

Cesse de soûpirer, Rome, pour ta franchise,
Si je t'ay mise aux fers, moy-mesme je les brise,
Et te rens ton Etat après l'avoir conquis,
Plus paisible & plus grand que je ne te l'ay pris.
Si tu me veux haïr, hay-moy sans plus rien feindre,
Si tu me veux aimer, aime-moy sans me craindre :
De tout ce qu'eut Sylla de puissance & d'honneur,
Lassé comme il en fut, j'aspire à son bonheur.
LIV. Assez & trop long-temps son exemple vous flate,
Mais gardez que sur vous le contraire n'éclate ;
Ce bonheur sans pareil qui conserva ses jours
Ne seroit pas bonheur s'il arrivoit toûjours.
AVG. Et bien, s'il est trop grand, si j'ay tort d'y prétendre,
J'abandonne mon sang à qui voudra l'épandre.
Après un long orage il faut trouver un port,
Et je n'en voy que deux, le repos, ou la mort.
LIV. Quoy ! vous voulez quitter le fruit de tant de peines !
AVG. Quoy ! vous voulez garder l'objet de tant de haines !
LIV. Seigneur, vous emporter à cette extrémité,
C'est plûtost desespoir que generosité.
AVG. Regner & caresser une main si traistresse,
Au lieu de sa vertu c'est montrer sa foiblesse.
LIV. C'est regner sur vous-mesme, & par un noble choix
Pratiquer la vertu la plus digne des Rois.
AVG. Vous m'aviez bien promis des conseils d'une femme,
Vous me tenez parole, & c'en sont-là, Madame.
Après tant d'ennemis à mes pieds abatus
Depuis vingt ans je regne, & j'en sçay les vertus,
Ie sçay leur divers ordre, & de quelle nature
Sont les devoirs d'un Prince en cette conjonçture.
Tout son peuple est blessé par un tel attentat,
Et la seule pensée est un crime d'Etat,
Vne offense qu'on fait à toute sa Province,
Dont il faut qu'il la vange, ou cesse d'estre Prince.
LIV. Donnez moins de croyance à vostre passion.
AVG. Ayez moins de foiblesse, ou moins d'ambition.
LIV. Ne traitez plus si mal un conseil salutaire.
AVG. Le Ciel m'inspirera ce qu'icy je doy faire,
Adieu, nous perdons temps. *LIV.* Ie ne vous quitte point,
Seigneur, que mon amour n'aye obtenu ce point.
AVG. C'est l'amour des grandeurs qui vous rend importune.
LIV. J'aime vostre personne, & non vostre fortune.

TRAGEDIE.

^a Il m'échape, fuivons, & forçons-le de voir
Qu'il peut en faifant grace affermir fon pouvoir,
Et qu'enfin la clemence eft la plus belle marque
Qui faffe à l'Vnivers connoiftre un vray Monarque.

^a *Elle eft feule.*

SCENE IV.

ÆMILIE, FVLVIE.

ÆMI. D'Où me vient cette joye, & que mal à propos
Mon esprit malgré moy goufte un entier repos!
Cefar mande Cinna fans me donner d'alarmes!
Mon cœur eft fans foûpirs, mes yeux n'ont point de larmes,
Comme fi j'apprenois d'un fecret mouvement
Que tout doit fucceder à mon contentement!
Ay-je bien entendu? me l'as-tu dit, Fulvie?
FVL. I'avois gagné fur luy qu'il aimeroit la vie,
Et je vous l'amenois plus traitable & plus doux
Faire un fecond effort contre voftre couroux,
Ie m'en applaudiffois, quand foudain Polyclete,
Des volontez d'Augufte ordinaire interprete,
Eft venu l'aborder, & fans fuite, & fans bruit,
Et de fa part fur l'heure au Palais l'a conduit.
Augufte eft fort troublé, l'on ignore la caufe,
Chacun diverfement foupçonne quelque chofe,
Tous préfument qu'il aye un grand fujet d'ennuy,
Et qu'il mande Cinna pour prendre avis de luy.
Mais ce qui m'embaraffe, & que je viens d'apprendre,
C'eft que deux Inconnus fe font faifis d'Evandre,
Qu'Euphorbe eft arrété fans qu'on fçache pourquoy,
Que mefme de fon maiftre on dit je ne fçay quoy,
On luy veut imputer un defespoir funefte,
On parle d'eaux, de Tybre, & l'on fe taift du refte.
ÆMI. Que de fujets de craindre & de defesperer,
Sans que mon trifte cœur en daigne murmurer!
A chaque occafion le Ciel y fait defcendre
Vn fentiment contraire à celuy qu'il doit prendre,
Vne vaine frayeur tantoft m'a pû troubler,
Et je fuis infenfible alors qu'il faut trembler.
Ie vous entens, grands Dieux, vos bontez que j'adore
Ne peuvent confentir que je me deshonore,

Tome I. Cccc

Et ne me permettant soûpirs, sanglots, ny pleurs,
Soûtiennent ma vertu contre de tels malheurs.
Vous voulez que je meure avec ce grand courage
Qui m'a fait entreprendre un si fameux ouvrage,
Et je veux bien perir comme vous l'ordonnez,
Et dans la mesme assiette où vous me retenez.
 O liberté de Rome, ô Manes de mon pere,
J'ay fait de mon costé tout ce que j'ay pû faire,
Contre vostre Tyran j'ay ligué ses amis,
Et plus osé pour vous qu'il ne m'étoit permis.
Si l'effet a manqué, ma gloire n'est pas moindre,
N'ayant pû vous vanger je vous iray rejoindre;
Mais si fumante encor d'un genereux couroux,
Par un trépas si noble & si digne de vous,
Qu'il vous fera sur l'heure aisément reconnoistre
Le sang des grands Heros dont vous m'avez fait naistre.

SCENE V.

MAXIME, ÆMILIE, FVLVIE.

ÆMI. Mais je vous voy, Maxime, & l'on vous faisoit mort !
MA. Euphorbe trôpe Auguste avec ce faux rapport,
Se voyant arrêté, la trame découverte,
Il a feint ce trépas pour empescher ma perte.
ÆMI. Que dit-on de Cinna ? *MAX.* Que son plus grand regret,
C'est de voir que Cesar sçait tout vostre secret,
En vain il le dénie & le veut méconnoistre,
Evandre a tout conté pour excuser son maistre,
Et par l'ordre d'Auguste on vient vous arréter.
ÆMI. Celuy qui l'a receu tarde à l'executer,
Ie suis preste à le suivre, & lasse de l'attendre.
M. Il vous attend chez moy. *Æ.* Chez vous ! *M.* C'est vous surprédre,
Mais apprenez le soin que le Ciel a de vous;
C'est un des conjurez qui va fuir avec nous.
Prenons nostre avantage avant qu'on nous poursuive,
Nous avons pour partir un vaisseau sur la rive.
ÆMI. Me connois-tu, Maxime, & sçais-tu qui je suis ?
MAX. En faveur de Cinna je fais ce que je puis,
Et tasche à garantir de ce malheur extresme
La plus belle moitié qui reste de luy-mesme.

Sauvons-nous, Æmilie, & confervons le jour
Afin de le vanger par un heureux retour.
ÆMI. Cinna dans fon malheur eſt de ceux qu'il faut fuivre,
Qu'il ne faut pas vanger de peur de leur furvivre.
Quiconque après fe perte aſpire à fe fauver,
Eſt indigne du jour qu'il tafche à conferver.
MAX. Quel defeſpoir aveugle à ces fureurs vous porte?
O Dieux! que de foibleſſe en une ame ſi forte!
Ce cœur ſi genereux rend ſi peu de combat,
Et du premier revers la Fortune l'abat!
Rappellez, rappellez cette vertu fublime,
Ouvrez enfin les yeux, & connoiſſez Maxime,
C'eſt un autre Cinna qu'en luy vous regardez,
Le Ciel vous rend en luy l'amant que vous perdez,
Et puiſque l'amitié n'en faifoit plus qu'une ame,
Aimez en cet amy l'objet de voſtre flame.
Avec la meſme ardeur il fçaura vous cherir,
Que... ÆMI. Tu m'ofes aimer, & tu n'oſes mourir!
Tu prétens un peu trop, mais quoy que tu prétendes,
Rens-toy digne du moins de ce que tu demandes,
Ceſſe de fuïr en lafche un glorieux trépas,
Ou de m'offrir un cœur que tu fais voir ſi bas;
Fay que je porte envie à ta vertu parfaite,
Ne te pouvant aimer, fay que je te regrette,
Montre d'un vray Romain la derniere vigueur,
Et merite mes pleurs au defaut de mon cœur.
Quoy? ſi ton amitié pour Cinna t'intereſſe,
Crois-tu qu'elle confiſte à flater fa Maîtreſſe?
Apprens, apprens de moy quel en eſt le devoir,
Et donne-m'en l'exemple, ou vien le recevoir.
MAX. Voſtre juſte douleur eſt trop impetueuſe.
ÆMI. La tienne en ta faveur eſt trop ingenieuſe.
Tu me parles déja d'un bien-heureux retour,
Et dans tes déplaiſirs tu conçois de l'amour!
MAX. Cet amour en naiſſant eſt toutefois extreſme,
C'eſt voſtre amant en vous, c'eſt mon amy que j'aime,
Et des meſmes ardeurs dont il fut embraſé....
ÆMI. Maxime, en voila trop pour un homme aviſé,
Ma perte m'a furpriſe & ne m'a point troublée,
Mon noble defeſpoir ne m'a point aveuglée,
Ma vertu toute entiere agit fans s'émouvoir,
Et je voy malgré moy plus que je ne veux voir.

MAX. Quoy? vous fuis-je fufpect de quelque perfidie?
ÆMI. Ouy, tu l'es, puifqu'en vain tu veux que je le die.
L'ordre de noftre fuite eft trop bien concerté
Pour ne te foupçonnner d'aucune lafcheté;
Les Dieux feroient pour nous prodigues en miracles
S'ils en avoient fans toy levé tous les obstacles.
Fuy fans moy, tes amours font icy fuperflus.
MAX. Ah! vous m'en dites trop. *ÆMI.* I'en préfume encor plus.
Ne crains pas toutefois que j'éclate en injures,
Mais n'efpere non-plus m'éblouïr de parjures.
Si c'eft te faire tort que de m'en défier,
Viens mourir avec moy pour te justifier.
MAX. Vivez, belle Æmilie, & fouffrez qu'un esclave....
ÆMI. Ie ne t'écoute plus qu'en prefence d'Octave.
Allons, Fulvie, allons.

SCENE VI.

MAXIME.

DEfesperé, confus,
Et digne, s'il fe peut, d'un plus cruel refus,
Que refous-tu, Maxime, & quel eft le fupplice
Que ta vertu prépare à ton vain artifice?
Aucune illufion ne te doit plus flater,
Æmilie en mourant va tout faire éclater,
Sur un mefme échaffaut la perte de fa vie
Etalera fa gloire & ton ignominie,
Et fa mort va laiffer à la posterité
L'infame fouvenir de ta déloyauté.
Vn mefme iour t'a veu par une fauffe adreffe,
Trahir ton Souverain, ton amy, ta Maîtreffe,
Sans que de tant de droits en un jour violez,
Sans que de deux amants au Tyran immolez,
Il te reste aucun fruit que la honte & la rage
Qu'un remords inutile allume en ton courage.
Euphorbe, c'eft l'effet de tes lâches confeils,
Mais que peut-on attendre enfin de tes pareils?
Iamais un Affranchy n'eft qu'un esclave infame,
Bien qu'il change d'état il ne change point d'ame;

TRAGEDIE.

La tienne encor servile avec la liberté
N'a pû prendre un rayon de generosité.
Tu m'as fait relever une injuste puissance,
Tu m'as fait démentir l'honneur de ma naissance,
Mon cœur te resistoit, & tu l'as combatu
Iusqu'à ce que ta fourbe ait souïllé sa vertu,
Il m'en coûte la vie, il m'en coûte la gloire,
Et j'ay tout merité pour t'avoir voulu croire.
Mais les Dieux permettront à mes ressentimens,
De te sacrifier aux yeux des deux amans,
Et j'ose m'asseurer qu'en dépit de mon crime
Mon sens leur servira d'assez pure victime,
Si dans le tien mon bras justement irrité
Peut laver le forfait de t'avoir écouté.

ACTE V.

SCENE PREMIERE.

AVGVSTE, CINNA.

AVG. RENS un siege, Cinna, prens, & sur toute chose
Observe exactement la loy que je t'impose,
Preste sans me troubler l'oreille à mes discours,
D'aucun mot, d'aucun cry n'en interromps le cours,
Tien ta langue captive, & si ce grand silence
A ton émotion fait quelque violence,
Tu pourras me répondre aprés tout à loisir,
Sur ce point seulement contente mon desir.
CIN. Ie vous obeïray, Seigneur ? AVG. Qu'il te souvienne
De garder ta parole, & je tiendray la mienne.
Tu vois le jour, Cinna, mais ceux dont tu le tiens
Furent les ennemis de mon pere, & les miens,
Au milieu de leur camp tu receus la naissance,
Et lors qu'aprés leur mort tu vins en ma puissance,
Leur haine enracinée au milieu de ton sein,
T'avoit mis contre moy les armes à la main,

Tu fus mon ennemy mesme avant que de naistre,
Et tu le fus encor quand tu me pûs connoistre,
Et l'inclination jamais n'a démenty
Ce sang qui t'avoit fait du contraire party.
Autant que tu l'as pû, les effets l'ont suivie,
Ie ne m'en suis vangé qu'en te donnant la vie:
Ie te fis prisonnier pour te combler de biens,
Ma Cour fut ta prison, mes faveurs tes liens,
Ie te restituay d'abord ton patrimoine,
Ie t'enrichis après des dépoüilles d'Antoine,
Et tu sçais que depuis à chaque occasion
Ie suis tombé pour toy dans la profusion.
Toutes les Dignitez que tu m'as demandées,
Ie te les ay sur l'heure & sans peine accordées;
Ie t'ay préferé mesme à ceux dont les parens
Ont jadis dans mon camp tenu les premiers rangs,
A ceux qui de leur sang m'ont acheté l'Empire,
Et qui m'ont conservé le jour que je respire;
De la façon enfin qu'avec toy j'ay vécu
Les vainqueurs sont jaloux du bonheur du vaincu.
Quand le Ciel me voulut, en rappellant Mecéne,
Après tant de faveur montrer un peu de haine,
Ie te donnay sa place en ce triste accident,
Et te fis après luy mon plus cher confident.
Aujourd'huy mesme encor, mon ame irresoluë
Me pressant de quitter ma puissance absoluë,
De Maxime & de toy j'ay pris les seuls avis,
Et ce font malgré-luy les tiens que j'ay suivis.
Bien plus, ce mesme jour je te donne Æmilie,
Le digne objet des vœux de toute l'Italie,
Et qu'ont mise si haut mon amour & mes soins,
Qu'en te couronnant Roy je t'aurois donné moins.
Tu t'en souviens, Cinna, tant d'heur & tant de gloire
Ne peuvent pas si-tost sortir de ta memoire,
Mais ce qu'on ne pourroit jamais s'imaginer,
Cinna, tu t'en souviens, & veux m'assassiner.
CIN. Moy, Seigneur, moy que j'eusse une ame si traistresse!
Qu'un si lasche dessein.... *AVG.* Tu tiens mal ta promesse,
Sieds-toy, je n'ay pas dit encor ce que je veux,
Tu te justifiras après, si tu le peux,
Ecoute cependant, & tien mieux ta parole.
Tu veux m'assassiner, demain, au Capitole,

TRAGEDIE.

Pendant le sacrifice, & ta main pour signal
Me doit au lieu d'encens donner le coup fatal:
La moitié de tes gens doit occuper la porte,
L'autre moitié te suivre & te préter main forte.
Ay-je de bons avis, ou de mauvais soupçons,
De tous ces meurtriers te diray-je les noms?
Procule, Glabrion, Virginian, Rutile,
Marcel, Plaute, Lenas, Pompone, Albin, Icile,
Maxime qu'après toy j'avois le plus aimé;
Le reste ne vaut pas l'honneur d'estre nommé,
Vn tas d'hommes perdus de debtes & de crimes,
Que presse de mes loix les ordres legitimes,
Et qui desesperant de les plus éviter,
Si tout n'est renversé, ne sçauroient subsister.

 Tu te tais maintenant, & gardes le silence
Plus par confusion que par obeïssance.
Quel étoit ton dessein, & que prétendois-tu
Aprés m'avoir au Temple à tes pieds abatu?
Affranchir ton païs d'un pouvoir Monarchique?
Si j'ay bien entendu tantost ta Politique,
Son salut deformais dépend d'un Souverain
Qui pour tout conserver tienne tout en sa main,
Et si sa liberté te faisoit entreprendre
Tu ne m'eusses jamais empesché de la rendre,
Tu l'aurois acceptée au nom de tout l'Etat
Sans vouloir l'acquerir par un assassinat.
Quel étoit donc ton but? d'y regner en ma place?
D'un étrange malheur son Destin le menace,
Si pour monter au Trosne & luy donner la loy
Tu ne trouves dans Rome autre obstacle que moy,
Si jusques à ce point son sort est déplorable
Que tu sois après moy le plus considerable,
Et que ce grand fardeau de l'Empire Romain
Ne puisse après ma mort tomber mieux qu'en ta main.

 Apprens à te connoistre, & descens en toy-mesme,
On t'honore dans Rome, on te courtise, on t'aime,
Chacun tremble sous toy, chacun t'offre des vœux,
Ta fortune est bien haut, tu peux ce que tu veux,
Mais tu ferois pitié, mesme à ceux qu'elle irrite,
Si je t'abandonnois à ton peu de merite.
Ose me démentir, dy-moy ce que tu vaux,
Conte-moy tes vertus, tes glorieux travaux,

Les rares qualitez par où tu m'as deû plaire,
Et tout ce qui t'éleve au deſſus du vulgaire.
Ma faveur fait ta gloire, & ton pouvoir en vient,
Elle ſeule t'éleve, & ſeule te ſoûtient,
C'eſt elle qu'on adore, & non-pas ta perſonne,
Tu n'as credit ny rang qu'autant qu'elle t'en donne,
Et pour te faire choir je n'aurois aujourd'huy
Qu'à retirer la main qui ſeule eſt ton appuy.
I'aime mieux toutefois céder à ton envie,
Regne, ſi tu le peux, aux dépens de ma vie.
Mais oſes-tu penſer que les Serviliens,
Les Coſſes, les Metels, les Pauls, les Fabiens,
Et tant d'autres enfin de qui les grands courages
Des Heros de leur ſang ſont les vives images,
Quittent le noble orgueil d'un ſang ſi genereux
Iuſqu'à pouvoir ſouffrir que tu regnes ſur eux?
Parle, parle, il eſt temps. *CIN.* Ié demeure ſtupide,
Non que voſtre colere ou la mort m'intimide,
Ie voy qu'on m'a trahy, vous m'y voyez reſver,
Et j'en cherche l'autheur ſans le pouvoir trouver.
Mais c'eſt trop y tenir toute l'ame occupée.
Seigneur, je ſuis Romain, & du ſang de Pompée,
Le pere & les deux fils laſchement égorgez
Par la mort de Céſar étoient trop peu vangez.
C'eſt là d'un beau deſſein l'illuſtre & ſeule cauſe,
Et puiſqu'à vos rigueurs la trahiſon m'expoſe,
N'attendez point de moy d'infames repentirs,
D'inutiles regrets, ny de honteux ſoûpirs.
Le Sort vous eſt propice autant qu'il m'eſt contraire,
Ie ſçay ce que j'ay fait, & ce qu'il vous faut faire,
Vous devez un exemple à la poſterité,
Et mon trépas importe à voſtre ſeureté.
AVG. Tu me braves, Cinna, tu fais le magnanime,
Et loin de t'excuſer tu couronnes ton crime;
Voyons ſi ta conſtance ira juſques au bout.
Tu ſçais ce qui t'eſt deû, tu vois que je ſçay tout,
Fay ton Arreſt toy-meſme, & choiſy tes ſupplices.

SCENE II.

AVGVSTE, LIVIE, CINNA, ÆMILIE, FVLVIE.

LIV. Vous ne connoissez pas encor tous les complices,
Vostre Æmilie en est, Seigneur, & la voicy.
CIN. C'est elle mesme, ô Dieux! *AVG.* Et toy, ma fille, aussi!
ÆMI. Ouy, tout ce qu'il a fait, il l'a fait pour me plaire,
Et j'en étois, Seigneur, la cause, & le salaire.
AVG. Quoy! l'amour qu'en ton cœur j'ay fait naistre aujourd'huy
T'emporte-t'il déja jusqu'à mourir pour luy?
Ton ame à ces transports un peu trop s'abandonne,
Et c'est trop tost aimer l'amant que je te donne.
ÆMI. Cet amour qui m'expose à vos ressentimens
N'est point le prompt effet de vos commandemens,
Ces flames dans nos cœurs sans vostre ordre étoient nées,
Et ce sont des secrets de plus de quatre années.
Mais quoy que je l'aimasse, & qu'il bruslast pour moy,
Vne haine plus forte à tous deux fit la loy:
Ie ne voulus jamais luy donner d'esperance
Qu'il ne m'eust de mon pere asseuré la vangeance.
Ie la luy fis jurer, il chercha des amis;
Le Ciel rompt le succès que je m'étois promis,
Et je vous viens, Seigneur, offrir une victime;
Non pour sauver sa vie en me chargeant du crime,
Son trépas est trop juste après son attentat,
Et toute excuse est vaine en un crime d'Etat:
Mourir en sa presence, & rejoindre mon pere,
C'est tout ce qui m'améne, & tout ce que j'espere.
AVG. Iusques à quand, ô Ciel, & par quelle raison
Prendrez-vous contre moy des traits dans ma maison?
Pour ses débordemens j'en ay chassé Iulie,
Mon amour en sa place a fait choix d'Æmilie,
Et je la voy comme elle indigne de ce rang,
L'une m'ostoit l'honneur, l'autre a soif de mon sang,
Et prenant toutes deux leur passion pour guide,
L'une fut impudique, & l'autre est parricide.
O ma fille, est-ce-là le prix de mes bien-faits?
ÆMI. Mon pere l'eut pareil de ceux qu'il vous a faits.

AVG. Songe avec quel amour j'élevay ta jeuneſſe.
ÆMI. Il éleva la voſtre avec meſme tendreſſe,
　Il fut voſtre tuteur, & vous ſon aſſaſſin,
　Et vous m'avez au crime enſeigné le chemin.
　Le mien d'avec le voſtre en ce point ſeul differe,
　Que voſtre ambition s'eſt immolé mon pere,
　Et qu'un juſte couroux dont je me ſens bruſler
　A ſon ſang innocent vouloit vous immoler.
LIV. C'en eſt trop, Æmilie, arréte, & conſidere
　Qu'il t'a trop bien payé les bienfaits de ton pere:
　Sa mort dont la memoire allume ta fureur,
　Fut un crime d'Octave, & non de l'Empereur.
　　Tous ces crimes d'Etat qu'on fait pour la Couronne,
　Le Ciel nous en abſout alors qu'il nous la donne,
　Et dans le ſacré rang où ſa faveur l'a mis,
　Le paſſé devient juſte, & l'avenir permis.
　Qui peut y parvenir ne peut eſtre coupable,
　Quoy qu'il ait fait, ou faſſe, il eſt inviolable,
　Nous luy devons nos biens, nos jours ſont en ſa main,
　Et jamais on n'a droit ſur ceux du Souverain.
ÆMI. Auſſi dans le diſcours que vous venez d'entendre,
　Ie parlois pour l'aigrir, & non pour me défendre.
　Puniſſez-donc, Seigneur, ces criminels appas,
　Qui de vos favoris font d'illuſtres ingrats,
　Tranchez mes triſtes jours pour aſſeurer les voſtres,
　Si j'ay ſeduit Cinna, j'en ſeduiray bien d'autres,
　Et je ſuis plus à craindre, & vous plus en danger,
　Si j'ay l'amour enſemble, & le ſang à vanger.
CIN. Que vous m'ayez ſeduit, & que je ſouffre encore
　D'eſtre deshonoré par celle que j'adore!
　Seigneur, la verité doit icy s'exprimer,
　I'avois fait ce deſſein avant que de l'aimer.
　A mes plus ſaints deſirs la trouvant inflexible,
　Ie creus qu'à d'autres ſoins elle ſeroit ſenſible,
　Ie parlay de ſon pere & de voſtre rigueur,
　Et l'offre de mon bras ſuivit celle du cœur.
　Que la vangeance eſt douce à l'eſprit d'une femme!
　Ie l'attaquay par là, par là je pris ſon ame,
　Dans mon peu de merite elle me negligeoit,
　Et ne pût negliger le bras qui la vangeoit.
　Elle n'a conſpiré que par mon artifice,
　I'en ſuis le ſeul autheur, elle n'eſt que complice.

ÆMI. Cinna, qu'oses-tu dire? est-ce-là me cherir,
Que de m'oster l'honneur quand il me faut mourir?
CIN. Mourez, mais en mourant ne soüillez point ma gloire.
ÆMI. La mienne se flestrit, si Cesar te veut croire.
CIN. Et la mienne se perd, si vous tirez à vous
Toute celle qui suit de si genereux coups.
ÆMI. Et bien, prens-en ta part & me laisse la mienne,
Ce seroit l'affoiblir que d'affoiblir la tienne,
La gloire & le plaisir, la honte & les tourmens,
Tout doit estre commun entre de vrais amans.
Nos deux ames, Seigneur, sont deux ames Romaines,
Vnissant nos desirs nous unismes nos haines.
De nos parens perdus le vif ressentiment
Nous apprit nos devoirs en un mesme moment,
En ce noble dessein nos cœurs se rencontrerent,
Nos esprits genereux ensemble le formerent,
Ensemble nous cherchons l'honneur d'un beau trépas,
Vous vouliez nous unir, ne nous separez pas.
AVG. Ouy, je vous uniray, couple ingrat & perfide,
Et plus mon ennemy qu'Antoine, ny Lepide,
Ouy, je vous uniray puisque vous le voulez;
Il faut bien satisfaire aux feux dont vous bruslez,
Et que tout l'Vnivers, sçachant ce qui m'anime,
S'étonne du supplice, aussi-bien que du crime.

SCENE III.

AVGVSTE, LIVIE, CINNA, MAXIME,
ÆMILIE, FVLVIE.

AVG. Mais enfin le Ciel m'aime, & ses bien-faits nouveaux
Ont enlevé Maxime à la fureur des eaux.
Approche, seul amy que j'éprouve fidelle.
MAX. Honorez moins, Seigneur, une ame criminelle.
AVG. Ne parlons plus de crime aprés ton repentir,
Aprés que du peril tu m'as sçeu garantir,
C'est à toy que je dois & le jour, & l'Empire.
MAX. De tous vos ennemis connoissez mieux le pire.
Si vous regnez encor, Seigneur, si vous vivez,
C'est ma jalouse rage à qui vous le devez.

Vn vertueux remords n'a point touché mon ame,
Pour perdre mon rival j'ay découvert sa trame;
Euphorbe vous a feint que je m'étois noyé
De crainte qu'après moy vous n'eussiez envoyé.
Ie voulois avoir lieu d'abuser Æmilie,
Effrayer son esprit, la tirer d'Italie,
Et pensois la resoudre à cet enlevement
Sous l'espoir du retour pour vanger son amant;
Mais au lieu de gouster ces grossieres amorces,
Sa vertu combatuë a redoublé ses forces,
Elle a leu dans mon cœur. Vous sçavez le surplus,
Et je vous en ferois des recits superflus,
Vous voyez le succès de mon lasche artifice:
Si pourtant quelque grace est deuë à mon indice,
Faites perir Euphorbe au milieu des tourments,
Et souffrez que je meure aux yeux de ces amants.
I'ay trahy mon amy, ma Maîtresse, mon Maistre,
Ma gloire, mon païs par l'avis de ce traistre,
Et croiray toutefois mon bonheur infiny,
Si je puis m'en punir après l'avoir puny.

AVG. En est-ce assez, ô Ciel, & le Sort pour me nuire
A-t'il quelqu'un des miens qu'il veüille encor seduire?
Qu'il joigne à ses efforts le secours des Enfers,
Ie suis maistre de moy comme de l'Vnivers:
Ie le suis, je veux l'estre. O Siecles, ô Memoire,
Conservez à jamais ma derniere victoire,
Ie triomphe aujourd'huy du plus juste couroux
De qui le souvenir puisse aller jusqu'à vous.
    Soyons amis, Cinna, c'est moy qui t'en convie,
Comme à mon ennemy je t'ay donné la vie,
Et malgré la fureur de ton lasche destin,
Ie te la donne encor comme à mon assassin.
Commençons un combat qui montre par l'issuë
Qui l'aura mieux de nous, ou donnée, ou receuë.
Tu trahis mes bien-faits, je les veux redoubler,
Ie t'en avois comblé, je t'en veux accabler.
Avec cette beauté que je t'avois donnée
Reçoy le Consulat pour la prochaine année.
    Aime Cinna, ma fille, en cet illustre rang,
Préferes-en la pourpre à celle de mon sang,
Apprens sur mon exemple à vaincre ta colere,
Te rendant un époux je te rends plus qu'un pere.

ÆMI. Et je me rens, Seigneur, à ces hautes bontez,
Ie recouvre la veuë auprès de leurs clartez,
Ie connoy mon forfait qui me sembloit justice,
Et ce que n'avoit pû la terreur du supplice,
Ie sens naistre en mon ame un repentir puissant,
Et mon cœur en secret me dit qu'il y consent.
    Le Ciel a resolu vostre grandeur supresme,
Et pour preuve, Seigneur, je n'en veux que moy-mesme;
I'ose avec vanité me donner cet éclat,
Puisqu'il change mon cœur, qu'il veut changer l'Etat.
Ma haine va mourir que j'ay creuë immortelle,
Elle est morte, & ce cœur devient Sujet fidelle,
Et prenant desormais cette haine en horreur,
L'ardeur de vous servir succede à sa fureur.
CIN. Seigneur, que vous diray-je après que nos offenses
Au lieu de châtimens trouvent des recompenses?
O vertu sans exemple! ô clemence, qui rend
Vostre pouvoir plus juste, & mon crime plus grand!
AVG. Cesse d'en retarder un oubly magnanime,
Et tous deux avec moy faites grace à Maxime,
Il nous a trahis tous, mais ce qu'il a commis
Vous conserve innocens, & me rend mes amis.
ᵃReprens auprès de moy ta place accoûtumée,   ᵃ *A Maxime.*
Rentre dans ton credit, & dans ta renommée,
Qu'Euphorbe de tous trois ait sa grace à son tour,
Et que demain l'Hymen couronne leur amour.
Si tu l'aimes encor, ce sera ton supplice.
MAX. Ie n'en murmure point, il a trop de justice,
Et je suis plus confus, Seigneur, de vos bontez,
Que je ne suis jaloux du bien que vous m'ostez.
CIN. Souffrez que ma vertu dans mon cœur rappellée
Vous consacre une foy laschement violée,
Mais si ferme à present, si loin de chanceler,
Que la chûte du Ciel ne pourroit l'ébranler.
    Puisse le grand moteur des belles Destinées
Pour prolonger vos jours retrancher nos années,
Et moy, par un bon-heur dont chacun soit jaloux,
Perdre pour vous cent fois ce que ie tiens de vous.
LIV. Ce n'est pas tout, Seigneur, une celeste flame
D'un rayon Prophetique illumine mon ame.
Oyez ce que les Dieux vous font sçavoir par moy,
De vostre heureux Destin c'est l'immuable loy.

Après cette action vous n'avez rien à craindre,
On portera le joug deformais fans fe plaindre,
Et les plus indomptez renverfant leurs projets
Mettront toute leur gloire à mourir vos Sujets.
Aucun lafche deffein, aucune ingrate envie
N'attaquera le cours d'une fi belle vie,
Iamais plus d'affaffins, ny de conspirateurs;
Vous avez trouvé l'art d'eftre maiftre des cœurs.
Rome avec une joye, & fenfible, & profonde,
Se démet en vos mains de l'Empire du Monde,
Vos Royales vertus luy vont trop enfeigner
Que fon bonheur confifte à vous faire regner.
D'une fi longue erreur pleinement affranchie
Elle n'a plus de vœux que pour la Monarchie,
Vous prépare déja des Temples, des Autels,
Et le Ciel une place entre les Immortels,
Et la posterité dans toutes les Provinces
Donnera voftre exemple aux plus genereux Princes.
AVG. I'en accepte l'augure, & j'ofe l'esperer,
    Ainfi toûjours les Dieux vous daignent infpirer.
        Qu'on redouble demain les heureux facrifices
Que nous leur offrirons fous de meilleurs auspices,
Et que vos conjurez entendent publier,
Qu'Auguste a tout appris, & veut tout oublier.

F I N.

POLYEVCTE
MARTYR,
TRAGEDIE CHRETIENNE.

ACTEVRS

FELIX, Senateur Romain, Gouverneur d'Armenie.

POLYEVCTE, Seigneur d'Armenie, gendre de Felix.

SEVERE, Chevalier Romain, Favory de l'Empereur.

NEARQVE, Seigneur Armenien, amy de Polyeucte.

PAVLINE, Fille de Felix, & Femme de Polyeucte.

STRATONICE, Confidente de Pauline.

ALBIN, Confident de Felix.

FABIAN, Domestique de Severe.

CLEON, Domestique de Felix.

TROIS GARDES.

La Scene est à Melitene capitale d'Armenie, dans le Palais de Felix.

POLYEVCTE
MARTYR,
TRAGEDIE CHRETIENNE.

ACTE I.

SCENE PREMIERE.

POLYEVCTE, NEARQVE.

NEA. QVOY? vous vous arrétez aux songes
  d'une femme!
De si foibles sujets troublent cette gran-
  de ame!
Et ce cœur tant de fois dans la guerre
  éprouvé
S'alarme d'un peril qu'une femme a
  resvé!
POL. Ie sçay ce qu'est un songe, & le peu de croyance
 Qu'un homme doit donner à son extravagance,
 Qui d'un amas confus des vapeurs de la nuit
 Forme de vains objets que le réveil détruit.
 Mais vous ne sçavez pas ce que c'est qu'une femme,
 Vous ignorez quels droits elle a sur toute l'ame,
 Quand aprés un long temps qu'elle a sçeu nous charmer
 Les flambeaux de l'Hymen viennent de s'allumer.
 Pauline sans raison dans la douleur plongée
 Craint & croit déja voir ma mort qu'elle a songée,

Tome I.   Eeee

Elle oppofe fes pleurs au deffein que je fais,
Et tafche à m'empefcher de fortir du Palais;
Ie méprife fa crainte, & je céde à fes larmes,
Elle me fait pitié fans me donner d'alarmes,
Et mon cœur attendry fans eftre intimidé
N'ofe déplaire aux yeux dont il eft poffedé.
L'occafion, Nearque, eft-elle fi preffante,
Qu'il faille eftre infenfible aux foûpirs d'une amante?
Par un peu de remife épargnons fon ennuy,
Pour faire en plein repos ce qu'il trouble aujourd'huy.

NEA. Avez-vous cependant une pleine affeurance
D'avoir affez de vie, ou de perfeverance,
Et Dieu qui tient voftre ame, & vos jours dans fa main,
Promet-il à vos vœux de le pouvoir demain?
Il eft toûjours tout jufte & tout bon, mais fa grace
Ne defcend pas toûjours avec mefme efficace:
Aprés certains momens que perdent nos longueurs
Elle quitte ces traits qui penetrent les cœurs,
Le noftre s'endurcit, la repouffe, l'égare,
Le bras qui la verfoit en devient plus avare,
Et cette fainte ardeur qui doit porter au bien
Tombe plus rarement, ou n'opere plus rien.
Celle qui vous preffoit de courir au Baptefme
Languiffante déja, ceffe d'eftre la mefme,
Et pour quelques foûpirs qu'on vous a fait oüir,
Sa flame fe diffipe, & va s'évanoüir.

POL. Vous me connoiffez mal, la mefme ardeur me brufle,
Et le defir s'accroift quand l'effet fe recule.
Ces pleurs que je regarde avec un œil d'époux
Me laiffent dans le cœur auffi Chrétien que vous;
Mais pour en recevoir le facré caractere
Qui lave nos forfaits dans une eau falutaire,
Et qui purgeant noftre ame, & deffillant nos yeux,
Nous rend le premier droit que nous avions aux Cieux,
Bien que je le préfere aux grandeurs d'un Empire,
Comme le bien fupreime & le feul où j'afpire,
Ie croy, pour fatisfaire un jufte & faint amour,
Pouvoir un peu remettre, & differer d'un jour.

NEA. Ainfi du genre humain l'ennemy vous abufe,
Ce qu'il ne peüt de force, il l'entreprend de rufe.
Ialoux des bons deffeins qu'il tafche d'ébranler,
Quand il ne les peut rompre, il pouffe à reculer:

D'obstacle fur obstacle il va troubler le voſtre,
Aujourd'huy par des pleurs, chaque jour par quelqu'autre ;
Et ce ſonge remply de noires viſions
N'eſt que le coup d'eſſay de ſes illuſions.
Il met tout en uſage, & priere, & menace,
Il attaque toûjours, & jamais ne ſe laſſe,
Il croit pouvoir enfin ce qu'encor il n'a pû,
Et que ce qu'on differe eſt à demy rompu.
   Rompez ſes premiers coups, laiſſez pleurer Pauline,
Dieu ne veut point d'un cœur où le Monde domine,
Qui regarde en arriere, & douteux en ſon choix,
Lors que ſa voix l'appelle, écoute une autre voix.
POL. Pour ſe donner à luy faut-il n'aimer perſonne ?
NEA. Nous pouvons tout aimer, il le ſouffre, il l'ordonne,
Mais à vous dire tout, ce Seigneur des Seigneurs
Veut le premier amour, & les premiers honneurs.
Comme rien n'eſt égal à ſa grandeur ſupreſme,
Il faut ne rien aimer qu'aprés luy, qu'en luy-meſme,
Negliger pour luy plaire, & femme, & biens, & rang,
Expoſer pour ſa gloire, & verſer tout ſon ſang :
Mais que vous étes loin de cette amour parfaite
Qui vous eſt neceſſaire, & que je vous ſouhaite !
Ie ne puis vous parler que les larmes aux yeux,
Polyeucte, aujourd'huy qu'on nous hait en tous lieux,
Qu'on croit ſervir l'Etat quand on nous perſecute,
Qu'aux plus aſpres tourmens un Chrétien eſt en butte,
Comment en pourrez-vous ſurmonter les douleurs,
Si vous ne pouvez pas reſiſter à des pleurs ?
POL. Vous ne m'étonnez point, la pitié qui me bleſſe
Sied bien aux plus grands cœurs, & n'a point de foibleſſe.
Sur mes pareils, Nearque, un bel œil eſt bien fort,
Tel craint de le faſcher qui ne craint pas la mort,
Et s'il faut affronter les plus cruels ſupplices,
Y trouver des appas, en faire mes delices,
Voſtre Dieu, que je n'oſe encor nommer le mien,
M'en donnera la force en me faiſant Chrétien.
NE. Haſtez-vous donc de l'eſtre. PO. Ouy, j'y cours, cher Nearque,
Ie bruſle d'en porter la glorieuſe marque,
Mais Pauline s'afflige, & ne peut conſentir,
Tant ce ſonge la trouble, à me laiſſer ſortir.
NEA. Voſtre retour pour elle en aura plus de charmes,
Dans une heure au plus tard vous eſſuïrez ſes larmes,

Eeee ij

Et l'heur de vous revoir luy semblera plus doux,
Plus elle aura pleuré pour un si cher époux.
Allons, on nous attend. *POL.* Appaisez donc sa crainte,
Et calmez la douleur dont son ame est atteinte.
Elle revient. *NEA.* Fuyez. *POL.* Ie ne puis. *NEA.* Il le faut,
Fuyez un ennemy qui sçait vostre defaut,
Qui le trouve aisément, qui blesse par la veuë,
Et dont le coup mortel vous plaist quand il vous tuë.

SCENE II.

POLYEVCTE, NEARQVE, PAVLINE,
STRATONICE.

POL. FVyons, puisqu'il le faut. Adieu, Pauline, Adieu,
Dans une heure au plus tard je reviens en ce lieu.
PAV. Quel sujet si pressant à sortir vous convie?
Y va-t'il de l'honneur? y va-t'il de la vie?
POL. Il y va de bien plus. *PAV.* Quel est donc ce secret?
POL. Vous le sçaurez un jour, je vous quitte à regret,
Mais enfin il le faut. *PAV.* Vous m'aimez? *POL.* Ie vous aime,
Le Ciel m'en soit témoin, cent fois plus que moy-mesme,
Mais.... *PAV.* Mais mon déplaisir ne vous peut émouvoir!
Vous avez des secrets que je ne puis sçavoir!
Quelle preuve d'amour! au nom de l'Hymenée
Donnez à mes soûpirs cette seule journée.
POL. Vn songe vous fait peur! *PAV.* Ses présages sont vains,
Ie le sçay, mais enfin je vous aime, & je crains.
POL. Ne craignez rien de mal pour une heure d'absence,
Adieu, vos pleurs sur moy prennent trop de puissance,
Ie sens déja mon cœur prest à se revolter,
Et ce n'est qu'en fuyant que j'y puis resister.

SCENE III.

PAVLINE, STRATONICE.

PAV. VA, neglige mes pleurs, cours, & te précipite
Au devant de la mort que les Dieux m'ont prédite,
Suy cet Agent fatal de tes mauvais Destins,
Qui peut-estre te livre aux mains des assassins.
Tu vois, ma Stratonice, en quel siecle nous sommes,
Voilà nostre pouvoir sur les esprits des hommes,
Voilà ce qui nous reste, & l'ordinaire effet
De l'amour qu'on nous offre, & des vœux qu'on nous fait.
Tant qu'ils ne sont qu'amans nous sommes souveraines,
Et jusqu'à la conqueste ils nous traitent de Reines,
Mais après l'Hymenée ils sont Rois à leur tour.
STR. Polyeucte pour vous ne manque point d'amour.
S'il ne vous traite icy d'entiere confidence,
S'il part malgré vos pleurs, c'est un trait de prudence,
Sans vous en affliger, présumez avec moy
Qu'il est plus à propos qu'il vous céle pourquoy,
Asseurez-vous sur luy qu'il en a juste cause.
Il est bon qu'un mary nous cache quelque chose,
Qu'il soit quelquefois libre, & ne s'abaisse pas
A nous rendre toûjours conte de tous ses pas.
On n'a tous deux qu'un cœur qui sent mesmes traverses,
Mais ce cœur a pourtant ses fonctions diverses,
Et la loy de l'Hymen qui vous tient assemblez
N'ordonne pas qu'il tremble alors que vous tremblez.
Ce qui fait vos frayeurs ne peut le mettre en peine,
Il est Armenien, & vous étes Romaine,
Et vous pouvez sçavoir que nos deux Nations
N'ont pas sur ce sujet mesmes impressions.
Vn songe en nostre esprit passe pour ridicule,
Il ne nous laisse espoir, ny crainte, ny scrupule,
Mais il passe dans Rome avec authorité
Pour fidelle miroir de la fatalité.
PAV. Quelque peu de credit qu'entre vous il obtienne,
Ie croy que ta frayeur égaleroit la mienne,
Si de telles horreurs t'avoient frapé l'esprit,
Si je t'en avois fait seulement le recit.

STR. A raconter ſes maux ſouvent on les ſoulage.
PAV. Ecoute, mais il faut te dire davantage,
Et que pour mieux comprendre un ſi triſte diſcours,
Tu ſçaches ma foibleſſe & mes autres amours.
Vne femme d'honneur peut avoüer ſans honte
Ces ſurpriſes des ſens que la raiſon ſurmonte,
Ce n'eſt qu'en ces aſſauts qu'éclate la vertu,
Et l'on doute d'un cœur qui n'a point combatu.

Dans Rome où je naſquis ce malheureux viſage
D'un Chevalier Romain captiva le courage,
Il s'appelloit Severe. Excuſe les ſoûpirs
Qu'arrache encor un nom trop cher à mes deſirs.
STR. Eſt-ce luy qui n'aguere aux dépens de ſa vie
Sauva des ennnemis voſtre Empereur Decie,
Qui leur tira mourant la victoire des mains,
Et fit tourner le Sort des Perſes aux Romains?
Luy qu'entre tant de morts immolez à ſon Maiſtre,
On ne pût rencontrer, ou du moins reconnoiſtre,
A qui Decie enfin pour des exploits ſi beaux
Fit ſi pompeuſement dreſſer de vains tombeaux?
PAV. Helas, c'étoit luy-meſme, & jamais noſtre Rome
N'a produit plus grand cœur, ny veu plus honneſte homme.
Puiſque tu le connois, je ne t'en diray rien,
Ie l'aimay, Stratonice, il le meritoit bien.
Mais que ſert le merite où manque la fortune?
L'un étoit grand en luy, l'autre foible & commune:
Trop invincible obſtacle, & dont trop rarement
Triomphe auprès d'un pere un vertueux amant.
STR. La digne occaſion d'une rare conſtance!
PAV. Dy plûtoſt d'une indigne & folle reſiſtance,
Quelque fruit qu'une fille en puiſſe recueïllir,
Ce n'eſt une vertu que pour qui veut faillir.

Parmy ce grand amour que j'avois pour Severe
I'attendois un époux de la main de mon pere.
Toûjours preſte à le prendre, & jamais ma raiſon
N'avoüa de mes yeux l'aimable trahiſon.
Il poſſedoit mon cœur, mes deſirs, ma penſée,
Ie ne luy cachois point combien j'étois bleſſée,
Nous ſoûpirions enſemble & pleurions nos malheurs,
Mais au lieu d'eſperance il n'avoit que des pleurs,
Et malgré des ſoûpirs ſi doux, ſi favorables,
Mon pere & mon devoir étoient inexorables.

Enfin je quittay Rome & ce parfait amant,
Pour suivre icy mon pere en son Gouvernement,
Et luy desesperé s'en alla dans l'Armée
Chercher d'un beau trépas l'illustre renommée.
Le reste, tu le sçais, mon abord en ces lieux
Me fit voir Polyeucte, & je plûs à ses yeux,
Et comme il est icy le Chef de la Noblesse,
Mon pere fut ravy qu'il me prist pour Maîtresse,
Et par son alliance il se creut asseuré
D'estre plus redoutable, & plus consideré.
Il approuva sa flame, & conclud l'Hymenée,
Et moy, comme à son lit je me vis destinée,
Ie donnay par devoir à son affection
Tout ce que l'autre avoit par inclination:
Si tu peux en douter, juge-le par la crainte
Dont en ce triste jour tu me vois l'ame atteinte.
STR. Elle fait assez voir à quel point vous l'aimez:
Mais quel songe aprés tout tient vos sens alarmez?
PAV. Ie l'ay veu cette nuit, ce malheureux Severe,
La vangeance à la main, l'œil ardent de colere.
Il n'étoit point couvert de ces tristes lambeaux,
Qu'une Ombre desolée emporte des tombeaux,
Il n'étoit point percé de ces coups pleins de gloire
Qui retranchant sa vie asseurent sa memoire,
Il sembloit triomphant, & tel que sur son char
Victorieux dans Rome entre nostre Cesar.
Aprés un peu d'effroy que m'a donné sa veuë,
Porte à qui tu voudras la faveur qui m'est duë,
Ingrate, m'a-t'il dit, *& ce jour expiré*
Pleure à loisir l'époux que tu m'as preferé.
A ces mots j'ay fremy, mon ame s'est troublée,
En suite, des Chrétiens une impie assemblée,
Pour avancer l'effet de ce discours fatal,
A jetté Polyeucte aux pieds de son rival.
Soudain à son secours j'ay reclamé mon pere,
Helas! c'est de tout point ce qui me desespere,
I'ay veu mon pere mesme un poignard à la main
Entrer le bras levé pour luy percer le sein.
Là ma douleur trop forte a brouillé ces images,
Le sang de Polyeucte a satisfait leurs rages,
Ie ne sçay, ny comment, ny quand ils l'ont tué,
Mais je sçay qu'à sa mort tous ont contribué.

Voilà quel est mon songe. *STR.* Il est vray qu'il est triste,
Mais il faut que vostre ame à ces frayeurs resiste,
La vision de soy peut faire quelque horreur,
Mais non-pas vous donner une juste terreur.
Pouvez-vous craindre un mort? pouvez-vous craindre un pere,
Qui cherit vostre époux, que vostre époux revere,
Et dont le juste choix vous a donnée à luy
Pour s'en faire en ces lieux un ferme & seur appuy?
PAV. Il m'en a dit autant, & rit de mes alarmes,
Mais je crains des Chrétiens les complots, & les charmes,
Et que sur mon époux leur troupeau ramassé
Ne vange tant de sang que mon pere a versé.
STR. Leur secte est insensée, impie, & sacrilége,
Et dans son sacrifice use de sortilege;
Mais sa fureur ne va qu'à briser nos Autels,
Elle n'en veut qu'aux Dieux, & non-pas aux Mortels.
Quelque severité que sur eux on déploye,
Ils souffrent sans murmure, & meurent avec joye,
Et depuis qu'on les traite en criminels d'Etat,
On ne peut les charger d'aucun assassinat.
PAV. Tais-toy, mon pere vient.

SCENE IV.

FELIX, ALBIN, PAVLINE, STRATONICE.

FEL. MA fille, que ton songe
En d'étranges frayeurs ainsi que toy me plonge!
Que j'en crains les effets qui semblent s'approcher!
PAV. Quelle subite alarme ainsi vous peut toucher?
FEL. Severe n'est point mort. *PAV.* Quel mal nous fait sa vie?
FEL. Il est le favory de l'Empereur Decie.
PAV. Après l'avoir sauvé des mains des ennemis,
L'espoir d'un si haut rang luy devenoit permis.
Le Destin aux grands cœurs si souvent mal propice
Se resout quelquefois à leur faire justice.
FEL. Il vient icy luy-mesme. *PAV.* Il vient! *FEL.* Tu le vas voir.
PAV. C'en est trop, mais comment le pouvez-vous sçavoir?
FEL. Albin l'a rencontré dans la proche campagne,
Vn gros de Courtisans en foule l'accompagne,
Et montre assez quel est son rang & son credit.
Mais, Albin, redy-luy ce que ses gens t'ont dit.

ALB. Vous

ALB. Vous sçavez quelle fut cette grande journée
Que sa perte pour nous rendit si fortunée,
Où l'Empereur captif par sa main dégagé
Rasseura son party déja découragé,
Tandis que sa vertu succomba sous le nombre :
Vous sçavez les honneurs qu'on fit faire à son Ombre,
Après qu'entre les morts on ne le pût trouver ;
Le Roy de Perse aussi l'avoit fait enlever.
Témoin de ses hauts faits, & de son grand courage,
Ce Monarque en voulut connoistre le visage,
On le mit dans sa Tente, où tout percé de coups,
Tout mort qu'il paroissoit, il fit mille jaloux.
Là bien-tost il montra quelque signe de vie,
Ce Prince genereux en eut l'ame ravie,
Et sa joye, en dépit de son dernier malheur,
Du bras qui le causoit honora la valeur.
Il en fit prendre soin, la cure en fut secrette,
Et comme au bout d'un mois sa santé fut parfaite,
Il offrit dignitez, alliance, tresors,
Et pour gagner Severe il fit cent vains efforts.
Aprés avoir comblé ses refus de loüange,
Il envoye à Decie en proposer l'échange,
Et soudain l'Empereur transporté de plaisir
Offre au Perse son frere, & cent Chefs à choisir.
Ainsi revint au camp le valeureux Severe
De sa haute vertu recevoir le salaire,
La faveur de Decie en fut le digne prix.
De nouveau l'on combat, & nous sommes surpris,
Ce malheur toutefois sert à croistre sa gloire,
Luy seul rétablit l'ordre, & gagne la victoire,
Mais si belle, & si pleine, & par tant de beaux faits,
Qu'on nous offre tribut, & nous faisons la paix.
L'Empereur qui luy montre une amour infinie,
Après ce grand succès l'envoye en Armenie,
Il vient en apporter la Nouvelle en ces lieux,
Et par un sacrifice en rendre hommage aux Dieux.
FEL. O Ciel ! en quel état ma fortune est reduite !
ALB. Voilà ce que j'ay sçeu d'un homme de sa suite,
Et j'ay couru, Seigneur, pour vous y disposer.
FEL. Ah, sans doute, ma fille, il vient pour t'épouser.
L'ordre d'un sacrifice est pour luy peu de chose,
C'est un pretexte faux dont l'amour est la cause.

PAV. Cela pourroit bien eſtre, il m'aimoit cherement.
FEL. Que ne permettra-t'il à ſon reſſentiment?
 Et juſques à quel point ne porte ſa vangeance
 Vne juſte colere avec tant de puiſſance?
 Il nous perdra, ma fille. *PAV.* Il eſt trop genereux.
FEL. Tu veux flater en vain un pere malheureux,
 Il nous perdra, ma fille. Ah, regret qui me tuë,
 De n'avoir pas aimé la vertu toute nuë!
 Ah, Pauline, en effet tu m'as trop obëy,
 Ton courage étoit bon, ton devoir l'a trahy,
 Que ta rebellion m'euſt été favorable!
 Qu'elle m'euſt garanty d'un état déplorable!
 Si quelque eſpoir me reſte, il n'eſt plus aujourd'huy
 Qu'en l'abſolu pouvoir qu'il te donnoit ſur luy:
 Ménage en ma faveur l'amour qui le poſſede,
 Et d'où provient mon mal fay ſortir le remede.
PAV. Moy! moy, que je revoye un ſi puiſſant vainqueur,
 Et m'expoſe à des yeux qui me percent le cœur!
 Mon pere, je ſuis femme, & je ſçay ma foibleſſe,
 Ie ſens déja mon cœur qui pour luy s'intereſſe,
 Et pouſſera ſans doute en dépit de ma foy
 Quelque ſoupir indigne, & de vous, & de moy,
 Ie ne le verray point. *FEL.* Raſſeure un peu ton ame.
PAV. Il eſt toûjours aimable, & je ſuis toûjours femme,
 Dans le pouvoir ſur moy que ſes regards ont eu,
 Ie n'oſe m'aſſeurer de toute ma vertu.
 Ie ne le verray point. *FEL.* Il faut le voir, ma fille,
 Ou tu trahis ton pere, & toute ta famille.
PAV. C'eſt à moy d'obeïr puiſque vous commandez,
 Mais voyez les perils où vous me hazardez.
FEL. Ta vertu m'eſt connuë. *PAV.* Elle vaincra ſans doute,
 Ce n'eſt pas le ſuccés que mon ame redoute,
 Ie crains ce dur combat & ces troubles puiſſans
 Que fait déja chez moy la revolte des ſens.
 Mais puiſqu'il faut combatre un ennemy que j'aime,
 Souffrez que je me puiſſe armer contre moy-meſme,
 Et qu'un peu de loiſir me prépare à le voir.
FEL. Iuſqu'au devant des murs je vay le recevoir,
 Rappelle cependant tes forces étonnées,
 Et ſonge qu'en tes mains tu tiens nos Deſtinées.
PAV. Ouy, je vay de nouveau dompter mes ſentimens,
 Pour ſervir de victime à vos commandemens.

ACTE II.

SCENE PREMIERE.

SEVERE, FABIAN.

SEV. Ependant que Felix donne ordre au sacrifice,
　　Pourray-je prendre un temps à mes vœux si propice,
　　Pourray-je voir Pauline, & rendre à ses beaux yeux
　　L'hommage souverain que l'on va rëdre aux Dieux?
　Ie ne t'ay point celé que c'est ce qui m'améne,
　Le reste est un pretexte à soulager ma peine,
　Ie viens sacrifier, mais c'est à ses beautez
　Que je viens immoler toutes mes volontez.
FAB. Vous la verrez, Seigneur. SEV. Ah, quel comble de joye!
　Cette chere beauté consent que je la voye!
　Mais ay-je sur son ame encor quelque pouvoir?
　Quelque reste d'amour s'y fait-il encor voir?
　Quel trouble, quel transport luy cause ma venuë?
　Puis-je tout esperer de cette heureuse veuë?
　Car je voudrois mourir plûtost que d'abuser
　Des lettres de faveur que j'ay pour l'épouser;
　Elles sont pour Felix, non pour triompher d'elle,
　Iamais à ses desirs mon cœur ne fut rebelle,
　Et si mon mauvais sort avoit changé le sien,
　Ie me vaincrois moy-mesme, & ne pretendrois rien.
FAB. Vous la verrez, c'est tout ce que je vous puis dire.
SEV. D'où vient que tu fremis, & que ton cœur soûpire?
　Ne m'aime-t'elle plus? éclaircy-moy ce point.
FAB. M'en croirez-vous, Seigneur? ne la revoyez point,
　Portez en lieu plus haut l'honneur de vos caresses,
　Vous trouverez à Rome assez d'autres Maîtresses,
　Et dans ce haut degré de puissance, & d'honneur,
　Les plus Grands y tiendront vostre amour à bonheur.
SEV. Qu'à des pensers si bas mon ame se ravale!
　Que je tienne Pauline à mon sort inégale!

Elle en a mieux uſé, je la dois imiter,
Ie n'aime mon bonheur que pour la meriter.
Voyons-la, Fabian, ton discours m'importune,
Allons mettre à ſes pieds cette haute fortune.
Ie l'ay dans les combats trouvée heureuſement
En cherchant une mort digne de ſon amant;
Ainſi ce rang eſt ſien, cette faveur eſt ſienne,
Et je n'ay rien enfin que d'elle je ne tienne.
FAB. Non, mais encor un coup ne la revoyez point.
SEV. Ah, c'en eſt trop, enfin éclaircy-moy ce point.
As-tu veu des froideurs quand tu l'en as priée?
FAB. Ie tremble à vous le dire, elle eſt... *SE.* Quoy? *FAB.* Mariée.
SEV. Soûtien-moy, Fabian, ce coup de foudre eſt grand,
Et frape d'autant plus que plus il me ſurprend.
FAB. Seigneur, qu'eſt devenu ce genereux courage?
SEV. La constance eſt icy d'un difficile uſage,
De pareils déplaiſirs accablent un grand cœur,
La vertu la plus maſle en perd toute vigueur,
Et quand d'un feu ſi beau les ames ſont épriſes,
La mort les trouble moins que de telles ſurpriſes.
Ie ne ſuis plus à moy quand j'entens ce discours.
Pauline eſt mariée! *FAB.* Ouy, depuis quinze jours,
Polyeucte, un Seigneur des premiers d'Armenie,
Gouſte de ſon Hymen la douceur infinie.
SEV. Ie ne la puis du moins blaſmer d'un mauvais choix,
Polyeucte a du nom, & ſort du ſang des Rois.
Foibles ſoulagemens d'un malheur ſans remede,
Pauline, je verray qu'un autre vous poſſede!
O Ciel, qui malgré moy me renvoyez au jour,
O Sort qui redonniez l'espoir à mon amour,
Reprenez la faveur que vous m'avez prétée,
Et rendez-moy la mort que vous m'avez oſtée.
Voyons-la toutefois, & dans ce triſte lieu
Achevons de mourir en luy diſant Adieu,
Que mon cœur chez les morts emportant ſon image,
De ſon dernier ſoûpir puiſſe luy faire hommage.
FAB. Seigneur, conſiderez.... *SEV.* Tout eſt conſideré,
Quel deſordre peut craindre un cœur deſeſperé?
N'y conſent-elle pas? *FA.* Ouy, Seigneur, mais.... *SE.* N'importe.
FAB. Cette vive douleur en deviendra plus forte.
SEV. Et ce n'eſt pas un mal que je veüille guerir,
Ie ne veux que la voir, ſoûpirer, & mourir.

TRAGEDIE.

FAB. Vous vous échaperez sans doute en sa presence,
Vn amant qui perd tout n'a plus de complaisance,
Dans un tel entretien il suit sa passion,
Et ne pousse qu'injure & qu'imprécation.
SEV. Iuge autrement de moy, mon respect dure encore,
Tout violent qu'il est, mon desespoir l'adore.
Quels reproches aussi peuvent m'estre permis?
Dequoy puis-je accuser qui ne m'a rien promis?
Elle n'est point parjure, elle n'est point legere,
Son devoir m'a trahy, mon malheur, & son pere.
Mais son devoir fut juste, & son pere eut raison,
I'impute à mon malheur toute la trahison,
Vn peu moins de fortune & plûtost arrivée
Eust gagné l'un par l'autre, & me l'eust conservée,
Trop heureux, mais trop tard; je n'ay pû l'acquerir,
Laisse-la moy donc voir, soûpirer, & mourir.
FAB. Ouy, je vay l'asseurer qu'en ce malheur extresme
Vous estes assez fort pour vous vaincre vous-mesme.
Elle a craint comme moy ces premiers mouvemens
Qu'une perte impréveuë arrache aux vrais amans,
Et dont la violence excite assez de trouble,
Sans que l'objet present l'irrite, & le redouble.
SEV. Fabian, je la voy. *FAB.* Seigneur, souvenez-vous....
SEV. Helas, elle aime un autre, un autre est son époux.

SCENE II.

SEVERE, PAVLINE, STRATONICE, FABIAN.

PAV. OVy, je l'aime, Severe, & n'en fais point d'excuse,
Que toute autre que moy vous flate & vous abuse,
Pauline a l'ame noble, & parle à cœur ouvert.
Le bruit de vostre mort n'est point ce qui vous perd.
Si le Ciel en mon choix eust mis mon Hymenée,
A vos seules vertus je me serois donnée,
Et toute la rigueur de vostre premier sort
Contre vostre merite eust fait un vain effort;
Ie découvrois en vous d'assez illustres marques,
Pour vous preferer mesme aux plus heureux Monarques.

Mais puisque mon devoir m'imposoit d'autres loix,
De quelque amant pour moy que mon pere eust fait choix,
Quand à ce grand pouvoir que la valeur vous donne
Vous auriez ajousté l'éclat d'une couronne,
Quand je vous aurois veu, quand je l'aurois haï,
I'en aurois soûpiré, mais j'aurois obeï,
Et sur mes passions ma raison souveraine
Eust blasmé mes soûpirs, & dissipé ma haine.
SEV. Que vous étes heureuse, & qu'un peu de soûpirs
Fait un aisé remede à tous vos déplaisirs!
Ainsi de vos desirs toûjours Reine absoluë,
Les plus grands changemens vous trouvent resoluë,
De la plus forte ardeur vous portez vos esprits
Iusqu'à l'indifference, & peut-estre au mépris,
Et vostre fermeté fait succeder sans peine
La faveur au dédain, & l'amour à la haine.
Qu'un peu de vostre humeur ou de vostre vertu
Soulageroit les maux de ce cœur abatu!
Vn soûpir, une larme à regret épanduë
M'auroit déja guery de vous avoir perduë,
Ma raison pourroit tout sur l'amour affoibly,
Et de l'indifference iroit jusqu'à l'oubly,
Et mon feu desormais se reglant sur le vostre,
Ie me tiendrois heureux entre les bras d'une autre.
O trop aimable objet qui m'avez trop charmé,
Est-ce là comme on aime, & m'avez-vous aimé?
PAV. Ie vous l'ay trop fait voir, Seigneur, & si mon ame
Pouvoit bien étouffer les restes de sa flâme,
Dieux, que j'éviterois de rigoureux tourmens!
Ma raison, il est vray, dompte mes sentimens,
Mais quelque authorité que sur eux elle ait prise,
Elle n'y regne pas, elle les tyrannise,
Et quoy que le dehors soit sans émotion,
Le dedans n'est que trouble, & que sedition.
Vn je ne sçay quel charme encor vers vous m'emporte,
Vostre merite est grand, si ma raison est forte;
Ie le vois encor tel qu'il alluma mes feux
D'autant plus puissamment solliciter mes vœux,
Qu'il est environné de puissance & de gloire,
Qu'en tous lieux après vous il traisne la victoire,
Que j'en sçay mieux le prix, & qu'il n'a point deceu
Le genereux espoir que j'en avois conceu.

TRAGEDIE.

Mais ce mefme devoir qui le vainquit dans Rome,
Et qui me range icy deffous les loix d'un homme,
Repouffe encor fi bien l'effort de tant d'appas,
Qu'il déchire mon ame, & ne l'ébranfle pas.
C'eft cette vertu mefme à nos defirs cruelle
Que vous loüiez alors en blafphemant contre elle,
Plaignez-vous-en encor, mais loüez fa rigueur
Qui triomphe à la fois de vous & de mon cœur,
Et voyez qu'un devoir moins ferme & moins fincere
N'auroit pas merité l'amour du grand Severe.
SEV. Ah, Madame, excufez une aveugle douleur
Qui ne connoit plus rien que l'excès du malheur;
Ie nommois inconftance, & prenois pour un crime
De ce jufte devoir l'effort le plus fublime.
De grace, montrez moins à mes fens defolez
La grandeur de ma perte, & ce que vous valez,
Et cachant par pitié cette vertu fi rare,
Qui redouble mes feux lors qu'elle nous fepare,
Faites voir des defauts, qui puiffent à leur tour
Affoiblir ma douleur avecque mon amour.
PAV. Helas! cette vertu, quoy qu'enfin invincible,
Ne laiffe que trop voir une ame trop fenfible.
Ces pleurs en font témoins, & ces lafches foupirs
Qu'arrachent de nos feux les cruels fouvenirs,
Trop rigoureux effets d'une aimable prefence,
Contre qui mon devoir a trop peu de défenfe.
Mais fi vous eftimez ce vertueux devoir,
Confervez-m'en la gloire, & ceffez de me voir.
Epargnez-moy des pleurs qui coulent à ma honte,
Epargnez-moy des feux qu'à regret je furmonte,
Enfin épargnez-moy ces triftes entretiens
Qui ne font qu'irriter vos tourmens, & les miens.
SEV. Que je me prive ainfi du feul bien qui me refte!
PAV. Sauvez-vous d'une veuë à tous les deux funefte.
SEV. Quel prix de mon amour! quel fruit de mes travaux!
PAV. C'eft le remede feul qui peut guerir nos maux.
SEV. Ie veux mourir des miens, aimez-en la memoire.
PAV. Ie veux guerir des miens, ils foüilleroient ma gloire.
SEV. Ah, puifque voftre gloire en prononce l'Arreft,
Il faut que ma douleur cede à fon intereft;
Il n'eft rien que fur moy cette gloire n'obtienne,
Elle me rend les foins que je dois à la mienne;

Adieu, je vay chercher au milieu des combats
Cette immortalité que donne un beau trépas,
Et remplir dignement par une mort pompeuse
De mes premiers exploits l'attente avantageuse,
Si toutefois après ce coup mortel du Sort
J'ay de la vie assez pour chercher une mort.
PAV. Et moy dont vostre veuë augmente le supplice,
Ie l'éviteray mesme en vostre sacrifice,
Et seule dans ma chambre enfermant mes regrets
Ie vay pour vous aux Dieux faire des vœux secrets.
SEV. Puisse le juste Ciel content de ma ruine
Combler d'heur & de jours Polyeucte, & Pauline.
PAV. Puisse trouver Severe après tant de malheur
Vne felicité digne de sa valeur.
SEV. Il la trouvoit en vous. *PAV.* Ie dépendois d'un pere.
SEV. O devoir qui me perd & qui me desespere!
Adieu, trop vertueux objet, & trop charmant.
PAV. Adieu, trop malheureux, & trop parfait amant.

SCENE III.

PAVLINE, STRATONICE.

STR. IE vous ay plaints tous deux, j'en verse encor des larmes;
Mais du moins vostre esprit est hors de ses alarmes,
Vous voyez clairement que vostre songe est vain;
Severe ne vient pas la vangeance à la main.
PAV. Laisse-moy respirer du moins si tu m'as plainte,
Au fort de ma douleur tu rappelles ma crainte,
Souffre un peu de relasche à mes esprits troublez,
Et ne m'accable point par des maux redoublez.
STR. Quoy, vous craignez encor! *PAV.* Ie tremble, Stratonice,
Et bien que je m'effraye avec peu de justice,
Cette injuste frayeur sans cesse reproduit
L'image des malheurs que j'ay veus cette nuit.
STR. Severe est genereux. *PAV.* Malgré sa retenuë
Polyeucte sanglant frape toûjours ma veuë.
STR. Vous voyez ce rival faire des vœux pour luy.
PAV. Ie croy mesme au besoin qu'il feroit son appuy,
Mais soit cette croyance, ou fausse, ou veritable,
Son sejour en ce lieu m'est toûjours redoutable;

A quoy

TRAGEDIE.

A quoy que sa vertu le puisse disposer,
Il est puissant, il m'aime, & vient pour m'épouser.

SCENE IV.

*POLYEVCTE, NEARQVE,
PAVLINE, STRATONICE.*

POL. C'Est trop verser de pleurs, il est temps qu'ils tarissent,
Que vostre douleur cesse, & vos craintes finissent,
Malgré les faux avis par vos Dieux envoyez
Ie suis vivant, Madame, & vous me revoyez.
PAV. Le jour est encor long, & ce qui plus m'effraye
La moitié de l'avis se trouve déja vraye,
I'ay creû Severe mort, & je le vois icy.
POL. Ie le sçay, mais enfin j'en prens peu de soucy,
Ie suis dans Meliténe, & quel que soit Severe,
Vostre pere y commande, & l'on m'y considere,
Et je ne pense pas qu'on puisse avec raison
D'un cœur tel que le sien craindre une trahison.
On m'avoit asseuré qu'il vous faisoit visite,
Et je venois luy rendre un honneur qu'il merite.
PAV. Il vient de me quitter assez triste & confus,
Mais j'ay gagné sur luy qu'il ne me verra plus.
POL. Quoy! vous me soupçonnez déja de quelque ombrage!
PAV. Ie ferois à tous trois un trop sensible outrage.
I'asseure mon repos que troublent ses regards,
La vertu la plus ferme évite les hazards,
Qui s'expose au peril veut bien trouver sa perte;
Et pour vous en parler avec une ame ouverte,
Depuis qu'un vray merite a pû nous enflamer,
Sa presence toûjours a droit de nous charmer.
Outre qu'on doit rougir de s'en laisser surprendre,
On souffre à resister, on souffre à s'en défendre,
Et bien que la vertu triomphe de ces feux,
La victoire est penible, & le combat honteux.
POL. O vertu trop parfaite, & devoir trop sincere!
Que vous devez coûter de regrets à Severe!
Qu'aux dépens d'un beau feu vous me rendez heureux,
Et que vous êtes doux à mon cœur amoureux;

Tome I. Gggg

Plus je voy mes defauts, & plus je vous contemple,
Plus j'admire....

SCENE V.

POLYEVCTE, PAVLINE, NEARQVE, SRATONICE, CLEON.

CLE. SEigneur, Felix vous mande au Temple,
La victime est choisie, & le peuple à genoux,
Et pour sacrifier on n'attend plus que vous.
POL. Va, nous allons te suivre. Y venez-vous, Madame?
PAV. Severe craint ma veuë, elle irrite sa flame,
Ie luy tiendray parole, & ne veux plus le voir.
Adieu, vous l'y verrez, pensez à son pouvoir,
Et ressouvenez-vous que sa faveur est grande.
POL. Allez, tout son credit n'a rien que j'apprehende,
Et comme je connoy sa generosité,
Nous ne nous combatrons que de civilité.

SCENE VI.

POLYEVCTE, NEARQVE.

NEA. OV pensez-vous aller? PO. Au Temple où l'on m'appelle.
N. Quoy? vous mesler aux vœux d'une troupe infidelle?
Oubliez-vous déja que vous étes Chrétien?
POL. Vous par qui je le suis, vous en souvient-il bien?
NEA. I'abhorre les faux Dieux. POL. Et moy, je les deteste.
NEA. Ie tiens leur culte impie. POL. Et je le tiens funeste.
NEA. Fuyez donc leurs Autels. POL. Ie les veux renverser,
Et mourir dans leur Temple, ou les y terrasser.
Allons, mon cher Nearque, allons aux yeux des hommes
Braver l'Idolatrie, & montrer qui nous sommes;
C'est l'attente du Ciel, il nous la faut remplir,
Ie viens de le promettre, & je vay l'accomplir.
Ie rens graces au Dieu que tu m'as fait connoistre
De cette occasion qu'il a si-tost fait naistre,
Où déja sa bonté preste à me couronner
Daigne éprouver la Foy qu'il vient de me donner.

TRAGEDIE. 603

NEA. Ce zéle est trop ardent, souffrez qu'il se modere.
POL. On n'en peut avoir trop pour le Dieu qu'on revere.
NEA. Vous trouverez la mort. *POL.* Ie la cherche pour luy.
NEA. Et si ce cœur s'ébranste? *POL.* Il sera mon appuy.
NEA. Il ne commande point que l'on s'y précipite.
POL. Plus elle est volontaire, & plus elle merite.
NEA. Il suffit, sans chercher, d'attendre & de souffrir.
POL. On souffre avec regret quand on n'ose s'offrir.
NEA. Mais dans ce Temple enfin la mort est asseurée.
POL. Mais dans le Ciel déja la palme est préparée.
NEA. Par une sainte vie il faut la meriter.
POL. Mes crimes en vivant me la pourroient oster,
 Pourquoy mettre au hazard ce que la mort asseure?
 Quand elle ouvre le Ciel, peut-elle sembler dure?
 Ie suis Chrétien, Nearque, & le suis tout à fait,
 La Foy que j'ay receuë aspire à son effet,
 Qui fuit croit laschement, & n'a qu'une Foy morte.
NEA. Ménagez vostre vie, à Dieu mesme elle importe,
 Vivez pour proteger les Chrétiens en ces lieux.
POL. L'exemple de ma mort les fortifira mieux.
NEA. Vous voulez donc mourir! *POL.* Vous aimez donc à vivre.
NEA. Ie ne puis déguiser que j'ay peine à vous suivre,
 Sous l'horreur des tourmens je crains de succomber.
POL. Qui marche asseurément n'a point peur de tomber,
 Dieu fait part au besoin de sa force infinie,
 Qui craint de le nier dans son ame le nie,
 Il croit le pouvoir faire, & doute de sa Foy.
NEA. Qui n'apprehende rien présume trop de soy.
POL. I'attens tout de sa grace, & rien de ma foiblesse,
 Mais loin de me presser, il faut que je vous presse,
 D'où vient cette froideur? *NEA.* Dieu mesme a craint la mort.
POL. Il s'est offert pourtant, suivons ce saint effort,
 Dressons-luy des Autels sur des monceaux d'Idoles.
 Il faut (je me souviens encor de vos paroles)
 Negliger pour luy plaire, & femme, & biens, & rang,
 Exposer pour sa gloire & verser tout son sang.
 Helas, qu'avez-vous fait de cette amour parfaite
 Que vous me souhaitiez, & que je vous souhaite?
 S'il vous en reste encor, n'étes-vous point jaloux
 Qu'à grand peine Chrétien j'en montre plus que vous?
NEA. Vous sortez du Baptesme, & ce qui vous anime
 C'est sa grace qu'en vous n'affoiblit aucun crime;

Gggg ij

Comme encor toute entiere, elle agit pleinement,
Et tout semble possible à son feu vehement.
Mais cette mesme grace en moy diminuée,
Et par mille péchez sans cesse extenuée,
Agit aux grands effets avec tant de langueur,
Que tout semble impossible à son peu de vigueur.
Cette indigne mollesse, & ces lasches défenses
Sont des punitions qu'attirent mes offenses;
Mais Dieu, dont on ne doit jamais se défier,
Me donne vostre exemple à me fortifier.
 Allons, cher Polyeucte, allons aux yeux des hommes
Braver l'Idolatrie, & montrer qui nous sommes;
Puissay-je vous donner l'exemple de souffrir,
Comme vous me donnez celuy de vous offrir.
POL. A cet heureux transport que le Ciel vous envoye,
Ie reconnoy Nearque, & j'en pleure de joye.
 Ne perdons plus de temps, le sacrifice est prest,
Allons-y du vray Dieu soûtenir l'interest,
Allons fouler aux pieds ce foudre ridicule
Dont arme un bois pourry ce peuple trop credule,
Allons en éclairer l'aveuglement fatal,
Allons briser ces Dieux de pierre & de metal,
Abandonnons nos jours à cette ardeur celeste,
Faisons triompher Dieu, qu'il dispose du reste.
NEA. Allons faire éclater sa gloire aux yeux de tous,
Et répondre avec zéle à ce qu'il veut de nous.

ACTE III.

SCENE PREMIERE.

PAVLINE.

Qve de soucis flotants! que de confus nuages
Presentent à mes yeux d'inconstantes images!
Douce tranquillité que je n'ose esperer,
Que ton divin rayon tarde à les éclairer!
Mille agitations que mes troubles produisent
Dans mon cœur ébranslé tour à tour se détruisent,
Aucun espoir n'y coule où j'ose persister,
Aucun effroy n'y regne où j'ose m'arréter;
Mon esprit embrassant tout ce qu'il s'imagine
Voit tantost mon bonheur, & tantost ma ruïne,
Et suit leur vaine idée avec si peu d'effet,
Qu'il ne peut esperer ny craindre tout-à-fait.
Severe incessamment broüille ma fantaisie,
J'espere en sa vertu, je crains sa jalousie,
Et je n'ose penser que d'un œil bien égal
Polyeucte en ces lieux puisse voir son rival.
Comme entre deux rivaux la haine est naturelle,
L'entreveuë aisément se termine en querelle;
L'un voit aux mains d'autruy ce qu'il croit meriter,
L'autre un desesperé qui peut trop attenter;
Quelque haute raison qui régle leur courage
L'un conçoit de l'envie, & l'autre de l'ombrage,
La honte d'un affront que chacun d'eux croit voir,
Ont de nouveau receuë, ou preste à recevoir,
Consumant dès l'abord toute leur patience,
Forme de la colere, & de la défiance,
Et saisissant ensemble, & l'époux, & l'amant,
En dépit d'eux les livre à leur ressentiment.
Mais que je me figure une étrange Chimere,
Et que je traite mal Polyeucte & Severe,

Comme si la vertu de ces fameux rivaux
Ne pouvoit s'affranchir de ces communs defauts!
Leurs ames à tous deux d'elles-mesmes maîtresses
Sont d'un ordre trop haut pour de telles bassesses,
Ils se verront au Temple en hommes genereux;
Mais las! ils se verront, & c'est beaucoup pour eux.
Que sert à mon époux d'estre dans Meliténe,
Si contre luy Severe arme l'Aigle Romaine,
Si mon pere y commande, & craint ce Favory,
Et se repent déja du choix de mon mary?
Si peu que j'ay d'espoir ne luit qu'avec contrainte,
En naissant il avorte, & fait place à la crainte,
Ce qui doit l'affermir sert à le dissiper;
Dieux, faites que ma peur puisse enfin se tromper.

SCENE II.

PAVLINE, STRATONICE.

PAV. Mais sçachons-en l'issuë. Et bien, ma Stratonice,
Comment s'est terminé ce pompeux sacrifice?
Ces rivaux genereux au Temple se sont veus?
STR. Ah! Pauline. PAV. Mes vœux ont-il esté deçeus?
I'en voy sur ton visage une mauvaise marque.
Se sont-ils querellez? STR. Polyeucte, Nearque,
Les Chrétiens.... PA. Parle donc, les Chrétiens? STR. Ie ne puis.
PAV. Tu prépares mon ame à d'étranges ennuis.
STR. Vous n'en sçauriez avoir une plus juste cause.
PAV. L'ont-ils assassiné? STR. Ce seroit peu de chose.
Tout vostre songe est vray, Polyeucte n'est plus...
PAV. Il est mort! STR. Non, il vit, mais (ô pleurs superflus)
Ce courage si grand, cette ame si divine
N'est plus digne du jour, ny digne de Pauline.
Ce n'est plus cet époux si charmant à vos yeux,
C'est l'ennemy commun de l'Etat & des Dieux,
Vn méchant, un infame, un rebelle, un perfide,
Vn traistre, un scelerat, un lasche, un parricide,
Vne peste execrable à tous les gens de bien,
Vn sacrilege impie, en un mot un Chrétien.
PAV. Ce mot auroit suffy sans ce torrent d'injures.
STR. Ces tiltres aux Chrétiens sont-ce des impostures?

PAV. Il est ce que tu dis s'il embrasse leur Foy,
Mais il est mon époux & tu parles à moy.
STR. Ne considerez plus que le Dieu qu'il adore.
PAV. Ie l'aimay par devoir, ce devoir dure encore.
STR. Il vous donne à present sujet de le haïr,
Qui trahit tous nos Dieux auroit pû vous trahir.
PAV. Ie l'aimerois encor quand il m'auroit trahie,
Et si de tant d'amour tu peux estre ébahie,
Apprens que mon devoir ne dépend point du sien,
Qu'il y manque, s'il veut, je dois faire le mien.
Quoy, s'il aimoit ailleurs, serois-je dispensée
A suivre à son exemple une ardeur insensée?
Quelque Chrétien qu'il soit, je n'en ay point d'horreur,
Ie cheris sa personne & je hay son erreur.
Mais quel ressentiment en témoigne mon pere?
STR. Vne secrette rage, un excès de colere,
Malgré qui toutefois un reste d'amitié
Montre pour Polyeucte encor quelque pitié,
Il ne veut point sur luy faire agir sa justice,
Que du traistre Nearque il n'ait veu le supplice.
PAV. Quoy! Nearque en est donc? *STR.* Nearque l'a seduit,
De leur vieille amitié c'est-là l'indigne fruit.
Ce perfide tantost en dépit de luy-mesme
L'arrachant de vos bras le traisnoit au Baptesme.
Voilà ce grand secret, & si mysterieux,
Que n'en pouvoit tirer vostre amour curieux.
PAV. Tu me blasmois alors d'estre trop importune.
STR. Ie ne prévoyois pas une telle infortune.
PAV. Avant qu'abandonner mon ame à mes douleurs
Il me faut essayer la force de mes pleurs,
En qualité de femme, ou de fille, j'espere
Qu'ils vaincront un époux, ou fléchiront un pere;
Que si sur l'un & l'autre ils manquent de pouvoir,
Ie ne prendray conseil que de mon desespoir.
Apprens-moy cependant ce qu'ils ont fait au Temple.
STR. C'est une impieté qui n'eut jamais d'exemple,
Ie ne puis y penser sans fremir à l'instant,
Et crains de faire un crime en vous la racontant.
Apprenez en deux mots leur brutale insolence.
 Le Prestre avoit à peine obtenu du silence,
Et devers l'Orient asseuré son aspect,
Qu'ils ont fait éclater leur manque de respect.

A chaque occasion de la ceremonie,
A l'envy l'un & l'autre étaloit sa manie,
Des mysteres sacrez hautement se moquoit,
Et traitoit de mépris les Dieux qu'on invoquoit.
Tout le peuple en murmure, & Felix s'en offense,
Mais tous deux s'emportans à plus d'irreverence,
Quoy, luy dit Polyeucte en élevant sa voix,
Adorez-vous des Dieux, ou de pierre, ou de bois ?
Icy dispensez-moy du recit des blasphesmes
Qu'ils ont vomy tous deux contre Iupiter mesmes,
L'adultere & l'inceste en étoient les plus doux.
Oyez, dit-il en suite, *oyez, peuple, oyez, tous.*
 Le Dieu de Poyleucte & celuy de Nearque
De la Terre & du Ciel est l'absolu Monarque,
Seul estre indépendant, seul maistre du Destin,
Seul principe éternel, & souveraine fin.
C'est ce Dieu des Chrétiens qu'il faut qu'on remercie
Des victoires qu'il donne à l'Empereur Decie,
Luy seul tient en sa main le succès des combats,
Il le veut élever, il le peut mettre bas,
Sa bonté, son pouvoir, sa justice est immense,
C'est luy seul qui punit, luy seul qui recompense,
Vous adorez en vain des Monstres impuissans.
Se jettant à ces mots sur le vin & l'encens,
Après en avoir mis les saints vases par terre,
Sans crainte de Felix, sans crainte du tonnerre,
D'une fureur pareille ils courent à l'Autel.
Cieux, a-t'on veu jamais, a-t'on rien veu de tel ?
Du plus puissant des Dieux nous voyons la statuë
Par une main impie à leurs pieds abatuë,
Les mysteres troublez, le Temple profané,
La fuite & les clameurs d'un peuple mutiné
Qui craint d'estre accablé sous le couroux celeste,
Felix.... Mais le voicy qui vous dira le reste.
PAV. Que son visage est sombre, & plein d'émotion!
Qu'il montre de tristesse & d'indignation!

SCENE III.

FELIX, PAULINE, STRATONICE.

FEL. Une telle insolence avoir osé paroistre !
En public ! à ma veuë ! il en mourra, le traistre.
PAU. Souffrez que vostre fille embrasse vos genoux.
FEL. Ie parle de Nearque, & non de vostre époux.
   Quelque indigne qu'il soit de ce doux nom de gendre,
   Mon ame luy conserve un sentiment plus tendre,
   La grandeur de son crime & de mon déplaisir
   N'a pas éteint l'amour qui me l'a fait choisir.
PAU. Ie n'attendois pas moins de la bonté d'un pere.
FEL. Ie pouvois l'immoler à ma juste colere,
   Car vous n'ignorez pas à quel comble d'horreur
   De son audace impie a monté la fureur,
   Vous l'avez pû sçavoir du moins de Stratonice.
PAU. Ie sçay que de Nearque il doit voir le supplice.
FEL. Du conseil qu'il doit prendre il sera mieux instruit,
   Quand il verra punir celuy qui l'a seduit.
   Au spectacle sanglant d'un amy qu'il faut suivre,
   La crainte de mourir & le desir de vivre
   Ressaisissent une ame avec tant de pouvoir,
   Que qui voit le trépas cesse de le vouloir.
   L'exemple touche plus que ne fait la menace,
   Cette indiscrette ardeur tourne bien-tost en glace,
   Et nous verrons bien-tost son cœur inquieté
   Me demander pardon de tant d'impieté.
PAU. Vous pouvez esperer qu'il change de courage ?
FEL. Aux dépens de Nearque il doit se rendre sage.
PAU. Il le doit, mais helas ! où me renvoyez-vous,
   Et quels tristes hazards ne court point mon époux,
   Si de son inconstance il faut qu'enfin j'espere
   Le bien que j'esperois de la bonté d'un pere ?
FEL. Ie vous en fais trop voir, Pauline, à consentir
   Qu'il évite la mort par un prompt repentir,
   Ie devois mesme peine à des crimes semblables,
   Et mettant difference entre ces deux coupables,
   I'ay trahy la justice à l'amour paternel,
   Ie me suis fait pour luy moy-mesme criminel,

Et j'attendois de vous au milieu de vos craintes
Plus de remercîmens que je n'entens de plaintes.
PAV. Dequoy remercier qui ne me donne rien ?
Ie fçay quelle eſt l'humeur & l'esprit d'un Chrétien,
Dans l'obſtination jusqu'au bout il demeure,
Vouloir ſon repentir c'eſt ordonner qu'il meure.
FEL. Sa grace eſt en ſa main, c'eſt à luy d'y reſver.
PAV. Faites-la toute entiere. FEL. Il la peut achever.
PAV. Ne l'abandonnez pas aux fureurs de ſa ſecte.
FEL. Ie l'abandonne aux loix qu'il faut que je reſpecte.
PAV. Eſt-ce ainſi que d'un gendre un beau-pere eſt l'appuy ?
FEL. Qu'il faſſe autant pour ſoy comme je fais pour luy.
PAV. Mais il eſt aveuglé. FEL. Mais il ſe plaiſt à l'eſtre,
Qui cherit ſon erreur ne la veut pas connoiſtre.
PAV. Mon pere, au nom des Dieux.... FEL. Ne les reclamez pas,
Ces Dieux, dont l'intereſt demande ſon trépas.
PAV. Ils écoutent nos vœux. FEL. Et bien, qu'il leur en faſſe.
PAV. Au nom de l'Empereur dont vous tenez la place....
FEL. I'ay ſon pouvoir en main, mais s'il me l'a commis,
C'eſt pour le déployer contre ſes ennemis.
PAV. Polyeucte l'eſt-il ? FEL. Tous Chrétiens ſont rebelles.
PAV. N'écoutez point pour luy ces maximes cruelles,
En épouſant Pauline il s'eſt fait voſtre ſang.
FEL. Ie regarde ſa faute, & ne voy plus ſon rang.
Quand le crime d'Etat ſe meſle au ſacrilége,
Le ſang ny l'amitié n'ont plus de privilége.
PAV. Quel excès de rigueur ! FEL. Moindre que ſon forfait.
PAV. O de mon ſonge affreux trop veritable effet !
Voyez-vous qu'avec luy vous perdez voſtre fille ?
FEL. Les Dieux & l'Empereur ſont plus que ma famille.
PAV. La perte de tous deux ne vous peut arrêter !
FEL. I'ay les Dieux & Decie enſemble à redouter.
Mais nous n'avons encor à craindre rien de triſte,
Dans ſon aveuglement penſez-vous qu'il perſiſte ?
S'il nous ſembloit tantoſt courir à ſon malheur,
C'eſt d'un nouveau Chrétien la premiere chaleur.
PAV. Si vous l'aimez encor, quittez cette eſperance
Que deux fois en un jour il change de croyance :
Outre que les Chrétiens ont plus de dureté,
Vous attendez de luy trop de legereté.
Ce n'eſt point une erreur avec le lait ſuccée,
Que ſans examiner ſon ame ait embraſſée;

TRAGEDIE.

Polyeucte est Chrétien parce qu'il l'a voulu,
Et vous portoit au Temple un esprit resolu.
Vous devez présumer de luy comme du reste.
Le trépas n'est pour eux, ny honteux, ny funeste,
Ils cherchent de la gloire à méprifer les Dieux,
Aveugles pour la Terre ils aspirent aux Cieux,
Et croyant que la mort leur en ouvre la porte,
Tourmentez, déchirez, assassinez, n'importe,
Les supplices leur sont ce qu'à nous les plaisirs,
Et les ménent au but où tendent leurs desirs,
La mort la plus infame ils l'appellent Martyre.
FEL. Et bien donc, Polyeucte aura ce qu'il desire,
N'en parlons plus. *PAV.* Mon peré.

SCENE IV.

FELIX, ALBIN, PAVLINE, STRATONICE.

FEL. Albin, en est-ce fait?
ALB. Ouy, Seigneur, & Nearque a payé son forfait.
FEL. Et nostre Polyeucte a veu trancher sa vie?
ALB. Il l'a veu, mais, helas! avec un œil d'envie.
  Il brusle de le suivre au lieu de reculer,
  Et son cœur s'affermit au lieu de s'ébransler.
PAV. Ie vous le disois bien; encor un coup, mon pere,
  Si jamais mon respect a pû vous satisfaire,
  Si vous l'avez prifé, si vous l'avez chery....
FEL. Vous aimez trop, Pauline, un indigne mary.
PAV. Ie l'ay de vostre main, mon amour est sans crime,
  Il est de vostre choix la glorieufe estime,
  Et j'ay pour l'accepter éteint le plus beau feu
  Qui d'une ame bien née ait merité l'aveu.
    Au nom de cette aveugle, & prompte obeïssance,
  Que j'ay toûjours renduë aux loix de la naissance,
  Si vous avez pû tout sur moy, sur mon amour,
  Que je puisse sur vous quelque chose à mon tour.
  Par ce juste pouvoir à present trop à craindre,
  Par ces beaux sentiments qu'il m'a fallu contraindre,
  Ne m'ostez pas vos dons, ils sont chers à mes yeux,
  Et m'ont assez coûté pour m'estre précieux.

Hhhh ij

FEL. Vous m'importunez trop, bien que j'aye un cœur tendre,
Ie n'aime la pitié qu'au prix que j'en veux prendre,
Employez mieux l'effort de vos justes douleurs,
Malgré moy m'en toucher c'est perdre, & temps, & pleurs,
I'en veux estre le maistre, & je veux bien qu'on sçache,
Que je la desavouë alors qu'on me l'arrache.
Préparez-vous à voir ce malheureux Chrétien,
Et faites vostre effort quand j'auray fait le mien,
Allez, n'irritez plus un pere qui vous aime,
Et taschez d'obtenir vostre époux de luy-mesme.
Tantost jusque en ce lieu je le feray venir,
Cependant quittez-nous, je veux l'entretenir.
PAV. De grace permettez.... *FEL.* Laissez-nous seuls, vous dy-je,
Vostre douleur m'offense autant qu'elle m'afflige,
A gagner Polyeucte appliquez tous vos soins,
Vous avancerez plus en m'importunant moins.

SCENE V.

FELIX, ALBIN.

FEL. Albin, comme est-il mort? *ALB.* En brutal, en impie,
En bravant les tourmens, en dédaignant la vie,
Sans regret, sans murmure, & sans étonnement,
Dans l'obstination & l'endurcissement,
Comme un Chrétien enfin, le blaspheme à la bouche.
FEL. Et l'autre? *ALB.* Ie l'ay dit déja, rien ne le touche,
Loin d'en estre abatu, son cœur en est plus haut,
On l'a violenté pour quitter l'échaffaut,
Il est dans la prison où je l'ay veu conduire,
Mais vous êtes bien loin encor de le reduire.
FEL. Que je suis malheureux! *ALB.* Tout le monde vous plaint.
FEL. On ne sçait pas les maux dont mon cœur est atteint.
De pensers sur pensers mon ame est agitée,
De soucis sur soucis elle est inquietée;
Ie sens l'amour, la haine, & la crainte, & l'espoir,
La joye & la douleur tour à tour l'émouvoir.
I'entre en des sentimens qui ne sont pas croyables,
I'en ay de violens, j'en ay de pitoyables,
I'en ay de genereux qui n'oseroient agir,
I'en ay mesmes de bas, & qui me font rougir.

TRAGEDIE. 613

J'aime ce malheureux que j'ay choisi pour gendre,
Ie hay l'aveugle erreur qui le vient de surprendre,
Ie déplore sa perte, & le voulant sauver,
J'ay la gloire des Dieux ensemble à conserver,
Ie redoute leur foudre, & celuy de Decie,
Il y va de ma Charge, il y va de ma vie:
Ainsi tantost pour luy je m'expose au trépas,
Et tantost je le perds pour ne me perdre pas.
ALB. Decie excusera l'amitié d'un beau-pere,
Et d'ailleurs Polyeucte est d'un sang qu'on revere.
FEL. A punir les Chrétiens son ordre est rigoureux,
Et plus l'exemple est grand, plus il est dangereux.
On ne distingue point quand l'offense est publique,
Et lors qu'on dissimule un crime domestique,
Par quelle authorité peut-on, par quelle loy
Châtier en autruy ce qu'on souffre chez soy?
ALB. Si vous n'osez avoir d'égard à sa personne,
Ecrivez à Decie afin qu'il en ordonne.
FEL. Severe me perdroit si j'en usois ainsi.
Sa haine & son pouvoir font mon plus grand soucy,
Si j'avois differé de punir un tel crime,
Quoy qu'il soit genereux, quoy qu'il soit magnanime,
Il est homme, & sensible, & je l'ay dédaigné,
Et de tant de mépris son esprit indigné,
Que met au desespoir cet Hymen de Pauline,
Du couroux de Decie obtiendroit ma ruïne.
Pour vanger un affront tout semble estre permis,
Et les occasions tentent les plus remis.
Peut-estre (& ce soupçon n'est pas sans apparence)
Il rallume en son cœur déja quelque esperance,
Et croyant bien-tost voir Polyeucte puny,
Il rappelle un amour à grand peine banny.
Iuge si sa colere en ce cas implacable
Me feroit innocent de sauver un coupable,
Et s'il m'épargneroit voyant par mes bontez
Vne seconde fois ses desseins avortez.
Te diray-je un penser indigne, bas, & lasche?
Ie l'étouffe, il renaist, il me flate, & me fasche.
L'ambition toûjours me le vient presenter,
Et tout ce que je puis c'est de le detester.
Polyeucte est icy l'appuy de ma famille,
Mais si par son trépas l'autre épousoit ma fille,

Hhhb iij

J'acquerrois bien par là de plus puiſſans appuis
Qui me mettroient plus haut cent fois que je ne ſuis.
Mon cœur en prend par force une maligne joye;
Mais que plûtoſt le Ciel à tes yeux me foudroye,
Qu'à des penſers ſi bas je puiſſe conſentir,
Que jusques-là ma gloire oſe ſe démentir.
ALB. Voſtre cœur eſt trop bon, & voſtre ame trop haute,
Mais vous reſolvez-vous à punir cette faute?
FEL. Ie vay dans la priſon faire tout mon effort
A vaincre cet eſprit par l'effroy de la mort,
Et nous verrons après ce que pourra Pauline.
ALB. Que ferez-vous enfin, ſi toûjours il s'obſtine?
FEL. Ne me preſſe point tant, dans un tel déplaiſir
Ie ne puis que reſoudre, & ne ſçay que choiſir.
ALB. Ie dois vous avertir en ſerviteur fidelle
Qu'en ſa faveur déja la ville ſe rebelle,
Et ne peut voir paſſer par la rigueur des loix
Sa derniere eſperance & le ſang de ſes Rois.
Ie tiens ſa priſon meſme aſſez mal aſſeurée,
I'ay laiſſé tout autour une troupe éplorée,
Ie crains qu'on ne la force. *FEL.* Il faut donc l'en tirer,
Et l'améner icy pour nous en aſſeurer.
ALB. Tirez-l'en donc vous-meſme, & d'un eſpoir de grace
Appaiſez la fureur de cette populace.
FEL. Allons, & s'il perſiſte à demeurer Chrétien,
Nous en diſpoſerons ſans qu'elle en ſçache rien.

ACTE IV.

SCENE PREMIERE.

POLYEVCTE, CLEON,
Trois autres Gardes.

POL. Ardes, que me veut-on? *CLE.* Pauline vous
demande.
POL. O presence, ô combat que sur tout j'ap-
prehende!
Felix, dans la prison j'ay triomphé de toy,
I'ay ry de ta menace, & t'ay veu sans effroy,
Tu prens pour t'en vanger de plus puissantes armes,
Ie craignois beaucoup moins tes bourreaux que ses larmes.
Seigneur, qui vois icy les perils que je cours,
En ce pressant besoin redouble ton secours.
Et toy qui tout sortant encor de la victoire
Regardes mes travaux du sejour de la gloire,
Cher Nearque, pour vaincre un si fort ennemy
Preste du haut du Ciel la main à ton amy.
Gardes, oseriez-vous me rendre un bon office,
Non pour me dérober aux rigueurs du supplice,
Ce n'est pas mon dessein qu'on me fasse évader:
Mais comme il suffira de trois à me garder,
L'autre m'obligeroit d'aller querir Severe,
Ie croy que sans peril on peut me satisfaire,
Si j'avois pû luy dire un secret important,
Il vivroit plus heureux, & je mourrois content.
CLE. Si vous me l'ordonnez, j'y cours en diligence.
POL. Severe à mon defaut fera ta recompense,
Va ne perds point de temps, & revien promptement.
CLE. Ie feray de retour, Seigneur, dans un moment.

SCENE II.

POLYEVCTE.

Les Gardes se retirent aux coins du Theatre.

Source delicieuse en miseres feconde,
Que voulez-vous de moy, flateuses voluptez?
Honteux attachemens de la chair & du Monde,
Que ne me quittez-vous, quand je vous ay quittez?
Allez honneurs, plaisirs, qui me livrez la guerre,
  Toute voſtre felicité
  Sujette à l'instabilité
  En moins de rien tombe par terre,
  Et comme elle a l'éclat du verre
  Elle en a la fragilité.

Ainſi n'esperez pas qu'aprés vous je soûpire,
Vous étalez en vain vos charmes impuiſſans,
Vous me montrez en vain par tout ce vaste Empire
Les ennemis de Dieu pompeux & floriſſans;
Il étale à son tour des revers équitables
  Par qui les Grands sont confondus,
  Et les glaives qu'il tient pendus
  Sur les plus fortunez coupables,
  Sont d'autant plus inévitables
  Que leurs coups sont moins attendus.

Tigre alteré de sang, Decie impitoyable,
Ce Dieu t'a trop long-temps abandonné les siens,
De ton heureux Destin voy la suite effroyable,
Le Scythe va vanger la Perse & les Chrétiens.
Encor un peu plus outre, & ton heure est venuë,
  Rien ne t'en ſçauroit garantir,
  Et la foudre qui va partir,
  Toute preste à crever la nuë,
  Ne peut plus eſtre retenuë
  Par l'attente du repentir.

Que cependant Felix m'immole à ta colere,
Qu'un rival plus puissant ébloüiſſe ſes yeux,

Qu'aux dépens de ma vie il s'en fasse beau-pere,
Et qu'à tiltre d'esclave il commande en ces lieux:
Ie consens, ou plûtost j'aspire à ma ruine,
   Monde, pour moy tu n'as plus rien,
   Ie porte en un cœur tout Chrétien
   Vne flame toute divine,
   Et je ne regarde Pauline
   Que comme un obstacle à mon bien.

Saintes douceurs du Ciel, adorables idées,
Vous remplissez un cœur qui vous peut recevoir,
De vos sacrez attraits les ames possedées
Ne conçoivent plus rien qui les puisse émouvoir.
Vous promettez beaucoup, & donnez davantage,
   Vos biens ne font point inconstans,
   Et l'heureux trépas que j'attens
   Ne vous sert que d'un doux passage
   Pour nous introduire au partage
   Qui nous rend à jamais contens.

C'est vous, ô feu divin que rien ne peut éteindre,
Qui m'allez faire voir Pauline sans la craindre.
Ie la voy, mais mon cœur d'un saint zéle enflamé
N'en gouste plus l'appas dont il étoit charmé,
Et mes yeux éclairez des celestes lumieres
Ne trouvent plus aux siens leurs graces coûtumieres.

SCENE III.

POLYEVCTE, PAVLINE, Gardes.

POL. MAdame, quel dessein vous fait me demander?
 Est-ce pour me combatre, ou pour me seconder,
Cet effort genereux de vostre amour parfaite
Vient-il à mon secours? vient-il à ma défaite?
Apportez-vous icy la haine, ou l'amitié,
Comme mon ennemie, ou ma chere moitié?
PAV. Vous n'avez point icy d'ennemis que vous-mesme,
 Seul vous vous haïssez, lors que chacun vous aime,
 Seul vous executez tout ce que j'ay resvé:
 Ne veüillez pas vous perdre, & vous étes sauvé,

A quelque extrémité que voſtre crime paſſe
Vous étes innocent ſi vous vous faites grace.
Daignez conſiderer le ſang dont vous ſortez,
Vos grandes actions, vos rares qualitez;
Chery de tout le Peuple, eſtimé chez le Prince,
Gendre du Gouverneur de toute la Province;
Ie ne vous conte à rien le nom de mon époux,
C'eſt un bonheur pour moy qui n'eſt pas grand pour vous;
Mais après vos exploits, après voſtre naiſſance,
Après voſtre pouvoir, voyez noſtre eſperance,
Et n'abandonnez pas à la main d'un bourreau
Ce qu'à nos juſtes vœux promet un ſort ſi beau.

POL. Ie conſidere plus, je ſçay mes avantages,
Et l'eſpoir que ſur eux forment les grands courages.
Ils n'aſpirent enfin qu'à des biens paſſagers,
Que troublent les ſoucis, que ſuivent les dangers,
La Mort nous les ravit, la Fortune s'en jouë,
Aujourd'huy dans le troſne, & demain dans la bouë,
Et leur plus haut éclat fait tant de mécontens
Que peu de vos Ceſars en ont joüy long-temps.
I'ay de l'ambition, mais plus noble, & plus belle,
Cette grandeur perit, j'en veux une immortelle,
Vn bonheur aſſeuré, ſans meſure, & ſans fin,
Au deſſus de l'Envie, au deſſus du Destin.
Eſt-ce trop l'acheter que d'une triſte vie,
Qui tantoſt, qui ſoudain me peut eſtre ravie,
Qui ne me fait joüir que d'un inſtant qui fuit,
Et ne peut m'aſſeurer de celuy qui le ſuit?

PAV. Voilà de vos Chrétiens les ridicules ſonges,
Voilà juſqu'à quel point vous charment leurs menſonges;
Tout voſtre ſang eſt peu pour un bonheur ſi doux,
Mais pour en diſpoſer ce ſang eſt-il à vous?
Vous n'avez pas la vie ainſi qu'un heritage,
Le jour qui vous la donne en meſme temps l'engage,
Vous la devez au Prince, au Public, à l'Etat.

POL. Ie la voudrois pour eux perdre dans un combat,
Ie ſçay quel en eſt l'heur, & quelle en eſt la gloire;
Des ayeux de Decie on vante la memoire,
Et ce nom précieux encor à vos Romains
Au bout de ſix cens ans luy met l'Empire aux mains.
Ie dois ma vie au Peuple, au Prince, à ſa Couronne,
Mais je la dois bien plus au Dieu qui me la donne:

Si mourir pour son Prince est un illustre sort,
Quand on meurt pour son Dieu, quelle sera la mort?
PAV. Quel Dieu! *POL.* Tout-beau, Pauline, il entend vos paroles,
Et ce n'est pas un Dieu comme vos Dieux frivoles,
Insensibles & sourds, impuissans, mutilez,
De bois, de marbre, ou d'or, comme vous les voulez.
C'est le Dieu des Chrétiens, c'est le mien, c'est le vostre,
Et la Terre, & le Ciel n'en connoissent point d'autre.
PAV. Adorez-le dans l'ame & n'en témoignez rien.
POL. Que je sois tout ensemble Idolatre, & Chrétien!
PAV. Ne feignez qu'un moment, laissez partir Severe,
Et donnez lieu d'agir aux bontez de mon pere.
POL. Les bontez de mon Dieu sont bien plus à cherir.
Il m'oste des perils que j'aurois pû courir,
Et sans me laisser lieu de tourner en arriere
Sa faveur me couronne entrant dans la carriere,
Du premier coup de vent il me conduit au port,
Et sortant du Baptesme il m'envoye à la mort.
Si vous pouviez comprendre, & le peu qu'est la vie,
Et de quelles douceurs cette mort est suivie....
Mais que sert de parler de ces tresors cachez
A des esprits que Dieu n'a pas encor touchez?
PAV. Cruel, car il est temps que ma douleur éclate,
Et qu'un juste reproche accable une ame ingrate,
Est-ce-là ce beau feu? sont-ce-là tes sermens?
Témoignes-tu pour moy les moindres sentimens?
Ie ne te parlois point de l'état déplorable
Où ta mort va laisser ta femme inconsolable;
Ie croyois que l'amour t'en parleroit assez,
Et je ne voulois pas de sentimens forcez.
Mais cette amour si ferme & si bien meritée
Que tu m'avois promise, & que je t'ay portée,
Quand tu me veux quitter, quand tu me fais mourir,
Te peut-elle arracher une larme, un soûpir?
Tu me quittes, ingrat, & le fais avec joye,
Tu ne la caches pas, tu veux que je la voye,
Et ton cœur insensible à ces tristes appas
Se figure un bonheur où je ne seray pas!
C'est donc là le dégoust qu'apporte l'Hymenée!
Ie te suis odieuse après m'estre donnée!
POL. Helas! *PAV.* Que cet helas a de peine à sortir!
Encor s'il commençoit un heureux repentir,

POLYEVCTE,

Que tout forcé qu'il eſt j'y trouverois de charmes!
Mais courage, il s'émeut, je voy couler des larmes.
POL. I'en verſe, & pleuſt à Dieu qu'à force d'en verſer
Ce cœur trop endurcy ſe pûſt enfin percer.
Le déplorable état où je vous abandonne
Eſt bien digne des pleurs que mon amour vous donne,
Et ſi l'on peut au Ciel ſentir quelques douleurs,
I'y pleureray pour vous l'excés de vos malheurs.
Mais ſi dans ce ſejour de gloire & de lumiere
Ce Dieu tout juſte & bon peut ſouffrir ma priere,
S'il y daigne écouter un conjugal amour,
Sur voſtre aveuglement il répandra le jour.
Seigneur, de vos bontez il faut que je l'obtienne,
Elle a trop de vertus pour n'eſtre pas Chrétienne,
Avec trop de merite il vous plût la former,
Pour ne vous pas connoiſtre, & ne vous pas aimer,
Pour vivre des Enfers eſclave infortunée,
Et ſous leur triſte joug mourir comme elle eſt née.
PAV. Que dis-tu, malheureux? qu'oſes-tu ſouhaiter?
POL. Ce que de tout mon ſang je voudrois acheter.
PAV. Que plûtoſt.... POL. C'eſt en vain qu'on ſe met en défenſe,
Ce Dieu touche les cœurs lors que moins on y penſe,
Ce bien-heureux moment n'eſt pas encor venu,
Il viendra, mais le temps ne m'en eſt pas connu.
PAV. Quittez cette chimere, & m'aimez. POL. Ie vous aime
Beaucoup moins que mon Dieu, mais bien plus que moy-meſme.
PAV. Au nom de cet amour ne m'abandonnez pas.
POL. Au nom de cet amour daignez ſuivre mes pas.
PAV. C'eſt peu de me quitter, tu veux donc me ſeduire?
POL. C'eſt peu d'aller au Ciel, je vous y veux conduire.
PAV. Imaginations. POL. Celeſtes veritez.
PAV. Etrange aveuglement. POL. Eternelles clartez.
PAV. Tu préferes la mort à l'amour de Pauline!
POL. Vous préferez le Monde à la bonté divine!
PAV. Va cruel, va mourir, tu ne m'aimas jamais.
POL. Vivez heureuſe au Monde & me laiſſez en paix.
PAV. Ouy, je t'y vay laiſſer, ne t'en mets plus en peine,
Ie vay....

SCENE IV.

POLYEVCTE, PAVLINE, SEVERE, FABIAN, Gardes.

PAV.   MAis quel deſſein en ce lieu vous améne,
Severe ? auroit-on crû qu'un cœur ſi genereux
Pûſt venir jusqu'icy braver un malheureux?
POL. Vous traitez mal, Pauline, un ſi rare merite,
A ma ſeule priere il rend cette viſite.
  Ie vous ay fait, Seigneur, une incivilité,
Que vous pardonnerez à ma captivité.
Poſſeſſeur d'un treſor dont je n'étois pas digne
Souffrez avant ma mort que je vous le reſighe,
Et laiſſe la vertu la plus rare à nos yeux
Qu'une femme jamais pûſt recevoir des Cieux,
Aux mains du plus vaillant, & du plus honneſte homme,
Qu'ait adoré la Terre, & qu'ait veu naiſtre Rome.
Vous eſtes digne d'elle, elle eſt digne de vous,
Ne la refuſez pas de la main d'un époux,
S'il vous a deſunis, ſa mort vous va rejoindre,
Qu'un feu jadis ſi beau n'en devienne pas moindre,
Rendez-luy voſtre cœur, & recevez ſa foy,
Vivez heureux enſemble, & mourez comme moy,
C'eſt le bien qu'à tous deux Polyeucte deſire.
  Qu'on me méne à la mort, je n'ay plus rien à dire,
Allons, Gardes, c'eſt fait.

SCENE V.

SEVERE, PAULINE, FABIAN.

SEV. Dans mon étonnement
Ie suis confus pour luy de son aveuglement;
Sa resolution a si peu de pareilles
Qu'à peine je me fie encor à mes oreilles.
Vn cœur qui vous cherit, (mais quel cœur assez bas
Auroit pû vous connoistre, & ne vous cherir pas?)
Vn homme aimé de vous, si-tost qu'il vous possede,
Sans regret il vous quitte, il fait plus, il vous cede,
Et comme si vos feux étoient un don fatal
Il en fait un present luy-mesme à son rival!
Certes, ou les Chrétiens ont d'étranges manies,
Ou leurs felicitez doivent estre infinies,
Puisque pour y pretendre ils osent rejetter
Ce que de tout l'Empire il faudroit acheter.
Pour moy, si mes destins un peu plûtost propices
Eussent de vostre Hymen honoré mes services,
Ie n'aurois adoré que l'éclat de vos yeux,
I'en aurois fait mes Rois, j'en aurois fait mes Dieux;
On m'auroit mis en poudre, on m'auroit mis en cendre
Avant que... *PAV.* Brisons-là, je crains de trop entendre,
Et que cette chaleur qui sent vos premiers feux
Ne pousse quelque suite indigne de tous deux.
Severe, connoissez Pauline toute entiere.
Mon Polyeucte touche à son heure derniere,
Pour achever de vivre il n'a plus qu'un moment,
Vous en étes la cause, encor qu'innocemment.
Ie ne sçay si vostre ame à vos desirs ouverte
Auroit osé former quelque espoir sur sa perte;
Mais sçachez qu'il n'est point de si cruels trépas,
Où d'un front asseuré je ne porte mes pas,
Qu'il n'est point aux Enfers d'horreurs que je n'endure,
Plûtost que de souiller une gloire si pure,
Que d'épouser un homme après son triste sort,
Qui de quelque façon soit cause de sa mort,
Et si vous me croyiez d'une ame si peu saine,
L'amour que j'eus pour vous tourneroit toute en haine.

Vous êtes genereux, soyez-le jusqu'au bout;
Mon pere est en état de vous accorder tout,
Il vous craint, & j'avance encor cette parole,
Que s'il perd mon époux, c'est à vous qu'il l'immole.
Sauvez ce malheureux, employez-vous pour luy,
Faites-vous un effort pour luy servir d'appuy.
Ie sçay que c'est beaucoup que ce que je demande,
Mais plus l'effort est grand, plus la gloire en est grande;
Conserver un rival dont vous êtes jaloux,
C'est un trait de vertu qui n'appartient qu'à vous;
Et si ce n'est assez de vostre renommée,
C'est beaucoup qu'une femme autrefois tant aimée,
Et dont l'amour peut-estre encor vous peut toucher,
Doive à vostre grand cœur ce qu'elle a de plus cher.
Souvenez-vous enfin que vous êtes Severe.
Adieu, resolvez seul ce que vous devez faire,
Si vous n'étes pas tel que je l'ose esperer,
Pour vous priser encor je le veux ignorer.

SCENE VI.

SEVERE, FABIAN.

SEV. Qv'est-ce-cy, Fabian, quel nouveau coup de foudre
Tombe sur mon bonheur & le reduit en poudre?
Plus je l'estime près, plus il est éloigné,
Ie trouve tout perdu quand je croy tout gagné,
Et toûjours la Fortune à me nuire obstinée
Tranche mon esperance aussi-tost qu'elle est née.
Avant qu'offrir des vœux je reçoy des refus,
Toûjours triste, toûjours & honteux & confus,
De voir que lafchement elle ait osé renaistre,
Qu'encor plus lafchement elle ait osé paroistre,
Et qu'une femme enfin dans l'infelicité
Me fasse des leçons de generosité.
    Vostre belle ame est haute autant que malheureuse,
Mais elle est inhumaine autant que genereuse,
Pauline, & vos douleurs avec trop de rigueur
D'un amant tout à vous tyrannisent le cœur.
C'est donc peu de vous perdre, il faut que je vous donne,
Que je serve un rival lors qu'il vous abandonne,

Et que par un cruel & genereux effort
Pour vous rendre en ses mains je l'arrache à la mort.
FAB. Laissez à son destin cette ingrate famille,
Qu'il accorde s'il veut le pere avec la fille,
Polyeucte & Felix, l'épouse avec l'époux,
D'un si cruel effort quel prix esperez-vous?
SEV. La gloire de montrer à cette ame si belle,
Que Severe l'égale, & qu'il est digne d'elle,
Qu'elle m'étoit bien deuë, & que l'ordre des Cieux
En me la refusant m'est trop injurieux.
FAB. Sans accuser le Sort ny le Ciel d'injustice,
Prenez garde au peril qui suit un tel service.
Vous hazardez beaucoup, Seigneur, pensez-y bien,
Quoy, vous entreprenez de sauver un Chrétien?
Pouvez-vous ignorer pour cette secte impie
Quelle est & fut toûjours la haine de Decie?
C'est un crime vers luy si grand, si capital,
Qu'à vostre faveur mesme il peut estre fatal.
SEV. Cet avis seroit bon pour quelque ame commune.
S'il tient entre ses mains ma vie & ma fortune,
Ie suis encor Severe, & tout ce grand pouvoir
Ne peut rien sur ma gloire, & rien sur mon devoir.
Icy l'honneur m'oblige, & j'y veux satisfaire;
Qu'après, le Sort se montre, ou propice, ou contraire,
Comme son naturel est toûjours inconstant,
Perissant glorieux je periray content.

Ie te diray bien plus, mais avec confidence,
La secte des Chrétiens n'est pas ce que l'on pense,
On les hait, la raison je ne la connoy point,
Et je ne voy Decie injuste qu'en ce point.
Par curiosité j'ay voulu les connoistre,
On les tient pour sorciers dont l'Enfer est le maistre,
Et sur cette croyance on punit du trépas
Des mysteres secrets que nous n'entendons pas.
Mais Ceres Eleusine, & la Bonne Déesse
Ont leurs secrets comme eux, à Rome, & dans la Grece;
Encor impunément nous souffrons en tous lieux,
Leur Dieu seul excepté, toute sorte de Dieux;
Tous les Monstres d'Egypte ont leurs Temples dans Rome,
Nos ayeux à leur gré faisoient un Dieu d'un homme,
Et leur sang parmy nous conservant leurs erreurs,
Nous remplissons le Ciel de tous nos Empereurs;

Mais à

Mais à parler sans fard de tant d'Apotheoses,
L'effet est bien douteux de ces Metamorphoses.
    Les Chrétiens n'ont qu'un Dieu, maistre absolu de tout,
De qui le seul vouloir fait tout ce qu'il resout:
Mais si j'ose entre nous dire ce qui me semble,
Les nostres bien souvent s'accordent mal ensemble,
Et me dûst leur colere écraser à tes yeux,
Nous en avons beaucoup pour estre de vrais Dieux.
Enfin chez les Chrétiens les mœurs sont innocentes,
Les vices detestez, les vertus florissantes,
Ils font des vœux pour nous qui les persecutons,
Et depuis tant de temps que nous les tourmentons,
Les a-t'on veus mutins ? les a-t'on veus rebelles?
Nos Princes ont-ils eu des soldats plus fidelles?
Furieux dans la guerre ils souffrent nos bourreaux,
Et lyons au combat ils meurent en agneaux.
I'ay trop de pitié d'eux pour ne les pas défendre.
Allons trouver Felix, commençons par son gendre,
Et contentons ainsi d'une seule action,
Et Pauline, & ma gloire, & ma compassion.

ACTE V.

SCENE PREMIERE.

FELIX, ALBIN, CLEON.

FEL. LBIN, as-tu bien veu la fourbe de Severe?,
As-tu bien veu sa haine, & vois-tu ma misere?
ALB. Ie n'ay veu rien en luy qu'un rival genereux,
Et ne voy rien en vous qu'un pere rigoureux.
FEL. Que tu discernes mal le cœur d'avec la mine!
Dans l'ame il hait Felix, & dédaigne Pauline,
Et s'il l'aima jadis, il estime aujourd'huy
Les restes d'un rival trop indignes de luy,
Il parle en sa faveur, il me prie, il menace,
Et me perdra, dit-il, si je ne luy fais grace,
Tranchant du genereux il croit m'épouvanter;
L'artifice est trop lourd pour ne pas l'éventer,
Ie sçay des gens de Cour quelle est la Politique,
I'en connoy mieux que luy la plus fine pratique;
C'est en vain qu'il tempeste & feint d'estre en fureur,
Ie voy ce qu'il pretend auprès de l'Empereur,
De ce qu'il me demande il m'y feroit un crime,
Epargnant son rival je serois sa victime,
Et s'il avoit affaire à quelque mal-adroit,
Le piége est bien tendu, sans doute il le perdroit:
Mais un vieux Courtisan est un peu moins credule,
Il voit quand on le joüe; & quand on dissimule,
Et moy, j'en ay tant veu de toutes les façons,
Qu'à luy-mesme au besoin j'en ferois des leçons.
ABL. Dieux! que vous vous gênez par cette défiance!
FEL. Pour subsister en Cour c'est la haute science.
Quand un homme une fois a droit de nous haïr,
Nous devons presumer qu'il cherche à nous trahir,
Toute son amitié nous doit estre suspecte.
Si Polyeucte enfin n'abandonne sa secte,

TRAGEDIE.

Quoy que son protecteur ait pour luy dans l'esprit,
Ie suivray hautement l'ordre qui m'est prescrit.
ALB. Grace, grace, Seigneur, que Pauline l'obtienne.
FEL. Celle de l'Empereur ne suivroit pas la mienne,
Et loin de le tirer de ce pas hazardeux,
Ma bonté ne feroit que nous perdre tous deux.
ALB. Mais Severe promet.... *FEL.* Albin, je m'en défie,
Et connoy mieux que luy la haine de Décie;
En faveur des Chrétiens s'il choquoit son couroux,
Luy mesme asseurément se perdroit avec nous.
 Ie veux tenter pourtant encor une autre voye,
Amenez Polyeucte, & si je le renvoye,
S'il demeure insensible à ce dernier effort,
Au sortir de ce lieu qu'on luy donne la mort.
ALB. Vostre ordre est rigoureux. *FEL.* Il faut que je le suive
Si je veux empescher qu'un desordre n'arrive.
Ie voy le Peuple émeu pour prendre son party,
Et toy-mesme tantost tu m'en as adverty.
Dans ce zéle pour luy qu'il fait déja paroistre,
Ie ne sçay si long-temps j'en pourrois estre maistre:
Peut-estre dés demain, dés la nuit, dés ce soir,
I'en verrois des effets que je ne veux pas voir,
Et Severe aussi-tost courant à sa vangeance
M'iroit calommier de quelque intelligence.
Il faut rompre ce coup qui me seroit fatal.
ALB. Que tant de prévoyance est un étrange mal!
Tout vous nuit, tout vous perd, tout vous fait de l'ombrage;
Mais voyez que sa mort mettra ce Peuple en rage,
Que c'est mal le guerir que le desesperer.
FEL. En vain après sa mort il voudra murmurer,
Et s'il ose venir à quelque violence,
C'est à faire à ceder deux jours à l'insolence:
I'auray fait mon devoir, quoy qui puisse arriver.
Mais Polyeucte vient, taschons à le sauver.
Soldats, retirez-vous, & gardez bien la porte.

Kkkk ij

SCENE II.

FELIX, POLYEVCTE, ALBIN.

FEL. AS-tu donc pour la vie une haine si forte,
 Malheureux Polyeucte, & la loy des Chrétiens
 T'ordonne-t'elle ainsi d'abandonner les tiens?
POL. Ie ne hay point la vie, & j'en aime l'usage,
 Mais sans attachement qui sente l'esclavage,
 Toûjours prest à la rendre au Dieu dont je la tiens,
 La raison me l'ordonne & la loy des Chrétiens,
 Et je vous montre à tous par là comme il faut vivre,
 Si vous avez le cœur assez bon pour me suivre.
FEL. Te suivre dans l'abîme où tu te veux jetter?
POL. Mais plûtost dans la gloire où je m'en vay monter.
FEL. Donne-moy pour le moins le temps de la connoistre,
 Pour me faire Chrétien, sers-moy de guide à l'estre,
 Et ne dédaigne pas de m'instruire en ta Foy,
 Ou toy-mesme à ton Dieu tu répondras de moy.
POL. N'en riez point, Felix, il sera vostre juge,
 Vous ne trouverez point devant luy de refuge.
 Les Rois & les bergers y sont d'un mesme rang.
 De tous les siens sur vous il vangera le sang.
FEL. Ie n'en répandray plus, & quoy qu'il en arrive,
 Dans la Foy des Chrétiens je souffriray qu'on vive,
 I'en seray protecteur. *POL.* Non non, persecutez,
 Et soyez l'instrument de nos felicitez.
 Celle d'un vray Chrétien n'est que dans les souffrances;
 Les plus cruels tourmens luy sont des recompenses,
 Dieu qui rend le centuple aux bonnes actions,
 Pour comble donne encor les persecutions.
 Mais ces secrets pour vous sont fascheux à comprendre,
 Ce n'est qu'à ses Eleus que Dieu les fait entendre.
FEL. Ie te parle sans fard, & veux estre Chrétien.
POL. Qui peut donc retarder l'effet d'un si grand bien?
FEL. La presence importune.... *POL.* Et de qui? de Severe?
FEL. Pour luy seul contre toy j'ay feint tant de colere,
 Dissimule un moment jusques à son depart.
POL. Felix; c'est donc ainsi que vous parlez sans fard?

Portez à vos Payens, portez à vos Idoles
Le fucre empoifonné que fément vos paroles.
Vn Chrétien ne craint rien, ne diffimule rien,
Aux yeux de tout le monde il eft toûjours Chrétien.
FEL. Ce zéle de ta Foy ne fert qu'à te feduire,
Si tu cours à la mort plûtoft que de m'inftruire.
POL. Ie vous en parlerois icy hors de faifon,
Elle eft un don du Ciel & non de la raifon,
Et c'eft là que bien-toft voyant Dieu face à face,
Plus aifément pour vous j'obtiendray cette grace.
FEL. Ta perte cependant me va defesperer.
POL. Vous avez en vos mains dequoy la reparer,
En vous oftant un gendre on vous en donne un autre
Dont la condition répond mieux à la voftre:
Ma perte n'eft pour vous qu'un change avantageux.
FEL. Ceffe de me tenir ce difcours outrageux.
Ie t'ay confideré plus que tu ne merites,
Mais malgré ma bonté qui croift, plus tu l'irrites,
Cette infolence enfin te rendroit odieux,
Et je me vangerois auffi-bien que nos Dieux.
POL. Quoy! vous changez bien-toft d'humeur & de langage!
Le zéle de vos Dieux rentre en voftre courage!
Celuy d'eftre Chrétien s'échape, & par hazard
Ie vous viens d'obliger à me parler fans fard!
FEL. Va, ne préfume pas que, quoy que je te jure,
De tes nouveaux Docteurs je fuive l'impofture,
Ie flatois ta manie afin de t'arracher
Du honteux précipice où tu vas trébucher,
Ie voulois gagner temps pour ménager ta vie
Après l'éloignement d'un flateur de Decie;
Mais j'ay fait trop d'injure à nos Dieux tout-puiffans,
Choify de leur donner ton fang, ou de l'encens.
POL. Mon choix n'eft point douteux, mais j'aperçoy Pauline,
O Ciel!

SCENE III.

FELIX, POLYEVCTE, PAVLINE, ALBIN.

PAV. Qvi de vous deux aujourd'huy m'assassine ?
Sont-ce tous deux ensemble, ou chacun à son tour ?
Ne pourray-je fléchir la Nature, ou l'Amour,
Et n'obtiendray-je rien d'un époux, ny d'un pere ?
FEL. Parlez à vostre époux. *POL.* Vivez avec Severe.
PAV. Tigre, assassine-moy du moins sans m'outrager.
POL. Mon amour par pitié cherche à vous soulager.
Il voit quelle douleur dans l'ame vous possede,
Et sçait qu'un autre amour en est le seul remede.
Puisqu'un si grand merite a pû vous enflamer,
Sa presence toûjours a droit de vous charmer,
Vous l'aimiez, il vous aime, & sa gloire augmentée...
PAV. Que t'ay-je fait, cruel, pour estre ainsi traitée,
Et pour me reprocher au mépris de ma foy
Vn amour si puissant que j'ay vaincu pour toy ?
Voy pour te faire vaincre un si fort adversaire
Quels efforts à moy-mesme il a fallu me faire,
Quels combats j'ay donnez pour te donner un cœur
Si justement acquis à son premier vainqueur,
Et si l'ingratitude en ton cœur ne domine,
Fay quelque effort sur toy pour te rendre à Pauline.
Apprens d'elle à forcer ton propre sentiment,
Prens sa vertu pour guide en ton aveuglement,
Souffre que de toy-mesme elle obtienne ta vie,
Pour vivre sous tes loix à jamais asservie.
Si tu peux rejetter de si justes desirs,
Regarde au moins ses pleurs, écoute ses soûpirs,
Ne desespere pas une ame qui t'adore.
POL. Ie vous l'ay déja dit, & vous le dis encore,
Vivez avec Severe, ou mourez avec moy.
Ie ne méprise point vos pleurs, ny vostre foy,
Mais dequoy que pour vous nostre amour m'entretienne,
Ie ne vous connoy plus si vous n'étes Chrétienne.
C'en est assez, Felix, reprenez ce couroux,
Et sur cet insolent vangez vos Dieux & vous.

PAV. Ah, mon pere, fon crime à peine eft pardonnable,
Mais s'il eft infenfé, vous étes raifonnable,
La Nature eft trop forte, & fes aimables traits
Imprimez dans le fang ne s'effacent jamais,
Vn pere eft toûjours pere, & fur cette affeurance
I'ofe appuyer encor un refte d'esperance.
Iettez fur voftre fille un regard paternel,
Ma mort fuivra la mort de ce cher criminel,
Et les Dieux trouveront fa peine illegitime,
Puisqu'elle confondra l'innocence, & le crime,
Et qu'elle changera par ce redoublement
En injufte rigueur un jufte châtiment.
Nos Deftins par vos mains rendus infeparables
Nous doivent rendre heureux enfemble, ou miferables,
Et vous feriez cruel jusques au dernier point,
Si vous defuniffiez ce que vous avez joint.
Vn cœur à l'autre uny jamais ne fe retire,
Et pour l'en feparer il faut qu'on le déchire,
Mais vous étes fenfible à mes juftes douleurs,
Et d'un œil paternel vous regardez mes pleurs.
FEL. Oüy, ma fille, il eft vray qu'un pere eft toûjours pere,
Rien n'en peut effacer le facré caractere,
Ie porte un cœur fenfible, & vous l'avez percé,
Ie me joints avec vous contre cét infenfé.
Malheureux Polyeucte, es-tu feul infenfible,
Et veux-tu rendre feul ton crime irremiffible?
Peux-tu voir tant de pleurs d'un œil fi détaché?
Peux-tu voir tant d'amour fans en eftre touché?
Ne reconnois-tu plus ny beau-pere, ny femme,
Sans amitié pour l'un, & pour l'autre fans flame?
Pour reprendre les noms, & de gendre, & d'époux,
Veux-tu nous voir tous deux embraffer tes genoux?
POL. Que tout cet artifice eft de mauvaife grace!
Aprés avoir deux fois effayé la menace,
Aprés m'avoir fait voir Nearque dans la mort,
Aprés avoir tenté l'amour, & fon effort,
Aprés m'avoir montré cette foif du Baptefme,
Pour oppofer à Dieu l'intereft de Dieu mefme,
Vous vous joignez enfemble! Ah rufes de l'Enfer!
Faut-il tant de fois vaincre avant que triompher?
Vos refolutions ufent trop de remife,
Prenez la voftre enfin puisque la mienne eft prife.

Ie n'adore qu'un Dieu maiftre de l'Vnivers,
Sous qui tremblent le Ciel, la Terre, & les Enfers,
Vn Dieu qui nous aimant d'une amour infinie
Voulut mourir pour nous avec ignominie,
Et qui par un effort de cet excès d'amour,
Veut pour nous en victime eftre offert chaque jour.
Mais j'ay tort d'en parler à qui ne peut m'entendre,
Voyez l'aveugle erreur que vous ofez défendre.
Des crimes les plus noirs vous foüillez tous vos Dieux,
Vous n'en puniffez point qui n'ait fon maiftre aux Cieux.
La proftitution, l'adultere, l'incefte,
Le vol, l'affaffinat, & tout ce qu'on detefte,
C'eft l'exemple qu'à fuivre offrent vos Immortels;
I'ay profané leur Temple, & brifé leurs Autels,
Ie le ferois encor, fi j'avois à le faire,
Mefme aux yeux de Felix, mefme aux yeux de Severe,
Mefme aux yeux du Senat, aux yeux de l'Empereur.

FEL. Enfin ma bonté cede à ma jufte fureur,
Adore-les, ou meurs. *POL.* Ie fuis Chrétien. *FEL.* Impie,
Adore-les, te dis-je, ou renonce à la vie.

POL. Ie fuis Chrétien. *FEL.* Tu l'es? ô cœur trop obftiné!
Soldats, executez l'ordre que j'ay donné.

PAV. Où le conduifez-vous? *FEL.* A la mort. *POL.* A la gloire,
Chere Pauline, Adieu, confervez ma memoire.

PAV. Ie te fuivray par tout, & mourray fi tu meurs.

POL. Ne fuivez point mes pas, ou quittez vos erreurs.

FEL. Qu'on l'ofte de mes yeux, & que l'on m'obeïffe,
Puifqu'il aime à perir je confens qu'il periffe.

SCENE

TRAGEDIE.

SCENE IV.

FELIX, ALBIN.

FEL. JE me fais violence, Albin, mais je l'ay dû,
　　Ma bonté naturelle aifément m'euft perdu.
　　Que la rage du Peuple à prefent fe déploye,
　　Que Severe en fureur tonne, éclate, foudroye,
　　M'étant fait cet effort j'ay fait ma feureté.
　　Mais n'és-tu point furpris de cette dureté?
　　Vois-tu comme le fien des cœurs impenetrables,
　　Ou des impietez à ce point execrables?
　　Du moins j'ay fatisfait mon efprit affligé,
　　Pour amollir fon cœur je n'ay rien negligé,
　　I'ay feint mefme à tes yeux des lafchetez extrefmes;
　　Et certes fans l'horreur de fes derniers blafphefmes
　　Qui m'ont remply foudain de colere & d'effroy,
　　I'aurois eu de la peine à triompher de moy.
ALB. Vous maudirez peut-eftre un jour cette victoire,
　　Qui tient je ne fçay quoy d'une action trop noire,
　　Indigne de Felix, indigne d'un Romain,
　　Répandant voftre fang par voftre propre main.
FEL. Ainfi l'ont autrefois verfé Brute & Manlie,
　　Mais leur gloire en a creu, loin d'en eftre affoiblie;
　　Et quand nos vieux Heros avoient de mauvais fang,
　　Ils euffent pour le perdre ouvert leur propre flanc.
ALB. Voftre ardeur vous feduit, mais quoy qu'elle vous die,
　　Quand vous la fentirez une fois refroidie,
　　Quand vous verrez Pauline, & que fon defefpoir
　　Par fes pleurs & fes cris fçaura vous émouvoir....
FEL. Tu me fais fouvenir qu'elle a fuivy ce traiftre,
　　Et que ce defefpoir qu'elle fera paroiftre
　　De mes commandemens pourra troubler l'effet.
　　Va donc y donner ordre, & voir ce qu'elle fait,
　　Romps ce que fes douleurs y donneroient d'obftacle,
　　Tire-la, fi tu peux, de ce trifte fpectacle,
　　Tafche à la confoler, va donc, qui te retient?
ALB. Il n'en eft pas befoin, Seigneur, elle revient.

Tome I. LIII

SCENE V.

FELIX, PAVLINE, ALBIN.

PAV. PEre barbare, acheve, acheve ton ouvrage,
Cette seconde hostie est digne de ta rage,
Ioins ta fille à ton gendre, ose, que tardes-tu ?
Tu vois le mesme crime, ou la mesme vertu,
Ta barbarie en elle a les mesmes matieres.
Mon époux en mourant m'a laissé ses lumieres,
Son sang dont tes bourreaux viennent de me couvrir
M'a dessillé les yeux & me les vient d'ouvrir.
Ie voy, je sçay, je croy, je suis desabusée,
De ce bien-heureux sang tu me vois baptisée,
Ie suis Chrétienne enfin, n'est-ce point assez dit ?
Conserve en me perdant ton rang, & ton credit,
Redoute l'Empereur, apprehende Severe ;
Si tu ne veux perir, ma perte est necessaire.
Polyeucte m'appelle à cet heureux trépas,
Ie voy Nearque & luy qui me tendent les bras.
Méne, méne-moy voir tes Dieux que je déteste,
Ils n'en ont brisé qu'un, je briseray le reste,
On m'y verra braver tout ce que vous craignez,
Ces foudres impuissans qu'en leurs mains vous peignez,
Et saintement rebelle aux loix de la naissance,
Vne fois envers toy manquer d'obeïssance.
Ce n'est point ma douleur que par là je fais voir,
C'est la Grace qui parle, & non le desespoir.
Le faut-il dire encor, Felix ? je suis Chrétienne,
Affermy par ma mort ta fortune & la mienne,
Le coup à l'un & l'autre en sera précieux,
Puisqu'il t'asseure en Terre en m'élevant aux Cieux.

SCENE VI.

FELIX, SEVERE, PAVLINE, ALBIN, FABIAN.

SEV. Pere dénaturé, malheureux Politique,
Esclave ambitieux d'une peur chimerique,
Polyeucte est donc mort, & par vos cruautez
Vous pensez conserver vos tristes Dignitez?
La faveur que pour luy je vous avois offerte
Au lieu de le sauver précipite sa perte,
I'ay prié, menacé, mais sans vous émouvoir,
Et vous m'avez creu fourbe, ou de peu de pouvoir.
Et bien, à vos dépens vous verrez que Severe
Ne se vante jamais que de ce qu'il peut faire,
Et par vostre ruïne il vous fera juger
Que qui peut bien vous perdre eust pû vous proteger.
Continuez aux Dieux ce service fidelle,
Par de telles horreurs montrez-leur vostre zéle,
Adieu, mais quand l'orage éclatera sur vous,
Ne doutez point du bras dont partiront les coups.
FEL. Arrétez-vous, Seigneur, & d'une ame appaisée
Souffrez que je vous livre une vangeance aisée.
Ne me reprochez plus que par mes cruautez
Ie tasche à conserver mes tristes dignitez,
Ie dépose à vos pieds l'éclat de leur faux lustre;
Celle où j'ose aspirer est d'un rang plus illustre,
Ie m'y trouve forcé par un secret appas,
Ie cede à des transports que je ne connoy pas,
Et par un mouvement que je ne puis entendre
De ma fureur je passe au zéle de mon gendre.
C'est luy, n'en doutez point, dont le sang innocent
Pour son persecuteur prie un Dieu tout-puissant,
Son amour épandu sur toute la famille
Tire après luy le pere aussi-bien que la fille:
I'en ay fait un Martyr, sa mort me fait Chrétien,
I'ay fait tout son bonheur, il veut faire le mien.
C'est ainsi qu'un Chrétien se vange & se courrouce,
Heureuse cruauté dont la suite est si douce!

Donne la main, Pauline. Apportez des liens,
Immolez à vos Dieux ces deux nouveaux Chrétiens,
Ie le fuis, elle l'eſt, fuivez voſtre colere.
PAV. Qu'heureuſement enfin je retrouve mon pere !
Cét heureux changement rend mon bonheur parfait.
FEL. Ma fille, il n'appartient qu'à la main qui le fait.
SEV. Qui ne feroit touché d'un ſi tendre ſpectacle ?
De pareils changemens ne vont point ſans miracle,
Sans doute vos Chrétiens qu'on perfecute en vain
Ont quelque choſe en eux qui ſurpaſſe l'humain ;
Ils ménent une vie avec tant d'innocence,
Que le Ciel leur en doit quelque reconnoiſſance.
Se relever plus forts plus ils ſont abbatus
N'eſt pas auſſi l'effet des communes vertus.
Ie les aimay toûjours, quoy qu'on m'en ait pû dire,
Ie n'en voy point mourir que mon cœur n'en ſoûpire,
Et peut-eſtre qu'un jour je les connoiſtray mieux.
I'approuve cependant que chacun ait ſes Dieux,
Qu'il les ſerve à ſa mode, & ſans peur de la peine ;
Si vous étes Chrétien, ne craignez plus ma haine,
Ie les aime, Felix, & de leur protecteur
Ie n'en veux pas en vous faire un perfecuteur.
Gardez voſtre pouvoir, reprenez-en la marque,
Servez bien voſtre Dieu, ſervez noſtre Monarque,
Ie perdray mon credit envers ſa Majeſté,
Ou vous verrez finir cette feverité,
Par cette injuſte haine il ſe fait trop d'outrage.
FEL. Daigne le Ciel en vous achever ſon ouvrage,
Et pour vous rendre un jour ce que vous meritez,
Vous inſpirer bien-toſt toutes ſes veritez.
Nous autres beniſſons noſtre heureuſe avanture,
Allons à nos Martyrs donner la ſepulture,
Baiſer leurs corps ſacrez, les mettre en digne lieu,
Et faire retentir par tout le nom de Dieu.

FIN DV PREMIER TOME.

PRIVILEGE DV ROY.

LOVIS par la grace de Dieu Roy de France & de Navarre: A nos Amez & Feaux Conseillers les gens tenans nos Cours de Parlement, Maistres des Requestes ordinaires de nostre Hostel, Baillifs, Seneschaux, Prevosts, leurs Lieutenans; & à tous autres nos Iusticiers & Officiers qu'il appartiendra, Salut. Nostre bien amé le Sieur Corneille, nous a fait remontrer qu'il auroit composé cy-devant *plusieurs Pieces de Theatre, tant Comedies, que Tragedies*, lesquelles il auroit fait imprimer, en vertu des Privileges que nous luy aurions cy-devant accordez, tant à luy, qu'aux Libraires qui auroient eu pouvoir de luy, pendant un temps; lesquels la pluspart seroient expirez, ou prests d'expirer; & d'autant que depuis les premieres impressions ledit Sieur Corneille auroit corrigé beaucoup de choses esdites Pieces, qu'il desireroit maintenant faire imprimer avec lesdites corrections, pour l'interest de sa reputation, pourquoy il luy conviendroit faire beaucoup de frais; C'est pourquoy il nous a supplié luy accorder nos Lettres à ce necessaires. A CES CAVSES, Desirans gratifier, & favorablement traiter ledit Sieur Corneille, Nous luy avons permis & permettons par ces presentes, d'imprimer ou faire imprimer, vendre & distribuer par tout nostre Royaume, *lesdites Pieces de Theatre, tant Comedies, que Tragedies*, & ce par tel Imprimeur ou Libraire qu'il voudra choisir, & en telles marges, tels caracteres, & autant de fois que bon luy semblera, conjointement, ou séparément, durant le temps & terme de neuf années, à compter du jour que lesdites Pieces de Theatre seront imprimées pour la premiere fois, en vertu du present Privilege. Et faisons tres-expresses inhibitions & défenses à tous Imprimeurs & Libraires, & autres personnes de quelque qualité qu'ils soient, d'imprimer, ou faire imprimer, vendre, ny debiter aux lieux de nostre obeïssance, pendant ledit temps, lesdites Pieces, sans le congé & consentement de l'Exposant, ou de ceux qui auront droit de luy; à peine aux contrevenants de trois mil livres d'amende, dépens, dommages & interests, payables sans deport par chacun des contrevenans, & applicables un tiers à Nous, un tiers à l'Hostel-Dieu de Paris, & l'autre tiers à l'Exposant, ou, au Libraire qu'il aura choisi; de confiscation des Exemplaires contrefaits, & de tous dépens; à la charge d'en mettre par ledit Sieur Corneille deux Exemplaires dans nostre Bibliotheque publique, & un en celle de nostre tres-cher & feal le Sieur MOLE' Chevalier, Garde des Sceaux de France, Premier President en nostre Cour de Parlement de Paris, avant que les exposer en vente. Nous voulons & vous mandons, que vous fassiez joüir pleinement & paisiblement durant ledit temps l'Exposant, & ceux qui auront droit de luy, sans souffrir qu'ils y reçoiuent aucun empeschement. Voulons aussi qu'en mettant au commencement ou à la fin de chacune defdites Pieces ou Volumes, un Extrait des prefentes, elles foient tenuës pour deuëment fignifiées, & que foy foit ajoûtée aux copies collationnées par un de nos Amez & Feaux Confeillers & Secretaires, comme à l'Original. Mandons au premier noftre Huiffier ou Sergent, fur ce requis, de faire pour l'execution des prefentes tous Exploits neceffaires, fans demander autre permiffion. CAR tel eft noftre plaifir, Nonobstant Clameur de Haro, Chartre Normande, & autres Lettres à ce contraires. DONNE' à Paris le jour de Ianvier, l'an de grace mil fix cens cinquante-trois. Et de noftre Regne le dixiéme. Par le Roy en fon Confeil, VIAV.

Registré fur le Livre de la Communauté le 16. Octobre 1653.
Signé, BALLARD, Syndic.

Et ledit Sieur Corneille a transporté fon Privilege cy-deffus à Augustin Courbé, & Guillaume de Luyne, Marchands Libraires de Paris, pour en joüir fuivant l'accord fait entr'eux.

Les Exemplaires ont été fournis.

Achevé d'imprimer pour la premiere fois, en vertu du prefent Privilege, le 31. d'Octobre, 1660. à ROVEN, par LAVRENS MAVRRY.

Et cette derniere Edition achevée le 24. Avril 1663. audit ROVEN, par ledit MAVRRY.